중국을 움직인 시간
❸

개혁 운동의 실패

중국을 움직인 시간 3

발행일	2021년 7월 21일

지은이	김상규		
펴낸이	손형국		
펴낸곳	(주)북랩		
편집인	선일영	편집	정두철, 윤성아, 배진용, 김현아, 박준
디자인	이현수, 한수희, 김윤주, 허지혜	제작	박기성, 황동현, 구성우, 권태련
마케팅	김회란, 박진관		
출판등록	2004. 12. 1(제2012-000051호)		
주소	서울특별시 금천구 가산디지털 1로 168, 우림라이온스밸리 B동 B113~114호, C동 B101호		
홈페이지	www.book.co.kr		
전화번호	(02)2026-5777	팩스	(02)2026-5747

ISBN	979-11-6539-888-0 04910 (종이책)	979-11-6539-483-7 04910 (세트)
	979-11-6539-889-7 05910 (전자책)	

(주)북랩 성공출판의 파트너
북랩 홈페이지와 패밀리 사이트에서 다양한 출판 솔루션을 만나 보세요!
홈페이지 book.co.kr • **블로그** blog.naver.com/essaybook • **출판문의** book@book.co.kr

개혁 운동의 실패

중국을 움직인 시간

3

김상규 지음

우리가 잘 몰랐던,
그러나 주목해야 할 중국사 변혁의 순간들

북랩 **book** Lab

프롤로그

중국 역사를 다루는 책들이 서점가에서 외면을 받는다고 한다. 나의 《중국을 움직인 시간》 시리즈는 역사 코너의 중국 파트에 꽂혀 있다. 그러므로 나의 책 역시 사람들의 눈길을 받기가 쉽지 않을 것이다. '중국 역사를 쓴 책들'이 찬밥 신세가 된 이유는 뭘까? 중국이라서? 역사라서? 아니면 책이라서? …그리고 보니 나의 《중국을 움직인 시간》은 사람들이 싫어할 만한 요소를 두루 갖춘 물건인 것 같다. 하하

황해 건너편에서 한국을 바라볼 때…

드디어 나의 '중국 개혁 통사' 시리즈의 마지막 편이 완성되었다. 40권이 넘는 책과 214편의 논문, 십 수 편의 영화와 드라마, 강연 자료, 현지답사와 지인들과의 토론 그리고 4년의 시간을 쏟아부었던 길고도 고독한 작업이었다. 그러나 이 책을 집필하면서 나를 가장 고민스럽게 한건 다름 아닌 중국을 보는 한국인들의 시각, 지금 벌어지고 있는 우리들의 중국에 대한 반감과 혐오였다. 이렇게 반중 정서가 심한데 나 혼자 중국의 옛날이야기를 해대는 게 부질없는 짓 같아 보였다. '이런 걸 쓰면 누가 관심을 가질까?'라는 생각이 들 때가 한두 번이 아니었다. 작금의 반중 정서는 사드 배치로 인한 경제 보복, 미·중 간의 대립, 중국이 소비 시장에서 경쟁 시장으로 변화되고 있는 점 그리고 결정적으로 팬데믹을 겪으면서 인적 교류가 끊긴 것에 기인한다. 그러나 더 큰 틀에

서 볼 때 양국 간에 점점 감정이 멀어지는 건 당연한 현상이자 피할 수 없는 운명이다. 한국이 가지고 있는 반중 감정의 본질은 무엇일까 하는 불편한 질문을 피하지 말고 한번 따져보자. 동북공정이니 김치 문제이니 하는 것은 반중 감정이 커지면서 다시 부곽되어지는 것이지 이것들이 본질적 이유는 아니다. 90년대 말, 2000년대 초 중국의 동북공정이 한창일 당시 오히려 우리나라에서는 중국어를 배우고 중국을 알고자 하는 열풍이 불었었다.

우리의 반중 감정의 근원을 이야기할 때 인정하고 싶진 않지만 언급할 수밖에 없는 게, 아주 오랜 시간 중국의 사대동맹체제에 있었다는 역사적 콤플렉스이다. 과거 중국의 실질적인 조공동맹국 중 그 정체성이 그대로 이어져 오늘날까지 국가로서 존재하는 나라는 베트남과 대한민국밖에 없다. 베트남과는 달리 그나마 역사적 콤플렉스를 잠시나마 극복할 수 있었던 것은 자본주의 경제의 우월함과 기술력이었다. 산업화를 먼저 시작한 우리는 90년대에 경제 전성기를 맞으며 중국인들의 부러움과 벤치마킹의 대상이 되었고 우리는 중국에 대해 경제적, 기술적으로 앞섰고 자유민주주의라는 정치체제를 가졌다는 것에 자부심과 우월감을 가지고 있었다. 짧은 시간이긴 하지만 우리 기업들은 중국에서 대접받았다. 앞서있다는 자부심 그리고 거대한 개도국 시장을 개척한다는 기대가 훨씬 크니 이들이 동북에서 역사 프로젝트를 하는 것에 국민 전체가 들썩이진 않았다. 그러나 우리 역사 속에 유일했던 그 우월감은 30년이 채 안 돼서 유효기간이 끝나가고 있다(어쩌면 '끝났다'일지도). 지금은 경제 규모는 말할 것도 없고 물가를 감안한 대도시 중산층의 실제 삶을 비교 시 중국은 이미 우리와 동등하거나 그 이상이다. 2020년 상하이의 1인당 가처분소득이 72,232CNY(1,262만원)으로 서울의 60% 수준이지만 이 정도면 이들이 실제 누리는 것은 서울 시민보다 못하다고 말할 수 없다. 중국과 우리나라의 소득지표를 비교할 때 놓치지 말아야 할 것은 이들에게는 여전히 광대한 저소득 블루칼라들이 존재한다는 사실이다. 이들은 평균치를 깎아 먹지만 적어도 이 책을 읽는 사람들이 상대할 중국의 화이트칼라들은 한국의 화이트칼라보다 그 수도 많으며 소득도 높고 교육도 많이 받은 사람들이다. 과학 기술은 말할 것도 없다. 화성에 우주선을 보내고 항공모함을 만들었으며 한국보다 훨씬 발달한 핀테크 시스템을 운영하고 있다. 예전에는 '당신들은 국가는 크고 인구는 많지만 질적으로는 우리가 훨씬 선진국이야'라고 생각했지만 지금은 그게 아니다. 중국인들의 생활수준과 소비수준, 교육수준이 절대 한국인들보다 못하다고 말할 수 없다. 즉, 우리가 가지고 있던 경제의 질적 우월함과 자본주의 과학기술의 선진성과 같은 심적 마지노선이 이들에 의해 추월당하는 것을 바라만 보는 것은 우리를 심히 불편하게 만든다. 중국이 부유해지니 그다음은 어떻게 되는가? 중국이 거대 소비 시장이 되고 이들이 해외에서 큰 고객이 되었지만 한편으로는 자신감을 가진 정부는 패권을 추구하게 되고 경제적 성공으로 정부에 대한 신뢰를 가진 국민들은 이에 열렬한 지지를 보낸다. 눈덩이처럼 불어난 경제력과 자본력, 군사력, 국제 사회에의 영향력을 가진 이들이 인접한 작은 나라인 한국을 대하는 태도가 우리를 더욱 불편하게 하고 나아가서는 위협을 느끼게 한다. 위에서 얘기한 세 가지 불편함의 관점에서 봤을 때 양국 간 감정의 골이 깊어지는 것은 당연한 현상이라고 말할 수밖에 없다.

그렇지만 이러한 동북아 세력 판도의 큰 흐름 앞에서 한 나라 또는 그들의 역사를 바라볼 때 '좋다', '싫다'로 보는 것은 지성인의 시각이 아니며 전략적이지도 못하다. 우리는 싫건 좋건 간에 중국을 연구하지 않으면 안 된다. 관심을 끄거나 평가절하하거나 이들의 어두운 면을 들춰내며 조롱하는 데에 만족하고 있으면 정작 중요한 것을 놓쳐버리고 우리는 그만큼 이들에 대한 실상과 변화에 어두워지고 오해하게 된다. 그리고 오해는 오판을 하게 만든다. 우리나라는 이미 19세기에 그런 걸 경험하지 않았던가? 이제는 중국인들을 단지 짝퉁이나 만들고 명동에 화장품을 사러 오는 사람들로 볼 일이 아니다. 오늘날과 과거의 중국을 냉철하게 바라보고 이들의 장점과 단점은 어디에 있으며 이들의 성공과 실패는 어디에 있었는지를 우리는 연구해야 할 것이다.

우리의 역사에는 '성토'만 있고 '성찰'이 없다!

말이 나온 김에 한 가지를 더 이야기하겠다. 나는 우리나라의 대중매체가 역사를 침략자에 대한 성토와 우리의 투쟁사로만 몰고 가고 우리가 무얼 잘못하였는지에 대해서는 논하지 않는 것이 심히 마음에 들지 않는다. 아무리 대중매체가 재미를 찾아서 시청률을 높이고 돈을 벌려고 하는 이익 집단이지만 너무 한쪽으로만 몰아가는 건 문제가 있다. 더 문제는 그런 것에 영합하여 문제의식을 던지지 않고 누구나 다 아는 이야기를 자극적으로 구성하여 TV에 나와 한번 떠보고자 하는 강연자들은 역사가로서의 양심과 책무를 저버렸다고밖에 말할 수 없다. 한 가지 예를 들어보자. 우리의 역사 프로그램에는 구한말 일본에 의해 우리의 이권이 얼마나 교묘하게 침탈당했고 친일파들이 어떻게 했으며 이들이 우리를 얼마나 철저히 짓밟았는지에 대해 성토하고 분개만 할 뿐 왜 이런 일이 벌어질 수밖에 없었는지, 우리의 결정적인 실책과 문제는 언제, 어디에 있었는지에 관해 이야기하는 걸 본 적이 없다. 중국도 청왕조 말기에 열강들에 의한 심각한 이권 침탈이 있었고 거의 반식민지 상태로 갔다. 하지만 이들은 자신들의 조상이 무얼 잘못했는지에 대한 철저한 연구와 반성을 했고 그 근원을 찾아가려는 노력을 했다. 이것이 바로 역사란 것을 어떻게 보느냐의 문제이다. 다시 제1권의 서문에서 했던 말을 해보겠다. 우리는 왜 일본에 나라를 빼앗겼을까? 친일파들 때문에 나라가 넘어갔나? 이완용과 몇몇 대신들이 한일합방

조약에 사인을 안 했으면 식민지가 안 되었을까? 망국에 대한 청구서는 누구에게 들이밀어야 하는가? 임진왜란이 일어날 정도의 국력의 비대칭은 도대체 왜, 언제부터 형성되었는가? 왜 우리나라는 한 번도 강해 본 적이 없는가? 이런 질문에 대한 처절한 고민과 반성이 없이는 우리는 냉엄한 동북아의 현실 속에서 계속 약자로 머물 수밖에 없다. 나의 '중국 개혁사' 시리즈는 중국 역사를 통해 우리가 우리의 역사를 봄에 있어서 어느 대목에서, 어떤 질문을 던져야 할지에 대해 약간이나마 힌트와 영감을 얻을 수 있지 않을까 하는 바람에서 시작되었다. 먼 훗날에 쓰일 세계사 속에서 '대한민국이란 나라는 그렇게 당하고서도 역사 속에서 그들의 문제점을 찾지 못했고 결국 역사의 실책을 반복하는 어리석음을 저질렀다'라는 끔찍한 문장이 쓰이지 않기를 바란다.

2021년 6월

김상규

차례

프롤로그 5

다시 찾아온 분열시기 14

46장 당의 멸망 15
황차오의 난 17 / 오대십국 시대의 개막 26

47장 오대십국 33
'오대십국'이란? 33 / 오대십국이 역사에 주는 의미 39 / 정책 중추의 이동: 추밀원(枢密院)과 삼사(三司)의 탄생 46

48장 동북아의 변화 48
거란 49 / 연운16주의 할양 61

49장 암흑기의 빛나는 변혁 69
수(隋)와 송(宋), 개혁의 결실을 훔친 두 왕조 70 / 암흑기의 대방향 전환 71 / 흐름을 바꾸는 자는 누구인가? 75 / 시영(柴荣), 짧지만 강한 개혁 77 / 중앙군 개혁 88

5부 10~14세기: 송(宋)·원(元)

문인정권의 흥망 96

50장 10~14세기 97

51장 송(宋)의 건립 102
번영(繁榮)의 송, 빈약(貧弱)의 송 104 / 아무 이유 없는 정변 108 /
배주석병권(杯酒釋兵权) 118 / 적빈적약(積貧積弱)의 토양이 된 변
혁들 122

52장 위기의 인식 138
번영 뒤에 잠재된 위기 138 / 재정 위기의 근원 142 / 두 번의 전쟁 149

53장 왕안석의 변법 Ⅰ: 똥고집 상공 161
왕안석, 그는 누구인가? 166 / 왕안석 vs 사마광 177

54장 왕안석의 변법 Ⅱ: 경제를 이용한 제국 창조 186
개혁 운동의 시작 191 / 거침없는 변법의 전개 201 / 눈부신 변법
의 성과 213 / 왕안석이 보지 못했던 것 216 / 사마광의 세 번의 편
지 225 / 천체의 변화를 두려워할 필요는 없다! 229 / 유민도 사건
233 / 법가 vs 유가 235

55장 왕안석의 변법 Ⅲ: 한 번 기울어진 운동장 240
왕안석, 그 후 240 / 신종의 실패한 복고주의 개혁: 원풍 관제 개혁
243 / 변법이 남긴 것 247 / 원우경화(元祐更化): 모든 것을 왕안석
이전으로! 253 / 변법의 변질 259

56장 북송의 멸망 262
정강의 변, 책임은 누구한테 있나? 262

피지배 역사의 시작 272

57장 남송 273

남송은 어떻게 해서 세워진 것인가? 273 / 어설픈 대외 투쟁의 역
사 284 / 중국의 운명을 가른 서기 1234년 291 / 남송의 멸망 295 /
이학(理学)과 간상 사미원의 전략적 동침 299

개혁사 외전 V 신장(新疆)을 알면 유라시아가 보인다 304

지형 306 / 카라한 왕국: 신장의 투르크화와 이슬람화를 이끌다
307 / 중앙아시아의 투르크화 311 / 아직 죽지 않은 거란 제국의
짧은 중흥 313 / 차가타이 칸국 316 / 차가타이의 해체: 투르크-몽
골 혼혈 민족의 형성 319 / 투르판과 명의 대립 320 / 준갈 칸국의
성립과 청 제국의 신장 점령 322

6부 제3제국 시대

프롤레타리아 왕조의 성립 326

58장 명(明, 1368~1644) 327

중국인들에게 '명왕조(明朝)'란? 328 / 명(明)은 어떤 시대였나? 331
/ 원(元) 말 농민 봉기와 주원장, 그리고 명의 성립 341

59장 대학살 346

혁명 원로 347 / 회서 집단(淮西集團) 352 / 재상권의 팽창 356 / 숙
청 359 / 재상제 폐지 365 / 남옥(藍玉) 사건: 회서 집단의 종말 369

진보 없는 패권 제국 378

60장 영락(永樂) 379

쿠데타? 제2의 건국? 381 / 피의 군주 384 / 천도 388 / 북벌, 북벌,
북벌… 391 / 베이징(北京) 398 / 명의 영토는? 400

61장 바다로부터의 도전과 바다를 향한 도전 사이: 해금(海禁) 정책과 정화의 대항해 409

해금(海禁) 정책이란? 411 / 정화의 항해, 그 시작과 결말 413 / 정화 이후의 해양 정책 424

62장 기이한 정치 체제 430

내각 430 / 환관 436 / 특무 정치 440

전제주의 왕조의 취약성 445

63장 중흥의 시도 I 446

명의 역사 3단계 446 / 중흥기 448 / 또 한 명의 개혁가 451 / 천재, 두 번 낙방하다 454 / 정치적 단련 457

64장 중흥의 시도 II 473

장거정, 대권을 장악하다 474 / 위기의 본질 480 / 거침없는 혁신의 발걸음 484

65장 중흥의 시도 III 495

최고의 교육, 최악의 교육 495 / 균열과 동요 498 / 황제의 비뚤어진 복수 507 / 장거정, 그 후 515

참고문헌 518

다시 찾아온 분열시기

46장
당의 멸망

待到秋来九月八 가을이 오고 9월 중양절이 되길 기다리자,
我花开后百花杀 내가 꽃을 피우면 모든 꽃들이 죽을 것이니.
冲天香阵透长安 하늘을 찌르는 향기가 장안에 스며들 것이고,
满城尽带黄金甲 성 안은 모두 황금 갑옷으로 뒤덮일 것이다.

-황차오(黄巢),「不第后赋菊」

이미 수차례 과거에 낙방한 황차오(黄巢)는 874년에 또다시 낙방의 고배를 마셨다. 그리고 그는 망루에 올라 석양을 바라보며 그 유명한 「不第后赋菊」를 지었다. 제목의 뜻은 '과거에 낙방한 후 국화를 읊다'이다. 중국의 역사에서 국화를 읊은 시는 무수히 많지만 황차오의 이 시는 그중 매우 특이한 존재로 분류된다. 왜냐하면 국화는 전통적으로 사대부들에 의해 절조와 고결함의 상징으로 그려지는 단골 소재였지만 황차오는 「不第后赋菊」에서 국화를 통하여 자신의 결기를 보여주고 있기 때문이다. 심지어는 섬뜩함과 살기까지 느껴진다. 그가 이 시를 지었을 때는 아마 장안 성내의 모든 사람들이 국화차를 음미하고 국화주에 취하며 저마다 국화를 감상하는 음력 9월 9일 중양절 즈음이었다. 또다시 낙방 소식을 접한 그는 "에라이, 드러워서 이젠 관둔다!"라는 심정

으로 이 시를 지었다. 황차오는 자신이 연거푸 낙방하는 게 과거제가 부패했기 때문이라고 믿었고(실제로 당 말 과거제는 환관에 의해 조종되었다) 이 시를 짓고는 고향으로 돌아가서 이듬해에 '황소의 난'을 일으켰다. 그렇다. 이 황차오가 우리가 아는 '황소의 난'의 '황소'이다. 황소라는 우리말 단어가 주는 인상이 너무 강하여 나조차도 '황소의 난'이라 말하면 무의식적으로 뿔 달린 누런 소가 떠오른다. 그래서 단어가 주는 간섭을 피하기 위해 중국어 발음인 '황차오'를 택했다.

황차오는 평생 세 수의 시를 남겼고 그중 위의 시가 가장 유명하다. 문헌에 의하면 그는 다섯 살 때부터 조부가 짓는 시구에 대구를 다는 글재주를 보였다고는 하지만 그 외에는 그의 재능을 보여주는 별다른 작품이나 기재가 없는 걸로 봐서 문인으로서 아주 뛰어난 사람은 아니었던 것 같다. 그러므로 당 말에 과거제가 부패한 건 사실이지만 황차오의 낙방이 꼭 부패 때문이라고 말할 수는 없다. 하여간 황차오가 과거에 붙었으면 '황소의 난'도 일어나지 않았을 것이고 당왕조의 명줄이 조금은 연장되었을 수도 있다.

이 시는 어쩌면 2006년에 개봉된 장이모 감독, 주윤발, 공리, 주걸륜 주연의 영화로 더욱 유명해졌을지도 모른다. 한국에서는 '황후화'라는 이름으로 소개되었던 이 영화의 원제는 황차오의 시 마지막 구절인 '滿城盡帶黃金甲(성 안이 모두 황금 갑옷으로 뒤덮이다)'이다. 오대십국 중 한 나라[1]를 배경으로 하는 이 영화에서 왕(주윤발 역)은 폭정과 압제를 상징하고 황금색 국화는 중양절을, 황금 갑옷은 반란군을 의미한다. 정

---

[1] 영화에서는 "오대십국의 어느 한 나라"라고만 말하고 있으나 영화 속의 여러 가지 묘사와 정황으로 미루어 볼 때 십국의 하나였던 후촉(后蜀)으로 추정되며 이 경우 주윤발은 후촉의 초대 황제 맹지상(孟知祥)을 모델로 한 것으로 보인다. 후촉은 초기에는 후당의 신하국이었기에 맹지상은 황제 칭호를 쓰지 못하다가 후에 후당의 혼란을 틈타 황제로 등극하였다. 그래서 영화 속에서 이들의 칭호는 황제가 아닌 '왕'과 '왕후'로 불린다.

략결혼으로 궁에 들어온 왕후(공리 역)는 자신의 친아들 걸왕자(주걸륜 역)로 하여금 반란을 일으키도록 하는데 그 반란을 암시하는 매개로 등장하는 것이 바로 황금색 국화였다. 9월 9일 중양절에 기의를 하라는 뜻이었다. 결국 영화의 마지막 부분에서 황금색 갑옷을 입은 걸왕자의 반란군이 중양절 국화 축제가 열리고 있는 왕궁으로 진격하였고 이들은 왕궁에서 검은색 갑옷을 입은 국왕의 군대와 격돌하는 스펙타클한 장면을 연출한다. 이렇듯 "성 안이 모두 황금갑옷(국화)으로 뒤덮일 것이다"라는 표현은 중국인들에게 '곧 반란이 일어날 것'임을 암시하는 문학적 비유가 되었다.

황차오의 난

875년에 발발한 이 농민봉기는 황건기의 이후 순수 농민봉기로는 최대규모였다. 거진 10년을 끈 이 봉기는 당왕조에게 사망 선고를 내렸다. 이 봉기의 주인공인 황차오의 직업은 무엇이었을까? 그의 집안은 대대로 소금 유통업을 하던 상인이었다. 그런데 당시 소금 사업을 하는 사람들은 어떠한 사람들이었나? 안사의 난 이후 당은 염철의 전매를 담당하는 염철전운사(盐铁转运使)라는 기관을 설치하여 소금을 국가 전매로 전환하였다. 즉, 민간의 소금 유통은 밀매의 형식으로 이루어졌고 이러한 밀매를 할 수 있는 사람들은 조직과 자금력을 가진 거대 상인들뿐이었다. 가업을 이어받을 황차오는 계층적으로 봤을 때 '농민봉기' 같은 것에 가담할 부류가 절대 아니었다. 그러나 조정에 대한 과격한 적개심으로 가득 차 있던 그는 기어이 반란의 대오에 참여한다. '황소의 난'이 발발하기 6~7년 전인 868년에 이미 '방훈의 난'이라는 지방군에 의한 군란이 1년 반 동안 지속되었다. 간신히 진압은 하였지만 이들 반란군 잔당들은 숨어지내다가 황차오의 봉기가 터지자 합류하여 농민군의 군사 전술과 훈련을 담당하였다. 이렇게 황차오가 이끄는 농민 군대는 과거 황건의 난과는 질적으로 다른 무장세력이 되었고 이들은 왕선지(王仙芝), 상양(尚让) 등이 이끈는 다른 봉기군들과 합병하며 세력을 불려나갔다.

황차오의 봉기군은 정면충돌을 피하고 허점을 찌르는 유격전을 펼치며 산동, 허난, 안훼이, 저장, 장시, 푸지엔, 광동, 광시, 후난, 후베이, 섬서 등 전국을 순회공연 하듯이 돌면서 당정부를 흔들어 놓았다. 880년 12월 황차오의 군대가 장안으로 입성했을 때 당의 금오대장군 장직방이 환호하는 대중들을 이끌고 황차오의 대군을 영접하였다. 당의 황제는 또 한 번 쓰촨성 청두로 피신을 가야 했고 다시 한번 사타족에게 구원을 요청하였다. 궈튀르크(돌궐) 연맹의 일부였던 사타족은 원래 궈튀르크 붕괴 후 신장에 거주하던 민족이었는데 토번에 밀려 점점 동진하다가 결국 당에 투항하였다. 그런데 당 말 몇 번의 쿠데타가 이들에게 거대한 기회를 안겨주었다. 방훈의 쿠데타가 터졌을 때 당의 황제는 어쩔 수 없이 사타족에게 도움을 요청하였는데 이때 사타족의 추장이었던 주사적신(朱邪赤心 주사가 성이다)이 군대를 이끌고 쿠데타 진압에 앞장섰다. 이때의 공으로 주사적신은 황제로부터 이국창(李国昌)이라는 한족 이름을 하사받았고 무진절도사(오늘날 네이멍구 허린거얼)로 임명되면서 새로운 보금자리를 얻게 되었다. 그리고 당정부는 이번에는 이국창의 아들인 이극용(李克用)에게 황차오의 반란을 진압해줄 것을 요청하였다. 이극용의 아들은 후에 오대십국의 두 번째 대장국인 후당을 세운다.

장안성에 입성한 바로 다음 달인 881년 1월 황차오는 대제(大齐)[2] 제국을 선포하고 스스로 황제가 되었다. 황차오의 봉기 과정에 대해서는 상세한 서술을 하진 않겠다. 결론을 말하자면 황차오는 장안 입성 후 2년 만인 883년 1월에 이극용이 이끄는 사타족 군대에 패해 장안을 버리고 도망쳤고 그해 12월 산동성에서 포위되어 결국은 자신의 외손자에게 살해되었다. 그렇게 이 봉기는 끝이났다. 표면적으로 봉기군은 이극용이 이끄는 사타족 군대에 의해 진압된 것이나 사실 황차오의 몰락에 결정타를 날린 것은 봉기군의 핵심 장수인 주온(朱温)이 당으로 투항한 데에 있었다. 좀 더 정확히는 주온으로 하여금 황차오를 버리고 당으로 투항하도록 밀어낸 데에 있었다. 이 주온이라는 자가 후에 공식적으로 당의 명줄을 끊고 후량을 세움으로써 오대십국 시대를 열어놓는 주인공이다. 황건의 난이 군웅할거로 이어지고 결국 조조와 유비 같은 혼란기의 창업자들을 탄생시켰듯이 황소의 난은 주온과 이극용을 탄생시켰다. 그런데 이렇게 중요한 인물이 왜 갑자기 황차오를 배신하고 다 쓰러져가는 당정부로 투신하였을까? 사실 장안 입성 후 황차오의 진영을 떠나 당정부군으로 투항한 이가 주온뿐만은 아니었는데 이를 이해하기 위해서는 황차오와 그의 봉기군이 보여준 행적을 잠시 이야기하지 않을 수 없다.

황차오(黄巢). 그는 소금 밀매업을 하는 집의 아들로서 재력은 남부럽지 않았다. 그래서 자신이 글재주가 있다고 여겼던 그는 정계로 진출하여 가문을 빛내고 권력을 갖고자 하는 갈망이 생겼다. 《신당서·황소전》에 보면 '그의 집안은 매우 부유했고 그는 검술, 마술, 활쏘기에 능했으

---

2) 황챠오의 고향은 오늘날 산동성 허저(菏泽)였다. 그러므로 자신의 제국을 제(齐)라 이름하였다.

며 약간의 글솜씨가 있었다'고 적혀있다. 그에 대한 객관적인 기술에 따르면 부자인데다가 공부도 잘하고 게다가 스포츠까지 잘한다. 보통 이런 사람은 말을 잘하고 사교성이 좋으며 자신감과 자부심으로 충만해 있다. 때로는 그런 자부심이 도가 지나쳐 자신은 뭘 해도 된다라는 자기 합리화를 하기도 한다. 그의 외모가 어떨지 모르겠으나 이쯤 되면 모든 걸 갖춘 엄친아처럼 보인다. 단지 한 가지가 부족했을 뿐이다. 그는 전형적인 부잣집 아들이었지만 소금 밀매업을 하는 집안에서 고상한 가치관이나 도덕심이 배양되지는 않았을 것이다.

그런 그가 과거에 계속 낙방하였다. 과거를 쥐고 흔드는 환관들에게까지 인맥이 닿지 않았던 건지, 아니면 그런 것 없이 실력으로 충분히 급제를 할 것이라는 자신이 있었던 건지 어쨌든 몇 번의 고배를 마시게 된다. 이렇게 되면 그가 품은 감정은 어떤 것이었을까?

'과거제가 썩었다!'
'이놈의 나라가 썩었다!'
그는 이렇게 생각했다. 그리고 더 나아가 사회에 대한 과격한 증오와 적개심으로 발전하였다.
"장안을 다 죽이고 내가 일인자가 되겠다!"
그래서 이런 시가 나온 것이다.

我花开后百花朮 내가 꽃을 피우면 모든 꽃들이 죽을 것이니
满城尽带黄金甲 성 안은 모두 황금 갑옷으로 뒤덮일 것이다

875년에 왕선지(王仙芝)라는 자가 오늘날 허난성에서 봉기하였고 황차오가 뒤이어 고향인 산동성에서 봉기하였다. 그리고 얼마 후 그들 두 세력은 서로 합병하였다. 왕선지라는 자는 누구인가? 재미있는 건 왕선

지 역시 소금 밀매업자라는 것이다. 당을 멸망의 길로 이끈 최대 농민 봉기를 일으킨 두 명의 창업주들이 모두 소금 밀매업자다? 뭔가 이상하다. 그래서 혹자는 소금 밀매업이 당정부로부터 발각되었고 대대적인 압수와 자산 몰수 사건이 이들로 하여금 봉기군의 수장이 되도록 하였을 것이라 하는데 매우 그럴듯한 추측이다.

황차오가 '백성을 구제한다'라는 구호를 내걸긴 했지만 한 가지 사례는 그의 본심이 정말로 세상을 바꾸려는 큰 뜻에 있었는지를 의심하게 만든다. 그는 875년 봉기에서부터 880년 장안에 입성할 때까지 5년 동안 총 다섯 차례에 걸쳐서 당정부와 자신의 관직에 대한 소위 '연봉협상'을 했다. 관직을 주면 자신이 반란을 풀겠다는 것이었다. 황차오의 농민군이 광저우를 점령하고 근거지가 생기자 그는 또다시 정부와 협상을 했다. 처음에 그가 제안한 것은 태평군(太平軍)절도사 직이었는데 태평군절도사는 오늘날 산동 일대를 관할하였다. 자신의 고향에서 관리가 되겠다는 의도였다. 그런데 뜻밖에도 당정부가 이를 거부하였다. 그래서 그는 이번에는 기대치를 낮추어 '그럼 광저우에서 살겠다'는 심사로 광주절도사를 요구하였다. 그러나 당정부는 이마저도 거부하였고 그에게 온 건 솔부(率府)라는 하급 관리직 임명장이었다. 황차오는 뚜껑이 열렸고 "내 장안으로 진격하겠노라!"고 결심하였다.

그의 봉기군이 지나는 곳은 살육과 파괴가 뒤따랐다. 가장 대표적인 사례가 광주(광저우)에서 외국인 12만(혹은 20만이라고도 한다) 명을 도살한 일이다. 이 일은 중국의 사료에는 기재되어있지 않지만 아랍의 상인인 술레이만(Suleiman)이 쓴 《술레이만 동방여행기(苏莱曼东游记)》[3]에 상세히 설명되어있다.

---

3) 《중국인도견문록》이라고도 하는 이 책은 술레이만이라는 아랍 상인이 851년부터 중국과 인도를 돌아다니면서 보고 들은 것을 적은 것으로 880년에 완성되었다. 마르코폴로의 《동방견문록》보다 4세기 앞서 극동 지역을 소개한 책이다.

『회력 264년(서기 879년) 광주부(廣州府)의 주민들은 황차오군에 저항하였고 황차오는 성을 포위하였다. 며칠을 공격한 끝에 결국 성이 함락되었고 주민들이 도살되었다. 중국의 소식에 밝은 한 인사의 말에 의하면 중국인들을 포함하여 성내에 거주하며 상업을 하던 이슬람교도, 유태교도, 기독교도, 배화교도 등 모두 12만 명이 죽임을 당했다고 한다.』

황차오가 광저우의 외국인들을 도살한 이유와 배경은 간단치만은 않다.[4] 아랍 상인들이 광저우 관리들과 결탁하여 많은 이득을 취하고 있었기에 봉기군의 타깃이 되었다는 점이 하나이고 또 한 가지는 이들 외국인 상인들의 재화를 몰수하여 전비로 써야 했기 때문이다. 하지만 알아두어야 할 건 역사적으로 민중의 지지를 얻고자 하는 급진 세력들은 예외 없이 뭔가 타도 대상을 두었고 그 공공의 적은 왕왕 외국인이나 외세, 또는 외국과의 개방을 주장하는 국내 세력들이었다는 점이다. 12만이 되었든 20만이 되었든 이 정도면 당시 광저우의 거의 모든 성인 인구를 다 죽인 거라 봐야겠다. 황차오의 살기가 어느 정도였는지 가히 짐작할 수 있겠다.

그의 잔인성을 보여주는 또 한 가지 예는 봉기군의 군량이 떨어지자 사람을 죽여 '인육'을 먹은 일이다. 이 소름 끼치는 일은 《구당서·권150하·황소열전》에 기재되어 있으니 일단 믿을 수밖에 없다. 황차오는 장안에서 2년 동안 황제로서 갖은 향락과 주색에 빠져 지내다가 이극용이 이끄는 사타족 군대에 패하여 장안을 버리고 동쪽으로 도망간다(883년 1월). 동쪽으로 이동한 황차오의 본진은 허난성 진주(陈州)를 일

---

4) 758년에 안사의 난의 혼란을 틈타 아랍 상인들이 광저우에서 중국인들을 죽이고 물자를 약탈해 간 사건이 있었다. 그래서 중국인들에게 광저우의 아랍 상인들에 대한 보편적인 반감이 형성되어 있었을 것이라 추측할 수 있다.

년간 포위 공격했으나 함락시키지 못했고 이들은 식량은 떨어지고 주위 먹을 곡식조차 없는 상황에 놓인다. 그러자 황차오는 끔찍한 발상을 한다. 거대한 맷돌과 방아를 제작하도록 한 후 부근의 주민들과 포로들을 잡아와 던져넣어 이들을 갈은 고기로 만들어 병사들의 배를 채웠다. 중국과 우리의 역사에서 전쟁과 기근이 들었을 때 인육을 먹었다는 기재는 몇 번 있다. 하지만 이는 죽은 사람의 고기를 먹었다는 것이지, 이렇게 멀쩡히 살아있는 사람을 기계에 던져넣어 갈아 먹은 건 세계 어느 역사를 뒤져봐도 전무후무한 일이다. 진주를 포위하고 있던 일 년 동안 황차오의 군대가 먹은 사람은 적게 잡아도 30만 명은 될 거라 한다.[5]

장안에 입성한 황차오는 새로운 세상을 만드는 데에 힘썼을까? 그는 황제만 쫓아내고 장안을 차지하면 모든 게 끝난다고 생각했다. 그리고 일인자가 되는 것에 너무 취했고 성급했다. 880년 12월에 장안에 입성한 지 열흘이 채 안 되어 대제 제국을 선포하였고 3품 이상의 모든 관원들을 직위해제하였으며 황족과 고위 관리들을 전부 잡아 처형하였다. 그 후로 그는 only 황제가 누릴 수 있는 권력과 향락에만 빠져지냈다. 황차오의 봉기군은 여러 지역을 하나하나 평정하고 온 것이 아니라 유격전으로 관군을 흔들어 놓고 도망 다니듯이 돌다가 장안에 입성한 것이라 전국에는 여전히 수많은 당의 명함을 달고 있는 절도사와 번진의 장군들이 깔려있었다. 특히 관중 지역에는 아직 당의 중앙군이 여기저기 흩어져 있었지만 황차오는 이들을 평정하거나 황제를 뒤쫓는 데에는 별 관심이 없었다. 그리고 당왕조보다 훨씬 심한 폭정이 시작되었다. 장안 입성 후 얼마 지나지 않았을 때 황차오는 금군의 공격을 받아 장안성을 버리고

---

5) 《农民起义领袖黄巢实是食人恶魔》凤凰资讯 2008.8.20

잠시 도피했다가 다시 공격하여 수복한 적이 있다. 황차오에 실망한 장안의 주민들은 당 금군의 입성에 환호했는데 이 소식을 들은 황차오가 다시 장안을 점령하였을 때 장안성 내의 십 수만 주민들을 죽였다고 한다.

황차오가 장안에 있는 동안 한과 당의 황제릉들이 수난을 당하였다. 그가 전쟁 비용을 충당하기 위해 한 일은 백성들을 쥐어짜내거나 고대 제왕들의 무덤을 파헤치는 일이었기 때문이다. 한무제의 무덤이 이때 또 털렸고 무측천의 무덤인 건릉의 부장품을 꺼내기 위해 40만 명을 동원하여 산의 절반을 파내었지만 지하궁전으로 들어가는 입구를 찾지 못했다. 그래서 건릉은 유일하게 도굴을 면한 능이 되었지만 황소골 (黃巢沟)이라는 이들이 파낸 흔적은 지금까지도 량산 허리에 골짜기 모양으로 남아있다. 이러한 황차오의 파괴와 학살은 대중들로 하여금 그에게 등을 돌리게 하였다. 상황이 이러하니 그와 함께 혁명 대오에 섰던 수하 장수들에게 있어서 자신들이 만든 새로운 세상에 대한 회의감이 밀려드는 것은 당연하다. 이들은 하나둘씩 진영을 떠났고 이 중 주온(朱温)의 이탈은 치명적이었다. 주온은 봉기군의 유능한 장수였다. 그나마 주온이 여기저기서 장안을 수복하고자 하는 절도사들의 공격을 막아줬기에 황차오는 장안 입성 후 2년간 편히 지낼 수 있었다. 지도자의 초심 상실과 정신적 해이는 반드시 내부의 분열과 투쟁을 불러일으킨다. 안사의 난 발발 전 당정부가 이를 아주 잘 보여주었다. 황차오가 장안 입성 후 이렇게 정사를 나 몰라라 하고 있는데 신하들이 서로 단합했을까? 이들은 파를 나누어 서로 권력 투쟁을 벌였고 주온의 이탈은 이와 무관하지 않았다. 주온은 전선에서 전세가 불리해지자 장안에 구원병을 요청하였다. 그러나 열 차례의 지원 요청은 그의 상관에 의해 뭉개지고 황제에게 보고되지 않았고 대신 장안으로부터 들려오는 소식들은 이러한 폭정 소식뿐이었다. 황차오가 가망이 없다고 판단한 주온은 당정부군에 투항하였다(882년).

황차오는 관의 핍박과 과중한 세금에 고통받는 민중들을 해방시켜주는 '메시아'였을까? 그에게 '큰 뜻'이 있었던가? 대중은 시종 그를 지지하였는가? 처음에는 최소한 그렇게 보이긴 했다. '황소의 난'은 그로부터 거의 1,000년 후인 1851년에 발발한 '태평천국의 난'과 여러모로 흡사하다. 태평천국의 리더 홍수전(洪秀全) 역시 마을에서 글 좀 배웠다고 자부했던 사람이었는데 과거에 세 번 낙방하였다. 그리고 그는 "니들의 세상에 들어가느니 내가 세상을 한번 만들어 보겠다!"고 결심하였고 기독교 사상을 교묘하게 활용하여 사람들을 모으고 자신을 신성시한 후 봉기를 일으켰다. 둘 다 지식인 리더와 농민들과의 결합이었다. 그리고 황차오와 홍수전 모두 소시오패스 같은 잔혹한 면을 가지고 있었고 결국 이것이 민중들로 하여금 등을 돌리게 한 요인이 되었다. 또한 이들은 외세에 대한 민중의 적개심을 잘 이용하였다는 측면도 서로 닮았다. 황차오는 광저우의 아랍 상인들을 그 대상으로 삼았고 홍수전은 청 정부 타도를 외치며 만주족들을 닥치는 대로 공격하였다. 그러나 이들은 둘 다 근거지를 가진 후부터는 승리에 도취되어 혁명 정신을 잃고 현실에 안주하였고 그후 급속히 내리막길을 걷기 시작했다. 황차오는 장안에 입성한 후부터 초심을 완전히 잃고 황궁의 향락 속에 빠져 지냈고, 홍수전 역시 천경天京(난징)을 점령한 후부터 자신은 2,000명이 넘는 궁녀들 속에서 빠져 지내면서 정사는 자신의 부하에게 맡기고는 나 몰라라 했다. 황차오가 장안에 입성한 후 현실에 안주하지 않고 계속적인 공세를 이어 나갔으면 성공한 농민 봉기가 될 수도 있었다. 마찬가지로 홍수전 역시 난징 입성 후 그 기세를 몰아 베이징을 향해 북벌을 했으면 역사가 어떻게 바뀌었을지 모른다[6]. 최소한 이 둘에 대한

---

6) 홍수전은 1853년 3월에 난징을 점령하였고 2개월 후인 5월에 부하인 임봉양(林凤祥), 이개방(李开芳)으로 하여금 북벌을 추진하도록 하여 한때 텐진에 다달았으나 2만 밖에 안 된 그들의 군대는 곧 청 정부군에 의해 진압되었고 그 후로 홍수전은 북벌을 포기하였다.

역사의 평가는 지금과는 달랐을 것이다.

오대십국 시대의 개막

명나라 말기에서 청나라 초기에 활동했던 사상가인 왕부지(王夫之)는 자신의 저서《독통감론 读通鉴论》에서 이렇게 말했다.

> 『한을 무너뜨린 건 황건이었지만 황건은 한을 가지지 못했고, 수를 망하게 한 건 군도들이었지만 그들은 수를 가지지 못했으며, 당을 멸망으로 이끈 건 황소였지만 황소는 당을 가지지 못했다(亡汉者黄巾, 而黄巾不能有汉；亡隋者群盗, 而群盗不能有隋；亡唐者黄巢, 而黄巢不能有唐).』

이 말은 우리로 하여금 역사 속의 농민 기의가 가지고 있던 본질적인 문제점이 무엇이었는지를 생각하게 해주며, 결국 이들 농민 기의는 다른 사람(또는 세력) 좋은 일만 시켜주었다는 역사의 법칙을 상기시켜 준다.

동한 말의 재현?

농민 봉기 후에 벌어지는 국면은 언제나 둘 중 하나이다. 외부 세력을 끌어들여 오거나 거대 군벌이 탄생하는 것이다. 황소의 난 이후의 국면은 동한 말의 군벌 할거 시기와 비슷했다. 먼저 수도 장안은 환관들이 계속 중앙군을 장악하며 대권을 좌지우지하고 있었다. 물론 이때의 중앙군이란 힘이 미치는 범위가 장안 주변 정도에 불과했으므로 장안은 실질적으로는 그저 하나의 작은 번진이나 다름없었다. 황제는 환관의 말을 들어야 했고 저항하는 황제는 끌어내려졌고 심지어는 연금되기도 했다.

황소의 난이 진압된 후로 번진의 힘은 더욱 커졌고 특히 몇 개의 거대 군벌이 탄생하였다. 이 중에서도 황소의 난이 탄생시킨 두 개의 거대 군벌이 있었으니 그 하나는 하동절도사 이극용(사타족)이고 또 한 명은 선무절도사 주온이었다. 황소의 난 진압의 1등 공신 이극용은 하동절도사가 되어 산시성 진양(晉阳, 타이위엔)을 근거지로 한 거대 군벌이 되었다. 이극용은 후에 진왕(晉王)에 봉해졌다.

주온은 당으로 투항한 후 역시 황소의 군대를 진압하는 데 혁혁한 공을 세워 당 희종으로부터 '전충(全忠)'이라는 이름을 하사받아 이때부터 주전충으로 개명하였다. 그 후 고속 승진하여 변주(汴州, 오늘날 허난성 카이펑开封)을 중심으로 한 허난성 동부 지역 군대를 관할하는 선무군절도사가 되었고 량왕(梁王)이라는 봉호까지 받았다. 이리하여 산시성을 근거지로 한 진왕 이극용과 허난성을 근거지로 한 량왕 주전충의 2개 거대 군벌, 그리고 수많은 중소 군벌들이 난립하는 국면이 형성되었다. 물론 이들의 무대라고 하는 건 만리장성 이남 지역에 불과했고 서역은 말할 것도 없고 하서주랑(깐수성)조차도 이들의 세력권에서 벗어나 있었다. 대체적으로 봤을 때 장성 이북 지역은 거센 기세로 세력을 불리고 있는 거란족의 세계였고, 깐수성과 칭하이 지역은 육곡부(六谷部)라고 불리는 토번 부락[7]과 회흘(위구르) 부락이 차지하고 있었다. 당 말기 군벌들의 각축장은 동한 말 13개 군벌 할거 때보다도 작았다.

---

7) 토번 왕국은 842년 불교를 탄압하던 랑다마 캄포가 승려에 의해 살해된 후 일련의 정치 혼란기를 거치면서 왕국이 사분오열되었다. 9세기 60년대에 토번에 의해 점령되어 왔던 롱우, 하서 지구와 그들의 본토인 티베트고원에서는 대규모의 노예와 평민들의 봉기가 일어났는데 이들 노예들이 하서 각 지역으로 이동하여 하서토번을 이루었다. 이들은 여섯 개의 골짜기에 근거지를 두고 있다고 하여 '육곡부(六谷部)'라 불렸다. 이들은 11세기 초에 당항족(탕구트)에 의해 멸망한다.

이극용과 주온(주전충)은 사이가 좋았을까? 이들은 한때 주온이 이극용을 암살하려고까지 했을 정도로 서로 못 잡아먹어서 안달이었다. 그러나 원래는 주온도 이극용의 상대가 되지 않았다. 그만큼 이극용의 힘은 독보적이었다. 그런데 조정의 정치 투쟁이 주온에게 조금씩 기회를 열어주고 있었다. 환관들이 황제를 끼고 조정을 장악하고 있었지만 이들이 사령관으로 있는 금군의 힘은 번진들에 비하면 미약했다. 그러면 어떻게 해야겠는가? 이들은 동한 말 원소, 동탁에게 속수무책으로 당한 일을 반복하지 않으려고 이무정과 같은 관중의 절도사들과 결탁하여 무력을 빌렸다. 한편 재상을 중심으로 한 문신 그룹은 어떻게든 황제를 환관들 손에서 벗어나게 하도록 방법을 찾고 있었고 그러기 위해선 이들도 역시 번진의 무력을 빌릴 수밖에 없었다. 그런데 장안 밖의 번진들 세계는 산시성 전부와 허베이성 일부를 장악한 이극용에게로 이미 균형추가 너무 기울어져 있었고 이 또한 황제로서는 바라는 바가 아니었다. 안사의 난 이후 당의 황제들은 밖으로는 번진, 안으로는 환관에 시달려 왔기 때문에 밖의 세계에서 거대 군벌이 탄생하는 것에 대한 공포가 있었기 때문이다. 그래서 당소종(昭宗)은 의도적으로 신흥 군벌인 주온을 지원하였다. 황제가 할 수 있는 거라곤 직위와 봉호를 올려주는 것뿐이었지만 천자의 신뢰를 얻는 것만으로도 아직까지는 천하의 힘을 얻는 데에 큰 도움이 되었다. 이렇게 당시의 중국은 환관과 관중 군벌의 동맹, 재상과 주온의 동맹, 그리고 무력은 가장 세나 장안의 어느 세력과도 손잡지 않고 있던 소수민족 군벌 이극용, 이렇게 세 부류로 나눠졌다. 오랫동안 환관들한테 휘둘렸던 것에 치를 떨고 있던 황제는 겉으로는 환관들의 말을 듣고 있는 것 같았지만 물밑으로는 문신들과 이들이 동맹을 맺은 주온을 지지하고 있었다. 내용은 다르지만 형식적으로는 동한 말과 비슷한 국면이 형성되고 있었던 것이다.

　그리고 중앙에서의 환관과 재상들 간의 투쟁이 드디어 주온에게 기회를 주었다. 재상 최윤은 환관 소탕을 주장하는 대표적인 강경파 재상이었다. 동한 말의 원소를 떠올리면 될 듯하다. 그는 기회가 왔다고 판단하고 거대 군벌 주온을 끌어들였다. 최윤은 '황제의 밀지'라며 환관들을 소탕하라는 편지를 주온에게 전달했고 '황제의 밀지'에 흥분한 주온은 자신의 군대를 이끌고 장안으로 진격했다. 2세기 말에 하진과 원소가 환관 처단을 위해 동탁을 불러들인 것과 똑같다. 그리고 결과도 비슷했다. 환관들은 황제를 데리고 자신의 연맹인 봉상(섬서성)절도사 이무정의 성 안으로 들어갔고 이들은 거기서 수성전을 펼쳤다. 그러나 1년간의 포위 끝에 식량이 떨어져 이들은 백기를 들 수밖에 없었다. 성 안으로 진입한 주온의 군대는 환관들 70여 명을 모조리 도살하였고 이렇게 하여 안사의 난 이후 150년 가까이 지속해온 2차 환관 시대가 막을 내렸다(903년). 물론 이 과정에서 '아차' 싶은 이극용이 군대를 일으켜 주온이 황제를 차지하는 것을 막으려고 했으나 이때의 주온은 이미 과거의 주온이 아니었다. 이극용은 주온에게 몇 번의 전투에서 패하자 움츠러들었고 주온이 장안을 점령하는 것을 그저 쳐다보고 있을 수밖에 없었다.

장안의 시대가 끝나다

주온은 모양새로는 한헌제를 낀 조조가 되었다. 그러나 그는 조조가 아니었고 따라서 당소종의 처지 역시 한헌제와는 달랐다. 조조는 한헌제에게 그래도 예를 갖추었지만 주온은 자신을 지지해준 황제에게 막대했다. 최윤은 주온에 의해 죽임을 당했다. 그렇다면 주온은 좋은 사람이었을까? 그는 장안을 점령 후 매일 밤 며느리를 불러 침대에서 뒹굴었고 그로부터 9년 후인 912년에 아들에 의해 살해되었다. 이런 자가 좋은 사람이었을 거라고 기대를 하면 안 될 듯하다. 주온의 폭정이 시작되었고 얼마 안 있어 그는 황제를 협박하여 수도를 낙양으로 천도하도록 하였다. 이때 그는 이미 새 왕조를 세울 준비를 하고 있었던 것이다. 과거 동탁이 낙양에서 하루아침에 주민들을 장안으로 옮긴 것과 비슷한 상황이 연출되었다. 단지 방향만 바뀌었을 뿐이다. 100만이 넘는 장안 주민들의 천도 행렬이 펼쳐졌고 이들은 "자기 혼자 죽으면 됐지, 왜 우리들까지 개고생 시키냐"며 주온을 끌어들인 최윤을 욕하는 노래를 부르며 이동하였다고 한다. 이로써 1,000년이 넘는 세월 동안 수도로서 역할을 한 장안은 그 화려했던 역사를 뒤로하고 수도의 지위를 개봉으로 완전히 넘겨주었다. 하지만 당시 장안의 모습은 이미 과거의 장안이 아니었다. 20년 전 황차오가 장안에서 철수하면서 온 성에 불을 질렀기 때문이다. 천도 후 주온은 당소종을 암살하고 그의 열두 살짜리 아들을 황제로 앉혔다. 그리고 그로부터 3년 후인 907년에 황위를 선양받았다. 그는 새로운 나라를 '량(梁)'이라 불렀고 수도를 낙양에서 다시 동쪽으로 조금 이동한 변주(개봉)로 하였다. 당은 이렇게 공식적으로 멸망을 고하였고 중국의 4대 고도 중 하나인 개봉(开封, 카이펑)이 이때부터 역사의 중심이 되었다.

개봉(开封 카이펑)

중국의 고도(古都)를 일컫는 말에는 10대 고도, 9대 고도, 5대 고도, 4대 고도와 같이 여러 가지가 있는데 이중 4대 고도라 하면 시안(西安), 뤄양(洛阳), 난징(南京), 베이징(北京)을 말하며 5대 고도에는 카이펑(开封)이 추가된다. 카이펑(개봉)은 오대십국의 후량부터 북송 말까지의 220년 동안 중국의 중심 도시였다.

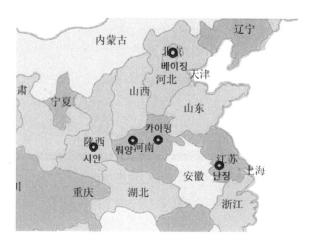

중국의 5대 고도

오늘날의 카이펑(开封)시를 부르는 명칭은 왕조별로 달랐으며 시대를 거치면서 총 10개도 넘는 이름이 생겨났다. 중국의 고도 중 이렇게나 많은 이름을 거친 곳은 많지 않은데 이는 카이펑이 그만큼 역사적으로 많은 격동의 세월을 겪었음을 말해준다. 카이펑에는 변하(汴河)라 부르는 강이 남북으로 관통하였기에 당왕조 때까지는 대체적으로 변주(汴州)라 불리다가 오대십국 시기에는 후량, 후진, 후한, 후주가 이곳을 수도로 정하면서 동도(东都) 또는 동경(东京)이라 불렀다. 북송 때에는 동경(东京) 또는 변경(汴京)으로 불렸다. 북송 역시 총 네 개의 수도를 두었는데 이들은 공식 명칭은 동경 개봉부(허난 카이펑), 서경 하남부(허난 뤄양), 북경 대명부(허베이 한단시 동쪽 대명현), 남경 응천부(허난 상치우)였다. 원나라 때에는 변량(汴梁)이라 불렀고 명나라 때에 개봉부(开封府)로 변경하여 청나라 때까지 개봉부란 이름이 사용되었다.

개봉을 관통하는 변하(汴河)는 춘추시대 이래로 북송 때까지 황하와 회하를 연결하는 수송로로서의 역할을 톡톡히 하였다. 원래는 자연 강이었으나 춘추시대 이래로 지속적으로 넓히고 제방 관리를 해 주어 운하가 되었고 서한 때에는 변하를 통해 1년에 600만 석의 곡식이 운송되었다고 한다. 북송 때 그려진 《청명상하도》에는 변하에 정박해 있는 배와 주변 모습이 아주 잘 나타나 있다. 그러나 지금은 개봉에서 변하를 볼 수 없고 더 남단으로 가서 강소성 서주(徐州) 근방에 가야만 볼 수 있다. 원나라 이래로 관리를 하지 않아 황하의 토사가 들어와 변하의 수량(水量)이 줄었고 운하로서의 역할이 약화되었기 때문이다. 결정적으로 명나라 말기 '이자성의 난' 때 성을 점령한 봉기군을 공격하기 위해 명나라 관군이 황하의 둑을 터뜨리면서 개봉성 전체가 토사로 뒤덮였다. 그 후로 변하는 악취 나는 실개천으로 변했고 청나라를 거치면서 거의 평지가 되었다. 이자성의 난 때의 수공(水攻)은 개봉에게는 실로 재앙이었다. 이때 변하뿐 아니라 개봉부 전체가 물과 토사에 잠겼고 오늘날 우리가 보는 카이펑시의 옛 개봉의 모습은 명청시대 성벽을 제외하고는 전부 20세기에 복원된 것이다. 옛 개봉시의 궁전과 민가, 절, 청루, 교량 등은 전부 땅 밑에 묻혀 있다.

47장
오대십국

'오대십국'이란?

당으로부터 옥쇄를 건네받고 주씨의 량나라가 세워졌으니 이제 량이 천하의 주인이 되었을까? 전국에 수많은 군벌들이 있는데 그게 그렇게 쉽게 될 리가 없다. 그로부터 중국은 약 10개의 나라로 분열되었는데 삼국 시대와 달랐던 건 그래도 이들 중에는 명백한 큰집이 있었다는 것이다. 개봉을 수도로 한 중원왕조가 있었고 그 남쪽으로 8~10개의 중소 정권들이 독립국가나 독립국가에 준하는 지위를 가졌다. 이는 다시 말하자면 주온이 세운 량(梁)의 세력권이 중국 전역을 커버하지 못하였으며 다른 군벌들이 세운 정권들을 전부 평정할 힘이 없었다는 걸 뜻한다. 이 큰집(중원왕조)은 집과 땅, 집사, 하인들은 그대로 둔 채 주인만 빈번하게 바뀌었고 이런 식으로 50여 년 동안 다섯 주인(왕조)이 입주와 퇴거를 반복하였다. 그래서 이들 다섯 왕조를 오대(代)라 부르고 주변의 8~10개 정권들을 십국이라 부른다. 물론 오대십국, 오호십육국 이런 이름들은 다 후세 사가들이 붙인 이름이지, 당시 사람들에게는 이런 개념이 없었다.

오대십국과 5호 16국

중국 역사를 잘 모르는 분은 '오대(代)십국'과 '5호(胡) 16국' 시대를 헷갈릴 수도 있다. 둘 다 분열 시기이고 무력이 장악하는 시기이기 때문이다. '오대십국'이란 당이 멸망한 후 번진들이 독립하여 중국에 여러 나라들이 형성된 시기를 말하므로 크게 보면 안사의 난 이후 굳어진 번진 할거 국면의 연장이다. 송(宋)이 다시 통일을 하기 전까지 약 60년간의 분열 시기이므로 이 시기를 '소분열 시기'라고 하기도 한다. 당시 한반도 역시 '후삼국 시대(901~936)'라는 분열의 시기를 겪고 있었다.

오대십국과 5호 16국 간에는 시대적 차이뿐 아니라 공간적 차이도 있다. 이민족들의 전쟁 국면인 5호 16국은 화북 지역에 국한되었던 반면 오대십국은 거의가 황하 이남이 무대였고 장성 이북과 섬서성 이서 지역은 아예 다른 민족들에 의해 점령되어 있었다. 그러나 오대십국과 5호 16국의 가장 큰 차이점은 무엇보다도 정권들이 가진 본질적, 태생적 특징에 있다고 해야겠다. 5호 16국 역시 혼전 국면이긴 하였지만 대체적으로는 한 정권이 그 민족이나 민족의 지류를 대표하였다. 즉, 민족이나 부락 단위의 정권이었다. 그에 반해 오대십국에서는 민족이란 하등의 중요성이 없었고 그저 무력의 크기가 정권을 이루는 핵심 요소였다.

오대십국의 구성원

중원에는 량(梁), 당(唐), 진(晋), 한(汉), 주(周)의 다섯 왕조가 차례로 들어섰고 이들을 앞선 원조 왕조들과 구분하기 위해 후량, 후당, 후진,

후한, 후주라 부른다. 후당을 제외하곤 이들은 전부 개봉을 수도로 하였다. 그러므로 이들 다섯 왕조들은 동시기에 공존했던 나라들이 아니라 앞의 왕조를 전복시키고 차례로 들어선 왕조이다. 당왕조가 멸망하고 후량이 세워진 게 907년이고 후당, 후진, 후한을 거쳐 오대의 마지막 왕조인 후주 정권이 조광윤에 의해 찬탈되는 해가 960년이니, 이들 다섯 왕조의 역사는 총 53년이고 이들의 평균 존속 기간은 불과 10년 남짓이다. 반면 십국이라 불리는 남쪽의 국가들은 서로 병립했던 정권들이다. 물론 이들도 성립 시기가 저마다 다르고 이들 중에도 일찍 망한 정권과 오래 지속한 정권이 있긴 하지만 대체적으로 중원의 오대(五代) 국가들보다는 평균 수명이 길었다. 그래서 오대십국의 기간을 오대의 기준으로 보면 53년이고 십국 기준으로 보면 77년[8]이다.

실질적으로 오대(五代) 중원왕조를 제외한 나머지 정권의 수는 열 개가 훨씬 넘었다. 이 중 존속 기간이 아주 짧았던 국가나 황제나 왕을 선포하지 않고 그냥 절도사의 지위를 유지하면서 실질적으로는 독립국가에 준하는 지위를 누린 정권들은 십국에서 제외되었다. 이들 열 개 국가는 전촉(前蜀), 후촉(后蜀), 남오(南吳), 남당(南唐), 오월(吳越), 민(閩), 남초(南楚), 남한(南汉), 남평(南平), 북한(北汉)이다. 아홉 개 나라가 전부 남방에 있었고 북한만이 중원의 북쪽(산시성)에 위치했다.

이들 십국과 오대의 관계는 어떠했는가? 이를 이해하기 위해서는 십국이 어떻게 형성된 정권들인 지를 알면 될 듯하다. 주온이 당을 멸망시키고 개봉에서 후량을 세우자 병권을 가지고 있는 천하의 군벌들은 주온 지지파와 옛 당을 그리워하며 주온을 지지하지 않는 파로 나뉘었

---

8) 10국은 902년 양행밀이라는 절도사가 당왕조에 의해 오왕(吳王)에 봉해진 것이 그 시작이고 마지막은 북송에 의해 북한(北汉)이 멸망한 979년이다.

다. 주온을 지지하거나 그의 왕조 설립을 도운 군벌(절도사)들은 그 공을 인정받아 후량으로부터 왕으로 봉해졌고 이들은 자신들의 봉지에서 왕국의 지위를 누렸다. 오월과 남초가 그러한 케이스이다. 그러므로 후량과 이들은 군신 관계였다. 그러면 후량을 지지하지 않는 군벌들은 어찌하겠는가? 주온을 역도라 욕하면서 자신들도 스스로 국가를 선포하는 것이다. 이들 중에는 황제를 칭하는 자들도 있었고 왕을 칭하는 자들도 있었다. 그리고 위에 언급했듯이 그냥 절도사를 유지하며 실질적인 자치를 누리는 것에 만족한 자들도 있었다. 그럼 후량이 멸망하고 중원의 주인이 오대의 두 번째 타자인 후당으로 바뀌었을 때에는 어떻게 되었겠는가? 후량의 동맹 왕국들은 후당의 1차 타깃이 되었고 그렇게 하여 멸망한 왕국 위에 다시 후당의 연맹들이 왕으로 봉해졌다. 그러므로 십국과 오대의 관계는 크게 군신관계, 대립관계, 중립의 세 가지였다.

중원 정권의 변화

오대의 왕조들이 병립하지 않았다고 말했지만 후량이 존속한 17년 동안에는 후량의 바로 머리 위를 이극용의 아들 이존욱(李存勖)이 왕으로 있는 진(晉)이 누르고 있었다. 이때의 진은 십국도 아니고 오대도 아니었지만 후량으로서는 가장 위협적인 존재였다. 이극용·이존욱 이들 사타족 부자는 자신들이 황소의 난 진압의 1등 공신임에도 어이없이 주온이 당을 잇고 천하의 대장 행세를 하는 것에 매우 분개하고 있었다. 그러므로 실력을 더 키워서 후량을 멸망시킬 수 있는 날만 기다렸고 결국 17년 후인 923년에 지도층 내부 혼란을 틈타 후량을 멸망시켰다. 이들은 당으로부터 이씨 성을 받았으니 자신들이 당의 정통을 잇는 왕조라며 '당'이라 이름하였다.

후당은 14년을 존속하고 거란을 등에 업은 같은 사타족 정권인 후진(晉)에게 자리를 내주었다. 후진 역시 12년 동안 존속하고 거란에 의해 멸망하였고 그 자리에 또다시 거란이 지원하는 후한이 세워졌다. 후진의 성립은 '연운16주의 상실'이라는 역사적으로 매우 뼈아픈 결과를 가져왔는데 이는 나중에 다시 설명하겠다. 오대 정권 중 2, 3, 4대의 세 개 왕조는 통치 계층이 사타족이었고 그중에서도 3대(후진)와 4대(후한)는 거란이 중원에 세운 친거란 괴뢰 정권이었다. 여태껏 중국이 주변 정권에 친중국 괴뢰 정권을 세운 적은 있었어도 그 반대로 주변 국가에 의해 중원에 괴뢰 정권이 세워진 건 이때가 처음이었다. 오대 중원 정권은 앞서 말했듯이 영토, 백성들, 관리들, 제도, 황궁 등은 변함없이 세입자만 들어왔다가 나가고 또 다른 세입자가 들어오는 식이었다. 단지 그 세입자가 한족이었냐, 사타족이었냐, 거란의 지원을 받는 자들이었냐의 차이가 있었을 뿐이었다.

　다섯 번째인 후주가 성립되고 10년째 되는 해인 960년 정월에 조광윤이 정변을 일으켜 다시 송(宋)이란 나라를 세웠다. 그리고 송은 19년에 걸쳐서 나머지 나라들을 모두 멸망시킴으로써 이 분열의 고리를 끊어버렸다. 그러나 사실 후주의 세종이 일찍 죽지만 않았으면 굳이 조광윤이 송을 세우지 않았어도 천하는 후주에 의해 통일되었을 가능성이 매우 높아 보인다. 조광윤이 황위를 찬탈하여 송을 세웠을 당시 십국은 이미 오국으로 줄어들었고 그가 평정한 정권은 이들 다섯 개 왕국과 일부 절도사들에 불과했기 때문이다.

영토의 변화

오대십국 초기(907~923)

오대십국 후기(951~960)

위의 두 지도를 비교해보면서 오대십국 기간에 일어난 세 가지 영토적 변화에 눈여겨볼 필요가 있다. 하나는 거란의 성장이다. 이들은 중국의 혼란기를 틈타 엄청난 속도로 확장하였고 947년에 중원의 수도 개봉을 점령하면서 국호를 요(辽)로 개명하였다. 이들은 얼마 안 있어 중원에서 철수하고 북쪽으로 되돌아가긴 했으나 이들 때문에 오대십국 이래로 송나라 말까지 한족들은 장성 이북 지역과 연을 끊고 살아야 했다. 물론 지도에서 보이는 바와 같이 하서주랑과 서역은 진작부터 중국 영토에서 떨어져나가 있었다.

또 한 가지는 발해의 멸망이다. 고구려의 유민들과 말갈족이 세운 발해는 928년 거란에 의해 멸망한다. 발해 유민의 일부는 고려로 들어오고 일부는 거란의 주민이 되었는데 이로써 고구려를 계승한 고려는 거란 보기를 형제를 죽인 원수 대하듯 하게 된다. 또 하나의 변화는 후주의 바로 윗부분에 점선으로 동그라미 한 부분인데 오늘날의 산시성 북부와 베이징, 텐진을 포함한 허베이성 중북부 지역이다. '연운16주'라고 칭하는 이 지역이 거란의 영토로 들어간 것이다. 이 지역은 면적은 그리 크지 않지만 당시 중국인들로서는 뼈아픈 손실이 아닐 수 없었다. 왜냐하면 장성 이남으로 이민족을 들인 것이기 때문이다. 이 사건에 대해선 뒤에 다시 자세히 설명하겠다. 북송이 세워진 후 한인들은 계속해서 연운16주의 수복을 부르짖었지만 북송은 사실 그럴만한 힘이 없었다.

오대십국이 역사에 주는 의미

오대십국의 암흑기를 마치고 들어선 송은 앞선 수·당 제2제국과는 매우 큰 성격상의 차이를 보였다. 오대십국은 시간은 길지 않았으나 사회에 끼친 영향은 어마어마했다. 영토가 줄어든 것을 제외하고는 겉으로는 별다를 게 없어보였지만 보이지 않는 부분에서 많은 변화가 있었다. 인생에 있어서도 힘든 시기나 큰일을 겪고 나면 지워지지 않는 트라우마가 남고 그것은 이후의 성격이나 가치관, 심지어 행동을 지배한다. 마찬가지로 황소의 난에서 오대십국에 걸치는 이 시기가 새로 탄생한 송의 성격 형성에 긍정적으로든 부정적으로든 지대한 영향을 미쳤으리라는 점은 부인할 수 없다. 그러므로 오대십국 시기가 가지고 있었던 특징과 역사적 의의를 짚어보는 것은 송왕조를 이야기하기에 앞서 반드시 필요한 일이라 하겠다.

암흑기의 본질: 무력 제일주의

중국의 대표적인 포털 사이트인 바이두 검색창에 '오대십국'이라고 입력하면 엔터를 누르기도 전에 '오대십국을 왜 암흑기라 부르는지?' 또는 '오대십국은 정말로 암흑기인지?' 등등의 추천 검색 문구가 뜬다. 역사를 이야기하는 중국인들에게 '암흑기'는 오대십국에 항상 따라붙는 수식어가 되었다. 그럼 이 시기 암흑기의 본질은 무엇일까?

53년의 시간 동안 중원에는 다섯 왕조, 여덟 개 성,[9] 열네 명의 황제가 등장하였는데 이렇게 짧은 시간 동안 천자가 빈번하게 바뀌는 건 천고 이래로 처음 보는 일이었다. 오대십국의 문이 열리면서 당의 마지막 두 황제는 전부 암살당했다. 오대 열네 명의 황제 중 여섯 명만 자연사이고 나머지는 칼을 맞거나 자살하였다. 자연사한 여섯 명도 후주 세종은 서른아홉 살에 과로사로 죽었고, 후주의 마지막 황제는 즉위 6개월 만에 쿠데타로 보좌에서 내려와야 했다. 쉰 살을 넘기며 병사한 사람은 네 명밖에 되지 않는다. 이렇듯 다섯 왕조의 흥망은 완전히 무력에 의해서 이루어졌다. 황제란 별게 아니었다. 무력이 가장 센 사람이

---

9) 5대 왕조 중 후당, 후주의 경우 양자가 황위를 잇는 경우가 세 번 있었다. 그래서 열네 명 황제의 본래 성은 총 여덟 개이다.

황제가 되는 것이었다. 법도 없고 정통도 없으며 대의도 없었다. 자연히 문인들은 완전히 쓸모없는 인간이 되어버렸다. 후진 시기 성덕절도사 안중용(安重榮)은 이렇게 말했다.

『천자란 병력이 강하고 말이 튼튼한 자가 되는 거지, 무슨 종자가 있겠는가(天子兵强马壮者当为之, 宁有种耶)!』

후한의 무신인 사홍조(史弘肇)는 이렇게 말했다.

『조정이 안정되고 반란을 평정하려면 긴 창과 큰 검이 필요할 뿐이지, 붓이 무슨 소용이 있는가(安朝廷, 定祸乱, 直须长枪大剑。至如毛锥子, 焉足用哉)!』

동한 말과 삼국 시대는 전시 상황이긴 했어도 천하의 명분이라는 것이 있었고 당시의 군벌들은 오대십국 시대의 군벌들과 비교하면 그래도 낭만적이었다고 할 수 있다. 이민족 정권들의 혼전 국면인 5호 16국 시대 역시 무력 제일주의 시대였고 그 시기는 훨씬 길었다. 하지만 이들은 저마다 민족이 중심이 된 정권을 구성하고 있었고 통치자는 그 민족을 대표하였다. "우리 민족의 생존과 번영을 위해"라는 것보다 더 큰 명분이 어디 있겠는가? 그래서 석호 같은 폭군조차도 경학과 지식인들의 도움이 필요했고 약간의 유생들을 받아들였다. 그러나 오대십국의 군벌들은 유생을 쓰레기라 여겼다.

5호 16국과 오대십국, 이 둘의 차이점은 무엇보다도 분열이 종식된 후에 탄생한 통일 정권이 보여준 성격과 통치자들의 마인드에 있었다. 북위는 전란의 트라우마에서 비교적 자유로웠지만 북송은 트라우마에 갇혔다. 이 차이는 첫째, 북위는 무력으로 화북을 평정하고 세워진 왕조이고 북송은 찬탈로 태어난 왕조라는 점을 들 수 있고, 둘째로는 분열 국면을 평정한 북위 역시 초원민족 출신이었다는 데에 있다. 이들에게는 모든 게 신선했고 폐허 위에서 시작했지만 그것이 이들에게 그리 큰 트라우마가 되지 않았다. 어차피 이들은 오랜 시간 이동하며 아무것도 없는 초원 위에서 다시 시작하는 것에 익숙했던 민족이었기 때문이다. 이들은 젊었고 오히려 기름진 땅 위에서 자신들의 제국을 건설한다는 것에 대한 흥분이 있었다. 그래서 진취성과 개척정신을 가지고 한족의 문화를 흡수하면서 새 제국을 건설할 수 있었다.

반면 북송은 어떤가? 북송의 개국황제 조광윤은 이렇게 말했다.

> 『오대 시대에는 번진들의 폭정으로 백성들이 많은 고통을 받았다. 짐은 유신(儒臣, 문신) 백여 명을 선발하여 번진으로 보내 관리토록 할 것이다. 이들이 모두 썩더라도 한 명의 무장이 반란을 일으키는 것보다는 낫지 않겠는가(五代方镇残虐, 民受其祸, 朕今选儒臣干事者百余, 分治大藩, 纵皆贪浊, 亦未及武臣一人也).』

오대십국의 '무력 제일주의'에 대한 기억은 북송에게 깊은 트라우마로 남아 이들의 정책에 크게 영향을 미쳤다. 분열과 동란을 끝내고 세워진 정권에서 앞선 시대의 폐단을 되풀이하지 않고자 하는 반작용과 학습효과가 작용하고 그러한 심리가 새 정권의 정책에 반영되는 건 당연하다. 그렇지만 그와 함께 트라우마를 극복하려는 노력이 있어야지만 새로 생긴 정권이 균형을 유지하며 날아오를 수 있는 것이다. 그런 케이스는 당왕조 초반에 아주 잘 보여주었다. 하지만 북송의 설립자들은? 그들은 오대십국의 트라우마에 완전히 지배당했다. 북송의 성립 후 조광윤이 가졌던 정변에 대한 과도한 경계심, 이에 따른 군제개편, 반란에만 초점을 맞춘 과도한 내중외경 국면, 지휘관과 장관들의 권한 분산, 숭문억무 등이 그 예이다. 이러한 북송의 정치 성향은 전(前) 시대의 트라우마와 무관치 않았다. 이렇게 중국인들은 진취성과 상무정신을 잃어갔다.

호(胡)-한(漢) 혼혈 정권의 종식

북송은 왜 유독 전란의 트라우마에 빠졌는가? 이 모든 걸 조광윤 한 사람에게만 묻는다는 건 뭔가 좀 허전하다. 시대가 바뀌었고 사람이 바뀌었다. 당의 개방성과 진취성을 받들고 있던 건 유목 민족의 상무정신과 개방적이며 소탈한 기질을 가지고 있던 호한(胡漢) 혼혈 '관롱정권'이었다. 여기서의 혼혈은 꼭 피가 섞였다기보다도 마인드의 혼혈이었다는 게 더 중요하다. 그러나 오대십국 시기를 겪으면서 관롱정권은 완전히 종식되었고 송이 탄생하면서 완전한 사대부 문화로 돌아섰다. 오대십국을 기점으로 호한 혼합과 개방적인 성향이 없어지며 중국은 형식과 관념에 집착하는 중세 시대로 접어든다.

물론 암흑기라는 수식어에 동의하지 않는 사람들도 있을 것이다. 오대십국 시대가 겉으로는 '혼란'으로 포장되어 있지만 그 안에서 여러 가지 변화와 변혁들이 이루어지고 있었고 이러한 변혁들은 북송의 기반이 되었기 때문이다. 예를 들어 북송의 중앙 관제와 제도들이 북송의 창업자들에 의해 만들어진 것 같아 보이지만 실은 대부분 오대십국 시대를 거치면서 형성된 것들이고 북송의 창업자들은 이를 약간만 손봤을 뿐이다. 안사의 난 이후로 이미 중국은 분열로 치닫고 있었고 오대십국은 새로운 통일 국가 탄생을 위한 과도기이자 시대의 변혁기였다. 20세기 걸출한 역사학자인 황런위(黃仁宇) 선생은 "당과 송 사이에 이러한 과도기가 없을 수는 없었다"고 말하였다. 오대십국은 좋든 싫든 송의 형성에 지대한 영향을 주었다. 이것이 오대십국 시기가 중국 역사에서 가지는 가장 큰 의미가 아닐까 한다.

남방으로의 경제 중심 이동

오대십국의 혼전 시기는 북방의 경제를 망가뜨렸고 남방 경제가 크게 성장하도록 하였다. 그리고 남방으로의 대규모 인구유입을 유발시켰다. 이때 이후로 남북방 경제의 지위가 완전히 뒤바뀐다. 남방이 북방보다 풍요로운 판이 이때 굳어졌고 송대에 와서는 이 둘의 격차가 더욱 명확해졌다. 중원 국가인 5대 왕조들은 빈번한 전쟁과 왕조 교체로 민중들이 도저히 생업에 종사할 수가 없었던 반면 회하 이남에 위치한 10국은(북한을 제외하고는 전부 회하 이남에 위치) 북방의 전란 국면에서 비교적 자유로웠고 이들 내부의 정치도 비교적 안정되었기 때문이다. 남방의 아홉 개 나라 중 전촉(前蜀)이 18년 만에 멸망한 것을 제외하고서는 전부 30년 넘게 존속했으며 이들의 평균 존속 기간은 41년이다. 이 말은 60~70년의 시기 동안 아홉 개 지역에서 왕조의 변화가 1번 정도밖에 이루어지지 않았다는 것을 뜻한다. 남초, 오월, 남한 같은 경우 40~50년씩 유지되었으니 이들 지역은 오대십국 시기 동안 이렇다 할 왕조변화 없이 쭉 이어졌다고 말할 수 있다. 그래서 남방의 정권들은 자신의 영토 내에서 경제를 발전시킬 수 있었고, 특히 난징, 항저우, 광저우 등 도시가 이 시기에 크게 발전하였다.

서쪽과 북쪽의 목축 지역을 전부 상실한 중국은 말들을 유목 민족 정권으로부터 큰돈을 주고 사와야 했고 양고기도 수입에 의존해야 했다. 목축업의 퇴보는 농업에도 영향을 미쳤고 농업의 위축은 수공업의 위축으로 이어졌다. 실크로드 무역이 위축되고 해상무역에 더욱 의존하였지만 대부분의 무역항은 광저우, 닝보 등 화남에 몰려있었고 화북에는 항구가 발달하지 않았다.[10) 그래서 화북의 오대 왕조는 해상무역

---

10)   당시 화북의 항구는 산동성 옌타이 주변이 유일했다.

의 수혜를 향유하지 못하였다. 남방은 경제적으로 빠르게 발전했던 반면 중원의 오대 왕조들의 경제는 제자리걸음을 하고 있었다.

사회 변화

오대십국을 거치면서 중국 역사에서 불교가 국교로서의 지위를 잃고 그저 민간 종교로서만 남는다. 후주의 개혁군주 세종(시영)의 억불정책으로 3만여 개의 사원이 문을 닫았고 2,694개만 남았다. 이때 환속시킨 승려와 비구니가 6만 1,200명이었으며 민간의 불상들을 전부 매입하여 동전을 만드는 데 썼다.

당 말·오대십국 시기부터 중국인들은 의자에 앉기 시작했다. 그 전에는 우리와 같이 책상다리를 하였는데 이때부터 테이블을 쓰고 의자에 앉는 습관이 생긴 것이다. 그러므로 당 전반기나 그 이전 시대를 그린 드라마나 영화에서 의자에 앉아 밥을 먹거나 업무를 보는 모습이 나오면 이는 고증이 안 된 장면이라 할 수 있다. 그러나 요새 나오는 사극들은 상당한 고증을 거쳐서 제작되기 때문에 웬만한 실수는 하지 않는 것 같다. 너무나 당연한 것 같은 의자가 보편화되는 데 왜 이리 오랜 시간이 걸렸는지, 동북아 국가 중 우리와 일본은 왜 근대에 들어서까지 책상 다리를 하고 의자와 테이블을 안 썼는지, 이것이 의미하는 바가 무엇인지는 상당히 흥미로운 질문임에 틀림없어 보인다.

오대십국이 준 긍정적인 측면도 있긴 한데 대표적인 게 환관정치가 역사에서 한동안 근절되었다는 것이다. 제3차 환관정치가 벌어지는 건 그로부터 500년 후인 명나라 때부터이다.

정책 중추의 이동: 추밀원(枢密院)과 삼사(三司)의 탄생

오대십국 시기에 일어났던 중요한 정치 제도 변화를 하나 이야기하고자 한다. 통상 추밀사와 삼사사에 대한 설명은 북송의 중앙 관제를 이야기할 때 꺼내어지지만 이 변화는 실은 오대십국 시기에 이루어졌다. 추밀사(枢密使)는 당왕조 후기에 생겨난 직책이다. 당대종(762~779 재위) 때 추밀(枢密)이라는 업무를 설치하여 환관으로 하여금 담당토록 하였다. 추밀은 직역하면 '중추의 비밀'로서 '기밀'이라는 뜻이다. 그러므로 추밀이라는 업무의 원뜻은 '국가의 기밀을 관리하는 업무'이나 초기에는 별게 아니라 황제의 뜻을 재상에게 전달해주는 전달자 역할이었다. 당시 황제의 의중보다 더 중한 국가의 기밀이 뭐가 있었겠는가? 그러므로 이러한 일이 필요하기도 했겠구나 싶다. 추밀 업무 설립 초기에는 부서나 관청이 설치되지 않았다. 그저 추밀이라는 직분(업무)이 있었을 뿐이다. 그러나 기밀을 장악하는 자는 힘을 얻게 되어있다. 후에 환관의 힘이 점점 커지면서 당헌종(唐宪宗) 때 추밀 업무를 관장하는 사람을 추밀사(枢密使)라고 이름하였다. 추밀사는 점점 기능과 권력이 세졌고 재상의 집무실에서 같이 국사를 논하는 위치로까지 갔다. 여기서 잠깐 상식적으로 생각하자면 당시의 국가 기밀이라는 게 무엇이겠는가? 지금도 마찬가지이지만 국가 기밀의 대다수는 군·경찰과 관련된 일들이다. 그러므로 추밀사들이 하는 일들은 자연히 거의가 군정 업무였다. 오늘날로 비유하자면 국방부와 국정원, 경찰청을 합한 지위라고 할까. 당왕조 때 추밀사는 계속 환관이 담당하였고 당 말에 가서는 군정 대권을 장악하는 기구로 변해갔다. 당연히 추밀사의 실제 권력은 재상보다 더 셌다.

추밀원은 오대십국 시기 동안에 변화가 있었다. 주온이 장안을 점령하고 환관을 전부 소탕한 후 후량을 세웠을 때(907) 추밀원은 숭정원(崇

政院)으로 이름이 바뀌었고 숭정원의 수장은 문인이 맡았다. 초대 숭정
원사는 주온의 심복이자 책사인 경상(敬翔)이 맡았고 이로써 잠시지만
문인이 추밀사가 되는 시대가 열렸다. 그 기능은 당대의 추밀원과 거의
동일했다. 후량을 멸망시키고 들어선 후당은 숭정원을 다시 추밀원으
로 이름을 회복시켰다(923). 후진 정부는 939년에 잠깐 추밀원을 폐지
하고 재상의 권한을 강화하였지만 그로부터 5년 후 944년에 다시 부활
시켰다. 이렇게 추밀원의 기능과 권한은 오대십국의 시간을 거치면서
더욱 강해졌고 문관에서 무관이 장악하는 기관으로 변했다. 오대십국
시기의 추밀원은 재상을 포함한 대신들의 임면에까지 관여하였고, 군
사, 재정 등 이들의 힘이 미치지 않는 곳이 없었다. 심지어 황제조차도
어찌할 수 없어서 이들의 주장을 받아주는 경우도 있었다. 당왕조의
추밀원은 내조의 기관이었지만 오대십국을 거치면서 이들은 내조와 외
조를 두루 아우르는 기관이 되어버렸다. 실질적으로 당 말기에서 오대
십국 시기에 추밀원은 군사와 행정 대권을 모두 장악한 최고 정치 기구
였다. 오대십국 시기에 재상은 있으나 마나한 사람이 되었고 대부분의
국가 대사는 추밀원이 결정하였다.

한편 경제 분야에서도 거대한 변화가 일었다. 후당 때에 염철전운사
(盐铁转运使), 도지사(度支使), 호부사(户部使)의 세 개 부처를 합병하여
거대 경제부처인 삼사(三司)가 탄생하였다(930). 중앙 재정의 집중과 통
일을 기하기 위함이었다. 오늘날 대한민국으로 말하자면 재정·경제부총
리가 탄생한 것이다. 이는 후진, 후한, 후주를 거쳐 송으로 이어졌다.

48장
동북아의 변화

　오대십국의 혼란기에는 동북아 국제 판도에도 큰 변화가 일고 있었는데 이중 빼놓을 수 없는 것이 요(辽) 제국의 형성과 고려 왕국의 건립이다. 거란 민족이 세운 요는 쿼튀르크, 위구르, 해, 여진 등 초원의 여러 민족들을 평정하고 곧이어 동진하여 발해를 멸망시킴으로써 거대 제국으로 발전하였다. 이로써 고려는 동북아의 신흥 강대국과 국경을 맞대게 되었다.

　지금부터 할 이야기는 거란 민족과 그들이 세운 정권인 요(辽)의 역사이다. 몽골 초원의 대부분과 동북 3성의 광대한 지대를 200년이 넘도록 지배했으며 자신의 문자를 가졌던 거란은 그러나 오늘날 중국의 55개나 되는 소수민족 중에서는 찾아볼 수가 없다. 이들은 과거의 흉노, 선비, 유연 민족과 같이 일부는 이동하고 일부는 한족을 위시한 중국 내의 여러 민족들에 동화되어 지금은 자취를 감추었다. 이들의 후손이 오늘날의 누구이냐에 대해선 아직 정설은 없지만 최근 옛 거란인의 무덤에서 나온 인골의 DNA 분석과 언어, 풍습의 유사성 비교 결과 내몽고 동북부의 소수민족인 다워얼(达斡尔, Dawa)족이 거란인의 후예라 여겨지고 있다. 거란, 이들은 누구인가? 당 멸망 후 200년이 넘는 시간 동안 이들은 동북아 역사의 무대에서 어떤 배역을 맡았으며 이들이 역사에 남긴 의미는 무엇이었을까?

다워얼족

거란

거란은 중국어로 '치단(契丹, qi dan)'이라 한다. 우리말 한자 독음으로는 '계단'이지만 어떤 이유에서인지 우리는 이들을 '거란'이라 불러오고 있다. 이들은 스스로를 '키탄(Khitan)' 또는 '키타이(Khitai)'라 불렀다고 하는데 지금은 이들의 언어가 남아있지 않으므로 사실 정확한 발음은 알 길이 없다. 거란 민족은 한때 북쪽 초원 지대를 거의 장악하고 중원과 서방 세계를 연결하는 실크로드를 끊어놨었기에 이때 유라시아 대륙의 서쪽 사람들은 중국 전체가 거란에 의해 점령되었다고 여겼다. 그래서 한때 '키탄'은 중국을 지칭하는 이름이 되었다. 고대 아랍의 문헌에는 북중국을 일컫는 명칭으로 Khita 또는 Khata라고 기재되어 있는데 이는 거란의 고대 발음에서 유래한 것이다. 후에 이탈리아의 마르코 폴로가 중국(원)을 다녀가고 쓴 《동방견문록》에서 중국을 Khitai라고 소개하였고 지금도 러시아와 같은 슬라브족 국가에서는 중국을 Kitay, 중국인을 Kitanyes라 부른다. 홍콩에 본사를 둔 항공사인 케세이 퍼시픽 (Cathay Pacific)의 케세이(Cathay)는 키타이(Khitai)에서 유래한 단어이다.

요(辽)에 대한 오해

요(辽)는 1, 2권에서 다룬 중국 역사와 함께했던 유목 정권인 흉노, 유연, 궈튀르크, 위구르 민족이 세운 정권과는 조금 다르다. 요는 거란족이 세운 정권이고 거란족은 유목 민족이니 요는 유목을 주된 경제활동으로 하는 나라였을까? 거란 민족은 유목 민족이었지만 이들이 세운 요는 완전한 유목 국가는 아니었다. 유목 사회는 일정한 근거지가 없고 계절에 따라 이동을 하며 살기 때문에 도시와 촌락이 발달할 수가 없다. 도시와 촌락은 농경 정주사회의 산물이며 도시와 촌락이 발달해야 상업과 수공업이 발달한다. 요에는 350개가 넘는 현급 이상의 도시가 있었고[11] 그중 수도(京)라 불리는 대도시가 다섯 개나 있었다. 이들은 자신들의 문자를 창제하여 사용하였으며 화폐를 사용하고 있었다. 여태껏 등장했던 유목 민족 제국이란 부락 연맹체의 성격이 짙었고 그들의 리더인 '칸'이란 부락 연맹체의 연맹장과 같은 존재였다. 강력한 중앙집권 체제를 가지지 못했던 것이 이들의 허점이었고 그래서 이들은 힘을 집중시키지 못하고 항상 스스로의 내부 투쟁에 의해 분열되는 양상을 보였다. 반면, 요의 통치자는 '칸'이 아니라 '황제'라 불렸는데 이는 요가 역대의 다른 초원 정권과 다르다는 것을 결정적으로 드러내는 단면이다. 그렇다, 이들은 유목사회에서 유목과 농경이 혼합된 체제로, 이동과 정주가 혼합된 체제로, 부족 연맹체제에서 중앙집권 체제로, 노예제 사회에서 봉건사회로, 거란민족 집단에서 한족 등 다른 민족과 섞인

---

11) 何一民·陆雨思.『辽代城市的兴起与发展』. 西南民族大学学报. 2017.6

다민족 체제로, 해·나무·돌을 신성시하는 사만교에서 유교·불교·도교 사회로, 유목 사회의 낙후성에서 고도의 제도와 문화를 갖춘 제국으로 성공적으로 변모한 정권이었다. 이런 점에서 선비족이 세웠던 북위와 비견해볼 만하다.

사료의 기재와 사학자들의 발굴 결과는 이들이 고도의 도시 생활을 누리고 있었다는 걸 보여준다. 수도인 상경은 북성(北城)과 남성(南城)으로 구성되어 있었다. 황제와 거란인들이 거주하는 북성은 육변형 모양으로 둘레가 6킬로미터였고 외성과 내성으로 구성되어 있었다. 남성은 한인들과 기타 민족들이 거주하는 지역으로서 둘레 6킬로미터의 정방형 도시였다. 중원의 대도시나 고려 개경에 비하면 작지만 초원 한가운데에 있는 성곽 도시로서는 결코 작지 않은 규모이다. 남성의 남문에는 회흘영이 있었는데 이는 회흘(위구르) 상인들이 낙타를 몰고와 상업을 하는 곳이었다. 요의 상경은 당시 유라시아 초원지구에서 매우 번화한 도시였고 한다. 남성 안에는 상점들이 빽빽했고, 좋은 술, 비단, 야채와 과일, 음식, 공구, 그리고 각종 진기한 물건들을 팔고 있었다. 게다가 '야시장'도 있다. 거란의 황제는 이따금 평복을 하고 야시장에 나와 남성(南城)을 둘러보고 술을 마시며 시장을 구경했다고 한다. 서역의 여러 나라의 사신은 3년에 한 번씩 요의 황제가 있는 상경에 왔으며 사절단의 규모는 400명이 넘었다고 한다. 상경에는 일본, 고려, 여진의 상인들이 와서 인삼, 모피, 꿀 등을 가져와 무역을 하였다. 오늘날의 랴오닝성 랴오양시인 중경(中京)은 둘레 15킬로미터의 성이었다. 중경의 남단에는 폭이 백 보에 달하는 대로에 상업지구가 조성되어 있었고 그곳에는 무역을 하는 상점이 300여 개 있었다고 한다. 오늘날의 베이징인 남경은 요의 오경 중 가장 번화했던 도시로서 둘레가 18킬로미터에 달했다.

이들은 한족의 영토를 점차 잠식하면서 한족의 제도와 선진 문화를 흡수하는 것 또한 게을리하지 않았다. 특히 이들은 상당한 수준의 건축술을 가지고 있었다. 허베이와 산시성 북부 지역을 여행하자면 곳곳에 수많은 사찰과 석탑을 보게 되는데 우리에게는 잘 알려지지 않았지만 실제로 보면 그 정교함과 웅장함에 경탄을 금할 수 없는 것들이 많다. 그리고 그 탑 밑으로 가서 설명을 보면 이들이 거의가 요나라 때, 즉 거란 제국 시대에 만들어졌다는 사실에 "아~ 이 사람들이 그냥 말타고 사냥만 하던 사람들이 아니었구나!"라는 생각을 하게 된다. 황하 이북 지역에 현존하는 거대 석탑들의 상당 부분이 요나라 때 축조된 것들이다. 요나라의 탑 건축술은 당시로서는 세계 최고라 할 수 있었다. 요나라 때 만들어진 대표적인 탑으로는 산시성의 응현목탑으로 현존하는 목탑 중에 세계에서 가장 오래되었으며 가장 높은 목탑으로 기네스북에 올라있다.

현존하는 세계 최고층 목탑인 응현목탑　　　매우 사실적인 요나라 관음상

요의 독특한 황후공치(皇后共治)제

907년에 예뤼-아바오지(耶律阿保机)가 거란 연맹의 칸이 되었고 그는 916년에 '대거란(키타이 제국)'을 선포하고 황제로 등극했다. 이해가 거란이 국가를 성립한 해이다. 물론 당시의 국호는 아직 '대거란'이었지, '요'는 아니었다. 거란 민족은 원래 성이 딱 두 개밖에 없었다. 하나는 황제의 성인 예뤼(耶律, 우리말 한자 독음 '야율')과 황후의 성인 슈뤼(述律)이다. 황가의 친족성과 외족성 두 개밖에 없었고 나머지 민중들은 성이 없이 이름만 있었다는 것은 사회가 아직까지 낙후되었다는 걸 보여준다. 예뤼-아바오지의 황후는 '슈뤼-핑'이라는 여인인데 그녀의 아버지는 위구르족의 후예였고 어머니는 예뤼아바오지의 고모였다. 즉, 이종 사촌 간에 결혼한 것이다. 이는 슈뤼 부락이 예뤼 부락을 도와 거란 제국 건립에 큰 공을 세웠고 이 둘이 혼인 연맹을 이뤄 제국의 통치계급이 되었음을 뜻한다. 후에 슈뤼 부락은 자신들의 공을 서한의 소하에 비견하며 성을 소(蕭)씨로 바꿨다. 특이한 것은 이들은 이렇게 황후의 성(후족)이 따로 있었고 황제는 비빈을 포함하여 후족인 소씨 여자와만 결혼해야 했다는 점이다. 그래서 요의 역대 황후들은 한 명을 제외하고는 전부 성이 소(蕭)씨였다. 이는 후족이 통혼을 통해 거의 황족과 버금가는 정치적 지위를 유지했음을 보여주는 것이며 이런 식으로 이들은 '황후공치(皇后共治)'라는 독특한 정치 특징을 형성하였다. '황후공치'란 '황제와 황후가 공동으로 정치를 한다'는 뜻으로서, 요의 역사에서 유독 황후가 정치에 깊숙이 관여하고 심지어는 군대를 이끌고 출병하는, 다른 민족에게서는 보이기 힘든 매우 독특한 모습이 연출되었던 것이 다 이들의 '황후공치'의 전통과 관련이 깊다.

한화 vs 비한화

'한화(漢化)냐 유목 민족 고유의 관습을 유지하느냐'는 남하하는 역대 초원 민족 정권이 가졌던 공통적인 고민이었다. 역대의 초원 정권은 모두 예외 없이 운명적으로 자기보다 문화, 제도, 경제적으로 앞서 있는 중원 민족과 어떻게 섞일 것인가를 선택해야 했다. 중원의 제도와 문화를 적극 도입하는 개혁을 할 것인가? 아니면 자신들의 생활방식과 민족 정체성을 지킬 것인가의 사이에서 고민과 줄타기를 해야 했고 이것이 그들의 운명을 갈랐다. 왜냐하면 한족의 제도를 도입한다는 것은 수백 년간 이어온 유목 민족의 제도와 풍습을 버리는 일이었고 이 과정에서 전통 부락 체제하의 기득권층의 거센 저항을 불러일으켰기 때문이다. 선비족의 북위가 잘 나가다가 급진적인 한화 개혁에 대한 반발과 부작용으로 나라가 둘로 쪼개지고 결국은 멸망에 이르지 않았던가. 당시 유목 정권에게 있어서 한화 개혁을 한다는 건 그저 '선진국을 배우자' 정도의 문제가 아니었다. 어마어마한 사회의 화학적 변화를 가져오는 일이었다.

거란 민족도 예외는 아니었다. 이들에게는 특히나 이것이 중요한 문제였는데 왜냐하면 이들의 영내는 이미 많은 한족들을 포함하고 있었기 때문이다. 흉노, 유연, 궈튀르크, 위구르와 같이 서쪽에서 발원하여 동으로 세력을 뻗어나갔던 유목정권들은 이런 문제에 대한 고민이 상대적으로 덜했을 것이다. 왜냐하면 서쪽은 원래부터 한족문화의 영향이 약했고 한족의 인구도 적었기 때문이다. 하지만 동북지역은 다르다. 유주(幽州)라고 불렸던 오늘날의 허베이성과 랴오닝성에는 많은 한족들이 있었고 장성 밖에는 여진, 고구려, 발해 민족들도 있었다. 게다가 거란인들은 초원지대에서만 머물지 않고 끊임없이 중원으로 남하를 시도하였기에 그 과정에서 점점 더 많은 한인들을 흡수하였다. 한화 개혁이란 이들이 중원 정권과 필적할 만한 중앙집권적이고 선진적인 국가로 발돋움하는 데 필요한 길이기도 했지만, 또 한편으로는 자신의 영내에 있는 많은 한인들과 융화하여 내부적인 안정을 유지하고 이들의 인적 자원을 최대한 이끌어내기 위해서도 취해야 할 선택이었다. 그렇지만 한화 개혁이란 어떤 경우에는 독이 든 사과와 같은 존재였다. 거란은 어떤 선택을 했으며 자신에게 주어진 이 문제를 어떻게 풀어나갔을까? 이것이 오늘날의 우리가 거란에게 던져야 할 중요한 질문이자 현대의 시각에서 거란의 역사를 바라봄에 있어서 중점적으로 봐야 할 포인트이다.

요의 개국황제 예뤼-아바오지는 개국 원년(916)부터 전국에 불교사원과 공자묘 건립을 명하였다. 이는 이들이 중원의 신앙과 문화를 받아들이기 시작했다는 걸 의미한다. 거란의 지배층은 거란 이름 외에도 저마다 한족의 이름을 가지고 있었다. 물론 자기들끼리는 거란 이름으로 불렀다. 거란의 지배층이 두 개의 이름을 가지고 있었다는 건 그만큼 한족과 애초부터 교류를 빈번히 해왔고 중원의 문화를 받아들여왔다는 걸 보여준다. 예뤼-아바오지의 한족 이름은 예뤼-억(亿)이었다.

아바오지가 한족의 제도 중 가장 탐났고 시급했던 것은 무엇이었을까? 아바오지는 왜 그렇게 적극적인 한화 개혁을 추진했을까? 한족의 제도 중 그가 가장 필요로 했던 것은 바로 군주의 종신제와 세습제였다. 국가 성립 전의 거란 연맹은 비교적 민주적(?)이었다. 여덟 개 부락의 장('이리킨'이라고 한다)이 3년에 한 번씩 연맹의 장인 '칸'을 선출하는 시스템이었다. 아바오지는 디에라(迭剌) 부족의 이리킨이었고 907년에 연맹의 '칸'에 선출되었다. 그는 915년에 나머지 7개 부락의 이리킨을 초청한 후 전부 죽이는 일종의 정변을 하였는데 이때 자신을 종신 군주로 지켜줄 제도가 필요했다. 이리하여 이듬해인 916년에 '대거란'을 건립하면서 중원의 봉건군주제를 가져와 '황제'에 즉위하였다. 그리고 얼마 안 있어 자신의 장자 '예리투위(야율배 耶律倍)'를 '태자'로 즉위시켰고, 거란의 군주 종신제와 세습제가 시작되었다. 예뤼아바오지의 건국, 황제등극 그리고 한화 개혁의 추진 과정에서 많은 사람들이 피를 흘렸고 이는 기존의 선출제 옹호파(보수파)의 분노와 앙심을 샀다. 이로써 건국 초기 반세기에 걸친 개혁파와 보수파 간의 정권 쟁탈극이 시작되었다.

발해의 멸망

925년 겨울에 발해를 공격한 것도 개혁파와 보수파 간의 투쟁과 무관하지 않았다. 예뤼아바오지는 황제로 등극 후 9년 동안 수많은 전쟁을 진두지휘하여 서쪽의 모든 민족들을 평정했다. 서쪽으로 알타이산까지 영토를 넓힌 것은 바로 이때였다. 오랜 정복전쟁으로 국력을 많이 쏟아부은 상태에서 그는 또다시 발해를 공격하자고 하였다. 많은 대신들이 '지금은 군인들을 쉬게 하고 원기를 되찾아야 할 때다'라며 만류하였지만 아바오지가 밀어붙였다. 아바오지는 왜 발해와의 전쟁을 서둘렀을까? 일설에 의하면 이는 아바오지의 정권 연장과 관련이 있다고 한다. 아바오지는 907년에 칸에 선출되었고 9년의 임기를 보장받았다. 그리고 임기가 끝나는 916년에 이리킨들을 유인하여 죽이고 거란국을 건국하였다. 그가 황제로 등극하긴 했지만 처음부터 황권이 강했던 것도 아니었고 오랫동안 지속되어온 선출제의 전통이 완전히 없어진 것도 아니었다. 그리하여 그는 귀족들의 지지를 얻기 위해 그토록 정복전쟁에 매달렸던 것이고 다행히 영토적으로 많은 성과를 냈다. 그렇지만 그가 공약한 추가 9년의 재위 기간이 만료가 되어오자 그는 또 다른 혁혁한 업적으로 정권을 연장할 수밖에 없었고 그렇게 해서 추진한 것이 바로 발해와의 전쟁이라는 것이다. 이는 일설일 뿐 입증된 사실은 아니나 상당한 일리가 있다. 당시 발해와의 전쟁은 시기적으로 확실히 무리한 전쟁처럼 보였다. 그러나 전쟁의 신은 아바오지의 편에 있었다. 뜻밖에도 너무나도 쉽게(단 3주 만에) 동북아의 강호 발해가 백기를 들고 나온 것이다. 이는 동북아의 판도를 확 바꾸고 거란의 국력과 문화 수준을 크게 상승시킨 일대 사건이었다(926년 정월).

소태후

태조 예뤼아바오지가 죽고 5대 황제 예뤼밍이가 즉위하기까지의 과정을 보면 요나라의 황가는 태조의 장남 계열과 차남 계열 간의 황위 쟁탈전의 연속이었다. 2, 4대 황제는 차남 계열이고 3, 5대는 장남 계열이었다. 이렇게 40여 년 동안 요의 정계는 둘로 갈라졌고 한 쪽의 정권 탈환은 반드시 다른 한 쪽의 희생을 필요로 했다. 이러한 정치불안은 당연히 국가의 에너지를 한 방향으로 쏟지 못하도록 하였다. 결국 969년에 다시 개혁파에 의해 예뤼슈뤼(야율경)가 시해되고 예뤼밍이(야율현耶律賢)가 5대 황제로 옹립되었다. 밍이는 재위 기간 중에 '적장자 계승' 원칙을 천명하였고 이로써 반세기에 걸친 황족 내 투쟁의 역사에 종지부를 찍었다. 그렇지만 밍이보다도 그의 황후 샤오옌옌(소작蕭綽)이란 여인이 요의 역사에서 빛나는 인물이었다. 밍이는 13년간 재위하고 죽었지만 그 후 소태후가 27년간을 섭정하면서 각종 개혁을 완성하여 요를 황금시기로 올려놓는다.

몸이 골골했던 예뤼밍이는 일찍 죽었고 그의 뒤를 이은 6대 황제 예뤼원슈누가 열두 살에 등극하였다. 당연히 국정은 센 엄마 소태후의 손으로 들어갔다. 요성종(辽圣宗)으로 불리는 예뤼원슈누(야율룽서)의 재위 시기에는 과거제를 도입하는 등 많은 개혁 조치들이 추진되었고 요는 전성기를 구가하게 된다. 그가 서른여덟 살 때까지 소태후가 섭정을 놓지 않고 있었으니 그의 재위시기 추진한 많은 개혁 조치들은 사실상 소태후에 의해 재가되고 추진되었다고 해도 과언이 아니다. 요나라의 역사 속에서 소태후와 요성종의 역할은 북위의 역사에서 풍태후와 효문제의 역할과 비슷했다고 볼 수도 있겠다. 2권의 북위의 역사를 한번 돌이켜보자. 선비족과 거란족은 발원지가 비슷하고 둘 다 동북에서 남하하여 제국을 건설하였으며 화북 지역의 한족 농경 세계와 섞였다. 이들은 중원의 제도와 문화를 도입하는 개혁을 추진하였고 그것은 사회 내부적으로 많은 갈등과 풍파를 일으켰다. 이 과정에서 풍태후와 소태후라는 지도력 있는 여성 정치가가 매우 큰 역할을 하였고 위효문제와 요성종은 어머니(풍태후의 경우 할머니)의 영향하에 한화 개혁의 추종자가 되었다.

그러나 북위와 요의 차이점도 분명히 있다. 요의 남쪽 경계는 여전히 허베이성 북부(오늘날 베이징 남부)에 머물렀고 대부분의 국토는 동북지역과 몽골 초원지대였다. 이점에서 초원지대를 버리고 자신들은 중원으로 완전히 남하했던 북위와는 다르다. 또한 한화의 정도도 북위와는 차이가 있다. 북위는 유목 생활을 완전히 버리고 중원으로 들어왔지만 요는 여전히 반농반목의 생활을 유지하였기 때문이다. 결정적으로 다른 점은 북위는 멸망 후에도 통치 그룹의 피가 수와 당으로 이어졌지만 요는 동쪽의 또 다른 유목 민족인 여진족이 세운 금에 의해 멸망하면서 바람에 밀리는 모래처럼 저 멀리 서쪽으로 밀려갔다.

요의 영토, 인구, 행정구역

《요사·지리지》에 의하면 이들의 영토는 2대 요태종(예뤼야오구) 시기에 "동으로 바다에 접했고, 서로는 금산(알타이산)에 닿았으며, 북으로는 려

구하(몽골공화국 컬른강, Kherlen), 남으로는 백구(허베이성 슝현 바이커우허)에 달했으며 (영토가) 만 리에 달했다"고 한다. 전성기 요의 영토는 북송의 2배에 달했다.

이들은 이 넓은 영토와 여러 민족을 어떻게 구획하고 관리하였을까? 당·송을 벤치마킹하여 이들도 다섯 개의 수도를 두었고 수도를 중심으로 전국을 도(道)라는 일차 행정구역으로 나눴다. 이들 다섯 개의 수도는 상경 임황부(臨潢府, 네이멍구 빠린주어치), 중경 대정부(大定府, 네이멍구 츠펑시 남부), 동경 요양부(辽阳府, 랴오닝성 랴오양시), 남경 석진부(析津府, 베이징시) 그리고 서경 대동부(大同府, 산시성 따퉁시)였다. 이 중 진짜 수도는 상경 임황부였고 나머지는 보조 도시였지만 역사적으로는 송과 인접하고 있는 남경(베이징)이 훨씬 의미 있다. 오늘날 베이징 시내에서 동쪽으로 멀리 떨어지지 않은 곳에 말라버린 개천이 있는데 이름하여 '소태후하(蕭太后河)'이다. 소태후가 남경(베이징)으로 양식을 나르기 위해 개통한 베이징 최초의 인공 운하이다. 요의 부수도였던 베이징 주변에는 이렇게 거란인들의 자취가 숨 쉬고 있는 곳이 꽤 있다.

거란의 인구는 얼마나 되었을까? 고대 소수민족 정권들은 호구조사에 대한 기록을 남기지 않았기에 이들의 인구에 대해서는 사실 정확한 근거가 없고 저마다의 대략적인 추산치가 있을 뿐이다. 흉노, 선비, 유연, 궈튀르크에 대해서도 전부 마찬가지이다. 분명한 건 이들 초원 정권들의 인구는 그들이 지배한 면적에 비해서는, 또는 중원의 한족 정권에 비해서는 턱없이 적었다는 것이다. 요 제국의 인구수에 대한 대략적인 추정치는 제국 성립 초기에 200만, 인구가 최고조에 달했던 12세기 초에 900만 명이라고 한다. 이는 다른 소수 민족과 한인들을 포함한 숫자이고 순수 거란인은 제국 성립 초기에 70만, 전성기 때 150만 정도였을 것으로 추정된다[12]. 참고로 고려 초기의 인구가 약 350만 명이었다. 인구로 보면 북송과 요는 마치 슈퍼헤비급과 라이트플라이급의 경기와 같다. 북송은 12세기에 들면 인구가 1억을 돌파하며 GDP는 전 세계의 4분의 1을 차지한다. 인구 1억의 북송이 인구 900만의 요나라와 인구 350만의 서하의 공격을 간신히 막아내고 있었다? 인구가 곧 국력인 고대 냉병기전에서 이 정도의 인구 우위이면 맘만 먹으면 언제라도 가뿐히 점령시켜야 하는 것 아닌가? 그러나 북송, 거란, 서하 이 세 나라는 오랫 동안 힘의 균형을 이루었다. 이들의 평화란 것도 북송이 이들에게 매년 엄청난 금액의 돈을 바치면서 유지되고 있었다. 고개가 갸우뚱해지는 이야기지만 이는 사실이다. 그리고 장담컨데 흉노, 선비, 궈튀르크 등 중국을 괴롭혔던 역대 초원 정권들도 마찬가지로 이들의 인구는 동시대 중원 정권의 10분의 1을 넘은 적이 없었을 것이다. 그러면 이들 초원 정권은 비교할 수 없을 만큼의 인구 열세에도 어떻게 중국을 위협하는 무력을 발휘하였을까? 이는 상식선에서 생각해볼 수 있다. 일단 초원 민족들은 아이와 노인을 제외한 거의 모든 남자들은 출정의 준비가 항상 되어있는 상비군이었다. 그러므로 일단 전쟁이 나면 모든 남자들이 다 말을 타고 모였기에 한, 수, 당, 송의 군대와 비교 시 실제 투입되는 병력의 수에서는 크게 뒤지지 않았다. 또한 병사들의 평균적 전투 능력에서 매우 큰 차이가 있었다. 말안장 위에서 말과 양을 몰고 매와 함께 사냥을 하면서 살아온 이들과 밭을 갈다가 징집되어 온 이들의 일대일 전투는 F20과 프로펠러기와의 싸움과 같았다. 이들 유목 민족들은 생활 자체가 그냥 군사 훈련이었다. 사료에 기재된 요와

---

12) 요나라의 전체 인구수는 Baidu 백과에 소개된 추정치와 역사 논객들의 블로그 등을 참조하였고, 거란인의 인구수는 베이징대학 사회인류학 연구소의 王丽霞, 중앙민족대학의 张景明의 공동 논문인 《辽代契丹民族人口及特点, 2003》의 추정치를 참조하였다.

북송과의 수차례의 전쟁에서 요군의 최대 출병 규모는 20만 명 정도이다. 북송은 가장 많을 때 128만 명의 대군을 보유하고 있었지만 이중 상비군은 3분의 1 정도밖에 되지 않았고 그마저도 지휘 체계나 장병들의 교전 능력은 형편없었다. 그리하여 북송은 거란과의 무력 충돌에서 이기는 경우보다 지는 전투가 훨씬 많았고 결국은 화의를 하고 돈으로 막을 수밖에 없었다. 북송이 이렇게 된 데에 대해서는 다음 장에서 자세히 설명하겠다.

연운16주의 할양

베이징에서 동남쪽 방향으로 G2 고속도로를 타고 랑팡(廊坊)을 지나 톈진(天津)을 향해 가거나, 서남 방향으로 G4 고속도로를 타고 주어쩌우(涿州 탁주)를 지나 바오딩(保定)을 향해 가고 있다면 당신은 천 년 전에 '연운16주'라 불리던 곳을 지나고 있는 것이다. 방금 언급한 톈진과 바오딩을 베이징과 연결한 삼각형 지역이 현재 허베이성에서 야심차게 조성중인 산업지대인 슝안신구(雄安新区)이다.

슝안신구 삼각주

'연운16주(燕云十六州)'의 상실은 당시 한족의 입장에서는 매우 가슴 아프고 비분강개할 만한 일이었다. 지금은 중국 영토로 다 들어와 있으니 잠시 이곳을 상실했던 역사 같은 건 쿨하게 지난 일로 받아들일 수 있지만 당시 중국인들, 특히 북송 지도자들의 입장에서는 뼈아프고 분통터질 일이었다. 별거 아닌 것 같아 보이는 이 사건은 단지 영토의 일부를 내줬다는 데에 그치는 문제가 아니었다. '연운16주의 할양'이 향후 건립되는 북송의 역사에 어떤 의미였는지를 알아보자.

이기적인 정권 쟁탈이 가져온 비싼 대가

연운16주 이야기를 하려면 콩가루 같은 후당 황실을 이야기하는 것에서 시작해야겠다. 후당 황실에서는 친아들에게 황위를 물려주고 얼마 지나지 않아 의붓 동생이 쿠데타를 일으켜 형을 죽이고 황위를 찬탈하는 일이 반복되었다. 2대 황제 이사원에게는 신임하는 장수가 한 명 있었는데 그의 이름은 석경당(石敬瑭)이었다. 역시 사타족이지만 한족 이름으로 개명한 케이스이다. 이사원은 석경당에게 자신의 딸을 시집보내 석경당은 이사원의 사위, 즉 부마가 되었다. 이사원이 죽고나서 다시 3~4대 간에 형제간 정권찬탈이 이루어지는데 이때 쿠데타 성공의 결정적인 역할을 한 이가 바로 석경당이었다. 다시 말하자면 석경당은 처남들 간의 정권 쟁탈전에서 승자 편에 서면서 4대 황제 이종가에 의해 높은 직위와 작위를 하사받고 권세를 누리게 되었다. 석경당은 진왕(晋王)이라는 왕작을 받고 하동절도사(사령부 타이위엔太远 소재)로 임명되어 산시성 일대의 주인이 되었다. 그러나 늘 보아왔듯이 이런 부류의 사람들 간의 연합은 오래가지 않는 법이다. 황제와 석경당 간의 알력이 생겼고 황제는 석경당이 반란을 일으킬 거라 의심하고 있었으며 석경당은 황제가 자기를 죽일 거라 노심초사하고 있었다. 황제의 압박으로 궁지에 몰린 석경당이 할 수 있는 게 무엇이겠는가? 요(辽)에게 구원의 손길을 빌리는 것이다. 그는 요의 2대 황제 예뤼야오구(야율덕광 耶律德光)을 찾아가 자신보다 열한 살이나 어린 그에게 무릎을 꿇고 양자를 자처하면서 '자신의 반란에 군대를 파병해줄 것'을 요청하였다. 파병의 대가로 요가 제시한 건 '연운16주'였고 석경당이 이를 수용하면서 거래가 성사되었다. 상대국의 내분이나 혼란은 영토나 이권을 침탈할 수 있는 절호의 찬스이다. 내전에서는 세력이 약한 자가 궁지에 몰리면 항상 외부 세력을 끌어들이게 되어 있기 때문이다. 신라가 당을 끌어들인 것도 같은 맥락이었고 조선 말기의 정치혼란과 민란을 틈타 청과 일본이 들어온 것, 심지어는 한국전쟁 때 중국군의 개입도 다 마찬가지이다. 이는 현대 사회에서도 마찬가지인데 중동이나 발칸 반도 같은 분쟁 지역의 전개 과정을 잘 보면 이러한 법칙에 예외가 없음을 알 수 있다.

936년, 거란의 대군이 남하하였고 낙양은 곧 점령되었다. 황제 이종가가 어찌나 분했으면 가족들과 함께 분신자살을 했겠는가. 이렇게 하여 석씨의 후진(晉)이 세워지고 '연운16주'가 거란의 영토로 할양되었다. 물론 그곳의 주민들도 다 같이 딸려갔다. 오대십국의 세 번째 중원 정권인 후진(晉)은 어떤 의미에서 거란이 중원에 세운 괴뢰정권이었다. 석경당은 요의 황제로부터 정당성을 부여받아 후진의 황제로 등극하였으나 오늘날에 이르기까지 중국인들의 머릿속에서 그는 거의 이완용급의 매국노로 각인되어져 있다.

연운16주가 가지는 의미

'연운(燕云) 16주', 또는 '유운(幽云) 16주'는 연경(燕京)과 운주(云州)를 포함한 열 여섯 개 주를 말한다. 연경은 오늘날의 베이징(北京)이고 운주는 산시성 따퉁(大同)을 말한다. 그러므로 '연운16주'의 오늘날 위치는 하북성 북부와 산시성 북부 지역을 말하며 이들 지역의 북쪽 경계가 바로 만리장성이었다. 다시 말하면 '연운16주'는 동서 600킬로미터, 남북 200킬로미터의 장성 이남 지대로 우리나라에 비유하자면 파주, 양주, 연천, 포천 등 경기도 북부와 철원, 화천, 양구, 인제, 고성 등 강원도 북부의 최전선 방어 지대이며 그 면적은 대한민국보다 조금 더 크다.

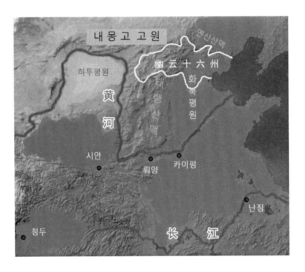

연운16주의 위치

연운16주는 남북으로 뻗어있는 태행 산맥을 기점으로 동쪽의 화북평원과 서쪽의 안북지구(雁北地区)[13]로 나뉘고 화북평원 지대에 7개, 안북 지대에 9개의 주(州)로 구성되어 있었다. 연운16주의 할양이 중원 정권에 의미하는 바가 도대체 무엇이길래 이렇게 장황하게 설파를 하고 있는가?

---

13) 산시성의 안문관(雁门关) 이북 지역을 일컫는 말로 오늘날의 산시성 북부 지역을 말한다.

"장성이 없어진 것이다!"

이제 거란의 기마부대는 베이징이나 주어쩌우(탁주)에서 집결하여 아무런 지형지물이나 방어구조 없이 화북평원을 달려와 낙양이나 개봉으로 언제든지 진격할 수 있게 되었다. 이 말인즉슨 한족들은 대문을 열어둔 채 자신의 앞마당을 내어준 격이 되었고 이들은 북방 민족들이 언제 쳐들어 내려올까 항상 노심초사하며 지내야 한다는 걸 뜻했다.

이 시점에서 장성에 대한 이야기를 잠깐 해야겠다. 장성은 정말 효용성이 있었나? 혹자는 장성이 그저 한인들의 자기만족이나 경계선의 의미일 뿐 군사적으로 별 기능을 하지 못했을 거라 하고 나조차도 한때는 그렇게 생각했었다. 산시성의 풍화되어 흔적만 남은 명(明) 장성이라던가 2,000년 동안 깎여서 이제는 사람 키보다 조금 높은 깐수성의 한(汉)대 장성을 보면 '과연 이걸로 긴 변경 지역을 방어할 수 있었을까?'라는 의구심이 들기도 한다. 하지만 방어선을 넘어야 할 대상이 '말(馬)'이라는 것을 생각하면 이야기가 달라진다.

흉노에서 시작하여 선비, 유연, 퀴튀르크로 이어지는 유목 정권의 남하를 막는 방어선에는 두 가지가 있었다. 하나는 발해만에서 시작하여 베이징 북부를 거쳐 산시성에 이르는 옌산(燕山) 산맥이고 또 하나는 장성이었다. 산세가 험준한 옌산 산맥은 그 자체가 훌륭한 방어벽이었지만 이들은 그걸로도 모자라 산봉우리를 따라 뱀처럼 구불구불한 장성을 쌓았고 이는 오늘날 많은 사람들이 찾는 관광지가 되었다. 이 지형지물과 군사방어벽은 유목 민족의 남하를 효과적으로 저지하였는데 그 이유는 이들이 전부 기병이었다는 데에 있다. 말을 타고 7~8미터짜리 벽을 넘을 수가 있는가? 현재 관광객들에게 개방되어 있는 장성은 거의가 명나라 장성이고 이들은 평균 높이 7~8미터로 규격화되어 있다. 그보다 전에 만들어진 장성들의 높이가 설령 그보다는 낮았다고 하더라도 절대 말을 타고 넘을 순 없었을 것이다. 기마병들은 험준한 산맥을 피해 골짜기를 찾아오거나 평원 지역으로 우회해서 올 수밖에 없었고 그런 곳에는 항상 높이 10미터가 넘는 성곽이 있었으니 진입이 불가능하다. 아직 대포가 사용되기 전이니 이들은 사람이 먼저 올라가서 성을 점령한 후 문을 열거나 아니면 용을 써서 무너뜨리는 수밖에 없었다. 그런데 공성전은 이들의 전공분야가 아니었고 무너뜨리는 건 시간이 많이 걸리므로 그 사이에 지원군이 도착하였다. 이렇게 장성은 오랜 세월 동안 최소한 유목 민족의 남침을 어렵게 해주었다. 그렇지 않았으면 왜 역대 중원왕조들이 거의 예외 없이 수많은 자금과 백성들을 동원하여 장성을 축조하였겠는가?

화약고가 된 연운16주

오대의 마지막 정권인 후주의 2대 황제 세종이 959년에 북벌을 감행하여 연운16주의 남단인 막주(莫州)와 영주(瀛州)를 수복하는 쾌거를 이루었다. 그러나 후주의 북벌은 세종의 갑작스런 발병으로 중단되었고 부득이 철수할 수밖에 없었는데 만약 그가 요절하지 않았더라면 전부는 아니더라도 상당 부분을 빼앗을 수 있었을 것이다.

오대십국을 평정한 북송과 연운 16주를 실질적으로 점령하고 있던 요는 이 세기 말까지 약 20년 동안 이곳 연운16주(실제로는 14주)에서 수십 차례에 걸친 크고 작은 군사 충돌이 있었다. 그중에서도 양 국가 간의 흐름을 바꾼 두 번의 전투가 있었다. 979년에 북송은 북한(北汉)을 멸망시킨 기세를 몰아 무리하게 요를 선제공격 했다가 실패했다(1차 공격). 그리고 이듬해에 이들의 보복 공격을 받아 변경의 도시들이 크게 유린당했다. 2차 전쟁은 986년 송이 야심차게 요의 남경(베이징)을 선제공격하면서 시작되었으나 요는 또 한 번 이를 훌륭히 막아냈다. 이때의 전투로 친정을 한 송태종(조광윤의 동생)이 몸에 화살을 맞아 부상을 입는 등 송은 막대한 병력 손실만 안고 철군하였다. 이 전쟁은 982년에 요의 5대 예뤼밍이가 죽고 열두 살짜리 황제가 즉위하면서 스물일곱 살의 과부 소태후(蕭太后)가 섭정을 하게 되자 송태종은 이 리더십 불안의 틈을 공격한 것이었다. 그러나 송태종은 당시 서른한 살의 소태후를 잘못 봤다. 이 여인은 보통의 여자가 아니다. 거의 거란의 '당태종'급으로서 군대의 지휘 능력도 출중했다. 소태후의 리더십하에 요는 송의 2차 북벌을 박살냈고 이 전쟁을 계기로 요는 급격한 상승세를 탔고 반대로 송은 왕조 건립 초반부터 상승세가 꺾이게 된다.

북송과 요와의 군사충돌은 대부분 요의 승리로 끝났다. 그러나 이 둘 간에는 대체적으로 군사적 균형이 있었기에 대규모 전면전은 발생하진 않았다. 그러나 소태후가 이끄는 요는 전성기를 향해 가고 있었고 군사 균형은 곧 깨질 운명이었다. 새로운 세기가 시작되고 얼마 안 있어 드디어 요의 대대적인 남벌이 이루어졌다(1004년). 이에 대한 자세한 이야기는 51장에서 설명하겠다.

만약에 936년 석경당의 연운16주 할양이 없었으면 요가 이렇게나 쉽게 남하할 수 있었을까? 북송이 이렇게나 무기력하게 당하고만 있었을까? 연운16주는 군사적 의미도 컸지만 경제적 의미도 어마어마했다. 인구 밀집지역인 이곳에만 300만의 인구가 있었으며 하북평원에서 생산되는 곡물들은 요의 경제를 일순간에 발전시켰다. 또한 이 지역에 살던 한인 관료들과 지식인들을 흡수하면서 요는 행정 시스템과 문화 수준을 빠르게 업그레이드시킬 수 있었다. 요나라가 크게 성장할 수 있었던 데에는 발해를 멸망시킨 것과 연운16주를 할양받은 것이 결정적이었다고 할 수 있겠다.

12세기에 들어 북쪽의 정권이 요에서 금(여진족)으로 바뀌는 혼란기에 북송은 거란과의 동맹을 배신하고 금나라와 밀약을 맺으면서 연운16주의 반환을 도모하였으나 결국은 계획대로 되진 않았다. 국가 간의 일은 무엇보다도 힘이 없으면 맹약이고 밀약이고 다 소용없었다. 1023년 금은 약속의 절반만 이행하면서 태행산맥 동쪽의 7개 주(2개는 이미 후주 때 회복했으니 실제 5개)를 북송에 돌려주었다. 그러나 좋아하기는 일렀다. 바로 3년 후인 1026년 말에 금은 남하하여 북송의 수도 개봉을 점령하였고 이듬해에 황제와 태자를 인질로 끌고 갔다(정강의 변). 이로써 북송은 멸망하였다. 남송은 북송보다 더 남쪽으로 쪼그라들어 있었으니 연운 16주의 회복은 요원한 일이었다. 그리고 남송이 멸망한 이후 중국은 한 세기 동안 몽고족의 지배하에 놓였다.

　연운16주는 1368년 명태조 주원장이 몽고로부터 탈환한 후에야 다시 중국의 영토로 들어왔다. 무려 432년이 지난 후였다.

49장
암흑기의 빛나는 변혁

$\bigcirc$대십국이 암흑기라곤 하지만 그 안에서도 주목할 만한 변혁의 시기가 있었다. 황소의 난 이래로 지속되어 온 분열과 내전, 빈번한 왕조 교체, 가혹한 세금, 여기에 더하여 거란의 침략은 중국인들로 하여금 생산 터전을 떠나 유랑하도록 만들었고 국가 경제는 피폐되었다. 그러나 시간이 지남에 따라 통일을 명하는 역사의 목소리가 점점 들려오는 듯했고 백성들과 지도층 중에서도 뜻이 있는 사람들은 이 지긋지긋한 분열과 혼란의 국면을 종식시켜줄 영웅의 등장을 고대하고 있었다. 후주의 창업자 곽위와 그 뒤를 이은 시영(柴榮)은 우리에게 거의 알려지지 않은 인물이다. 중국인들조차 역사에 관심이 많은 사람이 아니면 이 10년짜리 왕조에 눈길을 주지 않는다. 그렇지만 나는 이 둘, 특히 주 세종 시영을 위해 한 챕터를 할애했다. 송이 '오대십국을 끝낸 통일왕조'라는 영광스런 타이틀을 얻었지만 후주의 세종이 병으로 서른아홉 살에 요절하지만 않았더라면 조광윤에게는 기회가 오지 않았을 것이며 그 타이틀은 후주에게로 갔을 가능성이 매우 높다. 그랬으면 지금 우리는 이 시기를 '사대십국'이라 부르고 있을 것이다. 그리고 중국의 중세 역사는 송이 보여줬던 것과는 전혀 다른 모습으로 전개되었을 수도 있다.

수(隋)와 송(宋), 개혁의 결실을 훔친 두 왕조

960년 정월 초하루, 전전도점검(殿前都点检) 조광윤은 자신이 지휘하는 전전군(殿前軍)을 이끌고 보위에 오른 지 6개월밖에 안 된 일곱 살짜리 황제 앞으로 가서 황위를 선양받았다. 조씨의 송은 더 이상의 왕조 전복을 허용하지 않았고 남은 정권들을 하나하나 멸망시켜 오대십국의 암흑기를 종식시켰다. 이렇게 북송이 시작되었다.

역사책을 뒤로 돌려서 379년 전으로 돌아가 보자. 581년 북주의 재상 양견은 역시 일곱 살짜리 황제를 위협하여 황위를 선양받아 수(隋)를 선포하였다. 그리고 그로부터 8년 후 남진(南陈)을 멸망시켜 남북조 대분열 국면을 종식시켰다.

북주와 수, 후주와 송, 뭔가 데쟈뷰를 보는 듯한 느낌이다. 남북조 시대라는 대분열기를 끝낸 수(隋)는 북주의 바탕 위에서 탄생하였고, 오대십국의 소분열 시기를 끝낸 송(宋)은 후주의 기반 위에서 탄생하였다. 이들 둘 다 무혈 쿠데타로 황위를 선양받았고 공교롭게도 이들이 찬탈한 왕조는 둘 다 주(周)나라였다. 수문제의 통일과 개혁은 주무제 개혁의 결실이었고 송태조 조광윤의 변혁들은 후주 세종의 개혁 조치들을 조금 조정하고 발전시킨 것이었다. 다시 말하자면 원래는 북주와 후주가 통일의 주인공이 되었어야 했다. 이런 의미에서 나는 수와 송을 "개혁의 결실을 훔친 왕조"라 칭했다. 더욱 놀라운 건 후주 세종의 개혁 조치들은 400년 전 북주 무제(우문옹)가 한 것과 매우 유사하다는 사실이다. 북주와 후주, 이 두 개의 주(周)나라는 모두 분열 시기와 통일 왕조를 연결해주는 가교와 같은 역할을 하고 그 짧은 역사를 마쳤지만 개혁사의 관점에서는 절대 그냥 지나칠 수 없는 변혁과 시도들을 남겼다. '남북조-북주-수' 그리고 '오대십국-후주-송'의 관계를 바라보자면 "역사가 반복된다는 말이 이런 거구나"라며 나도 모르게 고개를 끄덕이게 된다.

암흑기의 대방향 전환

허난성의 성회인 쩡저우시(鄭州市)에서 정남 방향으로 약 20킬로미터 내려가면 신정현(新鄭县) 관할의 곽점진(郭店镇) 주장촌(周庄村)이라는 작은 촌락이 있는데 이곳의 옥수수 밭 위에 후주 태조의 능인 숭릉(嵩陵)이 있다. 역사 매니아가 아니면 아무도 찾아가지 않는 곳이다. 부근에는 숭릉 말고도 2대 황제 세종의 경릉(庆陵), 후주 마지막 황제의 무덤인 순릉과 세종의 황후 부씨의 능도 있는데 모두 동시대의 황제릉에 비하면 소박하기 그지없다. 숭릉은 봉분의 높이가 12미터, 둘레가 100미터밖에 안 되며 황제릉을 지키는 석인(石人)과 석수(石獸, 돌로 만든 동물)도 안 보인다. 소박하다 못해 그 규모나 주변 조성이 도저히 황제의 능이라고 보기 어려울 정도로 초라하고 보잘것없다.

954년 2월, 임종을 앞둔 후주의 창업자 곽위는 그의 양아들 시영에게 이렇게 말했다.

『만약 내가 일어나지 못하거든 너는 지체하지 말고 능을 만들거라. 절대 나를 궁궐에 오래 놔두지 말거라. 능은 최대한 검소하게 하고, 절대 백성들의 부역을 차출하지 말거라. 능 안에는 석주를 세우거나 인부들을 쓸 필요도 없다. 그저 벽돌로 대체하거라. 능을 지키는 궁인을 두지도 말고 석인과 석수를 만들지도 말거라. 그저 비석에 이렇게 새겨넣어라.

"대주(大周)의 천자가 붕어하실 때 후임 황제에게 명했다. 평생을 근검하고 소박하게 살았으므로 기와로 만든 관과 종이옷으로 장례를 치른다(大周天子临晏驾, 与嗣帝约, 缘平生好俭素, 只令著瓦棺纸衣葬)."』

-《구오대사·주서·태조기》

한족 정권의 성립

후주는 951년에 곽위(郭威 904~954 한족)라는 사람에 의해 세워진 나라이다. 곽위의 부친은 순주(順州, 베이징 순의)의 자사를 하던 사람이었는데 유주 군벌의 공격을 받고 사망하였고 어린 곽위는 남으로 피난을 가던 중 어머니가 죽어서 전쟁 고아가 되었다. 그래서 그는 집안의 도움을 거의 받지 못하고 밑바닥에서 시작하여 성공한 자수성가형 인물이라 하겠다. 그는 가진 것도 없고 배경도 없었지만 건장한 몸을 가졌다. 젊은 시절의 그는 다혈질에 불의를 보면 참지 못하는 성격이었는데 시장에서 횡포를 부리는 도살업자에게 일부러 시비를 걸어 죽인 후 감옥에 들어간 적도 있었다. 소설 《수호지》의 노달이 금취련 부녀를 괴롭히는 백정을 죽이고 절로 들어가 노지심이 되는 일은 곽위의 사건을 모티브로 한 것이다. 그가 열여덟 살 되던 해에 택로(산시성 동부)절도사 이계도의 군사 모집에 응했는데 훤칠하고 건장한 모습이 그의 눈에 띄어 곽위는 이계도 부대의 하급 군관이 되었다. 군벌의 공격을 받아 몰락한 문신 집안의 아들은 이렇게 군인으로서의 인생을 시작하였다.

그는 후당, 후진, 후한을 거치면서 사타족 군벌들부터 재능과 충성심을 인정받아 점점 정치 중심으로 들어갔다. 사실 그는 별볼 일 없는 하급 군인이었으나 그의 인생에서 운명을 바꿔놓은 두 사람이 있었다. 한 명는 그의 아내 시씨(柴氏)이고 또 한 명은 후에 후한의 개국황제가 되는 사타족 유지원(刘知远)이었다.

936년 거란이 남하하여 낙양을 점령, 이로써 후당이 멸망하고 거란의 지원을 받은 석경당의 후진이 건립되었다. 이에 앞서 곽위는 후진의 장군 유지원을 만나 그의 수하로 들어갔는데 유지원이 곽위를 신뢰하며 끌어준 것이 곽위에게는 인생 반전의 기회였다. 유지원은 후진을 세우는 데 공을 세우면서 석경당으로부터 북경유수, 하동절도사에 임명되었고 이때 곽위도 덩달아 승진하였다. 947년 후진의 두 번째 황제 석경중과 거란과의 갈등으로 거란이 다시 남하하였고 이때 후진이 멸망하였다. 거란은 자신들이 세운 꼭두각시 중원 정권의 바지 사장이 자신들과 맞먹으려 하자 다시 자신의 손으로 문을 닫게 하고는 자신들이 직접 통치하려고 했다. 그러나 중원의 민심이 거란에 거세게 반발하자 거란은 다시 친거란 정권을 세워놓고는 중원에서 철수할 수밖에 없었는데 이때 세워진 나라가 후한이고 그 대표가 유지원이었다. 유지원의 측근인 곽위는 추밀부사가 되어 대권의 중심으로 들어가게 되었고 다시 허베이의 여섯 개 주를 관할하는 천웅군절도사 겸 추밀사로 승진하여 후한의 군정 대권을 장악하게 되었다.

그러나 유지원이 죽고 그의 아들 유승우(劉承祐)가 황제가 된 후부터 곽위에게 정치적 위기가 닥친다. 자신의 주군에 대한 충성심이 강했던 그는 원래 반란 같은 건 꿈도 꾸고 있지 않았다. 그러나 그에게 과도한 경계심을 가지고 있던 후임 황제 유승우는 반란을 꾸민다는 혐의로 그와 일가족을 전부 죽이려 했고 곽위 본인은 화를 피했지만 결국 가족은 전부 몰살당했다. 그 길로 그는 군대를 이끌고 황궁으로 쳐들어가 유승우를 죽였고 유승우의 조카를 황제로 세우고는 황후로 하여금 섭정하도록 하였다. 이를 보면 쿠데타를 성공시킨 후에도 그는 자신이 황제가 되겠다는 생각을 품고 있지는 않았다는 걸 알 수 있다. 그러나 얼마 후 자신의 부하들이 황포(황제가 걸치는 금색 망토)를 가져와 씌워주면서 그를 황제로 옹립하였는데 이 장면은 9년 후 다시 송태조 조광윤에 의해 똑같이 재연된다.

암흑기의 대 방향 전환

　주나라(후주)의 건국은 후당, 후진, 후한의 3대에 걸친 사타족의 중원 통치를 끝내고 한족의 정권이 세워졌다는 점에서 이미 오대십국의 물길에 어느 정도 방향 전환이 시작되었음을 뜻했다. 곽위는 오대십국의 여러 제왕들 중에서 거의 유일하게 존경할 만한 군주였다. 그는 보위에 오르자 역대 정권들을 거쳐오면서 누적되어 온 악습과 적폐를 개혁하고자 했다. 오대십국과 같은 혼란기에는 중앙의 통제와 질서가 작용하지 않고 어느 누구도 장기적인 발전을 추구하지 않으며 그저 할 수 있을 때 최대한 재물을 긁어모으는 데 정신이 팔려있기 마련이다. 군벌들에게 있어서, 또는 군벌이 만든 정권에 있어서 전쟁 준비가 최우선이었고 이들은 전쟁 비용을 조달하기 위해 무차별적으로 백성을 착취하였다. 그리고 이에 대한 사회의 반발을 누르기 위해 무력에 의한 공포정치가 행해졌고 가혹한 형벌제도가 운영되고 있었다. 그러다 보니 농민들이 생산 현장을 떠나는 현상이 오랫동안 만연했고 이는 경제를 황폐화시켰다. 새로 생긴 후주에게 있어서는 남쪽의 10국을 평정하든지, 아니면 북쪽의 요와 전쟁을 벌이든지 간에 경제가 받쳐줘야 뭐라도 도모할 수 있었다. 그리고 이를 위해선 농민들을 쥐어 짜낸다고만 되는 게 아니라 이들이 생산 현장으로 돌아와 생산 활동을 하지 않으면 안 되는 일이었다.

　곽위는 가혹한 조세를 내리고 불합리하게 설치된 세금 조항을 폐지하는 등 농민의 부담을 덜어주는 조치를 공포하였다. 또한 소금, 술, 가죽 등에 두었던 각종 규제를 완화하여 거래를 활성화시켰다. 가혹한 형벌을 완화하고 노비를 풀어주는 등 민중을 어루만지는 정책을 펼치면서 유랑민들을 생산현장으로 돌아오도록 독려하였다. 또한 그는 스스로가 근검절약을 하며 백성들의 부담을 덜어주려고 노력하였다. 그는 소박함이 생활화된 사람이었고 좋은 걸 걸치고 비싼 음식을 먹는 것을 터부시하였다. 보석 같은 건 말할 것도 없었고 조서를 내려 각지의 특산품 진상을 금지시켰다. 그는 대신들에게 이렇게 말했다. "나는 가난했다가 운이 좋아서 황제가 된 사람인데 내가 사치스러운 생활을 하며 백성들에게 폐를 끼칠 수 있겠는가?" 그러면서 황궁에 있는 사치스러운 물건들을 전부 모아 궁전 앞마당에서 부수도록 했다.

그는 즉위하고 얼마 지나지 않아 산동성 곡부를 찾아가 공자묘에 제사를 지내고 공자묘의 수리·보수를 명하고 공림(孔林)에서의 벌채를 금하였다. 또한 공자의 후예들을 찾아가고 그들을 관리로 발탁하였는데 이는 그가 무신들의 세계를 끝내고 문신들을 등용할 것이며 유가를 치국의 이념으로 할 것이라는 일대 정치적 선포였다. 곽위는 3년간의 짧은 재위 기간 동안 거대한 방향 전환을 이루어냈다. 그것은 무신의 세계를 종식시키고 문신들을 끌어들인 것과 생산 현장을 떠난 농민들을 다시 불러들이는 일이었다. 이 두 가지는 다음 황제인 시영에게로 계승되었고 북송으로도 이어졌다.

흐름을 바꾸는 자는 누구인가?

이 시점에서 역사 텍스트가 주는 사실보다 더 중요한 것은 '후주의 두 리더들이 오대십국의 앞선 통치자들과 다른 점은 무엇이며 무엇이 이들로 하여금 변혁을 추진하게끔 했는지'에 대한 질문을 던지는 일일 수도 있다. 도대체 오대의 다섯 번째 정권인 후주의 황제들은 앞선 네 정권의 황제들과 무엇이 달랐나? 이러한 질문에 대한 답은 역사 교과서나 논문을 아무리 뒤져봐도 나오지 않는다. 그러니 이런 질문에 대한 답은 그냥 스스로 찾으면 될 듯하다.

오대 중원 정권의 통치자들은 후량과 후주를 제외하고는 후당, 후진, 후한 모두 사타족 군벌들이다. 이들에게 천하란 무엇이었을까? 이들에게 천하의 백성들이란 무엇이었나? 이들이 중원으로 온 건 불과 몇십 년 전의 일이고 이들에게 있어서 천하란 자신들의 권력 야욕을 실현시켜주는 무대에 지나지 않았다. 이들 사타족 통치 계급은 한족과 역사와 민족의식을 공유하지 않았다. 이들은 심지어 황제조차 한자를 읽지 못하는 경우도 있었다. 문화와 민족의식을 공유하지 않으니 백성들의 고통은 남의 이야기였고 시대적 사명을 읽지도 못했으며 멀리 내다보는 치국의 안목은 더더욱 없었다. 이 시점에서 누군가는 5호 16국을 평정한 북위의 이방인으로서의 성공사례를 들며 이의를 제기할 수도 있겠다. 그러나 선비족이 세운 북위는 오대십국의 사타족 정권들과 차원이 다르다. 당시의 선비족은 오대십국 시기의 사타족에 비해 그 수가 훨씬 많았고 그들이 차지한 지역은 광활했다. 선비족 통치 그룹은 자신들이 데리고 남하한 부족의 미래를 생각하지 않을 수 없었고 당연히 한족의 시스템을 받아들여 한족과 공존하는 사회 건설을 고민해야 했다. 당시의 선비족은 문화는 뒤떨어졌지만 강한 리더십하에 단결하였고 화북의 혼란을 평정하겠다는 야망을 가지고 있었고 이를 실현시켰다. 한마디로 창업자 정신과 주인의식이 있었다. 하지만 황소의 난으로 벼락부자가 된 사타족 통치 계층은 단결하지 못했고 더 큰 뜻을 품지도 않았다. 그러므로 이들에게 중원이란 그저 자신들의 권력 야망을 실현시키는 무대였을 뿐이고 자신의 목적을 달성하기 위해서 영토의 할양이라던가 민중들의 고통 따윈 아무것도 아니었다.

그러나 후주의 두 통치자는 달랐다. 이들에게는 고통받는 민중과 망가진 천하를 바로잡아야 한다는 강한 신념이 있었다. 그것은 이들이 한족이라는 것 외에 이들의 젊은 시절의 경험과도 무관치 않다. 곽위는 밑바닥에서 시작했기에 당시 농민들의 삶이 어땠는지 누구보다 잘 알고 있었고 지금 이 나라에 가장 필요한 게 무언지에 대한 강한 신념이 있었다. 그의 양아들 시영 역시 장사를 하며 각지를 떠돌아다니면서 당시 사회의 실상을 두 눈으로 똑똑히 보고 들었다. 이점이 이들 둘이 오대십국의 다른 제왕들과 가장 다른 점이 아닐까 한다.

시영(柴荣), 짧지만 강한 개혁

곽위는 아쉽게도 3년밖에 황제를 하지 못하고 51세의 나이로 병사하였다. 그러나 그의 개혁은 2대 황제 세종에 의해 이어졌고 더욱 심화되었다. 오대십국의 대표적인 개혁군주 세종의 본명은 시영(柴荣)이다. 중국어로는 '차이롱'으로 한국어 한자 독음과는 사뭇 다르다. 시영은 후량 때인 921년에 오늘날 허베이성 싱타이(邢台)의 시가장(柴家庄)에서 태어났다. 그의 부친 시수리(柴守礼)는 그곳의 유명한 부호였으나 갑자기 형편이 어려워지자 아들 시영을 이미 출가한 자신의 여동생 집에 보냈고 곽위 부부는 시영을 양자로 들였다. 아홉 살 된 시영이 곽위의 집으로 왔을 때 곽위는 아직 하급 군관으로서 집안이 넉넉하지 못하던 시절이었다. 이렇게 시영은 곽위와 같이 거의 평민이나 다름없는 신분으로 시작하였다. 그러나 곽위는 총명한 아들을, 시영은 용맹하고 든든한 아버지를 얻었고 이렇게 그들은 힘을 모아 천하 경영의 길을 걷는다.

시영은 곽위와는 완전히 스타일이 달랐다. 곽위는 훤칠한 체구에 외향적이고 전략보다는 통솔력과 용기, 의리가 강점이었던 사람이다. 반면 시영은 내성적이고 신중하며 자신의 의중을 쉽사리 드러내지 않는 전략가 타입의 리더였다. 곽위는 이런 시영을 높이 평가하며 신뢰하였다고 한다. 곽위가 가지지 못한 면을 시영이 보충하면서 이 둘은 강한 케미를 발휘하였다. 오대십국과 같은 혼란기에 세력이라 함은 곧 병력을 얼마나 보유하고 있느냐이고 자신의 사병을 모으는 데에는 많은 돈이 든다. 사람들에게 먹을 것과 입을 것을 주어야 자신들의 군사가 되기 때문이다. 당시에는 이런 일들이 정치 행위나 다름없었고 예나 지금이나 정치 행위에는 많은 돈이 든다. 오대십국은 오늘날로 비유하자면 선거판이 끊임없이 벌어지고 정당 간의 이합집산이 밥먹듯이 행해지던 시대였다. 그런데 곽위가 돈이 어디 있나? 이때 곽위의 정치 자금에 적잖은 도움이 되어준 사람이 바로 다름 아닌 시영이었다. 시영은 사업 수완이 좋았다. 열다섯 살 때 이미 돈을 벌고자 집을 떠났고 호북에서 차를 들여와 북방에 파는 사업을 하였다. 도중에 힐질(頡跌)씨 성을 가진 소수민족 거상을 알게 되어 사업에 크게 성공하였고 여기서 번 돈으로 고모부의 군사·정치 자금을 대었다. 또한 각지를 돌면서 현지 실상에 대해 이해를 하였고 다양한 인맥을 쌓은 것은 후에 그가 개혁을 추진하는 데 있어서 큰 밑거름과 자산이 되었다. 중국 역사를 보면 이렇게 사업가 출신의 성공한 정치인들이 있는데 거슬러 올라가자면 관중, 여불위가 있고 시영도 그중 하나라 할 수 있다.

시영은 워코홀릭이었다. 그가 5년 5개월의 재위 기간 동안 추진했던 정책이나 성과를 나열하자면 '이 짧은 시간 동안 어떻게 이 많은 일들을 하였을까?'라는 생각이 들 정도로 엄청나게 많은 일들이 추진되었다. 남들이 30년에 걸쳐서 할 일들을 5.5년 동안에 이루어낸 셈인데 그러려면 밤낮을 가리지 않고 오직 일만 생각했을 것이다. 그가 젊은 나이에 갑작스럽게 죽은 것도 과로사로 알려져 있다. 그러므로 그가 추진한 정책들을 전부 나열하기보다는 대표적인 역점 사업인 경제 정책과 군사 개혁을 위주로 이야기하겠다.

개혁의 지향점

시영의 개혁은 곽위와 방향성 측면에서 큰 차이가 없었다. 곽위가 대방향 전환을 하고 목표 지점을 설정하였다면 시영은 목표 지점을 향해 도로를 깔고 자동차를 만들고 주유소를 세우고 교통법규를 제정한 사람이라 하겠다. 이러한 작업은 또 다른 부류의 이익을 침해하는 일이었으므로 때로는 강수를 두는 일도 필요했다.

우리는 이 책을 읽으며 늘 그래왔듯이 개혁을 시작하는 국가 지도자로 빙의를 해볼 필요가 있다. 보위에 오른 시영에게 주어진 시대의 과제는 무엇이었을까? 이들은 둘 다 평민으로 시작하여 객지를 돌며 민중들의 고충을 눈으로 보고 느낀 사람들이다. 이들이 본 백성들의 고통은 무엇이었을까? 이들의 고통은 어디서 오는 것이었을까? 그렇다, 그것은 전쟁이었고 그들 앞에 놓인 시대적 과제는 무엇보다도 전쟁 국면의 종식이었다. 이 지긋지긋한 내전 국면으로는 다른 걸 아무리 잘한다고 해도 민중들의 삶이 크게 낳아질 수가 없었다. 아무리 농민들을 위해 세금을 내려주고 각종 민생 정책을 내놓으면 뭘 하겠는가? 오늘 밭을 갈다가도 내일 전장으로 징집되어 창을 들어야 한다면 이들이 무슨 공약을 하던 그것은 한낱 허무맹랑한 염불에 불과하다. 그럼 내전 국면을 종식하고 평화 국면을 조성하려면 어떻게 해야 하나? 주변 할거 정권들과 악수를 하고 평화조약을 맺어야 하나? 아무 명분 없이 무력으로 일어나서 무력으로 끝나는 오대십국이 마음 좋은 얼굴을 하며 휴전협정을 맺는다고 평화가 찾아올까? 당시 통치자들은 이런 옵션을 단 1초라도 고민했을 리가 없다.

천하를 평정해야 한다! 내전을 평정해야 평화가 찾아오고 평화가 찾아와야 일상으로 돌아오고 그래야 백성들의 고통을 끝낼 수 있다. 곽위와 시영, 이 둘에게는 전쟁 국면을 평정하는 것이 지상 과제였고 모든 것이 이에 맞춰졌다. 군 개혁은 말할 것도 없고 경제정책 또한 무력 통일사업과 무관치 않았다.

시영이 재위 초기에 좌간의대부[14] 왕박(王朴)과 한 대화는 그의 장기적 치국의 비전을 잘 보여준다.

> 시영: 왕대부. 내게 얼마큼의 시간이 있는 것 같소?
> 왕박: 삼십 년은 있지 않겠습니까?
> 시영: 만약 그렇다면 짐은 10년 동안은 천하를 개척하고, 10년은 백성을 부양하며, 10년은 태평성대를 이루겠소!
>
> -《신오당서·권12·주본기제12》

통일, 경제발전, 그리고 복지국가 완성의 3단계 비전이 그의 가슴 속에 있었고 그러기에 그는 신념을 가지고 개혁을 추진할 수 있었다. 물론 여기서 하나 더, '하늘이 도와야' 하는데 하늘은 5년 후 그의 목숨을 앗아갔으니 참으로 안타까운 일이 아닐 수 없다.

자영농 육성

예나 지금이나 강한 군사력은 경제가 뒷받침이 되어줘야 한다. 현대전에서는 강한 제조업 기반과 과학기술이 없으면 안 되듯이 냉병기 전투를 하던 시절에는 많은 병력원과 이들을 먹일 풍부한 농업 생산력이 없이는 강한 군사력을 기대할 수 없었다. 시영의 경제정책 세부 조치를

---

14) 좌간의대부(左谏议大夫): 진(秦)나라 때 간의대부(谏议大夫)란 직책을 두어 황제에게 간언을 하고 황제의 잘못된 점을 바로잡아주는 역할을 하도록 하였다. 당나라 때 좌, 우로 나누어 각각 네 명을 두었고 좌간의대부는 문하성, 우간의대부는 중서성 소속으로 하여 서로 견제하며 다양한 의견을 내도록 하였다. 조선 시대의 사간원과 비슷하다.

굳이 설명하기보다는 '내가 그였다면 무얼 했을까?'라고 가정을 하는 것이 더 좋을 듯하다. 우리는 이미 당시의 경제 상황에 대해 조금은 알고 있다. 당시 농업에서의 가장 큰 문제는 전란으로 인해 사람들이 다 도망가고 농지는 관리를 안 해줘서 황폐화되었다는 데에 있었다. 황폐한 땅에 사람은 열 집에 두세 집만 있는 이런 상황이 가장 큰 문제였다. 그럼 어떻게 해야 할까? 농민들을 불러 모아야 한다. 그런데 떠난 농민들이 "오세요~"라고 하면 오는가? 뭔가 인센티브와 동기를 부여해야 만이 "그래, 속는 셈 치고 한번 가보자"라고 하며 하나둘씩 생산 터전으로 돌아올 것이다.

시영의 경제 정책의 핵심은 "자경농을 많이 만들어 납세 인구를 늘리자!"로서 곽위의 정책과 방향성에서 다르지 않았다. 농민들과 상공업자들을 다시 생업으로 불러들이기 위해 각종 인센티브와 세제 혜택을 주었다. 통치자들은 항상 국진민퇴(國進民退)와 국퇴민진(國退民進) 사이에서 어떠한 경제부흥 방식을 택할지를 고민하게 되어있다. 국진민퇴 방식은 국가의 수입을 단기간에 늘리고 그것으로 국방력을 증강시킬 수 있으니 야망을 가진 역대 통치자들은 국진민퇴의 유혹에 끌리기 마련이다. 하지만 그것은 기본적으로 사회가 안정되어 있을 때의 이야기이지 그렇지 않으면 백성의 고혈을 짜내는 결과밖에 안 된다. 관중의 국진민퇴는 소금과 철에 한정되었고 나머지는 오히려 민간 자율성과 개방형 경제를 추구하였기에 성공할 수 있었다. 또한 기원전 7세기와 기원후 10세기는 세상이 많이 달라졌고 민중들의 의식과 농민들의 지위도 달랐다는 점을 잊으면 안 된다. 혼란기에 국진민퇴를 했다가 크게 실패한 케이스가 바로 서한 말의 왕망이다.

유랑 중인 농민들과 놀고 있는 땅을 결합시키는 방법은 당 말기부터 안 해오던 게 아니다. 당 말기에는 놀고 있는 땅을 국가 소유로 한 후 농민들에게 소작을 주지 않았던가? 이 정책은 비유하자면 버려진 치킨집들을 정부가 국유화한 후 가맹점주를 모집한 것과 같다. 이 방법은 국가의 재정 수입을 담당하는 관청의 입장에서는 괜찮은 방법같아 보인다. 그래서 오대십국의 대부분 정권들은 이 방식을 그대로 답습했다. 소작농과 자경농은 무엇인가? 자경농은 소작농에 비해 무조건 좋은가? 오늘날에 비유하자면 소작농업은 기업과 가맹점 계약을 맺고 치킨집을 하는 거고 자경농은 자신이 원재료의 조달과 치킨 레시피, 장비 구입 등 모든 걸 스스로 하는 자영 치킨집이다. 이 둘은 기본적으로 두 가지 면에서 큰 차이가 있다. 하나는 농민의 지위고 또 하나는 소득에 있었다. 중국은 전국시대 이후로 토지의 사유화가 진행되면서 농민들은 원칙적으로 가정을 기본 단위로 한 자영농이자 자유인이었다. 그러다가 지주들의 토지겸병으로 소작농업이라는 생산방식이 나왔다. 이들은 노예는 아니었지만 노예와 자유농민의 중간 정도의 사회적 지위와 자유를 가지고 있었기에 적극성 측면에서는 자경농에 비할 수 없었다. 그렇지만 소작농업은 지주의 거대 자본과 장비, 체계적 관리, 농업기술 등이 동원되었기 때문에 이론적으로는 농업기술 발전이나 생산력에 있어서 더 유리했다. 농민 가정의 소득 측면에서 볼 때 안정기에는 자경농의 소득이 더 많았을 것이다. 그러나 정부의 세금 착취가 심하거나 혼란기에는 오히려 소작농이 되는 게 더 낳았다. 소작농을 가맹점에 비유를 하는 것은 가맹본사를 악덕 소작주에 비유하려는 게 아니다. 소작농업과 자경농업은 농업이라는 산업에서 자연적으로 발생한 두 개의 생산 방식이지 소작농업을 무조건 타파해야 할 대상으로 보는 건 잘못된 고정 관념임을 말하고자 함이다. 그러나 개혁을 하고자 했던 국가 리더는 거의 예외 없이 자경농을 양성하는 데 온 힘을 기울였다. 이는 왜일까? 그것은 소작제의 맹점인 무서운 소작료에 있었다. 소작료를 그냥 임대료 정도로 생각하면 안 된다. 당시 소작농은 지주에게 절반을 소작료로 내야 했다. 국가로 들어와야 하는 세금의 대부분이 지주들에게 가는 것은 자금에 목마른 통치자들에게는 참을 수 없는 일이었다. 그래서 당 후기부터 오대십국의 대부분 정권들은 정부가 지주가 되어 소작료를 받고자 했던 것이다.

그러나 이 정책은 큰 실효를 거두지 못했다. 왜냐? 국가가 하나의 거대한 치킨 브랜드를 운영하고 가맹점을 모집한다? 장사가 잘 될 거라 생각하나? 국가가 운영하는 치킨 브랜드가 맛이 있을까? 그 정도로 국가에 대한 신뢰도가 높은가? 결국 이는 자가당착에 빠진 국진민퇴 정책이 되었다. 후주의 두 군주는 이 시스템이 더 이상 유용하지 않다는 것을 인식하였고 이에 대한 과감한 개혁을 하였다. 즉, 국가가 농경지 운영에서 손을 떼는 것이다.

곽위와 시영의 조치는 버려진 농지를 지원자에게 아예 주는 것이었다. 다시 비유하자면 버려진 치킨집을 창업 희망자에게 그냥 준 것이었다. 자영농을 하고 싶은 사람은 정부에 신청을 하면 정부는 심사 후 그 사람에게 농지를 배분하였다. 이 신청하는 과정을 '청사(请射)'라 했다. 오늘날의 '주택 청약'과 같은 것이다. 원래 주인이 자신의 땅을 찾으러 오면 3년 이내는 절반을 돌려주고, 5년 이내는 3분의 1을 돌려주고, 5년이 지나면 소유권을 요구할 수 없었다. 이렇게 하여 원래 주인의 귀향을 촉진하면서 동시에 새롭게 자경농이 되고자 하는 사람들의 수요를 만족시킬 수 있었다. 그리고 정부는 이들에게 세금을 받았다. 또한 시영 정부는 정착 기간 1년 동안 세금을 면제해준다던가 재난을 당한 지역의 세금을 면제해주는 세금 감면 책을 적극적으로 펼쳤다. 동시에 관리들을 전국에 풀어 은닉 토지를 색출해 내고 세금이 균일하게 징수되는지 감독하도록 하였다. 이리하여 후주에 들어와 자경농이 급증하였고 이는 농업 생산성의 증대와 납세인구의 증가로 이어졌다. 초기에는 여러 세제 혜택으로 국가 세수 실적이 좋지 않았으나 시간이 지나자 그

효과가 나타나기 시작했다. 농업 생산력이 높아지고 국가 재정이 크게 개선되었으며 이는 군사력 증강의 두터운 물질적 기초가 되어주었다.

불교 사원 정리

969년 송태조 조광윤은 하동15)을 정벌한 후 이동 중에 진주(鎭州)에 주둔하였다. 진주는 오늘날 허베이 스자좡(石家庄)에서 북쪽으로 20~30킬로미터 떨어진 정딩(正定)이란 곳이다. 이곳은 지금은 작은 도시이지만 옛날에는 허베이의 중심도시였다. 그래서 이곳에는 당나라에서 청나라까지의 성벽, 사원, 탑, 사합원 등이 잘 보존되어 있다. 당시 조광윤은 성의 서쪽에 있는 대비사(大悲寺)에 가서 향을 올리면서 주변의 정황을 살피고자 했다. 대비사는 당나라 고승인 자각선사가 창건한 절인데 후주 때에는 매우 유명했다. 대비사 주지는 그를 반갑게 맞이하면서 첫 마디로 이렇게 말했다. "현(显)을 만나서 부서졌지만 송(宋)을 만나니 흥할 것이다. 고진감래라, 귀객은 안으로 드시지요(遇显即毁, 迎宋即兴, 否极泰来, 贵客内请)." 이 말을 들은 조광윤은 매우 놀랐다. 저녁이 되자 이들은 흉금을 털어놓고 이야기를 했는데 이때 대비사 주지는 대비사에서 벌어졌던 일을 조광윤에게 이야기해주었다.

당왕조 이래로 이 절에는 동으로 된 대비보살을 모시고 있었고 그 키가 4장9척(16.2미터)였다. 그러나 후주에 와서, 즉 현덕2년(955)에 정부는 동전의 재료인 구리가 부족하여 불상을 녹여 동전을 만드는 데 썼다. 주세종은 전국의 총 3,336개의 동불상을 매입하여 동전을 주조하는 데 썼고 많은 승려들을 환속시키고 문을 닫게 했다. 대비사도 그중 하나였다. 그리고 이때 16.2미터짜리 대비보살이 끌어내려

---

15) 당시의 하동이란 10국 중 가장 마지막까지 버틴 북한(北汉)의 영토인 산시성 일대를 말한다.

졌다. 이 영험한 거대 동불상을 끌어내리는 것이 두려워 관원들이 손을 쓰고 있지 못하자 시영이 직접 도끼를 들고 불상을 향해 찍어내렸다고 한다. 주세종의 연호가 현덕(显德)이었으므로 주지가 말한 '현(显)'은 주세종을 말하는 것이었다. 이 예언이 말하는 바는 "주(周)나라를 만나서 허물어졌는데 조(赵)씨 나라를 만나니 다시 흥기할 것이다"라는 뜻이다. 이후 조광윤의 지시하에 만들어진 게 융흥사(隆兴寺) 대비불(大悲佛)이다. 융흥사는 대비사와 동일한 절은 아니다. 이유는 모르겠지만 북송 정부는 대비사의 대불을 그보다 조금 동쪽에 떨어진 융흥사에 재건하였고 이야기 속의 대비사는 지금은 남아있지 않다. 수나라 건립 초기인 586년에 세워진 융흥사에는 33미터 높이의 대비각이 있고 그 안에 22미터 높이의 어마어마한 천수관음상(손이 여러 개 있는 불상)이 서있다. 대비각에 들어선 순간 이 거대한 동불상을 보면 입을 벌린 채 고개를 쳐들고 한참을 서 있게 된다. 이 정도 크기의 동상을 만들려면 도대체 얼마큼의 구리가 사용되었을까? 이 불상을 녹이면 얼마큼의 동전을 주조할 수 있었을까?

정딩현 융흥사 대비불

후주의 경제 정책을 이야기하다가 갑자기 웬 불교탄압? 그러나 1, 2권을 읽으신 분은 불교탄압의 7할은 경제와 관련이 있음을 이미 알고 계실 것이다. '대진경교유행중국비'를 이야기하면서 중국 역사상 총 네 번의 불교탄압이 있었고 이를 '삼무일종(三武一宗)의 화'라고 한다고 한 걸 기억할지 모르겠다. 여기서 '삼무(三武)'란 '무(武)'자 존호를 가진 세 명의 황제로 태무제 투어바타오(북위), 주무제 우문옹(북주), 그리고 당 무종 이염(당)을 말한다. 그리고 '일종(一宗)'은 지금 이야기하는 후주의 세종이다. 공교롭게도 이 네 명의 황제 모두 제명을 다하지 못하였다. 부처님의 노여움을 산 것일까? 투어바타오는 마흔다섯 살에 환관의 칼에 맞아 죽었고, 우문옹은 서른여섯 살에 병사했으며 이염은 불로장생 묘약에 집착하다가 서른두 살에 병사했다. 그리고 시영 역시 서른아홉 살에 갑작스레 병사했다.

시영은 왜 불교를 탄압했을까?

불교의 입장에서는 '삼무일종' 황제들이 악귀의 환생으로 보이겠지만 이들 네 명 황제들은 전부 '개혁군주' 또는 '통일을 이룬(또는 추구한) 군주'라는 공통점이 있다. 또한 시기적으로 혼란기의 끄트머리이거나 혼란기가 끝난 지 얼마 지나지 않은 시점이라는 점 또한 서로 비슷하다. 세상이 평온할 때 깨달음을 찾아 출가를 할 것 같지만 실은 혼란기에 출가 인구가 급격히 늘었다. 중이 되면 최소한 먹고 잘 곳은 보장되었기 때문이다. 혼란기에는 사람뿐 아니라 토지도 사원으로 갔다. 토지가 간다는 건 부가 간다는 것이고 종교 단체의 자산과 수입은 예나 지금이나 비과세이다. 그렇다. 혼란기를 종식시키고 국면을 전화시키려는 황제에게 있어서 불교와 부딪치지 않을 수 있겠는가? 변혁을 추구하는 군주에게 있어서 사원은 숙명적으로 타도해야 할 대상이었다.

당왕조 후기 불거진 중국의 고질적인 경제 문제 중 하나가 '화폐의 부족'이었다. 2권에서 양세법의 폐단을 이야기하면서 화폐부족으로 인해 화폐의 실교환 비율이 상승하는 현상을 설명한 적이 있다. 이렇게 된 이유는 당왕조 이래로 경제 규모가 확대되면서 동전의 수요가 크게 늘었지만 당시 중국의 구리 채굴량이 이를 따라가지 못했기 때문이다. 그러다 보니 동전의 원재료인 구리의 가격이 실제 돈의 가치보다 올라가는 현상이 벌어졌고 사람들은 돈을 녹여 장식품이나 그릇을 만들어 소장하는 행태가 성행하였다. 예를 들어보자. 당대에 1,000개의 개원통보(즉, 1천 전)를 녹이면 6근의 구리가 나왔다. 그러나 시간이 조금 지나자 구리의 가격이 근 당 600전까지 올랐다. 다시 말하면 예전에 1,000전의 동전을 녹여서 만들어 놓은 구리 제품이 지금은 3,600전이 되었다는 것이다, 이익률이 360퍼센트다. 그러므로 목이 잘려나가는 리스크를 감수하더라도 당의 상인들은 돈을 녹여 동제품을 만들어댔다. 그러다 보니 사회에 동전이 더욱 모자랐고 이러한 현상은 오대십국에도 계속 이어졌으며 교역과 경제의 발전을 심각하게 가로막았다. 그런데 구리로 만들어지는 물건 중 민간의 그릇이나 촛대와 같은 것은 새 발의 피였다. 사원의 불상이나 종을 하나 만드는 데에는 어마어마한 양의 구리가 들어갔고 불교가 성행한 이래로 사원은 다량의 동전을 녹여 불상을 만들었다. 사원은 투기 자산의 비과세 도피처가 된 것이다. 경제 개혁을 추진하는 국가 지도자가 불상을 녹여 동전을 주조하는 결정을 한 것이 그리 비판받을 일일까? 시영은 동으로 된 불상을 일률적으로 관부에서 수매하여 동전의 재료로 썼고 이러한 조치로 당 후기부터 지속되어온 돈 부족 상황이 상당히 완화되었다. 또한 그는 2,700개만 남기고 모든 사원의 문을 닫게 했는데 문 닫은 사원의 수가 3만 336개였다. 이 과정에서 6만 1,200명의 승려와 비구니가 환속하여 농민이 되었다. 시영은 대비사 대불에 도끼를 내리치면서 이렇게 말했다. "부처님은 중생을 구제하기 위해서라면 몸을 아끼지 말라고 했다. 이까짓 불상이 뭐가 중요하겠는가?"

중앙군 개혁

954년 음력 2월, 북한(北汉)[16]군 3만과 요의 군대 1만은 연합군을 이뤄 후주에 대한 기습 남침을 감행하였다. 곽위가 954년 정월에 죽었으니 북한의 황제 유숭(刘崇)은 곽위의 사망 소식을 접하자마자 전쟁을 일으킨 것이다. 국상과 새 황제 즉위의 불안정한 상태에서 후주는 일대 위기를 맞았다. 대신과 장군들은 우왕좌왕하며 의견이 갈렸다. 여러분이 보위에 오른 지 한 달도 안 된 시영이라면 과연 어떤 결정을 내리겠는가?

시영은 자신이 직접 군을 이끌고 나가는 강공을 선택하였다. 그는 천웅절도사와 진녕절도사로 하여금 자주(허베이 남부)의 군을 이끌고 서쪽으로 우회하여 북한군의 후방을 공격하도록 하였고, 하중절도사와 보의절도사로 하여금 진주(산시성 린펀)의 군을 이끌고 동진하여 적의 측면을 공격하도록 하였으며, 하양절도사로 하여금 후방에서 병력과 물자 지원을 담당토록 하였다. 그리고 중앙군의 핵심인 마군-도지휘사(马军都指挥使, 기병총사령관) 반애능(樊爱能)과 보군-도지휘사(步军都指挥使, 보병총사령관) 하위(何徽) 등으로 하여금 선봉을 서서 적의 정면을 치도록 하였다. 반애능과 하위는 선황인 곽위가 직접 발탁한 장군들이었다. 이들은 황제의 호위군과 함께 개봉에서 정북으로 북상하였고 음력 3월 19일에 드디어 북한군과 산시성 고평(高平)에서 조우하였다. 고평은 전국시대에 조나라의 40만 군대가 진(秦)군에 의해 몰살되어 골짜기에 묻힌 장평전투가 벌어졌던 곳이다. 드디어 양군의 선봉군이 격돌하였는데 시영은 자신의 눈을 의심할 수밖에 없었다. 반애능의 기병단이

---

16) 북한(北汉)은 곽위가 후한을 전복시키고 후주를 건립하였을 때 후한의 황가였던 유씨들이 북쪽으로 도망가서 거란의 지원 하에 건립한 정권이다. 10대 정권 중 하나이며 사타족이 통치하는 친거란 괴뢰정권이었다.

싸워보지도 않고 퇴각하는 게 아닌가! 기병단이 퇴각을 하니 보병들은 패닉 상태가 되어 우왕좌왕할 수밖에 없었고 이들 중 천여 명이 북한 군 진영으로 투항하면서 최일선 전선이 순식간에 무너져 내렸다. 북한 의 선봉을 지휘하는 장원위(張元徽)는 기병단을 이끌고 곧바로 시영이 있는 본진을 노렸다. 절체절명의 상황이 벌어진 것이다. 이때 시영은 칼 을 뽑아들고 몸소 활이 쏟아지는 적진을 향해 달렸고 숙위(경호)장군 조광윤과 곽위의 넷째 사위 장용덕(張永德)이 기병 2천을 이끌고 좌우 측 날개를 맡으며 돌진하였다. 얼마 후 의성절도사 백중찬 등도 부대를 이끌고 합류하였다. 결국 고평전투는 후주의 승리로 끝났고 북한군은 사령관 장원위, 추밀사 왕정사를 잃는 등 막대한 피해를 보고 북쪽으 로 철군할 수밖에 없었다. 이상이 《자치통감·후주기》에 기재된 고평전 투의 대략적 내용이다.

고평전투는 막 황제가 된 시영에게 있어서 엄청난 계기가 된 사건이 었다. 일단 첫 전투를 대승으로 끝내면서 그는 군사적 리더십을 보여주 었다. 양아버지 곽위와 달리 그는 신중한 전략가 타입이었고 그래서 그 를 보는 군(軍)내 시선이 곱지만은 않았다. 그런데 뜻밖에도 호기 있게 친정을 결정하였고 게다가 위기의 상황에서 몸을 사리지 않고 적진으 로 뛰어들어 전장의 분위기를 완전히 뒤바꿔놓아 전투를 승리로 이끌 었기 때문이다. 고평전투의 영웅은 황제 시영이었고 이제 군내 어느 누 구도 시영의 리더십을 의심하지 않았다.

그러나 고평전투는 이 전투를 통해 후주의 주력군인 금군(禁軍)이 가 지고 있는 잠재적 문제가 여실히 드러났고 이는 이어지는 군 개혁에 명 분과 계기를 제공하였다는 데서 훨씬 큰 의미가 있었다. 중앙군이라고 하는 자들이 제대로 싸워보지도 않고 도망을 치고 순식간에 오합지졸 이 되어 붕괴되는 걸 두 눈으로 똑똑히 본 그는 "내 독한 마음을 먹고 군 개혁에 착수하겠노라"고 결심한다.

고평전투가 끝나고 황제의 본영에서 상벌에 대한 의식이 행해졌다. 이때 시영은 교전을 하지 않고 퇴각한 부대의 장수 반애능, 하위 등 70여 명을 모조리 참수하는 엄청난 결정을 내린다. 아무리 전투에서 패했다고 해도 아군의 군장성과 장교를 이렇게 무더기로 참수하는 건 역사상 매우 보기 힘든 케이스이다. 생각해보시라. 반애능, 하위는 중앙군의 기병과 보병사령관으로 야전군 최고 지휘관급이다. 쓰리스타를 포함하여 그 밑으로 70명을 모조리 사형시킨다? 이것은 결코 쉬운 결정이 아니다. 이 경우 후주는 군대의 지휘 그룹이 절반은 없어지는 것이다. 막 보위에 오른 황제에게는 더더욱 내리기 어려운 결정이었고 실제로 시영은 이들의 처리를 놓고 상당히 고심했다고 한다. 결국 이들 70명은 수도 개봉으로 돌아가기도 전인 4월에 고평에서 즉결 처리되었고 머리를 매달아 군사들에게 군율의 지엄함을 보여주었다. 한편, 고평전투로 떠오른 스타도 있었으니 대표적인 인물이 바로 조광윤이었다.

시영은 왜 군 개혁을 해야 했을까? 후주의 군대는 무엇이 문제였을까? 엄밀히 말하자면 금군이라 부르는 중앙군에 대한 개혁이다. 이 시점에서 우리는 금군(禁軍)에 대한 정의와 이들의 역할에 대해 새롭게 정리할 필요가 있을 듯하다. 왜냐하면 필자가 1, 2권에서 '수도방위군단'에 비유했던 금위군(또는 금군)은 당 말·오대십국을 거치면서 국가 전체의 무력체계 내에서의 위치가 이전과는 많이 달라졌기 때문이다. 고대 중국의 군사 편제는 일차적으로 지방군과 중앙군으로 나뉜다. 지방군은 주(州), 현(縣)에 속해있거나 군사 도시인 진(鎭)에 있는 군대이고 이들에게는 변경의 방어와 치안을 담당하는 것이 제1의 임무였다. 안사의 난 직전의 당나라 상황에서 익히 보았듯이 당시의 지방군은 상당한 병력과 군사력을 보유하고 있었다. 물론 당 현종 때는 지방군을 특별히 과다하게 양성한 케이스지만 그 이전 시기에도 변경 수비군은 상당한 수준의 병력을 가지고 있었고 웬만한 전투에 스스로 교전할 수 있는 충분한 능력을 갖추고 있었다. 그러면 금위군은 무엇인가? 이들의 제1의 임무는 무엇인가? 당연히 반란의 진압이다. 그리고 부차적으로 큰 전투나 원정을 할 때는 금위군이 투입되기도 하였다.

그러나 안사의 난 이래로 지방군은 절도사들의 사군대화 되었고 이들이 자체 정권을 세운 오대십국 시기에는 지방군이란 건 거의 없어진 거나 다름없었다. 그러므로 이 시기부터 금군을 '수도방위군'라 부르는 건 맞지 않고 그냥 중앙군 또는 주력군이라 부르는 게 더 맞을 듯하다. 오대십국의 중원 정권들은 당왕조의 금군을 그대로 이어받았고 그 기반 위에 왕조의 간판과 군 통수권자가 바뀌었을 뿐 금군 내부적으로는 별다른 변혁이 일어나지 않았다. 이러다 보니 오대십국의 후기로 오면서 금군의 조직 체계는 시대의 변화를 대변하지 못했고 조직은 매너리즘에 빠졌으며 군기강은 해이해질 수밖에 없었다.

시영의 군 개혁은 어디에 포커스를 두었고 어떻게 이루어졌는가? 이를 이해하기 위해선 당시 금군이 가지고 있던 문제의 본질을 알아야 한다. 금군은 일반명사일 뿐 각 왕조별로 금군을 부르는 명칭이 달랐다. 오대 중원 정권들은 당후기의 시위친군(侍卫亲军)의 명칭과 조직, 제도를 그대로 물려받았고 시위친군은 기병과 보병으로 나뉘어져 있었다. 고평전투 후 참수된 반애능, 하위는 각각 시위친군의 기병과 보병 사령관이었으니 얼마나 높은 직위였는지 알 수 있다. 그런데 이 시위친군은 당 말·후량·후당·후진·후한을 거치면서 조직에 변혁이 없이 전통과 관례, 혈연, 지연, 공훈 등에 절어 있었고 군기는 엉망이었다. 예전에 공훈을 받은 사람이 나이가 들어도 계속 남아 있으니 새로운 피의 수혈이 없었고 조직은 해이해졌으며 군령의 무서움을 몰랐다. 만약 당신이 새로 즉위한 황제라면 어떻게 개혁을 하겠는가? 만약 당신이 CEO로 부임한 회사의 영업팀이 영 맘에 안 들고 개판으로 돌아가는 것 같다. 그러면 당신은 어떻게 하겠는가? 싹 다 해고해 버리고 다시 새판을 짜나? 세상일은 말처럼 쉽지가 않다. 특히 사람 관련된 일은 더욱 그렇다.

그런데 아직 얘기 안 한 게 있는데 후주의 중앙군에는 시위친군만 있는 게 아니었다. 시영의 선황인 곽위는 즉위 2년째인 952년에 전전군(殿前軍)이라는 특전부대를 신설하였다. 중앙군을 견제하고자 특전사를 창설한 것이다. 그렇다! 변혁의 방법으로는 옆에다 하나를 새로 만들어 버리는 방식도 있다. 사실 후주 군 개혁의 핵심은 바로 이것이었다. 그리고 후주의 두 황제는 특전사 사령관으로 '조광윤'을 앉혔다.

그러면 시위친군은 왜 이 지경이 되었는가? 시간이 흐르니 고인 물이 되는 건 당연하지만 그래도 선봉장이 제대로 싸워보지도 않고 퇴각하는 건 전투사에서 보기 드문 일이다. 더군다나 때는 상무정신이 극에 달했던 오대십국 시대였고 이들은 싸움을 무서워하지 않는 사람들이다. 사실 고평전투에서 반애능과 하위가 이렇게 쉽게 무너진 것은 사료의 기재만 봐서는 언뜻 이해가 가지 않는다. 그런데 쓰촨사범대학 역사문화학원 차오싱화(曹兴华) 교수의 논문은 이를 이해하는 데 결정적인 단서를 준다. 오대 중원정권 중 후당, 후진, 후한은 모두 통치계층이 사타민족이다. 이 세 정권 28년을 거치면서 시위친군은 위아래 할 것 없이 상당 정도 사타민족화 되었고 이들끼리 똘똘 뭉쳐 외부 수혈을 거부하였다. 그러니 군에 기여하는 건 없어도 옛날의 공훈, 혈연관계 등으로 힘없고 나이 든 병사들이 다수를 이루었고 군 기강은 개판이 되어 갔던 것이다. 더욱 문제는 북한(北汉)이란 나라가 어떻게 생긴 정권이냐이다. 북한의 황제 유숭은 후한 시절 하동(산시성)절도사를 하던 사타족이었다. 북한은 곽위가 후한(汉)의 황위를 찬탈하고 후주(周)를 건립하자 유숭이 그를 '배신자'라 욕하며 자기 민족들을 이끌고 산시성으로 가서 세운 정권이다. 그리고 요의 황제에게 납작 업드려 요제국으로부터 황제로 책봉받아 정당성을 어거지로 만들었다. 요가 지원하는 또 하나의 괴뢰정권이었던 것이다. 이제는 모든 것이 명확해지는 것 같다. 사타족이 다수를 차지했던 시위친군은 같은 동포를 상대로 싸우고 싶은 생각이 없었던 것이다. 일찍이 사타족 군벌들 사이에서 커리어를 쌓아오고 결국 사타족 정권 한가운데에서 후주를 창업한 곽위는 그 누구보다도 이 잠재적 문제에 대해 잘 알고 있었다. 그래서 전전군을 신설하여 시위친군의 지위를 끌어내리려 했던 것이다. 고평에서 전투가 벌어지자 천여 명이(사료의 기재에 따르면) 곧바로 북한 진영으로 투항하였고 진영이 이렇게 붕괴된 상태에서 반애능, 하위와 같은 한족 사령관은 전투가 이미 승산이 없다고 생각하여 말머리를 돌린 것이었다.

고평전투 이후로 세종의 군 개혁 방침은 명확해졌다. 특전사를 키우는 것이다. 특전사를 키워서 수도방위군단을 능가하는 조직으로 만드는 것이다. 그러려면 어떻게 해야 하나? 먼저 특전사의 위상을 높여야 한다. 위상을 어떻게 높이나? 간단하다. 예를 들어 수도방위군단의 사령관이 삼성장군이면 특전사의 사령관으로 사성장군을 앉히면 된다. '도지회사(都指揮使)'는 총사령관이라는 뜻이다. 그래서 금군의 사령관에는 '시위친군(侍卫亲军)-마보군-도지회사'와 '전전(殿前)-도지회사' 둘이 있었다. 우리말로 풀어쓰면 시위친군 기보병총사령관과 전전군 총사령관이다. 전전군은 특수부대이므로 기병과 보병으로 나눠지지 않았다. 그런데 고평전투 후 세종은 전전도지회사 위로 '전전도점검(殿前都点检)'이라는 더 높은 직급을 만들었고 그 자리의 주인공은 역시 '조광윤'이 되었다. '점검(点检)'은 오늘날의 군 지휘체계에서 '원수'라 볼 수 있을 것 같다. 이렇게 되면 십중팔구는 머지않아 특전사 사령관이 금군의 총사령관이 되어 전체를 총괄하거나 특전사가 수도방위군단의 여러 기능을 흡수하게 된다. 물론 이 과정에서 수도방위군단 사령관과 몇몇 그의 라인 장군들은 짐을 싸게 된다. 파워가 세진 전전군은 황제의 대대적인 지원하에 지방군의 엘리트 군인들과 정예병들을 빼 와 충원하였고, 이들은 조광윤의 지휘하에 정예군단이 되어 후주의 중앙군 지위를 차지하였다.

　세종의 군 개혁은 효과를 발휘하여 후주의 금군은 강한 군대로 거듭났고 추밀사 왕박의 제안을 받아들여 상대적으로 약한 국가부터 공략하는 전략을 취했다. 즉, 남쪽 정권들을 공략한 후에 북쪽의 북한이나 요를 공격하는 것이다. 후주는 제일 먼저 후촉을 공격하여 4개 주를 빼앗아 왔고, 남당과 3년간의 전쟁 끝에 14개 주를 점령하였다. 그리고 959년에 드디어 세종은 친히 군대를 몰고 요를 향해 북벌을 진행하였고 이들은 거란 군대를 차례로 격파하면서 연운16주 중 3개 주를 점령하였다. 후주의 군대는 기세를 몰아 요의 남경인 유주(베이징)로 진격하였으나 도중에 세종이 갑자기 발병하여 어쩔 수 없이 기수를 돌려 개봉으로 돌아올 수밖에 없었다. 세종은 얼마 지나지 않아 세상을 떴으나 이 전투로 후주는 연운 16주 중 남쪽의 2개 주를 손에 넣으면서 북으로 약간 영토를 넓혔다.

　시영의 군 개혁은 성공하였으나 문제가 없었다고는 할 수 없다. 그가 한 조치는 강한 금군을 만들어 군사력을 증강시켰으나 이 모든 힘은 조광윤 일인에게 가도록 되어있었다. 절도사들의 군대는 이제 전전군의 상대가 되지 않았고 전전군에게 있어서 고용주는 조광윤이었지, 황제가 아니었다. 어렵게 키운 금군은 황제의 군대가 아니라 전전도점검 조광윤의 군대였던 것이다. 이것이 미국이 맥아더 이후에 오성장군(원수)를 두지 않는 이유 중 하나일 수도 있다. 결국 시영이 죽자 불과 6개월 만에 아무런 이유와 명분도 없이 전전군의 장군과 장교들이 조광윤을 황제로 추대하는 '진교의 병변(陈桥兵变)', '황포가신(黃袍加身)'과 같은 일이 벌어졌고 이때 지방의 절도사들은 그 어떤 저항도 할 수 없었다.

5부

10~14세기:
송(宋)·원(元)

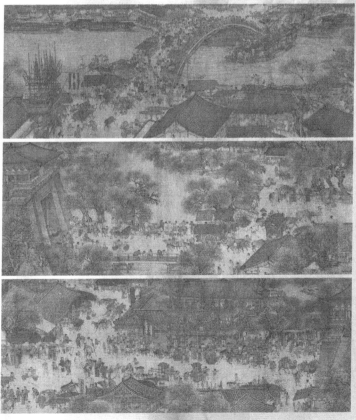

청명상하도(북송)

문인
정권의
흥망

50장

10~14세기

1권의 22장 첫머리에서 중국 고대사의 시대 구분에 대해 설명한 적이 있다. 중국의 역사는 워낙에 길고 많은 왕조와 분열의 시기가 등장하므로 사람들은 시기의 선후를 헷갈려 한다. 그러다 보니 그만 '중국 역사는 어렵다!'고 느끼면서 겁을 먹거나 흥미를 잃는데 실은 전혀 그렇지 않다. 중국 고대사는 분열, 통일제국, 초원민족의 남하, 이 세 가지 요소로 이루어져 있다. 그리고 그에 따라 세 번의 분열 시기와 세 번의 통일제국 시기로 구성되어 있다.

- 선진(先秦) 시대
- <u>제1제국 시대</u>(진·兩한)
- 대분열 시대
- <u>제2제국 시대</u>(수·당)
- 소분열 시대
- (   ) ← 10~14세기(兩송·원)
- <u>제3제국 시대</u>(명·청)

선진 시기에서 하·상·주 상고시대는 일단 논외로 치자. 그렇다면 남은 건 춘추전국시대이고 이 역시 분열 시기로 간주할 수 있겠다. 그러면 위와 같이 세 개의 분열시기(빨강)와 세 개의 통일시기(파란)로 나뉘어진다. 그런데 여기서 하나 애매한 시기가 있는데 그것은 10~14세기, 즉, 송(宋)과 원(元)이다. 오대십국의 소분열 시기를 종식시킨 송이 응당 제3제국의 타이틀을 차지해야겠지만 그러지 못했다. 중국의 제3제국은 한참 뒤인 명(1368~1644)에서 시작된다. 그러면 송대는 어떤 시기이고 그 뒤를 이은 원제국은 또 어떻게 봐야 할 것인가?

10~14세기는 중국사에서 비교적 특수한 시기이다. 지금까지 본 중국의 역사에서 우리는 두 번의 분열과 두 번의 통일제국을 보았다. 중국의 분열과 통일에 따라 북방 초원민족들도 부침을 탔다. 이들은 중원이 혼란에 빠져 있을 때 세력을 키웠고 통일제국 시기에는 힘을 잃었다. 혼란의 시기에 남하하였고 통일제국 시기에 북으로 밀려나거나 서와 동으로 흩어졌다. 그러나 송대에 와서는 이 패턴이 재현되지 않는다. 앞선 역사의 패턴대로라면 오대십국을 종식시킨 송이 통일제국의 거대 역량을 발휘하며 요(거란)과 서하(탕구트)를 밀어내고 내몽고 초원지대와 요하 지역, 하서주랑, 서역 등지를 수복해야 맞는데 어찌된 일인지 그게 그렇게 되지 않고 오히려 그 반대의 양상으로 전개되었다. 보통 분열을 끝내고 건립된 통일왕조의 초기에는 진취적 기상이라든가 밝은 기운, 개혁성 같은 것에 충만하기 마련이고 이런 힘을 받아 혼란의 시기에 빼앗겼던 영토를 되찾아오게 되는데 송은 전혀 그렇지 못했다. 오대십국 시기에 흥기한 거란은 송이 세워진 후에도 여전히 연운16주 이북 지역을 꿰차고 있었고 이들은 거대 제국으로 성장하여 송을 압박하였다.

두 초원 민족 간의 충돌은 언제나 중국에게 기회였다. 초원에서 기존 세력과 새로운 세력이 공존할 때면 중국은 어김없이 이간질 외교 전략을 이용하여 균열을 만들었고 신흥 세력을 지원하는 방식으로 초원을 와해시켰다. 흥기하는 선비를 이용하여 흉노를 견제했고, 회흘(위구르)

를 이용하여 튀르크를 약화시켰다. 그러나 이 역사의 패턴 또한 송대에 와서 먹히지 않았다. 북쪽의 주인이 요(거란)에서 금(여진)으로 바뀌어 가는 건 송에게 기회가 될 듯했으나 결과는 송에게 더 큰 재앙으로 다가왔다. 이간질 전략이란 것은 본디 무시 못 할 강력한 힘이 받쳐줘야 효과가 있는 것이었다. 송은 금의 공격을 받아 장강을 건너 항저우로 피신하였고(남송) 이들의 영토는 오늘날 중국 영토의 5분의 1로 줄어들었다. 그리고 또다시 북쪽의 주인이 몽골족으로 바뀔 때 결국은 중국 전역이 점령당하여 중원에 몽골인의 정권인 원(元)이 세워졌다.

북방에서 '거란→여진→몽고'로 주인이 바뀔 때 중원은 '북송→남송'으로 변하면서 한족들은 황하 이남에서 장강 이남으로 터전이 줄어들었고 급기야 중국 전체를 몽고인들에게 내어주게 되었다. 그러므로 민족학적 관점에서 보면 10~14세기는 제2의 초원민족 남하 시기라 말할 수도 있겠다. 초원민족의 남하란 한족과 초원민족이 다시 한번 뒤섞이는 걸 말하기도 한다. 마치 5호 16국·남북조 시대 때와 같이 말이다.

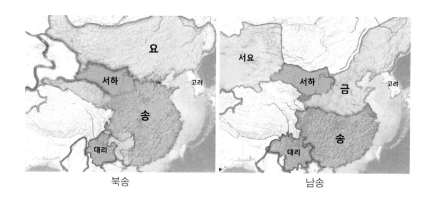

북송   남송

이것은 어디까지나 영토사와 민족사적 구도에서 본 필자의 개인적 견해이다. 사실 중국 역사의 시기 구분은 어떤 측면에서 보느냐에 따라 여러 가지 조합이 가능하다. 영토사적인 측면, 민족사적인 측면, 정치제도

사, 토지제도사, 문학사, 복식사, 심지어 자기(瓷器)의 양식에 따라서도 여러 가지 시대 구분이 나올수 있고 이에는 정답도 정설도 없다. 자신이 보는 관점에 따라서 '수당송-원명청'이라 부를 수도 있고, '수당-송원-명청'이라 볼 수도 있으며, '수당-송원명-청'이라 할 수도 있다.

나는 이 시기를 뭐라 부를까에 대해 한참을 고민하다가 그냥 10~14세기라 부르기로 했다. 어설프게 뭔가 의미를 갖다 붙이기보다는 이렇게 부르는 편이 낫겠다 싶어서이다. 이 시기 유럽에서는 십자군 전쟁이 있었고 그 후 몽골군에 의해 동유럽이 전부 짓밟혔으며, 곧이어 페스트가 전 유럽을 휩쓸었다. 기왕에 시대 구분을 했으니 중국사에서 이 시기가 가지는 특징에 대해 잠깐 설명을 하겠다.

우선, 한족들의 주무대가 남쪽으로 이동하였다. 북송 167년 동안 황하 남쪽 연안의 개봉이 도읍이긴 하였지만 황하를 건너서 북으로 조금만 올라가면 요(거란)의 영토였다. 서쪽으로는 관중 이서 지역 역시 서하(탕구트)의 영토였다. 당연히 한인들은 남쪽으로 몰렸고 남방이 개발될 수밖에 없었다. 남송 152년은 더 남으로 내려와서 진령회하라인 이북 지역이 전부 금(여진족)과 서하의 땅이었다. 그러니 장강 이남 지역에 더욱 몰릴 수밖에 없었다. 그리고 결국은 몽골군에 의해 유라시아 세계가 접수될 때 남송 역시 점령당하여 중국은 약 100년 동안 몽골 제국의 일부로 있었다. 몽골인들이 세운 원(元)은 수도를 오늘날의 베이징으로 정했지만 한인들의 주무대는 여전히 난징과 항저우였다. 오대십국 때 거란 민족이 남하하여 연운16주를 차지한(936) 이래로 명이 건립되기까지 430년 동안 장성은 무용지물로 있었다[17]. 당은 장성에 손

---

17) 연운16주 할양 이후로 초원 민족이 장성을 넘어 화북 지역에서 한족과 뒤섞이기 시작했다는 뜻이다. 실제로는 아주 일부 구간이지만 송대에도 장성이 축조된 것으로 발견되었고(2009년 닝샤에서 발견) 유목 민족이 세운 정권인 요와 금나라 때에도 몽골 민족을 막기 위한 장성이 일부 축조되긴 했다.

을 델 필요가 없었지만 송은 장성을 만져 보지도 못했다. 이 말인 즉슨 베이징, 텐진, 발해만 등 중국의 북부 지역과 깐수성을 포함한 섬서성이서 지역이 5세기 동안 한족의 문화권에서 떨어져 나와 있었다는 걸 의미한다. 남쪽으로의 인구 이동은 그전에도 있었지만 화북과 화남의 격차가 워낙에 컸기에 장강 이남 지역은 당나라 때까지는 아직은 마이너리그였다. 하지만 10~14세기에 와서는 그 지위가 완전히 바뀌어 버린다. 난징, 항저우 등지는 말할 것도 없고 후난성, 광동성 등지도 크게 발전하여 중국의 중심은 이제 더 이상 화북이 아니었다.

개방의 시대는 당으로서 끝이 났다. 중세 시대로 접어들면서 많은 것이 닫혔다. 지리적으로 보면 실크로드가 막히면서 서역과의 교류가 닫혔고, 그보다 더 아쉬운 것은 사람들의 마인드에서 당의 개방성이 사라졌다는 것이다.

중국인들의 마음속에 10~14세기 400여 년은 어떻게 각인되어 있을까? 송은 북쪽과 서쪽 세력의 압박을 받아 점점 남쪽으로 쪼그라들다가 결국은 몽골 민족에 의해 완전히 점령당하기에 이르렀다. 하지만 이 무기력하고 치욕적인 시기는 후세의 한인들에게 오히려 저항의식과 민족의식을 싹트게 하였다. 그것은 《수호전》과 같은 민중 영웅들의 이야기로 발현되기도 하였고, 금과의 전쟁 영웅 '악비(岳飞)'를 신의 경지로 드높이면서 정충보국(精忠保國)의 정신을 고취시키기도 했다. 우리가 한때 일제 강점기의 주먹인 김두환 이야기에 열광했던 것이나 김용이 천용팔부, 사조영웅전, 신조협려에서 무림의 주인공들을 송과 원대에 출현시킨 것은 비슷한 심리라 할 수도 있겠다.

51장
송(宋)의 건립

청명상하도(淸明上河图), 번화한 북송의 모습을 설명하는 데에 이것보다 더 좋은 소재가 있을까? 천 마디 글, 만 마디 말이 필요 없을 듯하다. 중국의 10대 명화 중 하나이며 해외로의 반출이 엄격히 금지되어 있는 이 국보는 중국 회화사에서는 다빈치의 《모나리자》나 미켈란젤로의 《천지창조》급의 위상이 아닐까 한다. 북송의 화가 장택단(张择端 1085~1145)은 가로 538.7센티미터, 폭 24.8센티미터의 비단에 북송의 수도 동경(개봉)의 구석구석을 마치 사진을 찍듯이 생동감 있게 그린 후 1101년에 송휘종에게 바쳤다. 《송사·지리지》에 의하면 이 그림이 그려졌을 당시 개봉에는 261,117호(户)가 있었고 442,940구(口)가 있었다고 하는데 구(口)에 잡히지 않은 여자와 아이들, 노비와 성내 주둔하는 금군을 합하면 북송 말기의 상주인구는 140~150만 명이었을 거라 학자들은 추정한다. 당시 고려 인구의 3분의 1에 육박하는 인구가 개봉에 있었던 것이다[18]. 그래서 당시 개봉에는 항상 사람들로 북적거렸다고 한다. 《청명상하도》에는 총 815명의 사람, 가축 60여 필, 배 28척, 건물

---

18) 사료에 기재된 고려 시대의 인구 통계자료는 없으나 전문가들은 고려 중기 인구를 대략적으로 500만 정도로 추정하고 있다.

30여 동, 마차 20량, 가마 8채, 나무 170여 그루가 등장하는데 확대해서 보면 상점의 간판, 사람들의 표정까지 보일 정도로 생생하여 당시의 생활상을 이해하는 데 아주 중요한 고증 자료가 되어왔다.

음식 배달하는 젊은이

항음자(차관)

왕원가원

청루

《청명상하도》에는 식당에서 밥을 먹는 사람들뿐 아니라 음식 배달을 하는 젊은이의 모습도 그려져 있다. 송나라 사람들은 이때 이미 음식을 배달시켜 먹었던 것이다. 아주 작게 보이지만 저 멀리 약간 솟아있는 정자도 보인다. 망화루(望火樓)라 불리는 이 정자는 '불이 났는지를 살피는' 곳으로서 개봉 성내에는 이러한 소방 관측소가 곳곳에 있었다. 다리의 옆에는 '각점(脚店)'이라 쓰인 등광고(light box)가 보이는데 각점은 길을 가는 사람이 잠시 쉴 수 있는 '시간 단위로 돈을 받는 여관'과 같은 곳이다. 성문을 지나자 바로 옆에 "九住-王员外家"라 쓰인 푯말이 보이는데 이는 왕씨 성을 가진 부호가 운영하는 호텔이다. 왕씨 호텔 건너편에 테라스가 있는 근사한 3층 건물이 있는데 이곳은 기생들이 있는 청루(青楼)이다. 거리에는 '향음자(香饮子)'라 쓰인 작은 상점들이 있는데 이는 오늘날로 보자면 커피나 밀크티를 파는 곳이었다. 당시 개봉에는 이러한 차관들이 아주 많았다.

번영(繁榮)의 송, 빈약(貧弱)의 송

많은 사람들이 중국의 시대 구분에서 당과 송을 하나로 묶어 당송이라 칭하는데 이는 주로 문학사적인 구분이고 실은 오대십국을 겪은 송은 당과 뚜렷이 구분되는 몇 가지 차이점들이 있었다. 먼저 중국 역사의 중심 무대는 관중과 완전히 작별을 하였다. 북송 이래로 관중은 서하와 인접한 전선 지대였을 뿐 정치·경제·문화적으로 아무런 중요성을 띠지 못했다. 게다가 실크로드가 끊어지고 서역과의 교류가 단절되면서 중국의 국제적이며 개방적이고 혼혈적인 측면이 많이 퇴색되었다.

둘째로, 지방 행정 장관과 관리의 명칭에 변화가 생겼다. 200여 년간 이어온 절도사들의 혼전에 치를 떤 북송은 당연히 절도사의 권한을 대폭 축소하였는데 이 과정에서 부(府), 주(州), 현(县)의 역할과 지휘체계에 변화가 가해졌고 지방 장관들의 명칭 역시 변했기 때문이다. 자사(刺史)와 같이 1,000년 동안 쓰여 왔던 명칭들이 지부(知府), 지주(知州), 지현(知县) 이런 식으로 바뀌었고 군과 행정을 모두 관리하는 이들

자리에는 전부 문인들이 보내졌다. 만약 중국 사극을 좋아하는 분이 있다면 송대를 배경으로 한 드라마는 어딘지 모르게 당대와 비교 시 다른 세상이 된 것 같은 느낌을 받을 것이다. 이는 관명과 관복이 바뀌었고 사람들이 바닥에 꿇거나 책상다리로 앉았던 것에서 일어나 의자를 썼으며 무신보다는 문신이 많이 등장하기 때문이다.

세째, 사회의 모습에서 송은 당과 달랐다. 당의 화려함과 진취성, 호방함, 상무정신은 없어졌지만 더욱 자유롭고 서민적인 사회가 도래했다. 송대에 들어서 사회에는 더욱 많은 자유가 주어졌다. 당나라 때까지 농민들은, 즉 대다수의 민중들은 원칙적으로는 이동의 자유가 없었다. 균전제에 의해 각 호가 토지에 묶여있었기 때문이다. 그러나 당 후기 양세법의 실시로 농민들의 이동 제한에 봉인이 풀렸고 오대십국 후기의 자영농 육성 및 지원 정책의 영향으로 농민들의 지위가 상승하였다. 당대의 장안이 번화했다고는 하지만 도시 전체가 자로 잰 듯이 네모반듯한 구획들로 나눠져 있었고 거주지역과 상업지역이 엄격히 나눠져 있었다. 즉, 동시(東市)와 서시(西市)에서만 장사가 허용되었고 나머지 지역에서는 불가하였다. 또한 영업시간도 제한이 있어서 저녁때는 무조건 문을 닫아야 했고 밤에는 통금이 있어서 개미 새끼 하나 보이지 않았다. 당을 배경으로 한 영화에서 한밤중에 달빛 아래에서 남녀가 연애를 하거나 사람들로 북적거리는 야시장이 나오면 이는 일 년에 한두 번 있는 특별 명절 기간이거나 그게 아니라면 고증이 잘못된 것이다. 송에 비하면 당은 여전히 귀족 냄새가 강한 사회였고 일반 백성들이 사는 모습에 있어서 당은 아직은 통제사회였으며 다소 메마르고 비민주적이었다. 그러나 송은 이 전통을 깨고 영업시간과 장소 제한 없이 자유롭게 영업하도록 했다. 언제나 만두, 꼬치, 사탕 등 맛있는 간식들이 즐비하고 사람들이 북적거리는 오늘날의 야시장 모습은 송나라 때부터 시작되었다. 개봉 사람들은 저녁때면 친구들과 야외 인형극장에 모여 술과 안주를 먹으며 정치를 풍자하는 그림자 인형극을 보면서 즐거워했다. 민간이 발행하는 신문이 있었고 거기에는 당시 조정의 정치 이슈나 스캔들이 실려 있었는데 이는 당왕조 때에는 생각도 못했던 일이다. 《청명상하도》에는 수많은 사람들과 물건을 실은 낙타 행렬이 성문을 통과하고 있는 장면이 있다.[19] 그런데 성문을 지키는 병사가 보이는가? 인물의 표정까지 놓치지 않았던 장택단이 성문을 지키는 병사를 깜빡했을까? 당나라 때에는 성 안의 주민들이 성 밖을 나가려면 관부에 신고를 하고 출문증을 받아야만 가능했다. 그러나 송은 이를 과감히 폐지하였고 사람들은 언제든지 자유롭게 성 안과 밖을 드나들 수 있었다. 의자와 테이블의 사용은 어떤 형태로든 분명히 생활 습관과 사회에 변화를 가져왔을 것이다. 이는 사람들을 좀 더 활동적으로 만들었고 더욱 평등하게 만들었을 것이며 심지어는 요식업 발전에 긍정적인 영향을 주었을지도 모른다. 또한 꿇어앉았거나 책상다리를 하는 것보다 훨씬 장시간을 앉아 있을 수 있게 되었으므로 독서량이 증가하였을 수도 있다. 이 밖에도 송대 사회는 당과는 구별되는 진보적 측면이 많이 있었다.

그렇지만 송의 역사를 다루기 앞서 《청명상하도》를 보여주는 것은 송의 번영을 이야기하고자 함이 아니다. 지금부터 하고자 하는 이야기는 《청명상하도》가 보여주는 번영의 모습 뒤에 숨겨져 있던 문제와 이를 개혁하고자 했던 사람들의 이야기이다. 중국의 역사에서, 역사를 아는 중국인들에게 송(宋)은 어떤 나라일까? 북송 때 외산 벼종을 들어와 3모작에 성공하면서 경제는 크게 발전하였고 중국의 인구는 이때 처음으로 1억을 돌파했다. 상비군은 130만 명에 육박했다. 수치로만 보

---

19) 제5부의 표지 이미지 참조

면 경제 대국, 군사 대국의 칭호가 전혀 손색이 없다. 그런데 과연 그럴까? 북송의 영토는 역대 통일 왕조 중 가장 작았다. 연운16주 이북은 전부 요나라의 땅이었고 하서주랑과 오늘날의 칭하이성 지역은 당항족의 서하가 점령하고 있었다. 사실상 요와 서하가 중국의 절반 이상을 점령하고 있었으니 중국은 삼분된 셈이었다. 서역은 생각도 하고 있지 않았다. 실크로드가 막혔으니 육로 무역을 통한 부는 포기해야 했다. 오늘날의 운남성 지역은 독립한 대리왕국의 영토였고 베트남 북부는 오대십국 시기에 중국에서 완전히 떨어져나갔다.

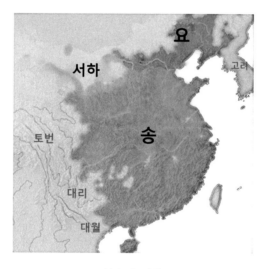

북송, 요, 서하

 북송은 매년 요와 서하에 어마어마한 금액의 평화유지비(공납)를 지불하고 있었고 정부는 이 돈을 마련하기 위해 백성들로부터 막대한 세금을 뜯어야 했다. 북송의 군사 규모는 역대 그 어떤 왕조보다 컸지만 이들은 주변국을 제압하지 못하고 매년 돈으로 평화를 구걸하고 있었다. 그러다 보니 국가 재정 상태가 빈약해지는 건 당연하다. 돈이 없으니 큰 사업을 할 수 있는 게 없다. 국가는 점점 약해지고 정부는 재정을 충당하기 위해 매년 세금을 올렸다. 그러니 백성들의 원성은 더욱 높아만 갔다. 후세 사람들은 이 시기의 문제를 '적빈적약(積貧積弱)'이라는 말로 표현하였고 '누적된 가난(貧)과 누적된 약골(弱)'이라는 이 말은 이제 북송을 대변하는 역사용어가 되어버렸다. 문인들의 정권인 북송은 중국의 역대 봉건왕조 중 가장 민주적이었으며 도시는 풍요로웠고 문예가 꽃폈던 시기였지만 한편으로는 정부와 군대는 파산 직전에 있었고 농민들은 살기 힘들었다.

송은 어쩌다가 '적빈적약'의 오명을 쓰게 되었을까? 적빈적약의 실체는 무엇인가? 당시 사람들은 위기를 인정하였는가? 북송의 대표적인 두 개혁가는 이러한 상황을 반전시키고자 변혁을 추진하였지만 이는 상대당의 격렬한 반대에 부딪혔다. 북송은 어쩌면 오늘날의 대한민국이 가장 눈여겨봐야 할 중국의 역사일 지도 모른다. 이들의 결말은? 1126년에 금나라(여진족)에 의해 개봉이 함락되었고 두 황제[20]와 비빈들, 황자들, 종친 등 3,000여 명이 저 멀리 흑룡강성으로 끌려가면서 북송은 비참하게 멸망을 고하였다. 건국 167년 만이고《청명상하도》가 그려진 지 25년 만이다.

아무 이유 없는 정변

960년 정월 초하루(D-3)

후주의 황궁. 진주(허베이 정딩)와 정주(허베이 딩현)에서 급보가 날아들었다.

---

20) 1126년 송휘종은 금이 남하하자 아들 조환(趙桓 송흠종)에게 황위를 선양하였고 이 듬해 3월에 이들 둘을 포함한 많은 사람들이 금의 포로로 끌려가는 일이 벌어진다.

"북한과 요가 대군을 이끌고 남하하고 있으며 그 기세가 하늘을 찌른다 합니다. 이미 하북의 수 개 주가 점령당했으며 빨리 군대를 소집하여 대응하지 않으면 곧 황하에 다다를 것이라 합니다."

일곱 살짜리 황제와 보위에 오른 지 반년도 안 된 젊은 부태후는 얼굴이 새하얗게 질렸다. 부(符)태후는 기구한 운명의 여인이었다. 죽은 주세종의 호적등본을 떼보면 특이한 점이 있는데 '부(符)황후'라는 이름이 두 개가 연이어 찍혀 나온다. 원래 선의황후(宣慈皇后)라 불리는 여인이 세종의 황후였는데 그녀는 바로 지금 보위에 앉아서 어쩔 수 없이 섭정을 하고 있는 부태후의 친언니였다. 즉, 언니 부황후가 956년에 죽고 3년이 지난 959년에 세종은 처제와 다시 결혼을 하여 또 부황후가 생긴 것이다. 만약 선의황후였다면 지금 이렇게 허둥대지 않았을 수도 있다. 그녀는 강단이 있고 상황 판단이 좋아서 시영에게 도움이 되는 정치적 건의를 많이 하였다. 심지어는 남편을 따라 전쟁에도 나갔던 여장부였다. 그러나 동생 부황후는 달랐다. 그녀는 정치에 관심이 없는 양가집 규수와 같은 여인이었는데 그마저도 황후가 된 지 10일밖에 안 되어 남편 세종이 과로로 세상을 떴다. 그래서 스물일곱 살의 젊은 나이로 조카이자 황제인 일곱 살짜리 아이를 떠맡았고 그걸로도 모자라 졸지에 국정을 총괄하는 섭정태후가 되었다. 그녀에게는 이 모든 게 너무나도 버거웠으며 모든 사안을 남편이 고명대신으로 위임한 범질, 왕박과 상의할 수밖에 없었다. 이들 고명대신들은 곽위를 도와 창업을 이끌었던 문신들로서 후주에의 충성심이 강했고 어린 황제와 태후를 보좌하며 리더십 부재의 위기상황을 헤쳐나가고자 안간힘을 쓰고 있었다. 부태후는 떨리는 목소리로 범질, 왕박 등을 향해 말했다.

"재상, 어찌하면 좋겠습니까?"

문제는 누구를 총사령관으로 보내느냐였다. 적의 대군이 남하한다고 하니 이럴 때는 6년 전과 같이 황제가 친정을 하는 게 아군의 사기에 가장 좋긴 하다. 그러나 지금의 황제는 겨우 일곱 살밖에 안 된 코흘리개 아닌가.

"우리 주나라에 이런 큰 전쟁을 지휘할 사람이 있나요?"

"오직 한 명 있긴 합니다만…."

이렇게 하여 송주(宋州)[21]에 있는 조광윤에게 황제의 긴급 조서가 발송되었다. 조광윤의 당시 직책은 전전도점검(殿前都点検) 겸 송주귀덕군절도사였다.

정월 초이틀(D-2)

밤새 말을 달려온 조광윤이 입궁하여 어린 황제와 태후를 알현하였다.

"조점검, 이렇게 빨리 올 줄 몰랐네요. 오시느라 고생 많으셨습니다."

"엊저녁에 조서를 받자마자 밤새 말을 달려 왔습니다."

"과연 선황께서 조장군이 있어서 강산이 편안하다고 하신 말이 틀리지 않았군요."

"폐하, 태후마마, 걱정 마십시오. 저희 주나라에는 선황께서 남기신 30만 강군이 있습니다. 신이 내일 날이 밝는 대로 출정하여 적들을 박살내놓겠습니다."

조광윤은 대군을 막기에는 병력이 부족하다며 자신에게 시위친군을 지휘할 총지휘권을 줄 것을 요구하였고 태후와 재상 범질은 찝찝하였지만 하는 수 없이 그에게 모든 군대의 총지휘권을 주었다. 그는 전전부점검(전전군 부사령관) 모용연소(慕容延钊)로 하여금 하루 먼저 출병하도록 하였다.

---

21) 오늘날 허난성 상치우(商丘). 카이펑에서 동쪽으로 150킬로미터 떨어진 허난성의 중요 도시로 산동성, 장수성, 안후이성의 세 지역과 인접한 교통의 요지이다. 역사적으로 유래가 깊다. 상(商)의 언덕(丘)이란 뜻의 상치우는 상왕조의 발원지이며 서한의 개국황제 유방이 봉기를 일으킨 망탕산이 있는 곳이다. 북위 시대 화무란(花木兰)의 고향이기도 하다.

정월 초삼일(D-1)

군통수권자가 된 조광윤은 전전군과 시위친군을 모두 이끌고 변량성 북문을 나섰고 문무대신들이 전부 나와 그와 그의 군대를 배웅하였다. 개봉성 안은 병력이 거의 없는 텅 빈 상태가 되었다. 조광윤이 이끄는 대군은 개봉에서 북서쪽으로 20킬로미터 떨어진 진교(陈桥) 역참에 다다랐고 거기서 1차 숙영을 하였다. 이 소식을 들은 재상 범질은 뭔가 석연치 않음을 직감했다. 불과 20킬로미터밖에 안 가서 진을 친다? 그렇지만 전투를 위임한 자에게 딱히 뭐라고 할 수도 없었고 그냥 찝찝한 마음으로 별일이 일어나지 않기를 바랄 뿐이었다. 그날 저녁 진교의 조광윤 막사에서는 장군들끼리 출정 전 최후의 술잔을 기울였고 조광윤은 부하 장수들이 따라주는 술을 한 잔씩 받고는 취하여 그만 자리에 누웠다.

정월 초사일(D-day)

동생 조광의(赵匡义)가 황급히 조광윤의 막사로 들어왔다. 막 잠에서 깬 조광윤은 무슨 일인가 물었다. "형님, 빨리 나가보셔야겠습니다. 지금 장병들이 형님을 황제로 옹립하겠다며 모여 있습니다"라고 말했다. 조광윤은 "무슨 소리를 하는 거야?"라며 눈을 비비며 막사 밖을 나가서는 깜짝 놀랐다. 군사들과 장군들이 전부 모여 있는 게 아닌가?

"너희들 지금 뭐하는 거야?"

조광윤이 소리쳤다.

측근 장수 왕언승이 무릎을 꿇으며 말했다.

"장군, 천자는 어리고 태후마마는 군정을 살피지 못하고 있습니다. 저희의 황제가 되어주십시오!"

"뭣이! 너희들 지금 나더러 반란을 하라는 거냐?"

조광윤은 호통을 쳤다.

이때 다른 한 장군이 나섰다.

"여태껏 군을 다스리는 자 중에 황제가 되지 않은 사람이 없었습니다. 장군께서 황제폐하가 되지 말란 법도 없잖습니까?"

이때 측근 장수 조보(赵普)가 미리 준비한 황포(황제의 가운)를 조광윤에게 덮어주자 그를 둘러싼 장군들이 기다렸다는 듯이 무릎을 꿇고 '황제폐하 만세'를 외쳤다. 그러자 전 장병이 모두 무릎을 꿇고 '황제폐하 만세'를 외쳤고 이 우렁찬 만세 함성은 메아리가 되어 황하를 건너갈 것 같았다. 이렇게 조광윤은 부하들의 강력한 권유에 못 이겨(?) 개봉으로 회군하기로 결정한다. 이때 그는 한 가지 준엄한 명령을 내렸는데 사람들은 그것이 얼마나 중요한 한 수였는지 당시에는 알지 못했다.

"도성에 도착하거든 절대 황제폐하와 황후마마의 안전을 보장해야 한다. 조정의 대신들도 털끝 하나 건들면 안 된다. 도성 내 민간인의 재물을 약탈해서도 안 되며 민간인들을 놀라게 해서도 안 된다. 이 명을 잘 받드는 자는 상을 내릴 것이며 명을 어기는 자는 사형에 처할 것이다!"

도성 내에는 군대가 거의 없이 텅 빈 상태였고 조광윤의 군대는 아무런 저항을 받지 않고 개봉 성내를 지나 황궁으로 들어갔다. 거의 완벽에 가까운 무혈 쿠데타였다. 아무도 저항하지 못했고 아무도 희생되지 않았다. 시위친군기보병 부사령관이자 경성훈검사(京城巡检使, 수도경비부대장)이었던 한통(韩通)만이 유일하게 군대를 모아 저항하고자 했으나 이를 사전에 안 조광윤의 부하 장군 왕언승에 의해 그는 군대를 소집하기 전에 살해되었다. 그러나 넘어야 할 산은 세종이 임명한 고명대신들이었다. 조광윤은 이들을 설득시킬 명분이 없었으며 그렇다고 이들의 피를 보고 싶지도 않았기 때문이다. 대경전(大庆殿)에서는 자신들은 이제 죽은 목숨이라고 여기고 있던 어린 황제와 젊은 태후가 벌벌 떨면서 서로를 끌어안고 있었다. 조광윤과 군인들이 드디어 대경전으로 들어왔고 재상 범질과 왕박, 위인포 등 대신들이 그를 제지하며 크게 꾸짖었다. 그런데 조광윤의 행동은 다소 의외였다. 그는 곧바로 황제와 태후 앞에서 머리를 조아린 채 울면서 어쩔 수 없었던 자신을 자책하는 것이 아닌가! 이 난감한 시점에 누군가가 나서줘야 한다. 이때 조광윤의 호위무사 나연괴(羅彦瓌)가 칼을 뽑으며 무서운 목소리로 외쳤다.

"삼군에 주인이 없으니 많은 장군들이 점검을 천자로 옹립하고 있다. 더 이상 다른 말을 하는 자는 목을 베겠다!"

왕박은 얼굴이 흙색이 되어 무릎을 꿇었고 이미 게임이 끝났다는 걸 깨달은 범질도 곧 무릎을 꿇었다. 조광윤 측은 미리 준비한 황위선양 조서를 황제에게 주었고 황제는 이를 읽었다. 쿠데타는 성공하였다.

정월 초오일(D+1)

황제 등극식이 거행되어 새 황제의 등극을 만천하에 알렸고 국호를 송(宋)이라 선포하였다.

쿠데타의 재구성

조광윤의 왕조 찬탈은 진교(陳橋)라는 곳에서 회군하였다고 하여 '진교병변(陳橋兵变)'이라고 부르며 측근들이 뒤에서 황포를 걸쳐주었다고 하여 '황포가신(黄袍加身)'이라 하기도 한다. 사실 병변(군사 쿠데타)은 오대십국 시기에 늘 일어났던 일이었고 황포가신도 조광윤이 처음은 아니었다. 후주 태조 곽위도 황포가신으로 황제로 옹립되었다.

진교병변은 처음부터 끝까지 아주 세심하게 짜인 각본에 의한 것이었다. 조광윤 주연, 동생 조광의 연출, 조보 조연출, 석수신, 왕언승, 왕심기 등 군 수뇌부들이 조연을 맡고 수많은 병사들이 엑스트라로 동원된 한 편의 거대한 연극이었다. 북한과 요의 연합군이 남하하고 있다는 보고는 조광윤이 거짓으로 흘린 정보였다. 물론 정황상으론 충분히 있을 수 있는 일이었으나 조정 대신들은 경황이 없는 나머지 정보의 진위를 파악하지 않았다. 조광윤은 아주 치밀한 사람이었다. 금군의 다른 한 축인 시위친군의 지휘권이 없으면 출정하지 않겠다고 하여 시위친군의 병권을 받아낸 후 이들을 하나도 남김없이 전부 출정시켜 개봉성 안을 싹 비웠다. 그리고는 자신과 의형제를 맺은 전전군 장군인 석수신(石守信)과 왕심기(王審琦)를 성내에 주둔시켰다. 또한 전전군 부사령관 모용연수를 하루 먼저 출정시켜 자신에게 껄끄러운 인물을 떼어냈다. 사마광의 《속수기문(涑水记闻)》에 의하면 조광윤은 출병 시 자신의 온 가족을 개봉성 교외의 한 절로 대피시켜 만일의 사태에 대비했다고 한다.

조광윤은 분명히 왕조 찬탈자이다. 그러나 수많은 왕조 찬탈자 중 역사에 의해 긍정적인 평가를 받는 몇 안 되는 인물이며 오늘날의 중국인들 중 그를 비난하는 사람은 찾아볼 수 없다. 조광윤의 쿠데타가 오대십국 시기의 많은 쿠데타와 다른 점은 무엇이며 그의 쿠데타의 정당성은 어디에 있었을까?

조광윤은 시종 '몰랐다'와 '어쩔 수 없었다'로 일관했다. 자신은 자고 일어났더니 부하들이 자신을 황제로 추대했고 이들이 죽기를 각오하고 황제가 되어달라고 간청하는 바람에 자신도 어쩔 수가 없었다는 입장이었다. 그렇지만 D-1일 저녁에 진교에서 있었던 일을 알면 생각이 달라질 것이다. 그날 저녁 병사들이 술렁거리기 시작했고 삼삼오오 모여 불만을 표출하기 시작하였다. "우리가 죽기를 무릅쓰고 싸운들 코흘리개 황제가 우리들을 알아주겠어?", "철부지 황제를 위해 우리가 목숨을 걸어야 해?" 등등의 불만이 나오더니 "조장군 같은 사람이야 말로 우리들의 진정한 주군이다"는 분위기가 고조되었다. 결국은 "황제를 바꾼 후 다시 출정을 하자!"라는 결의를 다지게 되었다. 이들은 오대십국 몇십 년 동안 이런 일들을 수도 없이 봐왔기에 쿠데타에 대한 두려움과 반감이 그리 크지 않았고 당시에 쿠데타를 하는 건 마치 병권을 가진 자의 특권과도 같았다. 그날 저녁 이러한 군내 여론 작업을 주도한 사람이 바로 조광윤의 동생 조광의였다. 그러므로 조광윤이 몰랐다고 하는 건 지금은 물론이고 당시에도 아무도 믿지 않았다. 하지만 어찌 되었건 공식적으론 '새 황제 조광윤은 몰랐다'였다. 그는 황제와 태후 앞에 와서 엎드려 울면서 부하들의 강력한 권유를 거부하지 못했던 자신을 질책했다. 그렇지만 당시 대경전에 있던 사람들 중 그의 연기를 믿은 사람은 아무도 없었다. 후세 사람들이 진교정변을 두고 욕을 하지 않는 이유가 과연 조광윤의 치밀한 계획과 완벽한 연기 때문일까?

동기는 불순했지만 과정과 결과는 정당했다

진교병변은 역사상 보기 힘든 무혈 쿠데타였다. 이는 성내의 군사들을 전부 내보내서 군사들 간의 무력 충돌이 일어나지 않았던 것만을 말하는 건 아니다. 조광윤은 회군 시 병사들에게 황제, 태후, 조정 대신들, 민간인들의 털끝 하나 건들지 못하게 했다. 보통 쿠데타로 황위가 찬탈되면 황제와 황족들은 서인(평민)으로 강등되어 유배 비슷한 생활을 하다가 결국은 사약이 내려지거나 의문사한다. 그리고 황제를 모시던 대신들은 깡그리 죽거나 운이 좋아봤자 패가망신하여 멀리 유배된다. 그리고 군사들에게는 약탈을 묵인했다. 군사들에게도 뭔가가 손에 떨어지는 게 있어야 사기가 오르기 때문이다. 그러나 조광윤은 어린 황제 시종훈을 정왕(鄭王)에 봉했고 부태후를 주태후로 봉했다. 후주의 황족을 그대로 인정한 것이다. 그리고 호북성으로 간 시종훈에게는 평생 황족의 대우를 해주었으며 '시씨의 후손에게는 아무리 죄를 짓더라도 형벌을 가하지 말 것이며 설령 반역을 하더라도 투옥을 할 뿐 죽이지는 말 것'을 아예 돌에 새겨서 유훈처럼 남겼다. 부태후는 후에 자신이 원해 절로 들어가 비구니가 되었지만 그녀가 죽은 후 조광윤은 태후와 동급의 장례를 치뤄주었다. 그날 대경전에서 범질, 왕박 등이 호위무사의 위협에 겁을 먹고 무릎을 꿇자 조광윤은 황급히 이들을 일으켜 세우며 예로서 대하였다. 그는 조정의 문무관을 아무도 숙청하지 않고 거의 그대로 계승하였다. 그래서 북송 건국 초기의 문무관들의 이력을 보면 거의가 후한·후주 때부터 관직을 맡고 있었던 사람들이다. 유일하게 저항하다 목숨을 잃은 수도경비부대장 한통에게는 예를 갖춰 장례를 치러준 후 그를 중서령으로 추존하였다. 그의 자손들은 정3품 후손의 특혜를 누릴 수 있게 되었다.

조광윤은 왜 진교병변을 일으켰는가? 쿠데타의 명분은 어디에 있었을까? 진교병변이 '무혈쿠데타', '완벽하게 짜인 각본'과 같은 말만큼이나 다른 정변과 구분되는 또 다른 특징은 바로 '쿠데타에 명분이 없다'는 것이다. 쿠데타를 준비하던 당시의 조광윤의 입장에서는 이 점이 가장 마음에 걸렸을 것이고 고민스러웠을 것이다.

역사상의 반란의 명분에는 무엇이 있는가? 열이면 열, '통치자의 폭정'과 '실정'이다. 이들은 모두 '폭정을 끝장내기 위해서', '혼탁한 세상을 끝내고 새 세상을 만들기 위해서' 반란을 하였지만 사실은 '더 이상 가만히 있으면 나와 우리 가족이 칼 맞아 죽을 것 같으니 내가 먼저 칼을 뽑겠다'라는 것이 더 직접적이고 솔직한 동기이다. 그리고 정변이 성공하면 이전 정권의 통치자는 역사가 알아서 폭군으로 둔갑시켜주었다. 사마의의 고평릉정변, 양견의 황위 찬탈, 곽위의 정변, 이성계의 위화도 회군 모두 마찬가지이며 우리는 이들의 솔직한 동기를 이해 못해주는 바는 아니다. 사마의는 정치 일생 내내 황족의 견제를 받았고,

양견 또한 황제 우문윤에 의해 죽을 고비를 몇 번씩이나 넘겼기에 우리는 '저들이 그럴 만도 했다'라며 고개를 끄덕일 수 있다. 정치적 위기에 직면한 이성계는 승산이 전혀 없는 전쟁으로 자신과 군사들을 사지로 모느니 반란의 길을 걷겠노라며 위화도에서 회군을 하였다.

그런데 조광윤의 진교병변은 그럴만한 동기와 명분을 찾을 수가 없다. 통치자가 폭정을 휘둘렀나? 정치가 혼탁했나? 황제가 조광윤을 핍박했나? 이런 측면에서 볼 때 조광윤은 하마터면 역사에서 거의 안록산 급으로 전락할 뻔도 했다. 객관적으로만 보자면 안록산이나 조광윤이나 '반란의 조건이 자신에게 구비되어져 있었기에' 쿠데타를 한 것이기 때문이다. 주태조 곽위는 조광윤을 발탁하고 끌어주고 군 수뇌부로 만들어준 은인이다. 주세종과 조광윤은 거란과의 전쟁, 남당과의 전쟁 등 수많은 전투의 현장에 같이 있었다. 세종은 그를 누구보다도 신뢰했고 죽기 전에 그를 전전도점검이라는 군 최고 실권자로 올려놓았다. 이런 그가 자신의 주군이 죽고 반년도 채 안 되어 반란을 했다는 건 충성심과 의리를 내팽개쳐버린 파렴치한 군인이자 은혜를 원수로 갚은 역사의 패륜아로 낙인찍혀도 충분한 일이다.

동기에 있어서 정당성 결여의 문제를 해결하기 위해 그가 택한 방법은 '과정의 정당함'과 '결과의 정당함'이다. 역사는 사건의 경위에 대해서는 디테일하게 기재할 수 있지만 인물의 고뇌에 대해서는 기재하지 않는다. 이 정당성의 문제에 있어서 아마 조광윤은 엄청난 고뇌에 빠졌을 것이다. 아무런 명분을 찾을 수 없었던 그는 평화적인 정권교체와 더 나은 세상을 보여줌으로써 세상 사람들과 역사에 쿠데타의 정당성을 부여하고자 결심하였을 것이다. 그래서 장병들에게 어떠한 경우도 살인과 약탈을 허용하지 않을 것이라고 엄명을 내렸다. 사람들은 일단 자신의 안위와 재산이 보장된다고 생각하면 주인이 누가 되는 나머지는 받아들이기가 쉽다. 또한 자신이 사심이 없다는 걸 보여주는 가장 좋은 방법은 기존 사람들을 그대로 기용하는 것이다. 오대십국을 거치면서 이런 일에 익숙해진 조정 대신들도 포기가 빨랐고 자신의 지위와 기득권만 유지된다면 새로운 군주를 받아들이는 것이 이들에게 그리 어려운 일은 아니었을 것이다. 어린 황제와 태후에게는 최고의 예와 경제적 대우를 해줌으로써 대신들이 가지고 있던 (이를 막지 못한 혹은 너무 쉽게 인정한 것에 대한) 일말의 '불충'에 대한 자책감을 덜어주었고 그러기에 이들은 새로운 주군 '조광윤'에게 다시 충성을 맹세할 수 있었다.

그렇지만 그의 쿠데타가 역사에 의해 정당성을 부여받은 건 위의 이유가 아닐거라는 생각이 든다. 그것은 조광윤이 오대십국을 종식시킨데에 있었다. 그가 그런 대의를 가지고 시작을 했는지는 알 길이 없지만 결과로 봤을 땐 그는 시대의 대의를 실현시켰다. 700년 전으로 돌아가서 사마의의 고평릉정변을 떠올려보자. 쿠데타의 이유와 정당성은 사마의에게 훨씬 많이 부여되어 있다. 그러나 사마의는 오랜 세월 동안 '찬탈자'의 오명을 벗지 못했는데 이는 정변이 대의에 부합하였나의 문제도 아니고, 과정이 정당했냐도 아닌 '결과가 시대의 대의에 부합하였나'의 문제였다. 쿠데타로 생겨난 사마씨 정권은 그로부터 얼마 후 중국을 대분열의 구렁텅이로 이끌었고 조광윤의 송은 오대십국의 분열 국면을 통일로 이끌었다.

배주석병권(杯酒釋兵权)

진교병변의 정당성 결여와 이로 인한 조광윤의 불안 심리는 새로 탄생한 왕조에게 있어서 최대 핸디캡이자 아킬레스건이었고 이는 북송의 치국 이념과 정책적 성향에 있어서 막대한 영향을 끼쳤다. 다시 조광윤으로 빙의해보자. 미안(未安)과 불안(不安), 이 두 가지 심리상태가 그를 억눌렀을 것이다. 미안의 감정이 표출된 대표적인 사례는 '시씨 후손에게는 그 어떤 형벌도 가하지 말라'는 사실상의 면책 특권을 부여한 것인데 '설령 반역을 하더라도 구금만 해라'라고 한 것은 자신이 배신한 주군에 대한 죄책감이 얼마나 컸었는지를 드러내는 사례이다.

그러나 미안보다 더 큰 문제는 불안 심리였다. '칼로 일어선 자 칼로 망한다'고 하지 않았던가? '안사의 난' 이래로 거진 200년 동안 이어온 혼전 국면의 본질은 무엇이었나? 북송 말 남송 초기의 이학자인 범준(范浚)은 그의 《오대론(五代论)》에서 "병권이 있는 곳에서 (정권이)일어났고 병권이 가는 곳에는 멸망이 있었다"고 했는데 이는 당시 번진 할거의 본질을 아주 잘 말해준다. 크든 작든 간에 실권을 가지고 있던 사람은 저마다 자신이 직접 장악할 수 있는 친군 양성에 열중했고 그렇게 모집된 친군은 직업군으로서 평소에 다른 일을 하지 않고 자신의 주군이 주는 두터운 급료를 받아 생활하였다. 그래서 이들은 자신의 주군에 충성하였지 황제나 국가에 충성하지 않았다. "언제라도 군사 대권을 장악한 자가 나타나면 내가 했던 것과 똑같은 일이 벌어지지 않는다는 보장이 있을까?" "나를 도와 이 나라를 세운 저들이 설령 딴 마음을 먹지는 않는다 치더라도 만약 저들의 부하가 황포를 씌워주면 그들은 그 유혹을 뿌리칠 수 있을까?"라는 질문은 그의 머리를 떠나지 않았다. 황제가 된 조광윤은 이 지긋지긋한 군벌 할거의 고리를 끊고 제2, 제3의 황포가신의 가능성을 원천봉쇄하는 것에 자신의 모든 것을 걸었다.

개국 후 1년 반이 지난 961년 7월 어느 날 저녁, 조광윤은 석수신(石守信), 고회덕(高怀德) 등 금군의 수뇌부들을 불러 모아 술을 마시고 있었다. 석수신은 시위친군 기보병총사령관으로서 군내 일인자 자리에 있었고[22] 고회덕은 전전군 부사령관이었다. 분위기가 어느 정도 무르익었을 즈음 조광윤은 시중드는 사람들을 전부 물린 후 진지한 표정으로 고충을 털어놓았다.

> 조광윤: 내가 지금 이 자리에 있는 건 다 자네들이 도와줘서네. 난 이
> 점을 항상 잊지 않고 있지. 그런데 황제가 되어보니 마음이 더 불편해.
> 오히려 절도사 시절이 나았던 것 같네. 밤에 잠을 잘 수가 없어.
> 석수신 등: 폐하, 천하가 이미 안정이 되었는데 무슨 근심이 더 있단
> 말씀이십니까?
> 조광윤: 그걸 자네들이 몰라서 묻는 건 아니겠지. 이 자리를 원하지
> 않는 사람이 어디 있겠나?

이쯤 되면 산전수전 다 겪은 군 수뇌부들은 황제의 말 속에 담긴 무서운 뜻을 알아챘을 것이다. 역사 속 개국공신들 중 제명을 다한 이들이 몇이나 있단 말인가? 새 정권이 세워지면 그다음 라운드는 언제나 개국공신들과의 전쟁이었다. 조광윤은 그래도 인간적으로 문제를 풀려고 한 편이다. 역사 속의 개국 공신들은 대부분의 경우 한고조 유방과 명태조 주원장이 한신과 호유용에게 했던 것처럼 토사구팽 당했다. 조광윤의 이 한마디에 이들은 일순간에 정신이 번쩍 들었고 손에 있던 술잔을 내려놓고는 모두 무릎을 꿇었다.

> 석수신 등: 폐하, 어째서 이런 말씀을 하십니까? 천명이 이미 정해졌

---

22) 원래 군내 일인자는 군통수권을 가지고 있던 전전도점검(前店度点检)이란 자리이다. 조광윤은 황제가 되고 난 후 전전부점검(전전군 부사령관)이었던 모용연소(慕容延钊)를 전전도점검으로 승진시켰다. 그러나 배주석병권이 있기 몇 달 전인 961년 봄에 모용연소를 전전도점검 자리에서 직위해제시키고 중요도가 떨어지는 산남절도사(후베이성)로 보냈다. 그 후 전전도점검 자리는 폐지되었다.

거늘 감히 어느 누가 다른 마음을 품을 수 있겠습니까?

조광윤: 그게 그렇지 않지. 설령 자네들이 다른 마음이 없다고 해도 자네들 부하가 부귀를 노리고 자네들에게 황포를 걸쳐줄 수도 있거든. 그럴 경우 자네들은 어쩔 수 없는 상황이 될 수도 있단 말이지.

황제의 입에서 이런 말이 나올 정도면 죄가 있건 없건 무조건 납작 엎드려야 한다. 이런 상황에서 눈에 거슬리는 태도를 보이거나 입을 잘 못 놀리면 본보기 케이스가 되어 멸문지화를 당한다. 이들은 자신들은 사심이 없으며 황제의 처분에 모든 걸 맡기겠다고 맹세했다.

조광윤: 인생은 말야, 눈 깜짝할 사이에 훅 가거든. 그러니까 짧은 인생을 즐기고 행복하게 살아야 해. 인생을 즐기며 사는 게 뭐 있겠어? 경제적으로 여유 있고 자식들이 출세해서 잘살면 그만이지. 날 도와 혁명을 하느라 목숨을 걸었는데 이제는 골치 아픈 일에서 벗어나서 고향에 내려가서 좋은 술, 미녀들과 즐겁게 살면 좋잖아? 내가 자네들 같으면 그렇게 하겠네. 자네들이 병권만 내려놓는다면 내가 자네들의 명예, 좋은 저택, 땅, 노비, 그리고 매월 쓰고도 남을 돈을 보장하겠네. 자네들은 그 돈으로 알아서 즐기며 살게. 나와 자네들은 자녀들 간의 혼인으로 묶여있을 테니 군신 간에 서로 의심하는 일은 없을 것 아닌가?

석수신 등: …은덕을 베풀어 주심에 감사드리옵니다.

-《续资治通鉴(속자치통감)·卷一·宋记二》

다음 날 석수신은 병을 이유로 조정 회의에 참가하지 않았고 사람을 시켜 사표를 제출하였다. 조광윤은 그의 사표를 수리하면서 그의 시위 친군 기보병사령관과 지방 절도사직을 모두 박탈하였다. 군 최고 실권자의 사표 제출이 있었으니 그 밑으로 그날 술자리에 있었던 군 수뇌부들이 줄줄이 사표를 낼 수밖에 없었다. 이리하여 조광윤에게는 완전히 새로운 판을 짤 조건이 갖추어졌다. 이 일은 '술잔(杯酒)을 돌려가며 병권(兵权)을 해제했다(释)'고 하여 '배주석병권(杯酒释兵权)'이라고 하는데 조광윤과 같은 강력한 카리스마, 군 장악력 그리고 고도의 정치적 두뇌가 없으면 도저히 흉내 내기 힘든 연출이다. 이로써 그는 무혈 쿠데타에 이어 개국 공신들에 대한 병권 박탈도 비폭력적으로 이루어냈다.

범질, 왕박 등 후주 정권의 문신들도 964년에 모두 재상직을 내려놓았다. 왕조 교체 후 4년 동안 내각을 바꾸지 않고 써주었으면 그로서는 할 만큼 한 것이었다. 이로부터 조광윤은 그만의 정치개혁, 군제 개혁에 착수한다.

적빈적약(積貧積弱)의 토양이 된 변혁들

재상제의 변천

이 책을 쓰면서 본의 아니게 역대 왕조의 중앙 관제와 정치 기구에 대해 많은 얘기를 하게 되는데 간혹은 '남의 나라의 옛 정치 구조에 대해 이렇게까지 이야기하면 사람들이 제대로 볼까?'라는 생각이 들기도 한다. 그러나 관제는 한 국가의 중추신경과도 같다. 그것은 한 국가의 의사결정이 어떻게 이루어지고 권력의 무게중심이 어디에 있느냐의 문제이고 그래서 국가개혁을 이루고자 하는 통치집단은 예외 없이 관제에 대해 크고 작은 변혁을 가하였다. 관제의 변화는 정권의 성격이나 통치자의 이념을 반영하고 있으므로 권력과 변혁에 주목하는 나의 이책에서는 빠질 수 없는 부분이다. 사실 이 책에서 설명하는 관제는 중국인들도 역사를 전공한 사람이 아니면 잘 모를 것이다. 그러니 관직명

이나 디테일한 내용은 그냥 흘려듣고 변화의 본질과 흐름에 주목해주
길 바란다.

송대에 들어와 달라진 가장 큰 차이점은 '중서문하', '추밀원', '삼사', 이
세 기구가 정치의 중추가 되었다는 것이다. 관제에서 가장 기본이 되는
것은 정치 중추가 어디에 있느냐이다. 이들의 수장인 재상(宰相), 추밀사
(枢密使), 삼사사(三司使)의 삼자는 지위 고하가 없었고 서로 간섭하거나
지시하지도 않았다. 그런데 이렇게만 말하고 넘어가면 껍데기만 말하고
본질을 이야기하지 않은 것이다. 송대의 재상은 무엇인가? 재상의 권한은
세진 건가, 약해진 건가? 3성6부는 어디로 간 건가? 변화의 핵심과 본질
을 이해하려면 어쩔 수 없이 시대를 다시 거슬러 올라가야겠다.

당대의 중앙관제는 무엇이었으며 재상이란 무엇이었던가? 당의 관제
는 수로부터 이어진 '3성(省) 6부(部)' 체제이다. '기안(중서성)-심의(문하
성)-집행(상서성)'의 기능 분담과 견제를 기본 취지로 하고 있는 어찌 보
면 아주 훌륭한 정치 시스템이다. 당 건립 초기에는 중서성(중서령),[23]
문하성(문하시중), 상서성(상서령), 이 3성의 장관을 재상이라 불렀다. 상
서성의 아래로 행정집행 부처인 6부(部)가 있었고 그 아래로 24개의 사
(司)가 있었다. 지금으로 말하자면 입법, 심의, 행정의 세 명의 총리급이
있고 행정부 총리 밑으로 여섯 개 부처의 장관들이 있고 그 밑으로 스
물 네명의 국장급들이 있었다. 그런데 이세민이 황자 시절 상서령을 맡
은 후로는 어느 누구도 감히 상서령을 맡으려고 하지 않았다. 지금으로
서는 잘 이해가 가지 않는데 황제의 그림자도 밟지 않으려는 뜻인지 황
제와 퍼포먼스가 비교되는 게 두려웠던 건지는 각자의 해석에 맡겨야
겠다. 그래서 상서령 자리는 비워둔 채 부총리급인 좌·우 상서복야(尚

---

23) 괄호 안은 기관의 장관. 모두 총리급이다.

书仆射) 2인이 상서성의 수장을 맡는 체제로 굳어졌다. 이들을 좌상과 우상이라 불렀다. 그러나 당의 재상에는 이들 네 명만 있었던 게 아니었다. 부처 이기주의를 떠나서 중립적으로 보라는 취지에서 어디에도 속하지 않고 재상과 동등한 지위로 정사에 참여하는 관원이 있었는데 중서·문하성의 장관과 같은 정3품이라는 뜻으로 그에게 동중서문하삼품(同中书门下三品)[24]이라는 정식 관직을 만들어주었다. 그리하여 3성의 장관 네 명과 동중서문하삼품이 정식 재상군을 이루었다. 그런데 재상이 이들만 있었던 건 아니다. 당현종 때 이들보다 품계는 한 단계 낮지만(4품) 실질적 권한으로는 이들과 같은 동중서문하평장사(平章事)라는 직을 설치하였고 이 역시 재상급이었다. 이 밖에도 등급이 더 낮은 참지정사, 참지기무, 참모정사 등이 재상단에 포함되어 2권에서 말했듯이 당의 재상급 관리는 총 8~9명이었다. 이를 '멀티 재상'이라는 뜻의 '군상제(群相制)'라고 하기도 한다. '집단 지도체제'인 셈이다.

그런데 실제로 3성의 장관들, 특히 기안과 심의를 담당하는 중서성과 문하성 간에 서로 협력이 잘 이루어졌을까? 이들은 서로 옥신각신하며 책임을 전가하였고 이로 인하여 일이 제대로 추진되지 않는 폐단이 발생하였다. 보다 못한 당태종은 재상들을 한데로 모아 업무를 보도록 했고 이들의 업무와 회의 공간을 '정사당(政事堂)'이라 불렀다. 정사당의 설치는 재상의 권한을 상징적으로 약화시킨 조치였다. '일인지하 만인지상'의 위치에 있던 재상은 원래 '재상부(宰相府)'라는 자신만의 업무 공간이 있었고 그 안에서 자신의 직원들을 거느리고 업무를 보았다. 재상부를 폐지하고 정사당을 설치하여 그리로 한데 모은 것은 재상의 상징적인 권위에 심히 타격을 준 조치라 볼 수 있다. 정사당은 처음에

---

24) 동(同)은 '~와 같은'의 뜻이다. 그러므로 '동-중서문하-삼품'은 '중서·문하와 같은 삼품'이라는 뜻이다.

는 문하성에 두었다가 후에 중서성으로 옮겨갔다. 정사당의 위치마저도 부처 간의 힘에 따라 왔다 갔다 한 것이다. 그래서 정사당에서 8~9명의 재상급 관원들이 모여 옥신각신 회의를 하여 정책을 만들어내면 이를 상서성에서 집행하는 체제가 '안사의 난' 이전까지의 모습이었다.

그런데 당 중후기로 가면서 재상 체제에 있어서 중대한 변화가 일어나는데 그것을 촉진한 것은 사직(使職), 즉 특임 파견제의 성행에 있었다. 당고종과 무측천 시기에 사직관(특임 파견직)이 다량으로 배출되었는데 이는 시대의 변화에 대응하기 위한 것도 있었겠지만 정치적 이유도 컸을 거라 생각된다. '사(使)'는 '보내다', '파견하다'의 뜻을 지니고 있다. 고대의 관명을 보면 '사'로 끝나는 관명이 많은데 이들이 사(使)인지, 사(事)인지에 따라 그 설립 취지와 성격이 다르다. 사직(使職)은 원래의 업무와 부서를 떠나 임시로 다른 일을 담당하도록 하는 것을 말한다. 이들은 원칙적으로는 파견 임무가 끝나면 특임관명은 폐지되었고 원부서로 복귀했다. 오늘날 기업이 TF팀을 운영하는 것과 같다. 혹은 검찰에서 청와대로, 청와대에서 무슨 부로 이런 식으로 오늘날의 정부 운영에서도 특임 파견직은 사실 많이 행해지고 있다. 그러므로 사(使)로 끝나는 관직은 십중팔구 이러한 특임 파견직의 일종이라 보면 큰 틀에서 틀리지 않는다. '사신(使臣)'은 '특별 임명되어 보내지는 신하'이고, '대사(大使)'와 같은 오늘날의 직책도 마찬가지이다. 당대의 대표적인 사직으로는 우리가 잘 아는 절도사(节度使)가 있다. 절도사도 엄밀히는 군내 사직의 일종이었다. 절도사란 직책은 처음에는 군의 공식 지휘체계에 속했던 것이 아니라 변경을 강화하기 위해 둔 황제의 특임 사령관이었기 때문이다. 추밀사(枢密使)도 처음에는 일종의 사직이었다. 이러한 사직이 성행한다는 건 무엇을 뜻할까? 기업에서 사장이 직접 관리하는 TF팀이 많아진다는 건 사장이 뭔가 변화를 꾀하거나 일을 벌이고 있다는 걸 의미하기도 하지만 환경의 변화에 제대로 대응하기에는 현 조직이 뭔가 부족하다는 걸 반증하기도 한다. 그리고 때에 따라서는 사장이 현 조직장들을 신뢰하고 있지 않다는 걸 암시하기도 한다. 일반 검사로 제대로 된 조사가 이뤄지지 않을 것 같을 때 국회에서 특임 검사를 임명하지 않던가?

이러한 사직의 비대화, 고정직화, 보편화는 어떤 결과를 가져오는가? 이는 3성의 체계, 특히 집행부인 상서성 6부 체계를 무력화시켰다. 황제의 특별 임무를 맡고 있던 이들 사직들은 많은 경우 재상들을 건너뛰고 황제에게 직보하였으며 심지어는 상서 6부의 동의 없이 지방에서 행정권을 발휘하기도 하였다. 이러한 추세는 재상 제도의 변화를 가져왔다. 회사 내에서 대표이사 직속의 TF팀이 과다하게 운영되고 있다면 어떤 결과가 벌어질까? 일단 이들 TF팀 멤버들은 원부서에서 차출된 인력이니 원부서에는 이만큼 결원이 생기고 결원을 비전문 인력이 땜빵을 하게 되니 업무의 질은 더욱 떨어질 수밖에 없다. 각 TF팀장은 부장이지만 정규 부서의 부서장인 상무와 맞먹는 힘을 갖게 되고 이들과 사사건건 충돌하면서 갈등을 빚게 된다. 정규 부서의 직원들은 저마다 TF팀으로 차출되어 가기를 원하고 이것은 승진의 지름길이다. 대표이사는 정규 부서의 팀장을 부르는 경우보다 TF팀장을 부르는 경우가 더 많아진다. 따라서 정규 부서의 힘이 약해지고 TF팀이 비대해지면서 하나둘씩 상설 부서로 전환된다. 결국은 회사 내 부서만 많아지고 옥상옥 현상과 부서 간 혼선만 발생하게 된다. 당 중후기에도 이와 비슷한 상황이 벌어져서 결국은 사직(使職)의 행정 체계가 상서성을 대신하여 실질적인 지방 행정권을 행사하였고 이로써 중추기관으로서 3성 제도가 타격을 입기 시작했다.

정부 조직이나 기업 조직에서도 일부 부서의 지위와 중요도가 작아지면 어떻게 되는가? 몇 개를 묶어 하나의 부서로 만든다. 이런 걸 구조조정이라고 하고 이 과정에서 짐을 싸는 자가 생기기도 한다. 당 중

후기 조정도 마찬가지였다. 할 일이 점점 없어진 3성이 점차로 합쳐지는(구조조정 되는) 방향으로 전개되었고 현종 개원 11년(723)에 정사당을 "중서문하"로 개명하였는데 이는 재상제에 있어서 아주 큰 변화였다. 왜냐하면 이때부터 원래 정사당에서 국사를 논하던 7~8명의 재상들은 더 이상 명함에 '재상'이라는 타이틀을 박지 못하게 되었기 때문이다. 그리고 이들 중 단 한 명, '동중서문하삼품'만이 재상의 타이틀을 가지고 중서문하를 총지휘했다. 현대 기업에서는 보통 이런 상황이 벌어지면 어떻게 되는가? 7~8명의 임원들 중 3~4명은 스스로 옷을 벗는다. 이것은 무엇을 뜻하는가? 이는 3성을 초월한 최고 중추 정무기관의 탄생을 뜻했다! 정규 조직상의 상무급 팀장들의 실권은 약해졌고 대신 총괄본부라는 최고 부서가 신설되면서 전무급의 본부장 겸 TF총괄장이 생긴 것이다. 안사의 난의 실질적 주범인 재상 이림보(李林浦)를 기억하는가? 당시 그의 직책이 바로 '동중서문하삼품'이었다. 이로써 당은 멀티 재상제에서 1인 재상제로 바뀌었고 재상은 다시 모든 것을 관장하는 존재가 되어버렸다. 중서문하가 중추 기관이 되었다고 3성이 없어진 건 아니었다. 하지만 이제 그들은 재상이 아니었고 재상인 동중서문하삼품의 지휘를 받는 신세가 되어버렸으니 3성의 실질적인 견제와 균형 기능은 없어진 것과 마찬가지였다. 중서문하는 재상의 관저이자 문신들의 최고 기관으로서 3성의 위에 있었다. 이로써 중서문하는 전국의 모든 사직(TF팀)을 자신의 지휘하에 두었고 3성(省) 장관의 권한은 점점 줄어들었다. 안사의 난을 전후로 삼권 분립의 시스템이 실질적으로 붕괴되고 재상 1인에의 집중도가 커진 것이다. 안사의 난 이후로 당은 내우외환의 준전시 상황이 지속되었고 이러한 비상 상황에서는 삼권 분립 시스템보다 한 명의 컨트롤타워 시스템이 더욱 적합했을 수도 있다. 그러나 잘 알다시피 재상 1인에의 집중도가 커지는 것은 당연히 황제 권력의 약화를 의미했다.

송은 당 후기의 중서문하를 그대로 이어받았고 단지 그 수장을 중서문하평장사(中书问下平章事)라 개명하였다. 그리하여 송대의 재상이란 명목상으로는 중서문하평장사 1인을 말한다. 그러나 송대의 중서문하가 당대와 완전히 다른 점은 국방분야는 이제 재상의 일이 아니었다는 것이다. 그리고 부재상으로 참지정사를 두었다. 참지정사는 조광윤이 재상을 견제하기 위해 설치하였지만 실질적인 재상 역할을 하였다. 앞으로 참지정사란 이름이 나오면 국방과 재정을 제외하고는 문신들 중의 실질적인 대장이라 여겨도 무방하다.

추밀원과 삼사의 탄생에 대해서는 47장에서 이미 설명을 하였다. 추밀원은 오대십국 시기에는 무소불위의 정치 중추였지만 조광윤은 그런 걸 그대로 놔둘 사람이 아니었다. 송대에 와서 추밀원은 군 인사·행정과 전략의 업무만 가지고 있는 군 정무조직이 되었고 병력의 지휘권은 금군 사령관에게로 갔다. 송대의 추밀원을 오늘날 우리나라의 국방부에 비유하는 사람들이 많은데 그보다 추밀원의 특성을 더 잘 설명하는 오늘날의 기구는 중국의 중앙군사위원회일 것이다. 일당 체제인 중국은 사회의 구석구석마다 집행기구와 당기구가 있는데 군사 부문의 당 최고기구가 중앙군사위원회이고 국가주석인 시진핑이 중앙군사위원회 주석을 겸임하고 있다. 북송의 추밀원은 군사 부문의 당 기구인 셈이었다. 이로써 정치·행정을 담당하는 중서문하와 군사를 담당하는 추밀원 두 기관이 국가의 문무 대사를 결정하였고 이들을 동·서 이부(二府)라 칭하곤 하였다. 송대를 배경으로 한 사극을 보면 황제가 "이 사안은 이부에서 협의해서 짐에게 방안을 보고하시오!"라고 하는 대사를 종종 듣게 된다. 3성6부는 송대에도 역시 존재는 했으나 실질적으로는 역할을 하지 못했다.

거대 경제부처인 삼사(三司) 역시 사직(使职) 시스템이 탄생시킨 산물이었다. 삼사는 염철전운사(盐铁转运使), 도지사(度支使), 호부사(户部使), 세 개 관직이 합병하여 세워진 기관인데 이름에서 알 수 있듯이 이들은 모두 황제의 특임을 받고 6부에서 차출되어 온 사직이었다. 도지(度支)와 호부(户部)는 원래 상서성 호부(户部) 산하의 기관[25]이었으나 이와 별도로 황제의 특임을 받고 세금과 토지 업무를 하도록 파견된 사람이 도지사와 호부사였다. 염철전운사 역시 안사의 난 후에 염철의 국유화를 위해 설치한 특별 임시직이었다. 쉽게 말하자면 당 후기에 정부 재정수입을 늘리기 위해 염철전매TF팀, 조세활성화 TF팀, 유휴토지활성화 TF팀을 조직하여 운영하였는데 오대십국의 후당정부는 아예 이들을 싹 모아서 삼사(三司)라는 거대 경제부처를 탄생시킨 것이다. 재정권을 강화하여 그만큼 더 잘 거둬들이겠다는 취지였고 황제의 재정적 중앙집권을 강화하는 일이었다. 삼사의 장관인 삼사사(三司使)는 품계에 있어서는 재상과 추밀사보다 한 단계 낮았으나 대체적으로 이들 셋은 서로 지시를 받거나 간섭하지 않았고 각자 황제에게 직보하였다. 삼사(三司)는 실질적으로 상서성의 대부분의 기능을 대체하였다.

이렇게 송 초기는 이부(二府)와 삼사(三司)의 3개 정치중추에 의해 운영되었다. 다시 정리해보자면 당 전기에는 3성6부 체제하에서 복수의 재상군이 행정·경제·군사의 모든 국가 대사를 결정했던 집단 지도체제였고, 당 중후기로 가면서 사직의 범람으로 3성 체제가 힘을 잃고 구조조정되었으며 그 과정에서 군상제가 1인 재상 체제로 전환되었다. 따라서 제상의 권한이 세지고 황제의 권위가 약화되는 국면이 되었다. 북송은 당 말의 1인 재상 체제를 물려받았지만 한 명에게 모든 걸 몰아주는 건 용납할 수 없었다. 그래서 분야를 쪼개서 재상은 정치·행정 부문

---

25) 6부(部)는 산하에 각각 네 개의 사(司)를 두었고 이들을 합쳐 24사(司)라 불렀다. 호부에는 호부사(户部司), 도지사(度支司), 금부사(金部司), 창부사(仓部司)가 있었다.

만 담당하게 되었고 군사와 경제 분야는 관여할 수 없게 되었다. 이런 맥락에서 봤을 때 송으로 들어오면서 재상의 권한이 추밀사와 삼사사에 의해 분산되었다고 말할 수 있고, 또 한편으로는 정무, 군사, 경제 세 부문의 재상급 인사가 각자의 전문성을 가지며 정책을 수립했다고 할 수 있겠다. 즉, 기능 분담의 3성6부 체제에서 분야 위주의 이부삼사 체제로 전환된 것이고 황제로의 권력집중은 더욱 강화되었다.

그러나 삼사(三司)는 2대 태종 때 폐지되어 다시 염철사(盐铁使), 도지사(度支使), 호부사(户部使)로 나눠졌다가 그다음 대인 진종에 와서 다시 삼사(三司)로 병합되는 등 폐지와 복귀를 반복하였다. 이는 무얼 의미하는가? 이는 재정전제주의와 재정분권주의 간의 고민이자 대치였다. 총리로부터 경제 업무를 떼어놓은 건 총리의 권한을 약화시키고 대통령의 힘을 강하게 하는 것이지만 경제 문제를 건건마다 관여해야 하는 대통령은 그만큼 더 피곤해질뿐더러 그게 꼭 효율적이라 말할 수도 없다. 결국 1080년에 송신종이 방대한 조직과 인력을 정리하는 대대적인 관제개혁을 단행하면서(원풍 관제개혁) 삼사는 완전히 폐지되었고 상서성 호부 밑으로 다시 '헤쳐모여' 하였다. 고로 이때부터 경제 분야는 다시 재상의 통제하로 들어간다.

남송 때 와서는 재상이 추밀사를 겸하면서 다시 재상이 모든 군정(軍政)을 다 관장하는 체제가 된다.

조광윤의 관제 개혁

송은 당의 관제를 계승했지만 무늬만 계승했을 뿐 실질적으로는 완전히 달랐다. 그러므로 정치 제도를 말함에 있어서 '당·송'이라고 한 시대로 묶는 우를 범하지 말기를 바란다. 송태조 조광윤은 자신에게 주어진 시대의 사명을 뭐라고 생각했을까? 그는 "200년을 이어온 번진 할거 국면을 내 대에서 끝내고 내 후손 대에는 이런 일이 다시는 발생하지 않도록 대못을 박겠다"라고 결심했다. 그가 끝장내고자 한 이 국면이란 무엇인가? 무력을 가진 자가 지방에서 할거하고 병권을 가진 자가 황위를 찬탈하는(자신이 했던 것과 같이) 일이다. 이런 일은 왜 일어나는가? 충성심이 없어서인가? 그는 이제 충성심이라는 것을 믿지 않았다. 그 자신도 곽위나 시영에 대한 충성심이 없었냐 하면 꼭 그런 건 아니었기 때문이다. 문제는 힘이 주어지면 야심과 욕심이 생기게 되어있다는 것이다. 그러기에 이 국면이 다시는 발생하지 않게 하는 방법은 제도적으로 그 어느 누구에게도 힘이 주어지지 않도록 만드는 수밖에 없었다. 그리하여 개국 후 그가 한 변혁들은 '권한의 분산'과 '견제'에 모든 초점이 맞춰져 있었다.

관직을 가진 자들의 힘을 빼기 위해 그가 취한 방식은 관(官)과 직(職)을 분리시키는 것이었다. 즉, 명함상의 관명과 실제 직무가 달랐다. 이는 신권을 약화시키기 위해 사직제를 악용한 것이라 말할 수도 있겠다. 북송에 와서는 거의 모든 관리들에게 사직이 주어졌고 이들의 명함에는 두세 개의 관직이 적혀있게 되었다[26]. 즉, 'ㅇㅇㅇ 겸 ㅁㅁㅁ'의 식으로 모두 다 사직을 한두 개씩 가지게 되었다. 명함상의 관(官)은 소속을 나타내고 녹봉을 받는 개념일 뿐 그가 실제로 하는 일은 임시파견 업무인 직(職)이었다. 그런데 이 특임 파견직을 전혀 관련 없는 곳으로 임명하는 경우가 다반사였고 그마저도 빈번하게 바뀌었다. 한 곳에 오래 머물면 힘이 생기기 때문이다. 예를 들자면 '교육부 고등교육정책

---

[26]　이는 이해를 돕기위해 오늘날로 예를 든 것이지 당시 관원들이 명함을 들고 다녔다는 건 아니다

실장 겸 기획재정부 정책조정국장', 이런 식이다. 이 사람의 경우 교육부에서 고등교육정책을 지휘하던 사람인데 하루아침에 기획재정부로 와서 경제정책 조정일을 하게된 것이다. 그러면 원래의 기획재정부 정책조정국장은 어떻게 되느냐? 그에게는 '기획재정부 정책조정국장 겸 외교부 기획조정실장'이라는 직책이 주어져 외교부 기획조정실로 간다. 이렇게 하는 가장 큰 목적은 한 자리에 사람이 오래 머무르는 것을 방지하여 어느 누구라도 세력을 키우는 것을 막기 위함이었다. 왜냐하면 특임파견직은 임시직이므로 언제라도 특임의 해제가 가능하기 때문이다. 이렇게 하여 북송 초기의 관리들은 전부 특임직으로 떠돌이처럼 이곳저곳을 돌았고 업무를 파악할 때쯤 되면 또 다른 자리의 특임직을 받아서 떠나야 했다. 이러한 식의 운영이 가져오는 후과는 예상이 가능하다. 자신이 맡은 특임 업무는 얼마 안 있으면 또 바뀔 게 뻔하고 자기의 월급은 원래 직책(관)에 따라 착착 들어오는데 누가 특임직에 책임감을 가지고 임하겠는가? 관리들은 업무 전문성이 떨어졌고 적극성이 저하되어 일이 주어지거나 문제가 발견되어도 뭉개지고 처리되지 않는 경우가 허다했다. 《송사·직관지일 職官知一》에 의하면 『3성, 6조(부), 24사는 직급은 높으나 하는 업무는 낮은 주판(主判)관과 같았다. 정식 관원이긴 하였지만 황제의 별도 명령이 없으면 본업무를 할 수 없었다. 그래서 일이 맡겨지면 열에 두 셋은 뭉개졌다. … 복야(상서성 장관), 상서(6부의 장관), 승(복야의 보자관), 랑, 원외 등 관원들은 자신의 직무를 모르는 이가 열에 여덟아홉이었다』며 당시 관제의 문제점을 지적하고 있다. 또 하나의 문제는 견제를 위해 많은 부서와 관직을 신설하다 보니 각급 관부의 업무는 층층으로 중복되고 옥상옥이 되면서 관료사회가 전례 없이 방대해졌다. 공무원들의 급격한 증가는 정책의 효율을 떨어뜨렸을 뿐 아니라 후에 북송에 커다란 재정적 부담 요인이 되었다.

그러나 이렇게 하는 것은 확실히 황제가 대권을 장악하는 데에는 유리했다. 언제라도 직급은 낮으나 재능이 보이는 자를 발탁할 수 있었고 능력이 없는 자는 언제라도 특임 해제라는 방식으로 자를 수 있었기 때문이다. 재상인 동중서문하평장사는 품계만 높을 뿐 실질적으로 황제는 모든 정무 이슈를 부재상인 참지정사를 불러서 상의하였다.

조광윤의 군제 개혁

그럼 병권을 가진 자의 힘을 빼는 작업은 어떻게 진행이 되었을까? 안사의 난 이후로 중국은 200여 년간 '병권'으로부터 기인한 재난에 시달렸기에 조광윤 개혁의 핵심은 사실 '병권'에 대한 조정이었다. 조광윤은 '황제의 대권에 도전할 수 없는 군대'를 만들기 위해 군사제도에 거대한 변화를 가했다.

그는 금군을 전전사(殿前司)와 시위사(侍卫司)로 구성하였다. 전과 비슷하지만 약간의 개명을 하였다. 시위사는 보군과 마군으로 나뉘어졌다. 전전사의 사령관은 전전도지회사(殿前都指揮使)였고 시위사에는 시위보군도지회사(侍卫步军都指揮使 보병사령관)와 시위마군도지회사(侍卫马军都指揮使 기병사령관)가 있었다. 이로써 소위 양사삼수(兩司三帥)라고 불리는 '세 명의 금군 사령관'과 추밀원의 체제가 형성되었다. 이것이 전과 다른 점은 전전군에서 '점검(点檢)'이라는 원수 직급을 폐지하였고 시위군에서는 '기보병총사령관'을 폐지하고 기병과 보병으로 나눴다는 것이다. 그리고 이 세 사령관들은 각각 황제에게 직접 예속되었으므로 황제가 직접 금군을 지휘하는 것이나 마찬가지였다.

조직도 작업은 그림을 그리는 데에서 끝나지 않는다. 조직도 작업의 핵심은 사실 소위 'R&R(Roll & Responsibility)'이라고도 부르는 업무분장에 있다. 조직도는 하드웨어에 불과할 뿐 실제 이 사람이 무얼 하는 사람이며 권한과 책임은 어디까지인지를 규정하는 운영체계가 진짜 중요한 것이기 때문이다. 필자가 기업체 주재원을 할 때 한번은 다수의 중국 법인이 통합되는 시기가 있었는데 총괄법인장의 지휘하에 새로 구성된 부서와 부서장에 대한 R&R을 수립하는 데에만 수십 명의 주재원들이 근 1년을 매달렸다. 그만큼 조직에 있어서 실질적이고 명확한 R&R이 중요하다는 말을 하고자 함이다. 조광윤의 새로운 군조직에서 R&R의 핵심은 '인사권과 지휘권의 분리'에 있었다. 이는 추밀원과 금군 사령관 간의 권한의 분리를 말한다. 세 명의 금군 사령관은 '지휘권'만 있을 뿐 '인사·행정·재정권'은 추밀원의 장관인 추밀사에게 있었다. 이렇게만 말하면 감이 잘 안 오니 좀 더 자세히 설명하자면 추밀원은 병적, 무관의 선발, 승진, 징계, 급여, 자대배치 등을 관리하고 결정하였다. 사령관은 단지 전투를 지휘할 뿐이었다. 이렇게 하는 주된 취지는 오대십국 시기 성행했던 '군내 파벌'이 형성되는 것을 방지하기 위함이었다. 군내 파벌은 반란의 근원이었고 파벌이란 선발과 승진, 인사이동과 같은 방식으로 서로 끌어주고 밀어주면서 만들어지기 때문이다. 아무리 사령관이라고 해도 인사와 재정권이 없으면 장교와 병사들이 그를 자신의 지휘관이라 생각하겠는가? 그들은 눈은 전부 추밀원을 향하게 되어있었다.

금군의 조직도 변경을 완성시킨 조광윤은 후속 개혁조치를 진행하였는데 대체적으로 네 가지 방면이었다. 첫째로 병력에 대한 구조조정을 실시하였다. 체력이 좋고 용감한 자들을 진급시키고 노쇠하고 겁 많은 병사들을 도태시켰다. 정예화된 부대는 훈련을 통하여 전투력이 더욱 상승되었다. 둘째는 금군을 양적, 질적으로 계속 충원하였다. 송의 군대에는 금군(禁军), 상군(厢军), 향군(乡军), 번군(蕃军)의 네 가지가 있었는데 그중 금군은 국가의 중앙 정규군으로서 금군의 힘을 키우는 것은 국가의 안위와 직결되는 일이었다. 그래서 송태조는 금군의 수를 늘리는 한편 전국에서 몸 좋고 싸움 잘하는 자들을 모집하여 금군으로 충원하였다. 북송의 금군은 그 후로도 계속 몸집을 불려서 북송 중기에 가서는 82만[27]이라는 어마어마한 규모가 되었는데 이는 후에 가서 북송의 큰 부담 요인중 하나가 되었다. 셋째는 경수법(更戍法)이라고 불리는 '장병분리' 정책이었다. 말 그대로 지휘관(將)과 병사(兵)를 분리하는 정책이었다. 북송은 2~3년 주기로 수도에 주둔하는 금군의 일부를 변경의 군사 진이나 내지의 요충지역으로 이동시켜 주둔시켰다. 이렇게 하는 목적은 지휘관과 사병들 간에 너무 오랜 시간을 지내면서 병력이 사병화되는 걸 방지하기 위함이었다. 그러나 이 정책은 문신들이 업무를 모르는 것과 같이 지휘관들은 자신의 병사들을 모르고 병사는 지휘관과 지형을 모르는 문제를 발생시켰고 이러한 폐단은 후에 가서 북송의 전투력을 심하게 손상시키는 요인이 되었다. 네 번째로는 소위 '내외상제(內外相制)'라는 '안과 밖이 서로 견제하는' 방식이었다. 북송 건국 초기의 금군은 대략 22만 명이었는데 수도에 약 10만이 주둔했고 수도 밖에 약 10만이 주둔했다. 수도 사단과 외지주둔 사단이 서로 견제를 했으며 어느 쪽이든 반란을 할 시 한쪽에서 진압할 충분한 능력을 보유하였다.

사학자들은 북송 초기의 군 개혁을 병권분산(兵權分散), 강간약지(强干弱枝), 장병분리(將兵分離), 내외상제(內外相制), 이 네 가지 키워드로 요약한다. 강간약지란 '줄기(干)'를 강하게 하고 가지(枝)를 약하게 만든다'는 뜻으로 지방군이 감히 중앙군에 대항할 수 없을 정도의 힘의 비대칭 상태를 구축하는 것을 뜻한다. 안사의 난 직전의 당과 정반대의 상태라 보면 된다.

북송 초기의 이러한 군 개혁을 가만히 보고 있자면 무슨 생각이 드

---

27) 북송의 군사 규모는 급속도로 증가하여 4대 황제인 송인종 때에는 정규군인 금군(禁軍)과 상병(厢兵)을 합친 수가 125만 9,000명(금군 82만 6,000명, 상병 43만 8,000명)에 달했다. 王增瑜《宋朝军制初探》, 1983, 69쪽, 北宋后期兵力

는가? 조광윤의 군 개혁의 본질은 정권을 보호하는 데에 있었지 국가의 군을 강하게 만드는 데에 있지 않았다. 중앙군을 양적, 질적으로 성장시켰지만 이것이 국가의 방어력을 증강시키지 못했다. 왜냐하면 중앙군 양성의 목적은 황권을 보호하는 데에만 몰입되어 있었기에 분리, 견제, 이동 등 갖은 방법으로 군대가 힘을 축적하고 효율적인 지휘체계를 구축하는 것을 억제하였기 때문이다. 군(軍)이라는 건 전투에 대비하기 위해 존재하는 것인데 그 본질적 임무인 전투력을 희생시키는 개혁에 과연 정당성을 부여할 수 있는지 우리는 묻지 않을 수 없다.

여기에 하나 더하여 북송은 내내 중문억무(重文抑武) 정책을 폈다. '문(文)'을 중요시하고 무(武)를 억누른다는 뜻으로 이것이 국가의 군사력에 미치는 영향은 어마어마했다. 군사 업무의 중추인 추밀사는 아주 일부 시기를 제외하고는 대부분 문인이 맡았다. 더욱 심한 것은 야전 사령관들조차 문인을 보내는 경우가 허다했다. 중국 사극에 관심이 많으셨던 분은 한번 기억을 더듬어 보시라. 송대의 조정 회의에서 무관들이 참여하는 걸 본 적이 있는가? 한·당 시기를 배경으로 한 사극에는 무관들이(심지어 갑옷을 입고) 황제에게 보고를 하는 장면들이 눈에 띄지만 송대에는 그런 모습을 전혀 찾아볼 수가 없었다. 왜냐하면 군사정책, 군사전략, 심지어 지휘까지 문인들이 맡아서 했기 때문이다. 이리하여 북송의 군대는 적극적이지도 전문적이지도 않은 상태가 되어간다.

군사 전문가 조광윤이 이런 폐단을 예상 못했을까? 그는 자신에게 주어진 시대적 과제를 그렇게 인식하고 있었고 그에 따라 치러지는 희생은 어쩔 수 없이 감수해야 한다고 생각했을지도 모른다. 『이들(문신)이 **모두 썩더라도 한 명의 무장이 반란을 일으키는 것보다는 낫지 않겠는가**(縱皆 **貪浊, 亦未及武臣一人也**)』라고 한 조광윤의 말에서 우리는 과거의 트라우마에서 벗어나지 못한 통치자의 비뚤어진 시대 인식이 국가의 미래에 얼마만큼 치명적인가를 알 수 있다.

조광윤은 군인으로서, 정치가로서 걸출한 인물이었다. 그의 통솔력과 정치 역량은 역대 정치리더 어느 누구와 비교해도 전혀 뒤지지 않는다. 그러나 그가 왕조를 지키기 위해서 한 변혁들을 이야기할 때에는 미안하지만 그에 대해 긍정적인 평가를 내리기가 어려울 듯하다. 북송 초기의 이러한 정치·군사 개조는 황권을 위협하는 각종 요소들을 제거했다는 점에서는 성공을 거두었다고 할 수 있겠다. 북송은 무신, 무장, 여후, 외척, 종실, 환관의 6종 정치 그룹의 정권 독람이 없었던 유일한 왕조였다. 이렇게 하여 송은 제도적으로는 역대 어느 정권보다도 강한 황권을 구축하였지만 반대로 역대 어느 통일왕조보다도 국가의 힘이 약했다. 강한 중앙집권이라 하면 보통 우리의 머릿속에는 진시황, 한무제, 당태종과 같은 남성적이고 공격적인 정권이 떠오르기 마련이지만 아이러니하게도 송은 그 반대였다. 이걸 좋다고 봐야 할지, 나쁘다고 봐야 할지는 나도 확신이 서진 않는다. 이렇게 된 이유는 강한 황권 구축의 방식이 국가의 정치·행정 체계와 방위 체계가 힘을 모으지 못하게 하는(즉, 모든걸 분산시키는) 방법으로 진행되었기 때문이다. 황권과 신권, 황권과 군권의 메커니즘적으로는 완벽하게 황권에 몰아주는 체제를 구축했으나 그건 단지 일방적으로 신권(臣)과 군권(軍)을 약화시키는 방법에 의한 제도적 황권강화였을 뿐 실질적인 국가의 힘과 권위가 가져다주는 황권은 약했다. 진짜 문제는 이러한 방식의 황권 강화로 인해 후세는 막대한 비용과 대가를 치러야 했다는 것이었다. 왜냐하면 조용하고 평화적인 방식의 신권 약화는 건 바꿔 말한다면 이들, 사대부들에게 그에 따른 반대급부를 줘야 한다는 걸 뜻했기 때문이다. 그리고 군권의 약화란 국방력 약화라는 돌이킬 수 없는 상태로 나라를 밀어넣을 것이기 때문이다.

52장
위기의 인식

번영 뒤에 잠재된 위기

북송의 개혁 스토리는 사실 왕안석에서 시작되는 게 아니라 그보다 26년 앞선 범중엄(范仲淹)이 원조이다. 범중엄은 북송의 정치사를 이야기할 때 그를 빼놓고서는 도저히 이야기를 풀어나갈 수가 없을 만큼 비중 있는 개혁 정치가이다. 그는 성격이 직설적이며 남의 눈치를 안 보는 등 속된 의미의 '정치력이 좀 약한' 점을 빼놓고서는 강직한 인품, 능력, 청렴함, 개혁정신 그리고 국가에 헌신하는 열정을 가진 사람으로서 군자의 표상으로 칭송받았던 인물이다. 물론 이런 그의 성격 때문에 3번 중앙 정치에 입성하였다가 1~2년밖에 못하고 3번 모두 좌천되는 순탄치 않은 정치 인생을 살았다. 왕안석의 이야기로 바삐 가야 하기 때문에 부득이 그를 스킵하기로 했지만 중국사에 조금 더 관심이 있는 분들은 범중엄이란 정치가의 이름 석 자를 기억해 두시기 바란다.

1043년(당시는 왕안석이 막 진사에 합격했을 때이다) 북송의 네 번째 황제 송인종은 범중엄을 참지정사에 임명하는 등 소장파(少壯派) 관원들로 판을 다시 짠 후 그들을 앞세워 개혁을 추진하고자 했다. 인종(仁宗)은 '어질다'라는 그의 묘호에서도 알 수 있듯이 자신의 주장을 강하게 내

세우지 않고 가급적 갈등을 만들지 않았던 마음 좋은 군주였다. 이런 그가 재위 22년째 되는 해에 마음을 독하게 먹고 일생일대의 개혁을 추진하고자 한 것이었다. 《송사》의 기재에 의하면 『황제가 마음을 굳게 먹고 수차례 당면한 문제들에 대한 의견을 물었지만 범중엄은 "폐하께서 저를 중한 자리에 써주신 것은 감사하나 일에는 선후가 있습니다. 조정의 오랜 병폐는 하루아침에 고쳐질 수 없습니다"라고 말했다』고 한다. 그러나 인종은 친필 조서를 내려 당장 개혁안을 보고할 것을 명했고 황제의 엄중한 오더를 받은 범중엄은 며칠 밤을 새어 '10가지 개혁강령'인 《답수조조진십사 笤手诏条陈十事》[28]을 작성하여 제출하였다.

범중엄이 말한 '오랜 병폐'란 무엇을 말하는가? 북송의 폐단이 얼마나 엄중하였길래 어질고 부드러운 인종이 그에게 당장 개혁안을 올리라고 닦달하였을까? 때는 송이 건립되고 80여 년밖에 지나지 않았을 때인데 그렇다면 이 폐단은 송의 건립과 동시에 싹이 트고 있었다는 건가? 앞서서 북송의 상태를 일컫는 말로 '적빈적약(積貧積弱)'이란 단어를 소개하였다. 범중엄이 말한 오랜 폐단이란 북송을 적빈적약으로 이끈 오랜 문제들을 말한다. 나는 이 단어가 미래에 쓰일 우리의 역사에서 등장하지 않기를 진심으로 바라고 있다.

북송은 과연 가난하고(貧) 약했을까(弱)? 중국인들과 만나서 물어보면 송이 군사적으로 약했던 건 인정할지 몰라도 경제·문화적으로는 그 어느 때보다 풍요롭고 번영했던 시기라고 입을 모아 말한다. 물론 내가 만나는 지인들은 학계에 있는 사람이 아니라 회사를 다니거나 사업을

---

28) 《답-수조-조진-십사 笤手诏条陈十事》: 수조(手诏)란 '황제의 친필 조서'를 뜻한다. 조진(条陈)은 '진술하다'의 뜻이다. 그러므로 《笤手诏条陈十事》는 "황제의 친필 조서에 답하여 진술하는 열 가지 개혁 강령"이란 뜻이다. 이로써 인종이 후원하고 범중엄이 진두지휘하는 개혁이 시작되었는데 인종의 연호인 경력(庆历)3년(1043년)에 시작되었다고 하여 후세 사가들에 의해 '경력신정(庆历新政)'이라 불린다. 그러나 경력신정은 1년 남짓 지속되다가 반대파의 공격에 부딪쳐 좌절되고 범중엄은 지방으로 좌천된다.

하는 사람들이므로 이들의 말이 역사적 사실을 대변하는 건 아니다. 그러나 이들의 송에 대한 이러한 보편적 인식을 두고 틀렸다고 말할 수만은 없을 것 같다. 북송 시기에 농업에서의 혁명과 같은 진전이 이루어지는데 베트남 북부에서 들여온 점성벼(占城稻)의 성공적 보급으로 인구는 979년의 770만 호에서 빛의 속도로 증가하여 범중엄이 인종에게《10가지 개혁강령》을 제출하고 5년 후인 1048년에는 1,070만 호에 실제 인구는 1억 명에 달했을 것으로 추정된다.[29] 이러한 전무후무한 속도의 인구증가는 경제가 받쳐주고 사회가 안정되었기에 가능했던 것이기도 하지만 반대로 인구 증가가 경제 발전을 견인하기도 했을 것이다. 인구가 배로 늘었으니 옷과 신발도 배로 많아져야 하고 이들이 살 집도 배로 많아져야 하며 이들이 쓰는 젓가락도 배로 많아져야 한다. 당대에 비해 송대에는 대도시의 수가 크게 증가했으며 동전 주조량은 당대의 15배에 달했다. 이는 도시를 기반으로 한 상업경제, 상품경제가 전에 비해 크게 발달했음을 뜻한다. 한 국가의 경제규모를 가늠하는 또 한 가지 바로미터가 금속의 생산량이다. 당왕조 때에는 은의 생산이 가장 많았을 때 연간 생산량이 2만 5,000량이었는 데에 반해 북송은 매년 20~30만 량의 은을 생산했다. 구리 생산량은 당대에 가장 많았을 때 연간 생산량이 65만 5,000근이었는데 북송 원풍원년(1078)의 구리 생산량이 1,460만 근으로 당의 20배였다. 철의 생산량은 당 원화년간(806~820)에 최고였고 이때 연간 생산량이 207만 근이었다. 이것이 송대에 와서는 연간 600만 근이 되었고 가장 많았을 때에는 824만 근에 달했다.[30]

과학기술에 있어서도 괄목할 만한 성과가 있었는데 초보적이지만 화약이 군사적으로 사용되기 시작하였고, 코크스(점결탄)가 발명되어 제

---

29) 거젠슝(葛建雄)의 《중국인구사》 참조.
30) 袁一堂, 《论北宋中期的财政危机》, 史学月刊, 1990.3 중 《宋史·食货志》 수치 인용 참조.

런시 보편적으로 사용되었다. 코크스의 사용은 서양보다 몇백 년이나 앞선 것이었다. 또한 소송(苏颂)[31]이란 천문학자에 의해 수운의상대(水 云仪象台)라는 일체형 천문관측 기기가 만들어졌는데 이는 15세기 장 영실에 의해 만들어진 자격루와 혼천의보다 360년 앞선 것이었다.

그러나 사회가 부유해지는 것이 꼭 국가가 부강해지는 것을 의미하 진 않았다. 범중엄이 10가지 개혁 추진안을 내기 5년 전인 1038년의 통 계를 예로 들자면 정부의 총수입이 금, 은, 비단, 곡물, 포 그리고 화폐 를 합쳐 금액으로 환산시 1,950만이었는데 그해 지출은 2,185만에 달 했다.[32] 한 해 적자가 235만이었다. 이것이 많은 것인가? 얼마나 많은 것인가? 국가재정적자의 많고 적음은 보통 GDP 대비로 보는데 당시의 GDP를 알 길이 없으니 어쩔 수 없이 우리에게 주어진 데이터인 1년 예 산을 가지고 본다면 당시의 재정적자는 총 예산(수입)의 12퍼센트 정도 이다. 대한민국의 과거 10년간의 재정적자는 매년 30~60조 원 사이였 는데 국가예산이 300~500조 원이었으므로 우리도 예산 대비 지출이 10퍼센트를 넘었던 해가 많았다. 미국의 경우 2019년 재정적자가 1조 달러에 달했는데 이는 예산 대비 20퍼센트도 넘는 수준이다. 그렇다면 송인종 때의 재정적자는 그리 문제될 게 없는 수준인가? 그게 그렇지

---

31) 소송(1020~1101). 관리이자 천문학자, 천문기계제조가, 약물학자로서 북송의 다빈 치라 불릴만한 다재다능한 천재이다. 송인종 경력2년(1042)에 진사에 급제하여 송 철종 때 재상에까지 올랐다. 과학기술, 의학, 천문학 등 방면에 큰 공헌을 하였다. 수운의상대(水云仪象台, 물과 톱니를 이용한 수력 구동 천문기기)를 발명하였다. 수운의상대는 금, 몽고의 침입을 받으면서 파손되고 방치되다가 없어졌다. 현재 카 이펑박물관에 일대일 크기로 복원한 것이 전시되어 있다.
32) 이 수치는 린둥린(林东林)의 《谋国者》를 참조하였다. 그러나 송대의 정부 재정수입 에 관해서는 학자들의 논문마다 금액이 천차만별이다. 당시의 정부 세수는 동전, 금, 은, 비단, 직물, 곡식, 연료 등 여러 가지로 구성되어 있었는데 이를 전부 화폐 가치로 환산하는 것이 사실상 불가능한 일이기 때문이다. 또한 송대 정부수입의 절반을 차지하는 것이 정부의 전매수입이었는데 사료에 나온 금액이 이를 포함한 것인지에 대한 여부도 명확하지 않다.

가 않다. 오늘날에는 재정적자가 발생하면 국가나 공기업에서 국공채를 발행하면 그만이다. 전 세계 모든 나라가 그렇고 이는 아주 자연스러운 방식이다. 그렇지만 당시에는 국공채라는 게 없었다. 그러므로 정부재정적자는 고스란히 무엇인가? 바로 이듬해에 백성의 세금을 그만큼 더 걷어야 한다는 것이고 백성들의 원성은 그만큼 더 쌓인다는 뜻이다. 만약 정부가 "통과된 추경안만큼 12월 전 국민의 월급에서 까겠습니다~"라고 한다면 어떻게 될까? 그날로 대통령 지지율은 5퍼센트이하로 곤두박질칠 것이다. 아마 폭동이 일어날지도 모른다. 그러니 송인종이 긴장하지 않을 수 있는가? 그런데 이 적자폭은 다음 대인 송영종과 다다음 대인 송신종 때 와서는 더욱 커졌다. 송영종 치평2년(1065) 한 해에만 국가재정적자가 1570만 관(貫)[33]에 달했다. 송신종 즉위 원년(1068)의 재정수입 중 금이 4,300량, 은이 5만 7,000량이었는데 한 해 요와 서하에 줘야 하는 은의 양만 20만 량이었다. 북송은 인종 때부터 극심한 재정적자에 시달리기 시작하여 다다음 대인 신종 때에 와서는 그야말로 최고조에 달했던 것이다.

재정 위기의 근원

도대체 돈을 다 어디다 쓰는 것인가?

사가들은 북송의 재정 문제를 '冗官(용관)', '冗兵(용병)', '冗費(용비)'의 3 冗(삼용)이라 부른다. '冗(용)'이란 '쓸데없이 많음'을 뜻한다. 그러므로 북송의 재정 문제는

---

33) 관(貫)은 동전의 한 꾸러미를 의미하는 화폐단위로서(민緡이라고도 한다) 송대의 1관(민)은 770문이었다. 1문은 동전 1개를 말한다.

√ 쓸데없이 공무원이 많은 상태,

√ 쓸데없이 군인이 많은 상태,

√ 쓸데없는 (잡비)지출이 많은 상태

에 기인했다는 말이다. 여기서의 지출이란 제사와 축제, 황제의 나들이, 황제의 포상 등 여러 가지 국가행사에 소요되는 비용, 이에 더하여 요와 서하에 임대료처럼 매년 바치는 돈을 말한다. 이러한 상태는 국가 전체적인 비효율과 나태를 낳았으며 재정적자는 갈수록 심해지는 악순환에 처해졌고 이러한 현상들이 합쳐져서 적빈적약(積貧積弱)을 구성하였다. 그럼 '冗官(용관)', '冗兵(용병)', '冗費(용비)'는 왜 발생하였나? 그것은 송이 가지고 있는 아래의 세 가지 문제 때문이다. 짐작하였겠지만 전부 바로 앞 장에서 서술한 건국 초기의 정치개혁, 군사개혁과 관련이 있다.

문제 1. 숭문억무(崇文抑武)

북송의 경제, 문화적 번영 뒤에는 한 가지 치명적인 문제가 있었는데 이는 '무(武)'나 '전쟁'을 논하는 것이 금기시되었다는 것이다. 이로써 북송의 통치자들은 철저하게 문신 사회를 만들었는데 그 결과는 국방력 약화와 비대해진 관료사회로 나타났다. 앞서 설명했듯이 북송의 국방정책은 안과 싸우는 것에만 포커스가 맞춰져 있었지, 밖과 싸우는 것에는 관심이 없었다. 그리하여 그 수만 급속도로 늘어났을 뿐 실제로는 갖가지 개혁(?)에 의해 군대의 질은 계속 떨어졌다. 통치자가 무를 중요시하지 않는데 군장성과 장교들이 열정을 가지고 훈련과 수비에 임하겠는가? 결과는 뻔하다. 요와 서하에 번번이 패해 매년 각각에게 은 10만 량, 비단 20만 필을 바치면서 구차하게 평화를 유지하는 신세가 되었다. 조광윤은 금군 외에도 유랑민으로 구성된 상군(廂軍)이란 걸 만들었는데 이는 일 없고 배고픈 유랑민이 반란 세력화되는 걸 방지하기 위함이었다. 오대십국 시기의 사회 혼란과 착취로 인해 생겨난 유랑민은 사회·경제 조치로 풀었어야 하나 그는 이런 문제조차 군비로 막는 방법을 택한 것이다. 그래 놓고선 "이제 우리 송은 백 년은 끄떡없어!"라며 좋아했다. 상군은 완전 오합지졸에 불과했지만 이들을 먹여살리는 비용은 어마어마했고 한때 82만 명까지 간 금군 유지비용은 가히 천문학적이었다. 아래는 1대 송태조부터 6대 송신종까지의 금군과 상군의 병력 수이다.

단위: 만 명

황제	해당 기간[34]	금군	상군	총합
태조(太祖)	968~976	19.3	18.5	37.8
태종(太宗)	995~997	35.8	30.8	66.6
진종(真宗)	1017~1021	43.2	48.0	91.2
인종(仁宗)	1041~1048	82.6	43.3	125.9
영종(英宗)	1063~1067	69.3	48.8	118.1
신종(神宗)	1068~1077	61.2	22.8	84.0

출처: 王增瑜《宋朝軍制初探》1983, 68쪽 北宋后期兵力

건국부터 송인종 때까지 상비군의 병력 수는 3배 이상 늘었고 그중 금군은 4배가 넘게 증가했다. 사료에 의하면 인종 때 국방 비용이 전체 세수의 70퍼센트에 달했다고 하니 그 부담이 어느 정도였는지 가히 짐작하고도 남는다. 이것이 모두 군을 문신에게 맡긴 결과이다.

---

34)   황제의 재위 기간이 아닌 조사 기간을 의미함

문제 2. 관직의 분권화

송대는 관리의 세력이 커지는 것을 방지하기 위해 권한과 직능을 쪼 갰으니 그 결과는 당연히 관리의 수가 늘어나는 것이었다. 송대에 와서 과거제가 활성화되었다고 멋모르고 좋게 말하기도 하는데 이는 과거제 합격 정원을 대거 확대시킨 결과였다. 분권화로 부서와 자리가 늘어났 으니 더 많은 공무원을 뽑아야하는 건 당연했고 관리가 되고자 하는 신진사대부 취준생들은 환호했다. 그 결과 3대 황제인 송진종 때 9,785 명이었던 관리의 수는 4대 송인종 때 1만 7,300명으로 증가하였다. 물 론 분권화에는 순기능도 있었다. 과거의 정책이란 건 한쪽의 시각에서 악의적으로 보려든다면 비판할 것들이 한도 끝도 없지만 당시로서는 일 리가 있는 면도 있기 마련이다. 어떤 조직이든 분권화의 목적은 견제와 전문성 강화에 있다. 당신이 데리고 있는 관리자의 판단이나 주장이 다 옳다고 자신할 수 있는가? 그렇기 때문에 분권화를 하는 것이고 분권화 자체가 나쁜 건 절대 아니다. 실제로 송대에는 많은 관료들이 있었기에 황제는 더욱 다양한 의견을 청취할 수 있었고 어느 한 권신의 주장에 의해 조정의 여론이 좌지우지되는 것을 방지할 수 있었다. 송대의 조정 은 다양한 의견과 토론을 허용하는, 말하자면 어떤 의미에서는 매우 민 주적이었고 어떤 의미에서는 가장 시끄러운 조정이었다.

그러나 지나친 분권화는 비효율을 낳고 막대한 재정지출로 이어진 다. 송대에는 관리의 월권행위에 대해 극도로 경계하는 분위기가 형성 되었는데 예를 들면 간언을 할 수 있는 사람이 정해져 있었기에 조정 회의에서 누가 어떤 정책이나 사람에 대해 비판을 하는 상소를 올리면 다른 쪽에서 그 사람의 주장에 대해 반박을 하는 게 아니라 "폐하, ○ 아무개가 간언의 권한이 없음에도 이런 상소를 올리는 건 월권행위에 해당하므로 오히려 벌을 내려야 합니다"라고 말하면 황제는 "음… 일리가 있다" 하는 식이었다. 게다가 전부 단기 파견직으로 돌렸으므로 분권화의 장점인 전문성을 살릴 수가 없었다.

군에서의 분권화 폐단은 더욱 심각했다. 이는 지휘체계의 약화로 이어지고 곧 방위력 약화로 나타났다. 이리하여 송의 군대는 비대하지만 저효율 군대가 되어버린다.

문제 3. 포퓰리즘(사대부 회유정책)

청나라 때의 관리이자 학자인 조익(赵翼)은 자신의 역사 평론인《이십이사-찰기(廿二史札记)》[35]에서 북송 통치자들(자신의 조상들이다)의 문신들에 대한 포퓰리즘 행태에 대해 이렇게 비판하였다.

> 『백관에 대해 은혜를 베푸는 데에는 오직 부족할까 봐 걱정하고, 백성들로부터 재물을 취하는 데에는 남김이 없었다(恩逮于百官者惟恐其不足, 财取于万民者不留其有余).』

조광윤이 '배주석병권'을 하면서 "자네들은 금과 비단, 전답과 집을 많이 쌓아두고 자손 대대로 즐기게, 미녀를 불러놓고 매일 노래와 춤을 추게 해줄 테니 죽을 때까지 그렇게 살면 되지 않나?"라고 한 것은 그의 권력 공고화가 어떤 방식으로 진행될 거라는 것을 암시하고 있다. 정도의 차이가 있었을 뿐 무신은 무신대로 문신은 문신대로 실시된 각종 회유책은 이들의 진취성을 꺾고 이들로 하여금 현실에 안주하고 자

---

35) '廿(입)'는 '스물'이란 뜻으로 한자 그대로 독음하자면 '입이사찰기'이나 제목의 뜻을 전달하기 위해 廿二(입이)를 '이십이'라 표기하였다. 찰기(札记)는 독서하면서 얻은 바, 생각, 견해 등을 수시로 기록한 글을 말한다. 즉, 22종의 사서를 읽고 쓴 감상록이다.

리에 연연하도록 만들었다.

사장이 직원들에게 베풀 수 있는 가장 큰 은혜는 무엇인가? 당신의 아들딸을 시험과 면접도 안보고 당신이 다니는 남들이 누구나 가고 싶어 하는 회사에 입사시켜 준다면 당신과 당신 아들딸은 그 회사에 충성을 맹세하지 않겠나? 은음제(恩蔭制)는 황제가 공신에게 은덕(恩)을 내려 특권(蔭)을 주는 제도(制)이다. 이는 정부가 특정 계층의 아들 손자 친척들에게 부여하는 천거 제도로서 중국 봉건사회 관료계층이 누렸던 제도화된 특권이었다(고려가 이를 벤치마킹하여 도입한 것이 음서제이다). 송 이전에도 은음제는 있었으나 아주 제한적으로만 실시되어왔다. 그러나 송대에 와서 은음제가 엄청 활성화되었는데 이는 자신들의 지지 기반인 신진사대부의 지지를 얻고 이들을 정계로 들이기 위한 대표적인 포퓰리즘 정책이었다. 은음제의 활성화란 다른 게 아니라 그 적용 범위를 확대하고 실시 빈도를 늘리는 것을 말한다. 무슨 직급 이상의 관원에 대해서는 1년에 한 명, 무슨 직급 이상은 3년에 한 명씩 뽑고, 천거의 범위는 무슨 직급은 장자만, 무슨 직급 이상은 손자까지 등의 규정이 있었는데 이를 대폭 완화시킨 것이다. 또한 황제의 생일이라고 은음을 하고, 황실에 누구의 제사라고 은음을 하고, 어느 후궁이 아들을 낳았다고 은음을 하는 등 갖은 구실을 만들어 특채 공무원을 대량 생산하였다. 오죽했으면 범중엄이 인종에게 올린 《열 가지 개혁안(答手诏条陈十事)》의 두 번째 항목이 '억요행'이었겠는가? '요행을 억제해야 한다'는 뜻으로 여기서의 '요행'이란 은음제를 말한다.

동전을 만들 구리도 모자란 와중에 22미터짜리 융흥사 대비동불을 만들어 준 것 역시 포퓰리즘의 일례로 볼 수 있겠다. 송은 왕조 내내 구리 부족으로 구리 함량이 절반밖에 안 되는 저급 동전을 주조하여 유통시켰고 이로 인해 화폐가치가 하락하는 현상이 만연했다. 동전이 모자라자 지폐 유통을 활성화시켰는데 지폐의 가치하락은 훨씬 심했다.

문제 4. 토지겸병 격화

북송 시대의 급격한 인구 증가는 정부의 세수 확대로 이어졌나? 불행히도 인구와 경제규모 증가가 그만큼의 세수 증대로 연결되지 않았는데 가만히 생각해보면 이는 당연하다. 당 말 양세법 실시로 과세 대상이 남자들 머릿수에서 보유 자산(토지 면적)으로 변했고 이것이 이어져 내려왔기 때문이다. 양세법이 실시될 때만 하더라도 인구가 이렇게 급격하게 증가할 지는 생각도 못했을 것이다. 그러나 이 밖에도 북송의 세수 실적이 저조한 이유가 있었는데 이는 지방의 부호들이 대량의 토지를 장부에서 은닉하고 납세를 피했기 때문이다. 북송 시기는 지방 호족들의 토지 겸병이 그 어느 때보다 심했던 때이다. 부호, 지방관리, 거상으로 구성된 대지주 계층은 그 수는 많지 않았지만 전국의 토지 60~70퍼센트를 보유하고 있었다. 하지만 이들은 국가에 세금을 매우 적게 내고 있었고 심지어는 아예 안 내는 경우도 있었다. 송진종 때의 재상 정위(丁谓)는 "토지를 겸병한 호족들은 20무의 밭을 가지고 있으면서 1무의 세금만 내고, 또는 30무를 가지고 있으면서 2무의 세금만 낸다"고 지적한 바 있다. 정위가 한 말에 과장은 있겠지만 '당시 납세 대상 농지는 전체 농지의 3분의 1밖에 되지 않았다'[36)]고 하는 말은 믿을 만할 것이다. 이렇듯 지방 호족들이 대량으로 토지를 은닉하고 세금을 회피하는 것은 정부 세수를 크게 감소시켰다. 송인종 황우년간 (1049~1054)과 경우년간(1034~1038)을 비교했을 시 황우년간의 개간 실적은 34만여 경(1경顷=100무亩) 증가하였으나 현물곡식 세수는 오히려 70만여 휘(斛)[37)] 감소하였다.[38)]

---

36) 중국 보통고등과정표준 역사교과서 《중국고대사》 2017년 개정판
37) 송대 용량 단위: 1두(斗)=10승(升), 5두=1휘(斛), 2휘=1석(섬)
38) 菅明军《北宋中期财政危机及其振兴之道》中州古今 1994.1

왜 북송 때 유달리 부동산 투기가 심각했을까? 중국의 경제사를 볼 때 북송만이 가진 특이한 점이 있는데, 관리들이 상업을 겸업하는 행위와 사대부들의 토지 겸병에 대해 암묵적인 허용을 했다는 점이다. 역대 모든 왕조는 예외 없이 지주들의 토지 겸병(즉, 부동산 투기)을 억제하는 정책을 냈다. 그것이 성공을 거둔 적은 별로 없었지만 그래도 토지 겸병 행위를 항상 경계하고 이를 막고자 하는 노력을 하였다. 그러나 건국 초기 송의 통치자들은 사대부 계층의 토지 겸병에 대해 손을 놓고 있었다. 관리들이 자신의 권력을 이용하여 사업을 하거나 자신의 운송업에 군병력을 동원하는 것과 같은 행위를 눈감아 주었고 부동산 투기를 하는 것에 별 조치를 취하지 않았다. 대놓고 허용을 한 것은 아니지만 금지를 하지 않았으니 사실상 허용이나 마찬가지이다. 이 역시 '배주석병권'의 대가로 조광윤 등 북송 초기 통치자들이 사대부들을 향해 펼쳤던 포퓰리즘 정책과 같은 맥락이다.

이렇듯, 국가의 수입 원동력은 늘어나지 않으면서 '3용(三冗)'으로 인한 지출 증가는 북송 정부를 아주 곤란한 상황으로 밀어넣었다. 이들은 일반 농민들에게 세금을 올려서 거둘 수밖에 없었고 정작 추진해야 하는 국가사업은 생각도 할 수 없었다. 그리하여 북송은 도시는 번영을 누리고 있었지만 바로 성 밖을 벗어나면 대다수의 백성인 농민들은 힘든 삶을 살고 있었다.

두 번의 전쟁

북송 정부의 지출에 상당 부분을 차지했던 것이 바로 요와 서하에 주는 세폐(岁币)였다. 세폐란 무엇인가? 이는 직역하면 '매년 내는 돈'이란 뜻으로 중국이 다른 정권에게 주는 돈이나 지방에서 중앙에 바치는 돈을 모두 세폐라 불렀다. 여태껏 중국이 깡패한테 삥 뜯기듯이 다른 나라에게 정기적으로 돈을 준 적이 있었던가? 중국은 주변의 유목 민족 정권과 관계를 유지하기 위해 공주를 시집보내고 혼수품을 딸려보내긴 했어도 이렇게 특정 국가에 매년 임대료 내듯이 돈을 바친 적은 없었다. 그렇다. 세폐라는 말은 북송의 역사에서 처음 등장하는 단어이다. 조금 심하게 말하자면 '평화에 대한 세금'이고 더 심하게 말하자면 '매년 삥을 뜯기는' 것이었다. 어찌 되었건 돈을 주고 평화를 사는 상황이다.

요와 서하, 이 두 나라에 주었던 세폐가 북송의 재정에 심각한 부담이었는지, 아닌지에 대해서는 오늘날의 학자들 간에도 의견이 분분하지만 재정 악화로 골머리를 썩고 있던 북송 정부에게 있어 매년 거액이 빠져나간다는 것은 피가 빨리는 것 같았을 것이다. 북송은 어쩌다 세폐를 내게 되었을까? 이는 11세기 초반에 있었던 두 번의 전쟁 때문이었다.

세공(岁贡)과 세폐(岁币)

고대의 제후들이 중앙에 바치는 공물이나 이웃 나라가 다른 이웃 나라에게 주는 공물을 세공(岁贡)이라 불렀다. 우리말로 '공물을 바치는' 것을 말한다. 그럼 세폐(岁币)는 무엇인가? 이 둘의 차이점은 있는가? 현대 한국어로 번역 시는 차이가 없지만 북송의 역사를 이야기하는 중국인들은 세폐(岁币)라 부르지 절대 세공(岁贡)이라 부르지 않는다. 세공은 군신 관계에서 신하국이 군주국에게 내는 돈이나 현물이었다. 중국은 인접 국가에게 어쩔 수 없이 공물을 줘야 할 때 도저히 자존심이 상해서 세공(岁贡)이란 말, 즉 '공물을 바친다'라는 말을 쓸 수가 없었다. 그래서 세폐(岁币)라는 단어를 만들어 냈다. 즉, '세폐를 준다'라는 것은 군신 관계가 아닌 형제 관계라는 걸 드러내기 위해 만들어진 당시의 외교 언어라 보면 된다. 그러면 중국은 다른 나라에 세공(岁贡)을 준 적이 없나? 중국도 세공을 바친 적이 있다 금에 의해 북송이 멸망한 후(1127) 장강 건너에 세워진 남송은 금과 군신 관계를 받아들였고(금이 군주, 송이 신하) 이후로 금에게 바친 공물은 역사에 세공(岁贡)으로 기록되어 있다. 그러다가 1164년에 금과 다시 협약을 맺어 군신 관계를 숙질 관계로 변경하고 세공의 명칭을 다시 세폐로 변경하였다.

전연의 맹(澶渊之盟)

이 이야기는 48장의 '연운16주'에서 이어진다. 북송은 10세기 후반에 2대 조광의(赵光义)의 두 번에 걸친 북벌이 모두 실패로 돌아가면서 내상을 입었고, 반면 이를 잘 막아낸 거란은 소태후(萧太后)라는 불세출의 여성 지도자의 영도력하에 국운의 상승세를 탄다. 특히 두 번째 북벌인 986년의 전쟁에서 송군이 참패하면서 주도권이 완전히 요로 넘어갔다. '송-요' 전쟁은 분쟁지역인 연운16주에서 벌어진 충돌이었기 때문에 송의 입장에서 본토의 유린이 제한적이었겠지만 전쟁이란 건 많은 인명 피해와 국력이 소모되는 행위가 아니던가. 원정이냐 방어전이냐를 떠나서 전쟁의 승패가 국운의 흐름에 미치는 영향은 막대하다. 그러므로 신중하고 치밀한 계획하에 진행되었어야 하는데 그러지 못했다. 그래서 조광의는 마오쩌둥에 의해 "이 사람은 군사에 대해서는 잘 알지도 못했고 거란의 적수가 되지도 않았다. 적을 유인하였다가 깊숙이 들어가 섬멸하는 방식에 송은 매번 당했고 이러한 거란의 전술에 송의 군대는 남아나질 않았다"라고 조롱 섞인 평을 받기도 했다.

1004년 9월, 드디어 요의 대대적인 남벌이 시작되었다. 986년 이후로 요는 여덟 차례에 걸쳐서 남침을 하였고 이번은 요의 9차 남정이었다. 이들이 선포한 전쟁의 명분은 관남지구 회복이었는데 관남지구란 간단히 말해서 후주의 세종(시영)이 요로부터 뺏어온 연운16주의 남부 지구를 말한다. 각지에서 징집된 20만 대군이 요의 남경(베이징)에 집결하였고 쉰두 살의 소(蕭)태후와 서른세 살의 황제 예뤼룽쉬(耶律隆緒)가 이들을 이끌고 남하하였다. 태후가 친정(親征)을 한다? 들어본 적 이 있는가? 요의 소태후에 대해선 48장에서 이미 소개를 하였다. 소태후(본명 샤오옌옌)가 역사상의 다른 여성 리더에 비해 독특했던 점은 그녀는 군사적으로도 상당한 재능과 통솔력을 가지고 있었다는 점이다. 유목 민족의 전쟁사를 보면 황후가 칸과 함께 전쟁에 따라가서 후방 대열에 있는 경우는 있긴 했으나 이렇게 대규모 원정을 진두지휘하는 경우는 동북아 역사상 거의 그녀가 유일하다.

요의 대군이 몰려온다는 소식에 송 조정은 발칵 뒤집혔고 대신들은 남쪽으로의 천도와 항전 간에 의견이 갈렸다. 사실 이들은 자신이 없었다. 그도 그럴 것이 979년의 최초 북벌이 좌절된 후 26년 동안 변경에서 거란과 수십 차례의 크고 작은 무력 충돌이 있었지만 자신들이 이긴 전투는 손에 꼽을 정도였기 때문이다.

관남의 가장 남쪽에 있는 성이 영주(瀛洲), 즉 오늘날 허베이성 허젠시(河間市)이다. 베이징에서 정남 방향으로 200킬로미터 지점이다. 요군이 영주까지 내려오는 데에는 그리 오랜 시간이 걸리지 않았다. 그런데 뜻밖에도 영주의 송군은 성문을 굳게 닫은 채 필사의 항전을 하였고 요는 소태후와 황제가 이끄는 본진까지 합세하여 피 튀기는 공성전을 하였으나 열흘이 넘도록 함락시키지 못했다. 영주의 저항이 이렇게 셀 줄은 몰랐다. 그런데 여기서 송군이 예상치 못했던 일은 요군이 영주성을 우회해서 빠르게 남으로 진격한 것이다. 허베이 지역은 평원이고 지형적 장애물이 없기 때문에 마음만 먹으면 우회해서 남하가 가능하다. 그렇지만 송 정부는 상대가 보급로가 끊기는 리스크를 안고 영주를 우회하여 올지는 생각도 못했다. 요와 송의 배틀그라운드의 남쪽 전선은 많이 봐야 허베이성(河北省) 중부였는데 뜻밖에 요는 링 밖으로 나와 송의 수도 개봉이 있는 허난성(河南省)을 향해 진격한 것이다![39]

당시 조정 대신들은 주화파와 주전파로 나뉘어졌고 북송의 3대 황제인 진종(眞宗)은 남쪽으로의 피신에 좀 더 마음이 가 있었다. 그러나 당시 조정에는 구준(寇准)이라는 강골 재상이 있었다. 그가 "이럴 때일수록 황제가 친정으로 맞서야지, 피신은 절대 안 됩니다!"라고 강하게 주장하는 바람에 진종은 어쩔 수 없이 친정을 하기로 한다. 구준이란 사람이 누구길래 황제가 그의 뜻에 반박하지 못하는 것일까? 구준은 선황인 태종 때부터 재상을 맡아오던 중신이었고 더구나 장자도 아니고 황후의 친아들도 아닌 진종이 태자로 지명되는 데 결정적인 역할을 했던 사람이다. 진종은 자신을 황제로 만들어준 구준의 주장을 무시할 수가 없었다. 송진종은 일부러 미적미적 댔고 11월 20일이 되어서야 황제가 이끄는 군대가 개봉을 나섰다. 이때 요군은 이미 허베이성 남부를 달리고 있었다. 황제의 어가가 이틀을 가서 위성(韦城)이란 곳에 도착했는데 전방의 상황이 어떤지 여전히 깜깜무소식이고 자신을 맞이하러 오기로 한 부대도 오지 않자 황제와 대신들은 다시 동요하기 시작하였다. 몇몇 대신들이 황제에게 또다시 피신을 건의하였다.

"폐하, 아무래도 전방의 상황이 심상치 않습니다. 지금이라도 금릉(난

---

39) 사실 성을 우회해서 적의 심장을 치는 방식은 거란족들이 즐겨 쓰던 전술이었다. 이들이 이렇게 할 수 있었던 것은 빠른 기동력을 갖춘 기병단이 있었기 때문이다. 993년 요의 2차 고려 침공, 1019년의 3차 고려 침공 때에도 이들의 기병단이 순식간에 개경까지 내려왔다. 그러나 이러한 전술이 항상 성공적이었던 건 아니었다. 개봉은 영주성(허베이성 허젠시)에서 직선거리로 남으로 500킬로미터나 떨어져있고 베이징에서 700여 킬로미터 떨어져 있다. 요군의 입장에서도 보급로가 끊기는 상당한 리스크를 안아야 했다.

징)으로 피신하는 것이 어떻겠습니까?"

이때 구준이 소리쳤다.

"닥치시오! 폐하, 이제는 우리에게 퇴로란 없습니다. 전진할 수밖에 없습니다! 폐하가 도착하면 아군의 사기가 높아져 승산이 있습니다."

송진종의 본진이 전주(澶州)에 도착한 건 11월 25일이었고 요의 주력군은 송진종이 오기 전에 먼저 전주에 도달해 대치중에 있었다. 전주는 오늘날 허난성 푸양시(濮阳市)이고 카이펑에서 북으로 150킬로미터, 베이징에서 남으로 550킬로미터 떨어져 있는 곳이다. 결국 요군은 허베이성을 관통하여 드디어 허난성까지 내려온 것이었다. 연전연승을 한 요군의 사기는 하늘을 찌를 듯했고 많은 거란 장군들은 송왕조를 협박하여 황하 이북지역을 전부 할양받아 자신들의 참전에 대한 대가로 받을 것에 기분이 들떠 있었다.

그런데 여기서 상황을 반전시키는 돌발적이고도 의외의 일이 발생하였다. 너무 깊숙이 정찰을 나갔던 요의 총사령관 샤오타린(萧挞凛)이 송군이 전주성 위에서 쏜 대형 석궁에 머리를 맞아 사망하는 일이 발생한 것이다. 《요사(辽史)》에 의하면 샤오타린의 시신 앞에서 소태후가 울면서 이렇게 말했다고 한다. 『송과 일전을 남겨놨는데 타린이 석궁에 맞아 죽었으니 우리 군은 의지할 데가 없구나. 화의(협상)를 하는 것은 이미 정해졌다. 어쩌면 하늘이 이 지긋지긋한 전쟁을 싫어하여 백성들로 하여금 쉬도록 하는 것일 수도 있겠구나(将与宋战, 挞凛中弩, 我兵失倚, 和议始定。或者天厌其乱, 使南北之民休息者耶)!』

타린이 사살되자 분위기는 송군 쪽으로 확 기울었고 곧이어 황제가 도착하자 송군의 사기는 크게 진작되었다. 이제 협상이 가능한 분위기가, 아니 협상을 할 수밖에 없는 분위기가 조성되었다. 어차피 이들은 송 황제의 목을 노리고 온 것은 아니었기 때문이다. 요의 입장에서는 송의 경내로 너무 깊숙이 단시간에 들어왔기 때문에 보급로가 끊길 위험이 있었고 그러므로 이들은 시간을 끌 수가 없었다. 사실 소태후는 애초부터 협상과 점령의 두 가지 카드를 모두 생각하고 출정을 하였다. 이렇게 하여 담판의 제의는 요군에서 먼저 나왔고 송이 이를 받아들여 이제 쌍방의 운명은 협상의 테이블 위로 옮겨져왔다. 여기서 중국사에서 아주 유명한 '세기의 담판'이 벌어진다.

조이용(曹利用)이란 자가 송 측의 협상단 대표로 임명되었다. 이 담판은 누가 유리한 위치에 있었나? 서로 무엇을 얻고 무엇을 내어줄 준비가 되어 있었나? 먼저 송 측의 상황을 보자. 송은 하북 지역의 영토만은 절대 내줄 수가 없었다. 만약 요에게 관남 지역이나 그 이상을 내준다면 송과 요의 분계선이 남쪽으로 이동하면서 개봉이 위협받는다. 또한 인구 밀집 지역인 하북평원의 백성들과 거기서 나오는 곡물들은 도대체 얼마인가? 그럼 답은 나왔다. 송은 영토 할양을 막는 대신 현금으로 줄 수밖에 없었고 단지 그게 얼마나의 문제만 남았을 뿐이다. 송진종은 영토 할양만 막을 수 있다면 얼마든지 줄 의사가 있었다. 그는 조이용을 불러 자신의 의중을 전달했다.

"백만 량 이하로 막아보시오!"

조이용이 황제와 회의를 마치고 나서는데 이때 뒤따라 나온 재상 구준이 그를 붙잡았다.

"황제께서 100만이라고 하셨지만 만약 30만을 넘으면 내가 네 목을 칠 것이다!"

이 대화는 필자가 지어낸 게 아니라 전부 《송사》에 나와 있는 대화 내용 그대로이다. 최종 결정자가 100만이라고 했는데 구준은 무슨 권한과 근거로 30만 max.를 주장했을까? 당시의 회의 내용을 기록한 사료에는 이렇게까지 나오진 않지만 송대의 물자 통계 수치를 기록한 《송사·식화지(食貨志)》의 데이터를 참고하면 구준이 왜 이렇게까지 했는지 이해가 가능하다. 당시의 100만 량이란 도대체 얼마큼인가? 타 국가에 주는 세폐는 보통 은과 비단이다. 송대의 재정 수입은 현찰(동전)도 있지만 금, 은, 구리, 비단, 직물, 차, 심지어 땔감 등 무수히 많은 현물로 구성되어있었다. 그중 량(兩) 단위를 쓰는 건 금과 은뿐이었다. 금은 생산량이 적으니 이들이 작전회의를 하면서 말한 '량'이란 단위는 은을 기준으로 말했을 것이다. 그럼 당시 송의 한 해 은 생산량은 얼마인가? 북송의 년간 은 생산량은 대략 20~30만 량이었다.[40] 가장 많았던 해에는 88만 량에 달한 적도 있었지만 적었을 때에는 7만 량밖에 안 되었을 때도 있었다. 아마 이런 세세한 정황까지는 모르고 있던 황제는 그저 협상을 빨리 끝내고 싶은 마음에 많은 액수를 질러댔을 것이고 이러한 사정을 꿰고 있는 재상 구준은 이대로 협상을 하면 큰일이 날 것을 알고 있었던 것이다. 우리도 회의를 하고 있자면 왕왕 윗사람이 현실을 탈피한 별나라 소리를 해댈 적이 있고 이럴 때면 속으로 '이 사람이 지금 무슨 소리를 하고 있는 거야?'라고 하지 않는가?

그럼 요의 상황은 어땠는가? 연전연승한 그들은 송과의 협상을 앞두고 절대 우위의 입장에 있었던가? 이들도 나름의 말못할 사정이 있었다. 이들은 이번 남정을 위해 20만 명을 징집했다. 아마도 모을 수 있는 최대치였을 것이다. 이들의 군대는 어떻게 구성되어 있었나? 요에게는 '피실군(皮室軍)'이라는 황제의 친위부대가 있었다. 송의 전전군에 해당하는 이들은 당연히 거란인들로 구성된 요의 최정예 부대였고 이들의 갑옷과 전투장비는 모두 최고급이었다. 그런데 이들의 수는 3만밖에 되지 않았다. 나머지 17만 명은 드넓은 요제국 각지의 귀족들이 몰고 온 거란인들과 해, 여진, 튀르크, 당항족 등 소수민족으로 구성된 군대

---

40) 袁一堂 의 논문《论北宋中期的财政危机》史学月刊 1990.3 중《宋史·食货志》수치 인용 참조

였다. 이들 거란의 귀족들은 지방 영주와 같았다. 이들은 평소에는 얼마 안 되는 자신의 친위병들을 데리고 있다가 황제의 출병 명령이 있을 때는 자신의 영지 내에서 병력을 소집하여 참전하였다. 이렇게 하여 소집된 영주들과 귀족들은 전쟁이 승리로 끝나면 그 공으로 분봉을 받는다. 그래서 당시의 영주와 귀족들은 자신들에게 하북(허베이성)의 땅이 분봉될 것이라는 기대에 차 있었다. 그러나 어느 황제가 귀족들에게 많은 땅이 분봉되는 것은 달가워하겠는가? 땅의 분봉이란 그 안에서 생성되는 자원과 주민들, 즉 권력이 전부 주어지는 것이었으므로 황권을 강화하고자 하는 황제의 입장에서는 절대 막아야하는 일이다. 그래서 중앙집권을 강화하고자 하는 소태후와 요성종은 땅보다는 현찰에 더 관심이 있었다. 게다가 이들은 보급로가 끊길 위험이 있었기에 시간에 쫓기고 있었다. 송과 요는 몇 차례 물밑에서 대화를 해본 결과, '원래 우리 둘의 이해가 서로 다르지 않았구나'라는 걸 깨닫게 되었다. 그 후로 협상은 급물살을 탔고 1005년 정월에 아래와 같은 내용으로 쌍방이 서명하게 되었다.

- 송과 요는 형제의 나라가 된다. 송진종이 나이가 더 많으므로 송이 형이 된다.
- 송과 요는 배구하(오늘날 따칭허)를 경계로 서로 군대를 물린다(후주 세종 때 수복한 영주와 막주에 대한 영유권을 요가 영원히 포기). 쌍방은 상대의 경내를 침범하고 도적질을 한 자들을 숨겨주지 않는다. 쌍방은 경계에 이미 설치되어 있는 성과 해자는 그대로 두고 더 이상의 증설을 하지 않는다.
- 송은 요에게 매년 은 10만 량과 비단 20만 필을 제공한다.
- 쌍방은 변경에 각장(権場: 교역소)을 개설하여 서로 간에 무역을 한다.

이렇게 양쪽이 모두 만족하는 결과를 얻고 '다시는 우리 싸우지 맙시다'라고 하늘에 맹세하고는 철군하였다. '전주(澶州)에서 체결된 맹약'이라는 뜻에서 이를 "전연의 맹(澶淵之盟)"이라 한다. 조이용이 조정으로 복귀하자 송진종은 얼마로 결정되었냐고 다급히 물었다. 조이용은 손가락 세 개를 보이며 '30만 량'이라고 말하려고 하였는데 그가 입을 떼기도 전에 송진종의 입에서 "헉" 하는 비명소리가 터져 나왔다. 진종은 이를 '300만'이라 생각한 것이다. 그러나 곧 마음을 가다듬고 이렇게 말했다.

"그래, 이렇게라도 일이 마무리되었으면 됐지."

다시 조이용이 300만이 아니라 30만이라고 보고하자 진종은 크게 놀랐고 그에게 큰 상을 내렸다고 한다. 그 후로 요가 망하기까지 100여 년간 송과 요는 큰 군사충돌 없이 대체적인 평화를 유지하며 지냈는데 이는 상당히 놀라운 일이 아닐 수 없다. 북방과의 장기간의 평화는 송을 번영으로 이끌기도 했지만 이것이 결국은 독이었는지, 약이었는지는 두고 볼 일이었다.

송-서하 전쟁

앞선 이야기에서 '서하'라는 나라가 여러 번 등장하였는데 이들은 누구인가? 이 189년짜리 정권을 위해 독자들의 주의력을 뺏을 생각은 없다. 그러니 아주 간략하게만 이야기하려 한다. 이들은 원래 칭하이 남부에 있던 당항족(일명 탕구트족)이라는 강족의 지류 민족이었는데 토번에게 밀려 근거지를 옮기고 또 옮기다가 오늘날의 깐수성 동부와 닝샤회족자치구에까지 왔다.

이들의 성장 과정은 사타족과 매우 비슷하다. 황소의 난 때 다급해진 당정부가 이들을 불러들여 진압에 투입하였고 이를 계기로 중국에서의 지위가 확 올라갔다. 그리고 중원에 오대십국의 혼전이 지속될 때 이들은 중원의 서쪽 변경(닝샤, 깐수 동부, 섬서 북부)에서 중원국의 신하국을 자처하며 혼전에 말려들지 않고 자신들만의 세력을 불려갔다. 이제 힘이 붙을 만큼 붙었다고 생각한 이들은 송인종 때인 1038년에 제국을 선포하였다. 당연히 이들의 제국 선포를 두고만 볼 수 없었던 북송은 이들과의 국교를 단절하고 변경의 교역소를 철폐하는 등의 경제 제재로 대응하였다. 뒤에도 계속 언급이 될 테지만 중국의 주변국에 대한 가장 효과적인 제재 수단은 무역 단절을 통한 경제 제재였다. 왜냐하면 북쪽이나 서쪽의 초원 지대를 터전으로 하는 유목 정권은 생필품의 자급이 안 되었고 그래서 중원과의 무역이 필수였기 때문이다. 서하가 가진 거라곤 이 지역에서 나는 양질의 광염(소금)과 말, 양 이런 것들이었는데 중국과의 무역이 막히니 이들은 경제가 어려워졌다. 그래서 이때부터 이들은 송의 변경을 수시로 침범하여 노략질을 하였고 북송이 이에 대응하면서 이 두 나라는 서쪽 전선에서 5년에(1040~1044) 걸친 전쟁을 하게 된다.

'송(宋)-하(夏) 전쟁'은 북송의 서쪽 전선에 국한되었지만 원래 군사력이 약했던 송은 이 전쟁에서 많은 애를 먹었다. 가뜩이나 재정이 빈약한 송은 이 전쟁으로 재정난이 더욱 심각해졌고 서하 역시 오랜 전쟁을 견디기 힘들었다. 결국 1044년 10월에 양국 간 평화협정이 이루어졌는데 그 내용은 이렇다.

1. 서하의 수령은 황제를 취소하고 송 황제는 그를 하국주(夏国主)로 책봉한다.
2. 송은 서하에게 매년 은 5만 량, 비단 13만 필, 차 2만 근을 제공한다. 이 밖에도 신년이 되면 선물로 은 2만 량, 비단 2만 필, 차 1만 근을 제공한다.

※ 총 세폐는 은 7만 량, 비난 15만 필, 차 3만 근이었으나 이는 뒤로 가면서 계속 늘어 은이 10만 량에 달하게 된다.

3. 송과 서하는 변경 무역을 재개한다.

서하는 그로부터 183년 후인 1227년에 몽고군에 의해 멸망한다.

53장
왕안석의 변법 I: 똥고집 상공

송철종 즉위 3년째 해인 1086년, 66세의 왕안석이 세상을 떴다. 한 시대를 호령했던 재상 왕안석의 장례는 아주 성대하게 치러졌을까? 정반대이다. 그의 장례는 매우 허술하게 치러졌으며 묘지명(墓志銘)도 없었고 공적을 적은 신도비(神道碑)도 없었다. 도대체 그에게 무슨 일이 있었던 것일까?

그보다 1년 앞선 1085년에 변법의 후원자 송신종이 서른여덟의 젊은 나이로 세상을 떴다. 그리고 열 살의 철종이 뒤를 이었고 당연히 송신종의 친모이자 철종의 할머니인 고태후[41]가 섭정을 하였다. 고태후는 왕안석의 변법을 사무치게 증오했던 사람 중 하나였다. 그럼 어떻게 되겠는가? 변법은 전부 폐기되어 쓰레기통으로 들어갔고 사마광을 위시한 변법 반대파가 조정을 장악하면서 죽은 왕안석과 변법파들은 천하의 후레자식이 되어버렸다.

다시 8년 후 고태후가 죽고 철종의 친정이 시작되자 상황은 다시 180

---

41) 철종의 할머니이므로 원칙적으로는 태황태후로 불러야 하나 명칭이 너무 길어서 편의상 태후로 썼다.

도로 바뀌었다. 철종 자신은 아버지 신종의 정책을 이어가고자 했고 변법파들은 다시 중용되었다. 송 조정은 왕안석을 태부(太傅)로 추존하였다. 태부란 황제의 스승을 말하는데 실권은 없지만 3공(公) 중의 하나이고 정1품으로 최고 품계의 명예직이다. 이듬해인 1094년(고태후가 죽은 바로 다음 해로서 철종의 실질적인 친정 원년이다) 철종은 조서를 내려 아버지 신종의 사당에 왕안석의 위패를 안치시키도록 하였다. 황제의 위패 옆에 자신의 위패가 놓인다는 건 무얼 의미하는가? 황제를 참배하러 오는 수많은 사람들의 인사를 황제와 함께 받는 걸 뜻하며 이는 죽은 자로서 누릴 수 있는 최고의 영예이다. 왕안석을 누구보다 신임했던 신종으로선 그와 함께 있는 것이 좋았을 것이고 왕안석으로서도 영광스러운 일이었을 것이다. 이와 동시에 변법파들은 황제에게 사마광의 무덤을 파헤쳐 편시(시체를 채찍으로 때리는 형벌)를 하자고 했다. 철종은 차마 이렇게까지 하는 건 너무했다 싶어 무덤을 파헤치는 걸 재가하진 않았으나 사마광의 모든 작위를 철회하고 그의 가족들과 자손들이 누릴 특혜를 전부 취소하였다. 사마광 무덤의 비석이 뽑혔고 그의 집안은 정치적·경제적 손발이 완전히 잘리고 거의 패가망신 직전으로 갔다.

그로부터 6년 후 철종이 죽고 휘종(실질적인 북송의 망국 황제다)이 등극하자 당시 재상이던 채경은 원우년간[42]에 정권을 잡았던 보수파들을 간당(奸黨)이라 규정하고 이들 309명의 이름을 비석에 새긴 후 전국 방방곳곳에 세워 세상 사람들에게 욕을 보이도록 하였다(1102~1103). 이름하여 '원우당적비'라고 하는 이 송나라판 친일인명사전에 1번으로 이름이 새겨진 이는 사마광이었고 소식(소동파)과 그의 동생 소철도 앞부분에 새겨졌다.

---

42) 철종 재위 초기, 고태후 섭정 시기로 사마광 등 구당이 정권을 잡았다 (1086~1094).

그로부터 2년 후인 1105년 6월에 휘종은 조서를 내려 왕안석을 서왕(舒王)으로 추존한 후 그를 공자묘의 대성전(大成殿)에 입성시킨다. 산동성 취푸(곡부)의 공자묘에 가면 공자의 거대한 신상(神像)이 중앙에 모셔져 있는 곳이 보이는데 이곳이 바로 대성전이다. 대성전 안으로 들어가면 공자상 양옆으로 맹자, 안회(顔回) 등 유가의 쟁쟁한 성현들의 신상이 놓여 있다. 그런데 왕안석이 공자의 제자들과 같은 반열에 오른다? 이는 무얼 뜻하는가? 공자가 누군가? 당시 공자는 이미 황제의 권위를 넘어서 거의 신의 경지에 올라있는 성인(聖人)이었다. 왕안석의 신상은 공자묘의 몇 번째에 놓였을까? 한참 뒤일까? 아니다. 맹자의 바로 옆 자리에 놓였다. 그것도 원래는 맹자보다도 상석인 공자의 바로 옆자리에 놓고자 하는 것을 유생들이 반대하여 그나마 맹자 옆에 놓은 것이었다. 공자, 맹자 다음으로 세 번째 자리에 왕안석의 신상이 자리함으로써 그는 거의 유가의 준성인 반열로 올려졌다.

그리고 20년 후, 송과 금의 동맹이 깨지면서가 금의 공격이 시작되었다. 위기를 짊어지고 갈 지도력도 용기도 없는 송휘종이 선택한 방법이란 황위를 아들에게 선양하고 자신은 이 무거운 짐에서 빠지는 것이었다. 아버지로부터 황위를 선양받은 송흠종은 분위기를 바꾸고 새롭게 뭔가를 해보고자 '정강(靖康)'이라고 연호를 바꿨지만 이미 부패할 대로 부패하고, 약해질 대로 약해진 북송은 달라질 게 없었고 그들은 이렇게 멸망의 위기에 처했다. 금의 1차 개봉 공격이 있었던 1126년 정월, 북송은 어마어마한 배상금과 금싸라기 같은 땅을 떼어주면서 굴욕적인 화의를 청하였다. 말이 화의지, 백기를 든 거나 마찬가지였고 이는 당시 한족들에게 실로 엄청난 충격이었다.

"도대체 누가 나라를 이 꼴로 만들었는가!"

이들은 나라를 잘못 이끈 자를 반드시 찾아내어 책임을 물어야 했다. 물론 최종 책임은 사장인 황제에게 있다. 그렇지만 황제에게 책임을 물을 순 없지 않은가? 이들은 송휘종 때의 재상인 채경(蔡京)을 망국의 책임자로 지목하였다. 채경은 변법파였지만 소인배였고 권력을 쥐기 위해 나쁜 짓을 많이 하긴 했다. 그렇지만 채경 한 사람에게 욕을 퍼붓는 것 가지고는 성이 풀리지 않았다. 이들은 망국의 근원을 찾아야 했다.

"채경을 조정으로 들인 사람이 누구였는가? 채경은 누구한테서 배웠던가?"

채경에게는 채변(蔡卞)이라는 동생이 있었는데 그는 왕안석의 제자였다가 왕안석의 눈에 들어 사위가 된 사람이다. 왕안석을 서왕으로 추존하고 공자묘에 모시도록 주도한 사람이 바로 채변이었다. 채경과 채변 등 왕안석이 남겨놓은 변법파 소인배들이 철종, 휘종 시기에 나라를 말아먹었다? 적어도 이들은 그렇게 믿고 있었다. 그럼 이 근원을 심어놓은 사람은 결국 왕안석이 아닌가! 그렇다. 왕안석이 나라를 잘못 이끌었고 왕안석이 망국의 원흉이구나!

금과의 화의 직후인 1126년 4월, 공자묘의 왕안석 신상은 대성전에서 양무(兩庑)로 옮겨졌다. 양무란 대성전의 동서 양측에 있는 별실로서 동중서[43]와 같이 유가에 크게 기여한 이들의 신상이 놓여 있는 곳이다. 당장 내동댕이쳐 부숴버리자고 하는 대신들도 있었으나 그건 좀 심하다고 생각되어 양무로 옮기는 선에서 끝이 났다. 그로부터 11개월 후인 1127년 3월 20일, 송의 두 황제가 금에 의해 서인으로 폐위되었고 황제를 포함한 황실 가족들, 문무 대신, 백성들이 금나라로 개처럼 끌려가면서 북송이 멸망했다.

---

43) 한무제 때의 유학자로서 한무제의 지원을 받아 유가가 법가와 도가를 대체하는데 주도적인 역할을 담당하였다. 한무제가 추구하는 강한 황권에 도덕적, 이론적 근거를 제공하였다.

그로부터 4년 후인 1130년 6월, 왕안석의 위패가 송신종의 사당에서 들어내어졌다. 그리고 그 자리에는 사마광의 위패가 놓여졌다. 때는 북송이 멸망하고 남송이 세워진 지 3년째 되는 해로서 아마 송 조정은 항저우로 남하 시 종묘의 위패들을 남쪽으로 옮겨왔을 것이다.

다시 60여 년이 흐른 후인 1196년 대신들은 왕안석을 공묘에서 아예 뺄 것을 요구하였으나 신당의 저항으로 이루지 못하고 그 대신 왕안석의 아들을 공묘에서 쫓아내는 걸로 끝이 났다. 그리고 다시 48년 뒤인 1244년, 송리종(理宗)은 다음과 같이 명령을 내렸다.

> 『왕안석은 천명을 두려워하지 않고, 조종(선조)의 법도를 따르지 않았으며, 민심을 존중하지 않았다. 가히 만세의 죄인이라 할 만하다. 이런 자를 어찌 공자묘에 둘 수가 있단 말인가! 없애버리도록 하라(王安石谓天命不足畏, 祖宗不足法, 人言不足恤。为万世罪人, 岂宜从祀孔子于庙庭？ 黜之)!』

그 후로 700여 년간 왕안석은 중국인들에 의해 거의 거론조차 되지 않았다. 그러다가 1908년에 량치차오(梁启超)가 쓴 《왕형공(王荆公)》에 의해 그의 공과가 다시 조명되기 시작했다. 왕형공이란 세간에서 왕안석을 부르던 별명으로 그가 쓴 《왕형공(王荆公)》은 곧 '왕안석 전기'였다. 량치차오가 누구인가? 중국의 봉건왕조 역사상 최후의 개혁인 '무술변법'의 주인공이다. 우리나라에서는 양계초라는 이름으로 더 익숙할지도 모른다. 1898년 광서제의 지원을 받은 캉요웨이(康有为), 량치차오(梁启超) 등은 정치, 경제, 군사, 과학, 교육에 이르는 전반적인 근대화 개혁을 추진하였다가 103일 만에 자희태후(서태후)가 지원하는 수구파에 의해 좌절되었다. 캉요웨이는 일본으로, 량치차오는 프랑스로 도피하였고 개혁의 후원자 광서제는 자희태후에 의해 연금되었다. 량치차오가 《왕형공》을 썼을 때는 광서제와 자희태후가 죽은 바로 그해이고 무술변법이 좌절되고 10년이 되던 해였다. 량치차오는 《왕형공》에서 왕안석을 영국의 왕정을 무너뜨리고 공화정을 세운 '올리버 크롬웰'에 비유하며 그에 대해 이렇게 말하였다.

> 『왕안석은 중국 역사상의 몇 안 되는 위대한 정치가 중 하나이다. 관중, 자산, 상앙, 제갈량도 그 스케일이 형공의 웅대함에 미치지 못한다.』

도대체 왕안석은 누구이고 사마광은 또 누구이며, 당시 무슨 일이 일어났던 것일까?

왕안석, 그는 누구인가?

왕안석의 변법은 송대 역사에서는 말할 것도 없고 중국사에서 아주 중요한 대사건이었다. 관중에서 시작한 2,700년 중국의 개혁사 TOP5 사건을 꼽으라면 왕안석의 변법은 어느 누가 꼽더라도 절대 빠질 수 없는 거대한 허리케인과도 같은 사건이었다. 중국은 상앙의 변법 이래로 다시 한번 전국적이고 전면적인 대 사회개조 운동에 휩싸인다. 그의 개혁이 역사적으로 큰 의미가 있는 것은 무엇보다도 그의 개혁이 정치, 경제, 조세, 국방, 교육 등에 걸친 전방위적인 개혁 운동이었다는 데에 있다. 이러한 전방위적 개혁 운동은 상앙 이후 거의 처음이었다. 또 한 가지 씹어봐야 할 의미는 그가 죽은 후 900여 년이 지난 20세기에도 사람들은 끊임없이 그와 그의 개혁에 대해 논쟁해왔다는 데에 있다. 중국 역사에서 이 사람만큼 후세에 의해 논쟁의 주인공이 되었던 사람은 없으며, 이 사람만큼 역사에 의해 냉탕과 온탕을 왔다 갔다 한 사람은 없었다. 지금도 그의 개혁에 대해서 이렇게 말하는 사람의 말을 들으면 이런 거 같고 저렇게 말하는 사람의 말을 들으면 또 저런 거 같다. 모르긴 몰라도 왕안석만 들입다 파더라도 동양사 박사학위 논문으로 충분할 듯싶다.

왕안석은 중국의 역사 속에 자리 잡고 있는 거대한 위치에 비하여 우리나라에는 잘 알려져 있지 않은 것 같다. 나 역시 마찬가지였다. 2003년쯤이었나. 내가 잠시 L사에서 대리로 근무할 때이다. 나의 담당 지역인 이탈리아의 주재원 박과장님이 어느 날 '왕안석에 대한 책을 보고 싶으니 하나 찾아서 보내달라'고 하셨다. "이탈리아에서 웬 왕안석?" 그때까지만 해도 중국 역사에 대해 얄팍하게만 알고 있던 나는 그의 부탁이 좀 뜬금없다는 생각이 들었다. 그것이 내가 왕안석을 만난 처음이었던 것 같다. 교보문고를 뒤졌지만 당시만 해도 왕안석에 대한 책을 찾는 게 쉽지 않았다. 결국 얇은 책을 한 권 찾아 보냈지만 제목도 생각 안 나는 그 책은 분명 80~90년대에 지어진 중국 책을 번역한 것이었을 거다. 물론 지금은 왕안석에 대한 많은 책이 나와 있고 이를 번역한 책이 국내에도 많이 소개되어 있겠지만 왕안석은 여전히 한국인들에게 대중적 인지도가 높은 인물은 아닐 거라 생각된다. 그저 '중국 북송 때의 개혁 정치가' 정도로 알고 있을 것 같다. 그나마 이 정도라도 말할 수 있으면 중국사에 어느 정도 관심이 있는 사람이다.

왕안석의 개혁은 왜 후대에 의해 끊임없이 논쟁거리가 되어왔는가? 도대체 그의 개혁의 대단함은 어디에 있길래 이렇게 역사 속 개혁의 아이콘이 되었는가?

오강진(烏江鎮). 옛날에는 이곳을 오강정(烏江亭)이라 불렀다. 진·한 시대에는 10리마다 정자를 하나씩 세워놓고 말이나 여행객들의 휴식처로 썼고 정장으로 하여금 이를 관리하도록 했다. 말하자면 정(亭)은 가장 하급의 지방 행정 단위였다(유방의 원래 직업이 정장이었던 것을 기억하시는가?). 오늘날 안후이성 마안산시 화현(安徽省马鞍山市和县)에 소재한 이곳은 기원전 202년에 7년간의 내전 끝에 모든 군사를 잃고 자신의 패배를 인정한 항우가 스스로 목을 벤 곳이다[44]. 항우의 목에 걸린 현상금에 눈이 벌게진 한(汉)의 군사들은 그를 갈기갈기 찢어서 가져갔고 그를 기리는 사람들이 그곳에 남은 피 묻은 옷과 신발 등을 모아 의관총을 만들었는데 그것이 오늘날의 오강패왕사(乌江霸王祠)이다. 그 후 2,000여 년 동안 이곳 오강정을 지나는 사람들 중 글공부 좀 했다고 하는 이들은 너 나 할 것 없이 초한의 천하쟁패 스토리에 잠기며 서초패왕을 추모하는 글을 짓곤 했다. 사람들은 살아있는 패자에 대해서는 흠을 잡고 비방하기에 여념이 없다가도 죽은 자에 대해서는, 특히 스스로 목숨을 끊은 자에 대해서는 그간의 모든 허물을 덮어주고 한없는 동정과 추모를 표하기 마련이다. 특히, 항우와 같은 역사 속 영웅의 죽음에 대해서는 비판적인 말을(그것도 그의 사당 앞에서) 내뱉기가 쉽지 않다. 예를 들어 선죽교 앞에서 정몽주의 융통성 없는 정치적 입장에 대해 비판적인 트윗을 날릴 수가 있겠는가? 그래서 세월을 거치면서 오강정을 지나는 사람들이 남긴 시는 백이면 백, 모두가 항우의 영웅적 면모를 칭송하고 그의 죽음을 아쉬워하는 등의 내용이다. 또는 이청조

---

44) 항우의 최후의 순간에 대해서는 《사기·항우본기》에 오강의 정장과 그와의 대화체로 아주 상세히 서술하고 있다.
강가에 배를 대고 대기하고 있던 정장이 항우에게 말했다. "오강이 비록 작지만 천리에 다다르며 수십만의 사람들이 있습니다. 대왕께서 재기하시기에 충분합니다. 이 강을 건널 수 있는 배는 이것 하나밖에 없으니 지금 건너시면 한군은 강을 건너지 못할 것입니다." 이 말을 들은 항우는 "허허" 웃으며 말했다. "하늘이 나를 멸하려 하는데 내가 왜 강을 건너야 하는가! 강동의 아들형제들 8천을 데리고 강을 건너 서쪽을 향했는데 지금은 나 혼자만 돌아왔으니 설령 강동의 부모들이 나를 가련히 여겨 왕으로 불러준들 내가 무슨 낯짝으로 그들의 얼굴을 본단 말인가!" 그러고는 칼을 꺼내어 스스로 목을 베었다.

(李淸照)⁴⁵⁾와 같이 항우의 죽음에 빗대어 구차한 당시의 정치가들을 에둘러 비판한 사람도 있었다. 당나라 후기의 시인 두목(杜牧)은 840년에 오강을 지나면서 「제오강정(提烏江亭: 오강정을 읊다)」이라는 시를 남겼고 거기서 그는 이렇게 말했다.

胜败兵家事不期 전쟁에서 승패는 항상 있고 예측할 수 없는 법,
包羞忍耻是男儿 치욕을 참을 수 있어야 진정한 남자이다.
江东子弟多才俊 강동에는 아직 형제들이 많고 인재가 많은데,
卷土重来未可知 (전열을 가다듬고) 권토중래⁴⁶⁾했으면 어찌되었을지 누가 아리오.

그러나 그로부터 184년이 지난 1054년에 마흔네 살의 왕안석은 「첩제오강정(叠提烏江亭 오강정을 <u>다시</u> 읊다)」이라는 시를 써서 항우에 대한 자신의 다른 견해를 밝혔다.

百战疲劳壮士哀 전쟁의 피로를 겪은 병사들은 비애에 차있고,
中原一败势难回 중원은 한번 패하면 대세를 돌려놓기 어렵다.
江东子弟今虽在 강동에 형제들이 아직 있긴 하지만,
肯与君王卷土来? 그들이 항우를 위해 권토중래할 거라 자신할 수 있는가?

---

45) 이청조(李淸照 1084~1155): 북송 시대의 여류 시인. '고금의 가장 재기가 뛰어난 여자(千古第一才女)'라는 칭호에서 볼 수 있듯이 그녀는 중국 역사상 거의 최초의 (글 쓰는 것을 직업으로 하는) 여류 문예가이자 천재적 재능과 자주성을 가진 신여성이었다.

46) 권토중래(捲土重來): 직역하면 '먼지를 일으키며(捲土) 다시 오다(重來)'로 '실패 후 재기하다'라는 뜻이다.

항우의 죽음에 대한 아쉬움이 담긴 두목의 칠언절구 시에 184년 후에 왕안석이 똑같이 칠언절구로 댓글을 단 셈이다. 어떤 주제를 두고 쟁론하는 모습을 지켜보는 건 그 사람을 파악할 수 있는 아주 좋은 기회이다. 그의 가치관을 엿볼 수 있을 뿐 아니라 말과 글에서 성격과 스타일이 드러나기 때문이다. 그래서 한때 기업에서 토론면접이란 게 유행하기도 했다. 이 두 시는 184년이라는 시차가 있지만 '항우의 죽음'이라는 문제를 두고 두 사람의 견해가 시로 나타나 있는 일종의 댓글 토론이다. 그래서 후세의 역사 이야기꾼들에 의해 왕안석이란 사람의 캐릭터를 보여주는데 단골 메뉴처럼 등장했던 시인데 나 역시 이 시로 서두를 열었다.

　이 시는 왕안석의 독특하고 고지식한 면을 드러낸다. 왕안석은 자신이 맞다고 생각하면 남들이 어떻게 말하던, 그 상대가 누구건, 장소가 어디건, 개의치 않고 자신의 말을 하고 오롯이 자신의 길을 걷는 사람이었다. 「제오강정」에서 두목이 하고자 한 얘기는 무엇인가? "강동으로 가서 병사들을 모아 다시 시작했으면 어찌 되었을지 모르는데 참으로 아쉽소"라며 패배를 쉽게 인정하고 스스로 목숨을 끊은 항우에 대한 아쉬움을 드러냈다. 첫 두 구는 성급했던 그의 결정에 대한 약간의 원망도 담겨 있지만 세 번째와 네 번째 구에서 '다시 시작했으면 당신이 이겼을 수도 있다'라며 항우를 북돋아주고 치켜세워줬다. 즉, 항우의 명예를 세워준 것이다. 반면 「첩제오강정」에서 왕안석은 두목의 관점에 완전히 돌직구를 날린다. 왕안석이 한 얘기는 무엇인가?

　"항우의 패배는 피곤한 민중이 등을 돌린 것이지, 개인의 영웅적 기개가 판세를 결정짓는 건 아니오. 감정에 의존하지 말고 현실감을 가지고 세상을 봅시다!"

　바로 이런 게 아닐까? 여러분들은 어떻게 느끼셨는가?

이름: 왕안석(王安石)

자: 계보(介甫)　　　　별명: 형공(荊公)

생몰: 1021~1086(66세) 출생지: 장시성 푸저우(江西省抚州市)

민족: 한족　　　　국적: 북송

직업: 정치인, 문학가, 경제학자, 사상가　　최고 직급: 참지정사

학력/경력: 그의 부친 왕익(王益)은 평생 지방을 떠돌며 지방관리를 하였고 왕안석은 아버지의 발령에 따라 각지를 돌며 이리저리 전학을 다니던 학생이었다. 그가 태어났을 때 그의 부친은 지방 판관을 하고 있었고 그 후 지현(현장관), 지주(주장관) 등을 거쳐 상서도관원외랑(尚书都官员外郎)[47]까지 갔으니 꽤 높은 공무원이었다. 왕안석의 집안은 경제적으로 부족함이 없었으며 따라서 그는 좋은 교육을 받았을 거라 짐작할 수 있다. 유년기와 청소년 시기에 여러 지역을 경험하고 백성들의 실제 생활을 본 것이 그의 정치적 성향, 신념에 큰 영향을 주었다.

　왕안석의 성격을 드러내는 몇 가지 고사를 소개할 테니 들어보시고 이 사람이 어떤 사람인지 한 번 판단해보시라. 모두 사료에 기재되어 있는 내용이다.

　왕안석이 서른한 살 때 그보다 두 살 많은 친구 사마광과 함께 군목판관(群牧判官)이란 직을 맡은 적이 있다. 군목판관이란 군목사(群牧司)라는 중앙관청의 판관(判官)직이다. 군목사는 전국의 말을 관리하는 관청인데 지금의 마사회라 생각하면 오산이다. 전국의 모든 이동수단을 관리하는 곳이니 오늘날의 국토교통부와 같은 관청이었다. 판관이

---

47)　원외랑(员外郎)이란 직은 상서성 6부 산하의 24개 사(司)의 차상위 책임자였다. 현재의 대한민국으로 본다면 부국장 정도라 할 수 있겠다.

란 원래는 지방장관의 일을 돕는 보좌관과 같은 직인데 중앙부처에서도 일부 관청의 수장은 판관을 두었다. 사마광과 왕안석, 소식 등 유명 정치인들의 젊었을 시절의 커리어를 보면 ○○판관, □□판관 이런 식으로 지방의 판관직으로 많이 돌았던 것을 알 수 있다. 송대에 판관은 정치 신인이 반드시 거쳐야하는 자리였고 과거시험에 높은 점수로 급제한 신인일수록 중요한 지역이나 힘 있는 인사의 판관으로 뽑혀갔다. 예나 지금이나 보좌관이란 직은 엘리트들이 정계로 진출하는 중요한 한 통로이다. 당시 이 둘의 상관이 누구였느냐 하면 '포증(包拯)'이었다. 포증이 누구인가? 그가 바로 포청천(包青天)이다. 한때 '판관 포청천'이라는 대만 드라마가 국내에서 인기를 끌어 나이가 좀 있는 사람들에게는 포청천이란 이름에 향수를 느낄 수도 있을 것이다. 주제에서 조금 빗나가지만 말하자면 드라마의 한국어 제목인 '판관 포청천'은 이름을 잘못 붙인 것이다. 판관이란 드라마상의 포청천처럼 재판을 하고 죄인을 잡아들이는 것과 같이 경찰력과 행정력을 행사하는 그런 직이 아니기 때문이다. 드라마상의 포증은 지개봉부(知开封府)[48]로서 개봉 시장과 같은 직이었다.

다시 군목사판관 왕안석의 이야기로 돌아와서, 하루는 포증이 자신의 부하직원들과 함께 회식을 하였다. 포증은 모든 직원들에게 술을 한 잔씩 따라주고 한 명씩 건배를 했다. 상관이 개별로 술을 따라주고 격려의 말을 하고 서로 원샷을 하는 것은 회식에서 늘 보이는 더할 나위 없이 자연스럽고 당연한 장면이다. 사마광과 왕안석은 같은 테이블에 앉았고 당연히 그들에게도 차례가 왔다. 그들 둘은 당시 술을 하지 않았다. 포증이 술을 따라주자 "저는 술을 하지 않습니다"라고 말하며

---

48) 어떤 책에는 '개봉부윤(开封府尹)'이라고 하기도 하는데 송대에 와서 지개봉부(知开封府)로 명칭만 바뀌었을 뿐이다.

사양하였다. 그러나 예나 지금이나 상관이 그냥 넘어가겠는가? "내가 따라주는 술은 그래도 한잔은 받아야지. 그러지 말고 한잔만 하게나" 뭐 이런 식으로 말하며 술을 계속 권하였을 것이다. 사마광은 몇 번을 사양하다가 결국은 상관의 면을 봐서 한 잔을 마셨다. 그런데 왕안석은 끝까지 마시기를 거절하였고 끝내 포증이 주는 술을 마시지 않았다. 공무원 9년 차밖에 안 된 중견 간부가 교통부 장관이 주는 술을 거절한다? 그것도 포증이 주는 술을? 이유는 간단하다. 왕안석은 '자신은 본래 술을 안 먹으니 누가 주든, 무슨 자리이든, 평소와 똑같은 모습을 보여주겠다'는 것이었다. 이에 비해 사마광은 '본래는 술을 안 마시지만 상관의 면을 생각해서 한 번은 마셔주자'였다. 왕안석에게는 평소와 다른 모습을 보여주는 것은 곧 표리부동한 것이고 세상과 남에 대한 기만이었던 것이다. 그는 이러한 것에 대한 결벽에 가까운 원칙이 있었다.

이보다 더 심한 케이스도 있었다. 인종은 원래 왕안석을 상당히 좋게 보았다. 그래서 수차례 그를 중앙으로 불러 승진시키려 했으나 그때마다 왕안석은 고사를 하였다. 왕안석의 커리어를 보면 특이한 게 승진과 발탁을 거절하는 경우가 꽤 많았다. 구양수 등 당시의 중진 원로들이 그의 능력을 높이 사서 그를 조정으로 불러 중용하려고 하였으나 어머니가 편찮으시다는 등의 이유를 대며 번번이 사절하였다. 그리고 이러한 일이 몇 번 있자 중앙 정계에서는 그를 칭송하는 목소리가 자자해졌다. 그의 브랜드 인지도가 올라간 것이다. 왕안석의 성격상 자신의 브랜드 가치를 올리려는 얄팍한 의도로 그렇게 했을 거라 보이진 않는다. 그런데 정작 그가 조정으로 왔을 때 인종은 그에 대한 생각이 바뀌었는데 이는 한 가지 사소한(아니면 아주 큰?) 일 때문이었다.

어느 날 송인종은 조정의 신하들을 황가의 정원으로 불러서 연회를 베풀었다. 이때 인종은 한 가지 재미있는 규칙을 제안했다. 모두가 연못에서 직접 물고기를 잡아 자신이 잡은 고기를 황궁 셰프에게 주어 자신이 가장 좋아하는 요리를 하도록 하여 같이 먹는 것이었다. 이는 분명 재미있는 일이었고 황제가 주최하는 연회에서 충분히 있을 수 있는 일이다. 모두들 흥분되어 얼른 낚싯대를 들고 미리 준비된 미끼를 끼운 후 연못으로 낚싯대를 드리워 고기를 낚기 시작했다. 그러나 유독 왕안석 한 명만은 관심 없다는 듯 의자에 앉은 채 연못을 응시하면서 정신을 딴 데 팔고 있었다. 그리고 그에게 주어진 동그랗게 말린 물고기 밥을 한 알, 한 알 집어서 자신의 입안으로 집어넣는 것이 아닌가! 결국 물고기 미끼를 자신이 다 먹은 후 그가 한 말은 모든 이를 아연실색하게 했다. 자신은 이미 배가 부르다는 것이었다! 이 일은 당연히 황제의 빈정을 상하게 하기에 충분한 일이었다.[49]

　사람은 때에 따라서 하기 싫은 일도 해야 한다. 왕안석은 낚시를 좋아하지 않았을 수도 있고 이런 시시껄렁한 놀이가 맘에 안 들었을 수도 있다. 하지만 그걸 그렇게 노골적으로 보여줄 필요는 없는 것이다. 이러한 태도와 행위는 위화감을 조장하고 결국은 자기 자신을 해한다. 어떤 이들은 '지조'라는 단어로 그를 엄호하려고 하나 위의 두 에피소드는 '지조'라기보다는 '고집' 또는 '아집'에 가깝다. 왕안석은 자기 자신을 제외하고는 세상의 어느 누구와도 대화가 안 되는 사람이었다. 그래서 당시 사람들은 왕안석을 '똥고집 상공(拗相公)'[50]이라 불렀던 것 아닌가. 인종은 왕안석이 위선적이며 제멋대로라 여겼다. 그로부터 얼마 후 왕안석은 며칠 밤낮을 새워 일명 '만언서'라 불리는 장문의 개혁안을 황제 앞으로 제출했으나 인종으로부터 시큰둥한 취급을 받았다.

49)　린위탕(林语堂)《소동파전(苏东坡传)》湖南人民出版社 76페이지
50)　명 말기의 문장가, 사상가인 풍몽룡(冯梦龙)은 그의 저서 《경세통언(警世通言)》에서 왕안석 변법의 실패에 대해 기술하면서 '그가 정계를 은퇴하고 고향으로 돌아가는 길에 많은 백성들의 변법에 대한 원망과 분노의 목소리를 들었고 이에 자책과 우울에 빠져 세상을 떴다'라고 하였다. 또한 '그는 고집이 매우 세서 보살이 와서 권해도 그의 생각을 돌릴 수 없었고 그래서 세상사람들은 그를 "똥고집 상공(拗相公)"이라 불렀다'고 하였다.

하루는 왕안석의 부인 오씨가 왕안석의 친구에게 "저는 남편이 뭘 좋아하는지를 모르겠어요"라고 토로하였다. 이 말을 듣던 친구는 "안석이 노루고기 채 썬 걸 좋아하는 거 모르셨어요? 얼마 전에 나랑 밥을 먹었는데 노루고기채를 싹 비웠더라고요"라고 말했다. 그러자 오씨 부인이 그에게 "그때 노루고기의 위치가 어디였나요?" 하고 물었다. 친구가 잠시 생각하더니 "안석의 바로 앞이었던 것 같네요."라고 답했다. 그러자 오씨가 "그러면 다음번에 한번 그이한테서 좀 떨어뜨려서 놔 보세요" 하고 말했다.

며칠 후 친구는 오씨 부인의 말대로 노루고기를 왕안석한테서 조금 먼 자리에 놓았다. 아니나 다를까? 왕안석은 노루고기는 쳐다도 보지 않고 자기 바로 앞에 있는 음식만 또다시 싹 비우는 것이 아닌가?

한 가지 에피소드를 더 소개하겠다. 왕안석의 부인 오씨는 뚱뚱하면서 박색이었다. 어느 날 그녀는 남편에게 첩을 들여주기로 결정했다. 물론 왕안석의 의사는 물어보지 않았다. 남편에게 서프라이즈 선물을 주려고 했던 모양이다. 그날 저녁 왕안석의 침실에 화장을 한 젊고 예쁜 여자가 들어왔다. 그런데 이때 그의 반응이 가관이었다.

"뉘시오?"

여자가 말했다.

"마님께서 소첩에게 나으리를 시중들라 분부하셨습니다."

"아가씨가 왜 나를 시중든다는 것인가?"

왕안석은 어떻게 된 건지 자초지종을 물었다. 그녀의 남편은 군대에서 군량미를 수송하는 역할을 맡고 있었는데 사고로 배가 침몰하면서 군량미를 전부 잃었다. 그 부부는 재산을 전부 팔았는데도 배상을 할 수가 없었고 할 수 없이 남편은 아내를 팔아 갚기로 한 것이었다.

왕안석이 물었다.

"얼마에 팔려왔는가?"

"90만 전입니다"

왕안석은 여자를 방으로 돌려보내고 다음 날 그녀의 남편을 불러 그녀를 데려가도록 했다. 물론 돈은 받지 않았다.[51]

그에 대한 에피소드는 이것 말고도 몇 가지가 더 있지만 모두들 보통 사람의 범주를 벗어나는 독특함을 보여주고 있고 독특함을 넘어서서 일반인으로서 가까이 하기 힘들 것 같은 '이상한 사람'처럼 보인다. 사서가 기재한 왕안석에 대한 에피소드와 그의 행적을 종합적으로 볼 때 그에게는 천재에게서만 보이는 괴팍함이 보인다. 포중이 주는 술을 끝까지 거절한다든가 황제의 앞에서 싫은 티를 팍팍 내는 것을 '극강의 자아'로 봐야 할지, '병적 무감각'이라 봐야 할지는 잘 모르겠다. 나의 개인적 생각이지만 왕안석에게는 이 두 가지가 복합되어 있었던 것 같다. 이런 사람들은 한두 가지 분야에서 탁월한 능력을 가지고 있지만 그 외의 분야는 완전히 엉망이고 관심조차 보이지도 않는 경향이 있다. 왕안석은 문장력, 논리력, 암기력에서는 타의 추종을 불허했지만 사람을 보는 눈이나 사교성은 영 꽝이었다. 이런 사람은 간혹 상황에 맞지 않는 언행을 하고서도 자신이 뭘 잘못했는지를 못 느낀다. 최고 결정권자인 인종의 비위를 사는 행동을 해 놓고서 얼마 후 '저의 개혁 방안인데 잘 보고 채택해주십시오'라고 《만언서》를 들이대는 것은 도저히 일반인으로서 공감이 안 된다. 감정 전달에 무감각하기 때문에 타인의 행동 너머에 있는 본뜻과 내면을 통찰하는 능력은 약하다. 그렇기 때문에 왕안석이 이끄는 변법과 사단에는 그에게 아첨하는 소인배들로 가득 찼고 남들 눈에는 그것이 보였지만 오직 그의 눈에만 보이지 않았던 것이다.

---

51) 林语堂《苏东坡传》97페이지. 당시 90만 전은 오늘날 가치로 환산 시 인민폐 20만 위엔(한화 3,500만 원)이다.

그게 아니라면, 어쩌면 그는 변법이라는 대의를 위해선 황제만 지지해준다면 세상의 모든 이들에게 철면피를 쓰기로 결심했을 수도 있다. 소인배들의 수장이 될지언정 변법의 대의를 실현시킬 수만 있다면 세상 사람들의 욕을 먹을 준비가 되어있었을 수도 있다.

왕안석 vs 사마광

1085년 3월, 개혁에 힘썼던 송신종이 38세의 나이로 세상을 떴다. 15년 동안 낙양에서 칩거하며 《자치통감》 저술에 몰두했던 67세의 사마광은 국상에 참가하고자 경성(개봉)으로 바삐 올라왔다. 그가 개봉 성문 앞에 거의 도착했을 때였다. 당시는 국상 기간이었기 때문에 도성의 경계 태세를 높였고 개봉 성문마다 금군이 지키고 있었다. 이때였다. "사마상공이다! 사마상공님이 맞으시죠?" 성문을 지키던 한 병사가 외쳤다. 그러자 사람들이 그를 보기 위해 구름처럼 몰려들었다. 사람들이 너무 많이 몰려들어 도저히 전진을 할 수가 없을 정도였다. 마치 하소연 할 데 없는 성난 민중들이 자신들이 기댈 구세주를 만난 듯한 광경이 연출되었고 전혀 생각치도 못한 이 상황에 사마광은 어찌할 줄을 몰라 했다. 그를 에워싼 경성의 백성들은 사마광에게 애원했다.

"상공, 제발 돌아가지 마세요! 경성에 남아 천자를 보좌해서 우리 백성들에게 살길을 열어주세요!"

이는 소식(苏轼)의 《소문충공전집(苏文忠公全集)》중 제6권인 《사마온공행장(司马温公行状)》에 기재되어 있는 묘사이다. 사마온공은 사마광의 별명이고 행장이란 죽은 이의 행적과 언행을 적은 글을 말하므로 이는 '사마광 전기'와 같은 것이다.

원래는 53장의 제목을 아예 '왕안석과 사마광'으로 하려고 했었다. 왕안석을 얘기하자면 사마광을 이야기하지 않을 수 없고 사마광을 얘기하자면 왕안석을 이야기하지 않을 수 없다. 오늘날 국내의 많은 역사 서술은 개혁가 왕안석만 부각시키고 동시대의 또 다른 거물 정치인 사마광에 대해서는 입을 다물거나 수구파의 대표 인물로 폄하하는 경향이 있는 것 같다. 그래서 사마광은 그저 왕안석의 개혁에 맹목적인 반대를 하는 사람, 그것이 아니면 오히려 왕안석의 가치를 빛내주는 조연으로 등장하거나 마치 모차르트에게 열등의식이 있는 살리에르와 같은 존재처럼 비쳐지는데 사실은 전혀 그렇지 않다. 이 둘은 역사적 가치, 개혁사적 가치에서 동급의 무게를 가지고 있다. 사마광의 편에 서서 설파하는 역사가의 말을 들어보면 왕안석은 백성의 고충은 안중에도 없는 고집불통이고 결과적으로 소인배들의 앞잡이가 된 사람이며, 왕안석의 편에 서서 이야기하는 역사가의 말을 듣고 있자면 사마광은 조종의 법만 들이대며 반대를 위한 반대를 하는 수구 꼴통이다. 그러므로 개혁사를 접할 때, 특히 북송 시기의 정치적 인물과 정책에 대한 이야기를 들을 때에는 서술자의 편향된 서술에 이끌리지 말고 중심을 잡도록 최대한 노력해야 한다.

　사마광은 누구인가? 사마광, 그는 변법을 지지하진 않았지만 사람들이 알고 있는 것과 같이 진부하고 케케묵은 사상을 가진 사람이 아니다. 그 또한 세상을 바꿔야 한다는 생각을 가지고 있던 정치가였다. 단지 왕안석과 문제의 본질에 대한 인식이 달랐고 접근 방식, 해결의 방법에 있어서 차이가 있었을 뿐이다.

　왕안석과 사마광은 한때는 서로를 존경하는 친한 친구이자 송인종 가우년간(1056~1063)에 포청천의 밑에서 같이 일을 했던 부서 동료이기도 했다. 사마광, 왕안석 그리고 여공저(呂公著), 한유(韓維) 등 가우년간의 피 끓는 소장파 정치인들은 시간이 나면 승방에 모여 종일 이야기를 나눴다고 하여 사서는 이들을 '가우사우(嘉祐四友)'라 부른다. 이들은 무슨 이야기를 하였을까? 술 마시고 여자 얘기를 하며 시시덕거렸을까? 그러려고 했다면 굳이 절간에서 모이진 않았을 것이다. 사마광과 왕안석, 이 둘은 똑같이 도탄에 빠진 백성들을 보았고 위기로 치닫고 있는 국가를 보았다. 가우사우란 별명은 이들 둘이 한때는 정치적으로도 뜻이 맞았었다는 걸 의미한다. 정치적으로 뜻이 맞지 않는 사람과 하루 종일 승방에서 이야기를 나눌 순 없다.

사마광은 왕안석보다 두 살 위이고 진사 합격 기수로는 4년 선배다. 사마광이 지은 《왕계보와 이를 잡다(和王介甫烘虱)》라는 시는 그와 왕안석이 막역했던 사이라는 걸 보여준다. 왕안석은 잘 씻지 않았다. 왕안석은 자신의 관심사를 제외하고는 아무 것에도 관심이 없는 사람이었다. 먹는 것은 당연하고 옷을 갈아입고 씻는 것조차 대충하며 살았다. 세상에는 두 부류의 크게 성공하는 사람들이 있다. 하나는 대단히 센스 있는 사람, 또 하나는 대단히 센스 없는 사람이다. 왕안석은 후자였다. 그래서 보다 못한 사마광과 친구들이 한 달에 한 번씩 그를 데리고 가 목욕을 시켜주었다고 한다. "자네 정말 더러워서 도저히 못 봐주겠네. 나랑 한 달에 한 번이라도 목욕하러 가세." 아마 이런 대화가 오고 갔을 텐데 같이 벌거벗고 목욕할 정도면 보통 사이가 아니지 않을까. 그래서 왕안석의 수염과 머리카락에는 이가 기어 다녔는데 사마광은 이 상황을 「왕계보와 이를 잡다(和王介甫烘虱)」라는 해학스러운 시로 조롱하였다. 이때는 왕안석이 변법을 하기 전이니 사마광이 왕안석을 정치적으로나 인간적으로 공격하기 위해 지은 시가 아니라 "좀 씻어라, 친구"라고 시로서 익살스럽게 자극한 것이었다. 친하지 않은 사이에서 이런 시를 썼다면 멱살을 잡힐 일이다. 물론 왕안석은 이런 것 따위에 별 창피를 느낄 사람은 아니었다.

중국인들에게 "사마광이 누구냐?"고 물으면 뭐라고 대답할까? 이들은 사마광 하면 무엇이 떠오를까? '항아리를 깬 친구를 구한 아이?', '왕안석 변법의 반대자?', 《자치통감》의 저자?' 이 중 하나라도 알고 있었다면 당신은 중국 역사에 있어서 초급 수준은 이미 넘어섰다고 말할 수 있겠다. 여기서 하나를 더하자면 원우당적비(元祐党籍碑)에 첫 번째로 이름이 새겨져 있는 인물이다.

　네다섯 살의 어린 아이들이 숨바꼭질을 하다가 그중 한 아이가 그만 물이 가득 든 커다란 항아리에 빠졌다. 항아리 안의 아이는 살려달라고 허우적대고 있었고 키가 닿지 않는 아이들은 발을 동동 구르고 있었다. 이때였다. 한 아이가 옆에 있던 커다란 돌덩이를 두 손으로 집어 들고는 항아리를 향해 냅다 내리쳤다. "쨍그렁!" 하는 소리와 함께 항아리가 깨지며 물이 나왔고 아이는 그렇게 친구의 생명을 구했다. 그렇다, 항아리를 깬 그 아이가 바로 사마광이다.

　사마광과 왕안석의 성장 과정과 집안 배경은 서로 비슷하다. 사마광 역시 지방 관리인 아버지를 따라 각지를 돌았고 이것이 그에게 매우 큰 자산이 되었다. 어렸을 적에 여러 곳을 이동하는 것은 장단점이 있다. 지금 같아서는 학교생활에 적응하지 못하고 친구도 사귀지 못해 결국은 왕따와 학업성적 악화로 이어지기 십상이지만 정보가 발달하지 않고 이동이 쉽지 않았던 옛날에는 아버지를 따라 여러 지역을 경험한다는 건 자식에게 있어서 천금과 같은 교육 기회였다. 중국과 같이 영토가 넓은 나라에서는 새로운 발령지로 부임해가는 것 자체가 십여 일에서 한 달에 걸치는 여정이었고 이 여정 중에서 이들은 많은 역사 유적을 거치고 여러 경험을 하게 된다. 그러면서 백성들의 실생활을 두 눈으로 보게 되고 각 지방의 특징에 대해 이해하게 된다. 사마광과 왕안석 모두 도탄에 빠진 백성들에 대한 깊은 연민과 이들을 구해야겠다는 신념을 가지고 있었는데 이는 둘 다 많은 곳을 이동하면서 민중의 실생활에 대해 보고 들은 소싯적의 경험과 무관하다고 할 수 없다.

사마광의 아버지 사마지(司馬池)는 왕안석의 아버지보다 더 높은 지위에까지 올라갔다. 사마광이 진사에 합격했을 때 사마지는 이미 재정경제부 넘버투인 삼사(三司)의 부사(副使)로 있었으니 사마광은 과거를 보지 않고 특채(은음)으로 관가로 입성할 수 있었다. 그렇지만 사마광은 진사과에 응시하였고 6등으로 합격하였다. 은음으로 들어갔을 때 할수 있는 공직에는 제한이 있었고 사마광은 그것이 싫었던 것이다.

왕안석과 사마광, 둘 다 돈이나 여자와 같은 세속적인 욕심에는 초탈한 사람인 것만은 확실한 것 같다. 사마광 부부에게는 자식이 없었다. 그의 족보를 보면 사마강(司馬康)이라고 아들이 하나 있긴 하나 그는 양자이다. 아마도 사마광과 아내 둘 중 하나가 불임이었을 것이다. 그러나 결혼 후 30년이 지나도 자식이 없었지만 그는 전혀 개의치 않았다. 송대는 사대부들의 천국이었고 당시 경제적으로 넉넉한 사대부들이 한두 명 첩을 두는 것은 아주 자연스러운 풍습이었다. 왕안석과 사마광, 이 둘은 송대 사대부 중 첩을 들이지 않은 매우 드문 케이스였다. 그러나 대가 끊기는 것에 오히려 장씨 부인이 더 초조해 했고 그녀는 결국 남편과 상의 없이 일을 저지르기로 했다. 그녀는 거액을 주고 젊고 예쁜 여자를 한 명 사서 그를 시중들도록 했다. 사마광이 퇴근을 하고 서재에서 책을 읽고 있을 때 화장을 짙게 하고 향수를 뿌린 한 아가씨가 차를 들고 서재로 들어왔다.

"나으리, 차를 가져왔습니다."

"거기다 놓거라."

사마광은 그녀를 쳐다보지도 않으며 말했다. 설마 이 사람 진짜로 돌부처란 말인가? 그녀는 약간 호기심이 생기기도 했고 '어디 네가 안 넘어가나 보자'라는 오기가 들기도 했다. 그녀는 갖은 교태를 다 발산하며 사마광 옆으로 가서 그를 응시하였다. 그런데 이 사람은 자신에게 눈길도 주지 않고 책만 보고 있는 게 아닌가? 그녀도 책상 위의 책을 한 권 집어 들었다. 이성과의 서먹서먹함을 깨거나 가까워지는 방법으로 "저, 이것 좀 가르쳐 주실래요?"라고 하는 경우가 있다. 그러면 남자들은 으쓱해지면서 여자 앞에서 자신의 지식을 발산하거나 기술을 가르쳐 주면서 많은 얘기를 하게 되고 이러면서 둘은 가까워지는 법이다. 그녀도 이 신공을 쓰기로 한 것이다. 그녀는 집어든 책을 대충 넘기더니 아양을 떨면서 이렇게 물었다.

"나으리, 중승(中丞)이 무슨 책이어요~?"

그런데 이 말을 들은 사마광은 정색을 하면서 그녀에게서 한 발 물러서는 게 아닌가. 그리고는 공수(拱手, 두 손을 가슴 위로 모아 예를 갖추는 것)를 하면서 답했다. 그리고 "중승은 상서, 즉 관직이지 책이 아니오! 미안하지만 아가씨와는 대화가 안 될 것 같소"라고 하며 뒤를 돌아 서재를 나갔다고 한다.

하루는 사마광이 처가에 갔는데 장부인과 장모가 서로 짜고 예쁜 계집종을 사서 "우리들은 밖으로 나가있을 테니 네가 알아서 하거라"라고 분부하고는 사마광에게는 자기들은 꽃구경 간다며 나갔다. 그녀가 모든 준비를 하고 방으로 들어왔다. 그런데 이를 본 사마광이 버럭 화를 내며 "네 마님이 지금 없는데 네가 여길 혼자 들어와선 안 된다! 어서 나가거라!"라고 했다고 한다. 이 사실을 안 사람들은 그에게 탄복을 금치 않았고 그 후로는 장모와 장부인은 사마광의 친아들을 보는 걸 포기하고 양자를 들이기로 했다.[52]

보통 역사 속의 재상들 치고 어릴 적에 수재 소리 한번 안 들어본 사

---

52) 《北宋司马光为何拒绝纳妾?》中国青年网 2012.8.22

람은 없다. 사마광과 왕안석 둘 다 당대의 걸출한 재상이었으니 이들의 인문학적 재능은 분명 천재적인 경지였을 거라 짐작한다. 과연 그럴까? 왕안석은 사마광보다 4년 뒤인 1042년에 4등으로 진사에 합격하였다. 비하인들 스토리를 말하자면 사실 왕안석은 과거 사정관들에게 1등으로 선정되었다. 그러나 상위 네 명의 문장을 당시 인종황제에게 보고하고 최종 컨펌을 받는 단계에서 4등으로 밀려났다. 그가 인용한 문장에서 인종을 조금 불편하게 하는 문구가 있었기 때문이다. 왕안석과 인종과는 처음부터 궁합이 좀 안 맞았긴 했던 것 같다.

왕안석에게는 확실히 타고난 천재성이 있었다. 그는 한 번 본 것을 잊지 않고 기억하는 탁월한 암기력을 가지고 있었고 그의 시와 문장은 간결하면서도 힘이 있다. '당송팔대가(唐宋八大家)' 중 한 명인 왕안석의 문장력은 더 이상의 설명이 필요 없을 것 같다. 당송을 통틀어서 여덟 손가락 안에 든다는데 무슨 설명이 필요한가? 왕안석은 평생 1,531수의 시를 지었다. 열여덟 살 때부터 시를 지었다고 가정하면 죽을 때까지 매년 32수의 시를 지은 셈이다.

반면 사마광은 조금 다르다. 사마광의 유년기 역사를 보면 물론 공부 잘하는 학생인 건 맞지만 우리가 기대하는 천재성은 보이지 않는다. 당시 시대에 '총명하다 아니다'는 주로 암기력을 두고 이야기하였는데 그의 암기력은 톱클래스는 아니었던 걸로 보인다. 그의 곁에는 항상 그보다 뛰어난 학생이 있었고 사마광의 부모는 그에게 "○○아무개는 벌써 《상서(尚书)》를 다 외운단다"라는 식으로 그를 자극했다고 만년의 그는 회고했다. 그렇지만 사마광에게는 강한 승부욕이 있었다. 남들이 숙제를 다 외우고 나가 놀 때도 그는 남아서 목표한 바를 기필코 외우고야 말았다. 사마광의 시대로부터 2천 년 전의 성현들의 가르침인 《상서》는 여섯 살짜리 아이에게는 도저히 이해할 수 없는 내용이었고 이해할 수 없으니 외우기도 어려웠을 게다. 사마광도 평생 1257수의 시를 지었으니 적잖은 양이지만 사마광의 시는 예술성에서 그리 높이 평가받진 못한다. 그는 화려한 수식이라던가 대구, 운율 등에 능하지 않았다.

이들은 왜 이리 많은 시를 썼을까? 이들이 자기만족으로 시를 썼을까? 아니면 자식들에게 시집을 물려주려고 했을까? 왕안석과 사마광 같은 정치인들이 시를 쓰는 건 오늘날로 따지자면 트위터나 페이스북을 하는 것 같은 일종의 SNS 정치활동이었다. 이런 사람들의 시는 많은 경우 자신의 정치적 신념을 투영하는 내용이거나 도탄에 빠진 백성들의 애환을 고발하고 비판하는 내용들이다. 특히 왕안석의 시는 그가 은퇴 후 난징에서 만년을 보내던 시기를 제외하고는 거의가 정치·사회적 내용이다. 송대에는 이미 활자 인쇄가 보편화되었기에 민간에서는 신문이 발간되었고 유명인들의 시집이 발간되어 판매되기도 했다. 소식, 왕안석과 같은 유명 정치인들의 시도 필사 또는 인쇄가 되어 세간에 퍼졌을 것이고 이렇게 보면 당시 정치인들이 왜 이리 많은 시를 썼는지에 대해 조금은 이해가 간다. 왕안석은 짧고 인상적인 트윗을 날리는 데 능했지만 사마광의 시는 세련되지 않았으며 그의 주특기는 다소 올드한 스타일인 서술에 있었다. 신종 때 그를 한림학사로 임명하고자 하였는데 그는 '자신은 문장력이 부족하다'는 이유로 고사를 하였다.[53] 한림학사는 조정의 중요 문건을 기안하는 자리이므로 화려하고 매끄러운 문장력이 절대적으로 필요하다. 그의 학업 인생을 보면 천재성을 발휘했다기보다는 노력으로 부족함을 메우는 스타일이었다고 해야겠다.

그렇지만 그의 능력은 다른 곳에 있었다. 그가 일곱 살 때였다. 우연히 선생님이 상급반 아이에게 《좌전(佐传)》을 읽어주는 것을 들었는데 남들이 어려워하는 《좌전》이 그에게는 너무 재미있는 것이었다. 《좌전》

---

53) 물론 신종이 재차 임명을 하면서 이때는 거절을 못하고 그는 1068년에 한림학사가 된다.

이 무엇인가? 역사책이다. 사마광은 집에 가서 자신이 들은 내용을 부모님 앞에서 전부 읊었고 그 뜻마저 완벽하게 이해하고 있었다. 그의 관심사와 재능은 '역사'에 있었던 것이다. 결국 그는 《자치통감》이라는 총 294권, 300만 자에 이르는 중국 역사상 길이 남는 거작을 남겼다. 중국의 역사 저술사에는 두 명의 대가가 존재한다. 하나는 사마천이고 또 한 명은 사마광이다. 사마광의 먼 조상이 서진(晉)의 개국황제 사마염이라고는 하나 더 거슬러 올라가 사마천에까지 이르는지는 모르겠다. 사마씨가 흔한 성은 아니니 관계가 있을 수도 있다. 사마천과 《사기》에 대해서는 모르는 사람이 없으나 《자치통감》은 다소 생소하다. 게다가 사마광이 《자치통감》의 저자라는 걸 아는 사람은 그리 많지 않다. 변법파들이 조정을 장악하고 활개를 칠 때 사마광은 정계에서 은퇴를 하고 낙양에서 15년 동안 저술활동에 몰두했다. 물론 이를 혼자서 다 쓴 건 아니고 제자들과 같이 작업하였다. 역사를 쓰는 사람들은 저마다 사연이 있다. 사연이 없으면 그 긴 고독의 시간을 견뎌낼 수가 없다. 사마천도 그랬고 사마광도 그렇다. 사마광은 왕안석의 잘못된 개혁 질주를 막아보려고 갖은 애를 썼지만 결국에는 그것이 좌절되자 정치적 내상을 입은 채 관가를 떠났고 그의 평소 숙원이었던 역사서 저술에 전념하기로 한 것이다. 그가 《자치통감》을 쓰던 15년간은 왕안석과 변법파들의 변법운동이 폭풍우처럼 몰아치던 시기였고 사마광, 소식, 한유와 같은 보수파들이 전부 쑥대밭이 되어있던 시기였다.

사마광은 왜 왕안석의 변법에 반대를 했는가? 어쩌다가 이들은 원수지간이 되었는가? 도대체 이들에게 무슨 일이 일어났던 것일까?

54장
왕안석의 변법 Ⅱ: 경제를 이용한 제국 창조

희녕년간의 사람들

(빨강색은 변법파, 파랑색은 반변법파이다)

• 송신종 조욱(赵顼, 1048~1085): 북송의 여섯 번째 황제 송신종(宋神宗). 왕안석 변법의 후원자. 어렸을 때부터 총명하였고 밤늦게까지 책을 보는 일이 많아서 아버지 영종이 그만좀 보라고 말리곤 했다. 법가 사상에 심취하였고 특히 한비자[54]의 이론서를 손에 놓지 않았다고 한다. 유년기에 이미 요와 서하에 설욕을 하겠다는 결심을 하는 등 야망이 있고 혈기가 왕성한 인물이다. 그는 태자 시절부터 송이 이런 식으로는 안 된다는 생각을 하고 있던 중 인종 때 왕안석이 보고한 급진 개혁안인 《언사》를 읽고 눈이 트였고 당시 지방 관리였으나 정가에서 떠오르고 있던 정치 신인 왕안석을 주목하고 있었다. 영종이 일찍 죽어 그는 1067년 1월에 스무 살의 나이로 즉위했고 이듬해에 희녕(熙宁)년이라고 자신의 연호를 반포하면서 자기 정치가 시작됨을 알렸다. 희녕

---

54)   진나라 때 활약한 법가사상의 거장. 이사와 동창이고 진왕 영정(통일전) 밑에서
      이사와 함께 진을 위해 일하였다. 이사의 모함을 받고 죽는다.

2년인 1069년에 왕안석을 참지정사로 임명하면서 변법의 막을 열었다. 당시 그의 나이 스물두 살, 왕안석은 마흔아홉 살. 왕안석과 비슷하게 그도 자신이 옳다고 여기는 것에 뜻을 굽히지 않고 밀어붙이는 고집스런 면이 강했다. 그래서 보수파의 충언을 듣지 않았고 그의 재위 시기부터 송 조정은 균형을 잃고 한쪽으로 기울기 시작한다.

• 고태후(高太后, 1032~1093): 5대 송영종의 황후, 송신종의 친모. 원래는 황실로 시집온 게 아니었다. 송인종이 후사가 없자 황족인 조서(趙曙)를 궁으로 불러 태자로 즉위시켰는데 이미 조서의 아내이었던 그녀도 이때 궁으로 들어왔고 얼마 후 황후로 등극하였다. 그녀의 반대로 송영종은 비빈을 한 명도 두지 못했다고 하니 그녀가 얼마나 센 여인이었는지 짐작할 수 있다. 그녀는 아들 신종 재위 시기 정치참여를 하진 않았지만 왕안석의 신법에는 반대 입장이었다. 신종이 서른여덟 살로 요절하고 뒤를 이은 철종이 열 살밖에 안 되자 그녀가 태황태후로서 임조하며(황제를 대신하여 정사를 보고받음) 정치 전면에 나섰고 사마광 등 신법 반대파를 컴백시키면서 변법은 전부 폐기된다. 그녀는 임조 시기 청렴한 기풍을 유지하고 투명한 정치를 하였기에 후세인들에 의해 '여성 요순(女中堯舜)'이라 불리기도 했지만 변법파로부터는 여태후, 무측천에 빗대어지기도 했다.

• 조태황태후(曹, 1016~1079): 4대 송인종의 황후, 송영종의 양모, 송신종의 조모. 신종이 즉위하고서도 13년을 태황태후로 있었다. 정치에 참여하지는 않았으나 황실의 어른으로서 그녀의 한마디는 무시할 수 없었다. 왕안석의 신법에 반대하는 입장이었다. '오대시안(烏台詩案)' 사건으로 사형 선고를 받은 소식의 목숨을 구해주었다.

• 송철종 조후(赵煦, 1077~1100): 북송의 일곱 번째 황제 철종(哲宗). 신종의 장자. 신종이 일찍 죽는 바람에 1085년에 열 살의 나이로 즉위하였지만 그 후 8년 동안 할머니 고태후의 임조하에서 찍소리 못하고 지내야 했다. 고태후가 변법을 폐기시키고 반변법파가 정권을 잡는 것을 싫어했으나 센 할머니 밑에서 그는 발언권이 없었다. 1093년 고태후가 죽고 친정을 하게 된 철종은 할머니에 대한 반발심리로 반변법파를 숙청하고 다시 장돈, 채경 등 변법파를 불러들인다. 철종은 이때 사마광에게 하사한 시호를 취소하고 그의 비석을 부수도록 명한다.

• 구양수(欧阳修, 1007~1072): 송인종 때부터 재상을 해오던 중신 중의 중신. 당시 문단의 최고봉. 송인종 재위 시기에는 피 끓는 개혁파로서 범중엄의 개혁에 동참하였다. 왕안석 변법의 폐해를 지적하였다가 지방관으로 좌천된다.

• 한기(韩琦, 1008~1075): 송인종 때부터 재상을 해오던 원로 중신중의 중신. 송인종 재위 시기에는 피 끓는 개혁파로서 범중엄과 함께 개혁을 추진하였다. 왕안석 변법의 폐해가 심하자 그는 신종에게 상소를 올려 청묘법을 중지할 것을 요청한다.

• 소식(苏轼, 1037~1101): 문학가, 정치가, 언론인, 미식가. 소동파라고도 불린다. 1057년 21세의 나이로 과거에 응시, 2등으로 합격(원래는 1등이었다)했다. 구양수에 의해 재능을 인정받았다. 자신의 공직 인생을 막 시작하려는 시기에 모친이 별세하여 고향에서 삼년상을 지내고 1061년에 제과(制科)라는 고급인재 선발 비정기 고시에 응시하여 합격했다. 5년간의 지방관리 생활을 지내고 중앙으로 진출하려던 때에 부친 소순(苏洵)이 별세하여(1066) 다시 고향에서 3년을 보낸다. 부친의 상을 끝

내고 중앙정계로 복귀했을 때는 왕안석의 변법이 막 시작되었던 때이다. 1071년 왕안석 변법의 폐해를 지적, 이로 인해 왕안석파의 공격을 받았고 결국 항저우 통판으로 갈 것을 자원하였다. 철종의 친정이 시작되면서 변법파가 다시 집권하자 그는 혜주, 해남도 등지로 유배된다.

• 소철(苏辙, 1039~1112): 소식의 동생. 형 소식과 함께 변법에 반대하는 입장이었다.

• 여혜경(吕惠卿, 1032~1111): 왕안석 변법의 제2의 인물. 왕안석과 정치이념이 같다. 능력은 출중하나 덕이 없는 인물이다. 왕안석에 의해 중용되어 희녕변법 초기에 왕안석을 도와 청묘법, 시역법 등 여러 개혁을 추진하였다. 왕안석의 1차 파면 때 그의 뒤를 이어 참지정사에 임명되었고 왕안석을 대신하여 변법을 지휘하면서 잠시 그의 천하를 누린다. 그러나 후에 왕안석이 컴백하려 하자 권력을 놓기 싫었던 그는 자신의 전임 상관인 왕안석과 대립하기에 이른다. 왕안석이 컴백한 후 그는 동생의 뇌물죄에 대한 연좌로 파면되었고 그 후로 지방직을 전전하면서 중앙정치에서 멀어진다. 여혜경은 신구당의 투쟁 속에서 정치적 곡절이 많았기에 그에 대한 평가도 엇갈린다. 사서상에는 나라를 말아먹고 인격이 저열한 소인배로 나오지만 근대에 들어 왕안석의 변법이 재조명되면서 그 또한 재능 있는 개혁가이자 정치가로 재평가받고 있다.

• 증포(曾布, 1036~1107): 여혜경과 함께 왕안석 변법의 제2의 인물. 역시 왕안석이 끌어주어 출세하였다. 여혜경과는 같은 당이면서도 물밑에서 경쟁하는 관계. 1074년 황제 앞에서 시역법의 폐단을 지적하면서 왕안석의 눈 밖에 났고 뒤이어 여혜경과의 정치투쟁에서 지면서 지방으로 좌천된다. 한때는 왕안석의 왼팔이었으나 원우당적비에 여덟 번

째로 이름이 올려졌다.

- 왕규(王珪, 1019~1085): 왕안석과 진사 고시 동기. 신종이 태자시절 신종의 선생님이었다. 왕안석의 2차 재상 파면 후 재상(동중서문하평장사)으로 승진하여 변법파의 수장이 된다. 그러나 그는 부모의 삼년상을 가짜로 하였다는 혐의가 있었고 잊을 만하면 반대파는 이를 꼬투리 잡아 그를 비난하였다.

- 이정(李定, 1028~1087): 어릴 적 왕안석과 동문수학하였다. 왕안석이 끌어줘서 권(权)어사중승(검찰총장)이 되었다. 소식의 탄핵을 주도하였다.

- 정호(程顥, 1032~1085): 이학의 창립자. 동생 정이(程颐)와 함께 이학을 창립하여 주자에게 큰 영향을 주었다. 왕안석의 신법에 반대했다.

- 장돈(章惇, 1035~1106): 왕안석 변법파. 정치적으로는 뜻을 달리했으나 소식과 격 없는 친구 사이였다. 철종의 친정 기간에 재상이 되어 사마광의 변법 폐기를 비판하며 철종의 지지를 등에 업고 보수파를 깡그리 몰아낸다. 그러나 그의 말로는 좋지 않았다.

- 채경(蔡京, 1047~1126): 변법파. 처음엔 변법을 지지했으나 후에 사마광 편으로 갔다가 다시 변법파가 된다. 변법파 중의 대표적인 소인배이자 간상(奸相)으로 역사에 찍혀있다. 송휘종 때 재상이 되어서 반변법파의 이름을 새겨넣은 '원우당적비' 제작과 유포를 주도하였다. 무려 15년간 재상으로 있었고 그의 집정 시기에는 이미 변법의 본래 목적은 뒤로한 채 변법이라는 명목하에 정치 숙청이 자행되었고 백성과 나라

에 해가되는 극단적 변법주의가 추진되었다. 금에게 북송이 멸망한 '정강의 난'의 1차 책임자로 지목되고 있다.

- 정협(鄭俠, 1041~1119): 원래는 왕안석이 끌어주는 문하생이었으나 변법의 폐단을 보고 왕안석에게 누차 건의. 왕안석이 그의 말을 듣지 않자 갈라졌고 왕안석은 그를 개봉 성문을 담당하는 하급 관리로 좌천시켰다. 그는 백성의 참상을 한 눈에 볼 수 있는 유민도를 그려서 신종에게 바쳤고 왕안석은 이 그림 한 장으로 인하여 재상직에서 사퇴하게 된다.

개혁 운동의 시작

연화전 회의

1068년, 이해 8월에 황궁의 연화전(延和殿)에서 북송의 운명에 전환점이 되는 매우 중요한 회의가 벌어진다. 일명 '연화전 회의'라 불리는 이 회의는 북송의 역사에서 뿐만 아니라 중국의 개혁사, 정치사, 경제사에서 매우 특수한 지위를 가진다. 우리는 조직 생활을 하면서 수많은 크고 작은 회의에 참가하게 된다. 지위가 낮을 때는 회의 자료를 배포하거나 회의석상의 끄트머리에 앉아서 회의록을 작성하는 것 등의 일을 하겠지만 점점 직위가 올라가고 자기 영역이란 게 생기면서 조금씩 발언권이 주어진다. 그리고 더 높은 직위나 중요한 프로젝트를 맡고 있으면 회의의 발표자가 되기도 하고 토론에 적극 참여하기도 하며 결국 어느 순간에 가서는 회의를 주최하고 보고를 받는 자신을 발견하게 된다. 사실 화이트칼라에게 있어서 어느 정도 직위 이상이 되면 하루

일과가 전부 회의이다. 회의로 시작해서 회의로 끝난다. 대부분의 회의들이 결정된 것을 확정하거나 남의 보고를 그저 들어주는 것에 지나지 않지만 간혹은, 아주 간혹은 그 회의가 자신의 미래에 혹은 회사에 혹은 국가에 정말로 중요한 순간인 경우도 있다.

1068년은 송신종이 즉위한 지 2년째 되는 해이지만 실질적으로는 신종의 자기정치 원년이나 다름없었다. 통상 즉위 원년은 선황의 승하를 추모할 뿐 뭔가 새로운 걸 하지 않으며 보내기 마련이고 그 이듬해부터 새로운 연호를 도입하면서 새 황제의 실질적인 자기정치가 시작되기 때문이다. 게다가 그해 11월에는 3년에 한 번씩 개봉의 남쪽 교외에서 거행되는 황실의 대대적인 제사가 예정되어 있었다. 송신종은 자신의 즉위와 남교제사(南郊大典)를 맞이하여 대대적인 사면과 상금 하사를 계획하고 있었다. 원래 남교제사를 하면 모든 공무원들과 군인들에게 보너스가 하사되었고 그 보너스는 당연히 직위가 높은 사람일수록 많은 액수를 받았다. 앞서 설명한 북송의 핵심 문제인 '3용(冗)' 중 세 번째인 '지출과다'는 이러한 행사 비용을 말한다. '자신이 뭔가를 보여줘야 한다'는 야심과 조바심을 가지고 있던 신종은 당연히 즉위 첫해에 천하의 공무원들과 장병들에게 많은 보너스를 하사하여 황제의 위엄을 세우고 신하들의 충성심을 고취시키고자 했다.

신종: 호부는 이번 남교제사의 상금으로 얼마를 쓰는 게 좋을 지 예산을 보고하라. 짐의 첫해니까 좀 후하게 주고 싶은데.

증공량: 폐하, 아뢰옵기 황공하오나, 실은….

신종: 실은 뭐? 괜찮아. 말해보라.

증공량: (우물쭈물 대며) 폐하. 실은 저희가 돈이 없습니다.

신종: 음… 우리가 그간 재정 사정이 썩 좋지 않다는 말은 짐도 선황께 들어서 알고 있다. 할 수 없군. 그럼 적당한 선에서 해야겠구나. 장

부를 보여 다오.

증공량: 황공하옵니다. 여기….

신종: 헉!

1068년 호부상서 증공량(曾公亮)과 몇몇 대신들은 신종에게 자신들은 상금을 안 받겠으니 그걸로 행사비용에 보태 쓸 것을 건의했다. 이 보고를 받은 신종이 "경들이 그렇게 하겠다니 고맙소. 내 그렇게 하리다." 이렇게 말하고 끝났을까? 자신들에게 내려질 보너스를 안 받겠다는 건 분명 충성스런 대신들의 호의임에는 틀림없으나 이 문제는 그렇게 끝낼 사안이 아니었다. 신종은 이 문제를 한림원으로 보냈고 내부 토의를 거친 후 수일 내 다시 보고할 것을 명했다. 신종은 이 문제를 왜 한림원으로 보냈을까? 당시 한림학사로는 누가 있었을까? 이에 대한 답은 잠시 뒤로 미루자. 그렇게 하여 며칠 후 황제의 집무실인 연화전에 핵심 멤버들이 모이게 되었다. 연화전(延和殿)이란 황제의 집무실이도 했지만 황제가 소수의 대신들과 기밀 회의를 하던 곳으로서 보통의 관리는 발을 들일 수 없을 뿐더러 태후, 황후조차 출입이 금지된 곳이었다. 바로 이곳 연화전에서 한림원의 대표선수 왕안석과 사마광의 피 튀기는 설전이 벌어진다. 한림원(翰林院)은 천하의 고급 두뇌들로 구성된 황제 직속의 싱크탱크로서 송대의 주요 의사결정 자문 및 황제의 조서를 기안하는 부서였다(시작은 당[唐]에서부터). 한림원의 멤버는 한림학사라 불렸으며 이들은 4품 이상의 고위 관원으로서 그 명예와 자부심도 컸지만 정책 수립에의 실제 영향력도 컸던 집단이다. 송의 역사에서 잘나갔던 정치인들 중 한림학사를 거치지 않은 이가 거의 없다고 보면 된다. 신종은 즉위하자마자 개혁의 적임자로 익히 점찍어두었던 왕안석을 중앙으로 불러들여 한림학사로 임명하였다. 그리고 이듬해인 1068년에 당시 참지정사(재상)였던 구양수(歐陽修)의 강력한 추천으로 사마광 또한 한림학사가 되었다. 이로써 왕안석과 사마광은 젊었을 적 군목사의 판관으로 부서동료가 된 이래로 다시 한번 같은 부서에서 일을 하게 되었다. 그러나 이번에는 이 둘의 관계가 전과는 판이하게 달랐다. 한림학사는 다수로 구성되어 있었으나 1068년 연화전 회의에는 왕안석과 사마광, 그리고 왕규(王珪), 세 명만 참가하였다. 그리고 사료에는 나와 있지 않지만 그 외에도 원로이자 재상인 구양수, 그리고 국가재정을 장관하는 증공량 정도가 참가했을 것이다. 사실 사장이 부서장들에게 "본안을 검토해서 다음 회의 시 방안을 보고하시오"라고 하였으면 '너희들이 일치된 안을 만들어서 가져와라!'라는 말이지 사장실에서 논쟁하길 바라는 건 아닐 것이다. 당시의 송 조정도 마찬가지였다. 연화전 회의는 황제에게 검토된 안을 보고하고 재가를 받는 절차였지 대신들끼리 토론하는 자리가 아니었다. 하지만 어찌된 영문인지 마흔여덟 살의 왕안석과 쉰 살의 사마광은 황제의 면전에서 서로를 향해 주먹질만 안 했다 뿐이지, 거의 전쟁과 같은 격렬한 쟁론을 펼쳤고 송 신종은 이들의 쟁론을 가만히 경청하고 있었다. 이때 이 둘이 한 말은 둘의 경제관념의 거대한 차이를 대변하며 후세 정치인들과 경제사가들에 의해 두고두고 인용되어 왔다.

왕안석은 이렇게 말했다.

"이재에 능하기만 하면 백성들에게 부담을 더하지 않고서도 (정부가) 쓰는 데 부족함이 없을 것입니다(善理財者, 民不加賦而用饒)."

즉, '재정 정책에 새 판을 짜고 이를 잘 운영하기만 하면 세금을 더 걷지 않고서도 국가재정을 획기적으로 늘릴 수 있다'는 주장이다. 이 말을 들은 사마광은 이렇게 말하였다.

"이 세상에 그런 게 어디 있단 말이오? 천하에서 생성되는 물자와 재화는 다 그 총량이 정해져 있는 것이오(天下安有此理? 天地所生財貨, 止有此数, 不在民, 則在公家)."

-《宋史·司马光传》

즉 생산되어지는 총량은 정해져 있고 재정확충은 단지 분배의 문제라는 것이다. 그러므로 국가 수입을 늘리려면 백성의 부담이 증가될 수밖에 없다는 주장이다. 그래서 사마광은 지출을 줄이고 아껴 쓰는 것이 우선이라고 했다. 왕안석은 나라가 이렇게 크고 백성들이 부유한데 조정이 그런 푼돈을 아끼는 건 국가 재정에 도움이 안 될 뿐더러 허리띠를 조르면 관리들이 딴 주머니를 찰 수도 있으니 줄 건 주고 대신 재정 개혁을 하여 정부가 돈을 벌면 된다는 주장이었다. 사료에 따르면 왕안석과 사마광 간의 논쟁을 경청한 신종은 "사마광의 의견이 더 일리가 있는 것 같은데(朕意与光同)"라고 하였다고 한다. 하지만 어찌된 영문인지 결국 채택된 건 왕안석의 주장이었고 신종은 왕안석과 손을 잡고 개혁의 길을 걷기로 한다.

이보다 4개월 앞선 1068년 4월에 신종은 전례를 깨고 신임 한림학사 왕안석을 불러 독대하였다. 이때 그는 왕안석에게 "조종(선조)이 천하를 세운 지 100년이 넘도록 큰 변화 없이 그럭저럭 태평무사하게 지낸 것은 어떤 이치인고(祖宗守天下, 能百年无大变, 粗至太平, 以何道也)?"라고 물었다.

신종은 태자 시절에 왕안석이 올린 《상인종황제언사서(인종황제에게 올리는 간언서)》를 읽고는 그의 이재치국 방안에 무릎을 치며 탄복하였고 "이 사람이 바로 나한테 필요한 사람이다"라는 생각을 하고 있었다. 당시 그는 아직 왕안석이 어떻게 생긴 사람인지도 모를 때였다. 신종은 왜 왕안석과 독대를 했을까? 왕안석의 변법은 다른 말로 '희녕변법' 또는 '희풍변법'이라 불린다. 신종의 재위 기간에 두 개의 연호가 있었는데 하나는 희녕(熙宁)이고 하나는 원풍(元丰)이다. 그래서 당시에는 이 두 연호에서 한 글자씩을 따와 '희풍(熙丰)변법'이라 불렸으나 후에 변법이 평가절하되고 비난의 대상이 되면서 후세 사가들이 신종을 보호하기 위해 '왕안석 변법'이라 바꿔부른 것이다. 그러므로 이 변법의 대주주인 신종이란 사람이 누구인지, 그가 처한 입장은 어떠했는지에 대해 이해하고 넘어가는 것은 매우 중요하다. 신종이 말한 '건국 후 100년'이란 시간에서 무려 41년은 자신의 할아버지 인종의 재위 기간이었다. 자신의 아버지 영종은 4년도 채 재위하지 못하고 죽었기에 존재감이 거의 없었고 그래서 신종의 비교 대상은 항상 인종이었다. 신종에게는 무려 41년 동안 큰 문제없이 나라를 운영한(최소한 겉으로는) 성군 인종황제라는 거대한 산이 있었고 자신은 인종을 뛰어넘어야 한다는 야심과 강박관념이 있었다. 나중에 나오지만 젊은 신종도 왕안석과 사마광 못지 않은 집념의 사나이이다. 목표가 하나 있으면 옆을 돌아보지 않고 그것을 향해 돌진하는 추진력과 투지가 있지만 이런 사람들은 보통 고집스러워서 자신이 옳다고 정했으면 남의 말이 귀에 잘 들어오지 않는다. 그가 10여 년 동안 반대의 목소리를 막아주고 고집스럽게 나아가 줬기에 왕안석이 변법을 추진할 수 있었다는 건 반박의 여지가 없다. 진정한 개혁이 되었든 개혁으로 포장된 개악이 되었든 새로이 뭔가를 시작하기 전에 늘 하는 일이 있다. 바로 전 정권(또는 전임자)의 잘못된 점을 찾아내어 공론화하는 일이다. 그래야 자신의 신정책이 정당성을 부여받기 때문이다.

　왕안석은 신종의 이 질문에 대한 답변으로 《송왕조 백년무사에 대한 보고서(本朝百年无事札子)》라는 1,453자짜리 보고서를 작성하여 올렸다. 그리 긴 분량은 아니다. 하지만 긴 보고서가 꼭 어필하는 건 아니다. 자신에게 주어진 이 일생일대의 기회 앞에서 그는 아마 밤을 새며 혼신의 힘을 기울였을 것이다. 당송팔대가중 하나인 왕안석의 간결하면서도 핵심을 찌르는 문장력은 신종을 감동시키기에 충분했다. 이 보고서에 서술된 내용은 대략적으로 52장 '위기의 인식'에서 설명된 내용과 일맥상통한다. 이 보고서에서 그는 인종황제 시기의 태평성대의 본질과 숨겨진 폐단을 설명하는데 거진 3분의 2 가량을 할애하였다. 아래에 일부 내용을 발췌하여 번역하였으니 한번 느껴보시라.

《송왕조 백년무사에 대한 보고서(本朝百年无事札子)》

『며칠 전 폐하께서 저에게 "우리 왕조가 백 년을 통치하고도 천하가 태평무사한 원인이 무엇이냐"고 물으셨습니다. (중략)

그러나 본 왕조 몇 대에 걸친 쇠락한 기풍과 영락한 풍속의 폐단에 대해서 황족들은 신하들과 의논한 바 없습니다. 황제가 아침저녁으로 마주친 것은 그저 환관과 궁녀에 지나지 않았고 (조정에) 나와서 정사를 처리하는 것은 관련 부문의 자질구래한 일에 지나지 않았습니다. 과업을 이룬 고대의 군왕들처럼 학사, 대부들과 선왕의 치국방법을 의논하지도 않았고 그러므로 그것을 천하에 실시할 수도 없었습니다. 모든 것을 저절로 굴러가는 추세에 따랐고 주동적인 노력이 부족했으며 (정책의) 명목과 실제 효과 간의 관계를 심도 있게 고찰하지 못했습니다. 군자를 포용을 하지 않은 건 아니나 소인배들 또한 섞여 들어왔습니다. 정확한 의견이 채택되지 않았던 것은 아니나 옳지 않은 이상한 의견 또한 때때로 채용되었습니다. 시와 부를 짓고 아는 것이 많고 기억력이 좋은 것에 의거하여 사람을 뽑았지 학교가 어떻게 하면 인재를 배양할지에 대한 방법을 논하지 않았습니다. 과거시험의 등수와 돈이 많고 적음, 스펙의 좋고 나쁨에 의해 조정의 관직을 배열하였지, 관리의 실적을 평가하는 시스템이 없었습니다. 감사부문은 감사관을 두지 않았고, (변경을) 지키는 장군으로 현명한 신하를 선발하지 않고 빈번하게 관직을 변경함으로써 실적을 평가하기 어렵게 만들었습니다. 고로 이들로 하여금 호언장담만으로 자신을 포장할 수 있도록 했습니다. (중략)

농민은 요역에 피로하지만 특별한 구제 조치를 만나지 못했습니다. (중략) 다행히도 오랑캐들이 창성하는 시대가 아니었고 또한 요(堯), 탕(湯) 시대처럼 수재와 한재가 든 특수한 상황이 아니었기에 천하가 별일 없이 백 년을 넘은 것입니다. 이는 비록 노력의 결과이지만 하늘의 도움 또한 있었습니다. (중략)

금기를 건드림으로써 저에게 쏟아질 수 있는 징벌을 피하고자 신하로서 응당 다해야 할 책무를 저는 감히 쉽사리 포기할 순 없습니다. 부디 저를 너그러이 용서하시고 저의 말을 담아두시기를 간청합니다. 그렇게 된다면 천하가 행복할 것입니다. 타당 여부에 대해 폐하의 영명한 판단을 부탁드립니다.』

신종은 왕안석의 보고서가 시대의 병폐를 정확히 짚었다고 생각했고 그가 부국과 강병을 위하여 제기한 급진적 개혁안에 찬성하였다. 그리고 4개월 후에 연화전 회의가 벌어진 것이다. 신종이 증공량 등이 제기한 '남교제사의 상금을 반납하겠다'는 문제를 굳이 한림원으로 보낸 건 이를 이용하여 개혁의 필요성을 공론화시키기 위한 정치적 절차였다. 이로써 희녕변법의 '신호탄'이 쏘아 올려졌다.

변법의 추진

사실 왕안석 변법의 역사적 교훈은 변법의 내용에 있지 않다. 세상 사람들은 왕안석 변법의 세부 정책들이 가지는 의미와 그 정책의 성패를 따지려 들지만 이 변법이 결국은 실패로 끝난 이유는 정책이 제대로 설계되었느냐 아니냐에 있는 것이 아니었다. 이런 의미에서 왕안석 변법의 세부 정책은 조금 심하게 말하자면 스킵을 해도 이 사건의 본질을 전달하는 데 영향을 주지 않는다. 그렇다고 변법의 내용을 전혀 설명하지 않고 넘어가는 건 독자의 알 권리를 빼앗아 가는 것이고 왕안석에게도 미안한 일이므로 최대한 핵심을 정리하여 설명하고자 한다.

중국의 저명한 경제사가이자 경제 관련 작가인 우샤오보(吳曉波)는 그의 저서 《역대 경제변혁의 득실(历代经济变革得失)》에서 이렇게 말하였다.

> "왕안석의 변법은 정부기구, 산업, 재정, 물가, 그리고 유통 등 모든 분야에 걸친 전방위적인 개혁이었고 어떤 의미에서는 중국의 제왕제 봉건 역사에서 마지막으로 있었던 '전방위적 종합세트 체질개혁(整体配套体质改革)'이었다."

경제 분야 전문가인 우샤오보는 경제 방면만 언급하였지만 여기에 첨언을 하자면 왕안석의 변법은 군사, 교육 분야까지 아우르는 그야말로 "개혁종합선물세트"였다. 그의 개혁안만 가지고 나가도 대선을 치르고도 남음이 있을 정도이다. 그리고 왕안석 이후로 중국은 1911년 전제 왕조 체제가 무너질 때까지 더 이상의 이와 같은 전방위적 개혁을 추진하지 못하였다. 중국 역사에서 특정 시기에 특정 인물(또는 세력)에 의해 전방위적 변혁의 바람이 불었던 적은 언제였던가? 기억을 되짚어보자면 관중, 상앙, 한무제, 왕망 정도가 그에 속한다고 볼 수 있겠다. 그리고 지금 벌어지고 있는 왕안석의 변법이다. 그 이후로도 물론 개혁이 없었던 것은 아니다. 그러나 명나라 장거정의 개혁은 불합리한 사회·경제·정치 체제의 핵심을 건드리지 못했고, 봉건왕조 최후의 개혁이라 할 수 있는 양무운동은 산업화를 위한 개혁만 허용하였다.

왕안석은 무슨 생각으로 증세를 하지 않고 국가의 부를 늘릴 수 있다고 한 걸까? 그는 인종에게 올린 《언사서》에서 "천하의 힘(力)을 모아 천하의 재(財)를 생성시키고, 천하의 재(財)를 모아 천하의 비용(費)을 댄다"고 그의 이재치국 개념을 명확하게 밝혔다. 이것이 정말 가능한 건가?

가능하다. 한 가지는 세금의 원천을 늘리는 것이다. 이건 그리 어려운 이야기는 아닌 것 같다. 생산 종사자인 농민의 부담을 덜어주어 생산에 전념하도록 하고 부자들의 탈세 관행을 적발하여 뜯어내면 된다. 또 한 가지는 시장에서 돈을 벌어오는 것이다. 국가가 어떻게 돈을 벌어온다는 것인가? 국가가 유통과 금융을 장악하면 된다! 왕안석은 원재료에서 생산, 가공, 유통 단계를 거쳐 최종 소비자에게로 들어가는 이 거대한 시장의 움직임 속에서 기회를 보았다.

"부가가치의 사슬과 금융의 움직임 속에서 거상과 지주, 호족들이 취하고 있는 이득을 빼앗기만 하면 충분한 부가 생성되고 그것은 텅 빈 국고를 채우기에 충분하다. 그렇게만 할 수 있으면 민중들에게 부담을 주지 않고서도 국가의 수입을 늘릴 수 있다!"

아마 그는 이렇게 생각했던 것 같다. 이로써 유통과 금융 분야로의 적극적인 국가 진입이 착수된다. 간단히 말하자면 국가가 권력을 가지고 유통업과 은행업을 하는 것이다. 재화의 생산·유통의 모든 단계에서 정부 공사를 끼도록 하고 이 과정에서 필요로 하는 돈은 정부에서 빌리도록 하였다. 또한 민간으로 하여금 건설, 개간 사업 등의 각종 지역경제 발전을 위한 사업을 일으키게 독려한 후 그에 필요한 돈을 국가로부터 융자받도록 하는 것이다. 우리는 한무제가 재정확충을 위해 귀족들과 거상들에게 각종 명목으로 뜯어갔지만 결국 푼돈에 불과했고 '소금 사업의 국영화'라는 한 방으로 해결했다는 걸 기억한다. 권력을 쥔 정부가 마음만 먹고 시장에 개입하면 엄청난 부를 취할 수 있다. 왕안석은 경제학자이다. 당시에는 경제학자라는 개념 자체가 없었으므로 아무도 역사책에 그렇게 적어놓지 않았지만 그는 누구보다도 경제에 해박했으며 그의 관심분야는 경제였다. 앞서서 왕안석의 커리어에 대해 설명할 때 중앙으로 들어오라는 발령을 여러 차례 고사했다는 걸 기억하실 것이다. 그래서 많은 이들이 그를 권력과 공명을 탐하지 않는 군자라 칭송했지만 잘 보면 그 이유를 찾을 수도 있다. 1060년 인종은 그를 삼사도지판관으로 불렀고 그는 이에 응해 개봉으로 왔다. 삼사도지사가 어떤 곳인가? 오늘날 우리나라의 기획재정부이다. 그러다가 모친상을 당해 고향으로 내려가 2년 여 간의 거상 기간을 가졌고 그 후 조정이 다시 중앙으로 부르자(이번엔 다른 부서) 또다시 이유를 대며 고사하였다.[55] 이를 보면 그의 관심사가 경제 분야였다는 것을 짐작할 수 있다. 이렇듯 그는 경제에 대해 남다른 안목과 지식을 가지고 있었고 작금의 문제를 경제 논리와 시장 논리로 풀 수 있다는 자신감을 가지고 있었다.

1069년 신종은 구양수를 파면하고 왕안석을 참지정사에 임명하였다. 이로써 신종이 대주주로 있고 왕안석이 CEO로 있는 변법주식회사가 출범하였다.

거침없는 변법의 전개

왕안석 개혁의 첫걸음은 개혁의 추진 기구를 만드는 것이었다. 그것은 당연한 수순이다. 당시에는 삼사(三司)라는 거대 재정 조직이 이미

---

55) 林语堂《苏东坡传》湖南人民出版社 74쪽 참조

해체되고 상서성 호부로 이관되어 있었을 때였지만 북송의 분권화 제도로 인해 참지정사와 추밀사는 여전히 재정에 관여할 수 없었다. 그렇지만 이미 개혁의 전권을 위임받은 왕안석은 상서성 호부로부터 호부사, 도지사, 염철사를 다시 떼어와 '제지삼사조례사(制置三司條例司)'라는 기관을 설립하였다. 쉽게 말해서 삼사(三司)를 중서성 밑으로 넣은 것이다. 정치력을 가진 재상에게 재정권이 주어졌기 때문에 실로 파워풀한 개혁추진 기구가 만들어진 것이었다. 제지삼사조례사의 수장은 당연히 왕안석이었고 2인자가 여혜경(呂惠卿)이었다. 실제로는 여혜경의 지휘하에 조정의 경제분야 브래인들이 모여 새로운 경제 정책의 세부 사항을 기안하고 있었다.

그의 개혁은 7개의 경제 정책, 5개의 국방 정책, 3개의 교육·임용 정책으로 이루어져 있다. 물론 그의 개혁의 핵심은 경제 분야에 있다. 경제 분야의 7개의 정책을 가만히 들여다보면 '유통 장악'과 '농업 생산력 증대'라는 두 가지 전략으로 분류될 수 있다. 아래에 그중 여섯 개의 경제 정책을 설명하였다.

경제 분야

"국가가 유통을 장악하여 돈을 벌고 물가를 안정시키자!"
☞ 물자조달청과 소매점관리청의 설립

1) 균수법(均輸法)

당시에 거대 유통 시장을 형성하고 있는 것 중 하나가 공물 시장이었다. 송대에 화폐 경제가 전에 비해 크게 발달하긴 했지만 여전히 공납은 상당부분 실물을 징수하였다. 생각해보시라. 민간 부문의 상품유통 경제가 전체 GDP에서 차지하는 비중이 그리 크지 않았던 고대 경제에서 황실과 정부의 지출 중 실물을 담당하는 공물 부분은 실로 어마어마한 유통 시장이었다. 그런데 이 거대한 유통 시장에는 폐단이 있었다. 실물이 먼 길을 돌아오다 보니 도중에 변질 또는 파손되는 경우가 많았고, 나라가 넓다 보니 운송 비용도 많이 들어 배보다 배꼽이 더 큰 경우도 있었다. 정부와 황실의 정확한 수요에 기반하여 징수하는 것이 아니었으므로 어떤 경우는 남음이 있었고 어떤 경우는 모자람이 있었는데 실물이다 보니 이런 경우에 손실이 발생하기도 하였다. 그리고 어떤 지역에서는 상등품이라고 보냈지만 받아보면 다른 지역 물품과 비교 시 열등하여 쓸 수 없었고 이런 식으로 낭비가 발생하기도 했다. 이런 낭비와 추가 비용은 다 무엇인가? 전부 백성들이 짊어져야 하는 짐이었다. 또한 거대 유통·운송 시장에는 항상 거상들이 존재하기 마련이다. 이들이 중간에서 장난을 쳐서 백성들의 부담은 가중되고 물가는 상승하는 폐단 또한 발생하였다. 균수법은 공물(공납) 유통시장의 이러한 폐단들을 해소하여 민중의 부담을 덜고 공물 유통의 효율을 최대화하여 국가의 부를 늘리고자 하는 좋은 취지에서 시작되었다. 사실 이는 서한의 한무제 때 재상인 상홍양에 의해 실시되었던 정책이고 왕안석이 이를 벤치마킹하여 업그레이드시킨 것이다.

인터넷이나 책들을 보면 균수법에 대해 꽤히 어렵고 모호하게 설명되어 있는데 그것은 그저 고대의 사료를 충실하게 번역하는 데 그쳐서이다. 그 구체적인 방법은 이렇다. 위에 설명한 공물 유통의 폐단은 왜 생기는 것인가? 각지에서 일률적으로, 거리에 상관없이 현물을 납부하다 보니 생기는 일들이다. 그러므로 각 지역은 진짜 자기 고장의 특산물이라고 할 만한 거라든가 아니면 가성비가 가장 좋은 물품을 보내고 이것도 저것도 아니면 그냥 돈을 주고 옆 동네에서 가성비가 좋은 물품을 사서 보내는 편이 낫다. 여기서의 가성비란 운임도 포함한 개념이다. 이것이 균수법의 핵심이다. 그러므로 각 지방에 이런 일들을 하는 관청과 관리들이 필요한데 그들을 발운사(发运使)라 하였다. 물자조달청과 같은 개념이다. 그러므로 각지의 발운사의 임무는 막중했다. 예를 들어 후베이성 우한의 발운사는 자신의 지역에서 쌀 1만 석을 거두어서 보내기로 했다 치자. 수확을 할 때 즈음이면 이 발운사는 우한의 1만 석 쌀이 가성비가 가장 좋은지를 계산해야 했다. 지역마다 작황이 다르기 때문에 쌀의 가격에 차이가 있었고 운임도 고려해야 하기 때문이다. 만약 장수성 난징의 쌀 가격이 더 싸고 운임을 고려했을 시에도 그것이 더 경제적이라면 그는 우한의 쌀 1만 석을 돈으로 책정한 후 농민들에게는 그만큼의 돈을 거둬들였다. 그렇게 해서 거둬들인 돈으로 장수성 난징의 쌀을 사서 그곳에서 개봉으로 운송시킨다. 이렇게 하고 보니 우한 발원사의 손에 돈이 조금 남았다. 자신의 고장인 우한에는 쌀 한 섬에 100원이었는데 난징에서 90원에 샀기 때문이다. 실적이 생긴 것이다. 이론적으로는 아주 좋은 정책이다. 하지만 이런 고(高)난이도 금융·상업·물류 업무를 각 지역의 발운사가 제대로 수행할 수 있을까? 발운사의 또 하나 중요한 업무는 중앙의 수요를 정확히 예측하는 일이었다. 이는 중앙 발운사의 역할인데 수요와 공급이 매치되지 않아 벌어지는 낭비를 없애기 위함이었다. 그러므로 발운사라는 집단은 해박한 경제지식으로 이루어진 전문가 집단이어야 했다. 사실 이런 일을 하는 집단이 거상들이었다. 즉 민간에 맡기면 시장의 논리에 의하여 작동하게 되어 있지만 왕안석 변법은 각 섹터마다 거상과 자본가들이 하던 일을 빼앗아서 그 이익을 국가가 취한다는 기본 취지로 설계되어 있었기 때문에 사실은 국가가 거상과 자본가의 역할을 대체하는 것이었다. 자, 이렇게 되었으니 이제 국가가 공물 유통시장을 장악하였다! 현물을 금액으로 산정하는 권한도 국가가 쥐고 있었고 사고팔고 보내는 것도 국가가 담당하였다. 당연히 천하의 돈은 국가의 수중으로 모이게 되어 있었다.

2) 시역법(市易法)

시역법 역시 한무제 때 상홍양의 경제 정책이었는데 왕안석이 이를 발전시킨 것이다. 시역법이란 이렇다. 옛날에도 대도시에는 대형 유통상들과 소규모 자영 점포가 있었다. 대형 유통상이란 거상과 자본가들에 의해 운영되던 집단들을 말한다. 대형 유통상이 자본력과 유통력을 가지고 시장을 교란하고자 하면 경쟁력이 없는 소규모 자영 점포는 물건이 안 팔리고 재고가 쌓이게 된다. 이때 대형 유통상이 안 팔리는 물건을 가격을 후려쳐서 '나한테 팔아라'고 하면 초조해진 소규모 점포 사장들은 울며 겨자 먹기 식으로 손해를 보며 헐값에 넘긴다. 그리고 유통상은 이들 물건을 보관해 두었다가 나중에 가격이 올라가면 가격을 확 올려서 다시 소매점에 판매하였고 도시의 물가는 비정상적으로 폭등하였다. 시역법은 도시의 소매시장에서의 이러한 폐단을 해소하기 위해 "자, 이제부터 공정한 정부가 대형 유통상이 되겠습니다"라고 선언한 것이다. 이 법은 대도시에서만 실시된 정책이다. 수도 개봉에는 시역사(市易司)를, 변경 도시와 지방 대도시에는 시역무(市易務)라는 소매점관리청을 두었고 이렇게 전국에 21개 도시에서 실시되었다. 성 안에서 장사를 하려면 시역사에 등록해야 했다. 이렇게 등록된 점포를 행인(行人)이라 칭했고 그들은 시역사로부터 물건을 매입해서 시역사가 정한 소매가에 판매를 해야 했다. 한마디로 시역사의 가맹점이다. 그런데 말이 자발적 가맹점이지, 성 안에서 장사를 하려면 무조건 등록해야 했다. 또한 시역사는 모든 상품의 소매가를 정했고 고객사인 행인은 그 가격에 판매해야 했다. 행인은 안 팔리는 상품을 시역사의 다른 상품과 교환할 수 있었고 돈이 모자를 때는 시역사로부터 외상구매도 가능하였다. 물론 연 20퍼센트의 이자를 내야 했고 담보를 설정해야 했다. 그러므로 시역사는 소매점관리청에 더하여 대출업무도 담당하였던 것이다. 이론적으로는 소규모 점포를 보호하고 물가를 안정시키는 역할을 하는 좋은 정책이었다.

"농민의 사금융 부담을 덜어주고 국가도 금융 소득을 보자!"
☞ 농업개발은행의 설립

3) 청묘법(靑苗法)

청묘(靑苗)라는 건 '어린 싹'을 말한다. 즉, 곡식이 아직 익어서 누렇게 되기 전 시기를 말하는데 우리의 '보릿고개'에 해당하는 단어이다. 이 시기에 농민들은 먹을 것이 없거나 비료 등을 살 자금이 없어서 어려운 상황에 놓이게 되고 결국 어쩔 수 없이 사금융을 이용하게 된다. 대지주나 거상들로부터 어마어마한 고리로 돈을 빌릴 수밖에 없었고 이렇게 농민들은 높은 이자의 늪에 빠지게 되었다. 오랫동안 지방 관리를 하며 이러한 폐해를 두 눈으로 똑똑히 본 왕안석에게 있어서 이는 반드시 근절해야 하는 폐단이었다. 그리고 그 방법은 의외로 간단했다. 정부가 은행을 하면 되는 것이다! 각 지방 정부는 보릿고개에 창고를 열어 농민들에게 양식을 대출해준다. 양식이 필요하면 양식으로 주고 돈이 필요하다면 돈으로 준다. 당시 대부분 지역은 2모작을 하였으므로 여름과 가을 두 번에 걸쳐서 대출을 하였다. 당연히 이자가 있다. 연 20퍼센트의 저리(?)이다. 지금의 눈으로 봐서는 20퍼센트 연리가 엄청난 폭리처럼 보이지만 당시 농민들이 지주들에게서 빌리던 사금융 이자는 50~100퍼센트에 달했기 때문에 청묘법의 이자는 농민들의 환호를 받기에 충분했다. 그런데 은행이 담보 없이 돈 빌려줄 리가 없다. 당연히 농민들은 집이나 땅을 담보로 설정해야 했고 추가로 다섯 집의 신원보증도 받아야 했다. 즉, 한 집에서 상환을 못하고 있으면 계속 추가 금리가 올라갔고 정 안 되면 집이나 땅을 빼앗았고 그래도 안 되면 옆집에서 상환해야 했다. 여하튼 청묘법은 농민을 고리대금의 착취에서 구제하고 정부는 금융 이득을 취하는 일석이조의 정책이었고 왕안석 변법의 핵심 정책이었지만 동시에 정치적으로 가장 쟁점이 되었던 정책이었다. 왜인가? 이에 대한 이야기는 조금 후에 이어서 하겠다.

4) 농전수리법(農田水利法)

농전수리법은 말 그대로 황무지를 개간하여 농지(農田)를 늘리고 수리(水利) 공사를 하는 정책이다. 이것을 정부가 하는 게 아니라 각 지역 단위로 하여금 이런 사업을 벌이도록 독려한다. 그럼 공사비가 들어간다. 이때 공사비를 현지의 주민들이 빈부에 따라 차등 출납하거나 정부로부터 융자를 받아 낸다. 지주들도 예외는 없었다. 청묘법과 같이 이자와 담보가 있었기에 이는 정부가 운영하는 농업건설은행과도 같았다.

5) 면역법(免役法)

이는 돈을 받고 노역(役)을 면제해주는(免) 정책이다. 모든 농민들은 호 별로 일정 기간 노역의 의무가 주어졌는데 이는 바쁜 농번기에 노동 인력을 부족하게 만들고 지주들은 노역에서 빠지는 폐단이 있었다. 왕안석은 부역 의무제를 폐지하고 돈을 내면 부역을 면해주고 그 돈으로 다시 노동 인력을 고용하는 방법을 실시했다. 이때 내는 돈을 면역전이라 불렀는데 면역전은 빈부에 따라 차등을 두었고 지주, 상인, 사대부 할 것 없이 모두가 대상이었다. 이로써 농민들은 농번기에 일손을 뺏기는 폐해가 없어졌고 정부 입장에서는 부자와 가난한 사람 할 것 없이 모든 백성들에게서 들어오는 면역전으로 노동력을 고용하고도 남음이 있었다. 왕안석 변법에서는 이렇게 빈부에 따라 출납액에 차등을 두었는데 이는 부호들에 대한 일종의 경제적 공격이었다.

6) 방전균세법(方田均税法)

이는 부호들에 대한 노골적인 경제적 공격이었다. 당시 농촌에는 질 좋은 토지를 전부 대지주와 사대부 호족들이 장악하고 있었고 일반 소농민들은 푸석푸석한 땅에서 농사를 짓고 있었다. 게다가 대지주와 호족들이 점유하고 있는 토지의 상당부분은 국가에 신고를 하지 않은 은닉 재산이었다. 북송의 납세 대상 농지는 전체 농지의 3분의 1도 안 되었다고 할 정도로 은닉 현상이 심했는데 왕안석이 이에 대해 조치를 취하지 않을 리가 없었다. 이 법은 토지의 질에 따라 등급을 매겨 차등적으로 세금을 징수한다는 명목이었지만 실제로는 지주들에 대한 전면적인 토지조사를 실시하는 데 목적이 있었다. 물론 궁극적인 목적은 지방 부호들의 은닉 재산 색출과 이를 통한 세수 증대였다.

국방 분야

1) 보갑법(保甲法)

농촌의 촌락을 군대 단위로 편제하여 보갑(保甲)이라는 일종의 향토 예비군을 편성하였다. 다섯 집을 묶어 보(保)라고 칭하였고 매 호마다 건강한 남자 한 명을 보정(保丁)이라 하여 예비 장병으로 삼았다. 이렇게 분대 단위가 만들어졌고 그중 한 명을 선정해 보장(保長)을 두었다. 다섯 개의 보가 다시 대보(大保)를 이루었고 대보의 대장을 대보장이라 하였다. 그리고 다시 열 개의 대보가 도보(都保)를 이루었고 그 대장을 도보장이라 하였다. 이들은 농한기에 정규군과 함께 훈련을 하였다. 이는 어떤 의미에서의 징병제 실시로 이렇게 하여 어느 정도 훈련이 된 예비군은 모병제인 정규군(금군과 상군)을 조금씩 대체하면서 북송 정부의 군대 유지 비용을 절감시켜주었다.

2) 재병법(裁兵法)

금군과 상군의 정년을 55세로 정하여 군대를 정예화하였다.

3) 장병법(將兵法)

병사들을 3년마다 이리저리 옮기게 하는 경수법(更戍法)을 폐지하였다.

4) 보마법(保馬法)

신종 때 전투용 말의 수는 15만 필밖에 안 될 정도로 부족하였다. 그래서 보갑민으로 하여금 세제해택 등 여러 인센티브를 제공하면서 말을 키우도록 독려하였다.

5) 군기감법(軍器監法)

군기감이란 북주(北周) 우문옹의 개혁 때 탄생하여 당대까지 운영되던 무기 개발 및 제조를 관장하는 관청이었다. 오대십국을 거치면서 폐지되었는데 왕안석은 1073년에 군기감법을 반포하면서 전국에 군기감을 설치하였고 이곳에서 무기의 질을 높이고 신무기를 개발하도록 하였다. 군기감에는 열 개의 공장(作坊)으로 구성되어 있었는데 그중에는 화약 무기를 전문적으로 개발하고 제조하는 공장도 있었다. 당시의 화약 무기는 폭발력보다는 로켓 추진력을 이용하는 초보적 수준이었지만 점차 발전하여 1124년 금이 개봉을 공격했을 때 심지를 단 시한폭탄을 던지는 방식으로 방어에 성공했다는 사료의 기록이 있다. 이러한 병기의 발전은 군기감이 있었기에 가능했다.

교육·임용 분야

1) 과거제 개혁

한 국가의 미래를 바꾸려는 시도에는 사실 교육 개혁이 가장 중요하
다. 그리고 교육 개혁은 입시와 임용 제도의 개혁이 받쳐주지 않으면
안 된다. 왕안석 변법의 궁극적 목적을 재정 확충과 빈부 격차 완화라
고 말하는 것은 그의 개혁을 경제 분야로 한정시킨 시각이다. 그의 개
혁 조치 중 경제 조치가 반대파의 격렬한 공격을 받았고 이를 둘러싼
양(兩) 파 간의 공방이 있었기에 우리는 왕안석 변법이라 하면 그의 경
제 개혁을 떠올리지만 사실 왕안석은 인재 양성과 국가의 인재 기용
방식에 대해 오래전부터 문제의식을 가지고 고민해왔었다. 그는 당시
의 과거 제도로는 제대로 된 인재를 뽑을 수 없다고 생각했고 과거 제
도에 대한 두 가지 변혁을 가하였다.

첫째, 그는 명경과를 없애고 진사과만 남겼다. 명경과(明経科)는 무엇
인가? 유교 경전을 시험 보는 전형이다. 왕안석 같은 현실론자이자 유
물론자의 눈에 유교 경전을 달달 외워서 공란 채우기 같은 것을 하는
것만큼 한심한 짓은 없었을 것이다. 명경이란 건 이 시기부터 중국의
역사 속에서 사라진다. 그런데 유교 경전을 시험 보는 전형 자체를 폐
지한 사람이 공자묘에서 맹자와 같은 반열에 올려진다? 여기서 오해하
면 안 될 것이 왕안석은 명경과의 암기식 시험 방식을 없앤 것이지 유
가 사상 자체를 부정한 것은 아니다. 그러면 진사과(进士科)는 무엇인
가? 송대의 진사과는 시부(诗赋)와 책론(策论), 두 가지 시험으로 구성
되어 있었다. 시부는 말 그대로 시(诗)나 사(司)를 짓는 것이다. 시험의
기준은 자신의 창의성을 제대로 표현하는 것보다는 시부의 엄격한 규
칙을 누가 잘 지켰느냐였기 때문에 겉만 화려할 뿐 개인의 독창성이나
실용적 접근이 발휘될 수 없었다. 중국과 우리나라의 실용적 마인드를

억누르는 데 아주 큰 역할을 했던 것이 과거제에서 시부를 시험 본 것이었다. 책론은 주제를 주면 그에 대한 자신의 의견을 서술하는 것이다. 시사·정치 문제가 주어질 때도 있었고 경전의 내용을 해석하라는 문제가 주어질 때도 있었다. 책론은 자신의 창의적인 해석이나 견해를 유감없이 밝힐 수 있었기 때문에 응시자의 내공의 차이가 그대로 드러났다. 왕안석은 진사과에서 시부를 폐지하고 그 대신에 경전의 해석과 시무책(시사 문제 논술)만 보도록 건의하였고 신종의 재가를 얻었다. 또한 명경과를 폐지하는 대신 법률을 시험 보는 명법과(明法科)를 신설하였다.

우리의 과거제도는 어땠을까? 고려의 과거제는 명경과 제술의 두 가지 과목이 있었는데 제술은 송의 진사와 같은 것으로 기본적으로 왕안석 변법 전의 중국과 비슷한 구조였다고 볼 수 있다. 조선으로 와서 고려의 명경과 제술이 생원(유교 경전 암기력 테스트)과 진사(문장력 테스트)로 이름이 바뀌었고 생원·진사가 오늘날의 9급 공무원 시험에 해당하는 소과를 이루었다. 소과에 합격한 사람은 5급 고시에 해당하는 대과에 응시할 자격이 주어졌는데 대과 역시 비슷한 과목이었고 최종 단계에서 국왕이 직접 출제하는 문제에 대한 논술을 하였는데 이때 시사 문제나 정책 문제가 출제되었다. 17세기 말에서 18세기 초의 실학자 이익은 과거 제도의 문제점을 지적하면서 명경과 폐지를 주장하였는데 왕안석의 개혁 조치와 일맥상통한다고 볼 수 있다.

2) 태학 개혁(삼사법)

왕안석은 하루 이틀 사이에 보는 시험으로, 한 두 명의 입시 사정관에 의해 수백, 수천 명 응시자의 평생의 노력이 평가되는 과거 제도 자체가 불합리하다는 생각을 가지고 있었다. 그는 학교가 인재를 배양하는 교육기관일뿐 아니라 인재를 선발하는 기관이 되어야 한다는 주장을 가지고 있었다. 지금의 눈으로 봐도 상당히 선진적이고 파격적인 제안이다. 그리고 이러한 사상에 의거하여 국립대학인 태학을 개혁하는 삼사법(三舍法)을 발의하였는데 그 내용은 이렇다. 생원은 현과 주의 학교로부터 한 단계 한 단계 시험을 통하여 국립대학인 태학에 입학한다. 생원(生員)이란 당송 때에는 지방 학교나 태학에서 공부하는 사람을 통칭하는 개념이었고 명청 때에는 하급 과거시험을 통과하여 상급 과거 시험을 칠 자격이 주어지거나 태학에 갈 자격이 주어진 사람을 말하였다. 조선 시대의 생원과 명청시대 생원은 거의 같은 개념이었다. 그러나 지역과 시대를 떠나서 역사 속에서 생원이란 중앙 공무원이 되고자 하는 고급 고시 준비생이라 생각하면 된다. 왕안석의 안에 의하면 태학은 외사(外舍, 2000명), 내사(內舍, 300명), 상사(上舍, 100명)의 3등급으로 개편하고 상사는 다시 상, 중, 하 3등급으로 나누어 상사의 상등급을 졸업한 학생은 과거시험을 보지 않고 바로 관직을 수여받게 한다. 즉, 진사 합격자와 동등한 대우를 받는 것이다. 각급 학교에서 다년간의 체계적인 교육을 거치고 또 다시 태학에서 층층의 경쟁을 거쳐서 도태될 사람은 도태되고 최종적으로 두각을 나타내는 사람들로만 구성된 상등생은 분명히 믿을만한 실력과 인품을 갖춘 사람이었을 것이다. 한 번의 시험으로 인생이 결정되는 과거제에 비해 이러한 단계적 평가에 의한 선발제도는 분명 훨씬 합리적이다. 이 정책은 과거에 준하는 시험들을 학교 내에서 실시하는 등 학교가 인재 배양 뿐 아니라 임용 기능을 하여 궁극적으로는 과거제를 대체해야 한다는 왕안석의 혁신적인 과거제 개혁 구상을 드러내고 있다.

그러나 이 조치는 너무 파격적이었고 시대를 너무 앞서갔다. 왕안석 집정 시기에는 삼사법이 실행될 수가 없었고, 철종 소성년간(邵조

1094~1098)[56]에 잠시 과거제를 폐지하고 삼사법으로만 관리 임용을 한 적이 있긴 하나 휘종 선화3년(1121)에 다시 이 법을 폐지했다.

눈부신 변법의 성과

변법은 효과가 있었나? 그렇다. 특히 재정 확충에 있어서의 성과는 눈부셨다. 그것이 어느 정도였는지 화려한 수식어보다는 문헌에 기재된 몇 가지 실례를 드는 것이 좋겠다.

신종과 철종 시기의 관리이자 학자인 육전(陆佃)은 이렇게 말했다.

> 『원풍년간(1078~1085)에 곡식 천만 석이 뒤덮였고 사방에 상평전[57]
> 을 셀 수가 없었다(造元丰间, 积粟塞上, 盖数千万石, 而四方常平之钱,
> 不可胜计).』

육전은 왕안석의 제자였으므로 스승의 업적에 대해 객관적이고 공정한 평가를 하기 어려웠을 수도 있다. 그럼 다른 기재를 찾아보자. 《송사》는 이렇게 말하고 있다.

> 『희녕, 원풍년간에 각 도시의 창고는 넘쳐나지 않는 곳이 없었고
> 소읍에 쌓인 돈과 쌀도 20만이 넘었다 (熙宁,元丰之间, 中外府库, 无不
> 充衍, 小邑所积钱米, 亦不减二十万).』

---

56) 소성(邵圣)년간은 고태후 사후 철종의 친정 기간으로서 당시 철종은 고태후에게 눌렸던 것에 대한 반발 심리로 그리고 장돈, 채경, 채변 등 변법파 소인배들은 복수심으로 극단적 변법 정책을 추진하였던 시기이다. 당시에는 변법파에 대한 아무런 견제 세력이 없었다. 소성(邵圣)이라는 연호 자체가 '선황(신종)의 정책을 계승'한다는 뜻을 담고 있다.
57) 정부가 민간에 빌려주고 받는 돈, 청묘전과 같다.

송말과 원초기에 지어진 전장제도사(典章制度史)인《문헌통고(文献通考)》는 이렇게 말하고 있다.

『개혁 전의 국가 세수는 경덕 시기(1004~1007)에 6,829,700석, 황우년간(1049~1054)에 338,457까지 떨어졌다가 치평년간(1064~1067)에 12,298,700석으로 올라섰다. 그런데 개혁 후인 희녕10년(1077)에 와서 52,101,029석으로 증가했고 이는 치평년간과 비교 시에도 4배 이상 증가한 양이었다. 조정이 쌓아둔 돈과 곡식이 "십수백만"이었고 호부의 경비(정부 지출)로 20년을 쓸 수 있는 양이었다. 이 변법의 효과는 실로 거대했다.』

시역사가 거둬들인 수입만으로도 북송이 한 해 동안 여름과 가을 두 번에 걸쳐 거둬들이는 세금의 3분의 1에 달했다. 청묘법으로 거둬들이는 이자 수입은 놀라웠다. 청묘법과 균수법에 의해 상공되는 돈, 곡식, 비단 등은 실로 엄청났고 그래서 송정부는 부랴부랴 개봉에 52개의 창고를 신설해야 했다.

이밖에도 변법의 각 법령은 대단한 성과를 거두었고 기본적으로 목표한 효과를 이루었다. 면역법(免役法)은 농민을 노동의 고역에서 해방시켰다. 비록 돈을 내야 했지만 지불 능력에 따라 상등호와 하등호로 나눴기 때문에 농민의 부담은 그리 크지 않았다. 면역법은 농민들의 광범위한 환영을 받았고 민중들은 기뻐하며 환호하였다. 방전균세법(方田均税法)은 귀족과 지주로 하여금 더 이상 토지를 은닉하지 못하도록 하였다. 농전수리법(農田水利法) 실시로 수리 공정이 크게 늘었고 이는 농업생산 증대에 거대한 역할을 하였다.《송회요집고(宋会要辑稿)》에 의하면 변법 시기에 전국에서 진행되었던 수리(水利) 프로젝트가 1만

7,093곳이었고 그 수혜를 입은 전답이 36만 1,779경(頃)[58]이었다고 한다. 매년 전국 방방곡곡에서 하천을 정비하고 농지에 물길을 대는 공사가 먼지 날리도록 벌어지고 있었던 것이다. 이는 송대에서뿐만 아니라 중국의 봉건 왕조제 역사에서 전례가 없는 일이었다. 송대의 경작지는 2대 태종 때 3.1백만 경, 3대 진종 때 5.2백만 경, 그리고 송신종 원풍년간(1078~1085)에 7백만 경에 달한다.

군사 방면의 개혁도 어느 정도 효과를 보았다. 보갑법의 실시는 농촌의 통치 질서와 치안을 강화시켰다. 정부는 전국적으로 병력의 예비자원을 보유하게 되었고 이로써 군 유지 비용을 크게 절감시킬 수 있었다. 재병법과 장병법은 군대의 질을 높여 전투력을 증강시켰고 군기감법은 무기의 생산량과 질을 크게 개선하였다. 변법의 강병 정책은 북쪽의 거란과 서쪽의 서하에 매번 깨지기만 하던 북송의 '적약' 국면에 반전의 희망을 주었다. 1073년(희녕6년)에 왕안석의 주도하에 변법파의 무장 왕소(王韶)가 군을 이끌고 토번 지역의 강족을 공격하여 하주(河州), 조주(洮州), 민주(岷州) 등 5개 주, 1,800리를 획득하였는데 이는 북송 건립 이래 가장 큰 군사적 성과였다. 물론 서남 지역의 강족은 북서 지역의 주적인 요와 서하에 비하면 쉬운 상대였지만 단 한 번의 승전보에 목말라 있던 송신종에게는 긴긴 가뭄 끝에 단비가 내리는 듯했다. 전공을 치하하는 연회에서 송신종은 그 자리에서 자신이 메고 있던 옥대를 풀어서 왕안석에게 하사하였다. 이는 신하로서 받을 수 있는 가장 큰 영광이었다.

---

58)   1경=100무(畝)

왕안석이 보지 못했던 것

그런데 왜 사람들은 변법이 실패했다고 하는 걸까?

경제사가 우샤오보(吳曉波)의 말을 다시 한번 빌려보자.

> "왕안석 변법의 최초 지향점은 두 가지였다. 하나는 최대한 재정
> 수입을 늘리는 것이고 또 하나는 부호들을 타격하여 빈부격차를 줄
> 이는 것이었다. 그 결과 역시 두 가지로 나타났는데 전자는 단기간
> 내에 신속한 효과를 보았지만 장기적으로는 실패하게 되어 있었고,
> 후자의 목표는 한 번도 실현된 적이 없었다.[59]"

도대체 변법에 무슨 일이 일어난 것일까?

왕안석 변법의 각 항목은 상당히 과학적이고 효과적으로 설계되어
있었고 일부 정책은 지방에서 시범 실시도 하였다. 왕안석이 은현(오늘
날 저장성 닝보)의 지현(현장)으로 있을 때 "이자를 받고 곡식을 대출해주
고, 수리 사업을 일으키고, 학교를 세우는 등의 일을 벌였고 주민들에
게 매우 큰 도움이 되었다"고 《송사》에 기재되어 있듯이 그는 자신이
지방관으로 있을 때 각종 정책들을 테스트 해보았다. 그러나 현이나 주
에서 실시한 정책을 전 중국에 똑같이 카피하였을 때 현과 주에서 거
둔 성공도 똑같이 카피될까? 여기에서 일단 왕안석의 오해가 있었다.

변법은 시작 초기에는 사마광, 여공저, 소식 등 그와 가까웠던 동료
관원과 지식인들로부터 우려의 목소리가 있었고 조금 지나자 한기, 구
양수 등 많은 원로대신들까지 반대를 하고 나섰다. 이들의 반대는 그냥
반대가 아니라 죽기 살기의 반대였다. 신종 때 조정의 회의는 매일 같

---

59)   吳曉波, 《历代经济变革得失》, 浙江大学出版社, 2016.11, 107쪽

이 변법의 폐단을 지적하는 주청이 올라왔고 왕안석, 여혜경 등은 황제 앞에서 이들의 공격에 매번 침 튀기는 반박을 하며 변법을 방어해야 했다. 그래서 조정은 조용할 날이 없었다. 이들은 왜 반대를 했을까? 간단히 말하자면 이 정책들은 결국은 백성들에게 해가 될 거라는 것이었다. 그리고 이들의 우려는 현실이 되었다. 백성들은 전보다 더욱 살기가 어려워졌고 원성은 높아만 갔다. 개혁의 수정이나 폐지를 요청하는 신하들의 주청이 잇달았고 그 상소문은 신종의 책상 위에 산처럼 쌓였다. 그렇지만 왕안석은 동료 관원들의 진심어린 권고에 결연한 태도로 귀를 막았고 신종 역시 대신들의 보고를 읽고도 무시하였다. 동시에 왕안석의 수하들은 변법을 반대하는 소신 있고 충심어린 대신들을 전부 적폐 세력으로 몰아서 지방으로 좌천시키는 작업을 벌였다. 자신들의 개혁을 완수하고자 하면 반대의 목소리를 없애고 조정을 자기 사람으로 채워야 했기 때문이다.

이 개혁은 정말로 백성들에게 해가 되는 개혁이었나? 그의 변법은 뭐가 어디서부터 문제였나? 왕안석이 보지 못했던 건 과연 무엇이었을까?

관(官)이 민(民)을 대신함으로써 나오는 폐해

왕안석은 '사람'이란 요소를 간과하거나 너무 과소평가했다. 여기서 말하는 '사람'이란 두 가지로 말할 수 있다. 하나는 현장에서 정책을 집행하는 공무원 집단, 즉 '관(官)'을 말하며 또 하나는 왕안석 사단의 인사들, 즉 왕안석 자신의 '용인(用人)'을 말한다. '관(官)'이란 오늘날 주민센터에서 민원 서비스를 해주는 그런 친절한 공무원들을 떠올리면 안 된다. 관이 언제부터 민에게 친절했나? 관이란 원래 민에게 고압적인 집단이었다. 사실 우리나라의 민원 창구 서비스가 친절해지고 효율적이며 개방적이 된 것도 불과 20~30년 사이의 일이 아니었던가? 중국은 아직까지도 공무원들의 '관(官)'적인 특성을 버리지 못하고 있다. 국가의 힘인 '관(官)'이 모든 것의 위에 있는 관제적 성향은 중국이 아마 전 세계에서 가장 강할 것이며 900년 전에는 이보다 열배 백배 심했을 거다. 왕안석은 시스템만 잘 만들어 놓으면 알아서 잘 굴러갈 것이며 설령 약간의 폐단이 있을지언정 그 순기능이 훨씬 클 거라고 믿었던 것 같다. 이는 마치 상앙, 이사 등 과거 법가주의 정치가들이 가지고 있었던 오류와 비슷하다. 동북아의 역사에서 관(官)의 특성이란 무엇인가? 역사적으로 관리들이 그렇게 깨끗했었나? 이들은 믿을만한 사람들이었나? 이제 이들에게 거대 이권의 운영권이 주어졌다. 그렇지만 관에게 그 이권을 합리적이며 애민정신에 입각해서 운영하라고 하는 건 초등생에게 미적분 문제를 풀라고 하는 것만큼 어려운 일이었다. 그러면 어떻게 되겠는가? 일선 관리들의 맹목적인 집행과 그 과정에서의 부패로 치닫게 된다. 왕안석이 소도시의 시장을 하면서 집행했을 때와 전국적인 실시는 달랐다. 그가 지방관으로 있을 때는 모든 것이 그의 시야에 들어왔고 모든 것이 그의 통제하에 놓여있었다. 그러나 전국적으로 실시했을 시에는 모든 곳이 제대로, 적절하게 실시되고 있는지를 알 길이 없었고 통제할 수도 없었다.

또 하나 그가 저지른 오류는 그의 경제정책의 핵심이 이재(금융)을 이용하여 부를 쌓는 것이다 보니 눈에 보이는 실적에 집착할 수밖에 없었다는 것이다. 당연히 전국에 있는 관리들의 고과에 신법의 추진 성과가 새로운 평가 요소로 들어갔다. '평가 요소에 넣어서 고과를 매기는' 건 기업에서는 정책이나 전략에 실행력을 가져다주는 지극히 당연한 방법이긴 하지만 국가 정책에 있어서는 자칫 잘못하면 실로 무서운 결과를 초래할 수 있다. 왜냐하면 이들에게는 관(官)의 힘이라는 게 주어져 있고 이 집단이 맹목적이 되면 재앙이 될 수 있기 때문이다. 청묘법은 북송의 지방 공무원들을 전부 영업맨 겸 채무추심사로 만들었다.

크고 작은 권력을 가진 자들이 영업맨이 되었으니 그 사회는 어떻게 되겠는가? 영업 목표라는 것은 예나 지금이나 절대로 조금만 노력하면 달성할 수 있는 수준으로 주어지진 않는다. 왕안석이 이끄는 삼사조례사는 매출을 올리려고 직원들과 협력 업체들을 쥐어짜내는 오늘날의 악덕 기업이 되어버렸다. 이들은 목표치를 설정하고 그 목표를 각 지방으로 할당하였을 것이다. '헉' 소리 나는 목표치를 받은 지방장관은 어떻게 하는가? 별수 있나? 이들도 하급 지역으로 할당을 할 수밖에. 이런 식으로 적잖은 목표가 각 지역의 관청과 일선 관리들에게로 할당이 떨어졌다. 대표적인 게 청묘법이었다. 청묘법이란 민간 대출을 국가가 대체하는 것이니 관리들은 자기 지역의 농민들에게 "이제 고리의 사금융을 이용하지 말고 관청에 와서 20퍼센트 이자의 대출을 받으세요!"라며 적극적인 홍보를 했을 것이다. 관리들에게는 대출 실적이 자신의 고과에 반영되었다. 여기까지는 좋다. 적당히 했으면 괜찮았을 것이다. 그런데 한 번 가속 페달을 세게 밟은 차는 멈출 줄을 몰랐고 계속 속도를 내며 거침없이 질주하였다. 영업맨이 된 관리들은 자신들에게 주어진 힘을 가지고 영업 실적을 초과달성하는 데에만 눈이 벌게졌다. 왕안석이 지방관으로 있을 때에는 이런 것을 통제할 수 있었지만 천하에 왕안석은 단 한 명뿐이었다. 이제 청묘법이란 보릿고개에 돈이 급한 사람이 융자를 받는 게 아니라 돈이 필요하든 안하든 모든 농민들이 반강제적으로 신청해야 하는 세금처럼 되었고 관리들에게 이들 농민들은 그저 청묘전을 강매할 대상일 뿐이었다. 상인이나 지주들은 아무리 탐욕스러워도 사람들로 하여금 강제적으로 돈을 빌리게 할 수는 없었다. 그런데 관(官)은 그걸 할 수 있다. 왕안석이 생각지 못한 건 바로 이 점이었다.

청묘법의 또 한 가지 문제점은 이들은 돈을 빌려주고 이자를 받을 생각만 했지 농민들이 돈을 못 갚는 일이 벌어진다는 건 크게 염두에 두지 않았다는 것이다. 사실 이점은 사마광 등에 의해 끊임없이 제기되었던 문제였다. 가뭄이 들거나 홍수가 나서 작황이 좋지 않으면 농민들은 돈을 갚고 싶어도 못 갚는 일이 벌어질 수 있다. 지주나 상인에게서 돈을 빌리고 못 갚으면 그래도 여러 가지 대안이 있었다. 그 집에서 일정 기간 일을 해준다거나 다른 물건으로 준다거나 상환 기간을 연장받는다든가, 물론 못된 지주들은 못된 짓을 했을 것이다. 그렇지만 이들이 할 수 있는 못된 짓이란 관이 할 수 있는 수단에 비하면 아무것도 아니었다. 관은 얄짤 없었다. 왜냐하면 돈을 빌려주는 것도 실적이지만 빌려준 돈과 이자를 받아내는 것은 더 중요한 실적이기 때문이다. 이들은 어떻게 하였는가? 농민들이 빌린 돈을 갚지 못하면 벌금을 부과한다. 그래도 갚지 못하면 담보를 회수한다. 그래도 다 회수가 안 되면 농민을 감옥에 넣어버리고 보갑법을 여기에 끌어들여 한 보(나머지 네 집)에서 무조건 상환을 하도록 했다. 그러니 돈을 못 갚게 된 농민들은 어떻게 하겠는가? 감옥에 가던가 아니면 전부 집을 버리고 도망을 가는 거다. 농민을 고리대금의 착취에서 해방시키고자 실시한 정책이 농민들에게 재앙이 된 것이었다. 더 기가 막힌 건 상환을 못하는 경우가 발생하자 관리들은 어떻게 했을까? 목표량을 조정해야겠지만 상부의 목표량은 조정되지 않았다. 그래서 이들은 상환 능력이 있는 중산층과 부자들에게 대출상품을 팔았다. 그런데 이들은 돈이 필요한 사람들이 아니다! 상관없다. 나는 관(官)이니까! 결국 청묘법은 필요한 사람은 혜택을 못 누리고 필요없는 사람들에게 강매하여 국가가 이익을 강취하는 정책이 되어버렸다.

균수법은 어떤 폐단이 있었을까? 앞서서 균수법을 설명할 때 언급했듯이 이의 운영에는 각 지역 발운사의 역할이 관건이었다. 그런데 이들이 수급을 잘 따지고 가격을 비교하여 가장 경제적인 선택을 했을까? 이거야 말로 초등생에게 양자역학을 이해하라는 거나 마찬가지였다.

그러니 대부분의 발운사는 어떻게 했을까? 이들의 입장이 되어보면 간단하다. 이것도 저것도 귀찮고 그냥 무조건 가격을 후려치는 것이다. 왜냐? 그들은 관(官)이고 관은 상(商)보다 위에 있으니까. 상인들에게는 그래도 '상도'라는 게 있다. 그러나 관리들에게 '상도'라는 게 있던가? 법 집행을 할 수 있는 집단이 가격을 후려치는데 어쩔 도리가 있나? 이 정도만 해도 이해해줄 만하다. 발운사들의 또 한 가지 선택은 매입 가격을 시장 가격보다 훨씬 높은 가격에 책정해주고 상인들로부터 뒷돈을 받는 것이었다. 균수법은 국가의 상업 활동을 심각하게 위축시켰을 뿐 아니라 제조업자들(수공업자)도 더 이상 질 좋은 제품을 만들고자 하지 않았다. 물론 정부의 재정흑자는 날이 갈수록 쌓였다.

시역법은 어떻게 되었는가? 소매점들이 가져다가 파는 물건은 당시는 전부 수공업품이었고 그 품질과 원가, 사입가는 가게마다 전부 다르다. 이러한 시장 논리를 완전히 무시하고 시역사(시역무)에서 일괄 가격으로 매입해서 일괄 가격으로 판매하라고 하니 소매점들의 손해가 막심했다. 그러니 이들 입장에서 질 좋은 상품을 팔 필요도 없어졌다. 성 안으로 들어와서 장사를 하고자 하는 소매업자들은 전부 시역사에게 상품을 매입당할 테니 아예 성 안으로 들어오지도 않고 성을 우회해갔다. 성 안에는 질 좋은 상품이 자취를 감췄고 새로운 소매업자들이 성 안으로 들어오질 않으니 결국은 도시의 소매 시장을 위축시키는 결과 밖에는 없었다.

소인배들로 가득 찬 변법파

그런데 이에 대한 경고의 목소리가 없었을까? 북송은 이미 상앙이 변법을 일으킬 때와 같이 사람을 반으로 갈라 죽일 수 있는 시절이 아니었고 진시황 때와 같이 사상과 언론 통제가 완벽하게 가능했던 시절도 아니었으며 한무제 때와 같은 파쇼 정권도 아니었다. 북송은 아마도 중국의 봉건 왕조 역사상 가장 언로가 넓고 사대부들의 자유로운 의견 개진이 가장 활발했던 시기라 생각해도 무리가 없다. 건국 초기 통치자들은 그렇게 하는 것이 조씨 왕조를 안정적으로 유지하는 데 유리하다고 생각했기에 시스템적으로 그렇게 만들었고 그런 분위기를 허용했다. 대신들 간의 견제와 균형이 있어야 특정 대신이 세력화되는 것을 방지하고 황제가 특정 집단의 의견에 휘둘림 없이 지엄한 존재로서 유지될 수 있기 때문이다. 그러므로 희녕 변법 기간에 전국에는 민중들의 원성을 담은 양심 있는 지방 장관들의 상소문과 조정 대신들의 반대 의견이 끊이지 않았고 왕안석의 탄핵을 요구하는 주청이 잇달았다. 문제는 왕안석이 반대의 목소리에 귀를 닫았고 신종 앞에서는 갖은 논리로 반대 의견을 다시 반박하여 막아내었으며 오히려 흔들림 없이 변법을 지지해줄 것을 요구하였다는 점과 왕안석 못지않는 고집을 가지고 있는 신종 역시 신하들의 상소에 흔들리지 않고 변법파의 손을 들어주었다는 것이다. 사실 정책의 성패를 당대에 판단하는 건 지금과 같이 미디어가 발달한 시대에도 결코 쉬운 일이 아니다. 정책의 득실을 판단하는 입장에 있는 사람은(옛날에는 군주였고 지금은 국민들일 게다) 여러 당파들의 정치적인 해석에 의해 흔들릴 수밖에 없기 때문이다. 어떤 정책의 옳고 그름에 대해 당신이 생각하는 게 맞다고 확신할 수 있는가? 나는 아직도 그것이 안 된다. 당시 신법을 비판하는 사람들은 갖은 예를 들며 "신법으로 인해 백성들이 도탄에 빠졌습니다!"라고 했다. '백성들이 도탄에 빠졌다!' 군주에게 있어서 이보다 더 가슴을 철렁하게 하는 말이 있을까? 이 말을 들은 신종은 속으로 '아, 나 때문에 선황께서 일구신 강산이 도탄에 빠지는 거 아닌가? 만약 이 말이 사실이라면 선황의 얼굴을 어떻게 보나? 나는 실패한 군주로 역사에 남을 것이 아닌가…'라는 의심을 하게 된다. 그러면 왕안석과 여혜경은 이렇게 말했다. "신법은 기득권층이 누리던 부당 이익을 가져오고 힘없는 백성들에게 이롭게 설계되어 있습니다. 저들은 자신들의 기득권과 이익을 사수하기 위해 군주의 눈과 귀를 흐리고 있습니다." 이 또한 얼마나 마음을 움직이는 말인가? 이 말을 들은 신종은 "그래, 내가 여기서 흔들리면 안 되지. 부작용이 아예 없을 순 없겠지. 반대하는 놈들은 지들 이익을 지키려는 적폐 세력들이야. 그러니 더 큰 대의를 위해서 강하게 나가자!" 이렇게 마음먹게 되는 것이다.

왕안석은 물론 정파의 군자이다. 당시에 변법을 그렇게 욕하던 반대파 정치인들조차 이를 부정하진 않았고 오늘날의 중국 사학계나 일반인들도 모두 왕안석이 정파 군자였다는 걸 의심하지 않는다. 왕안석은 조정 안에서 정책 대결을 할 때에는 상대에 대해 신랄한 비판을 하고 자신도 신랄한 비판을 받았지만 그렇다고 조정 밖에서 자신을 반대한 사람에 대해 모함을 하거나 비열한 짓을 하진 않았다. 그러나 문제는 그를 제외한 변법파의 모든 이들이 소인배들이었다는 것이다. 왕안석 혼자 송의 적빈적약을 걱정하고, 고통받는 민중들을 구해줘야겠다고 마음먹고, 개혁 구상으로 잠 못 이루고, 그 혼자 금욕적이고 청렴하였으며 그 혼자 일부일처를 하였지 그의 깃발하에 모인 대부분의 사람들은 저마다 딴 생각을 하고 있었다. 이들은 왕안석이라는 거대한 정치인의 영향력에 기대어, 폭풍 같은 변법의 위력을 등에 업고 권력과 부를 잡으려는 생각밖에 없던 투기꾼들이었다. 그래서 왕안석에게는 '소인배들의 수장'이라는 모욕적인 타이틀이 붙었는데 죽은 왕안석의 입장에서는 그 타이틀이 주는 모욕감보다도 더 충격적인 건 그 말을 반박할 수 없다는 것일 게다. 왕안석은 변법에 조금이라도 반대하는 자를 기용하지 않았다. 원래는 왕안석 사단에 좋은 사람들도 많이 있었다. 당송 팔대가 중의 하나인 소철(소식의 친동생이다)도 처음에는 삼사조례사에서 일을 했었다. 그러다가 변법의 문제점을 제기하자 곧 내쳐졌다(제발로 나온 건지 잘린 건지는 확실치 않다). 유민도로 왕안석에게 결정적인 타격을 입힌 정협(鄭俠)도 원래는 왕안석이 끌어준 사람이었고 왕안석에게 충성하던 인물이었다. 그 역시 변법의 문제점을 왕안석에게 여러 번 지적하였으나 전혀 먹히지 않자 마음속에서 왕안석을 떠나보냈다. 이렇듯 원래는 왕안석의 능력과 인품을 존경하고 그를 따르던 좋은 사람들이 무지 많았다. 그런데 변법 시행 후 몇 년 안 되어 다 떠났다. 그리고 그의 사단에는 능력 미달, 자격 미달에 충심도 지조도 없는, 권력 투쟁의 얄팍한 두뇌만 있는 소인배들로 채워지게 되었다. 결국 왕안석 그 자신도 자신이 2인자로 만들어 주었던 여혜경과 같은 인물에 의해 배신을 당하지 않았나.

이런 사람들로 가득 찬 변법파 사단에 제대로 된 자정 작용과 오류 수정 작용이 작동되었을까? 이들은 왕안석의 눈과 귀를 가리고 반변법파 인물들을 공격하고 좌천시키는 일에 몰두하였다. 아무리 왕안석이 대단한 사람이라 할지라도 신이 아닌 이상에야 자신이 모든 걸 다 알 수 있었겠는가? 많은 부분 아래 사람들이 올리는 보고와 건의에 의존할 수밖에 없었을 것이다. 그러므로 변법의 폐단에 대해 수정을 하지 않고 고집스럽게 나아간 건 이들 왕안석 사단 내부에 감사와 피드백 기능이 전혀 작용하지 않고 있었다는 걸 뜻한다.

왕안석은 왜 이 두 문제를 보지 못했을까? 남들한테는 보이는 게 왜 왕안석에는 보이지 않았을까? 이에 대한 답을 사마광이 해주었는지만 어차피 달라질 건 없었다.

사마광의 세 번의 편지

왕안석이 참지정사가 된지 딱 1년이 지난 1070년 2월 12일, 신종은 사마광을 추밀부사로 특별 발탁하는 조서를 내린다. 당시 그의 나이 쉰두 살이었다. 앞서 설명했듯이 북송은 부재상인 참지정사가 실질적인 재상이었듯이 군사 분야에서는 추밀부사가 실질적인 추밀원의 실세였다. 추밀부사가 된다는 건 국가 리더 그룹에 들어간다는 뜻이고 왕안석과 분야는 다르지만 동급이 되며 황제와 자주 면담을 할 기회가 주어진다는 걸 뜻했다. 반변법파들은 환호했다. 그러나 뜻밖에도 사마광은 다섯 번이나 황제에게 주청을 올려 '자신은 군사 분야를 잘 모른다'는 이유로 고사의 뜻을 밝혔고 자신을 지방으로 발령내줄 것을 요청하였다. 이 소식이 전해지자 허베이 지역으로 좌천되어 있던 원로대신 한기(韓琦)가 급히 서신을 썼고 그 서신은 개봉에 있는 또 한 명의 원로대신 문언박(文彦博)[60]에 의해 사마광에게 전달되었다. 내용인 즉, "자네가 (조정 내의) 변법파들과 뜻이 맞지 않아 서로 어울릴 수 없는 것을 잘 알고 자네의 고귀한 뜻도 잘 알고 있네. 그러나 지금과 같은 시국에 자네와 같은 사람이 황제의 지근거리에 있는 것이 필요하네. 그러니 나라를 위해서 일단 추밀부사 자리를 받아들이고 황제를 최대한 바른 길로 이끌도록 노력해줄 수 없겠나? 그렇게 노력을 한 후에도 뜻을 이루지 못한다면 그때 다시 지방 발령을 자청해도 늦지 않을 것 아닌가?" 대략 이런 내용이었다. 이 서신을 읽은 사마광은 한참을 곰곰이 생각한 후 입을 열었다. "고금에 얼마나 많은 사람들이 명예와 권력의 유혹에 의해 망가졌습니까? 선배님, 저는 그런 선택을 하지 않겠습니다."

---

60) 문언박은 원우당적비에 사마광 다음으로 두 번째로 이름이 올라가 있는 인물이다.

그 후 얼마 지나지 않아서 사마광은 왕안석에게 무려 4,000자에 달하는 아주 길고 정중한 편지인 《왕계보에게 보내는 글(与王介甫书)》을 써서 보냈다. 현대 중국어보다 함축되어 있는 고대 문장으로 4,000자면 이를 한국어로 변역할 시 A4 스무 장은 족히 나오는 분량이다. 여기에다 전문을 실어볼까 싶었는데 너무 길어서 생각을 접었다. 이때는 사마광이 이미 중앙 정계를 떠나겠다고 마음을 먹은 후였기 때문에 그야말로 왕안석을 과거의 동료이자 존경하는 정치인으로서 자신이 생각하는 변법에 대한 우려를 진심을 담아 쓴 편지였다. 편지를 읽어보면 "아, 사마광이란 사람이 이런 사람이구나!"라는 게 느껴진다. 물론 그의 서신에는 성현의 말과 경전의 인용이 많은 등 지금의 눈으로 보면 다소 진부하게 느껴질 소지도 있다. 공자의 말이 8번 인용되었고, 맹자의 말이 1번, 노자의 말이 1번, 자산[61]의 말이 1번 인용되었다. 또한 시경이 4번 인용되었고 상서도 1번 인용되어 총 16번의 인용이 있다. 그 내용을 차지하고서라도 이런 걸 보면 그의 눈이 과거에 있었다는 걸 알 수는 있다. 그렇지만 사마광의 서신에는 새겨들을 만한 말도 많았다.

"계보 자네가 집정한 지 만 1년이 된 지금 조정과 각지의 사대부들 중 자네를 책망하지 않는 자가 없네. 마치 한 사람의 입에서 나오는 말과 같이 똑같다네. 아래로는 평민 백성, 하급 관리에 이르기까지 모두 소곤거리면서 원망하고 탄식하고 있으며 모든 사람들은 그 책임을 계보 자네에게 전가시키고 있네. 자네가 이러한 비평을 들어봤는지 그 원인에 대해 알고 있는지 모르겠네. 내 개인적인 생각에는 자네 문하의 사람들은 매일 자네의 훌륭한 품덕과 업적을 칭송하고 있을 뿐 어느 한 명도 이러한 정황을 자네에게 보고하려고 하지 않

---

61) 자산(子产): 춘추시대의 정치가이자 사상가

네. 그리고 그들끼리는 이렇게 말하고 있을 걸세. "그(왕안석)가 지금 황제의 신임을 받고 조정을 혼자 주무르고 있으니 그의 눈에 거슬리지 말고 그가 스스로 화를 자초하도록 앉아서 기다리는 거야. 이삼년 후면 그는 저절로 실패를 할 거야"라고 말일세. (중략) 만약 자네가 진정으로 변법의 주장을 굳게 믿고 실행을 한다면 이삼년 후에 조정이 입을 화와 폐해는 이미 매우 깊을 텐데 어떻게 만회하려고 하는가?"

이로써 사마광은 그의 '용인(用人)'에 심각한 문제가 있다는 점을 일깨워주려 하였다. 그는 또 이렇게 말하였다.

"…내 개인적인 생각에 이렇게 하는 것은 적절치 않네. 자네는 본래 대현인(大賢人)이네. 단지 자네의 실수는 '과도하게 의욕에 차 있고(用心太过)' '자신감이 너무 강하다는(自信太厚)' 데에 있다네. 예로부터 성현의 치국의 도는 관원들이 모두 담당한 직무와 책임을 다하여 위임된 임무를 달성하는 데에 있었네. 그들의 백성을 부양하는 방법이란 세금과 부역을 낮춰주고 채무 때문에 도망간 사람들을 사면해주는 것에 지나지 않았네. 자네는 이러한 것들을 전부 유생들의 진부한 말로 간주하고 행할 필요가 없다고 여기고 옛 사람들이 전에 해보지 않았던 일을 하는 것에만 전력을 다하고 있네."

위의 편지 내용을 보면 왕안석이 실패한 진짜 이유가 들어있다. '과도하게 의욕에 차 있고(用心太过)', '자신감이 너무 강한(自信太厚)' 것, 이 두 가지가 왕안석 변법이 실패할 수밖에 없었던 내재적인 이유이다. 이는 사실 현대를 살아가는 우리도 잘 곱씹어보고 냉철하게 자신을 보며 경계해야 할 요소이다. 왕안석은 신법이 국가와 백성에 이로움을 줄 것이기 때문에 단숨에 천하에 실시되길 바랐는데 이런 급진적인 변혁으로 인해 생겨나는 폐단에 대한 준비가 없었던 것이다. 그리고 이는 따지고 들어가면 '과도하게 의욕에 차 있는(用心太过)' 심리 상태에 기인한다. 또한 그는 모든 것을 자신이 장악하고 컨트롤 할 수 있을 거라는 생각을 하였는데 이는 바로 '자신감이 너무 강한(自信太厚)' 것이었다. 구체제의 방해를 피하기 위해 왕안석은 삼사조례사라는 신기구를 설립하고 모든 기구의 위에서 군림하며 구체제와 관료집단의 이익을 건드렸고 이는 조정과 관료 사회에 풍파를 일으켰다.[62]

첫 번째 편지를 받은 왕안석은 심기가 심히 불편하였는지 415자밖에 안 되는 아주 짤막한 회신을 보냈다. 누군가가 열 줄짜리 메일을 보내면 최소한 일곱 여덟 줄 정도의 분량은 맞춰주는 게 예의이다. 게다가 그의 회신에는 사마광의 의견에 대한 실질적인 회답이 들어있지도 않았다. 이 상황을 어찌 볼 지 사람마다 해석의 차이가 있겠지만 나는 두 가지로 본다. 하나는 왕안석이 세속의 절차와 예절, 형식 등에 크게 구애받지 않고 자기 내키는 대로 하는 타입이라는 것과 또 하나는 폐부를 찌르는 것과 같은 사마광의 지적에 그도 적잖이 충격을 받았을 거라는 것이다. 그러자 사마광은 또 다시 청묘법의 문제점에 대해 구체적으로 지적하는 장문의 편지를 보냈고 이번에는 왕안석도 제대로 된 회신을 했다. 왕안석의 이번의 회신에는 사마광의 첫번째 편지에 대해 하나하나 반박을 하며 자신의 의지를 밝혔다. 이런 식으로 이들은 연달아 세 번의 편지를 주고받았는데 이는 당시 정황과 변법을 이해하는 데 있어서 매우 중요한 사건이다. 왜냐하면 이들 둘은 변법과 반변법을 대표하는 인물이었기 때문이다. 청묘법이 실제로 실시된 것이 1069년 11

---

62) 陈友冰 《〈与王介甫书〉与〈答司马谏议书〉比较：一对政治敌手的不同进击方式
     ——经典名篇故地新考之二十七》国学网

월이었으므로 이 편지가 오갔던 이듬해 2월말에서 3월 사이에는 아직 실제적인 변법의 폐해가 나오기 전이었다. 그렇지만 사마광의 우려가 현실로 드러나는 데에는 그리 긴 시간이 필요하지 않았다.

이듬해인 1070년 12월에 왕안석은 동(同)중서문하평장사로 승진하여 명실상부한 재상이 되었다.

천체의 변화를 두려워할 필요는 없다!

운칠기삼(運七技三)이라 하지 않았던가? 특히 큰일을 도모함에 있어서 하늘이 같은 편에 서주지 않으면 이루기 어렵다. 안타깝게도 왕안석의 변법은 하늘의 도움을 받지 못했다. 마치 하늘마저도 그에게 등을 돌린 것 같아 보였다. 어차피 그의 변법의 길은 혼자 짊어지고 가야 할 길이었다.

1074년 봄, 개봉 주변에 극심한 가뭄이 이어졌다. 몇 주째 비가 한 방울도 내리지 않자 신종은 근심으로 잠을 이룰 수가 없었다. '설마 하늘이 나의 치국의 방도를 벌하는 걸까?' 사대부들은 이때를 놓치지 않고 왕안석을 공격하였는데 이때 그들이 내세운 것이 바로 '천명론(天命論)'이었다. 봉건 사회에서 천명론은 사대부들의 우주관이자 사회의 통치사상이었다. 모든 것은 하늘이 정해놓은 이치대로 굴러가는 것이고 천자(天子)는 하늘을 대신해 권한을 위임받은 하늘의 아들일 뿐 그 역시 하늘의 명을 따라야 했다. 그리고 통치자가 나라를 바른 길로 이끌지 못하면 하늘이 경고를 한다. 그래서 역대 황제들은 극심한 가뭄이나 메뚜기 떼 등 천재(天災)가 있을 때 했던 조치 중의 하나가 '언로를 넓히는' 조서를 내리는 것이었다. 오늘날로 비유하자면 청와대 청원이나 사이버 신문고 또는 각계 지식인들을 초청해 고견을 듣는 등의 정치 행위를 했던 것이다. 자연재해하고 '언로를 넓히는 것'하고 무슨 상관이 있나? 과학적으로는 당연히 상관이 없다. 하지만 정치적으로는 의미 있는 행위일 수 있다. 동북아 고대 역사에서 군주가 '언로를 넓히는 조서를 내렸다'라는 것은 대표적인 사대부 회유책이지만 때에 따라서 그 안에는 '짐이 뭔가 생각 못했던 게 있을 수도 있다'라는 뜻이 담겨있기도 했다. 황제가 "내가 잘못했소"라고 말할 순 없는 일 아닌가? 그만큼 천재지변, 특히 가뭄은 황제의 정치적 지위를 흔들 수도 있는 위협이었고 통치자로서는 신경을 곤두세워야 하는 일이었다.[63] 당시 신종에게도 언로를 넓히는 조서를 공표하라는 대신들의 건의가 있었다. 동시에 변법을 반대하는 대신들은 신종에게 "오늘날 천재가 누차례 일어나고 있는데 만약 왕안석이 조정에 오래 있으면 편안할 날이 없을 것입니다."라며 신법의 철회와 왕안석의 탄핵을 주장했다. 수많은 대신들의 반대에도 꿈쩍 않고 원로들의 권고에도 꿋꿋이 버티던 신종도 이번에는 달랐다. 가뭄이 장기화되자 초조해지며 목이 타들어가기 시작했다. 가뜩이나 지금은 신법의 부작용으로 뒤숭숭할 때가 아닌가? 어느 날 신종은 왕안석을 불렀다.

"잘 알다시피 말야, 지금 가뭄이 이렇게 길게 이어지고 있고 저들은 이게 다 신법 때문에 하늘이 우리를 벌주는 거라고 난리를 치고 있단 말이지…. 그래서 말인데, 우리 신법 중 보갑법과 방전균세법 정도는 철회를 하는 게 어떨까?"

이 말을 들은 왕안석은 정색을 하며 이렇게 말했다.

"가뭄은 언제든지 올 수 있는 것이고 요임금 탕임금과 같은 성군 시대에도 면할 수 없었던 것입니다. 폐하께서 즉위 후 매년 풍년이 들다가 금년에 가뭄을 만나긴 했지만 사람이 할 일을 다하면서 천재에 대

---

63) 만약 상황이 더 심각하고 황제의 잘못이 인정되면 황제는 '죄기조(罪己诏)'라는 자기 반성문을 써서 조서로 공표하기도 했다.

응하면 폐하께서 염려하실 필요가 없으실 것입니다(水旱常数, 尧汤所不免。陛下即位以来, 累年丰稔, 今旱暵虽逢, 但当益修人事, 以应天灾, 不足贻圣虑耳)."

이 말이 근거가 되어 나온 게 왕안석의 트레이드 마크처럼 되어버린 '삼부족(三不足)' 이론이다.

> 천체의 변화를 꼭 두려워할 필요는 없고(天变不足畏)
> 조종의 법도를 꼭 지킬 필요도 없으며(祖宗不足法)
> 사람들의 말을 꼭 고려할 필요도 없다(人言不足恤)

여기서의 '부족(不足)'이란 '꼭~할 필요는 없다'로 해석된다. 오늘날에도 이 '삼부족'을 둘러싸고 수십 개의 논문이 존재하고 수십, 수백 개의 글들이 존재한다. 그만큼 '삼부족'이 왕안석 변법을 둘러싼 핫한 쟁점 사상이 되어왔다는 걸 뜻한다. 그도 그럴 것이 이 말은 '하늘의 뜻, 조상 대대로 이어진 전통과 법도, 사대부들의 언론' 이 세 가지를 부정하겠다는 것처럼 비쳐질 수 있기 때문이다. 이 말로 인해 왕안석은 두고두고 '벼락을 맞을 놈'이 되어버렸지만 사실 그가 신종 황제에게 한 말은 그런 뜻은 아니었다. 위의 신종과의 대화에서 왕안석이 한 말 뜻은 '하늘의 변화는 정치적 행위로 인해 만들어진 게 아니므로 하늘의 변화 그 자체로서 대해야 한다. 그러니 사람의 도리를 다함으로써 천재지변을 극복해야 한다'는 뜻이다.

실은 '삼부족'은 사마광이 왕안석을 비판하는 글에서 등장한 내용일 뿐 이 말을 왕안석이 했다는 사료적 근거는 모호하다. 하지만 오랜 시간 사학계에서는 '왕안석이 안 했으면 누가 했겠으랴?'라는 식으로 왕안석이 한 말처럼 굳어져 왔다. 이 '삼부족'은 당시는 물론이고 남송의 사대부들에 의해서도 왕안석을 까대는 도구로 끊임없이 사용되었다.

왜냐하면 이 말은 글자 그대로 해석하면 천명론에 반하는 주장이기 때문이다. 그렇지만 20세기 초반의 혁명론자들과 왕안석을 지지하는 사람들은 이 '삼부족'을 유물주의와 결부시키며 그의 사상의 진보성과 혁명성을 칭송하기도 했다. '삼부족'을 둘러싼 각 진영의 해석에 대해서까지 설명하지는 않으려고 한다. 단지 말하고자 하는 것은 저작권이 왕안석에게 있는지도 불분명한 이 말은 어떤 시대에 어떤 사람들에 의해서는 왕안석을 비판하는 도구로 인용되다가, 또 다른 시대에 다른 사람들에 의해서는 왕안석을 칭송하는 도구로 사용되어 왔다는 것이다.

한편 가뭄으로 인해 송신종도 '언로를 확대하는' 조서를 내려 대신들로 하여금 기탄없이 직언을 하도록 하였다. 이때 여혜경과 함께 변법파의 2인자였던 증포(曾布)에 의해 한 사건이 벌어진다. 그는 왕안석을 건너뛰고 신종에게 "시역무 관리들이 실적에만 눈이 멀어 소매상들을 착취하고 있고 이로 인해 시역법의 원래 취지와 반대로 소매시장을 위축시키고 있습니다"라고 보고하였고 깜짝 놀란 송신종은 이 사안을 여러 부서에서 다시 의논하도록 지시한 것이다. 증포의 이 양심선언으로 가뜩이나 가뭄으로 공격받고 있는 왕안석은 적잖은 타격을 입었다. 당시 상황을 눈으로 본 것이 아니니 증포에 대해 옳고 그름의 판단을 내리기란 어려울 것 같다. 그러나 양심선언의 배경에는 항상 정치적 이해 관계가 깔려있기 마련이다. 증포의 보고 내용은 틀린 말은 아니었다. 그러나 여기에는 여혜경과 증포 간의 알력, 변법파 내부의 균열과 같은 복잡한 상황이 얽혀있었다. 사료에는 이 보고로 왕안석이 대노하였고 여혜경은 증포를 변법에 방해가 되는 인물이라 규정하였다고 한다. 결국 여혜경과 증포 간의 정치 투쟁은 여혜경이 승리하였고 증포는 지방으로 좌천되었다.

유민도 사건

　1074년 가뭄이 극에 달했을 때였다. 신종에게 《유민도(流民图)》라는 한 폭의 그림이 전달되었다. 개봉성의 남쪽 성문인 안상문(安上门)을 관리하는 정협(郑侠)이라는 자가 자신이 성문 위에서 직접 본 것을 그린 거라며 올린 그림이었다. 그림을 펼쳐든 신종의 얼굴이 곧 굳어지더니 두 팔이 부들부들 떨렸다. 그리고 얼마 후 천하를 호령하던 왕안석은 재상직에서 파면되었다.

　도대체 이 그림에 무엇이 그려져 있었길래 신종은 자신이 그렇게 신임하던 왕안석을 파면해야 했을까? 사건을 재구성해보자. 《유민도》는 이름 그대로 변법의 혹정과 가뭄으로 인해 도저히 살 수가 없어진 농민들이 고향을 버리고 거지꼴이 되어버린 비참한 모습을 담은 그림이다. "지금 바깥에서 벌어지고 있는 상황이 이런데 황제 당신은 알고는 있는 거요?"라는 투서인 셈이다. 이 그림에는 뼈만 앙상한 수많은 남녀노소들이 어떤 사람은 누더기를 걸치고 어떤 사람은 거의 벌거벗은 상태로 지팡이에 의지하여 좀비처럼 유랑하는 비참한 상황이 적나라하게 그려져 있었다.

유민도

　이 그림을 그린 정협이란 사람은 누구인가? 그는 원래 왕안석의 문하생이었다. 왕안석의 인품과 능력을 누구보다 존경하였고 왕안석도 정협의 재능을 인정하여 그를 중앙무대로 끌어주었다. 즉, 정협에게 왕안석은 자신이 모시던 스승이자 상사였던 것이다. 그런데 변법이 시작된 후 변법의 폐단을 본 그는 당연히 왕안석에게 문제를 제기하였고 왕안석은 듣지 않았다. 그는 계속해서 변법에 대한 문제제기를 하다가 왕안석의 눈 밖에 났고 결국은 변법파들에 의해 승진길이 막히면서 성문을 담당하는 하급관리로 좌천되었다. 그런데 고작 성문을 담당하는 하급관리가 황제에게 직보를 할 수가 있었을까? 그것은 말이 안 된다. 설령 황제의 집무실까지 배달된다 하더라도 수많은 결재 문서를 봐야하는 황제가 왜 그것을 친히 봤을까? 사료에는 적혀있지 않지만 전개 과정에 있어서의 모든 정황은 이 사건이 반(反)변법파들에 의해 기획된 공작이었음을 말해준다. 황제에게는 수많은 보고서가 올라오고 물론 조정 대신들의 층층 열람을 통해 황제의 집무실로 배달된다. 그리고 그중 상당 부분은 황제가 뜯어보지도 못하고 묻히게 된다. 그렇지만 한 가지 예외가 있었다. 그중에는 '급보'로 분류되는 문서가 있었는데 그것들은 대신들의 열람 없이 성문에서 바로 황제에게 직보되었고 황제도 급보만은 반드시 열어보아야 했다. 물론 아무나 급보를 올린 수는 없다. 정협의 《유민도》는 이 '급보' 문서와 함께 전달되었다. 누군가가 급보 프로세스를 탈 수 있도록 안배했던 것이다. 가뜩이나 가뭄으로 마음이 약해져 있던 신종에게 《유민도》는 충격이었다. 이 정도까지일 줄은 몰랐던 것이다. 당연히 이 그림을 그린 정협이 황제 앞으로 데려와졌다. 거기서 그는 한 술 더 떠서 "이 그림은 개봉 성문 위에서 바라본 모습이고 지방으로 가면 더 심합니다"라고 말했다. 그리고 더 이해할 수 없는 것은 "신법을 철회하면 사흘 안으로 비가 내릴 것입니다. 안 그러면 제 목을 쳐도 좋습니다."라고 한 것이다. '저렇게까지 말하다니…' 신종은 흔들리기 시작했다. 이때 섬서성으로 지방발령 나 있던 사마광은 《천자의 명령에 응하여 조정 정책의 실패 상황에 대해 말하다》[64]라는 보고서를 올려 신종을 흔들었고 더욱이 결정적이었던 것은 할머니인 조(曺)태황태후와 어머니인 고(高)태후가 나서서 눈물을 보이며 "왕안석이 선황께서 일구신 강산을 엉망으로 만들어 놨구나!"[65]라고 한 것이다. 이제 신종은 도저히 왕안석을 지켜줄 수가 없었다. 조태황태후가 누구인가? 인종의 황후이다. 사실 북송 황실은 3대(진종), 4대(인종), 5대(영종)에 걸치는 70년 동안 남자는, 즉 황제는 그저 그랬지만 황후는 걸출한 여장부를 연이어 배출했다. 지금 태황태후가 되어 있는 황가의 최고 어른인 조씨는 웬만해선 정사에 간여하지 않았지만 한번 간여를 하면 젊은 신종으로서는 거부하기가 곤란했다.

결국 신종은 일부 신법을 잠정 중단시켰다. 그런데 여기서 기쁘기도 하면서 굉장히 곤란한 상황이 벌어진다. 신법이 중단되자 며칠 후 진짜 비가 내린 것이다! "하늘이시여! 이것이 정녕 무슨 뜻입니까!" 이는 우연의 일치였겠지만 왕안석 등 변법파들에게는 뼈아픈 일이 아닐 수 없었다. 신종은 왕안석을 불러 "지금은 도저히 방법이 없소. 다시 부를 테니 잠시 나가 계시오"라고 하였다. 그 해에 왕안석은 재상에서 파면된다.

법가 vs 유가

왕안석의 시 중에 《상앙(商鞅)》이라는 시가 있다. 대략 변법이 막 시작될 즈음인 1069년(희녕2년)에 쓰였다.

---

64) 《应诏言朝廷阙失状》
65) 《宋史·卷三百二十七·列传第八十六》: 慈圣、宣仁二太后流涕谓帝曰: "安石乱天下."

自古驱民在信诚，　　예로부터 백성을 다스리는 것은 신뢰에 있다

一言为重百金轻。　　말 한마디는 천금처럼 여기고 천금은 가볍게 봐야 한다.

今人未可非商鞅，　　오늘날 사람들은 상앙을 비방해선 안 된다

商鞅能令政必行。　　상앙은 법령과 정책을 결연히 실행시킬 것이다.

이 시는 상앙을 찬양하기 위해 지은 것이 아니라 변법을 막 시작한 (혹은 시작을 눈앞에 둔) 왕안석이 홀로 고독한 길을 걷게 될 자신을 상앙에 이입시키면서 상앙과 같은 결연한 의지를 다짐하는 시이다.

한번은 왕안석이 송신종에게 "진의 효공은 상앙의 건의를 채용하였는데 폐하는 그와 비교해서 어떻습니까?"라고 물은 적이 있다. 아마도 1068년 4월에 신종이 왕안석을 불러 독대하였을 때가 아니었을까 한다. 이 두 케이스를 보면 확실히 왕안석은 자신을 상앙에 비유하고 송신종이 진효공처럼 자신의 변법을 지지해줄 것을 기대하고 있었다는 걸 알 수 있다. 그런 까닭에, 왕안석의 변법 기간에 보수파들은 너나할 것 없이 상앙을 비판했는데 사실 그 비판은 왕안석을 향하고 있었다.

왕안석의 변법은 법가 사상에 기반하고 있을까? 이에 대해 깊이 있게 연구하지는 못했지만 송신종이 태자 시절 한비자의 책을 손에 놓지 않았다고 하는 점이나 변법의 전 과정에서 왕안석이 보여준 스타일은 나로 하여금 이 개혁이 법가 쪽에 더 가깝다는 느낌을 갖게 한다. 오늘날 역사를 토론하는 중국 네티즌들의 반응을 봐도 '왕안석 변법은 법가 성향의 개혁이다'라고 생각하는 사람들이 대다수인 걸로 보인다. 왕안석의 사상을 둘러싸고 '법가냐 유가냐'의 질문과 논쟁은 20세기 초에 시작하여 오늘날에까지 이어지고 있으며 오늘날 중국 사학계는 '왕안석 사상의 철학적 기반은 유가, 법가, 심지어는 도가 사상도 모두 포함하고 있다'라는 식으로 두리뭉실 귀결된 듯하다.

이 이야기를 꺼내는 이유는 왕안석이 어떤 사상에 기반하고 있는지, 그렇게 보는 근거는 무엇인지를 논하고자 함이 아니다. 법가면 어떻고 유가면 어떠랴? 나는 그보다 11세기 중반의 이 짧은 개혁운동을 두고 20세기에 와서 '유가 vs 법가'의 논쟁이 핫하게 진행되었다는 사실에 주목하고 싶다. 역사적 인물과 사건은 왕왕 후세의 정치인들과 정치 조류에 영합하려는 지식인들에 의해 자신들의 입맛에 맞게 해석되고 풀이되는데 그러한 운명을 맞은 대표적인 인물이 왕안석이기 때문이다. 왕안석은 량치차오에 의해 사회주의 학설의 선행자처럼 추종되었고 레닌에 의해서 사회주의 개혁가가 되었으며 문화혁명 시기에는 공자를 부정하는 비림비공(非林非孔) 운동에 이용되기도 했다. 아무래도 사마광 등 보수파 정치인들과 정호(程顥), 정이(程頤), 주희(朱熹)같은 이학의 추종자들은 허구한 날 공자님 말씀과 조종의 법도를 들이대며 왕안석을 비판하였기에 왕안석은 후세에 의해 저절로 반(反)유가 인사가 될 수밖에 없었다. 또한 문혁 시기의 사가들은 왕안석 변법의 핵심 가치가 '공리주의'에 기반하고 있다는 점을 들어 법가를 사상적 기반으로 하고 있다는 판정을 내렸다. 하지만 90년대 들어 다시 왕안석에 대한 인식의 변화가 생겼고 최근의 논문들은 갖가지 근거를 들어 왕안석이 '법가 추종자'라고 하는 견해에 반대를 한다. 왕안석이 남긴 글로 봤을 때 그를 법가주의자라고 할 만한 근거는 사실 많지 않다. 오히려 그가 남긴 많은 말과 글, 생활태도, 행적 등에 비쳐보면 그 역시 유가의 프레임을 크게 벗어나지 않았음을 알 수 있다.

그럼에도 그가 추진한 정책의 성격과 추진 스타일에서는 법가의 냄새가 농후하게 풍긴다. 왜일까? 이를 생각해보면 두 가지인 것 같다. 하나는 변법의 최종 지향점이 '민부국강(民富國强)'에 있었다는 것이다. 이는 상앙 등 전국시대 법가주의 개혁가들이 늘 외쳤던 가치와 같다. 또 하나는 의심할 여지없이 왕안석 또한 상앙과 마찬가지로 극단적인 '집권

(集權)주의자'라는 점이며 그가 추구한 경제 역시 권위주의 경제라는 점이다.

왕안석을 끝으로 이 책에서 더 이상 법가라는 말을 다시 할 일이 없을지도 모르겠다. 그러므로 이 시점에서 중국의 역사에서 법가가 가지는 의미가 무엇일까를 한번 생각해보는 것도 의미 있을 거라 생각한다. 왜냐하면 우리는 유가, 도가에 대해서는 중국과 가치를 공유해왔지만 법가는 우리 민족의 역사에서 의미 있는 사상으로 자리 잡지 못했기 때문이다. 그렇기 때문에 법가 사상은 이름만 들어서 알 뿐 그 내용은 우리에게 비교적 낯설다. 중국은 춘추전국시대 이래로 유가와 법가의 양대 산맥이 사상계를 지배해왔다. 그러다가 한무제 때부터 유가가 사회규범과 정신계를 장악하였고 남송과 명대에 이학(理学)으로 발전하면서 법가는 거론조차 되지 않았다. 그렇다고 법가의 성향이 없어졌느냐 하면 그런 건 아니다. 법가 성향의 정치인들은 자신이 생각하는 치국의 책략에 대해 책으로 만들었고 그러한 저서들이 후대 정치인들에 의해 계속해서 읽혀지고 또 만들어지면서 이들의 관가에서는 법가의 성향이라는 게 면면히 전해 내려오고 있었다. 법가 성향이란 무얼 뜻하는가? 상앙이나 진시황처럼 공포정치를 하고 사람들을 법에 맞춰서 기계처럼 돌아가게 만드는 것인가? 조금이라도 법을 어긴 사람을 거열형시키는 건가? 통상 법가라 하면 진시황을 떠올리고 진시황은 분서갱유를 떠올리게 하므로 우리는 법가 사상에 대한 심각한 오해를 하고 있는지도 모른다. 나도 법가 사상을 심도 있게 연구하진 않았기에 그 철학적 내용에 대해 자세히는 모른다. 하지만 역사 속의 법가 개혁가들이 추구한 가치와 정책들로 조금은 짐작해볼 수는 있을 것 같다. 법가 성향의 개혁이 지향하는 바는 '힘과 부'이다. 당연히 국가의 힘과 백성들의 부를 말한다. 그리고 이를 받치는 이념은 공리주의, 실용주의, 진보주의 그리고 법과 시스템이다.

1,000년, 2,000년 전의 사상을 끄집어내서 이야기하는 게 무슨 의미가 있을까? 그리스 철학이 현대 유럽에서도 의미를 갖는 것은 그것이 유럽인들의 정치와 문화 속에 면면히 이어져 내려왔고 르네상스 시기에 다시 빛을 발하였으며 이는 서구 민주주의의 성립에 영향을 주었기 때문이다. 마찬가지로 나는 현대 중국을 이해함에 있어서 이들의 역사 깊은 곳에 남아있는 법가 성향의 개혁운동의 경험을 전혀 무시할 수는 없다고 생각한다. 이것은 우리가 오늘날 중국인들의 집단적 정치 성향과 국가관을 이해함에 있어서 이들을 오해하거나 잘 납득하지 못하는 이유 중 하나일 수도 있다. 상앙과 왕안석, 그리고 후에 나오는 장거정으로 대변되는 이 거대한 법가 성향의 개혁운동 역사가 오늘을 사는 이들의 집단의식에 그 어떠한 영향도 미치지 않았을 거라고 자신할 수 있을까?

55장

왕안석의 변법 Ⅲ: 한 번 기울어진 운동장

왕안석, 그 후

왕안석은 1074년에 재상직에서 1차 파면되었다. 그가 없는 약 1년 동안 변법파는 어떻게 되었을까? 그는 변법의 조종간을 여혜경에게 맡기고 떠났지만 왕안석이라는 거대 정치인에게 기대어 있던 소인배 집단은 금방 내부 균열을 보였고 이 틈을 타 보수 세력의 공격은 더욱 거세졌다. 보다 못한 신종은 이듬해에 왕안석을 복귀시켰지만 이미 대장 노릇에 맛을 들인 여혜경이 보스의 컴백을 반겼을까? 그래서 왕안석은 이번에는 자신의 오른팔이었던 여혜경과의 전쟁을 겪어야 했다. 왕안석 같은 사람은 자신이 맞다고 여기는 것에는 황소 같은 추진력과 확고함이 있지만 암투와 모함, 믿었던 사람에 의한 배신 같은 지저분한 싸움을 겪고 나면 의외로 내상을 입을 수가 있다. 복귀 이듬해인 1076년, 이번에는 왕안석 스스로가 심신이 쇠약해졌다는 이유로 재상직에서 물러날 뜻을 비추었다. 신종은 여러 번 그를 만류하였지만 결정적으로 그의 아들이 병으로 죽으면서 신종도 더 이상 그를 붙잡을 수 없었다. 큰아들의 죽음으로 왕안석은 크나큰 충격과 실의에 빠졌다. 1076년 10월, 이렇게 왕안석은 중앙 정계에서 완전히 물러난다. 그러므로 왕안석이 변법의 칼날을 쥐고 호령하였던 시기는 1069년에서 1074년의 불과 6년밖에 되지 않는다. 2차 재상 재임 시기까지 합쳐도 7년 남짓이다.

왕안석이 은퇴를 하자 변법파에도 세대교체가 이루어졌다. 왕안석의 후임으로는 참지정사로 있던 왕규(王珪)가 재상에 임명되었다. 왕규는 왕안석과 진사 고시 동기이다. 왕안석이 1042년에 진사에 4등으로 합격했을 때 왕규가 2등이었다(앞서서 말했듯이 원래는 왕안석이 1등이었는데 순위가 뒤바뀌었다). 여혜경 파면 후 왕규(王珪), 이정(李定), 채확(蔡確) 등이 변법파의 핵심 인물이 되었지만 신종은 이들이 왕안석의 빈자리를 채울 수 있을 지에는 물음표를 달 수밖에 없었다. 즉, 신종의 눈에 왕규, 채확 등은 변법 주식회사의 CEO로는 부족했다. 그래서 변법의 최대 주주인 신종은 이제 자기 스스로가 변법 주식회사의 오너이자 경영자가 되기로 마음먹는다. 희풍변법이라 불리는 15년 동안의 개혁운동은 왕안석이 경영자로 있던 6년과 신종이 직접 경영한 9년으로 나뉜다. 이 두 시기는 신종의 첫 번째 연호인 희녕년간(1068~1077)과 두 번째 연호인 원풍년간(1078~1085)과 대략적으로 맞아 떨어지므로 송신종 시기의 변법을 희녕법법과 원풍변법으로 구분하여 부르기도 한다. 변법의 제2라운드인 원풍(元丰)년간은 신종 자신이 직접 진두지휘하던 시기였으므로 이 시기에 변법에 반대하는 것은 곧 황제의 정책에 반대하는 거나 다름없었다.

왕안석은 판강녕부(判江宁府), 지금으로 말하자면 난징 시장으로 갔으나 얼마 후 공직에서 완전히 은퇴하였다. 그는 종산(钟山)이라는 난징 북쪽 교외의 조그만 집에서 아주 소박한 만년을 보내다가 신종이 죽은 바로 다음 해인 1086년에 세상을 떴다. 그의 나이 66세였다. 그는 그가 만년을 보낸 동네 사찰의 한 탑 옆에 묻혔으나 명나라 때 주원장의 능을 건설하면서 주변의 사찰과 건물들을 모두 이전시켰고 이때 그의 무덤도 어딘가로 옮겨졌다고 한다.

아들 바보 왕안석

　왕안석에게는 어려서 죽은 자식을 제외하면 2명의 아들과 2명의 딸이 있었는데 그중 큰아들 왕방(王雱)은 왕안석이 애지중지하는 아들이자 변법의 동지였다. 자신의 일을 제외하고는 먹는 것도, 입는 것도, 여자도, 취미도, 그 어떤 것에도 관심이 없었던 왕안석은 유독 큰아들 왕방에게만은 약한 모습을 보였고 심지어 맹목적이기까지 했다. 왕안석의 유전자를 물려받은 왕방은 어려서부터 총명하여 신동이라 불렸다. 그러나 주위의 관심과 왕안석의 방임은 그를 예의 없고 오만하게 만들었다. 시중에 소개된 에피소드와 미담들에 의해 왕안석은 자신의 사욕이나 집안일에는 전혀 욕심이 없는, 친분에 얽매이지 않고 자기의 원칙에 충실한 이미지를 얻었지만 꼭 그런 것만은 아니었다. 그는 아들 교육에 관해서는 오점을 남겼고 아들에게 좋은 자리를 주고자 자신의 지위를 이용하였으며 심지어는 아들이 죽자 그를 기념하는 2층짜리 누각을 건설하고자 했다. 왕방은 스물세 살에 진사에 합격하였고 바로 이듬해에 왕안석이 정권을 잡았다. 진사에 합격한 왕방에게 오늘날의 안휘성 어딘가인 선주 정덕현(宣州旌德县)의 현위(县尉) 자리가 주어졌는데 그는 그런 직은 하기 싫다며 거절하였다. 《송사·왕방전》은『그는 세상에서 자신이 제일 잘났다고 여기고 있었기에 그런 작은 자리는 맡을 수 없었다』고 아주 직설적으로 비난하였다. 그는 경성(개봉)에 남아 아버지의 변법을 돕고자 했고 이듬해에 개혁의 전권을 부여받은 왕안석은 자신의 지위를 이용하여 그에게 자리를 마련해주었다. 송신종은 왕안석의 아들이 재능이 있다는 말을 듣고는 그를 불러서 이야기하였고 그에게 태자중윤(太子中允)과 숭정전설서(崇政殿说书)라는 황제를 근접 거리에서 보좌할 수 있는 직책을 파격적으로 하사하였다. 그는 온 힘을 다하여 아버지의 변법을 도왔으나 과격하고 안하무인이었다. 마치 문신 버전의 '이성계와 이방원의 관계'였다고나 할까? 하지만 목침으로 아들의 면상을 갈긴 이성계와는 달리 왕안석은 시종 아들에게 만은 약한 모습을 보였다. 《소씨문견록(邵氏闻见录)》에 나와 있는 에피소드는 왕방의 성격과 왕안석의 아들에 대한 태도를 엿볼 수 있게 해준다. 1069년(희녕 2년) 어느 여름날 왕안석은 정호(程颢)를 자기 집으로 불러 업무를 논하고 있었다. 정호는 대표적인 반변법파 인사이지만 변법의 초기에는 왕안석과 말이 통했던 모양이다. 이때 왕방이 풀어헤쳐진 머리와 맨발로 손에는 부인의 관모를 든 채 불쑥 들어왔다.

왕방: 두 분 무슨 얘기를 하고 있는 중이에요?

왕안석: 우리가 추진하는 신법이 일부 사람들의 반대를 받고 있어서 이에 대해 정대감과 상의 중이었느니라.

왕방: (오만하고 버릇없는 태도로 의자를 끌어다 앉으며) 그건 간단하죠. 한기(韩琦)와 부밀(富弼)의 머리를 베어서 거리에 매어다 놓으면 신법은 바로 실행될 수 있을 걸요.

왕안석: 아들아, 그건 잘못된 생각이란다.

정호: (정색을 하며) 지금 아버지하고 국사를 논하고 있는데 네가 낄 자리가 아니다. 물러가거라!

그제야 왕방은 기분 나쁘다는 듯이 자리를 박차고 나갔다.

신종의 실패한 복고주의 개혁: 원풍 관제 개혁

왕안석이 실각한 후 송신종은 아주 야심찬 관제 개혁을 추진하였다. '원풍관제개혁'이라 불리는 이 조치는 북송 건국 이래로 이어져 오던 관료 사회의 구조적이고 고질적인 문제를 해결하고자 하는 것으로서 그

취지는 누구나 동의할 만하다. 북송의 관료 사회의 문제는 무엇이었나? 우리는 51장과 52장에서 북송의 관제가 가지는 문제점을 이미 충분히 이야기하였다. 관리가 너무 많고, 관리의 공식 직함과 실제 일이 달랐으며 이동이 너무 잦았다. 한마디로 사람은 쓸데없이 많은 데다 직제가 복잡하고 업무가 명확하지 않으니 업무 효율과 전문성, 책임감이 떨어지고 일을 남에게 미루고 뭉개는 현상이 만연했다. 저효율 고비용 구조였던 것이다. 내가 신종이었어도 이 부분에 대해 손을 댔을 것 같다.

그런데 신종의 관제 개혁에는 또 하나의 진짜 목적이 있었는데 그것은 황제 전제를 구축하고자 하는 것이었다. 개혁이란 야망이 있는 자에 의해 추진되기 마련이고 야망이 있는 자는 스트롱맨인 경우가 많다. 그래서 고대 봉건 시대에 개혁은 군주전제화와 거의 동보로 이루어는 경우가 많았다. 군주전제란 무엇이고 그것은 어떻게 달성될 수 있는 것인가? 그렇다. 신권(臣權), 다시 말하면 재상권을 약화시키는 것이다.

우리는 51장에서 재상제의 변천을 이야기하면서 당 중기에 삼권 분립의 3성제가 유명무실화되고 중서문하를 중심으로 한 1인 재상제로의 변화를 이야기하였다. 그리고 그렇게 된 주된 요인으로 사직(使職), 즉 특임제의 성행을 지적하였다. 그리고 북송이 성립되면서 특임제는 더욱 제도화되어 위에 언급한 폐단들이 불거졌다. 물론 송의 건국자가 이렇게 한 데에는 어느 누구에게도 권력이 집중되지 않게 하기 위함이었다. 관리들은 공식 직함에 의해 월급을 받고 복지를 누리나 실제 일은 다른 부서에서 다른 직책을 맡고 있었다. 이 경우에 공식 직함이긴 하나 실제로는 맡고 있지 않는 자리를 기록관(寄祿官)이라 하였고 실제로 맡고 있는 자리를 직사관(職事官)이라 하였다. 황제는 당연히 중앙 관리의 직사관만 알고 있을 뿐 기록관까지 다 기억하고 관리할 순 없었다. 그러나 월급은 기록관의 직함과 호봉에 의해 결정되었고 기록관도 승급과 이동, 즉 인사발령이 있었다. 그리고 이는 재상에 의해 관리되었다. 즉, 공무원 사회의 허구의 자리(그러나 이에 의해 월급이 움직이는)에 대한 인사권이 전부 재상에게 있었는데 이는 거대한 권한이 아닐 수 없었다. 조광윤은 재상에게 권력이 쏠리는 것을 방지하고자 그런 '퍼즐 같은 관직망'을 만들었는데 아이러니하게도 그로 인해 발생되는 무수한 빈자리들에 대한 인사발령과 녹봉을 실질적으로 재상이 주무르게 되었다. 그럼 사람들은 어떻게 되겠는가? 여전히 재상에게 잘 보여야 한다!

신종은 이것에 손을 댔다. 어떻게? 복잡할 것 같지만 핵심은 하나다. 사직을 없애고 공식 직책과 실제 업무를 일치시키는 것이다. 즉, 공직자들의 인사 체계를 당(唐) 초기처럼 심플하고 실질적 업무 위주로 만들면 된다. 그러면 재상이 인사권을 발휘할 공간이 대폭 줄어든다. 하지만 그렇다고 기록관이 완전히 없어질 순 없었다. 신종은 기록관의 승급과 이동에 대해 상세히 규정해 놓은 《기록격(寄祿格)》이란 걸 반포하여 기록관의 인사 발령을 엄격하게 규정에 의해 실시하도록 하였고, 이로써 재상의 인사 공간은 완전히 없어졌다. 직급과 직책을 심플화하는 일은 자연히 불필요한 자리를 없애고 부서의 수를 줄이는 것과 같은 구조조정을 가져온다. 경제정책을 총괄했던 삼사(三司)를 폐지하고 이들을 상서성의 호부와 공부로 귀속시킨 것이 대표적인 예이다. 이로써 삼사라는 건 이때부터 역사 속에서 사라진다. 송 신종은 원풍 관제개혁을 실시하면서 할일 없이 놀고 있던 많은 공무원들을 집으로 보냈다. 당연히 정부의 지출도 크게 절감되었다.

원풍관제개혁의 또 한 가지 축은 '중서문하'를 폐지하고 '3성제'를 부활시킨 것이다. 다시 말하면 3성의 위에서 군림하던 1인 재상인 '중서문하평장사'를 없애면서 당의 3성제를 회복시켰다. 신종의 원풍관제개혁은 기본적으로 당 전기를 모델로 하고 있었고 그가 참고한 것도 당의 관제를 규정한 《당육전(唐六典)》이었다. 그는 왕규, 채확에게 《당육전》을 던져주면서 '당육전에 의거한 관제 개혁안을 만들어 가져와보라'고 하였다. 그럼 중서령, 문하시중, 상서령의 3성의 총리급 수장도 부활했느냐 하면 그건 또 아니었다. 부활한 3성은 모두 부총리급 장관(중서시랑, 문하시랑, 좌·우상서복야)으로 구성되어 있었다. 그리고 좌(左)상서복야가 문하시랑을 겸직하고 우(右)상서복야가 중서시랑을 겸직하도록 하였다. 그래서 '상서좌복야 겸 문하시랑'을 좌상(左相)이라 부르고, '상서우복야 겸 중서시랑'을 우상(右相)이라 부르면서 좌상과 우상의 두 재상이 탄생하였다. 중서성이 기안, 문하성이 심의하고 상서성이 집행하는 3성제가 부활하였으나 핵심적인 일을 하는 곳은 중서성이었으므로 우상이 가장 높은 대신이었다. 우리나라는 좌의정이 선임 재상이었으나 중국은 대분의 시기에서 우상이 선임 재상이었다. 원풍관제개혁 후의 정부가 이전과 다른 가장 큰 차이는 상서성이 정무 운영의 중심지가 되었다는 점이다. 이전에는 중서문하가 구체적인 정무의 처리까지 관여하면서 상서성과 6조(부)는 그야말로 '까라면 깔 수밖에' 없었지만 원풍관제개혁 후에는 상서성의 장관이 중서성과 문하성 장관을 겸임하고 있었으니 상서성 산하의 6조에서 집행하는 일에 대해서 중서성과 문하성은 간여할 수가 없었다. 이는 왕안석 집권기에 중서문하가 자신의 정무처리 범위를 계속적으로 확장했던 것과 큰 차이가 있다. 신종이 왕안석을 그토록 신뢰하고 변법을 밀어주긴 했지만 동시에 재상권의 확장에는 경계를 하고 있었던 것이다.

원풍관제개혁은 성공했을까? 결론부터 말하자면 '아니다'이다. 그 이유는 크게 두 가지이다. 이미 120년을 지속해온 관료사회의 폐단은 보통 문제가 아니었다. 이에 대한 수술을 가한다는 건 매우 조밀하면서도 광범위한 계획에 의해 실행되어도 될까 말까 한 거대 과제였다. 신종이 추진한 이 개혁은 보기에는 그럴듯해 보여도 충분히 조밀하지 못했고 여러 가지 누수와 부작용이 있었다. 물론 성공적인 측면이 있었으나 그것은 중앙 관료 사회에 국한되었고 아직 엄청난 지방 관료 사회에는 효과를 발휘하지 못했다. 이렇게 된 데에는 신종이 너무 성급했다는 점과 누적된 관료 사회를 개혁한다는 거대 과제를 수행하기에는 신종과 왕규, 채확 등 개혁 추진 집단의 역량이 부족했다고밖에 볼 수 없다. 당시 신종은 왕안석을 불러 의견을 물어볼 수도 있었지만 그렇게 하지 않았다.

또 한 가지 이유는 신종이 당의 영광에 너무 집착하였다는 것이다. 그는 초기 당을 모델로 하였으나 시대는 이미 당이 아니었다. 위진 시대에 탄생하여 수를 거쳐 당에서 꽃을 피운 된 3성 6부제는 수 백년 동안 그 우수성이 입증되었지만 송대에는 그것이 더 이상 시대를 반영하지 못했을 수도 있다. 역사를 보면 입으로는 진보를 부르짖으면서 눈은 과거를 향하는 경우가 많았는데 돌이켜보면 그 어떤 복고주의 개혁도 성공한 적이 없다.

그러나 원풍 관제개혁이 실패했다는 건 기대한 효과를 보지 못했다는 뜻이지 그것이 중단되거나 폐지되었다는 건 아니다. 이 개혁에의 필요성은 당시 많은 사람들이 공감하고 있었던 같다. 신종 사후에 사마광이 정권을 잡으면서 광기와 독기를 가지고 변법의 모든 걸 폐지하였지만 유독 원풍관제개혁만은 손을 대지 않았다. 그렇게 신종이 바꾼 관제는 남송에까지 이어졌다.

변법이 남긴 것

대략 15년간에 걸친 희풍변법이 몰고 온 가장 큰 폐해는 아마도 북송의 자유로운 의견 개진과 간언 문화, 대신들 간의 균형 잡힌 정치 문화에 막대한 타격을 주었다는 데에 있을 것이다. 변법 이후로 운동장은 완전히 기울어졌다. 한번 기울어진 북송의 운동장은 다시 균형을 찾지 못하고 한번은 이쪽으로 한번은 저쪽으로 기울어지기를 반복하였다.

　변법의 칼은 조정을 신당과 구당으로 쪼개 놓았다. 왕안석 키즈들은 변법을 조금이라도 찬성하면 신당, 조금이라도 반대하면 구당이라고 서로 손가락질했는데 이는 역사 이래 처음 있는 일이었다. 소식은 청묘법의 폐해를 지적하면서 변법파로부터 '구당'이라 비난받았으나 후에 사마광이 정권을 잡고 변법의 모든 걸 폐기하려고 하자 그에게 '면역법은 그냥 놔두는 게 좋다'며 전면 폐지를 반대하였다가 사마광으로부터 '신당'으로 찍혔다. 이렇게 중국은 '신구당정(新舊堂競)'이라는 지금까지 한 번도 본 적 없는 당파싸움의 소용돌이로 빨려 들어갔다.

　변법의 제2라운드는 양상이 조금 달랐다. 왕안석이 있던 1라운드에는 변법의 지지파와 반대파가 입으로 싸웠고 그 수도 비슷하여 서로 첨예하게 대립했다고 한다면 이 시기부터는 변법 운동이 반대파 숙청 작업으로 이루어졌다. 30대의 송 신종은 20대 때와 달랐으며 이제는 조태황태후 같은 종실의 어른도 없었고 원로들은 이미 은퇴하거나 세상을 떴다. 그래서 송신종이 직접 이끄는 변법운동은 보다 전제주의적이고 탄압적인 모습으로 변해간다. 이 시기에는 변법을 반대하는 사람은 깡그리 짐을 싸서 지방 발령을 받았고 중앙정치는 전부 변법파가 장악하였다. 이제 운동장은 완전히 기울어진 것이었다. 견제 세력이 없어졌으니 변법파의 전횡은 더욱 노골화되었고 변법의 폐해는 더욱 심각해졌다. 이제부터는 정책의 옳고 그름은 없어지고 자기들의 세상을 더욱 공고히 하고 그에 위협이 되는 인물들을 탄압하는 데에 열을 올리게 되는데 그 대표적인 사건이 소식의 '오대시안(烏台詩案)'이다.

소식(苏轼)

왕안석의 변법이라는 변혁의 회오리 시대를 이야기할 때 빼놓을 수 없는 또 한 명의 인물이 바로 우리가 잘 알고 있는 '소식(소동파)'이다. 소식은 중앙 정치에서 주도적인 역할을 담당하진 않았으나 변법의 시작과 끝에 두루 걸쳐 있는 그의 인생사는 희풍변법이라는 개혁운동의 전개 과정과 본질이 무엇인지를 알게 해주는 또 하나의 시각이 될 수도 있다.

소동파의 직업은 무엇인가? 대부분의 사람들에게 '시인'이라 알려져 있는 소식의 직업은 '정치인' 또는 '관리'이다. 사실 고대에 직업 작가는 거의 없었다. 글을 잘 짓는 관리나 정치인이 있었을 뿐이다. 소식은 1037년에 태어났으니 왕안석보다 열여섯 살 어리고 사마광보다 열여덟 살 어리다. 그러니 왕안석과 사마광은 소식에게 나이로는 스승 뻘인 셈이다. 소식은 일단 문장력과 언변으로는 당대 어느 누구도 그의 상대가 되지 않았다. 그에게는 확실히 타고난 천재의 기질이 있었다고 말할 수 있다. 소식은 인종 말기에 과거에 2등으로 합격하여(실제로는 탁월한 1등이었다) 정치적으로 승승장구를 예약해 둔 유망주였으나 실제 그의 인생은 수많은 곡절이 있었으며 대부분의 시간을 지방관과 유배자의 신분으로 지방을 떠돌며 보냈다. 아마 중국 고대사에서 그만큼 전국 방방곡곡으로 떠돈 관리는 흔치 않을 것이다. 소식은 정치인이었지만 진정한 정치가가 되기에는 너무 '독고다이'스러웠다.

소식은 무슨 파인가? 그가 한때 변법파로부터 정치 탄압을 심하게 받았었기에 많은 책들이 그를 반변법파(구당) 인사로 분류하는데 사실 소식은 구당도 신당도 아니었다. 소식은 왕안석도 비판하였고 사마광도 비판하였다. 그래서 신당에게는 구당이라 비판받았고 구당으로부터는 신당이라 손까락질 받았다. 내 개인적인 생각으로는 그의 진보적이고 개혁적 성향은 오히려 신당에 더 가깝다. 그의 재능만큼은 어느 누구도 높이 샀으나 어느 누구도 그를 진정으로 영입하는 것은 껄끄러워 했다. 마찬가지로 누가 정권을 잡던 소식의 눈에는 다 똑같은 놈들이었고 이런 식으로 중앙 정치를 혐오한 그는 매번 지방 발령을 자청하였다. 그의 인생사에서 지방 발령이 많았던 건 대부분 소식 자신이 스스로 원하였기 때문이다. 그의 정치 인생을 보면 조금 답답하게 느껴지는 게 그는 '타협'이라는 걸 몰랐다. 그가 하는 말은 구구절절 다 맞는 말이었다. 하지만 때로는 상황에 따라 정도껏 타협을 해야 하는데 그에게는 그런 것이 전혀 없었다. 또 한 가지 그가 가진 문제는 그의 말과 글이 그 당시로서는 상당히 '공격적'이고 '자극적'이었다는 것이다. 그의 말에는 과장된 비유로 상황의 심각성을 강조하고 부정적인 측면을 부각시키는 경향이 있었는데 이는 상대의 감정을 상하게 하는 측면이 있다. 그의 성격은 좋게 말하면 '세속에 구애를 받지 않고 소신 발언을 거침없이 하는' 스타일이고 나쁘게 말하자면 다소 '제멋대로'라 볼 수도 있다. 그래서 누군가는 소식을 두고 "재능은 있으나 서생의 티를 벗어나지 못했다"라고 평하기도 했으며 인종, 신종, 철종 등 역대 황제들이 모두 그의 재능을 아까워하며 중용하고자 했지만 대부분의 경우 대신들의 반대에 부딪쳐 이루지 못했다. 나의 개인적인 느낌으로는 소식 또한 왕안석처럼 과도한 자신감에 빠져있었던 것 같다. 소식이 시인으로 유명하므로 이 사람이 문인으로서의 부드러움이나 소심함을 갖추었을 거라 생각하기 쉬운데 사실은 정반대이다. 그는 거침이 없는 열혈파, 투쟁파 정치인이었다. 단지 그의 성격과 스타일 때문에 어느 한 세력에 속하거나 세력을 형성할 수 없는 영원한 재야 인사였고 그래서 그에게는 모두가 친구이자 모두가 적이었고 그의 정치 인생은 혼자만의 고귀한 투쟁이었다.

1079년, 때는 왕안석 은퇴 후 변법파의 세대교체가 이루어지고 왕규(총리), 이정(검찰총장) 등이 조정을 장악하고 있을 때였다. 소식이 지방관으로 있으면서 혁혁한 공을 세우고 대중의 지지를 얻자 이들은 황제가 언젠가는 그를 중앙으로 부를 거라는 불안감을 가지고 있었다. 그래서 신종 앞에서 소식을 비방하여 그를 더 먼 곳으로 보냈고 새로운 발령장이 올 때마다 그의 지위는 전보다 더 하락하였다. 장수성 서주(오늘날 쉬저우徐州)의 행정장관으로 있던 그는 더 남쪽의 저장성 후저우(湖州)로 이동하라는 조서를 받았다. 1079년 4월, 후저우 지주(知州, 군수나 시장에 해당)로 이동한 소식은 황제에게 《후저우사표(湖州謝表)》를 올린다. '사표(謝表)'란 무엇인가? 사직하겠다고 내는 사표(辭表)가 아니다. 사표란 신하가 황제에게 '감사함(謝)을 표하는(表)' 글인데 보통 큰 상을 받았거나 크게 진급하였을 때, 아니면 자신이 죽을 때가 다 되었을 때 "그간 성은을 주신 데에 감사드립니다"라는 뜻을 전달하는 건데 실은 "제가 죽으면 저희 후손들을 잘 챙겨주십시오"라는 부탁의 뜻이 담겨있었다. 또는 아주 간혹 사표(謝表)를 올릴 때가 아닌데도 뜬금없이 사표를 올리는 경우가 있긴 했다. 사마광은 그가 중앙 정계를 떠나있을 때에 아무 이유 없이 신종에게 사표를 올린 적이 있는데 거기에는 신하로서 충심을 다한 간언이 들어있었다. 1079년 소식이 올린 사표는 자신의 불만을 반어적으로 표현한 것이었는데 냉정하게 보면 굳이 불필요한 행동이었다. 소식은 문장가이므로 어마어마한 양의 시와 산문, 그림을 남겼다. 예를 들어 우리가 어쩌다 든 생각이나 느낌 같은 거를 SNS에 한마디 올리면 지인들이 '좋아요'를 눌러주듯이 그도 옆에 붓과 먹만 있으면 그때그때 생각나는 걸 거침없이 썼다. 천하제일 문장가의 시에 사람들은 환호하였고 이런 창작 활동이 그의 명성을 더더욱 높여주었다. 그런데 그런 방대한 작품 활동이 한편으로는 그에게 약점이자 정치적 공격의 대상이었다. 왜냐하면 많은 글을 쓰다 보면 어쩌다가 수위를 조금 넘는 말이 나올 수 있고 조정의 신당 소인배들은 그의 문장에서 흠을 찾기에 여념이 없었기 때문이다. 오늘날 정치판에서도 몇 년 전에 SNS에 올린 글을 문제시하는 경우가 있는데 그런 방식의 정치 공격은 아주 오래 전부터 있어왔다. 그들은 천 편이 넘는 소식의 시를 뒤지고 뒤져서 문제될 만한 부분을 발췌하여 신종에게 보고하였으나 매번 신종은 "뭐 이 정도를 가지고 난리야?"라는 식으로 대하며 별 신경을 쓰지 않았다. 그러나 이번에는 달랐다. 그의 사표에 이런 문장이 있었는데 이것이 신종의 눈에 확 띄었다.

"…(조정의) 신진들과 같이 일을 하기에는 저 자신이 우둔하고 시대에 뒤떨어진 것을 잘 알고 있습니다. 제가 나이가 많아서 새로운 일을 하기에는 적합하지 않으나 작은 지방의 백성들을 부양하는 것 정도는 할 수 있을지도 모릅니다(知其愚不适时, 难以追陪新进 ; 察其老不生事, 或能牧养小民)."

왕규, 이정 등은 이 말이 황제가 낸 발령에 대해 불만을 표출한 것이며 조정을 비꼰 것이라 신종을 부추겼고 신종은 대노하였다. 곧바로 지금의 검찰인 어사대(御史台)가 출동하였고 그해 7월28일에 후저우 관아에서 업무를 보던 소식은 그 자리에서 결박되어 개봉으로 호송되었다. 어사대 안에는 어사대 전용 감옥(주로 정치범을 수용했을 것이다)이 있었는데 당시 이곳에 까마귀(鸟)가 많이 모여들었다고 하여 '오대(鸟台)'라는 별명으로 불렸다. 소식은 여기서 석 달 동안 수감되면서 갖은 고초를 겪었는데 시(诗)로 인해 오대(鸟台)에 수감된 사건(案)이라 하여 '오대시안(鸟台诗案)'이라 한다. 오대시안 사건은 중국사 최초의 '문자옥' 사건이었다. 당시는 이미 조정이 변법파에 의해 완전히 장악되었고 또한 신종이 화가 크게 났기에 어느 원로대신이 간청을 한들 먹히지 않았다. 소식은 사형을 당한 송대 최초의 사대부가 될 뻔도 했다. 그런데 이때 소식을 살려준 이가 있었으니 그가 바로 조태황태후였다. 조금 있으면 저세상 사람이 될 예순네 살의 조태황태후가 마지막 기력을 내어 신종 앞에 나섰고 이렇게 하여 소식은 자유의 몸이 되었다. 그리고 보름 후 그녀는 세상을 떴다.

　신종이 죽고 사마광 등 구당이 정권을 잡았던 시기에 소식은 반짝 중앙 관리로 기용되었다. 한림학사 겸 황제의 조서를 기안하는 지제고(知制誥)까지 하였는데 이것이 소식이 일생 동안 맡은 가장 높은 관직이었다. 그러나 곧 구당과도 갈등이 있었고 "당신들도 거기서 거기다!"라며 또 지방발령을 자청하였다. 그렇지만 이때의 지방관 시기는 소식에게 비교적 행복했던 시기였다. 저장성 항저우(杭州)는 소식에게 고마워해야 하는 도시 중의 하나이다. 소식은 1072년과 1089년 두 번씩이나 항저우의 지방관을 하면서 항저우의 발전에 지대한 공헌을 하였다. 항저우 서호(西湖)의 오늘날의 모습은 소식이 만들어 놓았다고 해도 과언이 아니다.

　그러나 1093년 고태후가 죽고 철종의 친정이 시작되자 다시 신당이 정권을 잡았고 이때부터 소식의 진짜 시련이 시작된다. 이들은 갖은 흠을 잡아 소식을 연달아 강등시켰고 결국 한때 장관급에까지 갔던 소식은 문서에 결재도 못하는 하급 관리가 되어 유배를 당한 것과 다름없는 신세가 된다. 1094년부터 1100년까지 소식은 광동성 혜주, 해남도 등지를 돌며 유배 생활을 하다가 송휘종이 즉위한 1100년에 가서야 대사면이 이루어져 다시 중앙의 부름을 받았다. 이듬해인 1101년 7월28일 소식은 북상 중인 배 안에서 세상을 떴다. 그의 나이 66세였다.

원우경화(元祐更化): 모든 것을 왕안석 이전으로!

　1085년 2월, 서른여덟 살의 나이로 송신종이 세상을 떴다. 그의 여섯 번째 아들 조후(趙煦)가 즉위하였으니 그가 바로 송철종이다. 신종은 18년을 재위하면서 열네 명의 아들과 열 명의 딸을 보았으나 그중 1남부터 5남까지, 그리고 7남, 8남, 10남 총 여덟 명이 어릴 때 죽었고 공주들 중에서는 일곱 명이 어릴 때 죽었다. 어쩌면 그에게 뭔가 유전병이 있었을 수도 있다. 철종은 즉위 시 나이가 열 살밖에 안 되었기에 신종의 유언에 의해 할머니인 고태황태후가 수렴청정을 하였다. 유명한 무관 집안의 딸인 고태후는 호락호락한 여인이 아니었다. 신당의 대신들은 무서운 고태후의 기에 눌려 끽 소리도 못하고 있었고 변법을 그토록 싫어했던 고태후는 이들을 잡아먹을 기세로 노려보고 있었다. 그녀는 곧바로 사마광을 불러들였고 조정의 새 판을 짜는 칼날을 그에게 쥐여주었다. 이제 정치판이 어떻게 되었겠는가? 신당의 인사들은 깡그리 강등되어 지방으로 보내졌고 변법에 반대함으로써 좌천되었던 인사들과 원로들이 다시 중앙으로 불려들여졌다. 이 중에는 소식, 소철 형제도 포함되어 있었다. 이로써 조정은 구당으로 채워졌고 운동장은 다시 반대쪽으로 기울어졌다.

사마광은 물론 변법을 전부 다 폐기하고자 하였다. 왕안석이 했던 건 옳고 그름을 떠나서 무조건 그 반대로 했다. 사마광의 급진적 폐기에도 반대의 목소리가 있긴 했다. 선황의 정책은 통상 3년은 그대로 두는 게 관례였고 안 그러면 아들이 아버지의 정책을 부정하는 것이 되어버리기 때문이다. 그러자 사마광은 "이는 태후의 명으로 실행되는 것이므로 아들이 아버지의 정책을 부정하는 게 아니라 '어머니가 아들의 잘못을 바로잡는 것이다(以母改子)'"라는 논리를 내세우며 밀어붙였다.

소식은 변법의 전면 폐지에는 반대하였다. 그는 여러 차례 사마광을 찾아가서 이유를 설명하고 그를 설득하려고 하였으나 결국은 받아들여지지 않았다. 소식의 말은 전부 맞는 말이었지만 소용없었다. 15년이 넘도록 신당의 전횡을 바라만보며 이를 갈았던 사마광은 변법이라면 치를 떨었고 이제 또 한 명의 왕안석이 되어 돌아온 것이었다. 소식은 "에라이~ 니들도 똑같은 놈들이다!"라며 중앙 관직을 맡은 지 4년 만에 조정 문을 박차고 나왔다(항저우로 발령을 자청).

사실, 정치는 이보다 좀 더 복잡하다. 구당이라고 서로 단합하며 나라를 위해 한마음이 되었을까? 구당은 촉(蜀)당, 낙양(洛阳)당, 삭(朔)당의 세 개 파로 균열되었다. 촉(蜀)은 소식의 고향인 쓰촨(사천四川)을 말한다. 소식이 의도적으로 붕당을 형성하였다기보다는 소식이라는 스타 정치인과 고향을 같이하는 이들이 모이다 보니 파벌 비슷한 게 형성되었다고 봐야 한다. 낙양파는 이학의 창시자인 정이(程颐)를 중심으로 하는 당이었다. 정이가 누구인지 이해를 도울 한 가지 예를 들겠다. 중국은 그간 여성의 재가가 자유로웠고 심지어는 이혼 소송도 가능했다. 그러던 것이 남송 때에 들어 이학이 사회의 중심 사상으로 받아들여지면서 이때부터 여자의 정절은 목숨보다도 더 소중한 가치가 되었고 그들은 남편이 죽은 뒤에도 수절이 강요되었다. 소식과 같은 자유로운 영혼과 정이와 같은 고리타분한 사람은 상극이었다. 그래서 촉파와 낙양파는 구당 안에서도 진보파와 수구파를 이루며 서로 대립하였다.

사마광은 1년 남짓 조정에서 왕안석의 잔재를 청산하는 데에 몰두한 후 이듬해인 1086년 9월에 세상을 떴다. 물론 변법이 급작스럽게 전부 폐지되면서 피해를 보는 백성들이 있었고 정책의 잦은 변동으로 사회는 또 한 번의 혼돈을 겪어야 했다. 이러나저러나 결국 피해를 보는 것은 백성들이었다. 신종이 죽은 이듬해인 1086년부터 고태후가 죽은 1093년까지를 '원우(元祐)년'이라고 한다. 그래서 구당이 정권을 잡고 변법이 모두 폐기되었던 이 8년간의 고태후 통치 시기를 '원우경화(元祐更化)'라 부른다. '경화(更化)'란 현대 중국어에서는 쓰이지 않는 단어인데 그 원뜻은 '잘못되었던 것을 다시 고치다'이다. 한무제 때 동중서의 주도하에 유가가 도가와 법가를 대체하면서 '경화(更化)'란 말이 처음으로 쓰였고 그것이 《한서》에 기록되었던 것에서 유래하였다. 중국의 역사에는 총 네 번의 '경화'라 불리는 사건이 등장한다. 하나는 방금 말한 한무제 때의 '숭유경화(崇儒更化)'이고 두 번째가 고태후와 사마광의 '원우경화(元祐更化)'이다. 그리고 남송 때인 1234년에 시작된 '단평경화(端平更化)'가 있다. 그리고 14세기 중반 원 말기의 개혁 재상인 퇴퇴(脱脱)에 의해 추진된 퇴퇴경화(脱脱更化)가 있다. 변법이나 경화나 사전적 의미는 모두 '변혁'의 의미를 가지고 있다. 하지만 사가들이 이들을 굳이 '경화'라 불러온 이유는 뭘까? 중국의 역사를 보면 어떤 건 '변법(変法)'이라 부르고 어떤 건 '경화(更化)'라 불리며 또 어떤 건 '개제(改制)'라고 부른다. 또 어떤 건 '신정(新政)'이라 부른다. 현대인들은 이 모든 걸 전부 개혁 또는 변혁이라는 단어로 통칭하지만 사가들이 이런 식으로 (마치 개혁의 등급을 규정하듯이) 달리 명명하였던 데에는 분명 이유가 있지 않을까? 각각의 개혁이 담고있던 본질을 이해하면 그 이유를 짐작할 수 있다. 개제(改制)는 글자 그대로 '제도를 바꾸는' 일로서 가장 낮은 등급의 개혁이라 말할 수 있다. 개제가 개혁의 일부가 될 수도 있지만 대부분의 경우 개제(改制)는 본질은 건들지 않는 정치적 이익의 shift에 불과하기 때문이다. 그래서 대놓고 말은 안하지만 '개제'에는 다소의 평가절하의 의미도 들어있다. 여기서 우리는 중국어에서 '법(法)'이라는 단어가 가지는 상위 개념을 이해해야 한다. 나의 《중국을 움직인 시간》 시리즈에서 '개제'로 불리는 것에는 무엇이 있었을까? '광무제의 정치·군사 개제', '왕망의 개제' 등이 있고, 앞서 말한 신종이 실시한 관제 개혁을 '원풍 개제'라고 부른다. 물론 나는 1, 2권에서 이들을 모두 개혁이라는 단어로 명명하였는데 이는 독자들에게 익숙한 단어로 다가가는 것이 좋을 것 같아서였다. 광무제의 관제 개혁은 황권을 강화하기 위한 정치적 목적이 주가 되었기에 개제라 불리는 게 맞는 것 같다. 왕망의 개혁은 전방위적인 변화였다. 하지만 이를 개제라 부르는 이유는 아마도 그의 개혁 정책들이 졸속이었고 시대에 역행하였기 때문이 아닐까라고 생각된다. 신종의 원풍 관제 개제 역시 재상권을 약화시키기 위한 직제 변경과 인사권 조정에 불과하다. 그러므로 변법, 경화, 개제, 이 세 가지 명명은 개혁의 범위 뿐만 아니라 그 본질적 취지, 순수성, 깊이, 성과 등도 종합적으로 평가하는 개념으로 봐야 한다.

경화는 조금 더 낯설은 단어이지만 이 역시 역사상의 네 번의 경화가 가지는 의미를 보면 어느 정도 짐작이 가능하다. '숭유경화(崇儒更化)'란 무엇이었던가? 서한 초기는 대부분에 있어서 진의 것을 이어받았고 단지 그 운영 방식에 있어서 진의 가혹성을 완화하여 경제를 회복시는 방법을 택하였다. 그것이 한무제 이전의 서한이었다. 진은 분서갱유 사건 이래로 사회의 정신·문화 활동이 심하게 위축되었고 그 분위기는 진을 이어받은 한에게 그대로 전수되었다. 그래서 사실 '한무제 이전의 서한은 경제만 발전하였지 사상·문화적 측면에서는 상당히 위축되어 있던 사회였다'라 말할 수 있다. 한무제의 '숭유경화'는 황제의 권위를 강화하려는 한무제의 정치적 의도와 맞아 떨어지긴 하였지만 그와 동시에 진시황제 이래로 억눌려왔던 사상·문화 활동에 큰 물꼬를 터준 사건이기도 하다. 왜냐하면 사상·문화 활동을 담당하는 자들은 대부분 유학자들이었기 때문이다. 그래서 '숭유경화'는 억눌려 왔던 유가 사상을 다시 사회의 중심 이념으로 복귀시키는 교정이었다고 정의내릴 수 있다.

'원우경화'는 잘 알다시피 왕안석 변법을 모두 부정하고 원래로 복귀하였다. '단평경화'는 남송 때 사미원이란 재상에 의해 나라가 26년 동안이나 암흑기를 겪었는데 그가 죽자 송리종이 그의 당을 척결하고 여러 방면에서 쇄신 운동을 벌였던 시기를 말한다. '뤄튀경화'는 높이 평가할 만한 진보적 개혁이긴 하나 그 역시 핵심은 전임 재상이 추진했던 악법들을(과거제 폐지와 같은) 전부 부정하고 다시 되돌려 놓는 것들이었다. 이제 원우년간의 변화를 왜 '경화'라 부르는지 약간은 감이 올 것이다. 경화에는 앞 세대의 폐단이나 억눌려 있던 것을 되돌리거나 바로잡는다는 뜻이 담겨있다.

'변법'은 가장 광범위하고 높은 수준의 개혁을 의미한다. 변법을 글자 그대로 해석하면 '법을 바꾼다'이지만 여기서의 '법(法)'을 Law나 Rule로 해석하면 안 된다. 중국어에서 '법(法)'이란 글자는 때에 따라서 '원칙' 또는 '법도'를 말하며 그러므로 '법가'와 '변법'에서의 '법(法)'이란 '국가와 사회의 운영 법칙 또는 운영 원리'를 의미하는 최상위 개념이다. 그렇다 면 이제 변법과 개제가 그 지위에 있어서 매우 큰 차이가 있다는 걸 이 해할 수 있을 것이다. 또한 앞 글자를 이루는 '개(改)', '경(更)', '변(变)'이 가지는 개념의 미묘한 차이도 생각해볼 수 있다. 셋 다 'change'의 의미 가 아닌가? 그렇지만 이 세 글자가 가지는 철학적 의미와 깊이에는 차 이가 있다. 하나는 '고치다, 수정하다'이고, 또 하나는 '새롭게 하다, 쇄 신하다', 세 번째 것은 '변하다'의 의미이기 때문이다. 예를 들어보자. "우리는 (잘못을) 고쳐야 한다!", "우리는 새로워져야 한다!", 그리고 "우 리는 변해야 한다!" 어느 것이 더 본질적인 변화를 요구하는 말인가?

중국 고대사에서 흔들림 없이 변법의 칭호를 받는 개혁은 '관중의 변 법', '상앙의 변법', '왕안석의 변법' 그리고 청 말의 '무술변법' 정도이다. 뒤에 나오는 명 말 장거정의 개혁은 변법이라 부르는 사람도 있지만 일 반적으로 '신정(新政)'이라고 불린다. 장거정의 개혁이 왜 변법이 아닌 신 정이라는 지위에 있는지는 뒤의 명나라 이야기를 기다려 달라고 부탁 드린다.

개혁을 뜻하는 말로 '유신(維新)'이라는 단어도 있다. 일본의 '메이지 유신'이 가장 대표적이다. 그러나 이유는 모르겠으나 중국인들은 예나 지금이나 유신이라는 단어를 잘 쓰진 않는다. 단지 캉유웨이의 '무술변 법'을 '유신변법'이라 부르기도 하는데 그것이 유일한 케이스인 것 같다. 유신은 개혁이라는 좋은 단어이지만 우리나라에서는 독재를 상징하는 단어가 되어버렸다.

상하이대학 역사학과 장청쫑(张呈忠) 교수는 그의 논문에서 송신종과 왕안석의 변법 추진 기간, 고태후와 사마광의 변법 부정 기간, 그리고 다음에 나오는 송휘종 시기 간상 채경의 전횡 기간을 각각 "변법(変法), 경화(更化), 변질(変质)"[66]이라는 단어로 이름하였는데 이 세 시기가 가지는 성격과 본질을 아주 잘 보여주는 명명이라 생각된다. 오늘날 정치계에서 그들 입으로 "개혁"이라고 불리는 것들은 후대에 쓰일 역사책에서는 분명 다른 말로 불릴 것이다. 작금의 정치계를 바라보는 우리들도 저들 스스로 개혁이라 부르짖으며 하는 행태들이 과연 '진정한 개혁'인지, '경화'인지, 아니면 '변질'인지 한번 생각해볼 필요가 있다.

변법의 변질

변법이 남긴 신구당의 보복 드라마는 끝나지 않았다. 1093년 고태후가 세상을 뜨고 열일곱 살 철종의 친정이 시작되면서 구당의 호시절은 끝이 났다. 사실 어린 철종은 고태후의 원우경화에 찬성하지 않았다. 할머니가 자기 마음대로 아버지의 업적을 부정하고 정책을 폐기하는 것에 대해 불만을 품고 있었지만 할머니의 기에 눌려 아무 소리 못하고 있었을 뿐이었다. 이런 상황이 되면 누구나 마찬가지일 것이다. 아버지가 가까운가 할머니가 가까운가? 그래서 고태후가 죽자 그는 모든 걸 고태후의 반대로 하였고 희풍변법은 다시 부활하였다. 구당은 쫓겨났고 조정은 다시 신당으로 채워졌는데 이때 정권의 핵심으로 부상한 사람이 장돈(章惇)과 증포(曾布) 그리고 채변(蔡卞)[67]이었다. 재미있는 건

---

66) 张呈忠 《变法·更化·变质——试论北宋晚期历史叙事三部曲的形成》 历史教学问题 2019.10
67) 채변은 왕안석의 사위이다. 왕안석의 위패를 신종의 사당에 모시고 그의 신상을 공자묘로 입성시키는 것이 그의 주도하에 이루어졌다. 그는 또한 휘종 시기의 간상 채경의 동생이다.

중포는 시역법의 폐단을 고발하면서 변절자로 찍혀 왕안석으로부터 쫓겨났던 인물인데 원우경화 때 구당에 의해 다시 중앙으로 영입되었다. '적의 변절자는 나의 편' 뭐 이런 거였을 것이다. 그런데 철종이 변법을 부활시키면서 오히려 더 높은 자리로 올라가서 추밀사에까지 갔다. 아마도 8년 동안 폐기되었던 변법을 부활시키려다 보니 왕안석 키즈 1세대 노장이 필요했던 게 아니었나 싶다. 이때부터 다시 구당 정치인들에 대한 탄압이 시작되었다. 죽은 사마광은 작위가 강등되었고 소식의 유배나 다름없는 생활이 시작된다. 이때에도 이들이 소식을 공격하는 수단은 역시 십수 년 된 그의 시와 산문을 뒤지는 일이었다.

평소 각혈을 하던 철종은 1100년 정월에 스물네 살의 나이로 요절하였다. 그는 황후와 비빈을 합쳐 열 명이 넘는 아내를 두었지만 아들은 하나밖에 못 낳았고 딸만 넷을 보았다. 그마저도 어렵게 얻은 아들이 태어난 지 두 달 만에 죽었다. 딸도 네 명중 두 명이 어려서 죽었다. 그래서 철종의 뒤를 이은 사람은 그의 배다른 동생 조길(趙佶)이 되었다. 그가 후에 송휘종(宋徽宗)이라 불리는 북송의 마지막에서 두 번째 황제인데 그는 그림과 서예에만 소질이 있었을 뿐 국정 통솔 능력도 의지도 없는 아둔한 황제였다. 문제는 그가 1100년 2월부터 1126년까지 26년이나 재위하였다는 것이다. 더 문제는 그의 재위 시기 전반에 걸쳐 재상을 지낸 유명한 간상(奸相)이 있었으니 그가 바로 채경(蔡京)이다. 송의 역사에는 누구나 '개자식'이라 욕하는 두 명의 간상이 존재하는데 하나가 북송 말기의 채경이고 또 한 명은 남송 초기의 진회(秦檜)이다. 채경은 네 번에 걸쳐 17년간이나 재상으로 있었는데 그의 집권하에 변법은 원래의 궤도를 완전히 벗어나 극단주의와 부패로 치달았다. 채경을 위시하여 송휘종 시기에 득세했던 권신 여섯 명을 '북송6적(北宋六賊)'이라고 하는데 이들은 변법을 자신들의 권력 야욕을 채우고 향락의 욕구를 만족시키는 도구로 사용했다. 장강과 회하 지역의 차 매매를 전부 국가가 통제하였고, 염초(盐钞)[68]의 유통을 전국적으로 중지시키고 새로운 염초를 발행하였다. 이로써 국가는 돈을 벌었지만 구 염초를 소지하고 있던 상인들은 줄줄이 파산하였고 목을 매 자살하는 자들이 부지기수였다. 물론 농민들에 대한 착취는 더욱 심해졌고 이때부터 민란이 일어나기 시작했다. 더욱 문제는 송휘종의 무능함이 권신들의 전횡과 부패와 합쳐져서 북송은 이 시기 북방에서 일어나는 국제 정세의 대변화에 제대로 대처하지 못하였다는 것이다.

　채경이 어떤 사람이었고 백성들의 그에 대한 원망이 어느 정도였는지는 그의 죽음이 알려준다. 1126년 휘종이 그의 아들에게 황위를 선양하자 채경 역시 재상에서 파면되었다. 그는 직위가 강등되어 지방으로 보내졌는데 이동 중에 계속해서 강등되면서 나중에는 거의 유배나 다름없는 신세가 되었다. 그는 모아둔 금은보화를 한가득 싣고 다녔지만 사람들은 그가 6적의 수장 채경이라는 걸 알아보고는 아무리 돈을 줘도 먹을 것을 팔지 않았다고 한다. 결국 채경은 엄청난 돈과 함께 여든 살의 나이로 지금의 후난성 창사(长沙)에서 굶어죽었다.

---

68)　염초(盐钞)란 소금을 지역에 상관없이 사고 팔수 수 있는 수표와 같은 것으로서 소금 상인들끼리 유통되었다.

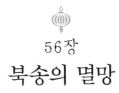

56장

북송의 멸망

정강의 변, 책임은 누구한테 있나?

1125년, 200년이 넘도록 광활한 북방을 지배해왔던 요(辽)가 여진족이 세운 금(金)의 공격을 버티지 못하고 멸망하였다. 그보다 5년 앞선 1120년에 송은 요와의 100년 맹약을 깨고 신흥 강자인 금과 연합하여 요를 멸망시키는데 일조하였다. 송-금 동맹은 화북에 요가 버티고 있어서 송은 산동에서 배를 타고 바다를 건너서 발해만으로 가야 했고 송과 금이 바다 위에서 동맹을 체결했다고 하여 '해상의 맹(海上之盟)'이라 부른다. 해상의 맹의 내용은 다음과 같다.

- 금은 송에게 연경(베이징)을 포함한 연운 16주의 태행산맥 동쪽, 즉 오늘날의 허베이성 중북부를 송에게 돌려준다.
- 송은 매년 요에게 주던 세폐(은 20만 량, 비단 20만 필)를 금에게 주고 연경에서 걷히는 세금을 대신하여 100만 관을 바친다.
- 쌍방은 도망쳐온 자를 받지 않는다.
- 송은 금에게 군량 20만 석을 지원한다.

돈은 좀 나가게 되었지만 숙원이었던 허베이 땅을 수복했으니 송으로서는 나쁜 딜이 아닌 것처럼 보인다. 사실 송은 금이 요를 멸망시키는데 숟가락만 살짝 얹고 연운16주 등 많은 걸 얻어내려고 했으나 그건 그들만의 착각이었다. 금은 약해질 대로 약해진 송을 진정한 동맹 상대로 보지 않았고 송 정부는 금과의 어설픈 동맹으로 세상을 다 가진 듯이 기고만장했다. 그만큼 채경이 이끄는 외교·안보 라인의 상황 파악 능력이 엉망이었다는 걸 보여준다. 1123년에서 1125년 사이에 송은 금과의 동맹 조약에 반하는 몇 가지 일들을 저질렀는데 이는 호시탐탐 송을 칠 명분을 찾고 있던 금에게 기회를 주었다.

이듬해인 1126년(정강원년) 이른 봄, "송 황제 조길은 맹약을 깬 죄인이다"라는 금의 선전포고가 개봉으로 날아들었고 곧 금의 대군이 남하하였다. 이들은 아주 쉽게 개봉성 앞까지 와서 성을 포위하였다. 송은 자신들이 늑대를 물리고 호랑이를 끌어들였다는 걸 깨달았지만 때는 이미 늦었다. 송휘종이 할 수 있는 것이라곤 자신이 황위에서 내려오는 일이었다. 이는 송휘종의 잘못을 인정한다는 걸 금에게 보여주어 이들의 화를 누그러뜨리려는 조치였으나 그렇다고 바뀌는 건 아무것도 없었다. 아버지로부터 위기의 나라를 물려받은 조환(송흠종)은 성문을 굳게 닫고 저항하였으나 얼마 후 주화파의 주장을 받아들여 화의를 하기로 했다. 화의란 무엇인가? 황제의 동생 조구(趙构)와 재상 장방창(张邦昌)이 인질로 보내졌으며 태원, 중산, 하간 땅을 할양하기로 했다. 또한 송황제는 금제국 황제를 큰아버지로 모시며 어마어마한 배상금을 주는 데에 합의하였고 그제야 금군은 포위를 풀고 돌아갔다. 이때 주기로한 배상금의 규모는 과거 요와 서하에게 주었던 것과는 비교가 되지 않았다. 황금 500만 냥, 은 5,000만 냥, 소와 말 1만 두, 비단 100만 필로서 송의 방방곡곡을 탈탈 털어도 나올 수 없는 돈이었다. 사실상 송은 백기를 든 거나 다름없었다. 송은 그간 주변국에 세폐를 주는 것이 경제적이라 생각했다. 즉, 자신들이 전쟁을 하거나 국방을 강화하는 데 어차피 드는 돈이라면 주변국에 돈을 줘서 전쟁이 안 일어나게 하는 것이 더 싸게 들고 현명한 방법이라 여겼다. 그런데 그 결과는? 금의 1차 남하로 송은 그간 요와 서하에 바쳤던 돈보다도 훨씬 많은 돈을 한 방에 배상금으로 뜯기게 되었다.

금군은 배상금의 일부만 챙기고 급히 철군했다. 송의 지원군이 서쪽에서 오고 있었기에 급히 남하한 이들도 적지에서 오래 머무는 건 부담스러웠다. 그러나 참으로 이해할 수 없는 점은 송은 그 후로도 어떠한 방어력 강화 노력을 하지 않았다는 것이다. 당시 북송 정부는 주전파와 주화파로 갈렸고 매일 '전쟁을 할 것이냐 화의를 할 것이냐'만 가지고 싸웠지 실질적으로 전쟁에 대한 방비는 전혀 하지 않았다. 주전파의 대표 인물인 이강(李剛)은 대군을 황하 이북 지역에 주둔시켜 금나라의 도강(渡江)을 막아야 한다고 주장했으나 주화파에 의해 거부되었다. 만일 금군이 쳐들어오지 않으면 거액을 낭비하는 것이라는 이유에서였다. 또한 송흠종은 각지에서 어렵게 몰려든 20만 명의 근왕군을 해산시켰다. 금에게 줄 거액의 배상금을 대기도 바쁜데 이들을 유지하려면 비용이 들기 때문이다. 주화파는 금과 대적하는 건 온 국민을 사지로 몰아넣는 선택이라고 했고 주전파는 싸움에 승산이 있다는 주장이었다.

금은 북송에 비해 전력이 월등하였을까? 금을 건국한 여진족은 원래 거란족보다도 인구가 적었다. 이들은 거란의 지배층을 몰아내고 옛 거란 땅의 여러 민족들을 금제국 인구로 흡수했으므로 이들의 총 인구는 요와 비슷했을 것이다. 금의 인구가 3천만 명 이상으로 확 늘어난 건 북송을 멸망시키고 화북의 인구를 흡수한 이후부터이다. 그러므로 북송을 공격할 당시 이들이 동원할 수 있는 병력 역시 요와 비슷한 최대

20만 정도였을 것이다. 게다가 금의 1차 남하 때 이들의 병력은 8만밖에 안 되었다. 요든 금이든 북쪽에서 남하하는 길은 항상 허베이(河北)를 지나는 동로군과 산시(山西)를 지나는 서로군 양 갈래로 나눠서 오게 되어 있었는데 서로군이 송의 서쪽 변경 군에게 막혀 남하가 저지되었기 때문이다. 사실 금의 1차 남하는 계획대로 진행된 성공적인 공격이었다고 볼 수 없다. 이에 반해 북송은 개봉의 금군과 각지에서 몰려든 근왕병들을 합쳐 30만 명에 달했다. 게다가 근왕군이 되고자 자원하는 개봉 시민들까지 합하면 훨씬 많았다. 금군이 아무리 말을 잘 탄다고 하더라도 공성전은 말을 타고 하는 전투가 아니다. 성을 함락시키려면 3배의 병력이 필요하다고 하지 않나? 그런데 오히려 3분의 1밖에 되지 않았다. 게다가 이들은 급하게 남하하였기 때문에 후방이 불안하였고 시간은 송에게 더 유리하였다. 송에게는 금보다 훨씬 선진적인 무기들이 있었고 심지어 화약 무기도 있었다. 그런데 이들은 왜 화의를 구걸하였을까? 많은 역사학자들은 금의 1차 남하 때는 물론이고 2차 남하 때에도 전력상으로는 송이 개봉을 수성하는 데 충분한 승산이 있었다고 한다.

이들은 거대한 적을 앞에 두고 '평화'적인 방법으로 '평화'를 지키는 것에 너무 익숙해져 있었다. 이들은 전쟁을 준비한다는 것을 무슨 살인, 강간이라도 하는 것 인양 터부시하였다. 그것도 아주 오랫동안 말이다…. 평화적인 방법이란 다름 아닌 돈을 주는 것이었다. 무력 대응을 하는 것도 돈이 드는 거니 같은 돈이 들 거면 인명 피해가 없는 평화적인 방법이 더 맞다는 것이었다. 이것이 송의 위정자들이 오랫동안 품어왔던 생각이고 방식이었다. 이들은 전연의 맹에서 그런 방식을 맛보았고 100년간의 평화가 그걸 증명해주었기에 자신들의 방식이 맞다고 굳게 믿고 있었고 이렇게 국가의 방어 본능은 완전히 퇴화되었다. 그렇지만 이러나저러나 전쟁은 나게 되어 있었다.

1126년 9월, 금의 2차 남하가 시작되었다. 1차 남하 후 병력을 철수한 지 불과 6개월 후였다. 이들은 이번에는 허베이와 산시의 도시들을 하나하나 깨는 방식으로 천천히 진격하여 12월 17일에서야 개봉에 도착하였다. 금의 2차 남하는 동로군과 서로군이 전부 남하하여 1차 때보다 병력이 배나 많은 15만에 달했다. 송의 군대는 개봉에 주둔하는 금군과 1차 남하 때 서북 각지에서 몰려든 근왕병중 남아있는 병력을 합하여 그래도 20~30만의 병력이 있었다. 게다가 서북쪽 변경을 지키던 정예군이 황제를 보호하고자 개봉을 향하고 있었다.

1127년 1월 9일, 개봉의 외성이 뚫리고 금의 군대가 진입하였다. 사실 십여 미터 높이의 성벽에 해자[69]까지 끼고 있는 견고한 성을 함락시키기란 결코 쉬운 일이 아니다. 개봉의 외성이 23일 만에 뚫린 데에는 정말 어처구니없는 사연이 있었다. 자신을 도사라 칭하는 곽경(郭京)이라는 자가 법술로서 금군을 물리칠 수 있다고 주장했는데 공포에 떨고 있던 멍청한 군 수뇌부와 정치인들이 이 방법을 쓰기로 한 것이다. 육갑술(六甲述)이라고 하는 그의 방법은 7,777명의 장정들을 성벽 위에 세워놓고 주문을 외우게 하면 창과 칼로 찔러도 들어가지 않는 수퍼맨으로 변하고 이들이 적진을 뚫고 들어가 적장을 잡아올 것이라는 것이었다. 그런데 이 법술을 쓸 때 남이 보면 신통력이 제대로 발휘되지 않으니 성 위의 병사들을 모두 물리라는 것이었다. '육갑을 떨고 있다'라는 욕의 어원이 혹시 여기에 있는 건 아닌지 의심해볼 만하다. 금군은 개봉 성 위의 병사들이 자취를 감춘 것을 발견하고는 성을 공격하였고 이때 외성이 뚫렸다. 개봉은 함락된 게 아니었다. 그들 스스로 문을 열어준 것이었다. 그로부터 한 달 후 내성이 뚫려 송휘종과 송흠종 두 황제 모두 체포되었고 황후, 비빈, 공주들 그리고 성 안의 젊은 여자들의

---

69) 적이 진입하지 못하도록 성을 둘러싼 방어용 인공 수로.

순결과 존엄이 금나라 군대에 의해 짓밟혔다.

1127년 3월 20일, 송의 두 황제가 금에 의해 서인으로 폐위되었다. 얼마 후 황제 이하 궁 안의 모든 사람들과 개봉성 안의 예술가들, 기술자들 14,000여 명이 오랏줄에 묶여 맨발로 1,000킬로미터를 걸어서 북상했다. 황후, 황자, 공주들도 예외는 아니었다. 1127년 6월 이들은 금의 수도 상경(오늘날 헤롱장성 하얼빈시)에 다다랐고 금의 태조 묘 앞에서 '견양례(牽羊礼)'라는 의식을 하였다. '양(羊)을 끄는(牽) 의식(礼)'이라는 뜻의 견양례는 전쟁에서 패한 자에게 항복의 의미로 시켰던 여진족의 존엄 말살 의식이었는데 옷을 다 벗긴 후 그 위에 양가죽을 덮고 목에는 줄을 매어 양처럼 거리를 기어 다니게 하는 것이었다. 원래는 남자들만 하던 의식이었는데 이때는 송휘종, 송흠종뿐 아니라 태후, 황후, 비빈들, 공주들도 모두 옷이 벗겨졌다. 이 의식을 치른 여인들은 목줄을 잡은 양 주인의 처분에 맡겨졌다. 견양례 후 송흠종의 황후 주씨가 치욕을 견디지 못해 바로 그날 물에 몸을 던져 자살을 하는 등 줄줄이 목숨을 끊는 황실의 여인들이 나왔고 이 일은 한족들에게 떠올리고 싶지 않은 치욕적인 사건으로 남았다.

이로써 북송은 멸망하였다. 역사는 이를 '정강의 변(靖康之変)' 또는 '정강의 치(靖康之耻)'라고 부른다. 왕안석의 변법이 시작되고 57년 후였다.

도대체 북송 멸망의 책임은 누구에게 있는 걸까? 남송의 정치인들은 틈만 나면 이에 대한 논쟁을 하였다. 그리고 그들은 왕안석에게 모든 청구서를 들이밀었다. 정강의 변은 송휘종 26년 동안 간신들이 국정을 농단하면서 초래된 일이었고 그 간신들의 수장은 채경이었으며 채경은 신당파였고 신당의 원조는 왕안석이었기 때문이다. 즉, 이들은 왕안석 키즈들에 의해 북송이 멸망했다고 생각했다. 그렇다면 북송은 변법을 해서 망한 건가? 그게 아니면 변법을 제대로 지속하지 않아서 망한 건가?

오늘날에는 더 나아가서 중국이 진보 정신을 잃고 경직된 사고와 쇄국으로 가서 결과적으로 청 말에 서구 국가들에 비해 뒤쳐졌던 근본적인 원인을 왕안석에게서 찾는 사람들도 있다. 개인적으로 나는 이러한 견해에 완전히 마음이 가진 않지만 일리가 있는 부분도 있긴 하다. 앞서 말했듯이 왕안석에 대해서는 나도 지지(Pro)와 반대(Con)의 어느 편에 서야 할지 확신이 서지 않는다. 그래서 참고 가치가 별로 없는 나의 견해를 말하기보다는 중국 경제사의 두 전문가의 말을 인용하는 편이 낳을 것 같다. 왕샤오퉁(王孝通)은 그의 저서 《중국상업사》에서 "왕안석 변법 이후로 송나라는 상업 쇠퇴 시기로 들어섰다"라고 하였다. 송은 왕안석 변법으로 국가 재정이 크게 늘긴 했지만 민간 경제는 쇠퇴하였고 이는 왕안석과 변법파들이 경제 방면에 남긴 크나큰 폐해였다는 점을 부인할 순 없을 것 같다. 경제사의 권위자 우샤오보(吳曉波)는 그의 저서 《역사상 개혁의 득과 실》에서 이렇게 말하였다. "왕안석 변법은 역사상의 개혁 중 최고봉이었지만 왕안석 변법의 실패는 중국이 송왕조 이래로 점차 폐쇄와 쇄국의 길을 걷도록 했다. 왕안석 변법의 실패는 후대의 정치가들에게 매우 큰 자극을 주었다. 그래서 왕안석 이후로 중국은 더 이상 전면적인 개혁을 하지 않았다. 변법의 실패를 겪은 중국의 통치 집단은 더 이상의 진취, 변혁, 확장 마인드를 잃고 지키기만 하는 수구로 나간다."

조광윤의 맹서비(誓碑)

송의 개국황제 조광윤은 건국 3년째인 962년에 아주 비밀스러운 내용이 새겨진 비석을 하나 만들었다. 지금은 존재하지 않는 이 비석에 대해서는 송대와 원대의 비화를 모아 놓은《피서만초 避暑漫抄》에 아주 상세히 기록되어 있는데 이 비석에 대한 이야기는 어찌 보면 북송이 가졌던 문제점을 함축적으로 드러내는 것일 수도 있다.

962년에 조광윤은 비석에 뭐라고 내용을 새겨넣도록 한 후 태묘(太廟)의 침전(寢殿) 안쪽 아주 깊숙한 협실 안에 안치하였다. 태묘란 황제가 조상에게 제사를 지내는 곳을 말하고 침전이란 죽은 황제의 영혼이 기거하는 곳으로서 그 안에는 황제의 옷과 물건들을 그대로 두었고 죽은 황제를 시중드는 사람이 하루 네 끼 꼬박 수라상을 올렸다. 이 맹서비는 금색 보자기로 덮여 있었고 협실은 걸어 잠가놓아서 아무도 그 안에 들어갈 수가 없었다.《피서만초》에는 그 비석을 볼 수 있는 사람과 열람 시기, 지켜야 할 절차까지 상세히 기재되어 있다. 그 맹서비를 볼 수 있는 사람은 황제 1인으로 엄격히 제한되어 있었다. 국가 특급 비밀 문서인 셈이다. 그럼 황제는 아무 때나 들어가서 볼 수 있었느냐 하면 그것도 아니다. 황제가 새로 등극했을 때와 계절마다 있는 사시제사(四時祭祀) 때에만 보도록 되어 있었다. 협실의 문을 따고 들어가면 황제는 분향, 절, 낭독의 3단계 절차를 하도록 되어 있었다. 그 비밀 유지가 얼마나 엄격하였냐면 황제를 도와 이런 일들을 하는 어린 환관이 두 명 들어가도록 되어 있었는데 이들은 반드시 글을 모르는 아이들이어야 했다. 그러니 북송의 역대 황제들은 건립자가 쓴 맹서를 때가 되면 낭독하면서 가슴에 새겼고 그 내용은 태후, 황후, 형제자매를 비롯하여 세상 사람 아무도 모르는 혼자만의 비밀이었다. 도대체 조광윤은 후대 통치자들에게 무엇을 당부하고 싶었던 걸까?

이 비밀스러운 석비의 내용이 알려진 건 '정강의 변' 때였다. 정강의 변 때 금나라 군대에 의해 모든 태묘의 문이 열리며 그 안의 물건들이 약탈되었는데 이때 이 협실의 문도 열렸다. 그 비석에는 이렇게 세 개의 문구가 새겨져 있었다.

- 시씨 자손이 죄를 짓더라도 형벌을 가하지 말거라. 설령 반역을 하더라도 구금하여 옥중에서 자살하도록 하고 형장에서 목을 베어서는 안 되며 그들의 가족을 연좌로 벌해서는 안 된다(柴氏子孙有罪, 不得加刑, 纵犯谋逆, 止于狱中自尽, 不得市曹刑戮, 亦不得连坐支属).
- 사대부(문인)와 간언을 하는 사람을 죽여서는 안 된다(不得杀士大夫, 及上书言事人).
- 나의 자손 중에 이를 어기는 자가 있으면 하늘이 그를 벌할 것이다(子孙渝此誓者, 天必殛之).

'이게 뭐야?'라는 생각이 들지만 곱씹어보면 이 맹서비는 송왕조의 가장 깊은 곳을 이야기하고 있는 지도 모른다. 첫 번째 구절은 '조씨 왕조는 시씨 왕조에게 빚진 것이 있으니 이들에게 잘 해주지 않으면 니들이 화를 입을 수도 있다'라는 뜻이다. 이 글을 본 신임 황제는 "아, 맞아. 이 자리가 태조께서 정변을 일으켜 뺏은 것이었지. 나도 똑같은 일을 당할 수 있겠구나"라는 생각을 하게 될 것이다. 두 번째 구절은 송의 숭문 정책을 그대로 드러내는 대목이다. 듣기 싫은 소리도 하게 내버려두라고 하는 것은 조정이 어느 권신에 의해 기우는 것을 방지하고 균형을 이루도록 하기 위함이었다. 그래서 송대에는 처형당한 문인이 거의 없었다. 북송에서는 황제가 이를 부득부득 갈면서도 한 명도 사형 당한 사대부가 없었는데 알고 보면 이러한 황가의 가법(家法)이 있었기 때문이다. 그 대신 유배가 많았다. 앞서서 소식(소동파)를 이야기하면서 그가 빈번한 발령지 변경과 유배로 전국을 떠돌이처럼 다녔다고 했는데 이는 지방 관리를 삼 년 이상 머물지 않게 했던 송 정부의 견제 정책과 사형 대신 유배를 보낼 수밖에 없었던 송대의 특수성에 기인했다.

군사 정변을 항상 걱정했던 조광윤은 사대부 천하를 만들어서 정변의 위협을 제거하고자 했지만 이는 잘못 짚은 것이었다. 송은 외부의 공격에 의해 멸망하였다. 송태조는 자신의 이 비밀 맹서가 영원히 비밀로 지켜 내려오길 바랐겠지만 자신의 맹서 때문에 165년 만에 이민족에 의해 야만스럽게 개봉되고 훼손되었다. 조정 내 다양한 의견들이 존재하도록 하여 정치가 어느 한쪽으로 치닫는 걸 막고자 했던 건 옳은 일이었다. 그나마 그것이 북송이 가진 장점이었다. 그러나 이 장점이 깨지기 시작한 게 왕안석의 변법이었다. 이들은 변법을 추진하기 위해 반대 의견을 없애는 작업을 했는데 이것이 변법이 초래한 가장 큰 정치적 폐해였다. 한 번 균형을 잃은 정치판은 계속해서 이쪽 아니면 저쪽으로 극단을 달렸고 결국은 채경과 같은 간신들을 견제하지 못하고 부패하여 스스로 자멸한 꼴이 되어버린 것이다. 더 문제는 북송의 멸망에 충격을 받은 중국인들은 이제 '개혁'이라면 치를 떨게 되었다는 것이다. 이로부터 중국 역사는 진보성을 잃었고 중국은 아편전쟁 전까지 다시는 이와 같은 변혁을 맛보지 못하였다.

피지배 역사의 시작

57장
남송

250년을 건너 뛰어 명으로 바로 갈까 했지만 남송에 대해 한 챕터를 할애하기로 했다. 북방에서 강력한 정권이 잇달아 일어나면서 한족 정권이 위기로 몰렸고 결국은 전 중국을 몽골인들에게 점령당하고 말았다. 중국은 북방 유목 정권에 왜 이리 무기력했을까? 이들의 잘못은 무엇이었으며 이 침략의 시기가 남기는 교훈은 무엇이었는지, 이 시기의 역사는 오늘날 중국인들에게 어떠한 의미로 존재하는지를 생각해보면서 남송을 이야기해보자.

남송은 어떻게 해서 세워진 것인가?

정강의 변, 그 후

정강의 변으로 두 황제와 황족 일가가 끌려간 후 개봉은 어떻게 되었을까? 금은 중국을 전부 점령하고자 하는 마음은 없었다. 그들은 그럴 만한 힘도 없었고 그럴 이유 또한 없었다. 거란인도, 여진인도, 심지어 중국 전역을 차지한 몽골인도 마찬가지로, 초원 지역에 살던 이들은 애초에 습하고 더운 남쪽 기후에는 적응하기 어려웠고 그래서 굳이 힘들게 남쪽 땅을 점령하여 직접 관리하는 것보다는 한족 정권으로부터 공물을 받는 편이 더 낳았다. 그래서 금은 화의를 주도했던 장방창(張邦昌)을 황제로 내세워 초(楚)[70]라는 괴뢰 정권을 만들어 놓고는 자신들은 다시 황하를 건너 북으로 철군하였다. 그들은 장방창을 자기네 편이라 생각했던 것 같다. 그러나 장방창은 송의 신하였다. 그는 자신을 짐(朕)이라 부르지 않았고 용포를 입지도 않았으며 황제의 침궁에 들어가지도 않았다. 물론 후궁들에게는 손도 대지 않았다. 금이 개봉에서 철군하자 폐위되었던 맹황후(철종의 첫 번째 황후이다)를 모셔와 조정을 지휘하도록 하고 자신은 33일 만에 스스로 재상의 자리로 내려왔다. 장방창이란 인물을 병자호란 때 화친을 주도했던 최명길과 비교하며 조명하는 것도 흥미로운 일일 것이다(시기는 다르지만 공교롭게도 둘 다 여진족의 침입이었다).

한편 정강의 변으로 황족 일가가 모두 끌려갔지만 송흠종 조환(趙桓)의 동생 조구(趙构)는 근왕병을 모집하기 위해 산동에 있었기에 운 좋게 화를 면할 수 있었다. 장방창은 조구에게 맹황후의 밀서를 보내 남경 응천부로 내려와 황제로 즉위하도록 하였다. 응천부는 오늘날의 허난성 상치우(商丘)시로서 개봉에서 동남쪽으로 150킬로미터 떨어져 있는 곳이다. 이리하여 조구가 상치우로 입성하였고 황제 등극식을 가짐으로써 송왕조가 부활하였다(송고종, 1127년 음력 5월 1일). 이 모든 과정에 장방창이 있었으나 그는 주전파와 민중들로부터 매국노라는 멍에를 벗지 못하였고 결국은 다른 죄명으로 처형되기에 이른다. 병자호란 화의의 주인공 최명길과 정강의 변 화의의 주인공 장방창, 이 두 재상은 둘 다 군주를 이끌고 오랑캐에게 굴욕적인 화의를 하게 했다는 이유로

---

70) 역사는 이 나라를 인정하지 않고 '가짜 나라'라는 의미로 '위초(偽楚)'라 부른다.

오랜 세월 동안 역사에 의해 매국노의 낙인이 찍혔지만 당시 상황과 그의 행적을 냉정하게 보며 재평가가 필요한 사람들이다.

장방창(張邦昌)은 매국노인가?

장방창 또한 논쟁의 인물이다. 그는 개봉이 포위당하였을 때 금과의 화의를 주도한 인물이며 금의 인질로 자청해서 들어간 사람이다. 당시 황제였던 조환은 아버지 송휘종 시기 국정을 장악했던 채경파를 증오했고 즉위하자마자 채경 라인을(당시는 채경은 이미 실각하였고 왕보王黼란 자가 우두머리였다) 전부 강등시켰다. 장방창 역시 왕보 라인이었지만 딱히 나쁜 짓을 한 것이 없었기에 운좋게 남았고 이렇게 그는 주화파의 대표인물이 되었다. 한편에서는 이강(李剛)이라는 대신이 주전파의 대표 인물이었다. 북송의 마지막 황제 조환은 병자호란 때의 인조와 같이 주화파와 주전파의 사이에서 갈피를 못 잡고 있다가 "그럼 당신이 가서 화의를 맺고 오시오!"라는 식으로 장방창을 금의 진영으로 보냈다. 당시 화의의 협상단으로 가는 건 곧 상대의 인질이 되는 것이었고 만에 하나 그 사이에 송이 군사 행동을 하기라도 하면 인질은 목이 잘릴 운명이었다. 금에서 재상 한 명 보내는 거로는 부족하다며 황실의 종친을 보낼 것을 요구하였고 그리하여 황제의 배다른 동생 강왕(康王) 조구가 장방창과 같이 금의 막사로 보내졌다. 이를 두고 조환이 애초부터 조구를 견제하며 제거하고 싶어했다고 해석하기도 한다. 이러한 해석에도 일리가 있는 게 송흠종 조환은 장방창이 체결해온 협상안에 바로 사인하지 않으며 미적미적 댔고 그러면서 한편으로는 이강의 군사 행동에 승인을 하는 등 이랬다 저랬다 하는 스탠스를 취하면서 오히려 금의 화를 돋우었고 이 때문에 장방창과 조구는 금의 진영에서 참수당할 뻔한 위기를 겪기도 했기 때문이다(후에 금은 조구는 인질로서의 가치가 없다고 보고 송흠종의 아들로 교체시켰다).

금이 장방창을 괴뢰 정권의 황제로 지목했을 때 그는 병이 났다는 핑계를 대며 고사했는데 금이 그를 협박하여 황제로 세웠다. 그가 위초(偽楚) 정권의 황제 자리를 고사한 것과 황제의 의례를 거부한 것을 두고 '이 자리가 오래 갈 자리가 아니고 나중에 자신에게 화가 미칠 자리라는 걸 알고 있었기 때문'이라는 식으로 냉소적으로 보는 게 일반적인 시각이지만 잘 보면 꼭 그렇게 볼 일 만도 아니다. 금이 철군하자마자 맹황후를 복귀시켜 자신의 황제 자리를 내어준 점, 산동에 있는 조구를 상치우(商丘)로 불러 즉위시키는 비밀 작전을 지휘한 점 등을 볼 때 남송 건립에 있어서의 그의 공로를 인정하지 않을 수 없고 또한 그가 송왕조에 충성하는 신하였던 점 역시 인정하여야 할 것 같다.

남송의 초대 황제 조구는 얼마 전까지만 해도 각지를 돌며 근왕병을 모아 반격을 도모하고 있던 황실의 종친이었다. 그러므로 상치우 시기의 남송은 당연히 주전파가 장악하고 있었다. 주전파의 대표 인물인 이강(李剛)은 주화파를 매국노라 비난하면서 황제를 넘긴 장방창을 사형시켜야 한다고 주장했지만 조구는 그를 절도부사로 강등시키는 정도로 마무리 지었다. 그렇지만 원래가 강성 주전파였던 조구 역시 그를 좋아하진 않았다. 단지 자신을 황제로 만들어준 그를 양심상 차마 어찌하지 못했던 것이다. 그래서 황제와 주전파는 장창방의 꼬투리를 잡아 언제라도 숙청하고자 주시하고 있었는데 이때 장방창이 한 가지 실수를 한다.

금은 장방창을 위초(偽楚)의 황제로 만들면서 황후는 안 세웠을까? 구색은 갖춰야 하므로 당연히 황후도 억지로 갖다 앉혔는데 갑자기 어디서 황후를 구하나? 당연히 기존 비빈 중에서 아무나 한 명을 뽑았는데 그녀가 송휘종의 빈 중의 한 명이었던 정공부인(靖恭夫人) 이

씌었다. 그들은 금에 의해 강제 부부가 되었는데 처음에는 서먹서먹
했겠지만 국난의 시기에 서로 의지하면서 지내다 보니 진짜 사랑하
는 사이가 되어버렸다. 상치우에서 송이 부활하자 장방창은 이제 더
이상 이씨와의 관계를 유지할 수 없게 되었다. 후궁에 있는 이씨와 만
나는 건 선황의 부인, 즉 현(現) 황제의 작은 어머니와의 사통이 되어
버리기 때문이다. 그런데 어느 날 장방창이 술이 취해 이씨를 부르는
실수를 하고 말았다. 《송사·장방창전》은 "이씨는 양 어깨를 드러낸
채 장방창에게 안겨 있다가 '저는 다시 후궁의 몸이 되었으니 이제 더
이상 옛 정에 연연하시면 안 돼요'라며 직접 그를 부축하여 마차에 태
웠고 자신의 의붓딸을 딸려 보내 그를 모시도록 했"라며 당시의 상
황을 상세히 기재하고 있다. 이 소식을 접한 고종(조구)은 이씨를 잡
아와 감옥에 가둔 후 심문하여 장방창의 죄를 불도록 하였다. 장방창
역시 체포되어 심문을 받았는데 이때 왕시옹(王时雍) 등 다른 주화파
인사들도 모조리 연루되어 숙청당했다. 장방창에게 무슨 죄명이 씌
워졌는지는 사료에 명확히 기재되어 있진 않다. 그는 후난성 탄쩌우(
潭州, 창샤)의 천녕사로 귀양 보내졌고 얼마 후 황제의 사형 집행 조서
가 전달되면서 천녕사에서 처형되었다. 그는 송왕조 역사에서 공식
적인 처형을 당한 유일한 사대부(문인)가 되었다.[71]

　상치우에서 송왕조가 부활하자 금은 제3차 남정을 단행하였고 송 정
부는 더 남쪽으로 수도를 천도해야 했다. 송고종(조구)은 원래 오늘날의
난징(南京)을 수도로 하고자 했다. 장강의 남쪽 연안에 위치하고 있는

---

71)　사실 남송에서는 죽임을 당한 재상들이 몇 명 더 있긴 하다. 하지만 그들은 황제
　　의 밀지 또는 반대파에 의한 암살이었고 황제의 조서에 의해 공식적으로 사형당한
　　문신은 장방창이 유일하다.

난징의 당시 이름은 강녕부(江宁府)였고 더 옛날 이름은 건강(建康)이었다. 5호 16국의 혼란을 피해 남하한 동진의 수도가 건강이었던 걸 기억하실 것이다. 조구는 난징의 이름을 다시 건강으로 바꿨는데 아마도 황제가 되기 전 그의 봉호가 강왕(康王)이었던 것과도 관계가 있을 것 같다. 그러나 이들은 계속 남하하는 금을 막지 못했고 어쩔 수 없이 저장성 항저우(杭州)를 거쳐 소흥(绍兴), 닝보(宁波), 원저우(温州)까지 도망가는 신세가 되었다. 조정은 도망을 다녔지만 그 와중에도 여기저기서 송의 장군들이 이끄는 군대와 의병들이 금과 교전을 하고 있었는데 이때 원저우까지 도망갔던 송 조정을 기사회생시킨 사람이 바로 '악비(岳飞)'였다. 임진왜란 당시 선조가 체면이고 뭐고 다 버리고 압록강까지 가서 강을 건너려던 찰나 이순신이 혜성같이 나타나서 조선이 기사회생했던 상황과 비슷하다. 송정부는 다시 조금 북상하여 결국은 항저우를 도읍으로 정했다. 이렇게 남송정부는 1128년에 상치우에서 남하한 이래로 10년 동안이나 장쑤성과 저장성의 도시들을 옮겨 다니다가 1138년에서야 비로서 항저우에 도읍을 정하였다. 송고종 조구는 여전히 자신들이 곧 북상하여 건강에 정식으로 도읍을 만들 수 있을 거라 믿었다(실은 희망 사항에 불과했다). 그래서 항저우를 '임시로(临) 안정을(安) 취하는 곳'이라는 뜻의 임안(临安)으로 개명하였다. 그러나 그 후 그의 북벌 정신은 점점 사라졌고 임시가 아니라 그곳에서 '영원히 안정을 취하고자' 하였다. 그로부터 남송은 항저우를 도읍으로 하여 140년간 지속된다.

민족 영웅 악비(岳飞)는 왜 죽었는가? 누가 죽였는가?

항저우 서호(西湖) 주변을 걷다 보면 서북쪽 모퉁이를 돌 때 즈음에 좁은 찻길 건너편으로 악왕묘(岳王庙)라는 현판이 걸려있는 사당 입구가 눈에 들어온다. 뒷편으로 나지막한 산과 함께하고 있는 이곳은 전형적인 배산임수 지역이다. 항저우의 역사 명소인 이곳 악비묘는 서호에 가면 기본적으로 들르게 되는 코스이다. 사실 서호가 항저우의 대표 명소이긴 하지만 그것은 백거이, 소동파, 악비와 같은 역사적 인물들의 발자취가 어우러져 있기 때문이지 호수 그 자체의 아름다움으로만 보면 웬만한 도시에는 다 있을 법한 인공호수 공원보다 낳을 것이 없다. 그래서 역사적 스토리를 모르고 항저우에 간 외국인들이 왕왕 서호에서 실망을 하곤 한다.

이곳 악비묘는 중국인들의 충렬사이다. 우리에게 경남 통영의 충렬사가 있듯이 이들의 충렬사는 이곳 악비묘인 것이다. 그러므로 중국인들의 가슴 속에 악비의 지위는 우리가 이순신을 생각하는 것과 비슷하다고 보면 된다. 벌써 십 몇 년 전의 일인데 당시 나는 본사에서 온 임원을 수행하며 중국의 거래선과 식사를 하고 있었다. 화기애애한 이야기를 나누다가 그분이 '이순신' 이야기를 꺼냈는데 뜻밖에도 그 자리에 있던 중국인들이 이순신에 대해 모르는 것이었다. 나중에 안 사실이지만 대부분의 중국인들은 임진왜란에 대해 '명이 파병을 하여 일본의 침략을 물리쳐주었다'고만 알고 있지 이순신에 대해선 잘 모른다. 통역을 하던 나는 순간 '그 긴 이순신 이야기를 이들에게 어떻게 설명하지?'라는 생각에 잠시 머릿속이 캄캄해졌다. 그런데 이때 떠오른 인물이 악비였고 내가 "한국의 악비다"고 하자 모두들 고개를 끄덕이며 한 방에 끝났다. 악비의 인생 역시 이순신과 비슷한 면이 많다. 그러므로 이곳 악비묘도 악비에 대한 스토리를 모르고 들어가면 그저 청나라 때의 건축물과 무덤, 비석 몇 개 보는 것 이상의 의미는 없고 괜히 다리만 아플 뿐이다(악비묘는 남송 때 세워지긴 했으나 청 강희제 때 중건되었다). 사당이란 곳이 원래 인물에 담긴 스토리와 역사적 배경을 음미하는 곳이지 그 자체로는 별 볼 것이 없는 곳이 아니던가.

악비(岳飞)는 역사에 한 획을 긋는 정도의 군사적 업적을 세운 건 아니지만 800여 년 동안 중국인들의 마음속에 민족 영웅, 애국심의 대명사로서 자리매김 해왔다. 그는 문무를 두루 겸비하고 인품이 아주 똑바른 사람으로서 최소한 사료에 알려진 바에 의하면 거의 완벽에 가까운 사람이었다. 1999년에 투훙강(屠洪剛)이라는 가수는 "정충보국(精忠報国)"이라는 노래와 MV를 발표하였는데 그는 이 노래로 중국의 국민가수가 되었다. 이 노래는 악비 장군의 애국정신을 기리는 내용인데 예를 들자면 우리에게 "아~ 충무공!" 이런 노래가 나온 거나 마찬가지이다. 요새 중국 젊은이들은 이런 노래를 듣지는 않지만 이미 오십 대인 나의 중국 친구들은 한때 노래방만 가면 이 노래를 매번 불러대는 바람에 본의 아니게 나도 지겹도록 들었다.

악비의 죽음은 항저우로 천도한 지 얼마 되지 않았던 남송 초기의 주화파와 주전파의 투쟁, 황제의 과도한 경계심이 만들어낸 비극이었다. 악비는 1103년에 평범한 농민의 가정에서 태어나서 농사를 짓고 살다가 스무 살 때 군장병 모집에 응해 입대하였다. 당시에는 북송이 요와의 맹약을 깨고 금과 손을 잡으면서 요를 협공하는 북벌 계획이 한창 준비 중일 때였다. 그는 분대장에서 시작했으나 군사적 재능을 발휘하면서 빠르게 승진하였고 그를 따르는 사람들도 많아졌다. 전시 상황이던 당시에는 금과의 전투를 이끄는 몇몇 장군들이 대중들의 지지를 받으며 떠올랐고 이들은 의도했건 아니건 주전파와 민중의 영웅이 될 수밖에 없었는데 악비도 그중 하나였다. 정강의 변으로 송의 정규군 지휘 체계와 지원 체계가 거의 붕괴된 상태였기에 당시의 항금 전투는 명망 있는 지휘관을 중심으로 개별적으로 조직되고 운영되었다. 예를 들자면 악비와 그의 군대를 당시 사람들은 '악가군(岳家軍)'이라 불렀다. 악비는 거의 의병이나 다름없는 자신의 군대를 이끌고 병력이 몇 배나 많은 금의 철기병과 싸워 이겼다. 그가 여러 번의 이약승강(적은 수로 많은 수를 이기는) 전투를 성공시켰다는 것도 이순신과 비슷한 점 중의 하나이다. 금에 대한 총공격을 앞두고 악비는 노모와 가족들을 놔두고 전장으로 떠나는 것에 대해 마음 아파해 했는데 이때 그의 어머니가 악비의 등에 바늘로 "진충보국(尽忠報国)"이라는 문신을 새겨줬다는 이야기는 모든 중국인들을 감동시키는 유명한 이야기이다. "온 충심을 다해 나라에 보답하자"라는 이 성어는 경극과 소설 같은 데서 "정충보국(精忠报国)"으로 변했지만 그 뜻에는 큰 차이가 없다.

1240년 5월에 금은 다시 한번 대대적인 남하를 하였다. 맨붕이 된 황제는 황급히 모친의 삼년상 중에 있는 악비를 소환하여 출정시켰고 악비는 항저우의 코앞까지 내려왔던 금군을 계속 북으로 밀어냈다. 송고종은 그제야 한숨을 내쉴 수 있었고 악비는 그야말로 목숨이 경각에 있던 남송을 구해냈다. 금의 총사령관 완옌우주(完颜兀术)는 자신들이 패하는 이 상황이 믿겨지지 않았고 대대적인 정비를 한 후에 악비의 북상에 대응하였다. 임영현(临颖县)은 허난성의 정중앙에 있는 곳인데 완옌우주는 이곳에서 12만을 집결시켰다. 1240년 음력 7월 13일 악비의 부하 장수 양재흥이 이끄는 기병 300명은 정찰 중에 이곳에서 금의 12만 대군과 조우하였다. 이들은 적진으로 뛰어들어 용감히 싸우다 모두 전사하였는데 이 전투로 금의 군대는 2,000명이 죽었다. 얼마 후 금은 보병 10만, 기병 3만으로 영창성이라는 곳을 공격하였는데 이곳을 지키던 악비의 아들 악운은 최정예 800명을 이끌고 나가 적을 흔들어 놓았고 이 전투로 5천 명을 죽이고 2천 명을 포로로 잡는 대승을 거두었다. 이런 식으로 금군은 악비의 군대에 연패하면서 방어선을 개봉으로 물릴 수밖에 없었고 민중들은 환호하였다.

이제 악비는 개봉으로의 진격을 남겨두고 있었다. 결전을 앞두고 악비는 병사들의 사기를 높이기 위해서 이렇게 말했다. "오늘 금나라 놈들을 죽이고 황룡부(당시 금의 수도)까지 쭈욱 가서 제군들과 통쾌하게 술을 마시리라!"[72] 송에게 희망의 빛이 보이는 듯했다. 그러나 꿈에 그리던 개봉 수복을 눈앞에 두고 송고종은 초긴급 조서인 금패를 열두 번이나 보내 북벌을 멈추고 회군할 것을 명령하였다. 금패가 하달되면 파발은 하루에 300킬로미터를 질주해야 한다. 한두 번이면 뭔가 착오가 있었나 보다 하고 일단 밀어붙이고 나중에 설명을 할 테지만 하루에 열두 번이나 회군 명령이 떨어지는 것에 악비도 어쩔 수가 없었다. 병사들은 무슨 영문인지 어리둥절해하며 남으로 기수를 돌렸다. 그리고 얼마 후 재상 진회(秦桧)가 되지도 않는 이유를 만들어 반역죄로 악비와 그의 아들을 체포하였고 곧이어 그들 부자는 아주 잔인한 방식으로 고통스럽게 처형되었다. 물론 비공식으로 진행되었다(1142).

악비는 왜?, 누가 죽인 것인가? 악비의 죽음은 이순신의 죽음과 이유가 거의 똑같다. 이순신은 왜적이 쏜 총탄을 맞고 전사했으나 정말로 이순신을 죽인 자를 총을 쏜 왜적이라 생각하는 사람은 아무도 없다. 악비의 죽음에 대한 책임을 진회(秦桧)가 몽땅 뒤집어써서 800년이 넘도록 그는 악비의 무덤 앞에서 무릎이 꿇려 있지만 진회를 '악비를 죽인 진짜 주범'이라 생각하는 사람은 아무도 없다.

악비의 활약이 누구에게는 희망이 아니라 위협으로 다가왔는데 그는 다름 아닌 황제 조구였다. 당시는 여전히 주화파와 주전파로 나눠져 있었고 황제와 재상 진회 등은 주화, 즉 항복하고 돈으로 때우는 방식으로 마음이 기울었다. 말했듯이 조구는 처음에는 주전파의 대표 인물이었다. 정강의 변 전후로 그는 근왕병을 모으러 각지를 돌아다녔고 금의 3차 남침 때에는 항금 전투를 벌이고 있는 한세충, 악비 등 장군들을

---

72) 《鄂国金佗续篇》: 악비의 후손인 악가(岳珂)가 쓴 악비의 행적을 쓴 사서. 악비는 후에 악왕(鄂王)으로 추존되었다.

독려하였다. 그러나 오랜 피신 생활에 그도 지쳤는지 따뜻하고 아름다운 항저우에서 둥지를 틀고 황제로서의 생활을 하다 보니 그만 적에 대한 복수, 국토 수복에의 열망은 사라지고 "피곤한 짓 그만하고 그냥 이렇게 살까?"라는 마음이 들었던 것 같다. 이제는 개봉을 수복하고 잡혀간 종친들을 데려오는 일 따위는 접기로 하고 남아있는 사람들끼리 풍요로운 강남 땅에서 잘 살아보자고 마음을 굳힌 것이다. 그래서 항저우에서 정착한 후로 송정부는 완전히 주화로 돌아서게 되고 주화파의 수장인 진회를 재상으로 기용했다. 그렇다면 다음 수순은 주전파의 손발을 잘라놓는 일이 아니겠는가? 오히려 황제가 정말로 우려하는 포인트는 혹시 모르는 '형 조환의 귀환'에 있었다. 악비의 군대는 금을 적잖이 괴롭혔는데 악비의 북상을 저지하는 금의 카드는 아이러니하게도 밀사를 보내 '너희들 이런 식이면 잡혀있는 너희 형을 풀어주겠노라'고 송황제(조구)에게 은근히 암시하는 것이었다. 또한, 이런 저런 거를 다 차치하고서라도, 어느 군주에게나 민중 영웅의 탄생은 용납할 수 없는 일이었다. 선조의 경우를 보면 잘 알 수 있다. 더군다나 무관의 부상을 그토록 경계해왔던 송 황실 아니던가? 이런 저런 정황을 봤을 때 악비의 죽음은 필연적이었다. 이순신과 악비, 그들은 모두 죽을 수밖에 없는 운명이었다. 아니면 유방, 유수, 이연, 주온, 이런 사람들처럼 스스로 창업을 하는 수밖에 없지만 이들은 외적의 침입이라는 국란 상황에서 쿠데타를 할 정도로 비정하지는 못했다.

황제의 의중을 파악한 재상 진회가 황제에게 악비를 제거하자고 부추겼고 황제의 묵인하에 악비와 그의 아들은 누명을 뒤집어쓰고 처형당했다. 악비의 혐의가 밝혀지지도 않은 상태에서 처형을 하는 것에 대해 문제를 제기하는 사람들도 있었다. 이때 진회는 "막수유(莫须有)"라는 아주 유명한 세 글자로 이들을 무마시켰는데 이를 번역하면 "혹시 있을 수도 있다"라는 뜻이다. 악비가 '막수유(莫须有)'로 죽은 것은 남송의 많은 것을 하나로 함축하는 사건이다. 그로부터 20년이 지난 후 송고종의 아들 송효종에 의해 악비의 명예는 회복되었고 간상 진회는 '천하의 개새끼'가 되었지만 실은 악비를 죽인 건 그의 고용주인 송고종이었다는 건 알 만한 사람은 다 알고 있었다. 사람들은 차마 황제를 욕할 수는 없었고 그래서 진회의 부부와 악비의 재판을 담당했던 판사들에게만 욕을 해댈 수밖에 없었다. 악비는 다음 세기 초에 '충무(忠武)'라는 시호를 받는다.

악왕묘의 악비 무덤 앞에는 이렇게 진회 부부와 당시 재판을 담당했던 판사들이 800여 년 동안 무릎 꿇려져 있다.

어설픈 대외 투쟁의 역사

남송의 문제는 무엇이었나?

남송의 150년 역사를 되짚어보자면 머릿속에 몇 개의 키워드가 뒤섞여 있음을 발견하게 된다. '금나라', '주화파와 주전파', '항저우', '악비의 죽음', '몇 번의 권신의 전횡', '몇 번의 평화협정' 그리고 마지막으로 '몽고의 침입', 뭐 이 정도인 것 같다.

　남송의 문제는 무엇이었나? 북방 정권의 남침이 있을 때마다 송은 주전파와 주화파로 갈렸는데 문제는 황제조차 중심을 잡지 못하고 어떤 때에는 주화로 기울다가 어떤 때는 주전으로 기우는 식으로 이도 저도 아니었다. 특히, 정강의 변의 트라우마와 이에 대한 설욕의 염원을 동시에 가지고 있던 남송의 역사는 내내 북방 민족 정권과의 어설픈 투쟁의 역사였다. 예를 들면 이런 거다. 평화협정에 사인을 해 놓고서 한쪽에서는 굴욕적인 계약을 인정할 수 없다며 국지적인 공격을 하곤 한다. 물론 황제는 묵인한다. 그렇게 몇 번의 공격이 성공을 거두었다는 소식이 들려오면 다시 주전파들이 기세등등해지고 주화파를 매국노라 비난하였고 황제조차 "한번 해볼만 한가?"라는 생각이 들어 은근히 주전파로 기운다. 하지만 상대는 맞고 가만히 있겠는가? 이들은 "본때를 보여주겠다!"며 병력을 집결시켜 대대적인 남하를 한다. 그러면 이때 위기에 맞닥뜨린 송은 관과 민이 단결하여 모두가 죽기를 각오하고 강경하게 맞섰느냐 하면 그것도 아니었다. 전방에서 몇 번의 패전 소식이 들려오면 주화파 정치인들은 "거봐!"라며 기세등등하여 주전파를 공격하였고 황제는 다시 주화로 기울면서 결국에는 더 불리한 평화협정을 맺게 된다. 이런 식의 상황이 여러 번 반복되었다. 더 문제는 주화와 주전이 정책상의 이견으로 끝나는 게 아니라 주화파 재상과 주전파 재상을 중심으로 당파가 형성되어 모함과 숙청과 같은 정치공작이 이루어졌고 이로써 조정의 운동장은 전투의 승패와 그에 따른 화의 협정을 계기로 한 번은 이리로 확 기울다가 한 번은 저리로 확 기우는 국면이 반복되었다는 것이다. 중국의 역사가들 사이에서 하는 말 중에 '북송무장, 남송무상(北宋無將, 南宋無相)'이라는 말이 있다. '북송에는 좋은 재상들은 많았으나 좋은 장수가 없었고, 남송에는 좋은 장수들은 많았으나 좋은 재상이 없었다'는 말이다. 남송의 정치사는 권신의 전횡으로 점철된 역사라 할 정도로 간상·권상들이 많이 출현했는데 남송의 역사에서 가장 큰 문제였던 권신들의 전횡이 만들어지는 조건을 제공한 것이 아이러니하게도 외부의 침략이었던 셈이다. 남송의 역사는 '외부로부터의 위기는 내부를 단결시킬 것 같지만 오히려 그 반대로 갈 수도 있다'는 걸 우리에게 상기시켜준다.

남송 시기 권신의 전횡이 많았던 것은 재상제의 변천에서도 그 이유를 찾을 수 있을 것 같다. 아주 간단히 말해서 남송으로 들어오면서 송은 재상의 권한이 강해졌다. 원래 북송은 모든 관제가 '권력 분산'에 초점이 맞춰져 있었는데 그 기조에 변화가 있었던 것이다. 사실 그 변화의 시작은 변법을 주도했던 송 신종에게로 거슬러 올라간다. 송신종의 원풍 관제 개혁이 의도했던 것과 반대로 오히려 재상의 권한을 강화시켰기 때문이다. 그래서 후에 채경과 같은 권신이 나올 수 있었다고 볼 수도 있다. 그 후 남송으로 오면서 재상으로의 집중도는 더욱 커졌다. 아무래도 남송 150년의 역사는 외적의 침입이라는 장기적인 국가 위기 상황이었기에 의사결정이 간결하고 일사분란하게 집행이 되는 하나의 컨트롤타워 제도가 유리했을 것이다.

소흥화의(紹興和议, 1141년 12월)

송고종 조구는 고대 제왕 중 드물게 80세를 넘긴 사람 중 하나이다. 난리 통에 이리 저리 이동을 많이 하였고 스트레스도 많았을 텐데 몸은 오히려 건강하게 유지했던 모양이다. 남송정부가 상치우(商丘)를 떠나 절강성으로 남하한 지 얼마 안 된 1131년이었다. 이들은 항저우에서 남쪽으로 얼마 떨어지지 않은 월주(越州)라는 곳에 잠시 정착하였는데 이곳은 오늘날의 샤오싱(紹兴, 소흥)시이다. 춘추시대 월나라의 수도였던 곳으로 아름답고 조용한 수상 도시이다. 수상 도시로는 쑤저우(苏州)가 유명하긴 하지만 쑤저우의 수상 도시는 그야말로 상업화되었고 수상 도시의 그 정취를 제대로 느끼려면 사실 샤오싱(소흥)을 가야 한다. 중국의 근대 작가 루쉰(鲁迅)도 샤오싱에 푹 빠져 그의 대부분의 작품을 이곳에서 썼다. 송고종 역시 월주의 매력에 푹 빠졌고 이곳에서 에너지를 충전한 다음 뭔가를 이룰 수 있을 것 같은 느낌을 받았다. 그래서 오늘날의 시청에 해당하는 월주부(越州府)의 현판에 친필로 "소조중흥(绍祚中兴)"이라고 써서 걸게 했고 이때부터 연호를 "소흥(绍兴)"이라 정했다. '소(绍)'는 '계승하다'라는 의미를 가지고 있다. 중국 황제의 연호에서 '소(绍)'가 붙으면 '선황의 정책이나 계보를 계승한다'는 의미가 있다. 예를 들면 송철종이 고태후의 섭정을 끝내고 자신이 친정을 하면서 아버지 신종의 정책을 계승하겠다고 선언하면서 내건 연호가 "소성(绍圣)"이었다. '조(祚)'는 '제왕의 자리'를 뜻한다. 그러므로 "소조중흥(绍祚中兴)"은 '제왕의 자리를 계승하여 중흥을 이루겠다'는 포부를 드러내는 것이었고 그것을 줄여서 연호로 만든 것이 '소흥(绍兴)'이었다. 이때까지만 해도 고종은 금에게 설욕을 하고 잃은 국토를 되찾아 오자는 강한 의지를 가지고 있었다.

그러나 소흥 연호가 선포되고 10년이 흐른 후인 1141년, 즉 소흥11년에 고종은 악비, 한세충의 북벌을 중지시키고 병권을 몰수했다. 그리고 금과 평화협정을 맺었는데 이를 소흥화의(绍兴和议)라 한다. 이 과정에서 주전파는 숙청되었다. 소흥화의의 핵심은 이렇다.

- 금과 송은 군신관계를 맺는다. 송은 신하를 칭하고 금은 조구를 송의 황제로 책봉한다.
- 금과 송의 경계는 동으로는 회하 중류, 서로는 대산관(오늘날 섬서성 바오지 시 남부)으로 정한다(즉, 진령회하라인이 이들의 경계가 되었다).

- 송은 금에게 매년 은 25만 량, 비단 25만 필의 세공(세폐가 아니라 세공이다)을 바친다.

중국의 역사상 처음으로 한족 정권이 소수 민족 정권에게 신하라 불렸다. 즉, 이들은 숙질관계에서 책봉관계가 되었으므로 앞으로의 황제도 금에게 책봉을 받아야 했다. 소흥화의는 남송의 역사가 주전에서 주화로 완전히 돌아서는 전환점과 같은 사건이었고 이로써 이들에게 개봉, 낙양과 같은 허난성(황하 이남) 지역 수복은 이제 물 건너간 이야기가 되었다. 소흥화의의 최대 희생자는 물론 악비 부자였고 조정의 주전파들도 전부 강등되었다. 최대 수혜자는 황제 자신과 진회를 위시한 주화파 정치인들이었다. 소흥화의 후로 송과 금은 20여 년 동안 평화를 유지했다.

륭흥화의(隆兴和议, 1165년 1월)

1161년 금 제국은 4대와 5대 황제 교체기에 잠시 내란 상태를 겪는다. 한편 1162년에 즉위한 매파 황제 송효종은 금이 쇠약해졌다고 판단하고는 주전파 대신들을 기용하면서 북벌을 추진한다(1164). 북벌의 초기에는 성과를 거두는 듯했고 조정은 다시 주전파가 잡았다. 그러나 동서 양측으로 북벌을 지휘하는 두 장군들 간의 불협으로 전투는 갈수록 졸전을 치렀고 안휘성 숙주시(宿州, 회하 부근)에서 금에게 박살이 나면서 송군은 다시 장강까지 밀리게 되었다. 결국 북벌은 실패를 고하였고 주화파의 강력한 압박으로 송효종의 북벌 의지가 완전히 꺾이면서 북벌을 추진한 재상 장준(张浚)은 파면되고 주화파 인사들로 개각되었다. 1165년 1월(륭흥2년 음력 12월), 금에게 잘못을 빌고 굴욕적인 평화협정을 맺었는데 그 조항은 아래와 같다.

- 금과 송은 군신 관계에서 숙질 관계로 변경한다.
- 금이 송에게 내리는 조서(诏表)를 국서(国书)[73]로 변경한다.
- 세공을 세폐로 변경하며 은과 비단의 량을 각각 5만 량, 5만 필씩 감해준다.
- 송은 (이번 북벌에서) 수복한 허난성의 두 개 주와 장쑤성의 두 개 주를 금에게 다시 반납한다. 이와 별도로 섬서성의 진주(秦州)와 깐수성의 상주(商州)를 금에게 추가로 할양한다.
- 금과 송과의 경계는 소흥화의에서 합의된 경계를 유지한다.

륭흥화의로 남송은 얻은 게 있어 보인다. 과연 그럴까? 물론 1~3번 조항에 의해 송은 지위가 상승했고 공납액의 삭감을 받았다. 하지만 륭흥 년간의 북벌은 금과 송의 대등한 전쟁이었기에 잘만 협상했으면 더 많은 걸 얻어낼 수도 있었다. 그런데 송은 오히려 회하 이남의 일부 지역을 떼어줌으로써 완전히 꼬리를 내린 것이다. 명칭을 바꿔준 건 영토를 잃은 것에 비하면 아무것도 아니었다. 그래서 이 평화협정 역시 주화파에 의해 졸속으로 진행된 불평등, 굴욕적인 화의라 불린다. 륭흥화의로 물론 남송의 주전파는 깊은 내상을 입게 되었다. 이후로 40여 년간 금과 송 간의 무력 충돌이 없었고(즉, 북벌이 행해지지 않았고) 이로써 두 나라는 경제 발전과 내부 쇄신에 전념할 수 있었다. 그나마 있었던 남송의 전성기라 할 수 있다.

---

73) 조서는 군주가 신하에게 하달하는 명령서이고 국서는 국가와 국가 간의 외교문서이다.

가정화의(嘉定和议, 1208년)

1195년에서 1207년의 십여 년간은 외척 출신의 주전파 재상 한탁주(韩侂胄)의 전횡이 행해지던 시기였다. 그는 정치적인 이유로 이학과 척을 지게 되었고 그가 정권을 잡은 후 이학은 국가 발전에 해가되는 위학(偽學)으로 칭해지며 탄압받았다. 1204년에 그는 악비를 악왕(鄂王)으로 추존하고 진회의 모든 봉작을 취소하였다. 그러나 그는 1205~1206년 사이 자신의 사재까지 쏟아부으면서 대규모 북벌을 추진했지만 결국 실패하면서 정치적 타격을 입었다. 결정적으로 황후로 있던 자신의 외조카 손녀가 죽으면서 권력의 기반이 약해졌고 황제(송녕종)가 정치적 야심이 있는 양귀비를 황후로 올리면서 주전파 권신 한탁주의 시대는 종말을 고했다. 황제의 북벌 의지는 꺾였고 송정부는 다시 주화파가 집권하였다. 이때 양황후의 지원을 받아 재상이 된 사람이 사미원(史弥远)이란 사람인데 남송의 대표적인 간상이다. 그는 양황후와 한 패가 되어 조정 대권을 장악하였고 이들의 농단, 부패, 백성에 대한 착취는 한탁주 때보다 더하면 더했지 결코 덜하지 않았다. 송녕종은 1208년에 가정(嘉定)이라는 새로운 연호를 발표하였는데 이는 그간의 주전파 입장을 버리고 사미원을 중심으로 한 주화파 정치의 시작을 알리는 것이었다. 가정 원년에 재상 사미원은 북벌을 성급히 마무리 짓고 금과 평화조약을 맺었는데 그 내용은 아래와 같다.

- 금과 송은 숙질 관계에서 백질 관계로 변경한다.
- 세폐는 은 30만 량, 비단 30만 필로 증액한다.
- 금은 새로 점령한 지역을 송에게 돌려주고 원래의 경계를 유지한다.
- 송은 금에게 위로금 300만 량을 제공한다.

그나마 다행이었던 건 13세기로 들어서면서 몽고가 급속도로 세력을 늘렸고 1214년 금은 몽고의 압박으로 베이징에서 개봉으로 천도하였다. 금이 저무는 해라고 판단한 송은 이때부터 금에게 주던 세폐를 중단하였다. 그러나 송은 내부적으로는 사미원의 국정 농단이라는 26년간의 암흑기를 지나야 했고 이 암흑기는 더 이상 회복 불가능한 국운의 쇠퇴를 가져왔다.

중국의 운명을 가른 서기 1234년

세계사를 읽으면서 연도에 연연하지 말자는 게 내 주장인데 이번에는 '1234'란 연도를 독자들에게 소제목으로 제시하였다. 이해는 남송의 역사에서뿐 아니라 중국의 중세 역사에서 결정적인 해인데 그것은 이해를 전후해서 벌어진 세 가지 사건 때문이다.

송-몽 연합군에 의한 금의 멸망

금이 몽고의 압박을 받아 멸망의 위기에 있을 즈음 남송정부의 대외정책은 두 파로 나눠어 있었다. 하나는 부상하는 신흥 세력 몽고와 손을 잡고 금을 멸망시켜야 한다는 주장이었고, 다른 한 파는 과거 '해상의 맹의 교훈'[74]을 상기시키면서 금을 없애면 북방의 거대 세력(몽고)과 국경을 맞대게 되고 '순망치한(이가 없으면 잇몸이 시리다)'에 직면할 터이니 금을 도와주어 완충 지대를 유지해야 한다는 주장이었다. 또 한 번

---

74) '해상의 맹의 교훈'이란 요가 금의 압박에 처해 있었을 때 송이 요와의 맹약을 배신하고 바다 건너 금과 동맹을 맺어 요를 멸망시켰으나 곧 금의 공격을 받아 '정강의 변'에 이른 것을 말한다.

북방의 거대한 세력 판도 변화가 일고 있었고 송은 선택을 해야 하는 상황에 놓여졌다. 각각의 주장에 일리가 있었고 이런 경우 정확한 판단을 하기란 결코 쉬운 일은 아니다. 결국 1232년에 몽고와 송이 연맹을 체결하였다.

그로부터 2년 후인 1234년 음력 5월 몽고와 송이 연합하여 금을 멸망시켰다. 금의 마지막 황제 금애종(金哀宗)은 허난성 남부의 채주란 곳으로 피신했다가 가망이 없자 자살하였고 개봉성에 있던 금의 황족들은 107년 전 그들이 북송에게 했던 똑같은 모습으로(어쩌면 그보다 더 심하게) 몽고군에게 유린당했다. 송군은 금애종의 유골을 항저우로 가져왔다. 송리종은 불에 탄 금 황제의 유골을 태묘로 가져가서 정강의 변때 욕을 본 휘종과 흠종의 영혼을 달랬다.

사미원의 죽음과 단평경화

1233년에 사미원이 죽으면서 십 년 동안 침묵해왔던 송리종(理宗)이 1234년에 드디어 자기 정치를 시작했다. 사미원은 가정화의를 계기로 정권을 잡은 이래로 무려 26년 동안이나 남송의 대권을 쥐고 흔들었던 재상이었다. 송의 역사에서 권신 3인방을 꼽자면 이들은 북송 말의 채경, 남송 초기의 진회 그리고 남송 후기의 사미원, 이 세 명이라 할 수 있다. 사미원은 1224년 송녕종이 죽었을 때 양황후와 짜고 황제의 유서를 위조하여 자신을 싫어하는 태자 조횡(趙竑)을 폐위시킨 후 샤오싱에 있던 황족 조귀성(赵贵诚)을 옹립하였다. 조횡은 이듬해에 암살되었다. 진나라의 조고와 이사 이래로 황제의 유서를 위조하여 태자를 바꾼 두 번째 케이스이다. 그래서 송리종은 즉위하고서도 10년 동안이나 자신을 황제로 만들어 준 사미원의 눈치를 봐야 했고 그가 올리는 결재는 무조건 도장을 찍어줘야 했다. 그러니 그가 온갖 나쁜 짓을 일삼은 건 당연하고 남송은 그에 의해 멸망의 문턱으로 성큼 다가서게 된다. 1233년에 사미원이 죽자 당시 서른 살 송리종은 '나라를 더는 이대로 놔둬서는 안 되겠다'라고 마음먹고 이듬해인 1234년에 연호를 단평(端平)으로 바꾸었다. 그러고는 사미원당(史党)을 내보내고 정치, 경제, 군사 등 각 방면의 쇄신을 단행하며 사미원당의 실정을 바로잡았는데 역사는 이를 '단평경화(端平更化)'라 부른다. 그 이후로 약 20년 동안은 금은 이미 멸망하였고 몽고 제국은 서방 원정에 치중하고 있던 터라 남송에게 있어서는 유일하게 한숨을 돌리며 내부 정돈에 들어갈 수 있었던 시기였다.

단평경화는 저물어 가는 남송에 반짝 희망의 빛을 던져주긴 했지만 대세를 돌려놓진 못했다. 조정 대신들의 인적 쇄신, 공무원 기강 확립, 부패 척결, 인재 등용 등에 있어서는 분명 변화와 성과가 있었으나 경제와 군사 분야에서는 별 성과를 거두지 못했다. 송의 고질적인 경제 문제인 화폐가치 하락과 정부 재정 악화 문제가 사미원 집권 시기에 지폐 남발로 인해 이미 극심한 지경에 이르렀기 때문이다. 그렇지만 주목해야 할 것은 이 시기에 이르러서 이학이 중국의 관방 사상으로써 자리를 굳혔다는 것이다. 이학이 사회의 공식이념화된 것은 동북아 사상사에 있어서 핵폭탄급 영향을 가져온 엄청난 일이었다. 이에 대해서는 잠시 후 별도로 설명하도록 하겠다.

송-몽 동맹의 배신

송은 얼떨결에 전승국이 되었다. 그러니 송이 금을 버리고 몽고와 손을 잡은 건 결과적으로 옳은 결정이었다고 할 수 있겠다. 그러나 문제는 그다음 송이 취한 어리석은 행동이었다.

몽고와 송은 과거 금과 송과의 경계(즉, 진령회하라인)를 그대로 유지하기로 했는데 전승국이 된 것에 도취된 송은 자신들이 뭐라도 된 것인 양 근거없는 자신감에 충만해 있었다. 그들은 몽고의 군사력이 어느 정도인지 감을 못 잡고 있었던 듯하다. 당시는 이미 칭기즈칸의 1차 원정으로 호라즘 왕국(오늘날 우즈벡)이 점령되었고 중앙아시아와 신장이 전부 몽고 제국의 손에 들어가 있었는데 송이 한 어이없는 행보를 보면 이들은 아마도 당시 국제 정세에 심히 어두웠던 것 같다. 송은 몽고와의 동맹을 배신하고 그 길로 허난성 전체를 수복하고자 몽고군을 공격하였다. 만약 알고서도 그랬다면 도대체 무슨 생각이었는지 도저히 이해할 수가 없는 처사이다. 송군은 음력 6월에 남경(상치우)를 수복하였고 계속 북상하여 개봉까지 수복하는 쾌거를 이뤄냈다. 송조정은 거의 축제의 분위기였다. 그러나 이들의 진격은 거기까지였다. 송군은 7월에 낙양을 공격했으나 실패하였고 이후로 몽고군의 반격을 받아 막대한 피해를 입고 퇴각하였다. 금을 멸망시킬 때까지만 해도 몽고는 남송을 점령하고자 하는 마음은 없었다. 몽고 민족은 과거 금에게 핍박을 받았었기에 금을 원수 보듯이 했고 이들이 금의 명줄을 끊어놓는 것은 갚아야 할 당연한 복수였다. 그러나 이들은 송과는 아무런 원한 관계도 없었고 덥고 습한 남방 땅은 이들에게 매력적인 먹잇감도 아니었다. 이때까지만 해도 몽고 제국의 원정은 서쪽을 향하고 있었지, 동쪽은 이들의 관심사가 아니었다. 그러나 1234년 6~7월 사이에 행해졌던 남송의 배신과 공격은 이들로 하여금 장강 이남을 제국의 타깃 리스트에 포함시키는 결과를 초래했다. 그러므로 1234년은 송의 역사에서 멸망의 문을 스스로 연 해라 할 수 있다. 1234년에서 송이 멸망하는 1279년까지 45년 동안 중국은 1,500만 명이라는 어마어마한 인구 손실을 보았다.[75]

---

75) 葛劍雄, 《中国人口发展史》

남송의 멸망

남송은 운이 좋았다. 당시 몽고 제국은 2차 서방 원정을 준비중이었기에 남송으로의 진격을 잠시 미뤘기 때문이다. 1235년에 유럽을 향한 몽고의 2차 서정이 시작되었고 헝가리, 폴란드를 포함한 동유럽 전체와 모스크바 등 러시아 동부가 몽고군에게 함락되었다. 2차 원정이 끝날 때 즈음 이들은 드디어 잠시 미뤄놨던 남쪽으로의 사냥을 시작하였다. 몽고군은 쓰촨을 통해 서에서 동으로 남송을 공격하고자 하였다. 그러나 여기서 뜻하지 않은 일이 발생하였다. 1241년에 대칸 오코타이가 갑작스럽게 사망한 것이다. 몽고의 남송에 대한 공격은 또다시 미뤄졌고 쓰촨에 주둔하고 있던 몽고의 군대는 철군하였다. 그리고 이들은 남송에 대한 공격을 잠시 뒤로하고 이슬람 제국을 무너뜨리는 것에 치중하였다. 몽고의 제3차 서방 원정은 1253년에 시작되었고 1258년에 바그다드가 함락되고 칼리프[76]가 처형되면서 당나라 때부터 서아시아와 중앙아시아를 장악했던 무슬림 제국(압바스 왕조)이 멸망했다.

3차 서방 원정이 끝난 이듬해인 1259년에 드디어 몽고는 세 갈래로 남송을 공격하였다. 하나는 서에서 동으로의 진격이었다. 대칸 몽케가 직접 인솔하는 군대가 깐수성 란쩌우를 떠나 쓰촨성 청두에서 집결한 후 오늘날의 충칭인 합주(合州)로 진공했다. 몽케의 동생 쿠빌라이가 이끄는 군대는 북에서 남으로 장강을 건넜다. 그리고 대리 왕국과 안남 왕국을 멸망시킨 우량카타이의 부대가 윈난성에서 북동쪽으로 진격하고 있었다. 이렇게 몽고는 서·북·남 모든 방향에서 항저우를 향해 진격하고 있었고 어두운 멸망의 그림자가 이미 송을 뒤덮고 있었다.

그런데 몽케가 이끄는 주력군이 합주(총칭重庆)에서 송군과 민간인들

---

76)   이슬람 제국의 최고 종교 지도자.

의 완강한 저항에 부딪혔고 공성전을 지휘하던 중 몽케가 죽는 뜻하지 않은 일이 벌어졌다. 몽케의 갑작스런 죽음이 병사인지 전사인지는 모호하나 확실한 건 이때 합주성을 지키고 있던 충칭 군민들이 송의 멸망을 최소한 몇 년은 더 늦춰 주었다는 것이다. 합주성 전투는 남송의 '행주산성 전투'라 비유할 수 있겠다. 정확한 위치는 기억나지 않지만 충칭 시내 산비탈 어딘가에 옛날 군복을 입은 병사들이 성을 두고 공방전을 펼치는 모습을 청동으로 생동감 있게 만들어 놓은 곳이 있다. 아마 2010년쯤이었을 것이다. 출장차 그 곳을 차로 지난 적이 있는데 옆에 계시던 최 상무님이 "김 과장, 저게 뭐지?"라고 물었고 나는 "글쎄요…."라고 대답했던 게 기억난다. 나름 회사 내에서 중국통이라 인정받고 있었지만 '충칭에서 벌어졌던 역사적 사건이라…?' 그때는 아무리 되짚어봐도 떠오르지 않았다.

대칸이 죽은 마당에 쿠빌라이에게 지금 남송으로의 진격이 중요한 게 아니었다. 그는 군대를 돌렸고 자신은 제국의 수도 카라코룸[77]으로 향했다. 이듬해 봄에 쿠빌라이는 몽고 귀족회의에서 자신이 대칸을 이을 것임을 선언하였다. 그러나 같은해 4월 쿠빌라이의 동생 이릭부카가 수도 카라코룸에서 일부 귀족들의 지지를 받아 역시 대칸으로 추대되었다. 이로써 몽고 제국은 최고 통치자가 두 명이 공존하는 초유의 사태가 벌어지고 말았다. 그 후 4년 동안 몽고 제국은 쿠빌라이와 이릭부카 간의 내전을 겪었고 결국 쿠빌라이의 승리로 끝났다. 1264년 그는 수도를 카라코룸에서 연경(베이징)으로 천도했다. 그리고 이름을 대도(大都)라 개명하였다. 이제부터 베이징의 시대가 막을 연 것이다.

1269년 쿠빌라이의 남하가 시작되었을 당시 남송은 가사도(賈似道)

---

77) 카라코룸은 몽골공화국 수도인 울란바토르에서 서남쪽으로 350킬로미터 떨어진 곳에 위치해 있다. 몽골공화국의 거의 정중앙이라 보면 된다.

라는 남송의 마지막 간상에 의해 개판 오 분 전으로 돌아가고 있었고 국방력은 형편없는 수준이었다. 1273년, 6년 동안의 포위 공격을 버텼던 후베이성 양양성(襄阳城)이 함락된 것은 남송의 방어선이 무너졌음을 알리는 사건이었다. 김용의 무협소설 《신조협려》의 마지막 장(章)은 몽고의 대군 앞에서 함락 직전의 성을 지키는 무협인들의 장렬한 모습을 보여주고 있는데 소설 속의 장소가 바로 양양성이다. 그러나 김용은 거기서 14년 전 합주(총칭)에서 죽은 몽케칸을 등장시켰다. 결국 《신조협려》의 마지막 장면은 합주성 전투와 양양성 전투를 섞어놓은 것이라 할 수 있다.

1276년 임안(항저우)이 함락되었고 남송의 황족과 조정 대신들은 지난번 금의 공격을 받았을 때보다도 더 남쪽으로 피신하여 광동성까지 갔다. 이들은 더 이상 갈 데가 없었지만 항복하지 않고 바다로 피신하였다. 남송의 역사에서 통치자와 정치인들이 보여준 행태는 귀감이 될 만한 게 거의 없지만 마지막 순간에 그들이 보여준 모습은 그래도 후대인들의 인정과 동정을 받을 만했다. 1279년 2월, 마카오와 멀지 않은 곳인 광동성 애산(崖山)에서 몽고군과의 최후의 일전을 벌였고 이때 송군은 거의 전멸했다. 황족과 조정 대신, 그리고 10만의 군인들과 의병, 민간인들이 배를 타고 근해로 피신했지만 금세 애산 앞바다에서 몽고군에 의해 포위되었다. 3월 19일에 좌승상 육수부(陆秀夫)가 오랑캐에게 욕을 보이게 할 수 없다며 일곱 살인 황제를 등에 업고 바다로 뛰어들었고 뒤이어 황족과 대신들이 바다로 뛰어들어 자결했다. 10만의 군인과 민간인들이 잇달아 바다로 뛰어들었고 애산 앞바다는 7일 동안 둥둥 떠다니는 시체로 가득 찼다고 한다.

"애산 이후로 중국은 없고, 명이 망한 후로 중화는 없다(崖山后无中国, 明亡后无中华)."

이 말은 일본의 어느 학자가 했다고 하는데 20세기 초에 일본의 대륙 침략을 정당화하는 데 쓰였다. 그래서 오늘날의 중국인들이 매우 듣기 싫어하는 말이다. 그렇지만 정치적 의도를 떠나서 이 말은 중국의 역사에서 남송의 멸망이 가지는 의미가 무엇인지에 대해 생각하게 만들어준다. 중국은 송왕조 멸망 이후로 1911년 신해혁명으로 봉건 전제 군주제가 해체되기까지 632년의 시간 동안 한족이 통치했던 시기는 276년밖에 되지 않았고 나머지는 전부 이민족에 의해 지배되었다. 송왕조의 멸망은 절대로 단순한 왕조의 멸망이 아니었다. 중국 역사가 처음으로 겪어본 "철저한 망국"이자 주왕조 이래로 2,000여 년 동안 이어오던 "농업국가 vs 유목국가"의 대결에서 농업국가의 완전 패배를 의미했다. 그래서 어떤 이들은 "송왕조가 멸망함으로써 '고전적 의미의 중국'은 끝이 났다"고 말하기도 한다. 전통을 가지고 면면히 이어오던 한족의 역사는 갑자기 전원이 나간 것처럼 맥이 끊겼고 몽고 통치기 98년 동안의 단절을 겪는다. 그 후에 다시 한족 왕조가 세워지긴 했으나 명은 원의 제도를 그대로 이어받았고 이렇게 생겨난 제3제국 명·청은 이전의 당·송과 같을 수는 없었다.

무엇보다도 원대에 들어 통치 계층이 바뀌면서 한(漢)문화의 지위가 지속적으로 하락하였고 이들의 문화는 유목 민족의 문화와 대거 섞이게 된다. 과거 5호 16국, 오대십국, 요와 금을 거치면서 유목 민족의 문화가 들어오긴 했으나 이는 화북 지역에 한정되었고 또한 이들 스스로가 적극적으로 한화를 하였기에 한족 문화의 지위는 흔들리지 않았다. 그러나 원과 청 시기는 달랐다. 한인들은 몽고족과 만주족에 의해 "통치"되었고 이 시기부터 중국은 급속도로 유목 민족의 문화와 융합되었다.

중국은 당왕조 이래로 꾸준히 상업화의 길을 걸었고 송은 상업이 가장 발달했던 시기였다. 상업의 발달은 개방과도 연관이 있다. 송왕조는 중국이 농업국가에서 상업국가로의 발전하는 분수령이었으나 왕안석의 변법으로 민간 상업이 위축되었다. 그리고 결정적으로 송왕조가 몽고의 침략에 의해 완전히 멸망하면서 중국의 상업화와 개방화 추세는 종식을 고한다.

이학(理学)과 간상 사미원의 전략적 동침

이학은 북송의 정호·정희 두 형제가 창립하여 남송의 주희가 완성한 유가의 한 파이다. 조선 시대에 사대부들의 지배 사상이었던 성리학은 바로 이학을 말한다. 솔직히 나는 이학의 철학적 내용에 대해서는 잘 모른다. 그저 '우주만물의 근본은 이(理)이고 만물에는 하나의 이(理)가 존재하며 이(理)가 있기에 물(物)이 있을 수 있다'라는 게 핵심 사상이라는 것 정도만 알고 있을 뿐이다. 그래서 이 사상의 가치와 맹점에 대해서는 감히 이야기를 할 수가 없다. 하지만 우리는 이학이 역사에 미친 영향에 대해서는 이야기를 하지 않을 수 없다. 확실한 건 이학은 이름 그대로 이(理)를 가장 근본으로 하고 이(理)는 정신적인 것이므로 지식인들로 하여금 물질적인 것은 하찮게 여기고 이(理)라는 관념적인 것에 몰두하도록 했다는 것이다.

주희(1130~1200)는 1164년에[78] 입조하여 송효종에게 세 가지를 건의하였는데 그 첫째는 '이단인 도교와 불교를 멀리하고 이치를 따져 진리를 구하는 학문을 진흥시킬 것', 둘째는 '주화를 하지 말고 오랑캐에게 설욕을 할 것', 그리고 셋째로 '간신을 축출하고 내부 기강을 바로잡을 것'

---

78) 송효종 재위 2년째 해이다. 당시 그는 공직에서 사퇴하고 민간인 신분으로서 교학에 힘쓸 때였다.

이었다.

주희는 한때 재상 조여우(趙汝愚)[79]의 소개로 송녕종의 개인 교사로 있었는데 이때 그는 외척인 한탁주를 정사에 참여시키지 말라며 황제에게 여러 번 간언하였고 이로써 한탁주와는 원수지간이 되었다. 조여우와 한탁주, 이 둘은 당만 달랐을 뿐 그놈이 그놈이었다. 1195년에 "한탁주 vs 조여우"의 투쟁에서 한탁주가 승리하면서 조여우는 귀양 보내지고 주희는 좌천되었다. 한탁주가 재상이 되고 대권을 장악하면서 이학은 그에 의해 '거짓 학문'이란 뜻의 "위학(僞學)"이라 칭하여졌고 이학파 인사들은 조정에서 배척당하기 시작했다. 1196년 한탁주는 주희의 '열가지 죄'를 열거하며 탄핵하였고 황제는 그를 모든 관직에서 파면시켰다. 1197년 한탁주는 이학을 금지하는 행정명령인 금학(禁學)령을 올렸고 송녕종은 이를 승인하였다. 이렇듯 한탁주 집정 기간은 이학이 탄압을 받는 시기였다.

사미원이 정권을 잡은 후 이학은 어떻게 되었을까? 한탁주는 이학의 적이었고 사미원은 한탁주를 물리친 세력이니 이학은 사미원과 전략적으로 손을 잡는다. '적의 적은 나의 친구' 뭐 이런 상황인 셈이다. 주희가 송효종에게 올렸던 3대 건의 사항 중 하나가 "금에게 설욕하자!"였던 것에서 알 수 있듯이 이학파들은 원래 대외 정책에 있어서 주전파에 가까웠고 사실은 사미원이 주도한 가정화의에 불만을 가지고 있었다. 그러나 그들은 서로의 이익을 위해서는 자신들의 신념 정도는 잠시 접어둘 수 있었다. 사미원은 자신의 이미지를 포장하는 데 이학이 필요했고 이학파들은 그간의 금학(禁學)을 풀고 자신의 세력을 늘리는데 사미원의 정치적 지원이 필요했다. 이렇게 이학과 간신 사미원과의 전략적 동

---

79)   조여우와 한탁주는 정적 관계였다.

침이 이루어졌고 이로써 남송의 암흑기인 26년 동안에 이학파들이 대거 기용되는 등 이학은 크게 진흥되었다. 이학이 남송의 관방 사상으로 자리 잡는 데에는 이 시기가 큰 역할을 했다. 지금은 사미원의 악행이 진회와 동급으로 간주되지만 《송사》에는 오히려 사미원의 악행이 미화되어 있다. 왜냐하면 《송사》가 쓰인 원대에는 이미 사대부들 사이에서 이학이 중심 이념이 되어 있었고 이들은 이학의 후원자였던 사미원을 포장해야 했기 때문이다.[80] 그러고 보면 이학을 '위선적인 사상(僞學)'이라 비난했던 한탁주가 틀린 말을 한 건 아니었다.

1234년 단평경화의 막이 오르면서 송리종은 여러 방면으로 쇄신을 추진하였지만 이학에 관한 것만은 사미원의 기조를 그대로 유지했다. 오히려 단평경화 시기에 이학이 중국의 관방 사상이 되었고 이로써 유가가 유교로 변한다. 이때부터 중국의 사상계는 이학의 관념 속으로 침전되었고 중국 사회는 경직과 폐쇄의 길을 걸었다.

주희의 대표작인 《사서장구집주(四书章句集注)》는 유가의 대표적인 네 가지 경전(대학, 중용, 논어, 맹자)에 대해 분석을 하고 설명을 단 주해집(해설집)이다. 유가의 사상을 이루는 사서오경은 너무 옛날에 만들어졌고 함축적이고 난해한 표현들로 이루어져 있어서 당시 중국의 지식인들조차 이해가 잘 안가고 해석이 분분한 부분들이 많았다. 이 유가 경전들이 쓰인 때가 춘추시대이니 당시로부터 벌써 1,600~1,700년 전이다. 생각해보시라. 지금으로부터 1,600년 전, 즉 4~5세기 조상들이 하는 말이나 글을 읽을 수 있을 거라 생각하는가? 오늘날 대학을 졸업한 중국인들도 명청 시대의 비석에 있는 글귀를 잃어내는 데 어려움을

---

80) 원대에 쓰인 역사서인 《송사》, 《요사》 등은 짧은 시간에 졸작으로 쓰여진 사서라는 오명을 받고 있고 실제로 후세 사가들에 의해 그 신빙성이 의심 받는 부분들도 많이 있다.

겪는다(비석을 감상하고 있는 사람들이 전부 그 뜻을 이해하고 있다고 착각하면 안 된다). 하물며 위진 시대, 당나라 시대의 문헌을 척척 읽어낸다? 일반인들은 턱도 없는 일이다. 그건 중국의 관록 있는 사학과 교수들이나 가능한 일이다. 왜냐하면 고대 중국어는 그 글자에 함축되어 있는 뜻과 쓰임새가 지금과는 완전히 다른 것들이 많기 때문이다. 마찬가지로 남송 시대의 지식인들에게도 이 춘추시대의 유가 경전(四書)을 이해하는 건 대단히 어려운 일이었다. 그래서 사서(四書)에 자신의 해석을 다는 일은 학식이 높은 문인들의 고상한 저술활동이었다. 많은 사람들에 의해 법가 개혁가라고 오해를 받는 왕안석도 유가 경전에 대한 주해 작업이 그의 취미였다. 그러므로 이 암호 같은 유가 경전은 주해를 다는 사람의 성향, 가치관, 세계관에 따라 접근 방식이 달랐고 그에 따라 풀이와 설명이 조금씩 다를 수밖에 없었다. 예를 들면 왕안석의 해석과 사마광의 해석이 같았겠는가?

주희는 "사서(四書)에 대한 완결판을 만들어 보겠노라!"라고 마음먹었고 그래서 탄생한 것이 바로 《사서장구집주(四书章句集注)》[81]이다. 그의 사상은 사물의 이치를 파고 들어가 깨닫는 이학을 기본으로 하고 있었기에 이 책은 "이학을 기본 접근방식으로 한 유가 경전 참고서"인 셈이다. 한때 황제(송녕종)의 이학 개인 강사까지 지냈던 주희의 《사서집주》는 그의 높은 명성을 타고 곧 중국 지식인들의 유가 경전에 대한 스탠더드 참고서로 유명해지기 시작한다.

주희가 동북아의 사상계에 미친 영향은 이루 말할 수 없는데 그렇게 된 결정적 계기는 그가 죽고 몇십 년 뒤인 1313년에 일어났다. 때는 몽고 점령기, 즉 원나라 때였다. 중국을 점령한 몽고인 통치자들은 원 성

---

81) 줄여서 《사서집주》라고 부른다. 《대학》 1권, 《중용》 1권, 《논어》 10권, 《맹자》 14권으로 이루어져 있다.

립 후 약 반 세기 동안 과거제를 폐지하였다. 그도 그럴 것이 원대의 한족은 가장 낮은 계급인 4등급 민족이었고 중앙과 지방의 관리들은 거의가 몽고 민족이나 중앙아시아인들이 하고 있었으니 한족의 공무원 임용고시는 필요가 없어졌기 때문이다. 그러다가 1313년에 원 정부는 과거제를 부활시켰는데 이때 주희의 《사서집주》가 교재로 지정되었다. 아마 채점의 객관성을 도모하기 위해서가 아니었나 싶다. 1234년 단평경화 시 실시한 이학의 국교화 조치와 함께 1313년의 이 조치는 중국의 역사에서 그 어떤 정치적, 외교적, 군사적 사건보다도 파급이 큰 대사건이라 나는 생각한다.

내가 고등학교를 다닐 때 수학은 《수학의 정석》, 영어는 《성문 종합영어》라는 일본식 참고서가 스탠더드였다. 상당히 긴 시간 동안 대한민국의 고등학생들은 모두가 이 책을 너덜거릴 때까지 보고 또 봤다. 마찬가지로 1313년부터 중국의 공무원 취준생들에게는 《사서집주》가 모범 답안이었다. 출제도 거기서 했고 답도 거기에 있었다. 중국의 임용 고시 제도를 그대로 가져온 우리 조상들은 이들의 출제 방식과 교과서까지도 모방했고 똑같이 《사서집주》를 달달 외우며 똑같이 이학의 형식과 관념 속으로 빠져들었다. 이 조치는 당시 출제자들과 공무원 지망생들에게는 하나의 스탠더드를 제공했다는 이점이 있었지만 중국과 우리나라의 과거제, 나아가서 사상계에, 더 나아가서 민족의 마인드와 사회의 개방도에 있어서 이루 말할 수 없는 경직성을 가져왔다. 스탠더드가 꼭 좋은 것만은 아니다. 이전에는 서로 다르게 이해할 수도 있고 그러다 보면 나름대로 창조적 해석이 나올 수도 있었는데 이제는 모범 답안이 생겼으니 모범답안을 벗어나는 걸 허용하지 않았다. 결국 중국과 우리나라의 과거 시험 응시자들은 수백 년 동안 《사서집주》를 달달 외우는 데에만 몰두하게 되었다.

개혁사 외전 V
신장(新疆)을 알면 유라시아가 보인다

신장은 안사의 난 이후 1755년 청에 의해 점령되기까지 천 년 동안 한족들의 영향권에서 떨어져 나가 있었다. 중국의 신장 영토사에서는 잃어버린 천 년이라고도 할 수 있는 이 긴 시간 동안 신장은 어떻게 되었을까? 이 장에서 우리는 두어 발자국 물러서서 신장과 중앙아시아를 중심으로 유라시아 역사를 편력하고자 한다. 신장의 정중앙에 점을 찍고 당시 남송의 수도인 항저우까지의 직선 거리를 서쪽으로 돌리면 바그다드와 터키 동부에까지 미친다. 당연히 이 시기의 신장은 중국 보다는 중앙아시아와 지금의 이란 지역의 세력 판도 변화에 직간접 영향을 받으며 이들 지역과 운명을 같이 하였다. 그러므로 이 시기 신장의 역사를 보는 것은 중앙아시아는 물론이고 몽골 제국, 페르시아, 이슬람 제국, 더 나아가 비잔틴 제국과 유럽이 어떻게 서로 영향을 주고받으며 움직였는지를 알게 해주는 일이다. 이번 장에서 나오는 민족명, 국명, 지명들이 한자 베이스가 아니라서 이제까지의 이야기와는 사뭇 다른 분위기가 느껴질 것이다. 또는 중국과 완전히 동떨어진 다른 나라 이야기를 하는 것 같은 느낌도 받을 수 있다. 그렇지만 신장이라는 곳이 원래 그런 곳이다. 나는 2005년에 출장차 처음으로 신장이란 곳을 갔다. 베이징을 출발한 비행기에서 제공된 식사 포장 박스 위에 아랍어처럼 꼬불꼬불하게 생긴 위구르 글자가 중국어와 같이 적혀있는 것이 눈에 들어왔는데 나는 신기하면서도 이상한 기분이 들었다. 한 나라 안에서 전혀 다른 문자가 공용으로 쓰인다는 건 나로서는 경험해본 적 없는 일이었기 때문이다.

شىنجاڭغا كېلىشىڭىزنى قارشى ئالىمىز

欢迎你到新疆来

"신장에 오신 걸 환영합니다."

중앙아시아와 신장의 역사는 아무리 간략히 정리를 하려고 해도 여전히 복잡하다. 신장은 중국의 여러 소수민족 자치구 중 가장 복잡한 역사를 가진 지역이며 중국인들에게조차 여전히 이국적이고 신비로운 지역이다. 이 지역이 중국의 영토가 된 지 이미 270년이 지났지만 이곳은 여전히 국제 사회가 주목하는 지역이다. 도대체 이곳을 두고 국제 사회는 왜 이리 말이 많은지, 이곳의 실체는 무엇인지, 이곳의 역사를 모르고서는 알 수 없는 문제들이다.

신장위구르자치구와 중앙아시아 및 서아시아 국가들

지형

신장의 역사를 이야기하기에 앞서 이 지역의 지형에 대해 말해야 할 듯하다.

신장의 지형

신장은 크게 남부의 타림 분지와 북부의 준갈 분지로 나뉜다. 이 두 분지를 나누는 지형지물이 신장의 허리를 가르고 있는 톈산(천산)산맥이다. 문명은 평지에서 형성되므로 이 두 분지를 중심으로 부락과 정권들이 형성되어 왔다. 하나를 추가하자면 동부의 투르판 분지가 있다. 투르판 분지는 앞서 말한 두 분지보다는 작지만 비옥하다. 그런데 각분지의 특성이 다르다. 가장 큰 타림 분지는 엄청 큰 평야 지대이긴 하나 대부분은 타클라마칸 사막으로 뒤덮여있다. 그러니 옛날 사람들이타림 분지를 가로질러서 지나간다던가 타림 분지 한가운데에서 왕국을이루고 산다든가 하는 일은 없었다. 거대한 바다가 있는 거나 마찬가지라 생각하면 된다. 사람들의 이동은 전부 톈산 산맥과 쿤룬 산맥 기슭을 따라 이루어졌고 자연히 부락과 도시들도 이 두 루트를 따라 형성되었다. 준갈 분지는 타림 분지보다는 강우량이 조금 많다. 그래서 이 지역은 초원 지대를 이루었다. 투르판 분지는 작지만 이곳에는 호수와 강이 있다. 그래서 이곳은 가장 살기 좋고 포도, 올리브 등의 작물 재배가 가능하다. 중앙아시아에서 신장을 거쳐 중국으로 들어오기 위해서는 위의 네 개 루트 중 하나를 선택해야 했다.

카라한 왕국: 신장의 투르크화와 이슬람화를 이끌다

신장 지역은 안사의 난 이후로 몽골 초원을 장악하고 있는 위구르 칸국[82]과 티베트 지역에서 북상하는 토번 왕국이 남과 북으로 나눠서 장악하고 있었다. 여기서 '장악했다'라는 말을 쓴 이유는 신장 지역은 대대로 많은 왕국들이 존재해왔고 어느 한 통일 정권을 이룬 적이 없었기 때문이다. 위구르 칸국과 토번 왕국도 이 지역에서 영향력을 행사하며 경제적 이득을 얻는 정도였지 이들이 기존 왕국들을 전부 멸망시키고 그 위에 자신들의 행정 구역을 다시 편성한 것은 절대 아니라는 점을 알고 있어야 한다. 그러다가 9세기에 들어 토번은 본국의 내부 분열로 인해 신장에서 발을 뺐고 위구르 칸국 또한 키르기스 민족의 공격을 받아 해체되었다. 위구르 칸국은 민족의 일부가 남하하여 준갈 분지와 투르판 분지를 장악하였다. 이들은 중심지를 투르판시 고창(高昌) 지

---

82) 안사의 난 이후 궈튀르크 제2제국(후돌궐)의 뒤를 이은 위구르 제국은 궈튀르크와 마찬가지로 오늘날 몽골의 오르혼 계곡을 수도로 하고 있었다. 후에 나오는 고창 위구르 왕국과 구분하기 위해 이들을 '오르혼 위구르 칸국'이라 부르기도 한다. 오르혼(Orkhon) 계곡은 몽골 공화국의 수도 울란바토르에서 남서쪽으로 360킬로미터 떨어져 있는 곳으로 몽골지대 유목 민족들의 수원이자 중요한 근거지였다. 유목 민족의 정권을 칸국(Khanid)이라 부르나 왕국, 칸국, 제국의 명확한 구분이 있는 것은 아니니 이에 간섭받을 필요는 없다.

역으로 하였기에 후세 사가들은 이들을 '고창 위구르 왕국'이라 칭하기도 한다. 당과 송은 이들을 '서주회흘국(西州回鶻國)'이라고 불렀다.

한편, 궉튀르크(돌궐) 제국 붕괴 후 생겨난 카를룩, 야그마 등 투르크계 부족들이 남하하여 신장 서부의 카스(喀什, 카슈카르)를 중심으로 새로운 연합체를 형성하는데 후세 사가들은 이를 '카라한 왕국(Qara Khanid)'이라 이름하였다. 이로써 신장은 9세기부터 13세기까지 북부와 동부의 위구르 왕국, 그리고 남서부를 장악하고 있는 카라한 왕국의 두 개 정권에 의해 대체적으로 양분되었다. 카라한 왕국은 10세기 초에 수도를 지금의 키르기르스탄 토크마크 동부의 발라사군(Balasag-hun)으로 옮겼다. 하나를 더 말한다면 신장 남부에 호탄(Khotan), 중국어로는 위텐(于闐, 우전)이라는 불교왕국이 2세기부터 존재해왔다.

10세기 신장의 세력 판도

카라한 왕국의 영역을 보면 파미르 고원과 천산 산맥으로 갈라져 있는 동서 양 지역을 아우르고 있는데 고대 시대에 참으로 쉽지 않은 영토이다. 이는 카라한 왕국이 여러 부락들로 이루어진 느슨한 연합체였다는 걸 의미한다. 그렇지만 이 카라한 왕국은 신장의 역사에서 아주 중요한 지위를 차지한다. 왜냐하면 이들은 후에 세력을 크게 늘리면서 신장 지역 주민들의 생김새와 종교에 지대한 영향을 미쳤기 때문이다. 카라한 왕국이 파미르 고원으로 끊겨있는 중앙아시아와 신장 사이의 교량 역할을 해줌으로써 수 세기에 걸쳐서 신장에서는 페르시아계, 투르크계, 위구르계 간의 통혼이 이루어졌고 이로써 오늘날의 위구르인들의 생김새가 형성되었다. 투루판 지역의 베제클리크 석굴에 그려진 고창 위구르인들의 모습은 지금의 위구르인들과는 사뭇 다른데 이는 10세기 이후로 카라한 왕국이 신장 지역 주민들의 투르크화를 이끌었다는 것을 말해주고 있다.[83]

베제클리크 9호 굴 벽화에 묘사된 고창 위구르인 승려들과 왕족들

오늘날의 위구르인

---

83) 신장의 소수민족 중 대다수를 차지하고 있는 위구르인들의 조상과 이들의 생김새
    에 대해서는 아직 정설이 있는 건 아니다. 위의 설명은 James A. Millward의 《신
    장의 역사》를 참고하였다.

카라한 왕국은 이슬람교를 믿는 페르시아계 왕조인 사만 왕국(오늘날의 이란 동부와 중앙아시아 전체를 장악하고 있었다)[84]과 파미르 고원을 사이로 국경을 맞대고 있었다. 이때 신장 지역의 많은 투르크계 주민들이 사만 왕국의 영향을 받아 이슬람으로 개종하기 시작하였다(원래 신장 지역의 종교는 불교, 마니교, 네스토리우스교 등 다양했지만 이슬람교는 받아들이지 않았었다). 카라한 왕국은 이슬람 세계와 신장 사이의 관문과 같은 위치에 있었기에 카라한 왕국의 이슬람화는 신장의 이슬람화를 이끌었다. 카라한이 무슬림화된 계기는 이렇다. 카라한의 내부 정변에 사만 왕국이 뒤를 지원하였는데 정변이 성공하면서 카라한에 친 이슬람 국왕이 들어섰고 새 왕의 독려로 카라한 왕국 백성들의 대대적인 이슬람교로의 개종이 이루어졌다(960). 중원에서 송이 건립되던 시기에 신장에서는 이슬람화가 진행되고 있었다는 건 역사적으로 상당히 중요한 변화이다.

사만 왕국과 카라한 왕국(9~10세기)

---

84)　사만(Saman) 왕국을 3~7세기 사이에 있었던 사산(Sasan) 페르시아와 동일시하면 안 된다. 7세기에 사산 페르시아가 아랍인들에게 멸망하면서 옛 페르시아 지역(이란+아프가니스탄)은 그 후 2세기 동안 이슬람 제국의 직접 통치하에 들어갔고 조로아스터교에서 무슬림으로 개종된다. 그 후 9세기부터 타히르 왕국, 사파르 왕국 등 여러 페르시아계 민족들의 독립 움직임이 일어났고 9세기 후반~10세기에 들어 이란 동부와 중앙아시아는 사만 왕국으로 통일된다.

중앙아시아의 투르크화

압바스 이슬람 제국은 세 개 지대로 나누어 볼 수 있다. 하나는 헤드 쿼터 바그다드가 있는 메소포타미아(지금의 이라크)와 아라비아 반도, 또 하나는 이집트를 포함한 북아프리카 지역 그리고 지금의 이란과 중앙아시아 지역이다.

이란 지역은 페르시아라는 역사와 전통을 자랑하는 민족의 터전이었기에 이 지역의 민족 구성에는 이견이 없지만 당시에 중앙아시아에는 투르크계와 이란계(페르시아계)가 혼합되어 있었다. "투르크와 이란 민족이 뭐가 다르냐?"고 하면 할 말이 없다. 눈으로 보는 것 말고는 이 둘의 차이를 설명할 방법이 없기 때문이다. 하지만 이 둘은 엄연히 다른 민족이고 확연한 차이가 있다. 마치 이탈리아 사람과 독일 사람이 다르듯이 말이다. 9~10세기에 사만 왕국은 동쪽과 북쪽으로 세력을 늘려 트란스옥시아나[85]를 장악하면서 이란의 문물을 중앙아시아로 전파하였지만 시간이 지나면서 그와 역방향으로 중앙아시아 북부의 투르크 계열 민족들이 자연스레 이란 지역으로 들어오기 시작했다. 이들은 노예, 군인 등 이란인들이 하기 싫어하는 3D 업종을 대체하였다. 이런 현상은 서진이 흉노와 선비족 용병을 썼고 당이 위구르 용병을 썼던 것과 비슷하다. 로마 제국도 게르만 민족을 용병으로 채웠는데 결국 이는 멸망의 화근이 되었다. 사만 제국 말기에 여기저기서 봉기가 일어났는데, 투르크 노예들의 반란도 있었고 투르크 군벌들의 할거도 있었다. 사만 제국은 결국 카라한 왕국과 가즈니 왕국의 연합에 의해 멸망하였는데 가즈니 왕국은 다름아닌 사만 제국에서 봉기한 투르크 노예 출신이 세

---

85) 당시 중앙아시아의 경제·문화 중심지. 오늘날의 우즈베키스탄 사마르칸트 일대를 말한다.

운 왕조였다. 후에 나오는 셀주크 제국도 사만 제국하의 투르크계 군벌이 세운 왕조였다. 말하고자 하는 바는 사만 제국이 쇠락과 멸망의 길을 걸으면서 페르시아계가 장악하고 있던 중앙아시아 지대에 투르크의 물결이 밀려오고 있었다는 것이다.

새로운 밀레니엄이 시작되기 1년 전인 999년에 카라한 왕국은 지금의 아프가니스탄 지역의 가즈니 왕국과 연맹을 맺고 중앙아시아의 맹주였던 사만 제국을 멸망시켰다. 가즈니는 이란 동부와 아프가니스탄을 차지했고 카라한은 아프가니스탄 이북의 중앙아시아를 손에 넣었다. 이 시점에서 한번 정리를 하자면, 중앙아시아는 7세기 초반에는 당과 토번 그리고 아랍, 세 세력의 각축장이었다가 7세기 후반에 들어와 아랍 제국에게 전부 내주었다. 그리고 200년 후인 9세기에는 아랍 제국에서 독립한 사파르 왕국, 사만 왕국 등 페르시아계 무슬림 왕조에 의해 장악되었다. 그러다가 999년 카라한 왕국의 사만 제국 점령을 계기로 중앙아시아의 투르크화가 본격적으로 진행된다. 카라한의 사만 점령은 신장 지역에서 성립된 투르크계 왕국이 서진하여 이란 동부에까지 세력을 뻗치게 된 중요한 사건이었다. 그리고 보면 카라한 왕국은 신장의 무슬림화와 투르크화를 이끌고 중앙아시아까지도 투르크화시킨 매우 큰 변화를 남기고 간 왕조이다.

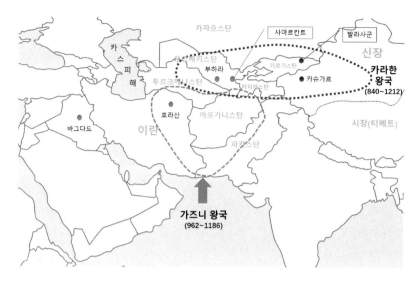

카라한 왕국 전성기의 중앙아시아(11세기 초중반)

중국은 안사의 난 이후 서역에 대한 통제권을 상실하였고 당 말과 오대 십국을 거치면서 이곳을 거의 잊고 지냈다. 신장의 북동부 지역에 있는 고창 위구르 왕국 같은 경우 송과 요에 외교 사절을 보내며 교류를 하곤 하였으나 송의 신장에 대한 영향력은 거의 제로였다. 그 사이 이 지역에서는 종교적으로는 이슬람화, 민족적으로는 투르크화가 진행되고 있었다.

아직 죽지 않은 거란 제국의 짧은 중흥

1040년 경, 카라한 왕국은 파미르 고원을 사이에 두고 동과 서로 분열되었다. 동카라한은 오늘날의 신장 서부를 영토로 하고 있었고, 서카라한은 트란스옥시아나 및 이란 동부를 포함하고 있었다. 동카라한 왕국의 동쪽으로는 여전히 고창 위구르 왕국이 있었다. 불교 국가인 호탄 왕국은 1006년에 카라한 왕국에 의해 병합되었고 이 지역도 무슬림화되었다. 한편 이 세기 80년 대에 카스피해 주변에서 남하한 또 다른 투르크 계열인 셀주크 군벌이 수도 부하라(우즈벡 남동부)을 점령하면서 제국을 세웠고 서카라한 왕국은 1089년에 셀주크 제국의 부속국이 되었다. 동카라한 왕국으로서는 다행스럽게도 셀주크 군대는 파미르 고원을 넘어 동쪽으로 가지 않고 서쪽 점령에 치중하였다.

한편, 신장에서는 동카라한 왕국과 고창 위구르 왕국의 2강 체제에 불청객으로 찾아온 이들이 있었으니 그들은 다름 아닌 금의 압박을 받아 서진한 거란족이었다. 요는 사실 금에 의해 완전히 멸망한 게 아니었다. 예뤼따스(耶律大石)라는 황족의 인솔하에 민족의 일부가 서진하여 신장에 새로 둥지를 틀었고 역사는 이들을 '서요(西辽)' 또는 '카라키타이'라고 한다. 카라키타이와 카라한의 '카라(Qara)'는 위구르어로 '검다(black)'라는 뜻을 가지고 있다. 48장에서 중국을 '키타이'라 부르는 유래를 설명하면서 '거란 민족이 한때 실크로드를 장악하였고 그래서 서방인들은 이들을 중국인이라 오해했'고 한 것을 기억할 것이다. 그 '한때'가 바로 이때이다. 이들은 동카라한과 고창 위구르를 자신들의 부속국으로 만들었다. 이 두 왕국 모두 제대로 싸워보지도 않고 자진하여 서요의 부속국이 됨으로써 왕국의 자치를 보장받았다. 예뤼따스(耶律大石)는 파미르 고원을 넘어서 서카라한 왕국을 공격함으로써 셀주크 제국을 건드렸다. 이에 중앙아시아의 헤게모니를 두고 셀주크 연합군과 서요 연합국 간의, 무슬림 세력과 비무슬림 세력 간의 충돌이 예고되었다.

1141년 9월 9일, 오늘날의 우즈벡 사마르칸트 북부의 카트완(Katwan) 평원에서 10만의 셀주크 제국 연합군과 1만도 안 되는 서요 연합군이 붙었고 여기서 서요는 역사적인 대승을 거둔다. 이로써 황색 얼굴에 작은 눈의, 무슬림도 아닌 거란인들이 트란스옥시아나의 통제권을 가져왔다. '이렇게 잘 싸울 것 같았으면 진작에 여진족과의 싸움에서 능력을 발휘할 것이지'라는 생각이 든다. 셀주크 투르크 제국에 의해 서아시아 전체가 점령당했던 12세기 중후반에(당시는 십자군 전쟁이 한창에 달했을 때이다) 서요는 잠시나마 신장과 중앙아시아의 주인이 되었다. 아마 셀주크가 십자군과의 전쟁에 정신이 팔려 중앙아시아에는 신경을 쓰지 못했기 때문일 것이다. 그러나 서요는 신장과 중앙아시아라는 광대한 지역을 관리하기에는 인구가 너무 적었고 그래서 느슨한 관리를 할 수밖에 없었다. 서요는 부속국에게 약간의 세금만 거두었을 뿐 이들의 자치와 재산권을 보호해주었고 그래서 서요 관할하의 왕국들은 비교적 만족하며 살았다고 한다. 이는 아무래도 오랫동안 정착 국가를 이루었던 요(遼)가 가지고 있던 문화 수준과 관리 수준이 신장과 중앙아시아 유목 민족보다 앞서 있었기 때문일 거라 생각된다. 거란인들은 이 지역의 종교에는 관심이 없었고 부속국들의 이슬람교를 그대로 인정하였다. 그래서 서요 점령기에 신장과 중앙아시아의 무슬림화는 전혀 영향을 받지 않았다.

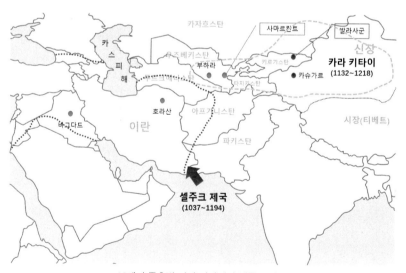

12세기 중후반 카라 키타이와 셀주크 제국

중앙아시아 역사를 이야기하면서 우즈벡이 여러 번 거론되는데 이참에 이 지역에 대해 잠시 설명하겠다. 오늘날의 우즈베키스탄의 동남부 지역(대략적으로 오늘날 우즈벡 남부의 '사마르칸트'를 말한다)은 고대 중앙아시아의 중심지였다. '트란스옥시아나(Transoxania)'라고 하는 이 지역은 쉽게 말하자면 중앙아시아 버전의 '중원'이었다. 중원이 나라를 지칭하는 게 아니듯이 트란스옥시아나도 특정 정권이나 나라를 지칭하는 개념이 아니다. 이 지역을 중심으로 반경 천 킬로미터 원을 그리면 '~스탄'으로 끝나는 중앙아시아의 모든 국가를 포함하고 이란 북부까지 닿으며 동으로는 신장 서부를 포함한다. 그래서 이곳은 실크로드를 이용한 동서양 육로 교역에서 무조건 거쳐야 하는 상업 도시였고 페르시아나 인도에서 중국으로 들어오는 종교인들의 필수 코스가 되었다. 하지만 동서 두 거대 세력이 충돌할 때에는 동네북과 같은 존재였다.

차가타이 칸국

테무진(칭기즈칸)의 관심은 중국 본토로의 남하보다는 서쪽의 호라즘 왕국(우즈벡)[86]에 있었다. 그런데 호라즘 왕국을 치기 위해서는 길목인 신장에 둥지를 튼 서요를 없애야 했다. 1218년에 몽고군에 의해 서요가 멸망했고, 신장이 몽고에 의해 접수되었다. 물론 카라한 왕국과 고창 위구르 왕국의 자치는 유지가 되었다. 몽고군은 계속 서진하여 호라즘 왕국을 점령하였고(1차 서방 원정) 이때부터 테무진과 그의 아들·손자들에 의한 사방팔방으로의 거침없는 정복이 본격적으로 시작된다.

---

86) 호라즘 왕국을 이란 동북부의 지명인 호라산과 혼동하면 안 된다. 호라즘 왕국은 칭기즈칸 재위시기 트란스옥시아나에서 가장 번성했던 왕국이다.

모든 유목 민족 정권들이 그랬듯이 몽고 제국 역시 점령 지역을 칸의 아들들에게 울루스(봉지)[87]로 주었다. 그리고 울루스를 받은 칭기즈칸의 아들·손자들이 자신의 울루스를 중심으로 칸국을 세웠고 이들은 제국의 수도 카라코룸에 있는 대칸에게 충성하도록 되어있었다. 가장 먼저 세워진 칸국은 1차 서방 원정 후 얻은 중앙아시아와 신장지역이었다. 칭기즈칸은 자신의 셋째 아들 차가타이를 이 지역의 칸으로 임명하여 다스리게 하였고 이를 차가타이 칸국(1222~1346)이라 칭했다. 이로써 신장은 14세기 중엽까지 차가타이 칸국의 지배하에 놓이게 된다.

몽고 제국의 울루스

몽고 제국은 한때 4년에 걸쳐 개혁파 쿠빌라이와 유목 전통 수구파 아릭부카와의 내전이 벌어졌는데 이때 훌라구가 자신의 형 쿠빌라이의 편에 서 주면서 내전의 공신이 되었다. 내전을 평정한 쿠빌라이는 동생 훌라구에 대한 보답으로 3차 원정의 루트에 있던 지역들(이란, 이

---

87)　Ulus(울루스)는 몽고어로 '봉지', '봉국'의 뜻이다.

라크, 터키 동부, 카스피해 연안 지역 등)을 모두 그에게 주었는데 이것이 일 칸국이다.

그리고 나서 쿠빌라이는 남은 타깃인 남송을 점령하고는 거란, 서하, 토번, 대리가 있던 지역을 모두 포함하여 대원(大元) 제국을 세웠다. 물론 자신이 대원 제국의 황제를 겸임했다. 원의 황제가 몽고 제국의 대칸을 겸임한 게 아니라 몽고 제국의 대칸이 원의 황제를 겸임한 것이다. 원 제국은 몽고 제국 대칸의 직할 식민지일 뿐이었다.[88] 쿠빌라이는 몽고 대제국의 수도를 카라코룸에서 대도(베이징)로 천도하였고, 베이징은 몽고 대제국의 총괄 수도이자 원의 수도가 되었다.

몽고인들은 남송을 멸망시키기에 앞서 토번을 점령하였고 이로써 처음으로 드넓은 티베트고원이 중국의 영토로 편입되었다. 그러나 원은 토번을 종교 자치국으로 인정하고 이들 지역에 대한 직접 관리를 하지는 않았다. 티베트는 원이 멸망하고 명왕조가 세워졌을 때 다시 중국에서 떨어져나갔지만 한 번 들어왔던 영토는 언젠가는 힘 있는 정권에 의해 영유권이 주장되기 마련이다. 18세기 초반에 청 강희제가 군대를 주둔시키고 중국인 총독을 보내면서 티베트가 정식으로 중국의 땅으로 들어왔다. 그로부터 오늘에까지 이어지고 있는데 결과적으로 티베트가 중국의 영토로 들어온 데에는 몽고인들이 그 첫 테이프를 끊어주었기 때문이었다고 말할 수 있다.

---

88)   柏楊, 김영수 역 《맨얼굴의 중국사》 창해, 2005.4. 4권 182쪽

차가타이의 해체: 투르크-몽골 혼혈 민족의 형성

그러나 차가타이 칸국도 1346년에 동서로 분열하였고 모굴인[89]이라 불리던 차카타이의 자손들이 신장에 모굴리스탄[90] 칸국(동차가타이 칸국이라고도 부른다)을 건립하였다. 이때부터 몽고 대제국은 이미 균열을 보이기 시작했다고 할 수 있다. 몽고 제국은 자신들의 원래 지역이었던 몽골 초원 지대와 원 제국을 제외하고는 모든 울루스가 14세기 중엽에 와서는 전부 무슬림화되었다. 또한 테무진의 세째 아들이었던 차가타이의 후손들은 세월이 지나면서 민족적으로 투르크화가 되었다. 그러므로 모굴리스탄은 "신장을 기반으로 한 차가타이계 몽골-투르크 혼혈 무슬림 정권"이라 말할 수 있다. 한편 차가타이 칸국의 서쪽, 즉 중앙아시아 지대는 잠시 혼전 상태에 있다가 우즈벡 사마르칸트를 중심으로 티무르 제국이 성립되었다(창립자 티무르 역시 몽골-투르크 혼혈이었다. 그러나 이들은 칸이라는 칭호를 쓰지 않고 술탄제를 사용하였다). 차가타이 칸국의 파미르 고원 서쪽 지역은 티무르에 의해 공중분해되었고 파미르의 동쪽인 신장에서는 다소 느슨한 형태의 정권을 유지하고 있었다.

티무르 제국은 서진하여 지금의 이란, 이라크를 다 먹고 터키 반도만 남겨 놓고는 중앙아시아에서 서아시아에 이르는 거대 제국을 이루었다(일 칸국 대체). 티무르 제국의 창업자 티무르는 중국을 치러 20만 대군을 이끌고 동진하였으나 이동 중에 오늘날의 카자흐스탄 남부에서 사망하였고 이들의 동진은 중단되었다(1405년 2월, 당시 69세). 만약 티무르가 이동 중에 죽는 일이 벌어지지 않았더라면 신장 동부 어딘가쯤에서

---

89) 모굴인: 몽고 제국이 형성되면서 지금의 신장과 중앙아시아 동북부 지역에 몽골인과 투르크계 원주민과의 혼혈을 모굴인(mogul)일 부르게 되었다.

90) 모굴리스탄: '모굴인의 땅'이라는 뜻으로 일명 동투르키스탄(East Turkistan)이라 불리기도 한다. 이들의 후예가 1996년에 독일 뮌헨에 독립을 추진하는 단체를 설립하였으나 중국은 이들을 분리 테러 단체로 규정하고 있다.

티무르와 명, 두 신생 제국 간의 거대한 전쟁이 발발했을까? 티무르는 자신이 칭기즈칸이라 생각했고 어느 정도 비슷한 실적을 내긴 했지만 결국 그는 칭기즈칸은 아니었다. 그의 제국은 거기까지였다. 티무르 제국은 명과 비슷한 시기에 성립되었으나 140년간 존속 후 멸망하였다. 티무르 제국 이후의 서아시아는 오스만 제국에 의해 평정된다.

투르판과 명의 대립

동 차가타이(모굴리스탄) 칸국은 100년 가까이 신장의 헤게모니를 장악하다가 15세기 중엽에 두 아들 간의 왕위 쟁탈전으로 내부 분열이 시작되었다. 결국 1456년에 그중 한 명이 떨어져 나가 오늘날 신장 동부 투르판(吐鲁番)시를 중심으로 왕국을 건립하였는데 이를 '투르판 왕국'이라 부른다. 고창 위구르 왕국이 있던 지역이다. 와인에 관심이 많은 사람은 '투르판'이라는 이름을 들어보았을 수도 있다. 바이두에 '투르판(吐鲁番)'을 치면 열 개의 추천 검색어가 나오는데 그중에 '투르판 포도 벨리'라는 게 보인다. 투르판은 중국의 대표적인 지중해성 기후 지역으로서 포도, 오렌지, 하미과 등 내지에서 잘 나지 않는 과일들이 생산되는 곳인데 그중 포도의 역사는 2,000년도 넘는다. 투르판 칸국은 1570년까지 약 110여 년 동안 신장 동부에 똬리를 틀고 있으면서 명왕조의 서진을 막았다. 사실 명은 신장에 대해선 별 관심도 서진할 여력도 없었기에 투르판이 명의 서진을 막았다기보다는 '투르판이 명을 서쪽에서 압박하였다'고 말하는 게 더 맞는 말일 것이다.

명, 투르판, 관서 7위

투르판 왕국은 동쪽으로 세력을 넓혀 신장 동부 끝단에 있는 하미(哈密)에서 명과 충돌하였다. 명의 공식적인 영토는 장성의 서쪽 끝단인 가욕관(嘉峪关, 깐수성 중부)까지였지만 이들은 가욕관과 동 차가타이 칸국의 사이, 즉 한족의 세계와 서쪽 초원 민족 세계의 사이에 '관서7위(关西七卫)'라는 완충 지대를 두었다. 관서(关西)는 가욕관의 서쪽을 말하고 위(卫)라는 것은 명대의 군사 편제로서 우리로 따지자면 연대와 사단의 중간 정도이다. 그러므로 '관서7위'를 현대어로 말하자면 '가욕관 서쪽 지역의 7개 연대'이다. 그러나 이 '관서7위'의 위(卫)는 명이 내지에서 운영하던 위와 다르다. 이 일곱 지역은 명의 군대가 주둔하고 있는 곳이 아니라 현지 민족으로 하여금 군대를 조직하고 현지 민족의 수장으로 하여금 관리토록 하는 완전한 자치 지역이었다. 명왕조가 이 지역에 있는 주민들(주로 위구르인들)에게 명의 위성국 지위를 부여하였을 뿐 이곳의 위(卫)는 지휘관과 병사들이 전부 현지 민족이었다. 이곳 7개 위(卫)의 사령관들은 세습을 허용했으며 나중에는 아예 왕으로 책봉하여 일곱 개의 왕국이 탄생하였다. 명왕조는 하미위에 한 번 관리를 보낸 것을 제외하고는 관서7위에 한족 관리를 한 번도 보낸 적이 없을 뿐더러 군대를 보낸 적도 없다. 즉, 이곳은 차가타이 계열의 칸국으로부터 중원을 지키는 완충지대이자 방어선의 역할이었을 뿐 명왕조도 이 지역을 자신들의 진정한 영토로 생각하지 않았다. 명은 이곳뿐만 아니라 동북 지역, 티베트 지역 등 여러 지역에 이렇게 이름만 있는 자치 사령부를 운영하였다. 그래서 명의 영토가 엄청 큰 것처럼 보여도 이러한 자치 지역을 떼어내고 보면 사실 얼마 안 된다.

한편 투르판이 떨어져 나간 동 차가타이 칸국은 내부 혼란을 겪다가 신장의 남서부, 카스(카슈가르) 지역을 중심으로 '야르칸드(Yarkand)'라는 새로운 칸국이 세워졌다(1514). 야르칸드는 이 지역을 아우르는 지명인데 중국은 이들을 '엽이강(叶尔羌) 칸국'이라고 칭하고 또 '카슈가르 칸국'이라 칭하기도 한다. 1570년 투르판 칸국이 야르칸드 칸국의 공격을 받아 멸망하고 다시 신장은 차가타이 계의 야르칸드 칸국의 영향력 하에 여러 소왕국이 공존하는 시기가 17세기 후반까지 이어진다.

준갈 칸국의 성립과 청 제국의 신장 점령

1644년 동북 지역에 있던 청나라가 산해관을 넘어 베이징을 점령하였고 중국에 만주족(여진족)[91]의 청이 들어섰다. 그 후 20년 동안 이들은 이자성 등 농민 봉기군들이 만든 정권들과 남으로 이주한 명의 망명정부(남명)를 모두 평정하고 타이완까지 영토로 만들었지만 서쪽의

---

91)   1635년 후금의 2대 태종 황태극(皇太极)은 자신들의 족명을 주신諸申(여진)족에서 만주족으로 개명하였다. 이들은 이듬해에 국호를 후금에서 청으로 개명. 그래서 만주(满洲)는 지명이 아니라 원래는 족명이었다. 만주가 지명화된 것은 청 말에 일본이 동북 3성을 점령하면서 이곳을 만주로 불렀고 그곳에 만주국을 세운 것에서 유래했다.

거대 지대인 신장과 칭하이, 티베트 지역은 아직 손을 못 대고 있었다. 그 사이 신장 북부 준갈 지대에서 한 부락이 굴기하고 있었다. 준갈 부락이라고 하는 이들은 몽고 계열인 오이라트 연맹의 한 지류였다. 1676년에 준갈부는 오이라트의 맹주인 어치얼투(鄂齐尔图) 칸국을 공격하여 멸망시킴으로써 세력을 크게 늘렸다. 이들이 기존의 유목 정권들과 달랐던 점은 연맹제에서 중앙집권적인 군주제 국가로 자신들을 변화시켰다는 데에 있었다. 준갈부는 1678년에 준갈 칸국을 선언하고 그해에 남하하여 차가타이 계열의 마지막 정권인 야르칸드(엽이강) 칸국을 점령하였다. 이로써 신장 전역이 준갈 칸국에 의해 지배되었고 청은 강력한 세력이 서쪽에 형성된 것에 긴장하였다. 이들은 원래는 청과 군신 관계였으나 곧 독립을 선언하였고 청을 견제하려는 러시아가 이들을 지원하였다. 지정학적으로 봤을 때 청제국과 준갈 칸국 간의 충돌은 불가피했다.

충돌의 도화선이 된 건 1717년 준갈 칸국의 티베트 공격이었다. 당시 티베트 북부와 칭하이 지역은 화석특(和硕特)이라는 칸국에 의해 지배되고 있었는데 준갈은 이들은 공격하여 라싸를 점령하였다. 이후 아주 잠시지만 준갈 칸국은 신장에서 칭하이, 티베트에 이르는 거대 제국을 이루었고 이는 오늘날 인도 면적보다도 컸다. 서쪽에서 거대 세력의 탄생을 두고만 볼 수 없었던 청왕조는 화석특 칸국을 구한다는 명목으로 준갈과 전쟁을 선포하였다. 이듬해인 1718년에 청은 칭하이로 출병하였으나 전군이 몰살당하는 참패를 겪는다. 다시 2년 후 1720년에 청은 2차 출병을 하여 결국 준갈 칸국을 티베트와 칭하이에서 몰아내는 데 성공했다. 이때 티베트 지역이 청의 영토로 들어온다.

이렇게 준갈 칸국이 신장의 지배자가 되는가 했지만 준갈은 지도층의 분열이 있었고 청왕조는 강희제, 건륭제로 이어지는 전성기를 구가하고 있었다. 1755년 준갈 칸국에서 반란이 일어났고 청의 건륭제가 이 틈을 놓치지 않고 서쪽으로 원정을 감행하였다. 이때 준갈 칸국은 멸망하였고 이렇게 신장은 중국에 편입되었다. 청왕조는 이 지역을 '새로(新) 얻은 강역(疆)'이라고 하여 '신강(新疆)'⁹²⁾이라 이름하였다.

---

92) '新疆'의 우리말 한자 독음은 '신강'이나 현대 지명은 중국어 발음대로 기재하기로 하였으므로 '신장(xin jiang)'이라 하였다.

6부

—

제3제국 시대

프롤레타리아 왕조의 성립

58장
명(明, 1368~1644)

환단고기를 맹신하는 사람들을 속된말로 '환빠'라 하듯이 명나라를 맹목적으로 추종하고 과다하게 미화하는 사람들을 중국에서는 '밍펀(明粉)'이라 부른다. '펀(粉 fen)'이란 '粉丝(fen si)'라는 신조어의 앞 글자인데 이 '粉丝(fen si)'는 영어의 'fans'의 발음을 중국어로 음차한 것이다. 그러므로 '밍펀(明粉)' 역시 내가 중국에 처음 왔을 때만 해도 들어보지 못했던 말이다. 이들 밍펀(明粉)들은 명나라의 업적과 위대성을 부각시키고 명의 영토, 문화, 특히 복식에 과다한 애착과 자부심을 가지고 있다. 최근 몇 년간 불거졌던 한국 사극상의 복식 문제를 제기하는 중국의 누리꾼들 중에는 '밍펀'이라 칭해질 만한 사람들이 많이 있을 거라 생각된다. 이들을 우리에게 익숙한 호칭 방식인 '명빠'라 부르자. 그럼 한빠(汉粉), 당빠(唐粉), 송빠(宋粉)도 있을까? 이들이 없다고는 단언할 순 없을 것이다. 13억 인구 중 어떠한 사람이 없으랴? 그러나 진정으로 한때 사회적으로 주목을 받고 논쟁의 대상이 되었던 집단은 명빠(明粉)밖에 없다. 중국의 역사 토론 공간을 보면 대다수의 역사 애호가들은 명빠들의 주장과 그들의 역사 인식 방식에 동의하지 않는 듯하다. 대부분의 한국인들이 환빠들의 주장을 인정하지 않는 것과 같다. 그러면 이들은 왜 중국 역사의 황금기였던 당(唐)이나 강성했던 한(汉)에 홀릭하지 않고 왜 하필 명(明)일까? 진(秦)의 통일 이래로 가장 봉건적인 왕조로 칭해지며 심지어는 많은 사학자들에 의해 '중국 역사의 암흑기'라고도 불리는 명(明)을 그토록 칭송하고 확대하고자 하는 이들의 심리는 무엇일까?

중국인들에게 '명왕조(明朝)'란?

옛날 시대의 모습을 떠올리자면 보통은 지금과 가장 가까운 시대를 떠올리기 마련이다. 우리나라 사람들은 '옛날의 모습'을 떠올릴 때 대다수 사람들이 조선 시대를 떠올릴 것이다. 그것은 조선 시대가 우리에게 그나마 익숙하고 많은 정보와 문화재, 생활습관이 남아있기 때문이다. 우리(일반인들)는 고려 시대에 사람들이 어떻게 생긴 집에서, 어떻게 생긴 옷을 입고, 어떤 헤어스타일을 하며 살았는지 언뜻 떠오르지 않는다. 신라 시대와 삼국 시대는 말할 것도 없다. 민속촌은 조선 시대의 모습을 재현한 테마파크이지 고려촌이나 신라촌, 고구려촌이란 게 있던가? 대부분의 사극도 조선의 이야기이고 내가 어렸을 적에 즐겨보던 '전설의 고향'도 거의가 조선 시대의 이야기였다. 그러니 우리에게 옛날의 모습이란 조선 시대의 모습이고 조선 시대의 모습으로 우리의 옛날 모습을 대표하는 데에는 아무런 문제가 없어 보인다.

그럼 중국인들이 처음 떠올리는 '옛날의 모습'이란 역사상으로 어느 시기일까? 이들도 마찬가지로 가장 가까운 시기가 이들의 기억을 가장 크게 지배하고 있지 않을까? '후통(胡同)'이라 불리는 베이징의 옛날 골목과 사합원들, 탕좡(唐裝)이라 불리는 차이나넥 개량 전통 저고리, 다리가 갈라진 여성옷 치파오 등 지금도 남아있는 이런 모습들은 전부 청나라의 유산이거나 청나라 복장에서 개량된 것들이다. 그런데 청나라는 무엇인가? 20만도 안 되는 만주족 군대가 만리장성의 동쪽 관문인 산해관을 뚫고 들어와 혼란에 빠져있던 중국을 평정하면서 세워진 왕조이다. 그 후 268년 동안 인구의 100분의 1도 안 되는 만주족의 지배를 받으며 한족 남자들은 모두 머리를 빡빡 밀고 뒤에는 길게 땋은 이상한 헤어스타일을 해야 했고 여자들은 여성의 라인이 완전히 무시된 투박한 통자 스타일의 만주족 옷을 입어야 했다.[93] 만주족 통치자들은 변화와 개방을 거부했다. 청나라 때 중국은 도시화와 상업화가 크게 퇴화되었고 유럽이 산업화에 들어갈 때 이들은 쇄국을 하며 그렇게 잠든 거인으로 있었다. 그리고 왕조 후반에 들어와서 어떻게 되었는가? 중국은 서구 열강의 군함과 대포에 두들겨 맞아 문호를 열었고 온갖 이권을 내어주면서도 만주족 통치자들은 군함을 만들 돈으로 이화원 같은 호화 별장을 지었다. 병자가 된 중국은 결국 여기저기서 난이 터졌고 청왕조는 멸망했으며 대륙은 혼란에 빠져 급기야 일본에게 국토의 거의 절반을 점령당하기에 이른다. 오늘날의 중국인들에게 청나라가 가장 가까운 기억이긴 하나 이 시기를 '자신들의 옛 모습'이라 하기에는 도저히 받아들여지지가 않는다.

당연히 이들은 명(明)을 찾을 수밖에 없었다. 명 이전은 무엇인가? 원(元)이다. 이 역시 소수 민족에게 통치받던 시기이다. 더 이전인 당송은 소환하기에는 너무 멀다. 그럼 명왕조의 중요성이 여기서 나온다. 이들은 명왕조의 공과를 떠나서 자신의 정통성을 명에서 찾을 수밖에 없었고 죽기 살기로 명을 띄우는 일을 해야 했다. 신중국은 한족들이 청왕조를 무너뜨리고 잠시의 혼란을 겪은 후 세워진 국가이다. 그러므로 현대 중국이 발전하고 이들이 자부심과 자신감을 가지면 가질수록 이들은 청을 지우고 명을 띄우게 된다. 명의 스토리와 문화가 조명되고 부각되는 건 어찌 보면 당연한 현상이다.

---

93) 우리가 알고 있는 치파오는 20세기 초에 개량되어 상하이를 비롯한 개방된 도시에서 유행한 옷이다. 전통 치파오와는 완전히 다르다.

한족들의 전통 복장 한푸(汉服)와 명(明)

옷은 민족의 생활 습관과 심미관, 개성이 투영된 대표적인 생활용품이다. 중국의 55개 소수 민족들은 저마다의 전통 복장이 있다. 인구의 91.5퍼센트를 차지하는 한족의 전통 복장은 무엇인가? 중산복이 이들의 전통 복장인가? 아니면 치파오? 아니면 청나라 배경의 영화에서 보던 마꽈(马褂)인가?

마꽈　　　　　　치파오　　　　　　탕쫭

명대의 복식

한족의 전통 복식을 한푸(汉服)라고 부른다. 우리말 한자 독음으로는 '한복'으로서 우리의 '한복(韓服)'과 동일하므로 중국식 발음인 '한푸(han fu)'라 부르는 게 좋을 것 같다. 사실 대다수의 중국인들은 한푸에 별다른 생각이 없었다. 이들은 우리처럼 명절 때 전통 복장을 입지 않는다. 단지 결혼식 피로연 때 신부가 치파오를 입고 테이블을 돌며 하객들에게 인사를 하고, 전통적 분위기를 자아내려는 행사에서 탕좡(唐裝)을 입기도 한다. 필자도 오래전에 거래선들과 쓰촨성 청두에서 행사를 할 때 탕좡을 입은 적이 있다. 탕좡은 '당의 의복'이란 뜻이지만 당과는 아무런 관계가 없다. 이름을 그렇게 붙였을 뿐 탕좡은 청나라 시기의 마꽈(저고리)를 개량한 옷이다. 그러므로 탕좡이나 치파오는 한족의 옷이 아니다. 몇 년 전 '한국의 한 사극에서 명나라 여성복을 입고 나왔다'고 주장하면서 '한복 vs 한푸' 논쟁이 중국의 인터넷을 달구었고 이를 계기로 이들의 한푸에 대한 관심이 높아졌다. 한푸는 엄밀히는 특정 시대의 패션을 의미하는 게 아니라 한족의 옛날 복장을 의미하는 명칭이지만 '한·당·송'은 시대적으로 너무 거리가 있으니 자연스레 '명대'의 스타일이 한푸의 대표 지위를 차지하게 되었다. 여전히 중국인들은 명절 때나 행사 시 한푸를 입지는 않지만 이들의 한푸에 대한 관심과 노출도는 확실히 이전보다 높아졌고 청나라를 배경으로 하는 영화나 드라마는 최근 몇 년 동안 그 수가 확연히 줄었음을 느낄 수 있다.

명(明)은 어떤 시대였나?

명(明)나라 276년은 어떤 시대였나? 명은 어떤 왕조였나? 명은 이름이 갖는 의미처럼 '밝은' 시기였을까? 이 시기에는 어떤 일들이 일어났었고 이 시기는 전체 중국 역사에서 어떤 지위를 가지고 있을까? 본격적인 이야기에 들어가기에 앞서 명왕조의 성격을 이해하는 데 필요한 몇 가지 키워드를 소개하고자 한다.

프롤레타리아 농민 혁명?

첫째, 명의 창업자 주원장(朱元璋)은 중국 역사를 통틀어 왕조의 창업자 중 신분이 가장 낮은 사람이었다. 역사를 거쳐 중국은 두 개의 평민이 세운 통일 왕조가 있었는데 하나는 한이고 또 하나가 명이다. 만약 눈을 20세기까지로 늘려서 본다면 오늘날의 중화인민공화국도 포함시킬 수 있을 듯하다. 그렇지만 진정한 하층 계급이 세운 왕조는 사실상 명왕조밖에 없다. 유방의 공식 직업은 정장(亭長)이라는 최하급 관리였고 실제 직업은 건달이었지, 그가 농사를 짓던 사람은 아니었기 때문이다. 주원장의 고향인 안후이성(安徽省)은 중국에서 전통적으로 가난한 지역이다. 지금은 성도인 허페이 주변에 IT기업의 공장들이 들어서면서 괄목상대하긴 하였으나 여전히 이곳은 중국인들에게 '못사는 농업 지대'라는 인상이 남아있다. 하물며 600여 년 전의 그곳은 어땠겠는가? 주원장의 집안은 대대로 지주의 땅에서 소작을 하던 진정한 빈농이었다. 보통의 농민이 아니라 땅도 집도 없는 철저한 빈농이었다. 그의 집안은 증조할아버지, 할아버지, 아버지 대대로 생계를 위해 이리저리 이동을 하며 지주에게 핍박받고 관리에게 뜯기고 가뭄과 메뚜기 떼에 시달리며 살았던 소작농이었다. 주원장의 부모는 일 년 수확의 대부분을 지주에게 바쳐야 했고 또 나머지의 대부분은 부패한 관리들에게 세금으로 뜯겼다. 그렇게 하면 자기들에게 남는 건 한 무더기의 겨밖에 없었다. 그의 대부분 형제들은 제대로 먹지 못하고 치료받지 못하여 성인이 되기 전에 죽었고 그래서 그가 봉기를 했을 때 그의 곁에 있었던 피붙이라곤 그의 조카 한 명밖에 없었다. 그는 기아와 역병으로 부모 형제를 잃었고 부모의 관을 만들 목재도, 시신을 묻을 조그만 땅도 구할 수가 없어서 전전긍긍하다가 이웃의 도움으로 작은 땅을 받아 간신히 장례를 치를 수 있었다. 그는 자신의 이름조차 없이 형제들 중에서 여덟 번째라는 주중팔(朱重八)이란 별명으로 불렸다. 원대에 빈천한 자들은 이름이 없었기 때문이다. 주원장이란 이름은 '원(元)'을 무찌른 병기(璋)[94]라는 뜻으로 그가 나중에 얻은 이름이다. 그는 열여섯 살때 부모가 죽은 후 먹고 살 길이 없어서 절에 들어가 중이 되었는데 그마저도 절이 파산하는 바람에 승복을 입고 방랑하는 거지가 되었다.

명 제국 건립 11년째 되던 해인 1378년, 주원장은 안후이성 평양(凤阳)의 부모님 무덤을 찾았다. 당시는 부모의 황릉 건설이 한창 진행 중에 있었고 개국 공신인 오량(吳良)이 황릉 건설을 총지휘하고 있었다. 주원장은 능 앞에 거대한 비석을 세워 거기에 가족들의 어려웠던 지난날과 자신의 봉기 과정을 상세히 적어서 세워놓도록 지시했다. 무신 출신인 오량이 이런 중요한 글을 직접 짓지는 않았을 테고 아마 글 짓는 데에 일가견 있다는 유생들을 불러 모아 황가의 위엄에 걸맞은 고상하고 신성한 수식어를 총동원하여 영웅과 그의 가족의 지난날을 그려내도록 했을 것이다. 그리고 그의 초안이 주원장에게 바쳐졌다.

> 오량: 폐하, 황릉비의 초안이 다 작성되어 보고드립니다.
> 주원장: 그래? 수고했어. 이리 가져와 봐. (한참을 자세히 읽더니 안색이
> 굳어진다)
> 오량: (두근두근)
> 주원장: (언성을 높이며) 야, 이게 뭐야! 누가 너더러 이렇게 쓰래?
> 오량: 폐하, 죽을죄를 지었습니다. 더 실력 있는 문장가들을 찾아보
> 겠습니다.
> 주원장: 아~ 이 친구 말귀를 못 알아듣는구먼. 안 되겠다. 내가 불러
> 줄 테니 글쟁이를 불러다 받아 적으라 해!

---

94) 장(璋)은 고대 병기의 일종이다.

《대명황릉비》라는 이 거대한 비석에는 총 1105자가 새겨져 있는데 그 문장이나 어휘를 보면 황릉 비석에는 전혀 어울리지 않을 정도로 투박하고 직설적인데 이는 주원장이 직접 내용을 작성했기 때문이다. 그 첫 구절은 이렇게 시작한다.

『효자 황제 원장이 (부모님께) 공손히 말씀드립니다.

홍무 11년 여름 4월, 저는 강음후[95] 오량을 파견하여 황릉을 짓도록 했습니다. 가끔 거울에 비친 흰머리와 초췌한 얼굴을 보면 저도 모르게 고생스러웠던 지난날이 떠오릅니다. 그런데 황릉비에 적힌 글들을 보니 전부 유생들이 보기 좋게 꾸민 수식어뿐이라 후에 저의 자손들이 이 글을 보고 경계심을 갖기에 부족하다는 생각이 들었습니다. 그래서 제가 직접 지난날의 고생스러움과 성공을 써서 후세로 하여금 보도록 하고자 합니다. 그 내용은 아래와 같습니다.

이전에 나의 부모는 이곳에 살았다. (중략) 부모님과 큰형님을 묻고는 우리는 남은 가족들의 먹고 살 일에 걱정이 앞섰다. 둘째 형은 몸이 약해서 (노동력을 팔아) 생계를 이뤄갈 수가 없었고 형수님은 조카를 데리고 친정으로 갔다. 당시 가뭄이 들었고 메뚜기 떼가 아직 끝나지 않았기에 마을 사람들도 먹을 게 없었고 모두 나무껍질과 풀뿌리를 양식 삼아 먹었다. 우리는 아무것도 먹을 게 없었고 이러다가 굶어 죽을 것 같아 두려웠다. 그래서 나와 둘째 형은 어찌하면 좋을지 의논한 끝에 결국 우리는 각자도생하기로 했다. 나는 형을 위해 울었고 형은 나 때문에 가슴 아파했다. 맑은 하늘 아래서 형과 나는 울음을 그치고 마음을 굳게 먹었다. 그리고 서로의 길을 나섰다. (후략)』

---

95) 개국 공신인 오량은 강음후(江陰候)라는 후작 작위를 받았다. 강음은 난징 주변의 지명이다.

이 6.8미터짜리 거대한 비석은 안후이성 펑양현의 명황릉에 가면 지금도 볼 수 있다. 시중에 나와 있는 주원장을 소재로 한 역사 저술서, 드라마, 강의에서 여러분이 듣는 주원장의 봉기 전 이야기는 전부 이 비석의 내용을 바탕으로 만든 것이다. 그만큼 그 어떤 사서보다 꾸밈없고 상세하게 자신의 지난날을 서술해 놓았기 때문이다. 이는 황제가 된 주원장이 "나는 빈농 출신의 황제다"라는 걸 그대로 밝히고, 자신의 고생스러웠던 일생을 통하여 후대 황제들이 나태함과 부패에 빠지지 않도록 경계심을 주려는 의도로 만들어진 비석이다.

민족의 역사 속에 이렇게 철저히 빈천한 출신의 대성공 스토리를 가지고 있다는 건 나쁜 일이 아니다. 주원장은 역사상 보기 드문 지도자적 본성을 갖고 태어난 사람이었다. 그는 타고난 지략과 통솔력, 용맹함, 결정적 순간에서의 판단력, 즉 난세의 리더로서 갖춰야 할 요소들을 전부 가지고 있었다. 그는 교육이란 걸 거의 받아보질 못했기에 이런 것들은 누가 가르쳐줘서 얻은 게 아니었다. 그야말로 본능적 리더십이라고밖에 말할 수 없다. 일생 동안 여러 역사적 인물들에 대해 평을 했던 마오쩌둥은 주원장에 대한 특별한 감정을 가지고 있었다. 그는 주원장에 대해 "탁월한 모략과 담력, 식견, 재기를 갖춘 인물"이라며 아주 높이 평가하였다. 주원장에 대한 마오쩌둥의 존경과 평가는 분명 틀린 말은 아닐 것이다. 그런데 여기서 한 가지 더 생각해볼 수 있는 점은 주원장의 탄생에서 왕조 건립에 이르기까지의 역사는 프롤레타리아 혁명의 좋은 사례로서 공산 혁명 시기의 당시 중국 지도부에 의해 특별한 지위를 받았을 것이라는 점이다. 1948년 11월, 국공 내전이 한창이던 시기, 명대 역사의 권위자인 우한(吳晗) 선생이 쓴 《주원장전》의 원고가 군인들의 손에 손을 거쳐 허베이성 핑산현에 있는 마오쩌둥에게 어렵게 전달되었다. 당시 우한 선생은 8월에 이미 초고를 완성하였고 출판을 앞둔 상황에서 당의 리더인 마오쩌둥에게 의견을 요청한 것이었다. 마오쩌둥은 전쟁의 와중에서도 틈을 내어 그 초고를 열독하였고 얼마 후 그는 우한 선생에게 두 통의 편지를 써서 자신의 의견을 밝혔다. 서신에는 이렇게 적혀있었다.

"선생께서 쓰신 초고를 다 읽었기에 돌려드립니다. 이 책에는 선생의 노력과 넓은 안목이 녹아들어 있어 저에게도 큰 영감이 되었습니다. 이에 대해 크게 감사드립니다. 저의 미숙한 의견을 드리니 참고 바랍니다. 선생께서는 역사를 보는 방법으로 아직은 유물주의를 완전히 받아들인 것처럼 보이지는 않습니다. 만약 선생께서 이 방면에서 좀 더 노력을 하고 보강을 한다면 장래에 전도가 양양할 것입니다."

마오쩌둥은 유물사관을 '프롤레타리아 역사관'과 동일시했고 '역사상의 농민 기의는 정도의 차이는 있지만 모두 역사의 진보를 촉진하였다'라는 역사관을 가지고 있었다. 주원장의 명왕조 창건은 사회의 저층이 새로운 역사를 창조하였다는 점에서 프롤레타리아 혁명의 좋은 예였다. 우한 선생은 마오쩌둥의 의견을 받아들여 1954년에 1년의 시간을 들여 다시 썼고 1955년에 발간했다. 나는 역사를 보는 이론에 대해서는 잘 모르지만 농민 봉기와 역사의 진보에 대한 생각에는 조건적인 동의를 할 수밖에 없다. 대부분의 농민 봉기의 자체는 역사의 진보를 가져오지 않았다. 동란 후의 진보는 새로운 엘리트 계층이 사회의 전면에 나서줬기 때문에 가능했다. 그러나 동란 후의 새로운 세상이 꼭 그랬던 건 아니다. 관건은 천하를 거머쥔 자에게 원대한 정치 신념이 있느냐의 문제였다. 혼란을 평정한 최후의 승자는 과거에 신분이 높은 자였든 빈천한 자였든 상관없이 그는 이제 이 세상에서 가장 고귀한 자가 되었다. 프롤레타리아 출신의 황제가 세운 세상이 과연 어떻게 흘러갈지 주목해보자.

특무 기관에 의한 공포 정치

둘째, 명대에는 구소련의 KGB, 독일의 게슈타포, 이스라엘 모사드, CIA, 안기부와 같은 특무·감찰 기관이 가장 발달했던 시기이다. 그래서 이때에 정치인들에 대한 감시와 탄압, 숙청이 그 어떤 왕조와도 비교할 수 없을 정도로 심하고 잔인했다. 무측천 때 '혹리 정치'로 유명했지만 그것은 무측천이 황제가 되기 전후의 10여 년 정도의 일이었다. 하지만 명대의 혹리 정치는 그 조직의 방대함과 치밀함에 있어서 무측천 때와는 비교가 안 되었고 일부 시기의 얘기가 아니라 명왕조 전반에 걸쳐서 존재했다. 다시 말하면 명은 중국 역사에 있어서 가장 비민주적이고 탄압적인 왕조였다.

환관 정치

셋째, 명은 왕조 전반에 걸쳐서 환관의 실권이 어마어마했던 왕조이다. 환관의 힘이 셌던 시기로는 1, 2권에 설명한 동한 말과 당 후반의 두 시기가 더 있었다. 명은 중국 역사의 마지막 환관 시기이다. 어느 시기의 환관이 가장 셌느냐를 말하는 건 애매하다. 당의 환관은 군권을 쥐고 있었으니 이 시기의 환관에 손을 들어줄 수도 있지만 꼭 그렇게 볼 수만은 없다. 동한과 당의 환관 정치는 일부 시기에 국한된 일이지만 명은 왕조 전반에 걸쳐서 환관이 득세하였고 거의 제도화되어 있었다.

역사상 가장 강력한 군주 전제

넷째, 명은 군주 전제가 가장 강했던 시기이다. 이 사실은 조금 뜻 밖일 수도 있다. 왜냐하면 역사는 시간이 흐를수록 진보하고 아무리 봉건 군주제라고 하더라도 시대가 변하면서 조금씩 개방과 인본주의를 향하기 마련이라 믿기 때문이다. 한은 진시황 시절의 혹형을 완화하였고 당은 가장 개방적이었으며 송은 언론이 가장 자유로운 사대부의 천하였다는 걸 우리는 익히 알고 있다. 그러기에 시대가 변할수록 황제의 전제군주적 성격은 완화되고 황제와 신하 간에 보다 평등한 관계가 될 것이라 생각한다. 이치적으로는 그것이 맞다. 인류의 의식이 진보하기 때문이다. 그러나 명은 시대가 거꾸로 갈 수도 있다는 것을 보여주었다. 명은 조선과 거의 비슷한 시기에 건립되었지만 이 두 왕조의 성격은 완전히 달랐다. 조선을 설계한 정도전은 신권이 왕권을 제한할 수 있도록 디자인하였지만 명의 창업자 주원장은 중국 역대 왕조 중 가장 강력한 군주 전제를 제도적으로 구축하였다. 강력한 전제주의란 무엇인가? 전제군주라 하면 보통 폭군을 떠올리는데 꼭 폭군이 강력한 전제군주는 아니다. 역사상의 폭군들은 대부분 단명하였다. 저 맘대로 하는 게 도가 지나치니 보다 못한 측근 신하나 장군 또는 환관에 의해 끌어내려지거나 칼을 맞았는데 그런 건 강력한 군주 전제라 말할 수 없다. 군주 전제주의란 군주에 대한 견제 장치가 제도적으로 없는 상태를 말한다. 고대 중국의 황제들이 모든 걸 자기 마음대로 했을까? 그렇지 않다. 진시황 재위 때 책이 태워지고 유생들이 죽임을 당했지만 책을 태우자고 주장한 건 승상 이사였고 유생들을 산 채로 땅속에 묻은 건 당시 황제를 비방한 사람들에 대한 처벌법에 따른 것이었다. 진시황 이후로 중국의 황제들은 계속해서 재상들의 권력을 약화시키려 했는데 이는 거꾸로 보자면 그만큼 재상이 황제에게 제동을 걸었고 황제는 재상 때문에 하고 싶은 걸 마음대로 하지 못했다는 걸 말해준다. 진짜 전제주의란 황제를 견제하는 세력들과 제약을 가하는 사람, 제도, 관습을 모두 걷어내어 황제의 생각과 행동에 제동을 걸 수 없는 상태를 구축하는 것을 말한다. 주원장은 재상제를 폐지함으로써 2,000년 전통을 유지해오던 황제에 대한 견제 장치를 걷어냈다. 진시황이 460명의 유생을 산 채로 묻어 죽임으로서 역사에 길이 남는 폭군이 되었지만 주원장은 주씨 황가에 조금이라도 위협이 될 소지가 있을 것 같은 공신들, 문무관과 그의 친인척들 4만 5,000명을 학살하였다. 정치적 학살로는 세계사에 길이 남는 규모이다. 그러므로 문신, 무신, 외척, 종친 할 것 없이 모두 황제에게 듣기 거북한 말을 하지 못하고 눈치만 보는 상태가 진정한 무소불위의 전제주의라 말할 수 있는데 명이 대체적으로 이에 가까웠다.

낮은 세율

명왕조는 중국의 역대 왕조 중 아마 세율이 가장 낮았던 왕조일 것이다. 고대에 세금의 대부분을 차지했던 것은 농지세이다. 빈농 출신이었던 주원장은 농민들의 고충을 너무나 잘 알고 있었기에 이들의 부담을 덜어주려 노력했고 그래서 농지세를 대폭으로 낮췄다. 그리고 재임 기간에는 대규모 토목 공사를 자제하여 농민들의 부역 부담을 낮추려고 노력하였다. 그러나 이 같은 낮은 세율의 혜택이 농민에게 돌아가지 않았고 왕조의 중후기로 가면서 명의 재정에 심각한 부담을 주면서 결국은 망국의 원인이 되었다.

지식인들의 사상 구속

진시황은 유가의 경전을 불태웠다. 명은 유가를 제외한 나머지를 모두 이단이라 규정하였다. 인민의 사상은 전부 《사서오경》안으로 속박되었고 과거제는 팔고문의 형식에 치우치면서 실용적인 마인드가 말살되었다.

대신들에 대한 공개 정장(廷杖)

'장(杖)'이란 곤장 치는 것을 말한다. 그래서 곤장을 맞는 형벌을 장형이라 했다. '정(廷)'은 조정(朝廷), 즉 중앙정부를 뜻한다. 그러므로 '정장(廷杖)'이란 조정 관원에 대해 조정 안에서 공개 곤장을 치는 것을 말한다. 명의 황제들은 잘못을 한 대신들을 모든 이들이 보는 앞에서 곤장을 쳤는데 이는 역대 왕조에서는 볼 수 없었던 일이었다. 물론 곤장이란 건 역사적으로 계속 존재해왔지만 죄가 확정된 죄인에게 주는 형벌이거나 군대 내에서의 처벌 방식이었다. 듣기 싫은 소리를 했다고 문신들을 끌어다가 곤장을 치는 것은 그 전에는 생각할 수도 없었는데 그만큼 명왕조의 황제 전제주의와 전근대성을 보여주는 행태였다. 정장이 행해지던 곳이 자금성의 정문인 오문(午門)이었는데, 6부의 표지 사진이 바로 이곳이다. 오문은 정장뿐 아니라 대역 죄인에 대한 처형도 여기서 이루어졌던 무시무시한 공간이었다.[96]

해금(海禁), 억상(抑商) 정책

명은 왕조 전반에 걸쳐 대체적으로 상업을 억제하고 민간의 해외무역을 금지하는 제도를 유지하였다. 상업과 민간무역은 사회의 개방도를 보여주는 척도로서 이를 억제하고 금지했다는 것은 명이 얼마나 폐쇄 국가였는지를 드러내는 단면이다. 이로서 중국은 해외에서 일어나는 변화에 눈이 어두웠겠고 이러한 폐쇄성이 대체적으로 지속되어 명·청 시기의 발전에 큰 제약이 되었다.

---

96) 물론 오문이 죄인에 대한 처벌만 행해졌던 곳은 아니다. 오문에서는 행사나 조회가 열리기도 했다.

여성 인권 대폭 하락

명대에는 여성의 정절과 수절이 가장 강조되었던 시기였다. 외도한 여자는 남편이 죽어도 처벌받지 않았다. 놀랍게도 명대에는 진시황 이후 없어졌던 비빈들의 순장 풍습이 있었다. 순장은 7대 황제인 명영종 때에 가서야 폐지되었다.

원(元) 말 농민 봉기와 주원장, 그리고 명의 성립

명왕조의 건립 과정에 대해 잠시 이야기를 하겠다. 우리는 분량 관계상 원(元) 왕조를 통째로 건너뛰었지만 한족이 몽고족에게 지배받던 98년의 세월이 역사의 흐름에 영향을 주지 않았다고는 생각할 수 없다. 저명한 역사 저술가 이중텐(易中天)이 명의 역사를 '암흑기'라고 하면서 주목을 끌었지만 명의 역사를 암흑기라고 말한 사람은 이중텐 말고도 여럿 있었다. 명이 암흑기라는 오명을 쓰게 된 데에는 주씨들의 지분이 가장 크지만 그렇다고 그 책임을 이들에게만 다 떠넘길 순 없다. 왜냐하면 면면히 내려오던 한족의 역사는 원이 통치한 한 세기 동안 제도·문화적으로 정체되었기 때문이다. 이 상태에서 과거와 같은 영광을 재현하기 위해선 혁신과 개방을 하였어야 하는데 명의 지도자들은 그렇게 하지 못했다. 명은 대부분의 제도를 원의 것을 그대로 가져왔고(극단적인 예가 유목 민족의 비빈 순장제를 답습한 것이다) 오히려 더욱 정태적이고 고립적 성향을 보이며 정체를 넘어 후퇴로 갔다.

원(元)은 상서성과 문하성을 없애고 행정·경제 부처로서 중서성만 두었다. 송신종이 부활시킨 3성제는 이때 완전히 중국의 역사 속에서 자취를 감추었다. 그리하여 군사 부처인 추밀원, 감찰 기관인 어사대와 함께 세 개 기관이 정치 중추를 이루었는데 이는 금의 관제를 참고하여 만든 결과였다. 그리고 오랫동안 쓰지 않았던 승상이라는 직함을 부활시켜 중서성의 수장으로 두었다. 이들은 각 지방에 중서성의 지부로서 행중서성(行中书省)이란 지방정부를 두었다. 예를 들면 '요양등처 행중서성', '섬서등처 행중서성', '강서등처 행중서성', '감숙등처 행중서성'이었는데 '등처(等处)'란 건 '~등의 지역'이란 뜻이다. 행중서성은 줄여서 '행성'이라 불렀다. 그래서 요양행성, 섬서행성, 강서행성, 감숙행성 이런 식이었고 이들은 자연스럽게 관할 지구의 이름이 되었다.[97] 명대에 들어와 관청으로서의 행성(行省)은 명칭이 바뀌었지만 행정 구역으로서의 '성(省)'은 그대로 남아서 오늘날에까지 쓰여지고 있다.

원은 민족을 네 등급으로 나눠서 통치하였다. 1등급은 당연히 몽고인이었다. 2등급은 '색목인(눈에 색깔이 있다는)'이었는데 이들은 터키계 또는 이란계 서역인들을 말하는 것이었다. 3등급은 '한인(汉人)'이었는데 이들은 회하 이북 지역의 금나라(여진족) 사람들을 지칭하는 것이었고, 4등급은 '남인(南人)'이라 불리는 회하 이남 지역의 한족들이었다. 3등급과 4등급 사람들은 기본적으로 관리가 될 수 없었고 되더라도 하급 관리만 가능하였다. 그래서 반세기 동안 과거제가 폐지되었다. 당시 한족들이 느꼈던 상실감과 자괴감, 비분감이 어땠을지 상상이 가능하다. 그러나 후기에 가서는 과거제가 부활하고 한족들을 중앙 관리로 기용하기 시작하였다.

몽고인들은 중국을 잘 다스렸을까? 예상했겠지만 당연히 아니다. 이들은 그럴만한 능력도, 경험도 없었고 그러고자 하는 열정도 없었다. 게다가 14세기로 접어들었을 때에는 이미 방대한 몽고 제국은 전성기

---

97) 고려 시대에 원이 우리나라에 세운 정동행성(征東行省)은 '동쪽(일본)을 정벌하기 위해 설립된 지방정부'란 뜻이다.

를 마치고 분열과 부패 국면으로 치닫고 있었다. 결국은 이 세기 중반으로 가면서 몽고족 관리들의 수탈은 극에 달했고 가뭄, 메뚜기 떼, 역병 등 자연 재해까지 겹치면서 한인들은 길바닥으로 내몰렸고 곳곳에 굶어죽은 사람, 전염병에 걸려 죽은 사람이 헤아릴 수가 없을 정도였다. 그중에는 주원장의 부모와 형도 있었다. 특히 전염병으로 죽는 사람이 많았는데 주원장 가족들의 목숨을 앗아간 이 전염병은 바로 유럽의 인구 3분의 1을 앗아간 페스트이다. 페스트는 중앙아시아에서 발생하여 당시 유라시아를 점령하고 있던 몽고인들에 의해 동과 서로 번졌다는 게 일반적인 설이다. 페스트라 하면 유럽이 생각나지만 당시 중국 대륙도 이 병으로 어마어마한 사람들이 죽었다. 몽고 제국의 멸망 원인을 페스트에서 찾는 사람도 있다. 12세기 말엽에 중국의 인구는 1억 2,000만 명에 육박했었는데 명이 세워지고 얼마 후인 1393년의 조사에서는 6,200만 명으로 줄어있었다. 이는 전란으로 죽은 사람, 정치적 숙청으로 희생된 사람들도 있었지만 14세기 중엽에 덮친 흑사병의 요인이 컸다. 그러니 원 말기 한족, 특히 한족 농민들의 삶이 극도의 생존 위기로 내몰렸다는 것을 짐작할 수 있다. 농민들이 생존 위기로 몰리면 어떻게 되는가? 급기야 곳곳에서 농민들과 토호들이 봉기를 일으켰고 이들을 머리에 붉은 두건을 둘렀다고 하여 '홍건군'이라고 불렀다. 1352년에 안후이성 펑양현(凤阳县)의 용흥사(龙兴寺)에서 승려[98]로 있던 스물네 살 주원장도 절을 나와 곽자흥(郭子兴)이라는 자가 이끄는 홍건군에 가입하였다. 그렇게 그는 혁명의 첫걸음을 내딛었다.

성공한 사람의 인생 여정을 보면 그의 성공에 있어서 결정적인 발판

---

98) 주원장은 열여섯 살에 절에 들어가 승려가 되었으나 1년이 채 안 되어 절의 식량이 떨어지자 주지는 승려들에게 각지를 돌며 동냥을 해서 벌어먹도록 하였다. 그렇게 그는 3년 동안 각지를 돌며 반 거지, 반승려 생활을 하다가 스무 살에 다시 용흥사로 돌아왔다. 방랑 생활을 한 3년 동안이 주원장에게는 세상에 대한 식견을 넓힌 중요한 시기였다.

이 되어준 한두 명의 인물이 있다. 사실 이는 꼭 성공한 위인들뿐 아니라 우리 모두에게 있어서 마찬가지이다. 누구에게나 인생에 있어서 전환점이 되는 시기가 있는데 이들은 그 관건의 시기에 무엇보다도 사람에 베팅을 하였다. 그 사람은 자신보다 나이가 많은 사람일 수도 있고 어린 사람일 수도 있다. 주원장에게 있어서 곽자흥과의 만남은 인생의 터닝 포인트이자 성공의 발판이었다. 창업 자본이 하나도 없는 무일푼에서 출발한 그는 곽자흥이라는 거인이 일군 거대 세력(장강 유역의 홍건군)을 그대로 물려받았고 이를 바탕으로 그는 여러 지역의 봉기 세력을 제압하고 병합한 끝에 천하를 거머쥘 수 있었다. 물론 곽자흥이 그를 중용한 건 주원장이란 사람을 크게 봤기 때문이다. 곽자흥에게는 친한 친구가 죽기 전에 의탁시킨 의붓딸이 있었는데 그는 그녀를 주원장에게 시집보낼 정도로 그를 신뢰하였다. 주원장이란 이름을 준 것도 그였다. 곽자흥은 농민 출신은 아니었다. 그의 집안은 정의감과 의협심이 있는 돈이 많은 사람들이었다. 원 말에 세상이 어지럽자 그는 가산을 모두 팔아서 사람들을 모아 창업의 길로 나섰고 홍건군 중 가장 큰 세력으로 성장했다.

1356년(곽자흥이 죽은 이듬해) 주원장은 지금의 난징인 금릉(金陵)을 원 정부군으로부터 빼앗는 데 성공한다. 그리고 그는 금릉을 '하늘의 부름에 응한 곳'이라는 뜻의 '응천부(応天府)'로 개명하여 자신의 근거지로 삼았다. 주원장은 응천부(난징)를 근거지로 여러 봉기군을 흡수하면서 몸집을 키웠고 약 10년에 걸쳐서 장강 이남 지역을 전부 접수하였다. 그리고 1368년 정월, 마흔한 살의 주원장은 오늘날의 난징에서 명 제국을 선포하였고 스스로 황제로 등극하였다. 같은 해에 총사령관이자 주원장의 죽마고우인 서달(徐达)이 이끄는 명의 군대는 북진하여 원의 수도인 대도(베이징)를 점령하였다. 원의 마지막 황제와 몽고인들은 장성을 넘어 원래 그들이 왔던 곳인 몽골 초원으로 모두 물러났다. 주원장은 대도를 '북쪽(北)을 평정(平)하였다'고 하여 북평(北平)으로 개명하였다. 이로써 936년 거란에게 할양된 이래로 계속 이민족 정권의 손에 들어있던 연운16주가 432년 만에 드디어 한족들의 영토로 다시 들어왔다. 그러나 원이 베이징을 잃었다고 갑자기 공중분해된 건 아니었다. 이들은 장성 이북 지역에서 다시 정부를 세워 한동안 명을 위협했고 역사는 이들을 북원(北元)이라 부른다. 그래서 명은 북원과 거의 매년 전쟁을 해야 했고 게다가 아직 투항하지 않은 중국내 다른 봉기 세력과 과거 대리국이었던 윈난(云南)을 평정해야 하는 과제가 남아있었다. 그리고 해양에서 온 왜구도 신경 써야 했다. 명 제국은 건국 후 약 20년 동안은 준전시 상황이 지속되었다고 봐도 무방하다.

59장
대학살

호유용 사건은 명의 역사에서는 물론이고 중국의 정치 제도사에서도 아주 크고 중대한 변화를 가져온 사건이다. 명의 역사에 관심이 있으신 분은 주원장이 수많은 공신들을 학살했었다는 것을 들어보았을 것이다. 주원장을 사이코패스와 같은 반사회적 인물로 평하는 사람들은 그가 재위 기간 전반(全般)에 걸쳐서 많은 정치인들과 관리들을 학살했다는 점을 두고 하는 말이다. 15년 남짓의 시간 동안 십 수만 명(그 이상일 수도 있다)이 처형되었다고 하면 이건 이미 황제 1인의 광기가 아니라 사회의 광기가 아닐까 한다. 그리고 이런 대광기와 공포의 경험은 사회의 트라우마로 남아서 주원장 이후에 벌어지는 명의 역사에 분명 지대한 영향을 주었을 것이다. 신중국도 문화대혁명을 겪고 그것을 극복하는 데는 상당한 시간이 걸리지 않았던가. 그것이 내가 '대학살'이라는 제목에 한 챕터를 할애하는 이유이다. 지금부터 하고자 하는 이야기는 주원장의 공신 학살과 관련된 대표적인 두 사건이다. 많은 사람들이 '호유용(胡惟庸) 사건'과 '남옥(藍玉) 사건'을 명태조 주원장이 저지른 대표적 공신 숙청 사건으로 한데 묶어서 이해하는데 사실 이 둘은 시기가 13년이나 떨어져 있고 그 이유와 대상이 같지 않은 별개의 사건이다. 하나는 그의 잘못된 신념 때문에, 하나는 주씨 왕조를 지키기 위해서였다. 하지만 통치자의 광기 그리고 수많은 사람들의 희생, 이런 공통 요소로 볼 때 본질적으로 유사한 사건으로 볼 수도 있겠다. 마치 '분서'와 '갱유'가 서로 별개의 사건이지만 많은 사람들이 '분서갱유'를 하나의 사건으로 이해하는 것처럼 말이다.

혁명 원로

명 건국 3년째 해인 1370년, 주원장은 혁명 공신들에 대한 논공행상(論功行賞)을 실시하였다. '논공행상'이란 글자 그대로 '공(功)을 논하고(論) 상(賞)을 주는(行)' 것으로서 동서고금을 막론하고 역사 속의 모든 왕조의 정권 초기에 행해져 왔던 일이다. 목숨을 걸고 공을 세운 자에게 합당한 보상을 해주는 건 당연하다. 그러나 통치자는 이에 대해 원칙에 따르면서도 매우 신중하고 세심한 고려를 해야 하는데 왜냐하면 자칫 불만을 가진 자들이 나오게 되면 시끄러워지고, 시끄러워지면 새 정권이 혼란에 빠질 수도 있기 때문이다. 논공행상은 누구까지를 대상으로 할 지와 그 순위를 어떻게 할지, 그리고 보상을 얼마만큼 할지가 관건이다. 고대 중국의 논공행상은 당사자에게 높은 자리 하나 주는 걸로 끝나는 일이 아니었다. 작위가 주어졌고 그 작위는 세습되어 그의 자손들은 그 작위에 따른 정치적인 지위와 경제적 혜택을 대대로 누릴 수 있는 거대 이득과 이권이 걸린 문제였다. 그렇기 때문에 통치자는 더욱 신중할 수밖에 없었고 주원장이 건국 후 2년이 지난 후에야 이를 할 수 있었던 것에는 그런 이유도 있었을 것이다.[99] 주원장은 다음과

---

99) 물론, 건국 후 2년 후에 논공행상이 이루어진 직접적인 이유는 북쪽의 잔여 몽고 세력과의 전쟁이 끝이 나지 않았기 때문이다.

같이 공신 명단을 발표하였다.

> 공작 6명
> 후작 28명
> 백작 2명

이들이 모두 1세대 혁명 원로라 간주할 수 있다. 주원장 재위 시기에 작위를 부여받은 공신 명단을 보면 실제 이보다 훨씬 많은데 나머지는 한참 후에 추가되거나 죽은 후 추존된 사람들이고 1370년의 논공행상에서 결정된 건 이들뿐이었다.[100] 여섯 명의 '공(公)'에도 순서가 있었고 그 순서에 따라 처우가 달랐다. 이들 중 맨 위에 이름을 올린 사람은 '이선장(李善長)'이라는 문신이었다.

- 이선장(李善長: 1314~1390): 그는 주원장 그룹의 브레인이다. 또한 든 든한 후방의 지원자와 그룹의 관리자로서 활약하였다. 그가 없었더라면 주원장 그룹은 무식한 농민 출신들로 이루어진 무력 집단에서 벗어나지 못하고, 결국은 오래가지 못했을 것이다. 유방에게 소하가 있었다면 주원장에게는 이선장이 있었다고 보면 된다. 실제로 그에게 내려진 공적서에서 주원장은 그를 소하에 비유하였다. 소하가 누구인가? 유방이 공신 명단을 발표했을 때 가장 위에 이름을 올린 사람이 아닌가. 이선장 역시 여섯 명의 1급 공신 중 가장 위에 이름이 올라가 있었다. 그의 고향은 당시 이름으로 호주(濠州) 정원(定远)이란 곳인데 오늘날의 안후이성 딩위엔현으로 주원장의 고향인 펑양(凤阳)과는 52킬로미터

---

100) 물론 남작과 자작도 있었는데 그 수가 많으므로 이 책에서는 개국 공신 그룹으로 백작까지만 언급하였다.

떨어져 있다. 그러나 정원이나 평양이나 다 호주(濠州)에 속해 있었고 결국은 주원장과 동향인 셈이다. 그는 과거를 보았거나 원 말에 관리를 한 사람은 아니었으나 학식이 높았고 지략이 뛰어났다. 1353년, 그러니까 주원장이 곽자흥의 봉기군에 가입한 이듬해이다. 스물다섯 살의 주원장은 곽자흥의 명을 받고 자신의 얼마 안 되는 부대를 이끌고 호주(濠州)를 공격할 준비를 하고 있었다. 이때 서생 티가 나는 한 중년의 남자가 그의 진영으로 들어왔는데 그가 바로 이선장이었다. 그러므로 그는 아주 초기부터 주원장 그룹에 합류한 혁명 원로이며 참모진 중의 대장이었다. 1370년에 주원장은 그를 한국공(韓國公)에 봉하고 광록대부, 좌주국 등 각 종 화려한 명예직을 하사하였다. 물론 그는 그 이전부터 중서 좌승상이라는 재상 자리에 있었다. 그에게는 매년 곡식 4천 석의 경제적 혜택이 주어졌다. 그러나 주원장보다 열네 살이나 많았던 이선장은 명을 건국하고 몇 년 지나지 않아 몸이 쇠약해져 재상직에서 사직한다.

• 서달(徐达: 1332~1385): 그는 주원장 그룹의 군사 총사령관으로서 여섯 명의 공작 중 두 번째로 이름을 올린 사람이다. 서달이 없었으면 주원장의 천하통일은 생각도 할 수 없다. 게다가 그의 고향은 호주(濠州) 종리향(钟离乡)이란 곳인데 지금의 안후이성 펑양현이다. 즉, 그는 주원장과 어릴 적부터 알고 지낸 고향 후배였고 서로의 볼기짝이 어떻게 생겼는지조차 다 아는 거의 가족 같은 사이였다. 주원장이 곽자흥의 의병단에 가입한 바로 이듬해에 주원장의 권유에 의해 영입되어 왔으므로 주원장과 혁명의 길을 처음부터 같이 걸었다고 말할 수 있다. 당연히 그도 평민 출신이다. 서달은 명단 상으로는 이선장보다 아래에 위치했지만 그에게는 이선장보다도 많은 5,000석의 연봉이 주어졌던 걸로 봐서 실질적인 1등 공신 지위였다고 봐야 할 듯하다. 1368년 원의 수도

대도(베이징)를 점령하여 화북을 주원장에게 안겨준 사람이 바로 서달이었다.

나머지 네 명의 공작들에게는 매년 1,500~2,500석이 주어졌다. 후작을 받은 이들에게는 보통 매년 1천 석이 주어졌고, 백작에게는 그보다 한참 적은 200~300석이 주어졌다. 주원장은 공신들에게 후한 대우를 한 것인가 인색한 대우를 한 것인가? 이것이 어느 정도인 지를 가늠하기 위해 당시 관리들의 년봉과 비교해보자. 명대에 가장 높은 품계인 정1품은 80석을 연봉으로 받았고 가장 낮은 종9품은 10석이었다. 그러므로 서달과 이선장은 정1품 연봉의 50~60배를 작위 연봉으로 받은 것이다. 이것이 다가 아니었다. 이들 작위를 받은 공신들에게는 전답(田)이 주어졌다. 전답은 임대를 주거나 소작을 주면 돈이 나온다. 요새로 말하자면 초고액 연봉과 근사한 빌딩을 한 채 하사받은 것이다. 이 정도면 목숨을 걸고 혁명 대오에 섰던 보람이 있다고 할 만하지 않을까? 그런데 이것도 다가 아니었다. 사가들이 주원장의 스타일을 설명할 때 가장 많이 하는 말이 '은혜와 원수를 꼭 기억하고 반드시 갚는 사람'이다. 그는 자신을 도와주었던 사람은 반드시 있는 힘을 다해 보답하고 자신을 해한 사람은 무슨 일이 있어도 배로 응징을 했다. 이게 간단하고 무식한 원칙 같아 보이지만 이것만 제대로 해도 남들이 믿고 따르는 리더가 될 수 있다. 달리 말하면 이런 원칙을 지키는 건 결코 쉬운 일이 아니라는 것이다. 주원장은 당나라 때 공신들에게 줬던 철권(鉄拳)이라는 것을 부활시켜 공신들에게 하사했다. 이 철권은 납작한 철판에 금색으로 공을 새겨서 공신들에게 하사한 건데 이것을 가지고 있으면 반역을 제외한 사형죄를 저질렀을 때 당사자는 두 번, 그 후손은 한 번 면제 받을 수 있는 어마어마한 증서였다. 그래서 철권을 받은 사람은 집안 대대로 가장 잘 보이는 곳에 가보로 모셔두었다. 이렇듯 주원장은 그 어떤 창업자보다 개국 공신들에게 후한 대우를 해주었던 사람이었다.

여섯 명의 공작 중에서 이선장만 문신이었고 나머지는 모두 무신이었다. 스물여덟 명의 후작은 모두 무신이었고 두 명의 백작은 모두 문신이었다. 내전을 평정하고 세워진 정권이므로 그 공신들이 무신 위주로 구성되어 있었던 건 당연하다. 한 가지 재미있는 점은 주원장은 부모의 시신을 묻을 데가 없어서 전전긍긍하고 있을 때 그에게 조그만 땅을 내어준 마음씨 좋은 땅 주인을 찾아 후작이라는 어마어마한 보상을 하였다. 백작 작위를 받은 두 명은 유기(刘基)와 왕광양(汪广洋)이라는 문신인데 이들과 같은 관료 출신 참모들에 의해 주원장의 봉기 그룹은 체계를 갖추고 빠르게 지역 민심을 흡수할 수 있었다. 호유용 사건을 이해하기 위해서는 이들 둘의 이름도 기억하고 있어야 할 듯하다.

• 유기(刘基: 1311~1375): 유기는 학식이 깊고 안목이 아주 날카로운 자로서 우리로 말하자면 5급 행정고시인 진사 출신이다. 주원장 봉기 8년째 되는 해에 주원장이 삼고초려하여 모셔온 지식인이다. 프롤레타리아 혁명 집단이 부르조아 지식인을 영입한 대표적인 케이스이다. 오늘날의 저장성 원저우(浙江省 温州) 출신으로서 절강파 공신들의 지주였다. 건국 후 그는 어사중승 겸 태사령[101]이 되었다. 그러나 그는 주원장 보다 열일곱 살이나 많아서 백작 작위를 받았을 때에 그의 나이 이미 60이었고 그래서 명 조정에서 그리 오래 있지 못했다. 와병 중에 호유용에 의해 독살된 걸로 전해진다.

---

101) 태사령은 주나라 때부터 내려오던 직책인데 사서 등 국가 중요 문건을 편찬하거나 수정하고, 천문과 역법을 주관하는 자리이다. 실권이 있는 자리는 아니나 가장 학식이 높고 통찰력이 있는 문신을 태사령으로 하였다.

• **왕광양**(王广洋: ?~1379): 그 역시 원 말의 진사 출신으로서 주원장의 봉기군에 비교적 일찍 합류한 참모였다. 그는 장쑤(강소)성 태생이나 어렸을 적에 주원장의 고향이 있는 안후이성으로 이주하여 살았다. 주원장은 한때 그를 장량과 제갈량에 비유하기도 하였다. 재상까지 올라갔으나 호유용 사건에 연루되어 귀양 가는 도중에 사약이 내려졌다.

회서 집단(淮西集团)

호유용(胡惟庸)은 작위를 받지는 못했지만 주원장 봉기군에 가입한 시기로만 보자면 혁명 원로의 반열이라고 말할 수도 있겠다. 그는 처음에는 주차(奏差)라는 문서 관련 잡일을 하는 하급직을 맡았다. 그는 배운 게 많지는 않으나 머리가 잘 돌아가고 일 처리가 시원시원했다. 그래서 금세 현의 행정장관인 지현(知县)으로 승진했다. 명왕조 건국 후 그는 태상사(太常寺)의 태상사경(太常寺卿)이라는 관리가 되었다. 태상사가 무엇인가 하면 국가의 제사나 의례를 주관하는 기관이었다. 그래서 주원장의 황제 등극식 관련하여 그가 많은 역할을 하였고 이렇게 주원장의 눈에 들게 되었다. 그는 빠른 승진을 하였는데 그가 능력이 있기도 했지만 이에는 그의 고향이 역시 호주(濠州) 정원(定远), 즉 이선장과 같은 안후이성 딩위엔이었다는 것이 크게 작용했다. 그는 문신이었으므로 당시 문신들의 대장인 이선장의 총애를 받는 것은 성공의 보증수표였다. 그는 삼 년에 한 번씩 진급하는 로켓 승진을 하였고 10여 년이 지난 후에는 중서성의 참지정사[102)]에 올랐다. 호유용은 자신의 조카를 이선장의 조카딸에게 시집보내 그와 사돈 관계가 되었고 얼마 후

---

102) 명 초기 참지정사는 북송 때와 같은 부재상이 아니었다.

중서성의 좌승(左丞, 부승상)이 되었다.

명 건국 초기에는 두 개의 공신 그룹이 있었다. 하나는 '회서집단(淮西集団)'으로 이들은 봉기 초기부터 주원장을 도와 명의 건국과 통일의 과정에서 핵심 역할을 했던 사람들이었다. 회서(淮西)는 송대에 '회하 남부의 서쪽'이라고 하여 '회남서로(淮南西路)'라는 행정구역을 설치한 데에서 유래하였는데 명대에는 대체적으로 주원장의 고향이 소재한 안후이성 북부를 일컬었다. 이들이 공신 그룹에서 차지하는 지위가 어느 정도였는가 하면 앞서 말한 여섯 명의 공(公)은 전부 회서 사람이었다. 스물여덟 명의 후(侯)도 기본적으로 전부 회서 사람이었다. 자연히 문신으로는 이선장, 무신은 서달이 대표적인 인물이다(그러나 우리는 공신의 대다수가 무신이라는 점을 기억하고 있자). 중국인들에게 우리와 같은 학연은 없어도 지연은 우리보다 훨씬 강하다. 더군다나 주원장은 농민 출신이다. 농민은 땅에 붙어서 생계를 이어가는 보수적인 사람들이고 이런 사람들일 수록 자신의 동향에 대한 애착과 신뢰가 크다. 당연히 이들은 건국 후의 정계에서 거대 세력을 형성하였는데 이 회서집단이 키웠던 인물 중 하나가 바로 위에 소개한 호유용이었다.[103] 이 회서집단의 위상이 어느 정도였느냐 하면 원래는 투박하여 듣기 거북하다고 여겨졌던 안후이성 사투리가 이제는 잘나가는 사람들의 상징처럼 되어 사람들이 따라했다고 한다. 맛없고 저급하다고 생각했던 안후이성 음식과 풍습이 이제는 수도 응천부(난징)에서 상류 사회의 유행처럼 되었다.

회서집단과 경쟁했던 또 하나의 공신 그룹으로 절동집단(浙東集団)이 있었다. 이들은 저장성(절강성) 출신들로 이루어져 있었으며 유기가 대

---

103) 그러나 서달은 호유용을 싫어하였다. 호유용은 자신을 좋아하지 않는 서달의 집사를 매수하여 서달의 흠을 잡아 탄핵하고자 하였으나 실패하였다. 서달은 문신들 간의 권력 싸움을 멀리하고자 호유용을 공격하지 않았고 그래서 호유용 사건이 터졌을 때 화를 입지 않았다.

표적인 인물이었다. 이와 같은 상황은 건국 직후의 서한이 유씨 종친 그룹과 소하·번쾌와 같은 패현 봉기 원조 멤버 그룹 그리고 한신과 같은 외부 영입 그룹으로 나뉘어졌던 상황을 떠올리게 한다. 명의 경우 주원장의 가족들이 기아와 전염병으로 거의 죽었기에 공신 중에 종친 그룹이 존재하지 않았으나 그 대신 같은 고향 사람들로 이루어진 회서집단이 공신의 절대 다수를 차지하였던 것이다. 당연히 절동집단은 회서집단에 비하면 상대가 되지 않았다. 창업 과정에서 고향 사람들에 과도하게 의존한 주원장의 농민적 본성은 결국 건국 후 또 하나의 골칫거리를 탄생시켰다. '토사구팽'이라는 역사의 법칙에 의하면 원을 타도하였던 주인공들이 어쩌면 머지않아 타도의 대상이 될지도 모르는 운명이었다.

호유용은 주원장이 원하는 게 뭔지 꿰뚫어 보았고 그에 따라 행동했다. 당연히 주원장의 신임과 총애를 받았고 1373년에 이선장의 추천으로 중서성의 우승상(중서성의 No.2)이 된다. 그리고 1377년 9월에 다시 승진하여 좌승상이 되어 진정한 최고 행정장관이 되었다. 이렇게 그가 죽는 1380년까지 그는 7년간 재상의 자리에 있었다.

이야기를 이어가기에 앞서 명의 중앙 관제를 잠시 설명하겠다. 앞서서 원대에 3성제를 폐지하고 중서성이 6부를 총괄하는 정책 중추가 되었다고 말한 걸 기억하실 것이다. 그러면 중서성의 대장은 누구였는가? 원칙적으로는 중서령이다. 그런데 원대에는 중서령을 태자가 맡았고 그것은 그저 상징적인 존재에 불과했다. 원은 중서성의 실질적인 재상으로 아주 오랫동안 쓰이지 않았던 승상이라는 명칭을 부활시켰고 그래서 실질적으로는 우승상(右丞相)과 좌승상(左丞相)이 중서성의 수장이었다(우승상이 선임). 승상은 행정뿐 아니라 군사 등 중대 사안에도 간여를 했다. 당송 때와 비교 시 재상으로의 권력 집중이 엄청 커졌다고 말할 수 있겠다.

　명은 기본적으로 원의 관제를 이어받았는데 주원장은 추밀원을 없애고 대도독부(大都督府)를 두었다. 추밀원이란 송대에 설치된 군사 정무 기구이므로 추밀원이 없어지고 대도독(참모총장)[104]제로 간 것은 군인들로 이루어진 보다 실전적이고 전문적인 군 기구가 되었다는 걸 의미한다. 이로써 명 초기의 중앙 중추 기관은 행정을 관할하는 중서성, 군사를 관할하는 대도독부, 감찰 업무를 관할하는 어사대의 세 개 중추로 나눠졌다. 그러면 정치·행정의 중추인 중서성은 누구에 의해 지휘되었는가? 주원장은 '태자가 어려서 세상일을 잘 모르는데 중서령을 맡는 게 무슨 의미가 있겠냐'며 중서령을 아예 없애버렸다. 그래서 좌승상(左丞相)과 우승상(右丞相)이 명실상부한 중서령의 장관, 즉 재상이었다(명대에는 좌가 선임이었다). 그리고 부재상으로 좌승(左丞)과 우승(右丞)[105]이 있었다. 이 역시 원의 관제를 거의 그대로 가져온 것이었다. 참지정사도 있긴 했는데 송대와 달리 그 지위와 실권이 한참 떨어졌다. 어사대의 수장은 어사대부였고 서울중앙지검장 정도의 지위에 있는 어사중승(御史中丞)이 있었다. 그러나 이러한 중앙 관제는 오래가지 않았다. 1380년 호유용 사건을 계기로 주원장은 중서성을 통째로 없애는 등 중앙 관제를 깡그리 갈아엎었기 때문이다.

---

104)　송·원·명대에 군사령관에 해당하는 직책이 '도지휘사(都指揮使)'였고, '도독'은 도지휘사보다 한 단계 높은 직위이므로 대도독은 오늘날의 참모총장에 비유하였다.
105)　좌승을 좌승상의 줄임말로 오해하면 안 된다. 좌승과 우승은 좌승상과 우승상을 보좌하는 부재상이었다. 좌승상과 우승상의 줄임말은 좌상과 우상이었다.

재상권의 팽창

원과 명 초기의 재상, 즉 좌우 두 승상은 업무 범위에서나 그 품계에서나 신하들 중의 최상이었다. 이선장이 중서 좌승상을 하고 있을 때 서달이 중서 우승상을 하였다. 이치로 따지자면 서달은 무관이므로 대도독을 맡아야 할 듯하나 그가 중서 우승상을 맡고 있었다는 것은 승상이 대도독보다 위이고 승상이 군사·안보 사안에도 간여를 했다는 것을 말해준다. 그의 전문 분야가 군사인데 행정 분야만 하고 있진 않았을 것 아닌가? 실제 좌·우승상의 품계가 정1품이었는데 대도독은 문신의 품계로 따지자면 정2품에 해당했다. 또한 오늘날의 검찰총장에 해당하는 어사대부는 정3품이었다. 이를 가만히 보고 있자면 마치 서한의 승상제로 돌아간 듯하다. 중국의 황제들은 한 무제 이후로 재상의 권한을 약화시키는 조치를 계속적으로 해왔고 급기야 북송으로 가서는 재상은 그저 관원들 중에 선임 정도의 지위로 전락했다. 그러던 것이 원을 겪으면서 갑자기 과거로 돌아간 듯 승상이라는 이름이 부활하였고 재상에게로 권한이 집중되었다. 그리고 명이 세워지면서 개국 공신 중의 두 핵심 인물이 승상을 맡으면서(게다가 그들은 황제와 고향까지 같다) 재상권은 다시 서한 초기와 맞먹는 수준으로 올라오게 되었다. 그러므로 명 건국 초기 재상권의 팽창은 구조적으로 그렇게 될 수밖에 없었고 이렇게 된 데에는 주원장이 명을 개국하면서 원의 제도를 그대로 계승한 것과 고향 집단에 과도하게 기댔던 것에 기인했다.

주원장의 무신과 문신에 대한 태도는 달랐다. 그는 교육을 받지 못한 농민군 출신으로 무력에 의해 왕조를 세운 사람이었다. 그에게 무력은 왕조의 근본이었고 무력을 움직이는 무신들이야말로 자신의 진정한 창업 공신이자 사업 파트너였다. 이에 비해 문신들은 누구인가? 문신이 부패하면 어떻게 되는가? 자신들로부터 과다한 세금을 뜯어가고 지주들과 한통속이 되어 자신들을 핍박했던 관리들은 전부 문신이 아니었던가? 주원장에게 있어서 문신이란 자신을 옆에서 돕는 영원한 참모진일 뿐이지 이들에게 거대 권력이 주어질 필요는 없었고 그럴 생각도 없었다. 아니 그래서는 안 되었다.

아마 처음 명을 건국할 때만 해도 황제와 신하와의 갈등이란 걸 생각하지 못했을 수도 있다. 때는 아직 전쟁 중에 있었기에 뭔가 새로운 관제를 고안해 낼 만한 겨를도 그런 걸 할 정도의 식견도 없었을 것이고 그래서 그냥 원의 관제를 그대로 받아들일 수밖에 없었을 것이다. 그러나 개국 후 몇 년이 지나자 주원장은 '이건 아닌데' 싶었을 것이다. 제도적으로 재상 1인에게 너무 많은 권력이 가게 되어 있었고 자신과 고향이 같은 재상들을 중심으로 파벌이 형성되고 있는 걸 발견하였기 때문이다. 이선장은 개국 공신이니 그렇다 치는데 그 후임 재상들이 권세를 휘두르는 건 참을 수 없었다.

1370년 초 정도였을 것이다, 몸이 약해진 이선장이 승상직에서 사임 의사를 비쳤고 주원장은 이제 그의 후임을 정해야 했다. 이때 주원장은 누군가를 불러 차기 승상직으로 누구를 정할지에 대해 상의하였는데 그가 바로 유기(刘基)였다. 이선장은 분명 자신의 후임으로 자기 사람인 호유용을 추천했을 것이고 주원장은 일부러 회서집단과 반대편에 있는 유기를 불러 의견을 물었던 것이다. 유기는 세력이 약해서 그렇지 통찰력이 있고 솔직한 사람이었다. 아래는 《명사(明史)》에 기재되어 있는 주원장과 유기와의 대화이다.

주원장: 이선장 이 양반이 요새 하는 게 맘에 안 들어. 나이도 많아서 빌빌대고.
유기: 폐하. 이승상은 과실이 있긴 하지만 공이 크고 위엄과 명망이

높아서 여러 장수들 간의 갈등을 조정할 수 있습니다.

주원장: 이승상 그 친구가 자네를 그렇게 못살게 굴었는데도 당신은 그를 변호해주나? 난 이승상 후임으로 자네를 생각하고 있는데… 그대는 어떻게 생각하는고?

유기: 그건 안 될 말씀입니다. 승상의 자리는 국가의 큰 기둥과 같습니다. 저는 그 자리에 적합하지 않습니다.

주원장 그래? 그럼 양헌(楊宪)[106]은 어떤가?

유기: 양헌은 승상의 재능은 가지고 있어도 승상의 그릇을 가지고 있지 않습니다.

주원장: 그래? 그럼 왕광양(汪广洋)은 어때?

유기: 왕광양은 양헌만도 못합니다.

주원장: (이때 드디어 주원장은 속마음을 드러냈다) 그럼 호유용은 어떤가?

유기: (단 1초의 주저함도 없이) 승상은 마차를 모는 말과 같습니다. 호유용이 승상이 되면 마차를 전복시키고 말 것입니다!

주원장: 이놈도, 저놈도 안 된다면 결국은 유중승 자네밖에 없다는 말인 것 같은데~

유기: 아~ 그게 아니고요. 저는 성격이 호불호가 너무 강할 뿐더러 번잡스럽고 디테일한 일을 못 챙깁니다. 폐하께서 저를 억지로 승상에 임명하시면 아마 실망하실 걸요.

유기의 충성스런 간언에도 결국 호유용은 1373년에 우승상이 되었고 1377년에 좌승상이 되었다. 그가 재상으로 있던 7년 동안은 어땠을까?

---

106) 양헌(楊宪 1321~1370). 산시성 태원 태생. 문신. 주원장이 난징을 공략할 때 입당. 1370년에 좌승으로 정치 리더그룹에 들어왔지만 그해에 이선장 파의 공격을 받아 탄핵당하고 주원장의 명으로 죽음을 맞이하였다.

유기의 말은 조금도 틀리지 않았다. 호유용은 주원장과 비슷한 스타일의 사람이었다. 리더십이 있고 과단성이 있으나 이런 사람들 간은 서로 상극이며 만약 이들이 상사와 부하의 관계로 있을 때에는 반드시 충돌이 나게 되어있다. 이런 사람들이 본능적으로 하는 일이 자기 세력을 구축하는 것이다. 즉 호유용은 자기 사람만 기용하고 자신에게 줄을 대지 않는 사람은 배척하였다. 자기 마음대로 결정하고 황제에게 보고하지 않고 처리하는 등 월권과 패도가 심했다. 현대 사회에도 이런 사람들을 간혹 만나는데 그렇다고 그가 딱히 업무적으로 실적이 나쁘거나 과실이 있는 건 아니다. 그러니 어떻게 되겠는가? 모두들 그에게 아부하였고 돈과 금은보화를 싸들고 갖다 바쳤다. 호유용의 집안은 식구들은 물론이고 그 집의 하인들까지 안하무인이 되어 갑질을 하고 다녔다. 한번은 그 집의 하인이 관아를 제 마음대로 드나들다가 수위에게 제지당하자 수위를 때려죽인 일이 발생했다. 이쯤 되면 그의 친지들과 주변인들의 횡포는 안 봐도 뻔하다. 그런데 주원장이 이런 걸 모르고 있었을까? 호유용의 팽창하는 권력은 점점 주원장을 불편하게 만들었고 언젠가는 꼭 뭔가가 터질 것만 같았다.

숙청

이때 호유용이 완전히 선을 넘는 짓을 한 게 하나 있었는데 내 생각에는 이것이 주원장으로 하여금 '호유용을 날려버려야겠다'고 결심하게 된 계기가 되었을 것 같다. 아니면 훨씬 전부터 그런 생각을 가지고 있었을 수도 있다. 호유용이 좌승상으로 있었을 때 우승상에는 양광양이 있었다. 양광양은 승상이 되자 오히려 나태해지고 술에 빠져 지내며 주견 없이 호유용의 의견과 흐름에 몸을 맡겼다. 사건은 1379년 9월에 일어났다.

베트남 남부의 참파국(Champa)에서 보낸 조공이 황제에게 보고되지 않은 일이 드러났고 주원장은 대노하여 우승상 왕광양에게 관리 책임을 물어 그를 파면하고 해남도로 귀양 보냈다. 그리고 분이 안 풀렸던지 그에게 추가 죄가 더하여졌고 이동 중에 사약이 전달되었다.

호유용 숙청

베트남 조공 사건으로 우승상 왕광양이 죽었을 때 호유용은 자신은 모르는 일이라고 시치미를 뗐으나 이미 '난 너를 죽이고야 말겠어'라고 마음먹고 나선 주원장을 막을 수는 없었다. 역시 1379년 12월, 황제의 칼끝이 호유용을 향하고 있음을 간파한 어사중승 도절(涂节)이 호유용과 어사대부 진녕을 모반죄로 기소하였다. 서울중앙지검장이 국무총리와 자기 직속상관인 검찰총장을 기소했다? 황제의 비밀 지시가 없었으면 이게 감히 가능했을까? 진녕(陈宁)이란 사람은 세간의 평판이 아주 지독한 자였다. 그는 한때 쑤저우의 세금징수관으로 있었는데 세금을 체납한 백성들을 인두로 지졌다고 하여 '진인두'라는 별명을 가지고 있던 자였다. 이런 식으로 권세를 휘두르던 승상과 악독한 어사대부가 엮여서 그럴싸한 그림이 나왔다. 세상 사람들은 이 둘의 처형에 대해 그어떤 이의와 동정도 제기하지 않을 것이다. 당시 호유용에게 내려진 혐의는 '모반죄'와 '유기를 독살했다'는 것이었다. 모반죄도 뜬금없지만 '독살죄'는 또 무슨 얘기인가? 1375년, 그러니까 호유용이 우승상으로 있을 때 유기가 병환으로 몸져 누워있었던 적이 있었다. 당시 그는 예순다섯 살로 이미 살 만큼 산 나이었다. 주원장은 호유용을 시켜 유기의 문병을 가도록 시켰다. 그리고 얼마 후 유기는 세상을 떴다. 유기의 갑작스런 죽음은 석연찮은 점이 있다고 볼 수도 있고 그냥 까마귀 날자 배 떨어지듯이 일어난 일일 수도 있다. 한데 어사중승 도절은, 아니 실제로는 주원장은 그로부터 5년이 지난 1380년에 "호유용이 유기를 독살했다"는 혐의를 들고 나왔다. 한때 유기가 호유용의 승상 진급을 반대했으므로 호유용이 유기를 증오하고 있기는 했을 것이다. 그럼에도 황제의 친신인 유기를, 그것도 황제가 문병 가라고 시켰을 때 저 마음대로 독살하는 건 아무리 호유용이라 해도 있을 수 없는 일이다. 호유용은 그정도로 머리가 나쁜 사람은 아니었다. 만약 호유용이 유기를 독살한 게 사실이라면 그건 분명 주원장의 지시가 있었을 것이다.

호유용은 체포되고 한 달도 안 되어 처형되었다. 물론 사서에 쓰여진 모반 혐의는 날조된 것이다. 그의 마지막에 대해 영락년간[107] 초기에 쓰여진 《기사록(记事录)》은 이렇게 말하고 있다.

『홍무13년(1380)… 좌승상 호유용과 어사대부 진녕은 직권남용과 법을 어지럽힌 죄로 모두 현진교(玄津桥)에서 처형되었다. 한 장(丈) 깊이의 구덩이를 파서 그들의 시신을 묻었는데 다음 날 그들을 다시 꺼내어 광장에서 사지를 절단한 후 개한테 먹도록 시켰다. 그들의 재산은 전부 몰수하여 관아로 귀속시켰고 부인과 첩들은 전부 군관들의 첩으로 보내졌으며 남자들은 전부 참수되었다. (중략) 심지어 응천부 산하의 상원, 강녕의 두 현의 주민들이 호유용과 관계가 가깝다고 하여 남녀노소를 불문하고 모두 죽였다.』

호유용은 9족이 멸해졌다. 이때의 9족의 범위가 어디서부터 어디까지인 지에 대해서는 두 가지 설이 있는데 그냥 친가, 외가, 처가까지 위아래로 모두 다 죽는 거라 생각하면 된다. 그걸로 끝이 아니었다. 재미있는 건 호유용을 심문하는 과정에서 그가 자신을 기소한 어사중승 도

---

107)   제3대 황제 명성조 영락제 재위 시기(1403~1424)

절(涂节)을 공모자로 불어버린 것이다. 물론 그건 도절을 같이 묶고 늘어지려는 거짓 자백이었을 것이다. 도절은 특검 수장에서 졸지에 피의자가 되었고 그 역시 9족이 멸해졌다. 호유용과 그의 일당에게는 왜구와 통했다느니, 북원과 통했다느니 등등의 별의별 혐의가 다 씌워졌다. 물론 이는 더 많은 대신들을 연루시키고자 함이었고 이렇게 해서 중앙 대신 20여 명이 연루되어 형장으로 끌려갔다. 호유용 안(案)으로 죽은 사람이 3만 명이라고 한다.

이어지는 반부패 숙청 운동

한 가지 알아야 할 점은 호유용 안을 시작으로 약 10년간 전국적인 부정부패 척결, 탐관오리 처단 운동이 벌어졌다는 것이다. 공인안 (1382), 곽환안(1385), 탐관오리와의 전쟁(1386), 유언비어와의 전쟁(1387) 등등 각 종 사건을 만들어서 관리들을 처형하였는데 이중에는 곽환안 (案)과 같이 대규모의 횡령 사건이 발각된 경우도 있었지만 대부분은 억울하게 죄가 뒤집어 씌워지고 황당하게 연루된 경우들이었다. 당사자 뿐 아니라 가족들도 모두 끌려가 처형되거나 멀리 변방의 군부대로 보내져 노역을 하다가 죽었다. 만약 당사자가 도망가면 친구나 옆집이라도 잡아서 연좌의 죄를 물었다. 공인안(空印案)은 '빈(空) 양식에다가 도장(印)을 찍은 사건(案)'이란 뜻인데 사실 알고 보면 벌 것도 아닌 일이다. 당시 지방 정부는 중앙의 호부에 매년 재무재표를 보고하였고 이때 중앙의 장부와 일치하지 않으면 처음부터 다시 작성해야 했다. 요즘같이 이메일이 없던 당시의 관리들은 수백, 수천 리를 왔다 갔다 하는 시간을 줄이기 위해 빈 양식에 도장을 먼저 찍어서 가져간 후 호부에서 수정 지시가 있으면 경성(난징)의 숙소에서 다시 작성하여 제출하였다. 이는 당시 관리들의 관례였고 크게 법을 어겼다고 할 수도 없는 일

이었다. 하지만 주원장은 이 일로 수만 명을 죽였다.[108]

주원장과 나로드니키즘(Narodnikism)

호유용 사건은 대규모 탐관오리·부정부패 척결 운동의 시작이었다. 원 말에는 중앙 관리는 중앙 관리대로, 지방 관리는 지방 관리대로 실제로 많은 공무원들의 횡령, 뇌물, 장부조작 등 부정이 성행했고 이로 인한 피해는 고스란히 농민들이 보았다. 빈농 출신 주원장은 이를 누구보다도 잘 알고 있었고 그에게는 농민들에 대한 한없는 연민, 관리들에 대한 한없는 분노, 그리고 "내 대에 이를 척결해야 한다"는 신념 같은 게 있었다. 한 가지 예를 들겠다. 재위 18년째인 1385년에 그는 《대고(大誥)》라는 걸 자기 손으로 직접 써 관리들과 민간에 배포하였다. '고(誥)'에는 윗사람이 아랫사람에게 '알린다' 또는 '훈계한다'는 뜻이 담겨있다. 이게 무엇이었을까? 주원장은 현행 법률로는 만연한 관리들의 부패 행태를 고칠 수 없을 거라 생각했다. 그래서 그는 관리들이 입건된 사례와 처벌 사례를 아주 적나라하게 서술하였고 이에 대한 교훈, 자신의 당부·훈계 등을 적었다. "걸리면 이렇게 되니 이런 짓 하지 마라!"라는 취지의 책인 셈이다. 당연히 호유용 사건도 여기에 기록되어 있다. 여기에는 당송 시대에는 이미 거의 행해지지도 않던 잔혹한 형벌들이 묘사되어 있었고 그 문체 또한 주원장이 직접 쓴 거라 투박하며 피가 뚝뚝 떨어지는 하드코어 작품이었다. 1386년 봄에 《대고 속편》을, 그해 겨울에 《대고 삼편》을, 그리고 1387년에는 《대고 무신편》을 연달아 편찬하였고 이 네 편을 '황제가 직접 썼다'고 하여 《어제대고(御制大誥)》라 불렀다. 주원장은 각 지

---

108) 张宏杰 《朱元璋传》241쪽 참조

방의 학교에 《어제대고》를 필수 과목으로 가르치게 했고 과거 시험에도 이를 필수 과목으로 집어넣었다. 《어제대고》는 황제의 어록이었으므로 실질적으로는 법보다 위에 있었다.

놀라운 사실은 《대고 삼편》에는 황제가 농민들을 향해 "당하고만 있지 말고 불법을 보면 나에게 알려라!"라는 대목이 있었다는 것이다. 그리고 여기서 더 나아가 "마을의 나이 많은 어른을 중심으로 행동하라!", "탐관오리가 있으면 관아로 쳐들어가 니들이 먼저 잡아넣어라. 그러면 조정에서 어사대를 보내겠노라!"라며 인민들을 선동하는 문구도 있었다. 그리고 실제로 그런 사례가 있었다. 주원장을 나로드니키(Narodniki, 급진적 농본주의 사상) 주의자라고 하는 것은 이런 이유에서이다.

주목해야 할 것은 1380년의 호유용 사건과 그 후에 벌어진 일련의 부패관리 척결 운동의 대상이 되었던 사람들은 전부 문신들이었다는 점이다. 호유용 사건으로 중앙의 문신들이 무더기로 목이 떨어졌고 그 후의 전국적인 운동으로 목이 날아간 지방 관리들 역시 행정직을 하고 있던 문신들이었다. 1387년에는 '터무니없는 말을 퍼뜨리는 사람을 구속하는 운동'이 벌어졌는데 이는 달리 말하자면 '언론 탄압' 사건이고 이런 사건에 연루되어 잡혀들어가는 사람들 역시 문신들이었다. 공인안과 곽환안 두 사건으로 죽은 사람이 7~8만 명이라고 하니 약 10여 년 동안 불었던 광풍의 정도를 짐작할 만하다.

재상제 폐지

　호유용 사건이 가져온 진짜 문제는 바로 그해에 행해진 주원장의 관제 개혁에 있었다. 사실 이 이야기를 하려고 여태껏 장황하게 호유용 사건을 이야기한 것이다. 호유용은 기소된 지 한 달도 안 되어 1380년 1월에 처형되었다. 그리고 불과 5일 후에 주원장은 '중서성을 폐지한다'는 조서를 전격 발표하였다. 주원장은 홧김에 중서성을 폐지하였을까? 사실 호유용을 처형하고 실시한 관제 개혁은 재상제 폐지에 국한되지 않았다. 대도독부, 어사대도 권력을 분산시키는 방향으로 구조조정 되었다. 주원장은 황제 1인으로 권력을 집중시키는 일련의 중앙 관제 개혁안을 오랫 동안 준비해왔고 단지 그것을 단행할 명분과 계기가 필요했을 뿐이었다. 제도적으로 황제 1인에게 권력이 집중되게 하려면 어떻게 해야겠는가? 문무신의 대장을 안 만들면 된다. 그러면 어떻게 되는가? 행정과 경제의 경우 6부의 장관이 개별로 황제에게 직접 보고하게 되었다. 군사 부문도 마찬가지이다. 대도독부(참모총장)를 폐지하고 전·후·좌·우·중의 다섯 개 도독부(사령부)를 두어 군권을 분산시켰다. 5군 도독부는 병적을 관리하였지만 군관들의 승진은 병부(兵部)가 결정하였다. 5군 도독부는 전장에서 지휘를 하였지만 출병을 하려면 병부의 허락을 받아야 했고 병부는 출병을 지시할 수는 있었지만 지휘권이 없었다.

　이로써 황제는 자신의 권위에 도전할 수 있는 존재들을 모두 제거하고 진정한 공포정치와 전제정치로 빠져들었다. 중앙의 고위 관원들은 회의를 하면 황제의 안색이 어떤가부터 살펴야 했고 자신이 한 말 중 뭔가가 황제의 귀에 거슬리는 구석이 있으면 재수 없으면 바로 끌려나가서 돌아오지 못했고 그날 황제가 기분이 좋으면 그냥 넘어갔다. 당시 관원들의 아내들은 남편이 무사히 돌아오기를 빌었고 퇴근을 하여 집에 돌아오면 그들은 "오늘도 하루를 더 살았구려"라고 했다고 한다.

주원장은 자신이 죽은 후에도 재상제가 다시 살아나지 못하도록 대못을 박고 싶었고 그래서 아래와 같은 엄령을 내렸다.

『이후에 나의 자손들이 황제가 되어서도 절대 승상을 세우는 것을 허락하지 않는다. 만약 승상을 세우자고 주청하는 신하들이 있다면 문무 관원들은 즉시 그를 탄핵하라. 그리고 그 죄인은 능지(凌遲)에 처하고 전 가족을 처형하라!』

-《명태조실록》, 권239

'능지(凌遲)'가 무엇인가? 아마 '능지처참'이라는 말은 들어봤을 것이다. 원뜻은 '수레가 언덕(凌)을 천천히(遲) 올라간다'는 의미이다. 중국 고대 형벌중 가장 극형이며 오랜 고통을 주는 것으로 반역죄인에게만 행해졌다. 우리나라에서는 이름만 있었을 뿐 능지가 거의 행해지지 않았던 걸로 알고 있는데 중국은 놀랍게도 청 말기까지 이 형벌이 행해졌다. 사람을 기둥에 묶어놓고 날카로운 칼로 회 뜨듯이 온몸의 살점을 얇게 떠내는 건데 1,000점, 2,000점, 3,000점 이런 식으로 등급이 나눠져 있었다. 그 수가 커질수록 얇게 떠서 오랫동안 고통을 지속시키는 것이었다. 이 형벌은 며칠 동안 이어졌고 나중에는 거의 뼈만 남았지만 목숨은 붙어있는 상태가 된다. 그래서 살점을 발라내는 전문가가 따로 있었다. 만약 2,000점 형벌인데 1,500점만 떼고 죄인이 죽으면 살점을 떼던 전문가도 처벌받았다.

이로써 2,000년 가까이 지속되어 온 재상제가 종말을 고했고 한 번 폐지된 재상제는 더 이상 회복되지 않았다. 어느 누구도 감히 입에 올릴 수 없었다. 능지는 반역죄인에게만 행해지는 형벌인데 재상을 만들자고 주청만 올려도 능지를 한다? 재상을 세우는 것이 곧 반역죄라는 뜻인가? 그렇다, 주원장에게 재상이란 주씨 황실을 위협하는 적이었고 그 적이 살아있는 한 주씨 황실은 언제 위협을 받을지 모르는 일이었다. 그럼 이제 주원장이 중서성과 재상제를 폐지한 이유가 명확해지고 나아가서 호유용이 죽은 이유도 명확해진다. 호유용은 왜 죽었는가? 그가 진짜 반란을 하려고 했나? 관제 개혁을 하기 위해선 호유용은 반드시 죽어야 했다. 그리고 이어지는 부패척결과 정풍운동으로 기존의 문신 세력은 철저하게 짓밟히고 청소되었다. 주원장의 재위 시기 전반(全般)에 걸쳐서, 특히 호유용 사건이 터진 후 10년 동안 중국은 문신들의 지옥이었다. 이렇게 하여 명 초기의 관가에는 엄청난 공백이 생겼는데 주원장의 구상에 의하면 이들의 자리는 사상 개조를 통한 신흥 문신들로 채우면 그만이었다.

재상제 폐지가 가지는 의미를 이해하기 위해선 재상제가 중국 고대사에서 가져왔던 지위와 의미를 먼저 이해해야 한다. 황권과 재상권, 이것을 오늘날의 무엇에, 서양의 무엇에 비유하면 좋을지 모르겠다. 이둘을 단순히 군주와 신하의 관계로만 보는 건 재상제가 지녀왔던 본질적 역할을 가리는 일이다. 재상이 단순히 신하들의 우두머리이고 황제와 재상은 무조건적이고 절대적인 상명하복의 관계라 한다면 역대 제왕들이 이토록 재상의 권한에 알레르기 반응을 보이고 그토록 재상의 권한을 약화시키고 싶어 안달을 했을까? 재상은 황제가 임명하였지만 아이러니하게도 제도적으로 황제의 전제(專制)와 독단을 제한하는 존재였다. 역대 제왕들은 재상에 애증이 있으면서도 감히 재상을 없애려고는 하지 않았다. 왜냐? 없애면 안 되기 때문이다. 재상은 황제의 가장 가까운 정책 동반자이면서도 황제와 거리를 둔 존재였다. 그래서 재상은 재상부(宰相府)라는 거대 업무 공간이 따로 있었고 대부분의 행정 사무가 그곳에서 처리되었다. 재상부는 그 위치에서부터 일단 황실로부터의 독립성을 부여받고 있었던 것이다. 천자는 하늘의 권위를 받은 사람이지만 재상은 민의를 대변하는 자이기도 했다. 확실한 건 중국 역사의 진보는 재상권이 존중을 받았을 때 이루어졌다는 것이다. 관중, 상앙 전부 재상이며 가장 휘황찬란한 발전을 이루었던 당 전기는 훌륭한 재상 군단들이 포진해 있었을 때였다. 한무제는 재상권을 누르려고 한 황제이긴 하지만 잦은 원정으로 피폐해진 국가재정 문제를 회복하는 데에는 그 역시 상홍양이라는 경제통 재상에 크게 의지할 수밖에 없었다. 그리고 그의 정책들은 왕안석과 같은 후대의 개혁 재상들에게 많은 참고가 되었다. 발전과 진보를 위한 여러 개혁 조치들은 전부 재상의 머리와 실행력에서 나왔지 황제들이 한 게 아니었다. 게다가 황제는 세습제이기 때문에 어린 나이에 등극하는 경우가 많았고 다소 능력이 떨어지는 자가 황제가 되는 경우도 많았는데 이럴 때 재상이 없으면 나라는 순식간에 위기에 빠지게 되어 있다. 이런 의미에서 재상은 세습제의 함정을 보완할 수 있는 존재였다. 명청 시기의 정체는 재상제 폐지와 깊은 관련이 있다. 청은 명의 제도를 그대로 이어받았고 거기다가 한 술 더 떠서 옹정제 때는 황제의 집무실 바로 옆 방에 군기처라는 부서를 만들었다. 이로써 재상(군기대신)은 황제의 지근거리에서 명령을 수행하는 역할로 전락하였다.

유럽은 국왕의 전제를 견제하는 세력으로 교황이 그 역할을 하였고 후에는 귀족과 자본가 계층이 의회를 만들어서 왕권을 견제하였다. 영국에서는 이미 1215년에 국왕이 '마그나 카르타'에 사인을 하였고, 귀족에 의한 군주권 제한이 시작되었다. 그리고 곧 상원과 하원의 초기 형태가 만들어졌고 이러한 정신은 후에 프랑스 등 유럽 대륙으로 퍼졌다. 이렇게 유럽 대륙에서 군주권 제한의 정신과 제도적 토대가 싹트고 있을 때 중국에서는 오히려 재상제를 완전히 폐지하고 전무후무한 군주 1인 전제로 진입한다.

남옥(蓝玉) 사건: 회서 집단의 종말

호유용 사건과 그로 인해 촉발된 대규모 부패척결 운동의 광풍이 불고 있을 때 주원장은 무신에 대해서는 비교적 온건한 태도를 견지했다. 그는 중서성 이하 문신들에 대한 대청소가 무신 공신들의 동요로 이어지는 것을 바라지 않았고 그래서 오히려 자녀들의 결혼을 통해서 무신 공신들을 자기편으로 더욱 공고히하고자 했다. 이때까지만 해도 주원장의 공격 대상은 문신이었지, 대부분이 고향 사람인 무신들은 달래가면서 데리고 가야 할 파트너라 생각했었다. 그런데 주원장은 왜 자신과 생사고락을 같이한 개국 공신들(무신)들을 결국 무더기로 학살했을까?

개국 공신들이 가지고 있던 문제

1388년에 대장군 남옥(蓝玉)은 북원과의 전쟁에서 기념비적인 업적을 남긴다. 그는 15만 대군을 이끌고 북진하여 북원의 본진을 공격하여 이들을 오늘날의 중국과 몽골공화국, 러시아가 만나는 지점인 부어아호(捕鱼儿湖)[109]까지 밀어냈다. 이 전투로 북원 황제의 차남과 비빈, 공주들 123명이 인질로 잡혔고, 관리와 그들의 가족들 3,000명, 민간인 남녀 7만여 명이 포로가 되었으며, 옥쇄 등의 금은보화, 말과 양 1만 5,000마리 그리고 많은 갑옷과 병기들이 명의 수중으로 들어왔다. 혹자는 이 전투를 북원의 '정강의 변'이라고도 한다. 부어아호 전투는 명과 북원과의 팽팽한 대치 국면을 완전히 명으로 기울게 해준 전환점이었고 이 후로 명은 그야말로 한 시름 놓고 잠을 잘 수 있게 되었다. 승전 소식을 들은 주원장은 흥분을 감추지 못하고 바로 전령을 보내 그

---

109)   오늘날의 이름은 베이얼호(贝尔湖)이다. 베이얼호의 북쪽으로 얼마 떨어지지 않은 곳에 컬른호(Kherlen river)가 있다.

의 공을 치하하는 황제의 조서를 하달했다. 조서는 남옥을 서한의 대(對)흉노 전쟁 영웅 위정(卫青)에 비유하였다. 주원장은 남옥이 경성으로 복귀하자마자 그의 작위를 량국공(凉国公)으로 승격시켰다.

부어아호 위치

남옥이 누구인가? 그를 이야기하기 위해선 다시 1370년에 발표된 1급 개국 공신 명단으로 돌아가야 한다. 이선장, 서달 그리고 세 번째 인물이 상무(常茂)라는 자인데 이 사람은 상우춘(常遇春)의 큰아들이었다. 상우춘은 주원장의 혁명에 혁혁한 공을 세우다가 전사한 사람으로서 주원장은 그를 개평왕(开平王)에 봉하고 충무라는 시호를 하사했으며 그의 위패를 태묘에 안장시키도록 했다. 죽은 후의 추존이긴 하지만 주원장이 그를 왕에 봉하고 황제의 사당에서 황제의 의례를 받도록 한 걸 보면 상우춘의 명 건국 과정에서의 지위가 어느 정도였는지 대충 짐작이 간다. 그는 1369년에 전사했기에 1370년 공신 작위가 하사될 때에는 그의 장자 상무(常茂)가 대신 받았다. 죽은 상우춘에게는 남(藍)

씨 성을 가진 아내가 있었는데 그녀의 동생이 바로 남옥(藍玉)이다. 즉, 남옥은 전사한 1급 혁명 영웅의 처남이었으니 공신 그룹 중에서도 성골이었으며 능력도 갖추고 있어서 승승장구하였다. 게다가 1388년에 부어아호 전투로 황제로부터 최상의 찬사를 받았다. 그러므로 그는 반역을 할 이유가 전혀 없는 사람이었다. 그럼에도 그는 1393년에 모반죄로 처형되었고 그와 연루된 개국 공신들, 친지들 3만 명이 희생되었다. 주원장은 왜 개국 공신들(무신)들을 학살했는가? 주원장의 생각이 바뀌게 된 계기는 무엇이었을까?

호유용 사건이 황제 전제를 위한 걸림돌인 중서성을 빼내는 게 목적이었다면 남옥 사건은 주원장이 자신의 후손을 지키기 위해 저지른 사건이다. 먼저 명의 개국 공신들(여기서 말하는 공신이란 무신을 말한다)이 가지고 있던 문제를 알고 있어야 한다. 이들 주원장 사단은 전부 농민 출신이었다. 이들은 기본적인 소양이 부족하고 준법 의식이 약한 사람들이었다. 꼭 나쁜 의미라기보다는 아무 데나 오줌 누고 '뭐 어때!' 이런 마인드라 생각하면 된다. 이들은 지금은 고급 무관직을 하고 있지만 여전히 상스러운 말을 하며 옛날의 습관을 버리지 못하고 있었다. 이런 사람들에게 권력이 주어지면 어떻게 될까? 이런 사람들은 권력에 대한 자제라는 걸 모르기 때문에 반드시 남용하는 일이 벌어지고 특히 이들의 가족, 친구, 심지어는 하인들까지도 주인의 권세를 믿고 제멋대로 되기 마련이다. 공신들의 이러한 갑질과 불법 행위를 주원장도 모르는 바는 아니었으나 웬만해선 그냥 넘어가 주었다. 남옥은 용맹하긴 하였으나 성격이 거칠고 무례한 사람이었다. 그는 전쟁에서 얻어온 전리품을 자기 마음대로 처리했고 민간에게 피해를 주는 등 그의 부대가 지나는 곳은 갑질과 횡포가 항상 있었다. 한번은 남옥의 부대가 밤중에 어떤 관문에 도착했는데 확인을 위해 그들을 조금 기다리게 했다는 이유로 문을 부수고 들어가서 관문의 책임자를 구타했다. 그는 부어아호 전투에서 회군하는 도중에 북원 황제의 비를 겁탈하였고 치욕을 당한 그녀가 자살하는 일도 있었다.

주씨 강산을 지키기 위한 주원장의 대플랜

주씨 강산의 대주주 자리를 지키기 위한 주원장의 마스터플랜은 무엇이었나? 당연히 그도 공신들을 완전히 믿지는 않았다. 언젠가는 공신들이 주씨의 자리를 노릴 수도 있는 것이었고 이에 대한 대비책을 만들어 두어야 했다.

그럼 어떻게 해야 하는가?

그렇다. 역시 믿을 건 가족밖에 없다!

1370년 1차 논공행상에서 그는 태자를 제외한 아홉 명의 아들을 중요 지역의 왕으로 책봉했다. 이들에게는 실제 봉지도 주었고 6,000~1만 8,000명의 군사도 붙여주었다. 유방과는 달리 주원장은 어떠한 살아있는 공신도 왕에 봉하지 않았다. 단지 자신의 아들들만 왕에 책봉하였다. 후에도 계속하여 아들을 왕에 봉해서 그의 재위 기간 동안 총 25명의 아들들이 번왕(藩王)으로 봉해졌다.[110] 전국의 주요 요지에 군대를 거느린 자신의 아들들이 병풍처럼 버티고 있으면 제 아무리 개국 공신일지라도 딴 마음을 먹지 못할 것이며 자신이 죽은 후 만일의 사태가 발생하더라도 형제들이 황제를 보호할 것이라 생각했다. 주원장은 1368년 즉위와 동시에 장자 주표(朱標)를 태자를 책봉하였다. 후계자를 일찌감치 정해놓아야 사람들이 딴 마음을 안 먹기 때문이다. 주표

---

110) 주원장에게는 총 25명의 아들들이 있었고 장자를 제외한 24명이 모두 왕에 봉해졌다. 그리고 특이하게도 자신의 하나뿐인 조카 주문정(朱文正)의 장자를 왕에 봉했다. 그래서 위에서 말한 왕으로 봉해진 25명 중 한 명은 주원장의 조카이다.

는 성품이 유하고 인자한 것이 흠이긴 했지만 나름의 장점이 있어서 차기 황제로서 나쁘지 않았다. 또한 장자 아닌가? 적장자 계승 원칙에 의해 동생들도, 공신들도 주표가 황위를 계승하는 것에 이의가 있을 수 없었다. 이제 그는 후계자도 있고, 공신들도 있으며 만일의 사태에 큰형을 중심으로 뭉칠 수 있는 번왕들도 만들어 놓았다. 그리고 황권을 갉아먹을 중서성을 없애는 데 성공했다. 이렇게 그는 후사를 위한 안배를 해놓았고, 모든 것이 계획대로 굴러가는 듯했다. 생각지도 않은 한 가지 일이 벌어지기 전까지는 말이다.

명의 역사는 여기서부터 꼬이기 시작했다

1382년 9월에 조강지처 마황후가 세상을 떴고 평생의 조력자를 잃은 주원장은 크나큰 실의에 빠진다. 마황후는 주원장이 격정적이 되었을 때 그의 곁에서 이성적인 판단을 하도록 도와주던 여인이었다. 마황후가 곁에 계속 있었더라면 주원장이 말년에 그토록 학살을 자행하는 것을 어느 정도 막을 수 있었을지도 모른다.

그리고 10년이 지난 후, 1392년에 정말 하늘이 무너지는 것 같은 일이 벌어졌는데 이 일은 주원장의 플랜을 모두 원점으로 돌려놓았다. 인생에 있어서나 사업에 있어서나, 크게는 국가 경영에 있어서 언제나 변수라는 게 있어서 우리를 피곤하게 만든다. 인생은 그러한 변수와의 싸움이며 대부분은 그 변수에 대응을 하면서 꾸역꾸역 큰 방향을 유지해 간다. 그러나 아주 드물게 전혀 예상치 못한 거대한 변수가 발생하는 경우가 있고 그 변수가 흐름을 완전히 바꿔놓는 경우가 있는데 이쯤 되면 그것을 운명 또는 숙명이라 불러야 한다. 주원장은 태자 주표를 섬서성으로 출장 보냈는데 몸이 약한 주표가 고된 여정을 버티지 못하고 병을 얻었고 복귀 후 얼마 지나지 않아 그만 죽고 만 것이다. 태자의 갑작스런 죽음은 명의 역사를 완전히 뒤바꿔놓았다. 주원장은 전혀 생각지도 못한 운명의 장난에 의해 무방비 상태로 일격을 맞았는데 이 일은 예순다섯 살 노인의 정신 상태에 엄청난 영향을 주었다. 남자 인생의 세 가지 불행은 젊어서 부모를 잃고, 중년에 아내를 잃고, 늙어서 자식을 잃는 거라는데 주원장은 이 세 가지를 전부 겪었다. 장자를 잃은 슬픔도 슬픔이지만 주표의 죽음은 늙은 주원장을 아주 골치 아프게 했다.

"이제 누구를 태자로 세울 것인가?"

장자가 죽었으면 차남을 세우면 된다. 그러나 주원장은 섬서성의 진왕(秦王)으로 봉해진 차남 주상(朱樉)에게 황위를 물려줄 생각이 조금도 없었다. 그는 한마디로 개망나니였기 때문이다. 사실 능력으로 봤을 때 넷째 아들 연왕(燕王) 주체(朱棣)가 가장 적임자이긴 했으나 둘째와 셋째를 건너뛰고 넷째로 갈 수는 없는 일이었다. 그러면 형제들 간의 대혼란이 벌어질 것이기 때문이다. 고심 끝에 그가 둔 수는 장자 주표의 큰아들 주윤문(朱允炆)을 후계자로 세우는 것이었다. 아들 대신 자신의 적손(嫡孫)을 선택한 것이었다. 주원장이 어떤 고려하에 그러한 결정을 내렸는지, 형제들은 저마다 어떤 주판을 굴리고 있었는지, 물론 할 말이 많지만 그걸 다 이야기할 수는 없을 것 같다. 당시 주윤문의 나이 열여섯 살, 아직 세상을 모르는 나이이다. 이때부터 주원장은 손자 주윤문에게 속성 황제 트레이닝을 시켰고 동시에 손자를 보호할 계획을 실행에 옮기기로 한다. 주원장이 보기에 주윤문은 자기가 없으면 분명히 공신들에게 휘둘릴 것 같았다. 그런데 황제가 곤경에 처하면 삼촌들이 와서 도와줄까? 둘째, 셋째, 넷째 모두 말을 내뱉지 않았다 뿐이지, '아버지가 왜 저러실까?'라며 조카를 후계자로 정한 것에 상당한 불만을 가지고 있었다.[111] 그래서 젊은 황제가 공신들에게 휘둘릴 때

---

111) 주원장의 많은 아들들 중에 넷째 아들까지만 언급을 하는 이유는 그 아래부터는 나이와 세력 측면에서 태자 쟁탈전을 할 만한 위치가 아니었기 때문이다.

도움을 주지 않을 것 같다. 주원장의 모든 안배가 꼬이기 시작한 것이다. 그럼 이제 할 수 없다.

"공신들을 없애는 수밖에!"

역사상 최대 공신 숙청

1393년 음력 2월 8일, 대장군 남옥(藍玉)이 금의위에 의해 체포되었다. 그의 죄상은 경천후 조진, 학경후 장익, 주호후 주도, 동관백 하영, 후군도독 축철, 중군도독 왕신 등과 밀지를 주고받으며 모반을 꾀했다는 것이었다. 남옥을 포함한 이들 후작 세 명, 백작 한 명, 도독 두 명은 체포 3일 만에 처형되었다. 게다가 남옥은 껍질을 벗기는 아주 극형에 처해졌다고 한다. 그런데 이건 1라운드에 불과했다. 남당(남옥 당)을 조직했다는 죄명으로 수많은 무신들과 그의 가족, 친지, 지인들이 처형되었는데 이때 죽은 사람이 2만 명이라고 한다. 여기에는 공작 두 명, 후작 열두 명, 백작 두 명이 있었으니 회서 집단은 이로써 작살이 난 것이었다. 주원장이 진정으로 '회서 집단을 혁파해야겠다'고 마음먹고 실행에 옮긴 것이 남옥 사건이다. 어느 날 예비 황제 주윤문이 할아버지에게 "공신들을 꼭 그렇게 죽여야 됩니까?"라고 물었다. 그러자 주원장은 뭔가를 가져오라고 한 후 주윤문에게 들어보라고 했는데 그것은 가시가 촘촘히 돋은 봉이었다. 주윤문은 결국 가시 때문에 그 봉을 쥘 수가 없었고 이때 주원장을 그에게 이렇게 말했다.

"지금 이 할애비가 하고 있는 일은 너에게 가시가 없는 온전한 지휘봉을 물려주려 하는 것이니라."

이선장과 서달은 그럼 어떻게 되었나? 이들은 조용히 생을 마감하였을까? 서달은 그래도 명예를 지켰다. 공식적으로는 그는 1385년에 병사했고 주원장은 그를 중산왕으로 추존했다. 그러나 야사에 의하면 이렇다. 그는 병중에 있었고 그의 병은 오리 고기를 먹으면 안 되는 병이었는데 어느 날 주원장이 그에게 뭔가를 보냈다. 뚜껑을 열어보니 통째로 구운 오리가 그 안에 있었고 그걸 본 서달은 황제의 뜻을 알겠다며 눈물을 흘리면서 오리를 다 먹었다고 한다. 이선장의 최후는 비참했다. 1380년 호유용 사건 때만 해도 주원장은 "이선장은 개국 공신이니 그냥 놔둬라"고 어사대에 지시했다. 그런데 재미있는 게 1388년 남옥의 부어아호(捕鱼儿湖) 전투 때 포로로 온 몽고인 관리 중에 봉적(封绩)이라는 자가 끼어있었다. 봉적은 원래 원나라 때 관리를 지낸 사람인데 원이 붕괴한 후 명정부에 투항하였다. 그런데 호유용 안이 터졌을 때 그가 호유용이 고용한 이중간첩이었다는 혐의가 드러났고(물론 진실 여부는 미지수) 이때 그는 장성을 넘어 북원으로 도망갔다. 그 후 그의 존재가 잊혀졌는데 공교롭게도 1388년에 다시 잡혀온 것이었다. 그를 심문하는 과정에서 당시 호유용이 모반을 꾀할 때 이선장도 연루되어 있었음을 자백받았고 이렇게 이선장 및 그의 주변 인물들이 모조리 죽임을 당했다. 또 수천에서 수만 명이 죽었다.

　주원장은 중국 역사 속의 또 한 명의 논쟁적 인물이다. 그는 많은 훌륭한 일도 하였지만 그에 의해 억울하게 죽은 사람은 십수만 명에 달했다. 그에 의해 한족들은 몽고인들의 압제에서 일어서서 새로운 한족 제국을 건설하였지만 또 한편으로는 중국을 극도의 전제와 정체로 밀어넣었다. 어떤 책은 그를 사람이 죽어나갈수록 쾌감을 느끼는 반사회적 인물로 그리고 있는가 하면 어떤 책에서는 농민들에 대한 연민을 가지며 새로운 세상을 만들기 위해 노력한 영웅으로 그려지고 있다. 한 가지 밝히고자 하는 점은 그는 황제가 된 후에도 결코 나태하거나 권신, 환관 또는 여자에게 눈과 귀가 가려져서 국정을 나 몰라라 하는 그런 부류의 황제는 아니었다는 것이다. 농민 출신인 그는 굉장히 근면하였고 검소하였으며 사람과 조직에 대해 나름의 엄격한 원칙을 가지고 있었다. 그가 여러 비빈을 거느린 것은 자손을 많이 낳기 위함이었지(본처 마황후는 자식을 낳지 못했다), 결코 쾌락을 위함이 아니었다.

그는 탁월한 군사 전략가이자 지휘관이었지만 역사가 어떻게 전진해 왔는지에 대한 원대한 식견은 갖추지 못했던 것 같다. 난세에 맨손으로 자수성가한 농민 황제가 가지고 있던 한계였다. 단지 그는 천신만고 끝에 얻은 주씨 강산을 어떻게 하면 별일 없이 대대손손 주씨의 강산으로 유지해 나갈 수 있을지를 고심하였다. 이것이 그가 한 가장 잘못한 일이었다. 그리고 그의 이러한 국가 최고 통치자로서의 취약점은 명나라의 운명에 지대한 영향을 끼쳤다. 1965년 5월, 마오쩌둥은 담화 중 이렇게 말한 적이 있다.

"《明史》는 나를 가장 화나게 하는 역사책이야. 명왕조는 명 태조 (1대), 명 성조(3대), 글자도 모르는 이 두 명의 황제가 비교적 잘했고, 명 무종, 명 영종이 약간 잘한 것을 제외하곤 나머지는 전부 나쁜 놈들이야. 전부 못된 짓만 하다 갔지."[112]

마오쩌둥의 이 말을 들으면 명의 역사가 앞으로 어떻게 전개될지 대략 짐작이 간다. 그런데 진짜로 중요한 것은 이렇게 된 이유가 뭐냐는 것이다. 마오쩌둥이 가장 훌륭하다고 평한 두 명의 황제는 실로 일생 동안 쉬지 않고 일하였고 많은 일을 이루고 생을 마감하였다. 하지만 이들이 묻어놓은 화근이 명을 암흑의 시기로 몰아넣는 일등 공신이 되었다는 점 또한 부인할 수 없을 것이다.

---

112)   毛泽东评点明朝:对嘉靖不以为然 仔细研究朱元璋, 央视国际 www.cctv.com
2007.7.11

진보 없는 패권 제국

60장
영락(永樂)

베이징 중심가를 빙 두르는 삼환(三环) 도로(우리의 내부순환도로에 해당)의 북서쪽 출구인 롄샹교(联想桥) 북측에 대종사(大钟寺)라는 절이 있다. 자금성을 기준으로는 직선거리로 7킬로미터 정도밖에 안 되는 곳이다. 이름 그대로 큰 종이 걸려있는 절인데 말이 절이지, 사실은 종 박물관이다. 대종사는 청나라 옹정제 때인 1733년에 만들어졌는데 크고 작은 수많은 종들이 이곳에 전시되어 있다. 종이란 게 뭐 그리 특이하거나 대단할 게 없는 물건이라 여길 수 있지만 이곳에는 아주 대단한 종이 하나 걸려 있다. 사람들이 대종사에 가는 이유는 사실 이 거대 종을 보기 위함이다. 이곳에는 무려 높이 6.75미터, 직경 3.3미터, 무게 46톤짜리 거대 종이 걸려있다. 가장 두꺼운 부분의 두께는 22센티미터에 달한다. 완전한 모양을 갖춘 종으로는 현존하는 가장 큰 종이다. 보는 순간 그 위력에 눌려 감탄을 연발하게 된다. '영락대종(永乐大钟)'이라고 하는 이 자이언트 종은 영락제 재위 18년째인 1420년에 만들어졌다.[113] 이해는 명나라가 수도를 남경에서 북경으로 천도하기로 선포한 해이다. 도대체 이 거대한 종을 어떻게 만들었으며 또 어떻게 들어다가

---

113) 그러므로 원래는 다른 곳에 있었고 청나라 때 이곳 대종사로 옮겨진 것이다.

이곳에다 옮겨놓았는지, 어떻게 걸었고 그 하중을 목조 건물이 어떻게 지금까지 버티고 있는지 모든 것이 의문스럽고 신기할 따름이다. 그렇지만 더 의문은 '도대체 이 종을 왜 만들었을까?'이다. 이 거대 종은 물론 황제가 지시하여 만든 것이다. 영락제는 왜 이 종의 제작을 지시하였을까? 세상에서 가장 큰 종소리를 내고 싶었을까? 아니면 황제의 위엄을 드러내고 싶어서였을까? 특이한 것은 이 종의 겉과 안쪽 면에 총 22만 7,000자의 불경이 새겨져 있다. 이건 무슨 의미일까? 고대 제왕들이 거대 불상을 만든다거나 불경을 새기는 등의 사업을 하는 것은 불교를 진흥시키는 목적, 아니면 불교로 국민의 단합과 단결을 이루려는 목적이다. 그리고 이것도 저것도 아니라면 누군가를 추모하거나 지난 일에 대해 참회하는 것과 관련이 있다. 사서는 이 종을 만든 이유에 대해서는 말을 하고 있지 않기 때문에 이에 대해선 여러 가지 추측과 설들이 있을 뿐이다. 일설에 의하면 영락제는 자신이 많은 사람들을 죽인 것에 대해 참회하였고 이들의 극락 제도를 빌기 위해 이 종을 만들었다고 한다. 또 다른 설에 의하면 국력과 기술을 과시하기 위함이었다고 한다. 또 다른 주장에 따르면 그간의 정치적 혼란을 마감하고 수도를 북경으로 천도하면서 분열된 국론을 통합하기 위해 종교적 방식을 쓴 것이라고도 한다. 무슨 이유가 되었건 모두 명성조 주체(朱棣)의 캐릭터, 그의 정치 인생, 그의 야망 또는 과오와 깊은 연관이 있는 것 같다. 그는 무엇을 그렇게 참회하고 싶었을까? 아니면 무엇을 그렇게 널리 알리고 싶었을까?

영락대종(출처 Baidu)

쿠데타? 제2의 건국?

명성조, 또는 주체라고 하면 중국 사람들도 아는 사람보다 모르는 사람이 더 많다. 그러나 '영락제'라고 하면 그래도 많은 사람들이 그런 황제가 있었다는 거 정도는 기억한다. 주체의 재위시기 연호가 '백성들이 영원히 즐겁게 산다'라는 뜻의 영락(永乐)이었기에 사람들은 그를 '영락제'로 부르기도 하는데 명과 청의 황제 중에서는 이렇게 연호로 불리는 황제들이 몇 명 있긴 하다. 영락제는 명의 역사에서 아주 많은 업적과 과오를 남기고 간 거물급 황제이다. 명의 역사에서 그의 위상이란 말하자면 '명의 한무제'라 하면 이해가 빠를 것 같다. 쉴 새 없이 일을 벌이고 다녔기에 '늘 즐거워야 할' 영락(永乐) 시기에 중국이 강대해지긴 했어도 백성들은 늘 피곤했다. 그가 한 많은 일들 중에 절반은 잘한 일이고 절반은 잘못한 일이다. 그래서 그에 대한 후세의 평가도 극과 극으로 엇갈린다.

그는 주원장의 넷째 아들이다. 앞선 장에서 남옥 숙청 사건을 설명할 때 잠간 언급하였다. 태자가 갑자기 죽으면서 주원장이 후계자에 대해 고민에 빠지는데 사실 능력치로만 보면 넷째 아들이 가장 적합했다. 그는 당시 북평(베이징)의 연왕(燕王)으로 있었다. 주원장은 자신의 손자 주윤문에게 위협이 될 수 있는 가시들을 제거하고 온전한 지휘봉을 넘겨주기 위해 말년에 그렇게 많은 공신들을 죽였는데 실은 주윤문에게 있어 진정한 가시는 공신들이 아니라 삼촌들이었다. 주원장이 황제를 보호하기 위해 구축해 놓은 번왕 병풍들 말이다. 이들은 자신의 봉지에서 왕국처럼 군림하고 있었고 게다가 자신의 군사도 보유하고 있었다. 그리고 이들의 세력은 점점 팽창하여 마치 서한(汉) 초기 7국의 난이 일어나기 직전이나 서진(晋) 시기 8왕의 난이 벌어지기 전, 또는 당(唐) 중기 안사의 난이 발발하기 직전의 국면이 조성되었다.[114]

주원장이 죽자(1398) 삼촌 왕들과 스무 살도 안 된 조카 황제와의 미묘한 긴장이 흘렀다. 특히나 가장 위협이 되는 세력은 능력도 있고 야망도 있는 연왕 주체(朱棣)였다. 그러던 중 황제 주윤문이 삭번책(削藩策)을 발표하면서 나름의 선수를 쳤는데 이 조치가 둘 간에 흐르던 긴장의 도화선에 불을 붙인 꼴이 되었다. 삭번책? 어디서 들어봤던 이름이다. 1권의 기억을 더듬어보자. 이는 '번왕들의 봉지나 권한을 삭감하는' 조치로서 기원전 154년에 한경제에 의해 실시되었다가 결국 7국의 난을 불러일으켰다. 명 초기에도 한 초기와 비슷한 상황이 벌어진 것이다. 주윤문은 점잖고 유순한 초식동물 같은 자였다. 그의 관심사는 '어떻게 하면 요순시대처럼 인의를 바탕으로 나라를 다스릴까'였다. 아직

---

114)　물론 명 초기의 번왕들이 보유한 군사 규모는 많아야 1만6천 명 정도로 당의 절도사에 비할 정도의 위협은 아니었다. 애초 연왕 주체와 황제와의 싸움도 군사력으로는 주체가 쿠데타를 일으킬 만한 세력이 아니었지만 시간이 흐르면서 연왕에게로의 중앙군 투항이 잇달았고 황제 주윤문이 미숙했기에 결국 주체가 이길 수 있었다.

세상을 모르는 애송이에 불과했던 그가 재위 시기에 한 거라곤 할아버지 주원장의 정책을 그대로 충실히 유지한 것뿐이었다. 반면 넷째 삼촌 주체는 전형적인 육식동물 본능을 갖춘 자였다. 그것도 표범이나 호랑이 같은 근육질의 포식자였다. 그가 연왕으로 있던 북평의 당시 상황은 어땠는가? 비유를 하자면 6.25 전쟁 직후의 휴전선 근방 도시라고 보면 된다. 몽고족들이 장성 이북으로 물러나긴 했지만 변경 지역은 아직 전쟁의 흙먼지가 가라앉지 않았고 시시 때때로 군사 충돌이 있었다. 400년 동안 방치되었던 장성은 이미 대부분 무너져 내려 방어선으로 역할을 하지 못했다. 주체는 이런 험악한 지역에서 20년을 지낸 전쟁에 잔뼈가 굵은 사람이었다. 그래서 어린 황제 주윤문은 항상 넷째 삼촌을 두려워하고 있었다. 그가 삭번책을 발표하면서 주체의 병권을 회수하려고 한 건 그의 생각이 아니라 황제를 지키고자 하는 그의 충성스런 친신들이 낸 전략이었다. 물론 이 방책은 주체에게 쿠데타의 빌미를 준 악수가 되었다. 하지만 아마 삭번책이 아니더라도 무슨 빌미를 잡아서라도 쿠데타는 일어났을 것이다.

결국 1399년에 주체는 "간신들로 인해 어려워진(难) 천하를 평정한다(靖)"는 '정난(靖难)'을 외치며 북평에서 쿠데타를 일으켰고 이들은 정부군과 전투를 벌이며 남하하였다. 1550여 년 전에는(기원전 154년) 정부군의 승리로 끝났으나 이번에는 달랐다. 3년 동안의 내전 끝에 연왕 주체는 난징을 점령하고 새 황제로 등극하였다. 사가들은 이를 '정난의 역' 또는 '정난의 변'이라고 부른다.

'정난의 역'은 명의 역사를 새로운 방향으로 틀어놓은 운명적인 사건이었다. 주체는 아버지 주원장과 비슷한 듯하면서도 많이 달랐고 또한 그가 쿠데타로 황제가 되었다는 것이 후의 그의 정책에 많은 영향을 미쳤다. 주원장이 명을 왼쪽으로 돌려놨다면 주체는 핸들을 잡아 완전히 오른쪽으로 돌려놓았다. '성조(成组)'라는 그의 묘효가 명의 역사에서 그가 차지하는 지위를 잘 말해준다. 개국 군주의 묘호는 당연히 태조이고 나머지는 군주들은 전부 'O종(宗)'이라 불리는 게 원칙이다. 보통 두 번째는 태종이라 불린다. 당태종 이세민이나 조선의 태종 이방원처럼 말이다. 실질적인 두 번째 황제인 주체 역시 원래 묘호는 태종이었다.[115] 그러나 나중에 후손들이 그를 '성조(成祖)'로 추존하였는데 '이루었다(成)'와 개국군주에게 붙이는 '조(祖)'가 결합된 이 묘호는 "제2의 건국을 한 군주", "새로운 시대를 연 군주"라는 의미가 담겨있다. 명·청 543년의 운명은 사실 명의 276년 역사에 의해 대부분 정해진 거나 마찬가지였다. 그리고 명의 역사는 1대 태조 주원장과 3대 성조 주체, 이 두 황제에 의해 그 운명이 6할 이상 정해졌다.

피의 군주

명성조 주체를 중국 사람들은 어떤 시각으로 볼까? 내 생각에 중국 사람들이 그를 보는 시각은 우리가 조선의 태종 이방원이나 세조 이유를 보는 것과 비슷할 것 같다. 이들은 많은 업적을 남겼음에도 왕위(태종의 경우 세자 지위) 찬탈과 이어지는 피의 숙청이 너무 깊게 각인되어 있어서 역사의 평가에서 무지하게 손해를 본 왕들이다. 왕위를 찬탈한 자가 해야 할 다음 수순은 전 정권의 대신들에 대한 처리이다. 어떤 이들은 자기가 품어야 하고 어떤 이들은 가차 없이 제거해야 한다. 대신들의 입장에서도 마찬가지로 왕위를 찬탈하고 들어온 새로운 군주에

---

115) 2대 주윤문은 당시 죽었는지 살았는지가 불분명했기에 무덤을 만들 수 없었고 그래서 묘호가 없었다. 그러다가 후에 혜종(惠宗)으로 추존되었다.

대해 어떤 입장을 취할까의 문제가 남는다. 어떤 이들은 대세를 인정하고 새로운 군주를 섬기는가 하면 어떤 이들은 목숨을 내걸고 전 군주에 대한 절개를 지킨다. 소극적인 저항을 하는 사람은 관직을 포기하고 사표를 낸다. 세조가 폭군의 낙인이 찍힌 건 그의 사육신에 대한 처리 때문이었다.

1402년, 3년간의 내전을 끝내고 연왕 주체의 군대가 황궁으로 들어왔을 때 조정의 관원들은 그를 지지하였을까? 대세가 바뀌었음을 인정하고 순순히 그의 신하가 되기를 자청했을까? 당시 주체의 쿠데타가 얼마만큼 정치인들의 지지를 받았는지를 보여주는 숫자가 있다. 연왕 주체가 난징을 함락했을 때 관복을 벗어던지고 도망간 조정의 대신이 463명이었다. 이들은 실업자가 될지언정 반역자 밑에서는 일을 할 수 없다고 결심한 사람들이었다. 그럼 주체를 새 황제로 인정하고 그 밑에서 일을 하고자 했던 관원들도 있었나? 있었다. 25명이었다.

왕위를 찬탈한 군주가 전 정권의 관원들에 대해 단호한 조치를 하는 것은 어떻게 보면 피할 수 없는 수순이다. 그런데 새로운 군주는 왜 이들을 죽이는가? 자신을 반대했던 이들이 미워서? 물론 밉기는 하겠지만 밉다고 다 죽이지는 않는다. 또 다른 반역의 씨를 없애기 위해서? 뭐 그런 이유도 있긴 하다. 하지만 이들을 죽이는 가장 큰 이유는 자신의 정당성을 세우기 위해서이다. 주체가 내세운 쿠데타의 명분은 무엇이었나? '청군책(군주의 옆에 있는 간신을 제거한다)'이었다. 이들 간신들이 황제를 잘못 이끌어서 나라가 혼란에 빠졌고 자신은 '정난(재난에 빠진 나라를 바로잡는)'을 하기 위해 왕족으로서 어쩔 수 없이 봉기한 것이었다. 이제 쿠데타가 성공했으니 무얼 해야겠는가? 나라를 재난에 빠뜨린 간신들을 처벌함으로써 혼란이 수습되었음을 만천하에 보여주고 자신의 한 일이 옳은 일이었음을 증명해야 한다. 정치 공학적으로 쿠데타가 성공하면 전 정권의 핵심 인물들은 무조건 죽게 되어 있었다.

당연히 주체에게도 간신 리스트가 있었다. 이 리스트에 1순위로 이름이 올라가 있는 사람이 제태(齊泰)와 황자징(黃子澄)이라는 사람이었다. 이 두 사람은 삭번책을 제기하고 주도한 자들이었으므로 주체로서는 애초부터 1급 타도 대상이었다. 이 둘에 대해서 주체는 그 어떤 자비도 베풀지 않고 바로 처형하였다. 명성조 주체가 악독하고 잔인한 인물로 각인된 이유는 자신에게 반대한 정치인들을 처형함에 있어서 아주 잔인한 방식을 서슴치 않았다는 것과 9족 연좌를 남발하여 아주 많은 사람들이 처형장으로 끌려갔다는 데에 있다. 황자징은 두 팔이 잘렸고 곧이어 두 다리도 잘렸다. 철현(鉄鉉)이란 자는 주체가 대전 앞에서 직접 심문을 하였는데 그는 시종일관 새 황제 앞에서 등을 보이며 얼굴을 마주하지 않았다. 그러자 주체는 그의 귀를 자르게 했는데 그래도 돌아앉지 않자 그의 코를 베게 했다. 그리고 자른 코와 귀를 그의 입 안에 구겨 넣으면서 "맛있냐?"고 물었다. 그래도 끄떡없자 결국은 그를 끓는 기름솥에 던져 넣었다. 껍질을 벗겨 죽인 사람도 있었고 사지가 찢기는 거열형을 당한 사람도 있었다. 당송 시대에도 행해지지 않았던 이런 극형이 행해진 것을 보면 명은 인권이나 인간 존엄의 측면에서 거의 진나라 수준으로 후퇴했다고 볼 수 있겠다.

주체가 자행한 학살 중에 당대(當代)뿐 아니라 후세에도 가장 말이 많았던 건 유생 방효유(方孝孺)를 죽인 것이었다. 방효유는 당시 유생들의 정신적 지주였고 명왕조 초기 이학의 대표 인물이었다. 그는 전 정권에서 황제의 자문 직을 맡았지만 주체는 원래 그를 죽일 생각은 없었다. 그를 죽이면 여론이 그에게 등을 돌일 수 있다는 걸 잘 알고 있었기 때문이다. 그래서 그는 주체의 1급 간신 리스트에 들어있진 않았다. 그런데 그냥 옥중에 가만 놔뒀으면 별일이 없었을 텐데 주체가 조금 욕심을 냈다. 그를 불러 자신의 황제 등극 조서를 써달라고 한 것이다. 문인들의 대표자인 그가 황제 등극 조서를 쓰면 유생들의 지지를 받을 것이라는 생각에서였다. 방효유를 부른 주체는 그를 '선생님(先生)'이라고 부르면서 처음에는 그를 회유하려 하였다. 그러나 대쪽 같은 이학자인 방효유는 당연히 주체의 명을 거부하였고 그것도 모자라 주체를 비난하는 말을 그의 면전에 쏟아냈다. 결국 주체는 화를 참지 못하고 이렇게 말했다.

주체: 구족 멸문이 두렵지 않느냐?
방효유: 십족을 죽인들 나더러 뭘 어쩌라는 것이오!
주체: 그래?

이리하여 중국 역사상 최초로 십족 연좌가 실시되었다. 구족 연좌란 부계 4족, 모계 3족, 처가 2족을 말하는 데 십족이니 여기에 친구와 제자들이 포함되었다. 그리하여 무려 847명이 방효유 때문에 끌려들어가 참수되었다. 이들은 한 명, 한 명 방효유의 앞으로 데려와져서 그가 보는 앞에서 목이 잘렸다. 꿈쩍도 안 하던 그도 자신의 동생이 죽었을 때에는 눈물을 흘렸다고 한다. 마지막으로 방효유 자신은 거열형당했다.

명 성조 주체는 중국 역사에서 아주 악랄한 방법으로 아주 많은 사람을 학살한 황제로 각인되어 있는데 이는 방효유와 같은 유생들을 죽인 것이 컸다. 이들 붓을 놀리는 사람들은 여론에 가장 크게 영향을 미치는 사람들이었고 또한 유교의 가치관에 따라 방효유 같은 사람은 충과 효를 지킨 사람으로 남고 주체 같은 사람은 '천하의 악마 같은 놈'으로 두고두고 욕을 먹게 되어있기 때문이다. 방효유는 자신의 지조와 847명의 목숨을 맞바꾸었는데 이 역시 똑같이 비윤리적인 처사이다. '도대체 방효유는 또 무슨 자격으로 이들의 목숨을 희생시켰는가?'라고 역사가 이중톈은 그의 저서 《주명왕조》에서 방효유의 이기적인 처사 역시 비난하였다. 그는 이렇게 말하였다. "십족을 죽인들 나더러 뭘 어쩌라는 것이오!"라는 말은 이들 847명의 목숨이 전부 방효유의 것이라는 건가? 만약 이렇게 다른 사람의 생명을 하찮게 여긴다면 그 역시 주체 같은 부류와 무엇이 다르단 말인가[116]

주원장과 주체, 이 두 부자는 모두 사람을 많이 죽인 황제이다. 한 명은 공신들을 학살하였고 또 한 명은 전 정권에 충성하는 관원들을 학살하였다. 희생된 사람 수로 보자면 주원장 때가 더 많았을 것이나 비난의 화살은 주원장 보다는 주체에게로 더 많이 쏠렸다. 이는 왜일까? 어쩌면 중국인들은 개국 직후의 공신들에 대한 숙청은 역대의 모든 왕조에서 있어왔고 그것은 정도의 차이일 뿐 피할 수 없는 과정이라 생각하고 있었을 지도 모른다. 그러나 주체의 학살은 자신이 모시던 황제에게 충성을 다 바치고 절개를 포기하지 않는 자들에 대한 학살이었다. 또한 주체가 황위를 찬탈한 것은 아버지 주원장이 정해놓은 결정을 부정하는 행위였다. 즉, 유가의 가치관에서 보자면 효(孝)를 저버린 자가 충(忠)을 지키는 자들을 누른 행위였다. 새 황제의 정당성은 후세 유학자들뿐만 아니라 당시의 백성들도 받아들이기 힘들었을지 모른다. 주체 자신이 이를 잘 알고 있었다. 그래서 그는 대내외적으로 많은 업적을 남기는 것에 자신의 모든 것을 걸었고 그와 동시에 사회내 반대 목소리를 찾아내고 억압하는 데에 아주 많은 정력을 쏟아붓게 된다.

천도

1420년(영락18년) 9월, 북경성 건설 공사가 거의 완성 단계에 이르렀음을 보고받은 주체는 북경(베이징)으로의 천도 계획을 만천하에 공개하

---

116)   易中天《朱明王朝》浙江文艺出版社 2018. 64쪽

였다. 이듬해 정월에 북경이 제국의 수도로 선포됨과 동시에 오늘날의 고속도로 거리로도 1,020킬로미터나 되는 천도의 행렬이 시작되었다. 그리고 그해 봄에 천도가 순조롭게 이루어짐으로써 베이징을 수도로 한 중국의 역사가 시작되었고 그 후로 오늘날에 이르기까지 베이징은 중국의 수도 지위를 유지하고 있다. 그러므로 내가 이 글을 쓰고 있는 지금은 명이 베이징으로 천도한 지 정확히 600년이 되는 해이다. 물론 그전에 원(元)이 베이징을 대도(大都)라 하며 수도로 하였고, 그 전에 요(辽)가 이곳을 남경으로 정하여 부수도로 사용했으니 도읍으로서 베이징의 역사는 이보다 훨씬 길긴 하다. 그러나 요와 원의 건축물은 석탑이나 산속의 사찰 정도를 제외하곤 거의 남아있지 않고 오늘날 베이징에 남아있는 옛 모습들은 거의가 명청 시대에 만들어진 것이다. 주체는 북경성을 건설할 때 원대에 만들어진 도시의 기초에서 리모델링을 한 것이 아니라 완전히 갈아엎고 재개발을 하였다. 그러므로 1421년부터 베이징의 역사가 새로 쓰였으며 오늘날의 베이징의 정체성은 이 시기부터 형성되었다고 할 수 있다.

베이징으로의 천도는 중국의 천도 역사에서 아주 의미심장하다. 우리는 여태껏 중국사를 이야기하면서 주의 동천에서 송의 남천에 이르기까지 수많은 천도를 보아왔다. 2권의 33장에서는 북위의 남천을 이야기하면서 천도의 이유와 그에 따른 몇 가지 타입에 대해서도 소개하였다. 명의 베이징 천도가 의미심장한 이유는 뭘까? 그것은 이번의 천도가 우리가 알고 있는 이전의 천도와는 전혀 다른 새로운 타입의 천도이기 때문이다. 아마 이 말이 무슨 뜻인지 아직 감이 안 올 수도 있다. 다시 질문을 해보겠다.

"명은 왜 그들의 안보상 최대 위협인 북방 유목 세력의 코앞으로 천도했나?"
허베이성의 북부에 병풍처럼 둘러쳐져 있는 옌산 산맥은 오랫동안 유목 민족으로부터 한족의 터전을 지켜주는 1차 지형지물이자 북방 경계선의 역할을 해왔다. 진의 통일 이후 중국인들은 그 위에 만리장성이라는 군사 방어선을 구축하여 중원을 보호하였다. 북송 때까지는 이 방어 체계가 뚫리더라도 황하라는 2차 지형지물이 수도를 보호하였다. 남송 이후로는 그것이 뚫리더라도 회하가 있었고 남경이나 항저우를 치려면 마지막 방어선인 장강을 건너야 했다. 중국의 역대 왕조들은 거의 예외 없이 장성을 증축 또는 보수하였는데 이는 그만큼 북방 민족들의 남하에 신경을 곤두세웠다는 것이고 따라서 대부분의 한족 정권들은 이들과는 가급적 멀리 떨어지려고 했다. 그런데 베이징은 어떤 곳인가? 베이징 시내에서 차로 한 시간만 달리면 장성의 북쪽 관문인 거용관(居庸关)에 도착한다. 베이징 북쪽의 옌산 산맥을 관통하는 국도를 2시간만 달리면 바로 드넓은 초원 지대가 펼쳐진다.

　명은 왜 제 발로 1차 방어선인 장성의 바로 코앞으로 수도를 옮기려 했을까? 경제적으로는 이유를 찾기 어렵다. 중국은 송대부터 이미 경제 중심이 강남으로 옮겨졌고 명대에 와서는 남북 간의 경제 격차가 더욱 벌어졌다. 가뜩이나 당시 베이징은 원이 멸망한 후 30여 년 동안 방치되어 있었기에 남방의 번화한 도시들과는 경제력에서 비교가 안 되었다. 경제의 차이는 문화의 차이를 만들었고 그래서 주체가 천도하기 전의 명 조정은 대부분이 남방 사람들로 채워져 있었다. 한 가지 에피소드가 당시 남북 간의 문화 수준 차이를 아주 잘 설명해준다. 주원장이 명을 성립하고 치러진 첫 번째 과거에서 진사 합격자 전원이 남방 사람이었다. 일부 북방 출신 응시자가 이에 대해 항의하였고 이를 이상하게 여긴 주원장은 전원 재시험을 명령하였다. 그런데 두 번째 시험 결과 역시 합격자 전원이 남방 사람이었고 북방 사람은 단 한 명도 없었다. 그 후로 주원장은 지역의 균형 발전을 위해 과거제에 남북방 쿼터제를 실시하였는데 이는 당시 남북 간의 경제 발전 수준, 문화 수준,

교육 수준의 차이가 이미 현저했음을 드러낸다. 시대를 거슬러 올라가서 북위의 효문제가 따통에서 낙양으로 전격 천도를 했을 때에는 한족들이 많이 분포한 낙양이 훨씬 경제·문화적으로 앞서 있었기에 천도의 이유와 명분이 충분했다. 그럼 명은 왜 경제, 문화, 안보 측면에서 모두 열세인 북쪽으로 중심지를 1천 킬로미터나 움직였을까? 더욱 이해가 가지 않는다.

그러면, 하나 남은 이유는 정치적 이유이다. 앞서 2권에서 말했듯이 사실 모든 천도에는 정치적인 이유가 깔려있다. 주체의 천도도 이와 무관치는 않다. 주체는 등극 이후에 반대파들에 대한 수많은 학살을 하였는데 이는 달리 말하자면 이곳 난징은 건문제 주윤문의 지지 세력이 강한 지역이라는 것을 뜻한다. 자신이 많은 학살을 자행한 곳에서 벗어나 새롭게 시작하고 싶은 마음이 분명히 있었을 것이다. 그런데 이 이유로 베이징으로의 천도를 전부 설명하기에는 좀 부족하다. 왜 하필 베이징인가? 사실 주체 이전에 주원장도 천도의 생각을 가지고는 있었다. 그는 옛 한·당의 수도인 섬서성 시안과 북송의 수도인 카이펑(개봉) 사이에서 고민하다가 카이펑으로 천도하려고 했는데 태자가 갑작스럽게 사망하는 바람에 미뤄졌고 그 후 여러 가지 정치 풍파를 거치고 자신도 노쇠해지면서 천도의 생각을 접었다. 주체의 천도가 이해가지 않는 건 아니나 왜 하필 가장 변경 도시인 베이징이었을까? 이에 대한 답은 아래의 이야기를 먼저 하고 다시 이어서 하는 게 나을 듯하다.

북벌, 북벌, 북벌…

주체는 그의 나이 스물한 살에(1380년) 북평으로 가서 연왕으로 취임했고 쿠데타를 일으킨 게 마흔 살 때였으니 그는 근 20년 동안 명 제국 최전선 지역의 통치자로 있었다. 당연히 그의 전공 분야는 몽고와 장성 너머의 초원 지대였다. 그가 '정난의 역'을 일으킬 수 있었던 건 자신이 연왕으로 있었을 시기에 구축했던 북경을 베이스로 한 정치적 자산이 기반이 되었기 때문이다. 그리고 그의 정치적 자산은 그가 황제가 된 후에도 빛을 발휘하여 명은 북쪽으로 세력을 크게 확장하였다.

몽고인들은 어떻게 되었는가? 장성 이북에서 명맥을 이은 북원은 통치 계층 내부의 분열과 혼란을 겪었고 3~4명의 대칸이 음모와 반란으로 줄줄이 칼을 맞는 신세가 되었다. 초원 민족이 이룬 제국의 쇠퇴는 항상 분열로 이루어지게 되어있다. 왜냐하면 이들은 하나의 민족이 아니라 여러 부락을 복속시켜 만든 연합체이기 때문이다. 원 제국도 마찬가지였다. 다시 막북으로 쫓겨난 몽고인들 중 투르크계인 타타르(Tatar)와 오이라트(Oirat) 부락이 세력을 키우기 시작했다. 그리고 주체가 난징에서 황제로 등극하던 바로 그해인 1402년에 북쪽에서 아주 큰 사건이 일어났다. 북원 내부에서 정변이 일어났는데 이때 칸의 혈통이 칭기즈칸·쿠빌라이 계열의 순혈 몽고족에서 타타르 부족으로 바뀐 것이다. 북원의 정치 실세인 아루타이(阿魯台)가 정변을 주도했고 그는 마지막 쿠빌라이계 대칸인 쿤-티무르를 죽이고 타타르 부족 출신인 구이리치(鬼力赤, Guilici)를 대칸으로 옹립하였다. 아루타이는 이란계 몽고족이라고도 하는데 아무튼 이들 타타르계라 불리는 이들은 우리가 생각하는 몽고인들과는 생김새가 달랐을 것이다. 이로써 몽고의 통치 계층에 큰 변화가 생겼고 이때 이후로 몽고 세력은 북원으로 불리지 않는다. 북원은 이때 멸망한 거나 다름없었다. 재미있는 건 14세기에서 15세기로 넘어가는 이 시점에서 조선, 명, 북원의 동북아 세 정권에서 거의 동시에 권력 찬탈이 일어났고 이는 세대교체와 더 나아가서 정권의 화학적 변화를 초래했다는 것이다. 이방원이 세자 책봉에 불만을 품고 왕자의 난을 일으킨 것이 1398~1400년 사이이고, '정난의 역'이라는 중국의 내전은

1399~1402년 사이이며, 북원에서 칸의 계열이 오리지널 몽고계에서 타타르계로 바뀐 것도 1402년이다. 타타르에는 칸이 있었지만 실세는 태사(太師)의 자리에 있는 아루타이였다. 한편 초원의 서쪽(알타이산 북쪽)에서 또 하나의 투르크계 몽골 민족인 오이라트 부락이 세력을 키워 거의 독립 상태에 이른다. 이로써 주체가 등극한 직후에 몽골 초원 지대는 동쪽에 타타르(Tatar), 서쪽에 오이라트(Oirat)의 두 정권으로 나뉘었고 이들은 서로 대립하였다.[117]

명 초기 동북아 세력 판도

그러나 타타르에서는 1408년에 또 한 번의 정변이 일어났다. 북원의

---

117) 타타르와 오이라트는 중국어로 韃靼와 瓦剌이므로 시중에 나와 있는 많은 책들은 '달단'과 '와랍'으로 표기하기도 한다.

마지막 대칸 쿤-티무르의 아들 부냐시리가 돌아와서 몽고 민중들과 아루타이의 지지를 받아 타타르의 칸에 등극한 것이다. 부냐시리는 1402년 타타르계의 정변 발발시 서쪽으로 몸을 피해 중앙아시아의 티무르 제국에 잠시 망명해 있다가 신장 지역으로 옮긴 후 또 다시 기회를 틈타 타타르로 컴백한 것이었다. 타타르는 처음에는 명과 좋은 관계를 유지하였으나 1408년에 부냐시리가 칸이 된 후로는 명을 향한 대외 전략이 180도로 바뀐다. 역사를 보면 이렇게 정변으로 들어선 정권이 지지세력을 결집하기 위해 초강경 대외전략으로 급선회하는 경우가 있는데 이는 결국 주변국과의 전쟁으로 이어지기도 한다. 연개소문이 정권을 잡은 고구려가 당과 부딪힌 것도 이와 비슷했다.

1년 후인 1409년 2월에(주체 재위 7년째 해) 명은 타타르에 사신을 보내 새로운 외교 관계를 맺고자 했다. 명이 말하는 외교 관계란 타타르가 신하의 관계를 인정하고 때마다 약간의 조공을 바치면 명은 중원의 주인으로서, 타타르는 초원의 주인으로서 서로를 인정하고 평화롭게 지내자는 것이었다. 그러나 강경 노선으로 돌아선 부냐시리의 타타르 칸국은 이를 수용하지 않았고 오히려 명의 사신을 죽여서 돌려보냈다. 부냐시리가 이렇게까지 한 건 타타르 내부 정치 상황도 있었지만 국제 동맹 관계 요인도 있었다. 명은 자기들과 국경을 맞대고 있는 타타르를 견제하기 위해 (역사상으로 중국이 늘 그래왔듯이) 서쪽의 오이라트와 동맹을 맺고 이들을 지원하였다. 그러니 타타르의 입장에서 명은 적국인 셈이었다. 어찌 되었건 상황이 이 지경이 되었으니 명으로서도 이제 남은 옵션은 전쟁밖에 없었다.

그해 7월에 구복(丘福)을 사령관으로 한 10만의 군대가 타타르 정벌에 나섰다. 그러나 구복의 군대는 컬른강(Kherlen, 중국명 커루룬강[克魯倫河], 베이징에서 고속도로로 1600킬로미터 이상)에 다다랐을 때 적을 우습게 보고 무모하게 돌진했다가 전 부대가 이곳에서 몰살당하고 만다. 이 소식을 들은 주체는 뚜껑이 열렸고 이에 타타르를 향한 친정을 결심한다. 그해에 주체는 오이라트의 수령 마하무를 순녕왕으로 봉하는 등의 파격적인 외교적 지원을 하여 이들과 동맹을 강화하였다. 타타르를 협공할 수 있는 조건을 만들어 놓기 위함이었다.

주체의 1차 친정은 1410년 2월에 시작되었다. 주체는 50만 대군을 베이징에 집결시킨 후 이들을 데리고 거용관을 나와서 북으로 향했다. 이들은 3개월 동안 행군하여 5월에 Onon강변(컬른강보다 좀 더 북쪽, 몽골과 러시아의 경계선)에 다다랐고 이곳에서 부냐시리의 군대를 대파했다. 부냐시리는 소규모 군대만 이끌고 도주하였고 아루타이도 가족들을 데리고 도망갔다. 주체의 1차 친정은 대성공이었다. 부냐시리는 후에 오이라트의 공격을 받아 전사하였고 이 소식을 접한 아루타이는 명에 투항하였다. 명은 아루타이를 화녕왕에 봉했고, 타타르와 명이 수교하였다.

그러나 이제는 오이라트가 문제였다. 시간이 흐르면서 오이라트의 세력이 계속 강대해졌고 이들은 명의 서북쪽 통로를 막았을 뿐 아니라 점점 동진하면서 타타르를 통제하려고 했다. 북방에 거대 세력이 출현하는 걸 허락할 수 없었던 주체는 1414년에 오이라트를 향한 2차 친정을 시작하였다. 1차 친정 후 4년 만이었다. 2차 친정 역시 승리로 끝났으나 그리 성공적이었다고 말할 수는 없었다. 명은 50만의 대군으로 3만의 오이라트를 상대로 힘겨운 싸움을 했고 명군도 적잖은 피해를 입었기 때문이다. 더 큰 문제는 이런 식으로 명은 계속되는 북방 민족과의 싸움에 휘말렸다는 것이다. 주체는 그 후로 세 번의 친정을 더 감행하였는데 한 번의 원정 때마다 수십 만의 군대가 총과 대포를 끌고 1,500킬로미터 이상을 행군했다. 남경에서 출발하는 황제의 입장에서는 편도로만 2,500킬로미터 이상의 이동이었고 왕복으로는 5,000킬로미터였다. 초원으로의 원정은 리스크가 매우 큰 사업이었다. 거대 군대가 움직이는 황제의 친정 소식은 몽고인들의 귀에 사전에 다 들어갔고 광활한 초원에서 명의 군대는 적의 본진이 어디에 있는지조차 모르는 채 무작정 움직일 수밖에 없었다. 그러다 보면 식량이 떨어지게 되고 게다가 초원에는 겨울이 일찍 찾아온다. 3, 4, 5차 원정은 별 소득 없이 끝났다. 특히, 5차 원정 때 주체는 이미 나이가 60이 넘어서 기력이 없는 상태에서 무리하게 원정을 하였고 이들은 적의 그림자도 밟아보지 못하고 회군하였다. 결국 주체는 5차 원정의 회군 중에 세상을 떴다.

명은 주체가 황제로 등극한 후로 북방 민족에 대해 역대 어느 왕조보다도 공세적 입장을 취하였다. 황제가 다섯 번이나 연달아 대규모 친정을 한 건 처음 있는 일이었다. 이렇듯 영락 시기 전반에 걸쳐서 황제는 거의 북방의 군사 사업에 올인하듯 했다. 이 점에서 나는 영락제를 흉노를 향한 군사사업에 올인했던 한무제에 비유한 것이다. 북방에 대한 이런 공세적 입장은 그로부터 30년 후에 오이라트 정권에 의해 황제가 포로가 되는 어이없는 사건(토목보의 변, 1449) 발생 전까지 기본적으로 변함없이 지속되었다. 물론 이러한 북방에 대한 공세적 입장은 그 득과 실이 있었다. 명은 몽고인들을 저 멀리 북쪽으로 밀어내면서 북쪽으로, 특히 여진족들이 사는 동북 지역으로 세력권을 크게 늘릴 수 있었다. 당연히 장성 이남의 명의 본토는 북방의 근심에서 벗어나 안정을 취하며 생업에 집중할 수 있었다. 그렇지만 원정은 국력 소모가 엄청나게 큰 사업이다. 게다가 몽고로의 북벌은 안보를 지킨다는 것 말고는 경제적 이득이 전혀 없는 사업이었다. 이점에서 한무제의 서역 개척과는 매우 달랐다. 더군다나 다섯 차례의 북벌 중 세 번은 별 소득 없이 회군하였다.

다시 앞에서 이야기했던 천도의 이유로 돌아와 보자. 1414년에 주체는 2차 북벌을 마친 후 바로 남경으로 가지 않고 2년 동안이나 북경에 머물렀다. 왕복으로 3천 킬로미터가 넘는 행군과 전투를 마치고 돌아왔으니 그도 지칠 대로 지치고 병이 났다. 그 상태에 다시 1,000킬로미터가 넘는 거리를 또 가려니 엄두가 나지 않았을 것이다. 학자들은 이때 주체가 천도의 결심을 세웠을 것이라 한다. 남경은 북방 경영을 하기에는 너무 멀리 떨어져 있었다. 이 책의 시리즈에서 필자가 언급한 몇 가지 천도의 이유 중 아직 소개하지 않은 한 가지가 더 있는데 그것은 바로 군사·전략적 목적이다. 공략의 대상과 가까운 곳으로 자원을 집중시키는 국가의 장기 전략에 따른 것이다. 역사상 이런 경우는 주로 전시 상황이나 대치 상황에서 세력이 상대적으로 강대한 정권에 의해 이루어진다. 우리 역사에서도 고구려 장수왕의 남천이 대표적 케이스일 것이다. 2차 북벌 후 남경으로 복귀한 1416년에 그는 주요 대신들을 불러다 놓고 자신의 천도 계획을 밝혔다. 천도의 계획은 대신들의 반대에 부딪치진 않았나? 뜻밖에 이때는 대신들의 반대가 없었다. 왜냐? 이때는 이미 주체가 한다고 하면 신하들이 반대를 할 분위기가 아니었다. 게다가 전체 신하들을 불러놓고 얘기한 게 아니라 몇몇 핵심 대신들에게만 밝힌 거라 황제는 계획을 통보한 것이지 의견을 구한 게 아니었다. 사실 그전부터 주체가 천도를 할 것을 암시하는 움직임이 있었다. 영락7년, 그러니까 1409년에 그는 북경에 자신의 능을 건설하기 시작하였다. 황제의 능이란 거의 예외 없이 자신의 주 무대 또는 수도 주변에 위치한다. 이렇듯 주체는 북쪽에 대해 이상스러울 만큼의 열정과 집착을 쏟았는데 이는 그가 20년 동안 연왕으로 있었던 점, 자신의 생모가 몽고인이었다는 점,[118] 북경의 정치적 자산으로 황제가 되었다는 점, 북벌에 자신의 정치적 사활을 걸었다는 점 등이 복합적으로 작용한 결

---

118) 공식적으로 주원장의 첫째에서 다섯째 아들은 모두 마황후의 아들로 되어 있지만 실은 셋째 아들 주강(朱橚)과 넷째 주체(朱棣)의 생모는 몽고인 출신의 진(陳)씨로 알려져 있다. 진씨는 주원장의 비빈 리스트에 없을 뿐더러 사서의 기록도 거의 없이 베일에 싸여있다. 주강과 주체가 태어난 게 1358년과 1360년이니 그녀와 주원장은 전쟁 중에 만나서 아이를 낳고 개국 전에 죽거나 떠났거나 했을 것이다.

과였을 것이다.

베이징(北京)

1421년 봄, 천도의 행렬이 북경에 도착하면서 천도가 완성되었다. 천도는 도시를 건설하고 사람을 이동시키는 것 말고도 훨씬 많은 사업이 수반되는 일이다. 먼저 북경의 방어를 강화하기 위해 장성을 보수하고 증축하였다. 그러나 한 가지 알아둬야 할 것은 장성의 오늘날의 모습은 대부분 1449년의 '토목보의 변(土木堡之変)' 이후에 만들어진 것이다. 명의 대(對) 북방 군사·외교 정책은 '토목보의 변'을 계기로 공격에서 수세로 전환되었기 때문이다. 그러므로 '토목보 사건' 이전의 장성은 북위, 북제, 수 왕조 시절에 만들어 놓은 장성을 기초로 무너진 곳을 보수하고 봉화대를 늘리고, 일부 흙벽으로 된 곳을 돌벽으로 개조하는 데에 그쳤다. 명왕조 초기에는 방어보다는 장성 밖으로 나가서 이들을 더 멀리 보내거나 이들을 명의 조공 동맹 체제 안으로 포함시키는 것에 포커스가 맞춰져 있었기 때문이다. 그러나 '토목보의 변' 이후에 장성은 본격적으로 방어 위주로의 리모델링이 이루어졌고 오늘날 우리가 만리장성 관광지에서 보는 모습은 15세기 중반부터 만들어진 것이다.

새로운 도읍지의 경제를 활성화시키고 소비 수준을 높이려면 어떻게 해야 할까? 각종 인센티브를 주어 돈 있는 사람들을 이주시키면 된다. 하지만 그것만으로는 부족하다. 강남의 물자와 인력이 원활하게 북쪽으로 들어올 수 있도록 해야 했다. 이러한 목적으로 13세기에 원왕조에 의해 만들어진 게 경항대운하(남북대운하)인데 주체는 수십 년 동안 방치되어 못 쓰게 된 일부 구간을 보수하고 준설하여 경항대운하를 재개통하였다. 경항대운하는 원래 원왕조를 이야기할 때 꺼냈어야 하는

데 원을 생략하였기에 지금 이야기하게 되었다. 경항(京杭)대운하는 이름 그대로 베이징(京)과 항저우(杭)를 남북으로 잇는 전장 1,800킬로미터짜리 거대 내지 수상 노선이다. 그럼 당시 중국인들은 1,800킬로미터의 땅을 파서 물길을 틔웠는가? 물론 아니다. 2권에서 수나라의 대운하를 다루면서 운하라는 게 어떻게 만들어졌는지에 대해 이미 이야기하였다. 경항대운하도 마찬가지로 자연 하천과 호수, 그리고 수당대운하의 기초 위에 만들어졌다.

경항대운하와 수당대운하의 노선

위의 지도에서 보이는 것처럼 낙양을 중심으로 두 방향으로 뻗어있는 수당대운하 구간[119]을 남북으로 바로 이은 것이 경항대운하의 핵심이다. 물론 당시의 수당대운하는 이미 말라버려서 운하로서 기능을 하

---

119) 남북으로 새로 생긴 구간은 산동성 린칭(臨淸)에서 장수성 화이안(淮安)까지이다.

지 못하고 있었다. 그러므로 이 구간을 이어 수당대운하보다 수백 킬로미터를 단축시킨 경항대운하를 개통시켰다는 건 중국의 경제사에서 의미가 매우 크다고 할 수 있다. 베이징의 발전에는 경항대운하의 공헌이 매우 컸다는 데에는 의심의 여지가 없다. 경항대운하는 19세기에 아편전쟁, 태평천국의 난과 같은 안팎으로의 혼란으로 인해 준설 공사가 중단되어 일부 구간이 막히긴 하였지만 그래도 19세기 말까지는 남북 간 인력과 물자의 주요 운송로 역할을 하였다. 그러다가 기차가 등장하면서 쇠퇴하기 시작하였고 오늘날에는 운하로서의 기능은 완전히 없어졌다. 일부 구간은 없어지고 일부 구간은 남아있긴 하지만 그것이 인공 운하인지, 자연 하천인지 구분을 할 수 없고 주변 주민들의 산책로와 공원이 되었다.

명의 영토는?

명의 영토는 얼마만큼이며 어떻게 생겼을까?

Baidu   Google   한국 교과서

앞의 세 개의 지도는 모두 전성기 명의 영토를 보여주는 지도이다. 하나는 오늘날 중국보다도 더 큰 거대 제국의 모습이고 하나는 2,200년 전 진시황에 의해 중국이 첫 통일을 이루었을 때와 거의 같다. 첫 번째 지도는 중국의 고등학교 교과서에 있는 지도인데 바이두에서 명의 영토를 검색하면 대부분 이런 지도가 나온다. 미국인들은 명의 영토를 어떻게 볼까? 구글에서 명의 영토를 검색하면 물론 여러 가지 버전이 나온다. 위의 지도는 그중 보수적인 버전이다. 세 번째 지도는 한국의 고등학교 세계사 교과서에 실린 전성기 명의 지도이다. 미국의 교과서에는 어떻게 실려 있는지 확인하지 못했지만 한국의 교과서보다 절대 크지는 않을 것이다.

그럼 어느 것이 맞는 지도인가? 명은 중국의 여러 왕조 중 영토적으로 가장 논쟁적인 시기이다. 전성기 당의 영토에 대해서는 약간의 차이는 있어도 대체적으로 버전에 따라 현격한 차이를 보이지는 않는다. 따라서 사람들이 그리 왈가왈부 하지도 않는다. 그러나 명의 영토는 그 차이가 매우 크다. 두 번째 지도를 중국인들에게 보여주면 펄쩍 뛸 것이고 첫 번째 지도를 일본인이나 러시아인에게 보여주면 어이없어 할 것이다. 도대체 이 차이는 어디서, 왜 생기는가? 이에 대한 답을 찾아가는 과정은 명왕조의 대외 전략과 당시 동아시아의 상황에 대해 많은 것을 알려줄 지도 모른다.

이들의 차이는 어디에 있는가? 한눈에 봐도 닭의 머리에 해당하는 동북 지역과 엉덩이에 해당하는 티베트 및 칭하이의 두 개 거대 지구에 있음을 알 수 있다. 동북 지역은 티베트 지역과 마찬가지로 원 이전에는 중국의 어느 왕조도 이 지대를 영토화한 적이 없다. 이쪽에 군대를 주둔시킨 적도 없고 이곳에 한족들을 이주시키지도 않았다. 한족들은 이 지역을 그저 몹쓸 땅이라 생각했었다. 그럼 명대에 와서 이곳이 영토가 된 것은 맞나? 어떻게 된 것인가?

누르간 사령부

중국이 오늘날의 광대한 영토를 가지게 된 것은 알고 보면 몽고족과 만주족, 이 두 소수 민족에 감사해야 할 일이다. 13~14세기는 전 유라시아의 구석구석에까지 몽고 민족의 깃발이 꽂혔다. 동북아는 북으로 오늘날의 몽골공화국 전체와 러시아 일부, 서와 남으로는 티베트와 윈난성에 이르는 방대한 울타리가 원(元)이라는 이름으로 이때 둘러졌다. 특히 여진족들의 터전인 거대 동북 지대와 토번 민족의 터전인 티베트 지대가 느슨하게나마 이 울타리 안으로 들어왔다는 건 동북아 영토사에 있어서 굉장히 큰 변화가 아닐 수 없다. 동북 지대는 여진족의 언어로 '누르간(Nurgan, ᠨᡠᡵᡤᠠᠨ)'이라고 불렸는데 새로 성립된 명나라도 이 지역을 부를 자신들의 이름이 없었기에 여진족의 지명을 한자로 음차하여 '노아간(奴儿干)'이라고 불렀다. 이제 이 거대한 울타리의 주인이 패망하고 북쪽으로 밀려났고 한족이 다시 중원의 주인이 되었다. 그러면 예상되는 시나리오는 두 가지이다. 새로운 주인인 주씨 왕조가 거대한 울타리를 전부 접수하는 것, 아니면 중원 땅을 제외한 소수 민족 지역에서 저마다 정권을 세우고 독립하는 것이다. 만약 이 두 가지 시나리오가 충돌하면 다시 사방에서 '한족 vs 유목 민족'의 전쟁이 벌어질 수도 있다.

누르간 지역과 토번 지역은 원의 거대 울타리가 아니었으면 명왕조가 과연 생각이나 했을지 의심스럽다. 하지만 비록 침략자가 친 울타리지만 100년 동안 처져있던 이 울타리는 자연스레 중국인들의 시야를 넓혀주었다. 자신들은 몽고인들을 몰아내고 세운 정권이니 몽고인들이 점령하고 있던 소수 민족의 땅에 대해 주인 행세를 할 수 있는 상황이 된 것이다. 그럼 당시 주원장의 이들 지역에 대한 입장과 전략은 무엇이었을까? 명의 군대가 강력하긴 했지만 이들은 여전히 북방으로 밀려난 북원(北元)을 상대해야 했고 그래서 나머지 소수 민족 지구에서 전쟁을 벌일 여력이 사실상 없었다. 오히려 북원과 인접해 있는 민족들을 자기 편으로 끌어들여야 했다. 그런데 다행스럽게도 '누르간'이라 불리는 이 동북 지대의 여진족들은 세력이 그리 강하지 않았다. 한때 중국의 절반을 점령했던 이들은 원에게 멸망하면서 인구가 급격하게 줄었고 누르간 지역에 있던 잔존 세력들은 원의 통제하에 유목과 수렵을 하며 살아왔을 뿐이다. 또한 이들은 자신들을 점령한 몽고족에게 감정이 있었지 같은 피지배 신세였던 한족에게는 악감정이 별로 없었다. 그래서 명은 건국 초기에 이들을 향한 군사 행동을 할 필요 없이 기미 정책을 펼 수 있었다. 기미(자치) 지역에서는 통치 계급과 백성들이 모두 현지 민족이었고 군사, 행정, 조세 모두 현지에서 알아서 했기 때문에 실질적으로 독립 정권이나 마찬가지였다. 물론 명은 이들의 생활방식, 관습, 종교에 대해서는 전혀 관여하지 않았다. 이 기미 지구를 어떻게 보느냐에 따라서 중국 고대사의 지도가 확 바뀐다. 1,240만 제곱킬로미터에 달했던 당의 영토도 북쪽의 기미 지역을 제외하면 1,000만 제곱킬로미터 이하로 줄어버린다. 그래도 당은 기미로 인한 영토 논쟁의 여지가 명 보다는 훨씬 작은 편이다. 왜냐하면, 예를 들어 서역을 관할했던 안서도호부에는 당에서 파견된 사령관과 상당 규모의 당의 군대가 주둔했으므로 이곳을 당의 실질적 지배라고 인정해주는 데에 이견이 없다. 토번은 당의 적국이었기 때문에 애초에 당의 영토나 세력권에 포함시키지 않는다. 그러므로 논쟁거리가 그리 많지 않다. 그리고 하나 더하자면, 천 몇백 년 전의 일에 대해서는 "그래, 당신들 믿고 싶은 대로 믿으시오"라는 일종의 관대함 같은 것이 조금은 작용하지 않을까 한다. 하지만 명은 다르다. 기미 지구를 제외하면 그 결과가 지도1과 2로 완전히 다른 역사가 되어버리니 서로 물러설 수 없고 그 시기도 500~600년 전이므로 비교적 생생하다.

다시 누르간 지역 이야기로 돌아와 보자. 명정부는 영락 원년(1403)에 이 지역의 여진 및 여러 부락들을 하나하나 만나 기미 정책을 제안하였고 대부분의 부락장들이 이에 동의하였다. 이렇게 주변 정권이나 부락에게 복속을 권유하면서 기미 관계를 제안하고 체결하도록 만드는 일을 '초무(招撫)'라고 하였는데 이는 중국이 주변으로 세력을 확장하는 두 가지 수단 중 하나였다. 이들은 약간의 군대를 데리고 소수 민족의 근거지를 찾아갔으며 '복속하면 지역의 자치와 명과의 교역을 보장할 것이고 거절하면 군사 행동이 있을 것'이라고 했을 것이다. 영락 시기 초반에 이 '초무'가 활발하게 이루어졌고 꽤 큰 성과를 거두었다. 초무가 성공하면 그 지역에 현지 부락민으로 구성된 군대인 위(卫)가 설립되었고 이들은 일부는 하북사령부에, 일부는 요동사령부의 지휘를 받게 되어 있었다. 이런 식으로 명은 동북, 깐수 서부, 서남 지역을 기미 지구로 설정하여 이들 지역을 세력권으로 넣음과 동시에 군사적으로는 북쪽의 몽고에 집중할 수 있었다. 영락 시기 누르간 지역은 이러한 활발한 초무 활동으로 현지 민족으로 이루어진 군사 구역이 115위(卫)에 이르렀다. 한 개 위가 5,600명의 군사로 이루어져 있다고 하면 총 64만 명이라는 얘긴데 위(卫)의 규모도 일정치가 않았으니 알아서 줄여서 생각해야 할 듯하다. 여하튼 이 지역이 수십만에 달하는 거대 군사 구역이 되어버렸으니 이를 통합 관리하는 상급 부대의 필요성이 생겼다. 1409년에 주체는 "누르간도지휘사사(奴儿干都指挥使司)" 설립을 비준하였고 1411년에 오늘날의 러시아 영토인 니콜라옙스크(Nikolayevsk)에 사령부와 파견부대를 주둔시켰다. '지휘사(指挥使)'는 사령관의 의미이고 여기에 '도(都)'를 붙여서 '도지휘사(都指挥使)'라고 하면 총사령관이라는 뜻이다. 그러므로 이는 "누르간 총사령부" 혹은 "누르간 군단 본부"라 해석할 수 있다. 니콜라옙스크(Nikolayevsk)가 어딘가 하면 흑룡강(아무르강)이 오호츠크해로 들어가는 곳, 즉 사할린 섬의 북단이다.

명정부가 이렇게나 북쪽 끝에다가 사령부를 만들었다는 건 참으로 이상한 일이다. 그 이유는 원대의 정동(征東)사령부가 이곳에 있었기 때문이다. 누르간도사[120]의 총사령관(도지휘사)에는 정2품의 최고 무관직이 임명되도록 되어 있었지만 어찌된 일인지 사료에는 총사령관 파견에 대한 기재가 없다. 그래서 실제로는 부사령관(도지휘사동지同知, 정3품)이 총사령관 직을 수행한 것으로 보이며 초대 부사령관으로는 명으로 귀화한 타타르족 후예인 강왕(康旺)이라는 자가 임명되었다. 총사령부에는 많게는 3,000명에서 적게는 500명의 군대가 파견되었고 2년에 한번씩 교체하였다. 주둔한 군대의 규모로 봤을 때 그저 경계병과 행정병 파견의 수준인 것 같지만 그래도 지휘관과 군대가 파견되었다는 건 의미 있는 일이라 할 만하다.

그러나 명의 누르간도사에 대한 관할은 오래가지 못했다. 주체가 죽자 누르간 지역에 대한 명의 장악력이 점차 약해졌고 5대 명선종(주첨기朱瞻基) 때인 1434년에 군대를 철수시켜 누르간도사는 사실상 이때 폐지된다. 실질적으로 20여 년 정도 지속된 것이다. 명선종이 동북 지역에 대한 지배권을 잃을 수 있는 리스크를 감수하고서도 누르간 사령부를 폐지한 것은 도대체 무슨 이유에서 일까? 간단히 말하자면 자신의 할아버지 주체가 벌려놓은 사업이 너무 버거웠기 때문이다. 주체는 재위 기간 중 총 5차례의 북벌, 대항해, 천도와 북경성 건설, 대운하 준설, 누르간 사령부 설립, 영락대전 편찬 등 너무 쉴 새 없이 사업을 벌려놨고 그로 인한 부작용과 피로감으로 국가는 열병을 앓고 있었다. 그걸 다 이어받았다가는 진왕조 말이나 수왕조 말기처럼 될지도 모르는 일이었다. 그래서 그는 영락 시기의 사업을 정리하고 국가는 잠시

---

120) '누르간도지휘사사(奴儿干都指挥使司)'를 줄여서 '누르간도사(奴儿干都司)'라 부른다.

휴양생식 모드로 들어갈 수밖에 없었다. 자, 이제 명의 역사에서 이곳을 어떤 영토적 개념으로 바라볼 건지 나름의 판단 근거를 갖고 계실 거라 생각된다.

오사장 사령부

오늘날의 티베트와 칭하이 지역은 송·원 시기를 거치면서 토번과 오사장(乌斯藏)이라는 명칭이 병행하여 쓰이기 시작하였다. 이 지역 역시 원의 거대 울타리 안에 들어오긴 하였으나 다른 지역과는 달리 원은 이곳에 '종교 자치국' 지위를 주어 거의 완벽한 독립국가로서 있었다. 당왕조 시기에 그렇게 호전적이었던 토번 민족은 이제 마치 속세를 떠난 것 같은 불교국가를 이루고 있었다. 명은 오사장 정권과도 기미 자치구 협정을 맺고 오사장 사령부(오사장도사)를 두었는데 이곳은 진짜 무늬만 명의 사령부지 명은 이곳에 중앙 관리나 군대를 한 번도 파견한 적이 없었다. 오랫동안 이곳은 한족들에게 아무런 가치가 없어 보이는 땅이었다. 오사장 정권이 중원과 적대시만 하지 않으면 명은 정말로 아무런 관심을 가지고 싶지 않은 지역이었을 것이다. 사실 이 지역은 지금도 중국에게 있어서 실질적인 가치는 거의 없는 지역이다. 티베트(시장)는 면적으로는 중국의 12.5퍼센트를 차지하고 있지만 인구는 0.25퍼센트(340만 명), GDP는 0.19퍼센트를 차지하면서 각 성(省) 중에서 매년 독보적인 꼴지를 차지하고 있다. 그렇다고 신장처럼 자원이 많이 매장되어 있느냐 하면 그런 것도 아니다. 그러면 오늘날의 중국에게 있어서 이곳의 가치는 무엇일까? 이곳은 가치를 따지기보다는 중국이 만에 하나 이곳을 잃는다던가 이곳의 안정을 유지하지 못한다면 어떻게 될지를 생각하면 쉽게 이해가 된다. 하여간 명왕조의 오사장 사령부는 실질적으로 명정부의 손길이 거의 닿지 않았고 이런 이유로 타이완, 홍콩과 같은 중화권 지역을 제외한 대부분 국가들의 세계사 책은 이 지역을 명나라 지도에 포함시키지 않는다.

신장 지역

명은 왜 신장 지역으로 진출하지 않았을까? 한·당의 전략적 요충지였던 서역으로 진출하지 않은 것을 보면 원의 울타리가 남겨놓은 영향력이 얼마나 지배적이었는지를 알 수 있다. 명이 신장으로 진출하지 않은 (혹은 못한) 이유는 여러 측면에서 찾아볼 수 있다. 일단 북쪽 몽고족과의 대립에 올인해야 했던 점, 서쪽보다는 동쪽의 바다에서 오는 왜구를 방어하는 데 더 많은 자원을 투입해야 했던 점, 하서주랑 서쪽에서 투르판 왕국이 버티고 있었던 점 등등이 모두 이유가 될 수 있다. 그렇지만 내가 보는 견지에서 가장 근원적인 이유는 신장은 차카타이 울루스였지, 원(元)의 울타리에 들어있지 않았기 때문이다. 안사의 난(755) 이후 잊고 지냈던 신장이 만약 차카타이가 아니라 원의 울타리에 있었으면 명은 동북이나 서남 지대처럼 신장을 어떻게든 기미 자치주로 만들고자 했을 것이다. 명은 서역으로는 거의 관심을 두지 않았는데 당시 이곳에는 투르크계 몽고인인 차카타이의 후예들이 장악하고 있었고 명은 서쪽에서까지 굳이 몽고인들과 힘겹게 싸움을 하고 싶지 않았을 것이다.

'밍펀(명빠)'들은 타이완을 명의 영토에 넣고, 누르간도사의 영역을 심지어 북극까지 올리기도 하고 남쪽의 영토를 인도네시아 수마트라섬의 팔람방까지 내리기도 한다. 하지만 한편으로는 기미 지역을 '세력권'으로, 장성 이남 지역을 '영토'로 규정하는 합리적인 지도들도 있다. 명의 지도는 동아시아 국가들의 입장에 따라 조금씩 다르다. 러시아와 몽골

공화국은 누르간도사가 자신들의 오늘날 영역을 침범하는 것이 불편한지 이것 자체를 인정하지 않거나 그 범위를 대폭 줄이고 있다. 명성조 때 베트남 북부가 잠시 명에 병합되었다가 21년 만에 완전히 독립하였는데 베트남의 교과서는 분명 이를 언급도 하지 않을 것이다. 동북 지역, 티베트와 같은 명의 기미 지역과 1,000년 동안 떨어져나가 있던 신장은 후에 만주족이 세운 청왕조에 의해 모두 중국의 영토가 된다. 이것이 중국의 오늘날 영토 형성에 있어서 몽고족과 만주족의 공헌이 가장 컸다고 할 수 밖에 없는 이유이다.

61장

바다로부터의 도전과 바다를 향한 도전 사이: 해금(海禁) 정책과 정화의 대항해

2017년 5월 14일 베이징 근교의 옌치후 국제 컨퍼런스 센터에서 '일대일로' 정상 포럼이 개최되었다. 100여 개 국가 정상이 참가하였고 한국의 박근혜 대통령도 참석하였다. 개막식 연설에서 시진핑 주석의 첫 마디는 "신사, 숙녀 여러분! 2000년 전 우리의 조상은…" 이렇게 시작하여 중국이 아주 오래전부터 육로와 해상으로 실크로드를 개척함으로써 세계의 개방과 자유무역에 공헌하였음을 강조하였다. 특히 명나라 정화의 해상 원정을 예로 들며 이렇게 말하였다.

"15세기 명대의 유명한 항해가인 정화의 일곱 차례에 걸친 항해는 천고의 미담을 남겼습니다. 이러한 개척 사업이 청사에 길이 남는 이유는 이들이 전마와 창칼을 사용한 게 아니라 낙타 행렬과 선의를 가지고 접근했기 때문이며, 전함과 대포에 의존한 게 아니라 선물을 실은 배와 우의에 의존하였기 때문입니다."

다음 날인 5월 15일에 진행된 일대일 정상회담에서 시 주석과 필리핀 두테르테 대통령이 만났다. 이 회담에서 두테르테 대통령이 남중국해 스프레틀리 군도 중 필리핀 배타적경제수역(EEZ)에 속하는 리드 뱅크에서 석유 탐사에 나설 계획을 통보했다. 이에 시 주석은 "그건 안 된다. 그곳은 우리 해역"이라고 주장했다. 두테르테 대통령이 "우리는 (헤이그) 중재법정의 판결을 가지고 있다"고 반박했고, 시 주석은 "맞다. 하지만 우리는 역사적 권리를 갖고 있다. 당신들은 최근 판결만 가졌을 뿐"이라며 명(明)대 정화(鄭和)의 남중국해 원정을 언급하며 중국 해역이라고 주장했다. 두테르테 대통령은 다시 "그 역사는 필리핀 국민 입장에선 생소하다"며 "필리핀은 중국 관할이었던 적이 없다"고 응수했다. 그러자 시 주석이 "우리는 친구다. 우호 관계를 유지하고 싶지만, 만일 계속 (시추를) 추진한다면 전쟁을 시작할 수도 있다"고 강력하게 경고했다고 한다.[121] 이 대화 내용은 두테르테 대통령이 포럼을 마치고 필리핀으로 돌아가서 며칠 지나지 않은 19일에 디바오시의 해안경비대 행사 연설에서 밝힌 내용이고 《홍콩명보》가 21일에 이를 기사화하였다.

이 두 이야기를 하는 건 일대일로 사업이나 남중국해 영유권 문제를 이야기하고자 함이 아니다. 말하고자 함은 역사라는 것이 이렇게 양면성이 있다는 것이다. 중국의 역사는 시 주석이 말했듯이 개방과 자유무역의 역사도 있었지만 패권 추구의 역사도 있었다. 똑같은 '정화의 항해' 이야기지만 하루는 자유무역과 우의의 상징이 되었고 바로 다음 날에는 영유권 주장의 근거가 되었다. 역사란 것이 이런 것이다. 도대체 '정화의 항해'는 무엇인가? 이 사업에는 어떠한 배경이 숨겨져 있으며 그 본질은 무엇인지, 그것이 가진 역사적 의의는 무엇인지 이야기를 해보지 않을 수 없다.

---

121) 《중앙일보》, '중국 "석유 채굴 강행 땐 전쟁" … 필리핀 "전쟁 위협 유엔 제소"'(신경진 기자), 2017년 5월 21일자 기사 발췌.

해금(海禁) 정책이란?

건국 3년째인 1370년 명태조 주원장은 "일 촌의 널빤지도 바다에 띄워서는 안 된다(寸板不許下海)"라고 하였다. '어떠한 배도 바다에 띄우지 말라'는 말로 이때부터 중국인들은 바다를 통하여 외국과 그 어떤 접촉도 하지 못하게 되었다. 1374년에는 푸젠성 천주(福建泉州 췐저우), 저장성 명주(浙江明州 닝보), 광동성 광주(广东广州 광저우)의 시박사(해관)를 폐지하였다. 당왕조 때부터 있어 온 이 세 항구 도시의 시박사 폐지는 중국이 외국과의 무역을 완전히 단절함을 뜻했다. 1381년에 주원장은 또다시 왜구의 세력이 완전히 소탕되지 않았다는 이유로 민간인이 외국과 접촉하는 것을 엄금하는 명령을 내렸다. 이로써 중국과 좋은 관계를 유지하며 바다를 통해 왕래하던 많은 동남아 국가들과의 무역 및 문화 교류가 끊겼다. 1390년에 또다시 외국과의 왕래를 금지하는 법령을 발표하였고 그가 죽기 1년 전인 1397년에 또다시 모든 상품의 무역을 금지하는 엄령을 내렸다.

주원장은 왜 이리 외국과의 접촉에 알레르기 반응을 보였을까? 앞서서도 말했듯이 빈농 출신인 그는 확장과 변화보다는 자신의 것을 '지키려는' 마인드가 매우 강했다. 한 나라가 평안무사하려면 '내우외환'이 없어야 한다. '내우'는 무엇인가? 반란이다. 그래서 내우의 싹을 뿌리 뽑기 위해 그는 그렇게나 많은 공신들을 죽인 것이 아닌가. 그럼 외환은 무엇인가? 다른 나라로부터의 위협이다. 그래서 그들은 몽고 민족으로부터의 위협을 막기 위해 압록강 하구에서 산해관을 거쳐 깐수성 가욕관까지 총 6,350킬로미터의 만리장성을 새로 쌓았다. 그리고 바다에서 오는 외국 세력은 항구의 빗장을 걸어 잠그고 상륙하지 못하게 하였다. 주원장은 '중국은 충분히 크고 인구는 충분히 많으며 우리들끼리 농사만 지어도 충분히 잘 살 수 있다'라는 생각을 가지고 있었다. 그에게 인민의 직업이란 사(士), 농(農), 공(工), 상(商)의 네 가지밖에 없었으며 그 밖의 직업, 심지어 어민도 필요 없었다.

주원장의 이러한 폐쇄적인 마인드에 더하여 그가 해금령을 내린 직접적인 이유는 바로 왜구 때문이었다. 중국은 아주 긴 변경선을 가지고 있었기에 역사 내내 북쪽, 서쪽, 동북과 서남의 여러 정권들과 쉴 새 없이 충돌해왔다. 그나마 동쪽과 남쪽이 바다에 접해있기에 이쪽은 신경을 끄고 살 수 있었는데 이제는 동쪽의 긴긴 해안선 방어에 신경을 곤두세워야 하는 새로운 시대가 열린 것이다. 중국은 원나라 때부터 왜구들한테 해안선을 시달리다가 명대에 절정에 달했는데 이는 당시 일본이 전국시대로 들어갔던 것과 관련이 있다. 문제는 왜구들이 저장성, 푸젠성의 해안 지방에 있는 봉기 잔당 세력과 결탁하였다는 것인데 이건 주원장으로서는 절대 용납할 수 없는 일이었다. 그리하여 명은 정부 대 정부의 조공 무역을 제외한 모든 민간 무역을 금지하였다. 더 문제는 주원장의 이러한 조치가 일부 시기를 제외하고는 명왕조 대부분의 시기에 그대로 유지되었다는 것이다.

명의 역사 276년은 중국에게 있어서 해양으로부터의 도전과 해양으로의 도전이 공존했던 시기이다. 15세기 전국시대에 빠져있던 일본은 생필품과 양식 부족으로 중국의 중남부 해안선을 노략질하였고 포르투갈을 위시한 유럽은 동진하여 동남아의 해상 패권을 점점 잠식하더니 결국 16세기 초에 홍콩 부근 해안에서 중국과 포르투갈 간의 군사 조우가 일어나기에 이르렀다. 그간 해양으로부터의 도전이란 걸 생각도 해보지 못했던 중국은 봉쇄로 대응했다. 한편 이와 대조적으로 중국은 15세기 초반에 정화(鄭和)가 어마어마한 규모의 함대를 이끌고 동남아와 인도양을 휘젓고 다니는 위력 과시를 일곱 차례나 했고 이로써 인도네시아를 포함한 동남아 일대의 해상 패권을 장악하였다. 이렇듯 명왕조 시기의 중국은 해양으로의 진출과 문을 걸어 잠그는 것 사이에서 일관성 없이 오락가락하였는데 이에는 물론 정치·경제적인 요인이 있었다.

정화의 항해, 그 시작과 결말

정화(鄭和)는 명성조 주체의 측근으로서 '정난 쿠데타' 때 주체를 도와 큰 역할을 하였고 그 공을 인정받아 황제를 곁에서 시중드는 내시 중 가장 높은 직위인 태감[122]이 되었다. 그의 원래 성은 마(马)씨였는데 주체가 쿠데타의 공을 치하하며 그에게 정(郑)씨를 하사했다. 그는 저 멀리 남쪽의 윈난(云南)에 있던 이슬람교 집안의 아들이었다. 그런데 1382년 주원장이 윈난의 원 잔존 세력을 공격한 후 이 지역을 명의 영토로 편입시켰을 때 아버지가 죽고 가족들이 포로가 되었다. 정화의 집안은 왜 명 군대의 포로가 되었을까? 그것은 그의 집안이 원나라 관리였기 때문이다. 그럼 이들은 몽고인인가? 아니다. 이들은 색목인의 후예였다. 그의 6대 선조가 중앙아시아에서 온 색목인 귀족이었고 윈난에서 대대로 원 정부의 관리를 하였다. 부계는 색목인이었지만 모계는 한족이었기에 시간이 흐르면서 한화가 되었겠지만 그래도 투르크계 외모의 특징을 가지고 있었을 것이다. 부친의 이름은 마하지(马哈只)였는데 이들의 마(马)씨는 무함마드(Muhmud)의 중국어 버전이었다. 열두 살의 정화는 거세가 되어 수도 난징으로 보내져 궁궐의 내시가 되었고 연왕 주체가 북평으로 이동할 때 그를 데리고 가면서 주체의 비서 겸

---

122) 태감(太監)은 원래는 궁중의 관리를 담당하는 관직이었으나 주로 환관들이 맡으면서 직위가 높은 환관을 부르는 말이 되었다. 명대에 환관 세력이 득세하면서 태감은 환관과 거의 동일어가 되었다.

보디가드가 되었다. 영락제 주체는 자신의 권력 강화를 위해 환관을 이용하였고 명의 환관 정치는 이때부터 시작되었다. 그리고 정화는 그중에서도 황제의 신임을 받는 환관들의 우두머리였던 셈이다. 그러므로 정화의 직업이 환관이라고 여자처럼 가는 목소리로 말하고 항상 머리를 숙이고 황제의 수발이나 드는 그런 가노(家奴)의 모습을 떠올리면 안 된다. 정화의 항해는 전례가 없는 대규모 국가사업이었다. 정화의 항해라는 역사적 사건을 이해하기 위해선 우리는 두 가지 질문을 던져야 한다.

"왜 시작하였는가?"
"왜 중단되었는가?"

이 질문들에 대한 해답을 찾아가다 보면 이 사업의 본질은 무엇인지? 이 사업의 득과 실은 무엇이었으며 이 사업이 과연 옳은 것이었는지에 대한 평가를 내릴 수 있을 것이다.

왜 시작하였는가?

이 대규모 항해의 목적에 대해선 몇 가지 설명이 있는데 이 역시 사업을 지시한 명성조 주체라는 사람에 대해 먼저 이해하고 넘어가야 한다. 위에서 나는 주체를 한무제에 비유하였다. 한무제가 누구인가? 1권에서 나는 한무제를 중국의 제왕들 중에서 가장 호전적이었던 인물로 꼽았다. 국가 지도자로서 호전적이란 달리 말하면 확장적 성향을 말하는 것이고 확장적 성향은 야망이 크다는 말이다. 주체는 야망이 있는 사람이었다. 즉, 아버지 주원장처럼 지키려고만 하거나 빗장을 걸어놓고 '우리 땅 안에서 우리끼리 잘 벌어먹고 살면 된다'라는 농민적 폐쇄성을 가진 사람이 아니었다. 그는 아버지 주원장과 완전히 다른 노선을 걸었는데 특히 대외전략 측면에서 극명하게 달랐고 그는 지키는 것에서 확장으로 나간다. 그래서 그는 재위 내내 다섯 차례에 걸쳐 북쪽의 몽고를 향한 전쟁을 하여 동북으로 영토를 넓혔고 심지어는 수도를 아예 베이징으로 천도하기에 이르렀다. 당연히 해양을 향해서도 뭔가를 하고 싶었을 것이다. 자, 이제 영락제가 항해 사업을 시작한 이유에 대해 이야기 해보자.

주윤문 수색설

삼촌 연왕(주체)의 군대가 황궁으로 진입하자 가망이 없다고 생각한 주윤문은 궁에 불을 질렀다. 후에 주체는 주윤문의 시체를 찾았다고 공표했지만 이미 시커멓게 재가 된 시체는 누구인지 식별할 수가 없었고 황제가 그렇게 말하니 그런 줄 알았지만 세간의 사람들은 믿지 않았다. 주윤문이 비밀 문으로 빠져나가 도망쳤다는 소문이 자자했다. 주체는 평생 동안 '자신이 반란을 통해 보위에 오른 황제'라는 것, 즉 정통성 문제와 '언젠가는 누군가에 의해 다시 반란이 일어날 수 있다'는 것에 엄청난 강박관념과 불안을 가지고 있었다. 그래서 그는 역사에 업적을 쌓아 정통성 문제를 극복하겠다는 생각을 가졌던 것 같고 그래서 끊임없이 뭔가 계속 사업을 벌였다. 한편으로는 또 다른 반란에 대한 불안으로 그는 재위 시기 내내 많은 신하들을 처형하였고 공포정치와 감시정치를 펼쳤다. 그는 재위 초기 전국 방방곡곡을 뒤져 주윤문을 찾으려고 했으나 찾지 못했다. 결국 '혹시 바다를 건너 외국으로 피신한 게 아닐까'라는 의심을 하게 되었고 이것이 항해 사업을 시작한 이유 중 하나이다. 가장 야사 같은 이 주장은 뜻밖에도 정사인《명사(明史)》가 이야기하는 항해의 동기이다. 200척에 달하는 함선과 3만에 가까운 해군들로 이루어진 함대를 이끌고 각 나라를 돌며 중국에 새로운 황제가 등극했음을 알리고 그 위세를 보여주면 설령 주윤문이 도망쳤다고 해도 그 나라에서 은닉해주지 않을 것이라는 거다. 사서에 쓰여져 있으니 일단 믿어야겠지만 이것이 진짜 항해의 주된 목적일까?

동남아 조공 패권 강화

'정화의 항해'라는 역사적 사건은 사실 중국 밖의 나라, 특히 동남아시아 국가들은 그리 고운 시선으로 보지 않을 것 같다. 왜냐하면 '정화의 항해'는 중국의 팽창과 패권주의를 연상시키는 사건이기 때문이다. 실제로 중국인들은 자신들의 조상이 콜럼버스보다 90년이나 앞서서 대항해를 시작했다고 말하고 있으며 그래서 정화의 항해는 일대일로 사업, 남중국해 분쟁 등 중국의 팽창 사업이나 영토 이슈가 있을 때마다 스스로에게 자부심과 역사적 정당성을 부여하기 위해 끄집어내어지는 가장 대표적인 소재가 되어왔다. 그러므로 중국의 주변 국가들은 정화의 항해라는 역사적 사건에 대해 좋은 시각으로 대할 리 없다. 그러나 외국의 역사를 봄에 있어서 오늘날의 정치 상황이 주는 편견과 시기를 가지고 대하면 절대 본질에 접근할 수 없을 뿐더러 객관적이고 의미 있는 평가를 내릴 수도 없다.

다시 항해의 목적으로 돌아와 보자. 정화의 항해 사업을 평가절하하고자 한다면 1번 이유를 부각시키겠지만 사람 하나 찾자고 이렇게 많은 국가 재정을 투입하는 것은 난센스이다. 보편적으로 여겨지는 항해의 주된 목적은 '역내 조공 패권을 강화하기 위함'이다. 중국은 당송 시기부터 동남아시아 지역과 외교적, 상업적 교류를 하였고 이들 지역에 중국인들이 눌러 앉아서 일찌감치 화교를 형성하였다. 마찬가지로 동남아 사람들도 중국에 와서 눌러 앉았다. 고대 동아시아는(넓게는 중앙아시아까지) 중국을 중심으로 책봉과 조공 관계로 이루어진(물론 중국이 통일 왕조를 이루고 있었을 때) 거대 권역이 형성되어 있었다. 물론 책봉과 조공 관계라고 주권을 행사하거나 그 지역을 관할한 것은 아니다. 이것은 중국의 통치자들이 취해온 오래된 외교 관계로서 중국은 종주권 지위를 확답받는 대신 권역 내의 질서와 안보에 간여하였다. 즉, 만약 동맹국이 경제적, 군사적 어려움에 처하면 지원을 해줘야 했다. 동맹 권역의 종주국 지위를 인정한다는 표시로 동맹국은 정기적으로 조공을 하였고 중국은 답례 선물을 줘서 사신에 딸려 보냈는데 이를 조공무역이라 한다. 조공에 대한 답례는 후하게 주는 것이 관례였기 때문에 조공무역의 경제적 득실로만 본다면 중국은 항상 손해였다. 패권을 가지기위해 지불해야 하는 일종의 비용이었던 셈이다. 하지만 중국이 개방적인 정책을 폈을 때는 이러한 조공 관계로 이루어진 존(zone)이 이들에게 엄청난 부를 가져다주었는데 당왕조가 그런 걸 가장 잘하였다.

원·명 교체기의 혼란을 겪으면서 당연히 중국을 중심으로 한 조공 무역 질서는 거의 와해 직전에 이르렀다. 명이 세워졌을 때 중국에 조공을 했던 나라는 고작 네 개밖에 없었다. 야심이 많고 확장 성향의 영락제는 이런 상황을 그냥 보고만 있을 사람이 아니었다. 그는 동아시아에서의 패권자 지위를 다시 세우고 싶었고 이에 정화를 중심으로 한 세계에서 유례없는 규모의 해상 사절단이 구성된다. 이 항해 선단의 규모는 어느 정도였을까? 4차 항해를 예를 들어보자. 관리가 868명, 군사 2만 6,800명, 지휘관 93명, 사령관 2명, 문서 작성자 140명 등 3만 명에 가까운 인원이 200척이 넘는 배에 올라탔다. 배는 지휘함, 전함, 보급함 등으로 나눠졌고 정화가 타고 있던 모선은 길이 44장(148미터), 폭 18장(60미터)라는 상상하기 어려운 크기였다. 위의 규모와 인원 구성에서 알 수 있듯이 총 인원 3만 명 중 2만 7,000명 정도는 해군이었다. 그러므로 200척의 배들도 대부분은 전함이었고 이는 이 해양 사업의 실제 성격이 어떤 것이었는지를 단적으로 알려준다. 1405년 7월에 출항한 1차 항해는 난징의 조선소에서 장강을 따라 바다로 나가서 중국 연해를 따라 남하한 후 베트남, 보루네오 섬, 자바 섬, 수마트라 팔람방, 말라카 그리고 마지막으로 스리랑카까지 간 후 회항하였다. 놀랍게도 이들은 배 안에서 채소를 심어서 키워 먹었고 심지어는 돼지도 사육했다. 영락제가 즉위한 게 1402년 음력 6월이니 이 많은 배들을 건조하는 데에 적어도 2년이 걸렸다고 치면 이 사업은 거의 영락제 즉위 후 1년 내에 결정된 일이다. 그리고 항해는 그가 죽을 때까지도 진행 중이었으니 통치자 영락제의 평생의 사업이었던 것이다. 2차 항해에서는 1차 노선에 더하여 태국(시암)과 말레이시아, 싱가포르가 추가되었고 스리랑카를 돌아 인도 서쪽 해안으로 올라가 뭄바이와 파키스탄까지 갔다. 3차 항해에서는 스리랑카에서 아라비아해를 가로질러 페르시아만의 호르무즈까지 갔고 4, 5, 6차 항해에서는 호르무즈를 찍고 아라비아 반도를 끼고 남하하여 북아프리카까지 갔다. 이들이 거친 국가는 30개가 넘었다.

정화의 1~7차 항해 노선과 말라카 해협 지대

이들은 거기서 무얼 하였는가? 말하자면 간단하다. 각 국과 수교를 맺는 것이다. 여기서의 수교란 조공 관계를 말한다. 이에 동의를 하고 사인을 하면 배 안에 있는 도자기, 차, 비단 등 물건들을 듬뿍 꺼내어 이들에게 감사의 표시로 주었고 이들도 자신들의 특산품을 주었다. 특산품에는 살아있는 동물이 실리는 경우도 있었다. 동의를 하지 않았던 경우가 있었는지, 그 경우 무력을 사용했는지까지는 필자도 확인하지 못했다. 그렇지만 거대 함대가 자신의 앞바다에 펼쳐져 있으면 그 위력에 압도되어 웬만한 나라들은 수교를 하지 않았을까. 왜냐하면 중국이 바라는 건 자신을 종주국으로 인정해주는 것, 그거 하나밖에는 없었기 때문이다. 18~19세기의 서구 열강들처럼 무역항을 열라는 것도 아니었고 물건을 사라는 것도 아니었다. 정화의 함대는 지역의 내정에 간여하거나 해적을 소탕하기도 했다. 실론(스리랑카)에서 일어난 반란을 정화가 군대를 투입하여 진압하였고 말라카 해협에서 해적과 마주쳐 이들과 전쟁을 하기도 했다. 실론의 내전에 간여한 것은 자세한 내용을 확인해 보진 못했지만 이러한 상상이 가능하다. 분명 한쪽 세력은 반명 세력이었을 것이다. 만약 실론에 새로운 정권이 들어서면 동맹국이 하나 떨어져 나가는 것이고 그렇게 되면 스리랑카라는 주요 정박지를 잃을 수 있다는 판단에서 정화가 군사적 간여를 결정한 그런 상황 말이다.

6차 항해를 마치고 귀국한 게 1422년 9월인데 그로부터 2년 후인 1424년 7월에 항해 사업의 후원자인 명성조(영락제)가 죽었다. 명성조의 뒤를 이은 명인종(明仁宗)은 항해를 중단시키고 정화를 난징의 경비를 책임지는 '남경수비'로 전근시켰다. 당시 남경은 명의 부수도인데 이곳의 방위사령관으로 안배했으니 이 역시 매우 높은 무관직으로 대우를 해준 셈이다. 명인종은 즉위한 지 1년도 안 되어 이듬해에 병사했고 뒤를 이은 명선종(明宣宗)은 정화의 끈질긴 건의를 받아들여 항해의 재개를 승인했다. 7차 항해가 시작되었던 1431년에 정화는 이미 만 60세였다. 이때 그의 선단은 아라비아 반도에서 아프리카로 내려가는 대신에 홍해로 들어가 사우디아라비아 서부(메카 근처)까지 간 후 회항했다.

이상훈의 《한복 입은 남자》라는 소설은 장영실이 정화의 배를 타고 이탈리아로 가서 다빈치를 만나고 온다는 이야기인데 참으로 기발한 가정이다. 정화의 일곱 차례 항해가 진행되던 약 30년간은(1405~1433) 조선의 태종에서 세종 재위 시기에 걸친다. 장영실은 1390년에 태어났고 세종(1418~1450 재위) 때 명에 유학 보내졌으니 만약 장영실이 정화의 배에 탔으면 6차 항해였을 것이다. 이때 정화의 선단은 홍해 입구인 아덴만(예멘)까지 갔으니 거기서 지금의 수에즈 운하가 있는 지대를 건너서(물론 육지로) 지중해로 가는 건 이론적으로 불가능한 일은 아니다.

무역 활성화?

무역을 활성화하는 것은 이 항해 사업의 원래 목적은 아니었으나 결과적으로 그러한 효과가 없었다고는 말할 수 없다. 정화의 항해 이후 명에게 조공을 바치는 국가는 33개로 늘어났고 그에 따라 민간 무역도 늘어나기 시작했다. 사실 주원장 재위 시기 해금 정책을 했지만 민간 무역이 단시간에 없어질 리는 없었고 밀무역 위주로 전개되었다. 그것이 주원장이 그렇게나 여러 번에 걸쳐서 해금령을 발표한 이유이기도 하다. 정화의 원정은 한무제 시기의 장건의 서역 개척과 비견해볼 만하다. 한무제 때의 서역 개척은 서역에 동맹을 구축하여 흉노를 견제하고자 하는 군사·전략적 목적으로 시작되었지만 이로 인해 실크로드라는 내지 무역로가 형성되었고 중국이 서쪽으로 눈을 넓히는 계기가 되었다. 명 영락제 때 정화의 항해 역시 정치·외교적 목적으로 시작되었지만 민간의 무역에 적잖은 도움이 되었고 중국인들의 시야를 넓히기도 하였다. 후추와 두리안이 중국에 들어온 게 이때이고 아프리카에는 기린과 사자라는 신기한 동물도 있다는 사실이 이때 이들에게 알려졌다.

　이들의 항로와 전후에 벌어진 일련의 사건들을 볼 때 내 눈에는 1~3
차 항해는 말라카 해협 주변의 패권을 장악하는 것과 서역 국가들이
해상을 통해 중국에 조공을 하도록 하는 데에 초점이 맞춰져 있었던
것 같다. 말라카 해협은 오늘날의 말레이지아 반도와 수마트라 섬 사이
의 좁은 해협으로 이 사이를 안 지나고는 인도양에서 동아시아, 즉 태
평양으로 들어올 수가 없다. 싱가포르가 국제 중계무역 도시가 될 수
있었던 것은 말라카 해협에 자리 잡고 있는 지리적 특성 때문이었다.
당시 중국은 이 지역의 전략적 중요성을 인지하고 있었고 정화의 일곱
차례 항해는 당연히 모두 이 지역을 들렀다. 명은 인도네시아 수마트라
섬 남부의 팔렘방(Palembang)에 구강선위사(旧港宣慰司)[123]라는 무역
기지를 두었고, 말라카외부(滿剌加外府), 수마트라관장(苏门答剌官厂)
등 말라카 해협 주변 지역에 명의 연락사무소를 설치하였다. 이런 걸로
봐서 정화의 항해 목적은 일차적으로는 오늘날 중국이 '남양군도'라 일
컫는 말라카 해협 주변의 통제력을 가지는 것이었다고 봐도 될 듯하다.
또 한편으로 명 초기에 서역으로의 육로가 막혔던 것도 항해를 해야
했던 배경이었을 거라 생각된다. 명은 276년 동안의 역사 내내 서역을
장악하지 못했다. 명 초기에 신장 동부의 하미(Hami)를 세력권에 넣긴
했지만 여전히 신장의 대부분 지역은 투르크계 몽골인들(차가타이)의
세계였다. 그마저도 중기로 가면서 하미 등 가욕관 서쪽 지역을 몽땅
내주었다. 그러므로 명 전반에 걸쳐서, 특히 명 초기에는 서역과의 육
상 교류가 상당히 제한을 받았을 것이다. 그래서 명은 오늘날의 파키스
탄 남부 해안에서 스리랑카를 지나 말라카 해협을 거쳐서 중국으로 들

---

123)　팔렘방(Palembang)을 중국어로 구강(旧港)이라 부른다.

어오는 항로를 이들에게 제시하고 말라카 해협 일대의 안전을 유지해야 했다. 예나 지금이나 해협 주변에는 해적들이 많았기 때문이다. 8대 명헌종(1464~1487 재위) 때 사마르칸트 사신이 육로로 왔다가 해로로 돌아가고, 해로로 왔다가 육로로 돌아갔다는 기록이 있는 걸로 봐서 정화의 항해가 서역의 사신들이 해상을 이용하여 중국에 들어오는 길을 촉진하였다고 봐도 될 듯하다. 4차 항해부터는 아랍으로 진출하였다. 이는 정화가 이슬람교인이었기에 성지의 땅을 밟아보고 싶은 종교적 욕망이 컸을 것이고 아랍과의 외교적, 상업적 교류를 재개하고자 하는 시도도 배제할 수는 없다. 특히 7차 항해의 종착지가 이슬람 성지 메카 바로 옆의 해안이었던 걸로 봐서 그의 종교적 열망이 이 사업 전반에 걸쳐 밀접한 관련이 있었다는 건 의심의 여지가 없다.

정화의 항해는 영락제가 죽으면서 끝이 나는 듯했으나 그는 60이 넘은 나이에 명선종(明宣宗)을 설득하여 7차 항해에 나섰다. 환갑이 다 된 정화가 황제를 뭐라고 설득했는지 모르겠지만 그는 이 사업에 거의 신앙과 같은 열정을 가지고 있었던 것 같다. '나는 죽어도 바다에서 죽겠다'라는 생각을 했던 그는 결국 7차 항해의 복귀 중에 세상을 떴다 (1433).

왜 중단하였는가?

명의 6대 황제 영종(英宗)은 그의 즉위 원년인 1436년 2월에 이런 조서를 내렸다.

『짐은 백성을 안타까워하는 조종의 마음을 밤낮으로 헤아리고 있다. (그러므로) 모든 (항해) 사업을 중단한다.』

-《명영종실록·권14》

항해 사업은 왜 중단된 것인가? 이에 대해서는 몇 가지 주장들이 있지만 내 생각에는 상식선에서 바라보면 될 듯하다. 이 항해 사업은 천문학적 비용이 투입되는 사업이었다. 영락년간(1403~1424)에 항해 사업을 위해 새로 건조하거나 수리 및 개조한 배가 1,000척이 넘었다고 한다. 이 항해는 애초에 전혀 경제성을 고려하지 않은 사업이었다. 항해의 목적이 미지를 점령하여 식민지를 만드는 것도 아니었고 무역을 하는 것도 아니었다. 그저 위엄을 내세워서 고압적인 외교 관계를 수립하는 것이었기에 여러 가지 낭비 요인들이 있었다. 중국인들이 자랑스럽게 생각하는 148미터짜리 대장선은 그렇게 클 필요가 있었을까? 그것의 4분의 1밖에 안 되는 콜럼버스의 '산타 마리아'호는 대서양을 한 번도 정박하지 않고 횡단했다. 대장선의 크기는 실제 필요에 의해 정해진 것이 아니라 외국에게 '산과 같이 높은 위압감'을 주기 위해 정해진 것이었다. 게다가 배에 실은 선물들은 또 얼마나 많았겠는가? 한 번의 출항에 국가 경제가 휘청거릴 정도였고 이는 모두 백성들의 부담이었다. 만약 큰 비용을 치르더라도 이로 인해 발생되는 경제적 이득이 더 크다면 사업을 계속하지 않을 이유가 없다. 그러나 이 항해 사업은 명에 그리 큰 부를 가져다주지 못했다. 왜냐? 당연하다. 애초에 무역을 활성화하는 건 사업 계획에 들어있지 않았기 때문이다. 그래서 수교 국가 수의 증가가 조공 무역 증가로만 이어졌을 뿐 민간 무역의 의미 있는 증대로 이어지지 않았다. 상대적으로 진취적이었던 명성조(영락제) 때에는 해금령이 강조되진 않았지만 그렇다고 민간의 무역을 장려하진 않았다. 이 사업은 철저하게 정부 사업이었고 철저하게 정치적 사업이었으며 민간의 참여가 철저하게 배제된 사업이었다.

정화의 7차 항해를 승인한 5대 명선종도 처음에는 항해를 재개할 생각이 없었다. 영락제는 몽고를 향해 다섯 차례에 걸쳐 원정을 하였다. 또한 장성을 쌓고 경항대운하를 준설하였으며 수도를 천도하고 자금성을 건축하는 등 여러 가지 대규모 사업을 벌인 사람이다. 한무제 때와 마찬가지로 영락제 말기에도 정부 재정이 고갈되었고 민간은 피곤했다. 다음 황제가 휴양생식을 하며 나라와 민생을 추스리는 건 당연하고 그러므로 재정적으로 이렇게 큰 부담이 되는 항해 사업을 중단하는 것 역시 당연한 일이다. 이러한 상황은 명정부의 항해 사업이 국가의 부를 증진시키는 데에는 일조하지 않았음을 반증하는 것이다. 상업적 개방 정책이 받쳐주었으면 해상 패권 장악이 국부로 이어지고 과학기술의 진보로도 이어졌을 텐데 당시 중국의 통치 계층의 생각은 거기까지 미치진 못했다. 그런 것에 생각이 미친 사람들은 저 지구 반대편 유럽에 있었다.

정화 이후의 해양 정책

정화의 일곱 차례에 걸친 항해는 소요된 천문학적인 비용에 비해서 실리적인 이득이 적은 사업으로 끝이 났다. 그러므로 거대 항해 사업을 수행했다는 것에 탄복할 것이 아니라 이 사업이 왜 중단될 수밖에 없었으며 이들의 문제가 무엇이었는지에 주목해야 한다. 정화의 항해는 위력을 과시하려는 명성조의 정치적 욕심, 성지를 찾아가고픈 무슬림의 종교적 갈망, 정치 중심에 선 환관 세력, 이 세 가지가 결합되어 탄생된 산물이었다. 여기에는 국부를 창출하거나 민간 경제를 향상시키는 것 따윈 고려에 없었다. 표면적으로는 새로운 세계를 품으려는 도전을 한 것처럼 보이나 거기에는 원대한 국가의 미래 비전과 백성이 없었고 황제와 환관의 저마다의 딴 생각이 있었을 뿐이었다. 그러니 항해가 계속될 때마다 국가 재정이 축나고 백성은 세금과 요역의 부담으로 시달렸을 뿐이다.

150미터짜리 목조 배를 만들 건조 기술과 200여 척 함대를 하나로 묶을 교신 체계와 항해술, 그리고 그걸 수행할 자본을 가지고 있었으면서도 상업화에 실패했다(또는 하지 않았다)는 건 당시 국가 정책 결정자 집단의 눈과 입, 두뇌가 제대로 작동하지 않았다는 걸 반증한다. 결국은 정치가 모든 걸 결정한다. 명은 이때 이미 제대로 된 정책 수립과 검증, 수정을 할 수 없는 이상한 정치 체제로 들어갔는데 정화의 항해가 결국은 명의 역사에 큰 의미를 주지 못하고 끝난 것도 이와 무관치 않을 것이다. 정화의 항해에는 명의 정치에서 가장 큰 문제였던 환관 정치가 그 핵심에 있다. 항해 사업의 부단장인 왕경홍(王景弘) 역시 환관이었다. 이 사업은 황제와 환관 집단의 이익이 결합되어 태어난 산물이었고 반대로 보자면 이때부터 문관 집단이 정치 세계에서 환관 집단에 밀려 제대로 된 역할을 하지 못했다는 걸 뜻하기도 한다. 항해가 중단된 원인에 대해서도 문관 집단과 환관 집단의 권력 투쟁에서 정화가 대표로 있던 환관 집단의 패배로 보는 해석도 있다. 그렇지만 오해하면 안 될 것이 명왕조의 환관은 일시적으로 약간의 부침은 있었어도 명성조 주체 이후부터 왕조 전(全)시기에 걸쳐 절대적인 영향력을 유지하였다. 그러므로 항해 사업이 경제에 미친 영향으로 인해 환관 세력이 잠시 움츠려 들었을 수는 있어도 이들은 여전히 정치 무대의 중심에 서 있었다.

정화가 항해를 한 시기(1405~1433)의 서아시아와 유럽은 어떤 상태였나? 중앙아시아에서 서아시아에 걸쳐 티무르가 제국을 건설하였지만 이 티무르 제국은 상당히 불안정한 제국이었다. 이들은 탄탄한 제국 건설보다는 약탈을 하고 지나가는 식이었고 그래서 원주민들의 티무르에 대한 저항이 곳곳에서 있었다. 정화가 파키스탄 해안이나 페르시아 호르무즈 해안에 도착했을 때에는 그 지역은 전부 티무르 제국의 영역이었지만 아마도 불안정한 제국의 사정으로 아랍권 상인들이 무역에 적극적으로 나설 형편이 못 되었을 수도 있다. 또한 중요한 소비 시장이었던 유럽은 페스트의 후유증으로 허덕이고 있었고 프랑스와 영국은 백 년 전쟁 중에 있었다. 따라서 전 세계적인 경기 침체기였다고도 볼 수 있다. 이런 세계사적 정치·경제 정황 역시 정화의 항해 사업이 무역 증진으로 이어지지 못한 이유에 한몫하였다고 볼 수도 있겠다.

명의 항해와 해금 정책은 그 후 어떻게 진행되었고 이는 중국의 역사에 어떠한 운명을 남겼을까? 7차 항해가 끝난 바로 이듬해에(1434) 왕경홍의 주도하에 다시 한 번 남양 군도(수마트라, 자바, 말라카 등 지)로 항해를 하긴 했다. 이를 8차 항해라 칭할 만하나 왠지 모르게 역사 속에 가려져 있다. 즉위하자마자 항해 중단을 명령했던 6대 영종(英宗) 역시 항해 사업에 관심이 없었던 건 아니었다. 그는 재위 8년째 되는 해에(1443) 남양 군도로의 항해 재개를 선언하고는 배까지 다 만들어 놓았다. 그러나 해안 지방에서 민란이 일어나면서 출항을 하지 못한 채 무기한 연기되었다. 이 영종이라는 사람은 나의 이 책에서는 분량상 자세히 이야기하지 못했지만 명의 역사에서 하나의 분기점을 찍은 중요한 인물 중 하나이다. 영종은 한때 오이라트의 공격을 무리한 북벌로 맞섰다가 오히려 참패하였고 이들에게 붙잡혀 포로가 되었다가 8년 후 다시 풀려나 복벽된 특이한 이력을 가진 황제이다. 그래서 그는 두 번에 걸쳐 황제로 등극하였고 그래서 어떤 책에서는 그를 명의 6, 8대 황제라 칭하기도 한다.[124] 영종이 오이라트 군대에 의해 생포된 곳이 만리장성 거용관(居庸关)에서 북서쪽 40킬로미터 지점의 토목보(土木堡)라는 곳이다. 휴전선에 있는 GP 같은 거라 보면 된다. 이곳에서 왕진(王振)이

---

124) 7대 황제는 영종이 오이라트의 인질로 있을 때 즉위한 자로서 영종의 동생이다. 그는 형이 돌아온 후 쫓겨났고 명의 16명 황제 명단에는 들어있으나 황가의 무덤인 명13릉에 안치되지 못했다. 이 책에서는 영종을 그냥 6대 황제로 칭하였다.

라는 환관의 잘못된 판단으로 인해 황제 일행이 거용관으로 미처 피신하지 못하고 오이라트 군에 의해 포위된 후 결국 생포되었다. 그래서 이 사건을 '토목보의 변(1449)'이라 하는데 통상적으로 '토목보의 변'을 계기로 명이 전성기를 끝내고 하강의 길로 들어섰다고 본다. 영종은 복벽 후 항해를 다시 추진하고자 하였으나 이번에는 대신들의 반대로 실행에 옮기지 못했다.

'토목보의 변'을 계기로 명은 확장과 패권 추구에서 수성과 안정 추구로 태도를 대전환한다. 수도 베이징이 함락될 위기에서 간신히 벗어난 명은 이 전쟁으로 인해 막대한 국력 손실을 입었고 더 이상의 군사 사업을 벌일 정력과 재원이 없었기 때문이다. 명은 건국 이래로 계속해서 북쪽 몽고족에 대한 공세적 입장을 취했으나 이때부터는 변경 무역을 통해 이들에게 경제적으로 살길을 터주는 등의 유화 정책을 취했다. 안 그러면 자기들한테로 화가 미칠 것이기 때문이다. 이로써 북방 세력과 꽤 장기적인 평화를 유지하였지만, 또 달리 보자면 수세로 전환한 명은 막북에서의 변화와 동북 지역 여진족의 확장에 손을 델 수가 없었다. 당연히 바다로의 사업도 소극적이 될 수밖에 없었다.

1492년은 중국과 서방의 해양 역사에 있어서 분기점이 된 중요한 해이다. 9대 명 효종(1487~1505 재위) 때 왜구의 해안선 침범이 극에 달했고 결국 1492년에 황제는 엄격한 해금 정책을 발표하였다. 이로써 정화의 1차 항해 이래로 근 90년 동안 굳이 거론되지 않았던 해금 조치가 부활되었다. "화물을 싣고 바다로 나가는 사람은 '외국의 간첩'으로 간주하겠다"는 조서가 발표되었고 민간인들은 다시 바다로 나가거나 외국인들과 교류를 할 수 없게 되었다. 공교롭게도 1492년은 콜럼버스가 플로리다 반도 남쪽의 바하마 군도에 도착한 해이다. 당연히 명은 어렵게 구축해 놓은 동남아 일대에 대한 통제권을 서서히 잃어갔고 이 틈을 저 멀리에서 온 포르투갈인들이 비집고 들어왔다. 결국 1509년에 포르투갈은 말라카 왕국을 식민지화하였고 잇달아 네덜란드, 영국 등이 이 지역으로 들어왔다.

11대 명세종 즉위 두 번째 해인 1522년에 중국 역사 최초로 서양과의 군사 조우 사건이 벌어진다. 포르투갈의 군함은 기어이 중국 남쪽 해안으로 들어와서 "당신들의 황제에게 인사하고 무역을 하러 왔소"라고 하였으나 광저우 수비대는 "당신네들은 우리의 조공무역 리스트에 없으니 돌아가시오"라고 하였다. 결국 1522년에 지금의 홍콩 신계지 서쪽(홍콩 공항에서 공항열차를 타고 출발하면 나오는 첫 번째 정류장)에서 포르투갈 군함과 중국 해안 수비대 간의 전투가 벌어졌고 포르투갈이 피해를 입고 철수하였다. 같은 해에 일본의 두 조공 무역단이 닝보에서 조공 무역단 자격을 두고 유혈 충돌이 벌어졌는데 이 사건으로 중국인들도 희생되었다(닝보쟁공). 이 두 사건은 명으로 하여금 각 항구를 봉쇄하고 배를 불태우는 등 해금 정책을 더욱 강화하도록 만들었다. 참고로 1552년에 중국은 포르투갈이 마카오에서 창고를 짓고 무역을 하는 것을 허용하였고 이 세기 말에 포르투갈은 중국에 매년 은 500량을 내는 조건으로 사실상 마카오를 임대하였다. 마카오의 포르투갈 역사가 이때부터 시작된 것이다. 명 후기로 가면서 해금 정책은 더욱 강화되었고 1585년(13대 명신종)에는 '돛이 두 개 이상 달린 배를 띄우면 반역으로 간주한다'는 명이 발표되기에 이른다.

이렇듯 명정부는 더 많은 시기에 있어서 해금 정책을 택했고 만주족이 세운 청은 명의 쇄국 정책을 그대로 이어받았다. 이로써 중국은 명청 600년 동안 바다 밖에서 무슨 일이 일어나는지에 거의 관심을 끊고 지냈는데 이것은 중국에 엄청난 낙후를 가져다주었다. 쇄국은 구체적으로 어떤 방면에서의 낙후를 초래했을까? 첫째, 명청의 통치자들은 여전히 큰 우물 안의 개구리가 되어 무턱대고 거만한 심리, 자신들이 세계에서 제일 잘났다는 자만심을 버리지 못했다. 이들은 무작정 외세를 배척하고 진취적이지 않았으며 우매한 상태에서 벗어나질 못했다. 둘째, 무역이 발달하지 못하면서 상품 경제가 발전하지 못했고 이는 중국의 상공업을 원나라 이래로 거의 정체되도록 하였다. 상공업이 정체됨으로써 도시화가 정체되거나 심지어 후퇴하였고(청대의 도시화율은 송대보다도 낮았다) 이는 중국에서 자본주의가 발아하는 것을 막았다. 뿐만 아니라 도시와 자본주의가 발달하지 못하면서 유럽과 같이 사회의 변혁을 주도할 신흥 중간 계급이 탄생하지 못했다. 셋째로는 서양과의 문화교류, 기술교류를 하지 않아서 근대 서양의 과학기술이 들어오지 못했고 중국의 교육은 여전히 사서오경과 팔고문에 입각한 과거제에서 벗어나지 못했다. 가장 획기적이고 평등했던 과거제가 가지고 있던 맹점인 실용학문에 대한 천시가 개혁되지 못하고 명청 600년 동안 중국의 발목을 잡았다. 이에 반해 유럽은 도시의 발달로 인한 상업 자본이 기술의 발전을 후원하였고 과학 기술의 혁명은 이들에게 엄청난 패권과 부를 가져다주었다. 이렇게 유럽이 빛의 속도로 발전하는 동안 중국은 잠자는 거인으로 있었다.

62장
기이한 정치 체제

내각

　사장이 조직을 수평적으로 만드는 건 듣기는 좋아보여도 조직 문화가 받쳐주지 않은 상태에서의 과도한 수평 조직은 문제가 많다. 전무급, 상무급이 관리하는 총괄본부를 없애고 차·부장급더러 직접 보고하라고 하면 무서운 사장 앞에서 이들이 책임감을 가지고 제 목소리를 낼 수 있을까? 사장이 임원을 뛰어 넘어서 직원들에게 직접 보고받고 직접 매출을 챙기면 신기하게도 문제가 확 줄어든다. 왜냐? 어느 누구도 감히 안 좋은 내용을 보고하고 싶지 않기 때문이다. 그래서 보고되는 내용은 전부 좋은 내용들이다. 사장은 안도의 한숨을 쉴지 모르겠지만 그에게 이제 경영자 수준에 걸맞은 소통은 없어진다. 또 한 가지 문제는 중간 관리자가 없으니 사장이 모든 이슈를 다 챙겨야 하고 그는 이제 숨 쉴 틈도 없이 결재하기에 바빠진다. 그럼 어떻게 되겠는가? 사장으로서 정작 챙겨야 하는 흐름이나 큰 구상을 자신도 의식하지 못하는 사이에 놓쳐버린다.

　재상을 없애버린 주원장과 명의 후대 황제들 역시 이런 문제에 직면하였다. 제국에서 일어나는 이슈들, 정책적 제안들, 문제들이 얼마나 많았겠는가? 주원장도 이 문제를 인식했고 그래서 그는 처음에는 춘관, 하관, 추관, 동관의 4부관을 두어 자신을 보좌하도록 하였다. 그러나 이들에게 권한을 주면 일처리에는 도움이 되지만 결국은 또다시 네 명의 승상을 두는 게 아닌가? 2대 주윤문 때에도 비슷한 방식으로 해법을 찾아보려 했지만 비슷한 이유로 그만두었다. 결국 주원장과 주윤문 재위 시기에는 뾰족한 방법을 찾지 못했다. 그나마 창업자 주원장은 이를 악물고 코피 쏟을 정도로 일을 하였다. 그는 재상제를 폐지한 후로 하루아침에 세계사에서 가장 격무에 시달린 황제가 되어버렸다. 그의 재위 19년째 해(1386)의 9월 14일부터 21일 사이의 1주일 동안에 총 1,660개의 결재 문서를 처리했다고 한다.[125] 하루 평균 200건을 넘게 처리한 셈이다. 그나마 주원장은 자신이 목숨을 걸고 세운 왕조에 대한 책임감과 농민 특유의 근면성을 가지고 있었다. 또한 그는 밑바닥을 알고 있었다. 밑에서부터 올라온 관리자나 경영자는 일의 패턴과 핵심을 알기 때문에 단면을 보고도 본질을 파악하고 어느 정도 예측할 수 있다. 하지만 그의 손자, 증손자들은 그렇지 않았다. 그들은 황궁의 깊은 곳에서 궁녀들과 내시들에게 둘러싸여진 채 키워진 사람들이다. 그러면 어떻게 되겠는가?

쿠데타를 성공시키고 조카로부터 황위를 빼앗은 3대 황제 명성조 주체(朱棣) 역시 이 문제에 직면하였다.

"내가 문서에 결재나 하러 목숨 내걸고 이 자리까지 왔나?"

"도대체 아버지는 어쩌려고 이렇게 만들어 놓으셨을까?"

---

125) 앞서서 마오쩌둥이 주원장을 '글도 모르는 황제'라고 칭한 것과 주원장이 스스로 결재 문서를 처리한 것이 서로 모순된다고 여길 수도 있으나 실은 그렇지 않다. 주원장은 어릴 적에 잠시 서당에 다닌 적이 있고 전쟁 중에 참모들의 도움을 받아 나름 공부를 하였다. 그는 황제가 된 후에 36수의 시를 짓기도 했다.

"어떻게 하면 태조의 유지를 거역하지 않으면서도 승상 부재로 인한 업무량 증대 문제를 해결할 수 있을까?"

그래서 탄생한 조직이 내각(內閣)이다. 신문이나 뉴스에서 가끔 '새로운 내각 구성', '내각 교체' 등 '내각'이란 단어를 심심치 않게 접하게 되는데 그 이름은 여기서 유래하였지만 오늘날의 내각과 명나라의 내각은 개념이 다르다. 근대적 의미에서의 내각은 행정권의 집행을 담당하는 최고 기관, 즉 장관들을 말한다. 하지만 지금 설명하고자 하는 명대의 내각은 쉽게 말하자면 대통령 참모진과 비슷한 개념이다. 명 성조는 자신을 도와 업무를 처리해줄 사람들이 필요했고 동시에 그 사람들은 행정권을 가지고 있지 말아야 했다.

베이징의 가장 대표적인 역사 유적지인 고궁(자금성)을 가면 가장 먼저 통과하는 문이 마오쩌둥의 거대 초상화가 걸려있는 천안문(天安門)이다. 천안문을 지나 조금 걸어가면 단문(端門)이란 문이 나오고 거기를 지나 한참 들어가면 디귿자 형의 높은 성벽으로 이루어진 오문(午門)[126]이라는 곳이 나온다. 이 오문이 자금성이 시작되는 곳이고 지금은 전부 인터넷을 통해 예매를 하지만 예전에는 이곳에 매표소가 있었다. 오문을 지나 얼마 안가서 주대로를 벗어나 오른쪽으로 들어가면 수많은 건물들 중에 문연각(文淵閣)이라는 건물이 있다. 대다수의 관광객들은 양 옆을 가볼 겨를도 없이 계속 직진을 하면서 황제의 공간들만 보기 때문에 이 문연각을 본 사람은 아마 거의 없을 것이다. 주체는 자신의 업무를 도울 참모진 7명을 엄선하여 문연각에서 업무를 보게 하였고 이로써 내각(內閣)이 탄생하였다. 이들 일곱 명의 공식 직함은 '내각대학사'였다. 이게 별것 아닌 것 같아도 '이들의 업무 공간이 오문 안쪽의 문연각이라는 것'은 상당히 의미가 크고 전례가 없는 일이었다.

---

126) 이 책의 제6부 표지 사진이다.

명청 시기의 북경은 궁성(宮城), 황성(皇城), 경성(京城)의 세 공간으로 구성되어 있었다. 궁성은 황제의 거처, 즉 자금성을 말하며 오문이 이곳의 대문이다. 이 안으로는 황제 일가와 비빈, 궁녀, 환관, 호위병들만 거처할 뿐 그 외 사람들은 들어올 수가 없었다. 대신들은 조회를 참석하거나 업무 보고를 하러 입궁하는 경우만 있을 뿐 이들은 황제와의 회의가 끝나면 잠시라도 이곳에서 머물 수 없었다. 각 관청이 위치한 곳은 황성이다. 천안문을 중심으로 펼쳐져 있는 성벽 안쪽과 자금성을 둘러싼 성벽 사이의 공간을 말한다. 경성은 천안문 밖을 말하며 민간인들이 거주하는 공간이다. 원칙적으로 그 어떤 관원도 궁성(자금성) 안에서는 업무는커녕 담배 한 대도 피울 수가 없는데 주체는 이들 7명을 궁성 안으로 불러들인 것이다.

이들 7명은 어떤 사람들이었는가? 어떤 기준에 의해 선발되었는가? 내각의 선발 기준은 기본적으로 세 가지였다. 첫째, 관료 사회에 깊은 관계망이 없어야 했다. 둘째는 젊고 전도가 밝은 사람이어야 했다. 셋째는 능력있고 노련한 사람이어야 했다. 이를 보면 주체는 국가 의사결정의 중심에 들어올 이들이 기존 관료 세력과 결탁하여 정치세력화되는 것을 상당히 경계했음을 알 수 있다. 어차피 이들은 조직을 이끄는 행정부의 수장이 아니었기에 위엄이나 통솔력, 경험 보다는 젊고 참신한 사람들이 필요했다. 초대 내각대학사 7명 중 여섯 명이 삼십 대였고 호엄(胡儼)이라는 사람 한 명만 43세였는데 주체는 1년 후에 호엄이 너무 고리타분하다며 국립대학인 국자감 총장으로 보냈다. 그래서 영락제 시기의 내각은 전원이 30대로 구성된 아주 젊고 참신한 조직이었다. 이들의 품계는 뜻밖에도 정7품밖에 안 되었다. 그러나 주체는 이들에게 5품의 관복을 입도록 했다. 이들의 녹봉은 7품에 의거해줄 수밖에 없었으나 상여금은 6부의 장관과 동일한 수준으로 하사되었다. 순식간에 황제의 고급 비서단이 된 이들 내각은 자신을 뽑아준 군주에게 한

없는 충성을 맹세하였다. 이렇게 내각이 탄생하였고 황제에게로 올라오는 모든 결재 서류들이 일단 이들에게로 갔다. 이들은 재상이나 행정 장관이 아니었기에 결재를 할 권한은 없었다. 대신 이들은 결재 서류를 검토하고 검토 의견과 처리 방안에 대한 자신의 의견을 각주로 적어 결재 서류 사이에 끼워서 황제에게 올렸는데 이를 '자신의 의견을 표한다'는 '표의(表擬)'라 불렀다. 이는 마치 오늘날 기업의 전자 결재 시스템에서 관리나 참모부서에 의한 '합의'라는 과정을 넣거나 중간 결재자가 자신의 의견을 몇 자 첨부할 수 있도록 한 것과 같다. 하루에도 백 수십 건 씩 올라오는 결재 서류를 다 자세히 볼 수가 없으므로 최종 결재자들은 기안한 내용을 세심히 보고 결재를 하기보다는 중간 결재자가 적어놓은 첨언을 보고 결재 클릭을 하는 경우가 다반사이다. 층층의 결재 단계를 거쳐서 상무한테 올라오게 되는데 만약 바로 앞에서 결재한 사람이 자기가 신뢰하는 부장이라면 내용은 보지도 않고 그 사람이 몇 자 적은 첨언만 쓱 보고 결재 클릭을 하고, 만약 자기가 신뢰하지 않는 사람이라면 조금 더 자세히 보거나 아니면 그 부장을 불러서 설명하도록 한다.

내각 제도는 재상을 만들지 않고서도 황제의 업무 부담을 덜어주는 창조적인 한 수 같아 보이지만 이는 치명적인 위험을 안고 있었다. 명왕조의 내각 7인은 자문단이라기보다는 황제 대신 문서 일처리를 해주는 사람들이었다. 황제 입장에서는 자신의 분신이 되어 분석과 해결 방안을 조언해줄 조수들이 일곱 명이나 되니 이제는 '내가 할 일이 없다'고 느낄 수도 있는 일이었다. 즉, 황제의 태만과 나태를 낳을 가능성이 있었다는 것이다. 물론 제대로 생각이 박힌 황제 같으면 남는 시간에 더 창조적인 생각을 하고 장기적인 전략을 구상하느라 바빠야겠지만 황제란 자리에 그런 사람들이 얼마나 있어왔나? 황제에게 그런 말을 할 수 있었던 사람이 바로 재상이 아니었던가? 그러니 당연히 명 조정의 결재 서류의 운명은 내각의 손에 달렸고 웬만해선 황제들은 이들의 첨언만 보고 결재 클릭을 할 뿐이었다. 그러고서는 천하의 일처리를 잘 하고 있다고 스스로 만족하고 있었다. 따라서 황제가 장관들과 회의를 하지 않는 경우가 많아졌고 장관들은 몇 달 동안 황제의 얼굴을 보기가 힘들어졌으며 심지어는 황제가 6부의 장관이 누구인지 얼굴도 모르는 경우도 있었다. 가장 극단적인 경우는 명 후기의 만력제(신종)인데 무려 28년 동안 조회를 하지 않고 미궁 속에서 빠져 지냈다.

또 한 가지 위험 요인은 이 내각이라는 조직이 권력을 가지지 않는다는 보장이 있느냐는 것이다. 이들은 업무 특성상 권력을 가질 가능성이 매우 농후한 집단이었다. 단지 초기에는 젊고, 관료 사회에 물들지 않은 사람들로 구성되었기에 황제에게 충성하고 열심히 맡은 바를 했다. 하지만 만약 호부상서, 예부상서 같은 6부의 장관을 겸임하는 내각 대학사가 나온다면 이야기가 달라진다. 그래서 명 후기로 가면서 내각의 선임 대학사가 실질적으로 문관의 대장이 되었지만 이들은 과거의 재상과 같은 고귀한 명예 의식과 책임 의식이 없었다. 중앙 정부에는 재상이 필요했다. 문관들의 대표자인 재상이 있었을 땐 관료 집단이 국가의 주주 그룹 중 일부를 담당하였기 때문에 이들은 국가와 운명을 같이한다는 의식이 있었다. 국가가 망하면 자신들도 파산이었다. 그러나 명은 어땠는가? 이자성의 난으로 명이 멸망 직전에 이르고 황제가 자살하는 지경으로 몰렸을 때에 이들은 남일 보듯이 무관심으로 일관했다. 송이 망할 때에는 수만 명의 관민이 황제와 같이 바다에 뛰어들었지만 명이 망할 때에는 아무도 순국하지 않았고 울어주는 사람조차 없었다.

환관

환관들은 어떻게 해서 득세를 하게 되었는가? 우리나라에도 환관이 있었다. 그럼 우리의 역사에도 환관 정치 시기가 있었나? 없다. 우리의 역사 속에는 권세를 누린 환관이 있긴 했으나 중국과 같이 오랜 시기에 걸쳐 환관이 정치 집단화가 된 적은 없다. 일본은 아예 환관 자체가 없었다. 환관 정치는 왜 중국 역사에서만 나타났을까? 이는 중국 역사 속에서 출현했던 세 번의 환관 정치 시기를 돌이켜보면 쉽게 답을 구할 수도 있다. 첫 번째 환관 정치는 동한 말에 나타났다. 당시의 환관 득세는 왜 일어났는지 기억을 더듬어보자. 맞다! 외척이 너무 득세해서 황제가 이들에 의해 휘둘렸고 외척에 치를 떤 황제가 전략적으로 가노 집단인 환관에 의탁하였다. 즉, 외척과 사대부 집단으로부터 황권을 지키기 위한 황제의 전략적 선택이었다. 두 번째 환관 정치는 당 후기였다. 당대에 환관 권력의 특징은 이들이 중앙군의 군권을 장악하고 있었다는 데에 있었다. 이들이 어떻게 군권을 잡게 되었는지 다시 기억을 더듬어 올라가면 당현종 때의 감군(기무사) 제도에 있었다. 당은 감군에 환관을 앉혔는데 이것이 이들이 군을 장악할 수 있었던 발판이었다. 안사의 난 이후 황권은 땅에 떨어졌고 황제의 가장 큰 근심은 번진, 즉 지방 군벌이었다. 당 후기는 "황권 vs 번진"의 대치 국면이었고 그래서 황제의 입장에서는 더욱 자신들의 가노 집단에 의존할 수밖에 없었다. 그래서 아예 중앙군의 군권이 전부 환관에게 넘어가기에 이르렀다. 그럼 명대의 환관 정치는 어떻게 해서 생긴 것일까? 사실 주원장은 환관의 정치 참여를 극도로 경계하였다. 그는 환관이란 없을 수는 없으니 궁에 두긴 하지만 최소한으로만 두고 '이들에게는 그냥 잡일만 시켜야 한다'라는 생각을 가지고 있었다. 그는 환관들은 글을 알아서도 안 되며 심지어 "정치에 조금이라도 관심을 두는 환관은 참수한다!"라는 경고문을 철판에 새겨 궁성 입구에 세워놓았다. 긴 시간은 아니었지만 주원장 재위 시기에 환관은 거의 버러지 취급을 받았다.

4년에 걸친 내전을 통해 황위를 빼앗은 명성조 주체 때부터 실로 명 왕조의 많은 부분들이 바뀌고 새로 쓰였다. 주체는 내각이라는 가신 그룹을 만들어서 재상 부재로 인한 업무 부담을 덜었지만 한편으로 생각하자면 이들 내각은 어찌되었건 외부인이지 자기 집안(궁성) 사람은 아니었다. 어느 날 이들 내각이 권력을 가지지 않는다는 보장이 있나? 자칫 잘못하면 이 내각이란 제도는 문신 집단의 팔을 황궁 안으로 뻗도록 하는 결과를 낳을 수도 있었다. "그렇다, 이들을 견제할 세력이 필요하다!" 그러기 위해선 이들보다 더 황제와 가깝고 이들보다 더 황제에게 충성하는 집단이 필요했다. 그게 누군가? 바로 환관들이다.

이 세 번의 환관 정치를 잘 보면 황제가 누군가를 견제하기 위해 환관이 정치 중심으로 끌어들여졌다. 결국 환관 정치라는 것은 황권을 강화하고자 하는 과정에서 나오는 정치적 산물이었다. 환관은 전제를 추구하는 황제에게 있어서 매우 유용한 존재였다. 이들은 황제를 대신하여 눈과 귀가 되어줄 수 있었다. 그렇다면 환관 정치라는 특수한 정치 현상이 왜 유독 중국에서만 나왔는지에 대해 설명이 된다. 중국은 세계사의 어디와 비교해서도 제도적으로 가장 황권이 강했던 나라였다. 로마의 황제, 교황, 무슬림 제국의 술탄과 칼리프, 유럽과 러시아의 그 어떤 제왕도 중국의 천자가 가졌던 권위와 힘에 비할 바가 못 된다. 그러므로 황제의 가노 집단들도 상당한 세력을 형성할 수가 있었고 여기서 황제의 전략적인 지지와 안배가 더해지면 이들은 황제를 등에 업은 무소불위의 정치 집단이 되는 것이었다. 결국 황제와 공생하는 사이였던 셈이다. 고대 한반도는 정치 제도적, 정치 사상적으로는 중국과 비슷한 듯하나 환관 집단이 정치 세력화되기에는 왕권이 그렇게나 강하지는 않았다. 이웃 일본은 더하다. 일본은 오랫동안 강한 중앙집권을 형성해본 적이 거의 없었기에 쇼군이 있었음에도 환관이 형성되지 않았다. 중국 제도의 영향을 깊이 받았던 고대 동북아에서 한반도와 베트남은 있는데 유독 일본에는 없었던 것이 있는데 그중 하나가 과거 제이고 또 한 가지가 환관제이다. 이 두 가지는 모두 강한 제왕권과 연관되어 탄생한 산물이었다.

중국 역사에서의 세 번의 환관 정치 시기 중 어느 시기가 가장 강력했던 가를 잘라서 말하긴 어렵겠지만 명왕조의 환관 정치는 앞선 두 시기와 구별되는 특징이 있었다. 명의 환관은 주원장과 주윤문, 두 명의 황제 시기를 제외하고는 거의 왕조 전반에 걸쳐서 득세하였다. 환관의 득세라고 하면 감이 잘 안 올 수도 있으니 예를 들어보겠다. 명대의 환관 기구 중 두 개의 특별한 지위의 기구가 있었는데 그중 하나는 사례감(司礼監)이었다. 글자 그대로 보자면 의례나 의장을 관장하는 조직 같아 보이지만 그렇지 않다. 사례감의 환관에는 비홍(批红)이라는 아주 큰 권한이 있었다. 황제의 명령인 조서는 황제 자신이 쓰는 게 아니다. 황제의 구두 지시하에 내각이 초안을 작성한다. 그러면 바로 조서가 반포되는가 하면 그게 아니다. 내각이 작성한 조서 초안은 사례감에게로 갔다. 사례감 환관이 빨강 글씨로 찍찍 긋고 수정 지시를 하였고 그에 따라 다시 수정되어야만 최종 조서가 되어 반포되었다. 원래는 황제가 해야 하는 일이었지만 비홍, 비시(결재 서류에 사인하는 것) 모두 환관이 도맡아 했다. 이뿐만 아니다. 위에 설명했던 내각의 표의(表意)도 환관의 손에 의해 황제에게 전달되었고 황제의 의견도 환관을 통해 내각에 전달되었다. 명의 역사를 읽다보면 역사의 매 장마다 등장하는 주인공이나 비중 있는 조연들이 문관이나 무관 같아 보여도 알고 보면 환관인 경우가 다반사이다. 이때의 환관들은 세금 징수, 염전, 광산 채굴 등 정부 주요 수입원의 각소에 포진해 있었다. 또 한 가지 다른 점은 동한 말과 당 말의 두 번의 환관 정치 시기에 문무신 관료들은 이들 환관들과 대립하였다. 그러나 명대에는 대신들이 환관들에게 줄을 대느라 여념이 없었다. '명의 암흑기'에 환관이 상당한(어쩌면 가장 큰) 지분을 가지고 있음은 의심의 여지가 없다.

명대 환관의 수는 얼마나 되었을까?

환관의 수는 얼마나 되었을까? 사료는 명대의 환관 수에 대해 명확히 말하고 있지 않기 때문에 조각조각의 간접적인 언급을 바탕으로 짐작을 하는 수밖에 없다. 《자치통감》에 의하면 동한 말 원소가 군대를 이끌고 환관을 모조리 소탕하였는데 그 수가 2,000여 명이라고 했다. 《신당서》에 의하면 당현종 천보년간에 고품계(高品) 환관의 수가 1,696명에 달했고 품관(品官)·백선(白身)이라고 부르는 하급 환관이 2,932명이었다고 한다. 끝자리까지 나와 있는 이 수는 웬지 신뢰가 간다. 당현종 때 이미 4,628명의 환관이 있었다는 얘기니 환관이 득세했던 당 후기로 가면 1만 명 정도는 족히 되었을 것으로 여겨진다. 명대의 환관의 수는 주원장 때 100명이 채 될까 말까 했던 것이 영락제(명성조 주체) 때부터 급속도로 증가하여 명헌종 성화년간(1465~1487)에는 모두 40개의 환관 조직이 있었다고 한다. 그 명확한 숫자는 기재되어 있지 않으나 환관과 궁녀를 합쳐 10만에 달했다는 말도 있고, 명 말에 이자성의 군대가 자금성으로 진입했을 때 "궁내 7만 명의 환관과 궁녀들이 우르르 빠져나갔다"고 하는 말도 있다. 물론 이는 과장된 숫자일 것이다. 20세기 저명한 역사학자인 황런위(黃仁宇)의 《만력15년》에 의하면 만력제 초기에(1573년 즈음) 환관 수가 이미 2만을 넘었고 그 수는 뒤로 갈수록 계속 팽창했다고 한다. 참고로 조선 시대의 환관 수는 수백 명 정도였다. 청대에는 환관의 수에 대해 비교적 자세한 기록이 있다. 청대로 들어와서 환관이 수가 대폭 줄어들었는데 가장 많았던 가경제 3년(1798)의 환관 수가 2,675명이었고 청의 실질적인 마지막 황제인 광서제 13년(1887)에는 1,693명이었다.

무협지에 조금이나마 관심이 있는 사람이면 김용의 대표작 《소오강호》를 읽어보았거나 최소한 들어보긴 했을 것이다. 《소오강호》의 시대적 배경이 어느 때인가? 바로 명나라이다. 김용의 이 무협소설은 역사적 사건이나 인물과는 결부를 시키지 않았기에 시대적 특성이 잘 느껴지지 않지만 군데군데 명대의 단면을 짐작하게 하거나 풍자하는 부분이 있다. 절정 고수가 되고자 하는 협객들은 무림 대대로 내려오는 전설상의 법보인 '규화보전'을 찾고자 혈안이 된다. 그러나 환관이 만들었다고 알려진 '규화보전'이란 알고 보니 무엇이었나? 스스로 거세를 해야지만 익힐 수 있는 무공이고 음기가 가득한 사파의 무공이었다. 나도 명의 역사를 모를 때에는 '웬 환관이 무공을?'이라며 뜬금없다고 생각했었다. 김용은 《소오강호》에서 동방불패와 악불군 같이 스스로 거세를 하면서까지 '규화보전'을 익히고 나서 결국은 '괴물'이 되어가는 야욕에 눈이 먼 무림인들을 명대의 환관에 비유하였다.

특무 정치

'금의위(錦衣卫)'라는 단어를 들어보셨는가? 우리에겐 생소하지만 중국에는 이미 금의위를 소재로 하거나 '금의위'란 제목의 영화가 제법 많이 나와 있다. 명나라 때 '위(卫)'는 군대의 편제 단위 중의 하나였다. '금

(錦)'은 '비단'이라는 명사와 '화려하다'라는 형용사 두 가지가 있는데 여기서는 '화려하다'의 의미이다. 그러므로 금의위를 글자 그대로 해석하자면 '화려한 옷을 입은 부대'라는 뜻이다. 주원장이 설립한 이 부대는 원래는 황제의 경호 및 의장부대였다. 그러니 오늘날의 헌병대처럼 체격이 좋은 사람들로 구성되어 있었고 화려한 군복에 주렁주렁 뭔가 장식들을 달고 다녔을 것이다. 황제의 곁을 지키는 군인들이 허접한 옷을 입고 있을 수는 없는 일 아닌가? 그러나 주원장은 자신과 가장 가까운 이 친위부대를 특무기관으로 용도 변경하였고 이들은 호유용 사건, 남옥 사건 등 공신들의 처단에 있어서 훌륭하게 미션을 수행하였다. 특무기관이란 무엇인가? 쉽게 말하면 미국의 CIA, 러시아의 KGB라 생각하면 된다. 하지만 CIA, KGB와 달리 이들은 대외 정보 수집 업무를 하진 않았고 이들의 업무는 순전히 대내 정보 수집 활동이었다. 이들에게는 수사, 체포, 심문의 권한이 주어졌고 모든 사안을 황제에게 직보하였다. 이들이 수집하는 정보는 무엇이었나? 당연히 정권에 불만을 갖거나 반역을 꾀하는 자들의 언행과 동향이다. 그러면 이들이 조사하는 대상은 누구인가? 황제를 제외한 어느 누구도 조사할 수 있었지만 실질적인 대상은 정치인들, 즉 고위 공무원들이었다. 그러니 이들 중 한눈에 봐도 금의위라고 알 수 있는 복장을 하고 있는 사람들도 있었는가 하면 정보 수집을 하는 대부분의 요원들은 평민 복장을 하거나 필요에 따라서 모습을 바꾸고 다니는 비밀 요원이었다.

황제 직속의 이러한 비밀 에이전트는 명나라 때 처음 나온 것인가? 그렇지 않다. 강력한 군주 전제를 추구하는 제왕들에게 특무기관과 환관, 이 둘은 없어서는 안 되는 매우 좋은 도구였기에 많은 제왕들이 이들을 사용하고자 하는 유혹을 떨치지 못하였다. 이미 기원전 8세기에 주려왕이 무사(巫師)라는 비밀경찰을 풀어 정부에 불만을 표하는 사람들을 가차 없이 잡아갔고, 7세기 말 무측천 재위 시기 혹리(酷吏)들에 의해 많은 정치인들이 잔인하게 고문받고 혹형에 처해졌었다. 이런 특무기관에 의한 공포·감시 정치를 '혹리 정치'라 하기도 하는데 중국사에서 혹리 정치의 정점은 명왕조 시대였다. 다른 왕조의 경우 이러한 혹리 정치가 특정 군왕의 재위 시기에 국한되었지만 명은 왕조 내내 금의위를 운영하였고 이것도 모자라 금의위를 뛰어넘는 더 대단한 특무 조직을 창설하고 운영하였기 때문이다.

사실 명은 꽤 훌륭한 사법 체계를 가지고 있었다. 오늘날의 법무부에 해당하는 형부(刑部), 검찰청에 해당하는 도찰원(都察院), 대법원에 해당하는 대리사(大理寺)로 구성되어 있었다. 다시 말하면, 형부에서 법 제정과 반포, 그리고 사법 기구에 대한 전체적인 관리를 하였고, 도찰원에서 수사와 체포를 하였으며, 대리사에서 판결과 형 집행을 하는 삼권 분립 시스템하에 있었다. 이대로 잘만 운영되면 상당히 민주적인 법치를 구현할 수도 있을 것 같아 보인다. 금의위는 이러한 사법 체계를 완전히 뛰어넘는 초법적 기관이었다. 이들은 자체 지하 감옥을 운영하고 있었는데 이곳에 끌려가면 반역죄 아니면 뇌물죄로 처형되어 시체로 나오던가 설령 혐의가 입증되지 않아 풀려나더라도 반병신이 되서 나왔다. 이들의 정보 수집 능력, 감청, 미행 능력은 상상을 초월했다. 그만큼 여기저기 요원들이 많이 깔려 있었다는 걸 뜻한다. 관원 둘이 아무도 없는 차관의 밀실에서 한 이야기가 황제의 귀에 들어간 경우도 있었고, 광저우에서 업무차 올라온 한 관원이 특산품을 조정의 동료 관원들에게 인사차 돌렸는데 그 선물을 받은 명단이 주체의 책상 앞으로 전달되기도 했다. 영화를 보면 이들이 특수 훈련을 받아 일당백의 무술 실력을 갖췄고 특수 무기를 가지고 다녔던 사람들로 그려지는데 그런 건 아니다. 이들은 그리 길지 않은 양날 검을 가지고 다녔을 뿐이지만 일단 금의위가 떴다 하면 저항하는 건 반역이므로 순순히 포박당하거나 도망치는 수밖에 없었다. 대신 이들은 죽지 않고 고통만 주는 특수 고문 훈련을 받았다. 그러므로 일단 금의위의 타깃이 되었다 하면 실제 죄가 있건 없건 그건 중요치 않았고 전부 반역을 자백하게 되어 있었다. 호유용 사건, 남옥 사건 등 십 수만 명이 희생된 대규모 반역 사건 모두 이들이 낸 성과(?)였다.

주원장은 말년에 금의위의 형구들을 불태우게 하고 혹형을 주도했던 몇 명을 처벌하는 등의 유화 제스처를 취하면서 금의위를 해체하였다. 금의위를 써먹을 대로 써먹기도 했고 아무래도 민심을 고려하지 않을 수 없었기 때문이다. 그러면서 "나는 어쩔수 없어서 초법적 수사와 법외 처벌을 하였지만 나의 후손들은 이를 본받지 말고 법 체계에 의거하여 나라를 다스리거라"고 당부하였다.

주씨 후손들은 주원장의 이 당부를 잘 따랐을까? 영락 시기에 와서 금의위가 부활되었고 특무기관은 한층 더 업그레이드되었다. 재위 내내 반역의 가능성에 신경을 곤두세웠던 주체가 아버지가 써먹었던 이런 좋은 도구를 다시 꺼내 이용하지 않을 리가 없었다. 그런데 주체는 금의위마저 완전히 믿을 수 없었다. 이들은 황제에게 절대 충성하는 조직이지만 만에 하나 이들이 반역을 하면 아무런 대책이 없었기 때문이다. 그럼 어떻게 하나? 그래서 만들어진 게 '동창(东厂, 東廠)'이다. 현대 중국어에서 '창(厂)'은 공장(factory)을 의미하지만 여기서는 그런 의미가 아니다. 당시에 '창(厂)'은 빌딩이나 사무 공간(office)을 의미하였다. 이들이 군대에 속해있는 것이 아니라 '일반 건물에서 근무하는 부대'였기에 당시 사람들은 이들 비밀 경찰을 '창위(厂卫)'라 불렀다. 동창은 '동쪽에 있는 비밀경찰부대'라는 뜻으로 동창위(东厂卫)의 줄임말이다. 동창은 자금성의 동쪽에 위치하였는데 지금도 그 자취가 남아있긴 하다. 왕푸징(王府井) 거리의 북단에 동서로 난 작은 옛 골목이 있는데 이 골목의 이름이 '동창후통(东厂胡同)'이다. 동창은 이 골목 어딘가에 있었던 것이다.

동창은 금의위를 감시하기 위해 만든 조직이고 실질적으로 금의위보다 상급 기관으로서 이들을 지휘하였다. 여기서 중요한 게 동창의 수장을 환관이 맡았다는 것이다. 내각을 견제하기 위해 환관을 키운 것과 같이 금의위를 감시하기 위해서 환관으로 구성된 더 센 특무기관을 창설했고 이는 결국 환관이 국가 특무조직 전체를 장악하도록 만들었다. 이제 명의 환관이 왜 이리 강한 힘을 가지고 있었는지 이해가 될 것이다. 이들은 국가의 모든 정보를 쥐고 있었고 초법적 경찰권을 가지고 있었으며 황제를 제외한 어느 누구도 잡아넣어서 반역과 부패의 죄로 처리할 수 있었다. 당연히 명의 문무 관리들은 환관의 눈치를 볼 수밖에 없었다. 후에는 동창을 감시하기 위해서 남창이란 것이 만들어졌다가 또 남창을 견제하기 위해 내창이란 것이 생기는 등 완전 변태적으로 흘러갔는데 동창이든 남창이든 내창이든 전부 환관이 관리하는 조직이었다.

많은 사학자들이 명을 암흑기라 부르는 이유에 대한 나의 해석은 이렇다.

첫째, 명은 사서삼경과 팔고문에 정신세계가 갇힌 사상의 암흑기이다.

둘째, 명대는 황제 전제주의가 극에 달했고 많은 학살과 특무 조직에 의한 인권 탄압이 장기적으로 자행되었다.

셋째, 재상제가 폐지되면서 신권이라는 한 축이 무너졌다.

넷째, 환관에게 모든 권력이 집중되었다.

전제주의 왕조의 취약성

63장
중흥의 시도 Ⅰ

명의 역사 3단계

명의 276년 역사 동안 총 열여섯 명의 황제가 있었다. 자금성에서 서북 방향으로 50킬로미터 떨어진 창핑구 교외에 이들이 묻혀있는 황제릉이 있다. '명13릉'이라 불리는 이곳은 천수산이 양 날개를 벌리듯이 감싸고 있고 그 정 중앙에 영락제의 무덤인 장릉(長陵)이 있다. 그런데 왜 '13릉'인가? 세 명은 어디로 갔을까? 이들 세 명의 사연만 알아도 명 초기 80년의 역사가 대강 이해된다. 설립자 주원장은 천도 전에 죽었으니 난징에 묻혔다. 2대 건문제는 정난 쿠데타에 의해 생사가 불분명하여 무덤을 만들 수가 없었다. 그리고 또 한 명은 7대 대종(代宗)인데 그는 '토목보의 변(1449)'으로 영종이 인질로 잡혀있는 8년 동안 황제 노릇을 했던 사람이다. 대신(代) 황제를 했다고 해서 대종이란 묘호를 준 것 같다. 그는 형이 복귀하자 황제 타이틀을 박탈당하고 쫓겨났고 그래서 황릉에 묻힐 수가 없었다. '토목보의 변'은 명의 상승세를 꺾고 대외 정책을 공격에서 수비로, 진취에서 폐쇄와 수구로 전환하도록 만든 변곡점이었다. 그러므로 토목보의 변을 기점으로 명은 전기를 끝내고 중기로 들어선다.

- 전기: 건국~토목보의 변   1368~1449년 약 80년
- 중기: 토목보의 변~가정황제   1450~1567년 약 120년
- 후기: 장거정 사망~멸망   1582~1644년 약 60년

중기는 토목보의 변부터 가정황제가 사망하는 1567년까지의 약 120년 동안이다. 이 시기가 어떤 시기였는지 감을 잡기 위해 세계사로 잠시 눈을 돌려보자. 토목보의 변이 있은 지 3년 뒤에 지중해 동쪽에서 아주 큰 사건이 벌어졌다. 동로마의 수도 콘스탄티노플이 오스만투르크에 의해 함락된 것이다(1453). 이로써 동로마는 멸망했지만 동로마의 지식인과 예술가들이 이탈리아로 대거 유입되면서 르네상스를 더욱 풍부하게 하였다. 르네상스는 곧이어 북유럽으로 퍼졌고 이는 종교개혁이 발아할 수 있는 토양을 만들어주었다. 한편 오스만투르크에 의해 육로 무역이 막히자 유럽인들은 적극적으로 항로를 개척하였고 그 결과 1492년에 스페인의 콜럼버스는 아메리카에 다다랐고, 1497년에 포르투갈의 바스코 다 가마는 희망봉을 돌아서 인도 서쪽에 도착했다. 이 시기 일본은 수많은 영주(다이묘)들이 서로 싸우는 전국시대가 한창이었고 이로 인하여 중국 동남부 해안에서는 왜구가 극성을 부렸다. 북쪽에서는 오이라트와 타타르 부락의 변경 지역 유린이 시시때때로 있었고 이럴수록 명은 더욱 만리장성과 해안 지역의 빗장을 단단히 하며 내부로 침전하였다.

후기의 시작인 만력 10년(1582)은 명이 빠져나올 수 없는 멸망의 소용돌이로 발을 들여놓은 해이다. 만력제는 장거정이 어렵게 이뤄놓은 개혁 조치들을 전부 폐기시켰고 반(反)장거정파들로 조정을 채웠다. 그로부터 몇 년 후 만력은 황제의 업무에서 장기 파업에 돌입하였고 그 파업은 그가 죽는 1620년까지 30여 년 동안 지속되었다. 그는 아편 연기

와 여자들에게 둘러싸인 채 침궁에서 거의 한 발짝도 나오지 않았고 황제의 결재를 기다리는 서류는 산더미처럼 쌓여갔다. 만력제의 할아버지 가정제 역시 후반 20여 년 동안 미궁 속에 묻혀 지냈지만 그래도 결재 서류는 처리를 했고 필요한 행사들을 멈추진 않았다. 하지만 만력은 그야말로 거의 아무것도 하지 않았다. 그에게는 '세 가지를 하지 않았다'는 '삼무(三無)'가 있는데 그것은 그가 회의를 하지 않았고 하늘과 땅, 조상에게 지내는 제사를 지내지 않았으며 신하들이 올린 결재를 처리하지 않았다는 것이다. 30여 년 동안의 최고 통치자의 파업은 제국의 경제와 국방을 파산 직전으로 몰고 갔고 그 와중에도 관리들과 환관들은 저마다의 이익 챙기기에 급급했다. 당연히 그 피해는 고스란히 농민들에게 돌아갔고 더 이상 살기 힘들어진 농민들의 민란이 여기저기서 일기 시작했다. 만력제가 죽고 24년 후에 명은 멸망했다.

중흥기

그런데 위의 시기 구분을 잘 보니 중기에서 후기 사이가 15년이 빈다. 이 15년은 무엇일까? 이 시기는 가정제의 장기 태만과 실정으로 중기 암환자가 된 명왕조에게 다시 생명력을 불어넣은 시간이다. 다시 말하자면 중기의 끝자락에서 멸망의 길로 들어서느냐 회생하느냐의 기로에서 다시 일어서고자 안간힘을 쓰던 짧은 시기였다. 명왕조 유일의 개혁 시기라 칭할만한 이 시기에 어떤 이들에 의해 어떤 일들이 벌어졌을까? 이들의 심폐 소생술은 어떻게 전개되었고 어떤 결말을 맞았을까? 그것이 우리가 이번 장에서 할 이야기들이다.

이야기를 풀어나가기에 앞서 11대 가정(세종), 12대 융경(목종), 13대 만력(신종),[127] 이 세 황제가 재위했던 시기와 이들이 명의 중후기 역사에서 어떤 의미를 가지고 있는지에 대해 대략 감을 잡고 가야 한다.

1521년 4월에 10대 황제 무종이 서른한 살의 나이로 후사 없이 죽자 대신들은 당시 열네 살인 무종의 사촌동생 주후총(朱厚熜)을 황제로 옹립하였다. 그가 11대 가정황제이다. 가정은 1521년에서 1567년까지 총 46년을 재위했다. 12대 융경은 5.5년밖에 재위하지 못하고 죽었으나 그 뒤를 이은 13대 만력은 1573년에서 1620년까지 무려 47년을 재위했다. 이 세 황제의 재위 기간을 합치면 한 세기에 이른다.

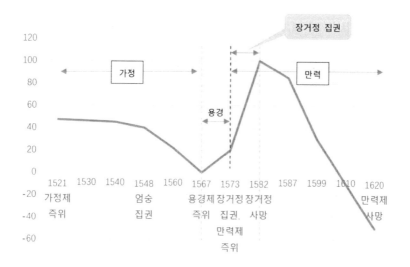

그래프에서 보이는 바와 같이 가정제 중기 엄숭이라는 재상의 집권 후로 명은 급속도로 쇠락하다가 융경제 즉위 후 약간 반등을 하더니

---

127) 당 이후로 황제들은 대부분 묘호로 불리는데 명청 시대의 황제들은 이렇게 연호로 불리기도 한다. 괄호 안은 묘호.

장거정이 재상으로 있는 10년 동안 상한가 행진을 한다. 그러다 장거정 사후 만력제가 친정을 한 후부터 다시 초고속으로 쇠락한다. 이는 가정제는 개판을 친 황제이고 만력제는 더 개판을 친 황제라는 걸 말해준다. 가정제의 초반 20년은 그런대로 괜찮았다. 그러나 후반부터 도교에 빠져 방사들을 불러 신선이 되는 환단 제조에 몰두하였고, 대규모 도교 행사를 진행하면서 국고를 탕진하였다. 게다가 1548년에 명나라 최고의 간신 엄숭(严嵩)이 재상이 되면서 국가는 급속도로 나락으로 빠져들었다. 가정은 1542년부터 그가 죽는 1567년까지 24년 동안 단 네번의 조회를 열었고 거의 모든 보고와 결재는 내각이 환관을 통해 의견을 전달하고 황제의 지시가 올 때까지 한없이 환관들만 쳐다보는 명나라식 비대면 방식으로 진행되었다.

만력(万历)은 더 가관이다. 그는 서른 살이 되는 1592년부터 그가 죽는 1620년까지 무려 28년 동안 단 한 번의 회의도 열지 않는 세계사적 기록을 세웠다. 실질적으로 재위 15년째인 1587년부터는 대전 밖으로 거의 모습을 드러내지 않았다. 무려 34년 동안이다! 그래서 그의 얼굴이 어떻게 생겼는지도 모르는 내각과 조정 대신들이 허다했다. 만력은 아홉 살 때 즉위하여 그가 성인이 되는 1582년까지 10년 동안 그의 친모 이태후가 섭정을 하고 장거정이 보정(輔政)[128]을 했으니 실질적으로 그가 홀로서기를 한 후 황제로서 존재감을 드러낸 시기는 1582년에서 1587년 사이의 5년밖에 되지 않는다. 그리고는 죽는 날까지 거의 모습을 드러내지 않았다. 마오쩌둥은 《명사》는 읽으면 열이 받쳐서 못 읽겠다. 도대체 한두 명을 제외하고는 제대로 된 황제가 없다!"라고 한탄했

---

128) 황제가 어려 혼자 정사를 처리하지 못할 경우 선황의 유지에 의해 특정 대신이 황제를 보좌하여 국사를 처리하는 '황제의 정치적 후견인' 제도. 황제를 보좌하도록 지정된 대신을 보정대신이라 불렀다. 황제는 모든 사안을 보정대신과 상의하여 처리하였다.

는데 그중에서도 갑이 가정제이고 갑중의 갑이 만력제이다.

이렇게 보면 명왕조의 멸망은 이 두 명의 황제에게 매우 큰 지분이 있다. 가정 때 국가의 기력이 급속도록 쇠락하였고 만력이 미궁 속에서 아편과 여자들에게 빠져지내던 30여 년 동안 멸망의 모든 조건이 완비되었다. 그런데 11대 가정이 죽은 1566년 12월에서 13대 만력이 성인이 되어 친정을 하는 1582년 2월까지 약 15년간의 반등 시기가 보인다. 이 시간은 어떤 시간일까? 이 15년 중 앞의 5년은 12대 황제 융경(隆庆)의 재위 기간이다. 그리고 나머지 10년은 어린 만력제를 보좌한 재상 장거정의 집정 기간이다. 이 15년 동안 쓰러져가는 명은 반짝 중흥을 맛본다. 특히 뒤의 10년은 중국사가 경험한 마지막 국가 대 개혁운동이 벌어지던 시기였다.

장거정의 10년, 많은 역사학자들은 이 시기가 없었으면 이자성의 난이 50년 앞당겨졌을 거라 말한다. 즉, 가정제 사후 얼마 안 있어서 멸망했어도 전혀 이상할 것이 없었지만 이 10년이 있었기에 명의 수명이 50~60년 연장되었다는 얘기이다. 물론 장거정의 개혁 조치가 지속되었더라면 50~60년이 아니라 명의 후기 역사가 완전히 다른 방향으로 갔을 수도 있다. 죽어가는 국가에 생기를 불어넣고자 한 그들은 누구였는지? 이 시기는 어떤 시기였으며 왜 실패로 끝났는지? 이 짧은 시기가 우리에게 남기는 의미가 있는지? 그것이 우리가 이번 장에서 파헤쳐 봐야 할 이야기들이다.

또 한 명의 개혁가

중국인들에게 역사상의 개혁가 3인방을 꼽으라면 뭐라고 답을 할까? 그중 두 명은 반론의 여지가 없을 것 같다. 상앙과 왕안석은 중국인이라면 누구나 인정하는 독보적인 개혁의 아이콘이다. 그렇다고 대다수의 중국인들이 상앙과 왕안석에 대해 잘 알고 있냐 하면 꼭 그런 건 아니다. 그냥 '역사 속의 개혁가'라 하면 이들 둘과 등호가 성립되어 왔다. 중국의 고등학교 고대사(처음~아편전쟁) 교과서에는 개혁 또는 변혁이라는 단어가 총 64번 등장한다. 이중 두 페이지가 채 안 되는 전국시대 제자백가와 상앙 편에서 이 단어가 12번 등장하고 한 페이지 반밖에 안 되는 왕안석 편에서 무려 14번이 등장한다. 전체 210페이지 중 상앙과 왕안석의 단 세 페이지에 개혁 연관 단어가 40퍼센트나 몰려있다. 개혁사에서 이 둘의 위상이 어느 정도인지를 알려주는 단적인 예이다. 그럼 중국사에서 상앙과 왕안석의 계보를 잇는 세 번째 개혁의 아이콘이 있는가? 논쟁 속의 인물이긴 하지만 있다. 청말 무술변법의 주인공 량치차오는 그를 '명왕조 유일의 정치가'라 칭했다. 그가 바로 장거정(張居正, 1525~1582)이다. 드디어 나는 중국 고대사의 세 번째 개혁 재상에 대해 이야기하고자 한다. 이 사람의 이름은 많은 이들에게 생소하겠지만 고등학교 세계사 시간의 기억이 남아있다면 아마 '일조편법'이라는 단어가 낯설지 않을 것이다.

개혁사를 이야기하는 건 참으로 흥미로운 일이다. 만약 개혁사가 재미없고 어렵다면 그 이유는 인물과 시대에 초점을 맞추는 게 아니라 개혁의 내용에 집중하기 때문일 것이다. 수백 년, 1,000년, 2,000년 전에 행해졌던 변혁의 세부 조치는 사실 오늘날의 우리에게 별 의미가 없다. 하지만 국가 위기의 상황에서 반전을 꾀하려는 정치가의 내적 고뇌와 외적 투쟁은 시대가 바뀌고 지역이 다르더라도 본질적으로 바뀌지 않았다.

장거정을 두고 "그의 개혁은 개혁이 아니다"라고 하는 사람들도 더러 있는데 이 말도 일리는 있다. 그가 실시한 정책들은 어찌 보면 전부 예전부터 있어왔던 것들이고 그가 한 것이란 단지 효율을 극대화시키고 강한 실행력을 발휘한 것이기 때문이다. 그렇지만 개혁가는 발명가가 아니다. 장거정은 '제대로 실행되도록 하기만 해도 문제의 8할은 해결된다'라는 생각을 가지고 있는 실천주의·현실주의 정치가였다. 2권에서 나는 "개혁가가 갖춰야 할 능력과 미덕은 창조성이나 지식이 아니라 시대의 요구를 간파하는 눈과 그것을 추진하고 실행에 옮길 수 있는 정치력과 용기일지도 모른다"[129]라고 말한 적이 있다. 장거정은 개혁에 대한 나의 이런 견해를 가장 잘 입증하는 인물이다. 장거정은 만력 원년이자 자신의 집권 원년인 1573년에 자신의 '출사표'와 같은 《고성법(考成法)》을 황제에게 올리면서 그 상주문에서 이렇게 언급하였다.

『이 세상의 일들은 정책의 수립이 어려운 것은 아니다. 어려운 것은 정책이 꼭 실행되도록 하는 것이다(天下之事不难于立法, 而难于法之必行).』

장거정의 이 말은 당시 '명왕조가 가진 문제의 핵심이 무엇이며 자신은 무엇을 할 것이다'라는 걸 명확히 천명하고 있다. 생기를 잃은 사회나 조직에 다시 생기를 불어넣는 일은 아무나 할 수 있는 일이 아니다. 많은 조직의 리더들이 문제를 알고 있으면서도 그걸 바꾸질 못하는데 그건 그(그녀)가 뭘 해야 할지를 몰라서라기보다는 거대 조직을 쇄신할 만큼의 정치력과 추진력이 부족하기 때문이다. 그러므로 정치적 역량이 없이 변혁을 이룬다는 건 공허한 메아리로 그치게 되어있다.

---

129)　2권, 198쪽

천재, 두 번 낙방하다

이름: 장거정(張居正)

호: 태악(太岳)　　　　　　별명: 장태악

생몰: 1525~1582(57세)　　출생지: 후베이성 징저우시(湖北省荊州市)

민족: 한족　　　　　　　　국적: 명

직업: 정치인　　　　　　　거쳤던 황제 연호: 가정, 융경, 만력

최고 직급: 중극전대학사(中极殿大学士), 리부상서(吏部尚书)

무덤: 후베이성 징저우시(湖北省荊州市)

　장거정의 고향은 당시의 행정 구역으로는 호광130) 형주부 강릉현(湖广 荆州府 江陵县)이었고 오늘날의 이름으로는 후베이성 징저우시(湖北省 荆州市)이다. 우한시(武汉市)에서 서쪽으로 230킬로미터 떨어진 징저우시(형주시)는 장강의 중류가 지나는 평야 지대로 역사적으로 유래가 매우 깊은 곳이다. 춘추시대 초나라의 중심지였고 적벽대전 후 위·촉·오 삼국의 화약고가 되었던 곳이다. 유래가 깊은 만큼 많은 문인과 정치인들이 이곳 출신이거나 이곳에서 활동했었다. 징저우는 역사상 총 138명의 재상을 배출했는데 장거정은 그중 대표적 인물이다.

　장거정의 집안은 별 볼 일 없는 중류층이었다. 그의 집안은 문신 집안도 아니었고 그렇다고 농민도 아니었다. 굳이 말하자면 그의 집안은 무인 집안이었다. 그의 조상들이 군인이었기에 그들의 호적등본에는 '군적(軍籍)'이라고 찍혀있었다. 그러나 장거정이 태어났을 때에는 이미 그의 집안에 군인을 직업으로 하는 사람은 아무도 없었다. 그의 아버

---

130)　당시에는 후베이(湖北)와 후난(湖南)이 나눠져 있지 않았고 이 두 지역을 합쳐서 호광(湖广)이라 불렀다.

지는 지방 시험에 합격하여 수재(秀才)가 되긴 하였지만 전국 시험인 향시에는 계속 낙방하여 거인(举人)에도 오르지 못한 공무원 고시 다수생이었다. 수재가 되면 향시에 응시 기회가 주어질 뿐 관리가 되지는 못했다. 그래서 그의 가족은 경제적으로 그리 넉넉하지 못했는데 다행히 그의 할아버지 장진(张镇)이 우연찮은 기회로 황족인 요왕(辽王)의 저택에서 수위들 중의 대장 자리를 얻었고 이때부터 장거정의 집안 살림이 조금씩 피기 시작했다.

장거정은 공부를 잘했을까? 당연하다. 관가에서 성공하려면 예나 지금이나 공부를 못 하고선 불가능하다. 왜냐하면 상급 고시에 합격해야하기 때문이다. 장거정은 두 살 때 글을 읽기 시작했고 다섯 살 때는 시를 지었으며 열 살 때는 산문을 썼다고 하는데 이것이 그리 과장만은 아닌 것 같다. 왜냐하면 그는 열두 살 때 형주부 동시(童试)[131]에 응시하여 합격하였기 때문이다. 자기 아버지는 평생을 수재에 머물렀는데 그는 열두 살에 이미 수재가 된 것이다. 이듬해인 1537년에 그는 향시에 응시했다. 향시는 3년에 한 번 열리는 전국 단위 수능과 같은 것인데 합격하면 거인(举人)이라는 타이틀과 함께 고급 공무원 시험인 회시(会试) 응시 자격이 주어진다. 장거정은 이미 형주부에서 신동으로 유명했기에 자신은 물론이고 사람들은 모두 이 열세 살 천재가 가뿐히 향시를 통과할 것이라 생각했다. 그런데 반전은 모두의 예상을 깨고 장거정은 여기서 낙방한다. 어찌된 일일까? 이는 인재를 알아본 한 관리의 남다른 안목 때문이었다. 사실 열세 살 장거정의 성적은 거의 장원으로 붙을 만큼 우수했다. 그런데 일찌감치 그의 재능을 눈여겨본 호광성 순무(성장에 해당) 고린(顾璘)이 원칙을 벗어난 결정을 한다. "장거

---

131)　연령 제한이 없는 지방 수능. 합격하면 수재 타이틀과 향시 응시 자격이 주어진다.

정은 장차 재상이 될 재목인데 이렇게 어린 나이에 거인(舉人)이 되면 오만해져 그의 진정한 재능이 묻히고 그저 붓이나 놀리고 멋진 글이나 짓는 문인이 되어버릴 것이다. 그렇게 된다면 이는 국가적 손실이다"라며 그를 일부러 낙방시킨 것이다. 대 정치가의 탄생은 이렇게 그를 알아보고 단련시킨 현자들의 숨은 조력이 있었기에 가능했던 것이다. 물론 그의 이러한 생각에 전부 동의한 것은 아니었다. 중앙 교육부에서 파견된 입시 사정관은 '원칙과 공정성이 우선이다'며 고린의 의견에 반대했다. 하지만 결국은 그의 주장에 설득당했고 이렇게 천재라 불리던 열세 살 장거정은 처음으로 낙방의 고배를 마셨다.

본의 아니게 재수생이 된 장거정은 3년 후 다시 향시를 보았고 이번에는 가뿐하게 합격하였다. 호광성 순무 고린은 장거정을 불러 당시 자신이 고의로 낙방시켰던 일을 솔직하게 털어놓았고 그에게 국가의 재목이 되라는 뜻으로 자신이 차고 있던 옥대를 풀어서 주었다. 후에 장거정은 자신의 유년 시절을 회고하면서 고린이 아니었으면 오늘날의 자신은 없었을 거라고 했다.

그러면 그는 이후로는 역사상의 다른 스타 재상들처럼 국가 고시에 무난히 상위권으로 합격하였을까? 1544년, 즉 그의 나이 스무 살이었을 때 오늘날 우리의 5급 공무원 시험에 해당하는 회시(会试)[132]에 응시하였으나 뜻밖에 낙방하였다! 낙방이라…. 재상을 지낸 사람들 중에 낙방을 한 사람이 있었던가? 그는 회시에 왜 낙방하였을까? 왕안석은 진사에 1등이나 마찬가지인 4등으로 합격하였다. 글을 짓는 것에 그리 소질이 없었던 사마광조차 6등으로 합격하였다. 그렇다면 장거정은?

---

132) 명청 시대의 과거제를 기준으로 말하자면 회사(会试)에 합격한 사람들에게 공사(贡士) 타이틀이 주어졌고 물론 관직을 얻을 수도 있었다. 이들은 가장 마지막 단계의 시험인 전시(殿试)에 응시 자격이 주어졌고 전시에 합격한 자에게는 진사(进士) 타이틀이 주어졌다.

사람들은 무얼 보고 그를 천재라 했을까? 장거정의 회시 낙방은 그의 재능이 어디에 있었는지와 명의 과거 시험의 치중점이 어디에 있었는지를 잘 알려주는 사건이다. 1,500수가 넘는 시를 남겼던 왕안석과는 달리 장거정은 그의 생애 동안 그리 많은 시를 남기진 않았다. 특히 성인이 되기 전의 작품은 단 두 개만 알려져 있으며 그것들 또한 그리 예술성이 뛰어나다고 평가 받지는 않는다. 당시 시대에 화이트칼라로서의 재능이란 문장 구성력과 내용, 두 가지 측면을 말하는데 그의 재능은 문장력에 있었던 게 아니었다. 그의 재능은 사안을 보는 시각과 핵심을 꿰뚫어보는 통찰력에 있었다. 그가 어렸을 적에 사람들이 그를 천재라고 했던 것은 시를 잘 지어서가 아니라 어린애답지 않은 시각을 가지고 있어서였을 것이다. 반면 명대의 과거시험은 이미 내용적으로는 '사서오경', 형식적으로는 '팔고문'이라는 극도의 형식으로 치우쳐 있었다. 팔고문의 형식에서 벗어나면 아무리 내용이 좋아도 합격할 수 없었는데 장거정은 이에 소홀히 했던 것이다. 만약 장거정이 북송 시기에 왕안석과 같이 시험을 쳤더라면 다른 결과가 나왔을 수도 있다. 그가 회고록에서 밝힌 바에 의하면 젊은 날의 자신은 서한 시대 가의(賈誼)의 치국 전략에 심취했었다고 한다. 가의는 서한 초기의 정치가이자 정치학자인데 그의 치국 책략에 대한 저서가 후에 한무제 정책에 많은 영향을 주었다. 이는 그의 관심사가 어디에 있었는지를 드러내는 대목이다. 장거정은 다시 3년 뒤인 1547년에 9등으로 진사가 되었다.

정치적 단련

장거정은 누구인가? 그의 직책은 무엇이었나? 많은 책들이, 심지어는 필자도 위에서 그를 재상이라고 칭하였는데 엄밀히는 그는 재상이 아니다. 잘 알다시피 명왕조는 재상제를 폐지하였기 때문이다. 그의 공식 직함은 내각대학사였다. 앞서 설명했듯이 황제의 문서처리 비서진으로 출발한 내각은 점차 명왕조의 정치 중추가 되었고 그중 가장 선임을 수석 보좌관이란 뜻의 '수보(首輔)'라 불렀다. 그래서 수보가 되는 게 문관으로서는 가장 높은 자리에 오르는 것이었고 수보는 실질적으로 재상에 상응하는 '일인지하 만인지상'의 정치적 지위를 가졌다. 그래서 이 자리를 빼앗고 지키려는 쟁탈전이 가정(11대)과 융경(12대) 황제 시기에 치열하게 벌어졌다.

장거정은 지방직을 돌았던 왕안석과는 달리 진사에 합격한 후 줄곧 한림학사와 국자감과 같은 중앙 자문 그룹에서 일을 했다. 보통 첫 직장에서의 5년 동안 무얼 보았고 어떤 상사를 만났는지가 그 사람의 직업적 포부와 업무 스타일에 매우 큰 영향을 미친다. 장거정은 관료계로 발을 들여놓은 이래로 끊임없는 정치 투쟁의 역사를 근거리에서 목도하였다. 그는 처음에는 한 발 떨어진 관찰자였다가 직위가 올라가고 관가에서의 행동반경이 넓어지면서 자의로 타의로 점차 정치 투쟁의 직간접적인 참여자가 될 수밖에 없었다. 관계(官界)로 들어온 후 젊은 장거정이 겪었던 일들을 설명하기 전에 그에게 직간접으로 영향을 주었던 주변 인물들에 대해 약간의 소개가 필요할 듯하다.

• 하언(夏言, 1482~1548): 가정 중기의 수보. 1517년에 진사에 합격했다. 가정제 즉위 초기에 황제의 친부에게 태상황 호칭을 주는 문제로 수년 동안 조정이 시끄러웠는데(일명 '대례의 사건') 이때 황제의 편에 서서 이를 관철시키면서 가정제의 신임을 받고 내각의 일원이 되었다. 1539년에 내각의 수보가 되어 10년 동안 명의 정책을 총괄하였다.

• **엄숭**(严嵩, 1480~1567): 가정 후기의 수보이자 명나라의 대표적인 간신이다. 1548년에 하언을 모함하여 죽인 후 15년 동안 국정을 장악하면서 나라를 나락의 구렁텅이로 몰고 갔다. 가정제가 도교에 빠져 국정을 소홀히 하는 동안 엄숭과 그의 아들 엄세번(严世藩)이 전횡을 휘둘렀다. 서계(徐阶)의 공격을 받아 1562년에 실각한다. 1565년에 아들 엄세번은 참수되었고 그의 재산은 전부 몰수되었으며 자신은 고향으로 보내진 후 사람들의 손가락질을 받으면서 죽었다.

• **서계**(徐阶, 1503~1583): 가정 말기에서 융경 초기에 걸쳐 집권한 수보, 하언 계열 정치인. 장거정의 상사이자 스승이었다. 정세를 보는 판단력과 정치 내공이 아주 높으나 신중하며 사마의처럼 속내를 잘 드러내지 않는 스타일이다. 엄숭과는 정치적으로 반대편에 있었으나 엄숭이 득세하는 동안 그를 자극하지 않는 낮은 처세로 엄숭의 공격을 피했다. 엄숭의 의심과 견제를 피하기 위해 그의 손녀를 엄숭의 손자에게 시집보내기도 했다. 그는 능력과 정치력을 발휘하여 한 걸음, 한 걸음 위로 올라갔고 결국 엄숭 바로 아래의 차석 수보에까지 오른다. 1562년에 엄숭의 뒤를 이어 내각의 수보가 된다.

• **양계성**(杨继盛, 1516~1555): 장거정보다 아홉 살 많은 진사 합격 동기. 강직하고 불의를 참지 못하는 성격이다. 주위의 만류에도 간신 엄숭을 탄핵하는 상소를 올렸다가 엄숭의 반격을 받아 사형 당한다. 장거정 등 소장파 열혈 관리들이 그를 구명하고자 하였으나 이루지 못했다.

• **고공**(高拱, 1513~1578): 장거정보다 열두 살 많고 진사 기수로는 7년 앞선 정치 선배. 고위 관료 집안의 아들로 태어나 다소 안하무인이고 거침없는 성격을 가졌다. 엄숭 집권 시기 서계의 추천으로 가정제의 셋

째 아들 주재기(朱載垕, 후에 12대 융경제가 됨)의 선생님이 되었고 이는 그에게 커다란 정치 자산이 되었다. 서계가 집권하였을 때 장거정과 함께 내각의 멤버가 되었다. 그러나 후에 서계와 갈등이 생겼고 탄핵되어 고향으로 보내진다. 서계가 은퇴하자 융경제는 자신의 스승이었던 고공을 다시 내각으로 복귀시켰고 융경 5년째에(1571) 그를 수보로 임명하였다. 그가 수보로 있던 1년 남짓 기간에 그는 나라를 일으키는 여러 가지 개혁 정책을 추진하였고 이는 장거정 집권 시의 정책에도 많은 참고가 되었다. 그러나 성격이 강했던 그는 환관 풍보(冯保)와 갈등을 겪었고 이듬해인 1572년 7월에 풍보와 장거정의 연합 공격에 의해 파면된다.

• 풍보(冯保, ?~1583): 만력제를 어릴 적부터 모시던 환관. 가정제 말기에 동창(东厂)의 수장이 되었고 융경제가 죽기 직전인 1572년에 환관 중 가장 높은 자리인 사례감 태감이 되었다. 고공이 환관의 권한을 삭감하는 행정 개혁을 추진하자 장거정과 손잡고 이태후를 움직여 고공을 날려버린다. 장거정의 정치적 후원자가 된다.

'하언 vs 엄숭' 투쟁

장거정은 가정제 재위 중기인 1547년에 한림원 서길사(庶吉士)라는 일종의 인턴사원으로 공무원 생활을 시작했는데 인턴사원 2년차 해에 그는 거대한 정치 사건을 목도하게 된다. 당시 천하를 호령하던 수보 하언(夏言)이 차석 수보인 엄숭(严嵩)의 작전에 걸려들어 목이 떨어지는 사건이 발생한 것이다. 이로써 엄숭이 수보가 되었는데 이 사람은《명사·간신전》에 이름을 올린 명실상부한 명왕조의 대표적인 간신이다. 사실 가정제가 재위 기간 46년을 모두 나 몰라라 했던 것은 아니다. 초반

20년가량은 그런대로 괜찮았다가 후반 20여 년 동안 나랏일을 내팽개치고 신선이 되는 것에 빠져지냈는데 그 시점이 대략 하언이 실각한 때와 들어맞는다. 엄숭은 1548년부터 가정제가 죽은 이듬해인 1562년까지 15년 동안 대권을 장악하였고 이 시기 명은 몰락의 길로 빠르게 빠져들어갔다.

젊은 정치인의 열정

장거정은 입사 3년차인 1549년에 《시정을 논하는 상소문(论时政疏)》을 써서 그의 개혁 정책에 대한 주장을 체계적으로 진술하였다. 이는 당시 그가 심취했던 서한의 정치가 가의(贾谊)의 정치 책략서 《올바른 정치를 진술하는 상소문(陈正事疏)》을 본딴 것이었다. 그러나 가정제와 엄숭이 이제 막 인턴사원을 끝낸 신출내기 한림원 편수[133]의 상소문 따위에 관심을 둘 리가 없었다.

1553년은 장거정의 나이 스물아홉 살, 입사 7년차일 때였다. 장거정과 진사 동기인 열혈남아 양계성(杨继盛)은 주위의 만류에도 기어이 수보 엄숭을 향한 탄핵서를 정식으로 제출했다. 당시는 가정 32년으로 엄숭의 권세가 절정에 달했을 때였다. 그러나 이 열정만 있고 정치 두뇌는 모자랐던 5품 관원은 엄숭의 상대가 될 수 없었다. 엄숭은 그의 탄핵서상의 한 문구를 트집 잡아 황자들을 비난했다고 고자질을 하여 황제를 노하게 만들었고 황제의 명령으로 양계성은 곧 투옥되었다. 장거정 등 진사 동기생들은 양계승의 구명을 위해 백방으로 방법을 모색

133)   편수(編修): 한림원 학사의 조교 역할을 하는 7품 직책. 중앙 관직으로서는 가장 낮은 품계이다.

하였으나 젊은 관원들이 뭘 하기에는 일이 너무 커졌고 또한 상대가 너무 강했다. 결국 그는 스승이자 조정의 넘버 투인 서계에게 가서 나서줄 것을 간청하였다.

"양계승을 구해주실 분은 스승님밖에는 없습니다."

그러나 뜻밖에 서계는 묵묵부답으로 일관하였다.

양계성은 결국 사형되었고 이에 실망하고 분노한 장거정은 1554년에 3년짜리 병가를 내고 고향인 호북성으로 내려왔다. 북경을 떠나면서 그는 스승 서계에게 한 통의 편지를 남겼는데 거기에는 이렇게 적혀있었다.

> "스승님, 저는 스승님이 엄숭을 앞에 두고 인내해야 한다는 것을 잘 알고 있습니다. 그러나 스승님은 도대체 언제까지 인내하려 하십니까? (중략) 들어올(進) 때는 용처럼 빛이 났다가도 빠질(退) 때는 기러기처럼 은밀하시니 스승님의 관가에서의 앞날은 대단하실 겁니다."

서계는 자신이 총애하는 제자로부터 온 이 편지를 읽고는 울음과 웃음이 반반씩 섞인 표정으로 고개를 저었다고 한다. 그 후 장거정은 전국을 돌며 여행을 하였는데 이때 토지 겸병으로 인한 농촌의 실상과 토지세의 문제점을 인식하였다. 누구에게나 집을 떠나 외지를 돌며 세상을 알게 되고 자신의 뜻을 품는 시기가 있는데 장거정에게는 이때가 바로 그 시기였다.

스승과의 만남

장거정이 서계(徐阶)와 사제지간이 된 건 그의 정치 인생에서 가장 큰 행운이자 전환점이라 말할 수 있다. 주원장 편에서도 이야기했듯이 사람은 누구에게나 인생에 있어서 자신에게 결정적인 도움을 주거나 기회가 되는 사람을 만나게 된다. 장거정에게는 서계가 그런 사람이었다. 엄숭이 대권을 장악했던 암흑의 시기에 서계는 내각대학사 겸 예부상서로서 넘버투의 지위였으나 그래도 엄숭과는 세력이 비교가 되지 않았다. 그래서 서계는 시종 엄숭을 자극하지 않는 침묵과 저자세로 일관했다. 서계는 장거정보다 스물두 살이나 많았고 직급 차이는 말할 것도 없으며 부처도 다른데 이 둘은 어떤 인연으로 서로 알게 되었을까? 지금으로 비유하자면 부총리가 국책연구원의 5급 사무관과 만날 일이 있을까? 그 이유는 이렇다. 서계는 한림원의 부원장에 해당하는 직책을 겸하고 있었기에 한림원 편수였던 장거정이 그의 시야에 들어올 수 있었다. 앞서 설명한 장거정의 《시정을 논하는 상소문(论时政疏)》이 아무런 관심을 받지 못했을 때 한 명의 대신이 이를 인정하고 높이 평가했는데 그가 바로 서계였다. 이렇게 서계와 장거정은 사제지간이 되었다. 결국은 장거정이 《시정을 논하는 상소문(论时政疏)》을 쓴 것이 헛수고를 한 것만은 아닌 것이다. 어쩌면 자신을 노출시키고자 한 전략적 시도였을 수도 있다. 어쨌든 이로 인해 그는 인생에서 아주 큰 소득을 얻은 셈이었다.

경술의 변(庚戌之变)

장거정이 정치적으로 완전히 서계의 진영으로 들어온 건 1550년에 있었던 거대한 사건이 계기가 되었다. 타타르 부락이 남하하여 북경을 포위하여 거의 점령 일보직전의 순간에 놓인 적이 있었는데 후세 사가들은 이를 '경술의 변(庚戌之变)'이라 한다. 이해는 공교롭게도 '토목보의 변'이 있은 지 정확히 100년이 흐른 뒤였다. 명성조 주체는 호기 있게 북경으로 천도했으나 사실 명의 수도 북경은 그 후로 수차례에 걸쳐 함락의 위기에 처했다. 토목보 사건 이래로 명의 군사력은 날이 갈수록 약해졌기에 왕왕 장성의 방어가 무너졌고 일단 장성이 뚫리면 하루 만에 몽고 기병이 북경성의 코앞에 다다랐기 때문이다.

북경은 패닉 상태에 빠졌고 수보인 엄숭은 타타르의 요구를 전부 들어주자는 비굴한 대책을 내놓았다. 이에 반해 노련한 서계가 제안한 전략으로 명은 위기를 넘기고 타타르 민족과 한동안 평화를 유지할 수 있었다. 이를 지켜본 장거정은 자신의 정치적 인생을 완전히 서계에게 걸기로 하고 서계의 진영으로 들어갔다. 그전까지 장거정은 정치적으로 엄숭의 편에 설지, 서계의 편에 설지에 대해 마음을 정하지 못하고 있었다. 서계는 '경술의 변'에서의 활약으로 이제 엄숭과 비견할 만한 정치적 지위로 올라섰다. 그리고 후계자를 키워야겠다고 마음먹은 그는 자신의 모든 정치적 내공과 자산을 장거정에게 쏟아부었고 노골적으로 그를 발탁시켜 그의 정치적 지위를 급속도로 상승시킨다.

'엄숭 vs 서계' 투쟁

시간이 지나자 가정황제도 엄숭에 대해 조금씩 싫증이 나기 시작했다. 그리고 이 틈을 타 십년이 넘도록 침묵을 지켰던 서계가 드디어 물밑으로 행동을 개시하였다. 결국 1562년에 서계가 놓은 덫에 엄숭이 걸려들었고 기회를 잡은 서계는 그의 진영 대신들로 하여금 연이어 엄숭의 아들 엄세번에 대한 탄핵을 발의하도록 하였다. 엄세번의 당시 직책은 공부우시랑(工部右侍郎)으로 오늘날의 건설부 차관이었으나 실제로는 소승상이라 불릴 정도로 권세가 높았고 온갖 나쁜 짓을 하고 다녔던 자이다. 이들은 엄숭을 직접 겨냥하는 것보다는 그의 아들을 겨냥하는 것이 황제를 움직이는 데에 더 가능성이 있다고 판단하였고 이에 엄세번을 집중 공략하였다. 결국 황제의 명에 의해 엄세번이 체포되었고 엄숭이 책임을 지고 옷을 벗으면서 엄숭 일당은 파산하였다. 서계란 사람이 무서운 게 엄숭이 퇴임하고 집에 있는 1562년부터 그의 아들이 사형집행되는 1565년까지 이들 부자는 서계가 자신들을 구해줄 거라 믿고 있었다는 것이다. 서계는 엄숭의 당원들이 아직 여기저기 포진해 있다며 이들이 완전히 끝장 날 때까지 경계를 늦추지 않았고 끝까지 엄숭을 속였다. 자신의 스승 곁에서 이 전쟁의 모든 과정에 참여했던 장거정은 이 정치 9단의 내공을 차곡차곡 학습하였다.

서계는 엄숭이 처낸 전임 수보 하언(夏言)이 생전에 엄숭을 견제하기 위해 끌어다 놓은 인물이었다. 그러므로 엄숭과 서계는 정치적으로 같은 편이 될 수가 없었다. 하지만 서계가 자신을 낮추고 발톱을 드러내지 않았기에 엄숭과 서계는 가정제 시기에 10년이 넘도록 넘버원과 넘버투의 관계로 공생(겉으로 보이는) 관계를 유지하였다. 여기서 한 가지 말해 두어야 할 것은 서계의 제자인 장거정은 간신 엄숭과도 계속 좋은 관계를 유지하였다는 것이다. 장거정은 엄숭과 정치적 뜻이 맞지는 않았지만 엄숭의 일을 기꺼이 도와주는 등 그와 관계가 나쁘지 않았다. 그래서 엄숭은 장거정이 서계의 사람이라는 걸 알았지만 서계가 장거정을 발탁 승진시킬 때마다 반대하지 않았다. 이것이 정치적 살얼음판에서도 그가 빠르게 올라갈 수 있었던 이유이며 만약 왕안석 같은 부류였으면 절대 불가능했을 일이다.

'서계 vs 고공' 투쟁

엄숭이 실각하고 서계가 수보가 되자 장거정의 고속 승진의 행진이 펼쳐진다. 마흔두 살의 나이로 차석 수보가 되었으니 서계가 그를 얼마나 파격발탁했는지 알 수 있다. 그런데 늘 그렇듯이 승리자 진영 내에서의 갈등이 생기기 마련이다. 서계를 중심으로 한 반(反)엄숭 진영에는 고공(高拱)과 장거정이 핵심 인물이었는데 서계가 고공을 건너뛰고 장거정을 편애하면서 고공이 불만을 품게 되었다. 이는 당연하다. 장거정은 자신보다 한참 후배인데 엄숭의 실각 후 새 판을 짜는 과정에서 자신보다 장거정이 부각되고 있었으니 말이다. 그는 이러한 것이 전부 서계가 뒤에서 조종을 하고 있기 때문이라고 믿었다. 이리하여 곧이어 '서계 vs 고공'의 갈등이 벌어진다. 그러나 고공은 서계의 상대가 아니었다. 그는 결국 탄핵되어 관복을 벗고 고향으로 내려간다(1567).

그러나 이듬해 7월에 나이가 많은 서계는 스스로 은퇴하였고 융경 3년째 해에(1569) 장거정과 환관 이방(李芳)이 힘을 써서 고공을 다시 내각으로 복귀시켰다. 물론 이는 황제의 뜻이었을 게다. 서계의 은퇴는 진짜 은퇴였지만 고공의 낙향은 그저 잠시 피해있었던 것이었기 때문이다. 이때까지만 해도 장거정과 고공은 한편이었다. 고공도 서계와 대립했던 거지 장거정에게 감정을 가지고 있진 않았다. 고공은 서계의 추천으로 한때 욕왕(황제 등극 전의 융경제)의 선생님을 했었는데 그 정치 자산이 이제 힘을 발휘할 때가 된 것이다. 내각으로 복귀한 고공은 융경 5년째인 1571년에 수보로 승진하였다. 그리하여 융경제의 마지막 2년 동안은 고공이 내각의 수보로, 장거정이 차석 수보로 있던 시기였다. 재미있는 건 고공이란 사람은 열정도 있고 나름 능력도 있었으나 성격이 제멋대로이고 호불호가 강해서 다른 내각대학사들과의 갈등이 잦았다. 그래서 이들을 하나둘씩 내쫓다 보니 어느덧 내각에는 고공과 장거정 단 둘만 남게 되었다. 이는 고공이란 사람이 어떤 캐릭터인 지를 잘 보여주는 일면이다. 그리고 13대 가정황제로 넘어가는 시기에 드디어 '고공 vs 장거정'의 싸움이 벌어진다.

이것이 장거정이 스물세 살에서 마흔일곱 살까지 보고 겪었던 내각의 정치 투쟁이다. 그는 사회 초년부터 총 네 번의 정치 풍파를 겪어왔고 결국은 최후의 승자가 되었다. 이 안에는 문신, 무신, 환관 그리고 황제를 둘러싼 합종과 연횡이 있었을 것이고 대내외 정책에 대한 서로의 입장과 이해관계도 연관되어 있었을 것이다. 이런 환경에서 살아남은 이 사람은 과연 어떤 사람일까? 장거정의 24년간의 이력에서 우리가 주목해야 할 것은 그는 분명 서계라는 정치인 진영에 있었지만 엄숭이 그를 적으로 생각하지 않았고 고공도 그를 적으로 생각하지 않았다는 점이다. 이는 무얼 말할까? 그렇다고 그가 이리 붙었다 저리 붙었다 한 기회주의자도 아니고 주장이 없는 회색분자도 아니었다. 그가 최후의 승자가 될 수 있었던 데에는 물론 서계의 역할이 컸다. 서계는 쟁점의 시기에 자신이 아끼는 후계자를 정치 전쟁의 중심에서 잠시 떨어진 부서로 발령을 내어 직접적으로 연루되거나 파편이 튀지 않도록 배려하였다. 하지만 그것이 모든 걸 설명하진 못한다. 필자가 보기에 장거정은 좀처럼 실수를 하지 않는 사람인 것 같다. 이런 정치 전쟁 시기에 한 번의 실수는 돌이킬 수 없는 결과를 낳고 한 번 입은 치명상은 회복이 잘 안된다. 또 한 번 왕안석과 비교를 해보자. 만약 40대의 왕안석과 장거정이 오늘날의 국회 인사청문회를 거친다고 하면 어떻게 될까? 왕안석은 분명 엄청난 공격을 받아 낙마할 것이고 장거정은 무난히 통과될 가능성이 크다. 그 이유는 장거정이 왕안석보다 깨끗해서가 아니다. 호불호가 강하고 자기 고집이 셌던 왕안석은 우군도 많지만 적군도 많기 때문이다. 장거정의 정치적 성장 시기에 그에게 적대적인 사람들이 거의 없었다는 것은 순간순간 그의 판단력이 매우 뛰어나며 그의 행동에는 감성보다는 항상 이성이 앞섰다는 걸 말해준다.

융경 시기의 개방 정책과 삼낭자 사건

명의 12대 융경제(목종穆宗)는 '온화(穆)'라는 그의 묘호가 말해주듯이 자신의 주장을 내세우기보다는 "경들이 알아서 잘 협의해서 결정하세요"라며 갈등을 피해가는 자유방임 스타일이었다. 좋게 말하자면 민주적이고 나쁘게 말하면 골치 아픈 일에 엮기기 싫어하는 리더형이었다. 아마 이는 자신을 별로 좋아하지 않는 가정 황제의 눈치를 보며 오랜 세월 튀지 않고 지내야 했던 그의 젊은 시절의 영향이 컸을 것이다. 가정제는 오랫동안 그에 대한 태자 책봉을 미루었고 그래서 그는 상당 기간 욕왕(欲王)이라는 신분으로 궁 밖에서 생활했는데 이것이 그에게 약이 되기도 했다. 그는 다른 황제와 달리 궁 밖의 실상에 대해 잘 알고 있었고 그래서 즉위 후 개혁과 개방 정책을 표방하며 지난날의 폐단을 바로잡고자 노력했다. 게다가 그가 막 등극했을 시는 문신으로는 서계(徐阶), 고공(高拱), 장거정(张居正), 양박(杨博) 등 능력 있고 진취적인 관료들이 포진해 있었고, 무신으로는 담론(谭纶), 척계광(戚继光), 이성량(李成梁) 등 용맹하고 경험 많은 장군들이 있었다. 가정제라는 혼군과 엄숭이라는 간신의 암흑기를 끝내고 새로이 뭔가 추진하면서 분위기를 반전시킬 만한 조건과 사람들이 갖춰져 있었고 명의 개혁은 사실상 이 때부터 시작되었다.

융경제 시기에 아주 중요한 두 가지 전환적 정책과 사건이 있었다. 하나는 해금정책을 해제하고 교역을 개방한 것과 또 하나는 북쪽의 우환인 타타르 부락과 평화협정을 맺은 일이었다.

해금(海禁)정책 해제

융경제는 즉위한 지 한 달이 채 안 된 1567년 2월 4일에 100년 넘게 유지되어 오던 해금정책 해제를 선포하였다. 그는 푸지엔성(복건

성) 장저우(漳州)에 오늘날로 말하자면 무역 특구를 설정하여 교역을 진흥시키고 관세를 거두었다. 이로써 민간 업체들의 해외 교역이 봇물 터지듯 활발해졌고 이는 명의 경제에 어마어마한 부를 가져다주었는데 후세 사가들은 이 조치를 "융경개관(隆庆开关)"이라 칭한다. 융경제에 대해 여러 평이 있을 수 있겠지만 내가 보기에는 "융경개관" 하나만으로도 그의 5.5년 짧은 재위 기간의 모든 허물을 덮고도 남음이 있다. 융경개관 이후 명이 멸망하는 1644년까지 중국으로 유입된 은의 량은 무려 3억 3,000만 량에 달했는데 이는 당시 전 세계 은 총량의 3분의 1에 해당했다고 한다. 이 비율의 신빙성에 대해 의문을 던질 수는 있지만 분명한 것은 이 조치로 막대한 양의 은이 유입되었고 이는 후에 장거정이 모든 세금의 납부를 은으로 일원화하는 일조편법을 실시할 수 있는 환경을 만들어 주었다는 것이다.

타타르 부락과 평화 협정 체결

융경제 즉위 4년째인 1570년에 북쪽 변방에서 아주 큰 사건이 하나 벌어진다. 타타르 부락의 수장인 알탄칸[134]의 손자 바한나지(把汉那吉)가 십여 명의 부하를 이끌고 산시성 따퉁(大同)의 장성 밑에서 귀순을 요청한 것이다. 알탄칸은 20년 전 북경을 함락 일보직전까지 몰고 간 '경술의 변'으로 명왕조의 간담을 서늘하게 했던 주인공이다. 바한나지가 명으로 투항한 이유는 '가족 내 분규' 때문이라고 하는데 이에 얽힌 야사가 있을 뿐 정확한 정보는 없다. 흔히들 '바한나

---

134)   알탄칸(1507~1582): 중국 사서에는 '엄달(俺答)칸'이라 기재되어 있다. 타타르 연맹은 여러 부락으로 구성되어 있었는데 그중 가장 세력이 강성했던 부락이 알탄이 수령으로 있는 투모터(土默特) 부락이었다. 그러므로 알탄은 엄밀히는 투모터 부락의 수령이나 동시에 타타르 연맹을 대표하는 칸으로 봐도 무리가 없다. 그는 매우 호전적이고 통솔 능력이 탁월하여 긴 재위 기간 동안 종횡무진 몽골 초원을 평정하였고 오이라트와 혼인 동맹을 맺는 등 명실상부 몽골 초원의 지배자가 되었다.

지의 약혼녀인 '치라굿 종긴(일명 삼낭자)'을 할아버지인 알탄칸이 뺏어서 첩으로 삼았고 이에 뚜껑이 열린 바한나지가 명으로 투항하였다'고 하는데 이는 사실이 아니다. 오이라트 치라굿 부락의 공주였던 삼낭자는 이미 그녀의 나이 아홉 살인 1558년에 타타르와의 혼인 동맹에 의해 당시 52세인 알탄칸에게 시집왔기 때문이다. 적국의 거물급 인사가 귀순한다고 덥석 받는 건 매우 리스크가 큰일이다. 하지만 조정에 이 사실이 보고되었을 때는 이미 따통의 사령관이 성문을 열고 바한나지의 귀순을 받아들인 상태였다. 아니나 다를까 알탄칸은 수십만 대군을 이끌고 바한나지를 돌려받으러 명의 변경으로 향했다. 두 군대는 따통에서 대치 상황이 벌어졌고 알탄칸은 바한나지를 보내지 않으면 전쟁을 할 것임을 선포하였다.

이 사건의 전개와 결말을 이해하기 위해서는 가정 시기 전반에 걸친 타타르와 명과의 극한 대립 상황을 이해해야 한다. 중국의 유목 민족에 대한 정책은 장성을 굳게 닫고 모든 교류를 끊는 강경책과 이들에게 '호시(胡市)'라고 하는 변경무역을 허용하여 서로 잘 지내는 온건책이 있다. 유목 민족들이 가지고 있던 치명적인 약점은 생필품을 자급하지 못했다는 데에 있었고 이들은 자신들이 가진 풍부한 '말(馬) 자원'으로 반드시 중원과 교역을 해야 했다. 만약 교역이 막히면 노략질밖에 방법이 없었다. 그래서 중국이 이들에게 취할 수 있는 가장 효과적인 강경책이란 교역을 닫아버리는 방법, 즉 경제 제제였다. 물자가 풍부했던 중국은 아주 오래전부터 주변국에 대한 경제 제제에 익숙했다. 그런데 가정제 정부는 호전적이고 변덕이 심한 알탄칸을 신뢰하지 않았기에 계속적인 강경책으로 일관했다. 명의 경제 제제에 힘들어진 이들은 시시때때로 변경 마을을 공격하여 물자를 노략질했고 그러면 명은 더욱더 변경의 방어와 교역 단절을 강화하는 등 양국 간의 이러한 악순환은 계속되었다. 이런 긴장 상황이 폭발한 게 1550년의 '경술의 변'이었고 그 후 상황이 좀 좋아지는 듯했으나 곧 다시 예전의 적대 관계와 경제 제제로 돌아왔다. 그런데 수십 년, 길게는 200년 가까이 지속된 '몽(蒙)-한(漢)'의 대립은 양 국의 힘을 모두 뺐고, 특히 명은 아주 장기간 막대한 국가의 정력을 북방의 군사 위협에 대응하는 데에 쏟아부어야 했다. 만약 명이 북방의 군사 긴장에서 일찌감치 해방되었더라면 아마 이들의 역사가 상당 부분 달라졌을 수도 있다.

당시 정부 수뇌였던 고공과 장거정은 '적국 황족의 귀순'이라는 이 사건을 계기로 국면을 전환하고 싶었다. 이 사안에 대한 대응은 당시 병부(국방) 담당 내각대학사였던 장거정의 원격 지휘하에 진행되었고 다른 대신들이 강경책을 주장하며 장거정의 방안에 반대할 때 수보인 고공이 장거정을 적극 지지하였다. 결국 알탄칸과 명의 사절 간의 담판이 벌어졌고 서로가 만족하는 합의를 하였다. 명은 바한나지를 돌려보내는 조건으로 타타르로 망명했던 명의 배신자 아홉 명을 돌려받기로 했다(이들은 명으로 돌아온 즉시 공개 처형되었음). 그리고 알탄칸에 대한 당근책으로 타타르와 국교를 체결하고 알탄칸을 순의왕으로 책봉하며 명과의 변경 무역을 허용할 것을 약속했다. 이 협정 체결의 배후로 명에는 장거정과 고공이 있었다면 타타르에는 '삼낭자'[135]라는 현명하고 용감한 여성 정치인이 있었다(당시 알탄칸의 셋째 부인). 삼낭자는 요나라의 '샤오옌옌(소태후)'처럼 미모, 지략, 용맹을 다 갖춘 몽고족 여성 정치인이었다. 그러나 소태후가 무력으로 북송을 굴복시키려고 했던 것과는 달리 삼낭자는 명과 우호적인 태도

---

135) 그녀는 '치라굿 종긴'이라는 오이라트 부락의 공주였는데 알탄칸에게 시집 온 후 한족 문화를 적극 받아들이자는 주장을 폈고 자신 스스로도 한족의 복식을 입는 등 친중파 행보를 벌였다. 그래서 '삼낭자'라는 별명을 얻었다. 오늘날의 내몽고 후 허하우터시는 그녀의 주도로 만들어진 유목 정권 최초의 대규모 성곽 도시였다.

를 취하였다. 그래서 중국사에서 그녀는 '몽(蒙)-한(漢) 우호의 상징'
이 되어있다. '융경화의(隆庆和议)'라 칭해지는 이 평화협정은 명이 내
어준 게 많은 협상 같아 보이나 명으로서도 200년에 걸친 몽고 민족
과의 적대 관계를 끊고 북방의 우환을 없앴다는 점에서 매우 큰 의미
가 있었다. 후에 장거정이 자신의 정치 개혁, 경제 개혁을 마음 놓고
추진할 수 있었던 데에는 융경 시기에 북방의 군사 긴장이 해결되었
던 덕이 컸다.

64장

중흥의 시도 Ⅱ

1958년 7월 마오쩌둥은 국가 고고학××부가 주도하고 저우언라이 총리가 승인한 명 정릉(定陵) 발굴 프로젝트 계획서에 최종 사인을 하였다. 역사 이래 최초이자 유일의 정부 주도 황릉 발굴 프로젝트의 주인공은 명의 13대 황제 명신종이었다. 그의 재위 시기 연호가 만력(万历)이었으므로 사람들은 '만력제'라는 이름에 더 익숙하다. 중국에는 발굴된 황제의 능이 이렇게 많은데 왜 최초의 발굴이라 하는가? 대부분의 황제릉들은 역사를 거치면서 도굴되거나 봉기군들에 의해 파헤쳐졌지, 중국 정부가 최초의 개봉자가 된 적은 한 번도 없었다. 중국은 황제릉에 대한 발굴과 개방에는 대단히 조심스럽다. 지하궁전이 개방된 무덤들은 거의가 ××왕, ○○왕이라 불리는 황족의 무덤이지, 진짜 황제의 무덤은 외부에 개방하지 않는다. 예외적으로 청왕조 황제의 능들은 지하궁전이 관광객들에게 대부분 개방되어 있는데 이는 민국 초기에 군벌들에 의에 이미 깡그리 도굴이 되어 이미 다 헤쳐져 있는 상태였기 때문이다. 아직 도굴되지 않은 황제릉 중에 가장 유명한 것은 진시황릉인데 발굴 기술에 상관없이 아마 이들은 영원히 진시황릉에 손을 대지 않을 것이다. 그러므로 명의 만력황제는 명실공히 정부에 의해 관 뚜껑이 열린 최초이자 (아직까지는) 유일의 황제이다. 정릉(定陵)의 내부는 청의 황제릉과는 비교가 안 될 정도로 크다. 만력은 그의 나이 스물한 살밖에 안 된 1584년에 자신의 무덤 건설을 지시했고 스물일곱 살이 되었을 때에 이미 죽어서 들어갈 곳이 완성되었다. 그러나 그는 무덤이 완공되고서도 정확히 30년을 더 살았다. 그는 정릉의 건설에 800만 은 량을 썼는데 이는 당시 명의 2년 농지세 수입에 맞먹는 금액이었다. 왜 마오쩌둥과 저우언라이는 명 황제의 무덤을 열고자 했을까? 왜 만력황 제였을까?

명 정릉(定陵)의 내부

장거정, 대권을 장악하다

환관과의 동맹

장거정은 중국의 역대 개혁 재상들 중에서 정치적 지능과 정무적 판 단력이 가장 뛰어난 사람이었다고 말할 수 있다. 그가 한림원의 실습생 으로 시작하여 내각학사를 거쳐 가장 높은 자리까지 오르게 된 것은 그의 냉정한 두뇌와 치열한 투쟁의 결과였다. 그는 왕안석과 같이 호불호가 명확한 낭만주의 개혁가가 아니었고 왕망과 같은 이상주의자는 더더욱 아니었다. 그는 과거 그 어떤 재상보다도 민감한 정치적 촉을 가지고 있었고 항상 이성적 판단이 감성보다 앞섰던 노련한 정치인이었다.

그가 자신의 관료 선배이자 내각 수보인 고공(高拱)과의 투쟁에서 승리하고 권력의 정점에 오르게 된 결정적 요인은 태감 풍보(冯保)와 손을 잡은 데에 있었다. 잘 알다시피 설령 자력으로 문신들의 대장이 되었다 하더라도 명나라의 정치판에서는 환관의 지원이 없으면 절름발이 신세였다. 고공은 서계가 엄숭을 쳐낼 때 장거정과 함께 서계 진영에 있던 반엄숭 진영의 핵심 인물이었으며 장거정의 띠동갑 대선배였다. 장거정이 정계에서 요직을 거치며 승승장구할 수 있었던 데에는 서계가 끌어주었기 때문도 있지만 고공도 일정 부분 역할을 하였다. 그러므로 고공과 장거정은 같은 편이었지, 절대 정적 관계가 아니었다. 그러나 공공의 적이 없어지고 서로 정점에 오르게 되면 분명히 둘 간에 균열이 생기기 마련이다. 결정적으로 고공은 정계로 복귀한 후 서계에 대한 원한의 감정을 버리지 못하고 이미 퇴임한 70세 원로와 그의 가족들의 잘못을 꼬투리 잡아 정치 보복을 하였는데 이 일은 장거정으로 하여금 그에게 완전히 등을 돌리게 한 계기가 되었다.

융경 후기, 즉 1571~1572년 즈음, 문관의 수장이 된 고공은 실로 안하무인이 되었다. 그는 환관의 대장인 풍보와도 대립하였는데 결국 그것이 그의 패인이 되었다. 왜냐하면 이는 풍보와 장거정 간의 동맹을 촉진하였기 때문이다. 고공은 행정 개혁이라는 이름으로 그간 150여 년간 있어왔던 환관의 '비시(批示)' 권한, 즉 황제를 대신하여 결재 서류에 사인하고 도장을 찍는 권한을 내각으로 이관하고자 한 것이다. 환관의 힘을 이루는 두 개의 기둥은 '비시(批示)' 권한과 동창과 같은 특무 기관을 운영하는 것이었는데 이중 비시 기능이 내각으로 이관된다면 문신과 환관과의 균형이 완전히 무너지고 환관 집단은 빈껍데기만 남게 된다. 이제 '니가 죽든가 아니면 내가 옷을 벗든가'의 입장에 처한 풍보는 차석 수보 장거정과의 동맹을 더욱 강화하였다. 풍보는 그렇게 영리한 자는 아니었다. 그래서 정치 투쟁에 있어서 장거정의 두뇌가 절실했다. 그렇지만 풍보란 자의 무기는 만력제를 아주 애기 때부터 돌봐왔던 황제의 친구와 같은 존재였고 만력의 친모 이태후와도 언제든지 대화를 할 수 있는 위치였다는 것이다. 이들은 이태후와 융경황제의 정실 황후였던 진(陳)태후를 동원하여 고공에게 결정타를 날리기로 한다.

만력제가 열 살의 나이로 즉위하고 얼마 안 되었을 때였다. 황제가 고공의 의견을 구하러 환관을 보냈는데 오만함에 통제가 안 되었던 그는 이렇게 말했다. "나더러 성지(조旨, 황제의 명령)를 받으라고 하는데 내가 보기에 이건 열 살도 안 된 어린애의 말에 불과하다. 설마 나더러 그가 진짜로 천하의 대사를 관리할 수 있을 거라 믿으라는 얘기냐?" 《명사》에는 이렇게 나와 있지만 고공이 실제 이렇게 말하지 않았을 수도 있다. 아니면 고공을 짜증나게 만들어서 말실수를 유도한 장거정의 작전이었을 수도 있다. 그러나 그건 중요치 않다. 이 사실은 풍보에 의해 두 태후에게 보고되었고 두 태후는 격노에 몸을 떨었다. 열 살짜리 꼬마 황제를 둔 젊은 과부의 불안 심리를 제대로 건들인 것이었다. 융경제가 뜻하지 않게 죽고 갑작스레 태후가 된 이태후는 극도의 불안 심리에 있었다. 명은 외척의 정치 참여를 원천 봉쇄하기 위해 후궁의 친인척이 중앙 관직에 오르지 못하도록 하였고 그래서 이태후는 궁 안에서 기댈 정치 세력이 거의 없었다. 게다가 그녀는 원래 집안이 시원찮았기에 조정 내에 그 어떤 정치적 배경이나 세력도 없었다. 그녀에게 있어서 고공과 같은 권신의 출현은 자신들의 안위에 직접적인 위협이었는데 이때 그녀 앞에 구세주처럼 등장한 사람이 장거정이었다.

"고공을 저대로 놔뒀다가는 우리 모자가 무사하지 못하겠구나"라는 위기감이 든 이태후는 섭정태후의 자격으로 고공의 파면 조서를 내렸다. 죄명은 '권력 남용'이었다. 이렇게 장거정과 풍보의 연합군이 승리하였고 풍보는 동창(东厂)의 총지휘관 겸 사례교감(환관중 가장 높은 직책)이 되었다. 장거정은 1572년 7월에 고공의 빈자리를 대신하여 수보에 올랐다. 장거정의 도움으로 원하는 바를 얻은 풍보는 이제 장거정의 열렬한 지지자가 되었다. 한편으론 황실의 위협 인물이었던 고공을 '장-풍 연합군'이 제거해주었으니 장거정은 이제 황실의 공신이 되었다. 이제 장거정에게 무소불위의 권력을 휘두를 수 있는 모든 조건이 완비된 셈이었다. 이런 의미에서 '만력신정(万历新政)'이라고 불리는 향후 10년간의 개혁과 쇄신 운동은 '장거정-풍보'의 합작품이라 해도 무방할 정도이다.

장거정과 이(李)태후

그런데 여기서 장거정 권력의 축을 이루었던 게 하나 더 있다. 어쩌면 가장 강력한 한 축이라 말할 수도 있겠다. 바로 황제의 친모 이(李)태후이다. 이씨는 원래 비빈도 아닌 그냥 궁녀였다. 어쩌다 목종(융경제)의 눈에 들어 1563년에 아들을 낳았고(신종) 그 해에 일약 귀비(贵妃)로 승진하였다. 그런데 목종이 황후 사이에 아들 없이 갑자기 죽는 바람에 이씨의 아들이 열 살의 나이로 황제로 등극(1572)하였고 그녀는 하루아침에 황태후가 되었다. 이태후란 여인은 어떤 사람이었나? 어쩌다 보니 운이 좋아 황제의 성은을 입었고 별 욕심 없이 지내다가 아들이 황위를 잇는 대박을 맞게 된 순진한 젊은 여인이었을까? 모르긴 몰라도 황궁에 있는 여인들은 무수리에서 황후에 이르기까지 착하고 순진하기만 한 사람은 아무도 없었을 것이다. 황궁의 환경이 그녀들을 그렇게 놔두지 않기 때문이다. 그리고 그중 황제의 눈에 들어 황제의 침소에 한 번이라도 들어갔던 여인들은 거의 100퍼센트 야심이 있는 여인이라 생각해도 무방하다. 야심이 있기에 황제가 좋아한 게 아니라 야심이 있기에 황제가 그녀를 좋아하도록 만든 것이다. 자세한 정황은 알려져 있지 않으나 수많은 궁녀들 중에 왜 하필 이씨가 융경제의 픽(Pick)을 받았을까를 한번 생각해보면 여러 가지 상상이 가능하다. 융경제가 죽은 후 그녀가 장거정과 정치적 동맹을 맺은 건 어찌 보면 당연한 선택이었을 수 있다. 그녀의 아버지는 한낱 농부에 불과했고 그녀의 남동생은 돈이 없어 환관이 된 자였다. 그게 다였다. 정치적 배경이 없는 그녀는 일단 의지할 사람이 필요하였고 그의 앞에 나타난 잘생긴 수보(首輔)에게 절대적으로 정사를 의존할 수밖에 없었다. 무슨 일만 생기면 "어서 장선생을 들어오라 하세요!"라고 엄마는 아들에게 말했고, 어린 만력제는 "즉시 장선생을 들라하라!"라며 환관에게 분부하는 게 일이었다.

　장거정은 어린 황제의 선생님을 겸하고 있었다. 이 중요한 직책은 풍보가 추천해주었다. 이태후란 여인이 가지고 있던 불안감은 아들에 대한 교육열로 연결되었다. 그녀가 성깔 있는 여인이긴 하지만 그렇다고 자신이 직접 정치를 하고자 하는 열망은 없었다. 단지 그녀의 열망은 아들에게 쏟아부어졌다. 그녀는 '어린 황제의 성공 비결은 그가 성인이 되기 전까지 성군이 될 만한 자격을 갖추는 것에 있고 그것은 교육밖에 없다'고 굳게 믿고 있었다. 그래서 그녀는 어린 황제에게 최고의 선생님을 제공해주고 싶었다. 당시 태자나 황제의 교사는 한 명이 아니었다. 서예 담당, 문학 담당, 경제 담당, 역사 담당 등 7~8명의 강사진으로 이루어져 있었고 이들을 총괄 지휘하는 리더가 있었다. 풍보는 이태후에게 '장거정이 적임자'라고 추천하였고 이렇게 그에게 '황제의 수석 선생님'이라는 막중한 직책이 주어졌다. 장거정이 맺은 이러한 황실과의 특수한 관계는 향후 전개되는 그의 개혁에 강력한 힘이 되어 주었지만 아이러니하게도 이 특수한 인연은 알고 보니 그의 개혁을 궁극적으로 실패로 이끌고 명나라를 멸망의 소용돌이로 이끈 악연의 시작이었다. 이에 대해서는 뒤에서 차차 설명하겠다.

그래서 이태후와 장거정은 국모와 신하의 관계이면서도 동시에 자신의 아들 교육을 맡긴 학부모와 선생님의 관계였다. 사서에 의하면 장거정은 '아주 잘생기고 멋을 아는 신사'였다. 그는 자신의 외모나 옷차림에는 전혀 관심을 두지 않았던 왕안석과는 완전히 다른 부류였다. 야사에서는 이태후가 정무적으로 도움을 받는 관계에서 시작하여 둘이 연인 관계로 발전하였다고 하는데 딱히 이를 뒷받침할 만한 근거는 없다. 하지만 여러 가지 정황으로 미루어 봤을 때 이태후는 분명 그에게 보통의 신하 이상의 감정이 있었고 이 둘의 관계는 연인까지는 아니더라도 약간 애매한 관계였을 가능성은 충분히 있다. 이태후는 신분이 태후이지 장거정보다 스물한 살이나 어린 젊은 여인이었다. 젊은 과부가 능력 있고 잘생기고 노련한 중년의 대신과 오랜 시간 정무를 논하고 아들 교육을 의논하다 보면 감정이 생기는 게 전혀 불가능한 일은 아닐 것이다. 장거정이 집권했던 10년 동안 이태후는 놀라울 정도로 정치에 적극적으로 참여하였으며 거의 '묻지 마' 식으로 그를 후원하였다. 심지어는 만력제가 스무 살이 되던 해에 장거정이 건강을 이유로 사직 의사를 밝혔고 만력제는 자신의 무서운 어머니에게 이참에 자신이 친정을 할 것에 대해 넌지시 운을 띄웠는데 이때 이태후가 정색을 하면서 "장선생이 이렇게 멀쩡히 계신데, 서른이 되기 전까지는 친정은 생각도 하지 말거라!"라며 쏘아붙이기까지 했다.

그러나 한때는 애매한 감정이 있었을 수는 있어도 과도한 상상은 하지 말기를 바란다. 황태후라면 반(半) 정치인이다. 그녀 역시 장거정이 필요했기 때문에 한 배를 탄 것이지 장거정을 위해서 모든 걸 걸 여인이 아니었다. 이듬해에 장거정이 갑작스럽게 죽자 그녀 역시 정치 참여를 뚝 끊었다. 그뿐 아니라 만력제가 죽은 장거정 집안을 박살내고 장거정과 함께 추진했던 개혁 정책들을 전부 폐지하는 데에도 전혀 만류하거나 간섭하지 않았다.

이렇게 정책 결정의 중추인 '수보(首輔)', 황가의 최측근이자 감찰력을 가지고 있는 '태감(太監)', 그리고 황제의 어머니인 '황태후(皇太后)'의 삼각 편대가 어린 만력을 가운데에 두고 똘똘 뭉쳤고 이렇게 구축된 장거정의 권력에는 어느 누구도 감히 상대가 될 수 없었다. 이제 장거정에게 국가의 쇄신을 위한 충분한 힘이 주어졌다.

위기의 본질

명은 왜 망했을까? 청나라가 쳐들어와서 망했나? 이자성의 난을 진압하지 못해서인가? 맞다. 명은 동북쪽에서 쳐들어오는 청나라도 막지 못했고 안에서 터진 봉기군도 막지 못했다. 수도 경비대는 이자성의 농민 봉기군이 몰려오자 충성심이고 뭐고 스스로 성문을 열어주었고 자금성은 무방비 상태가 되었다. 어쩌다가 제국의 군대가 이 지경까지 갔을까? 어이없게도 명은 군인들의 봉급이 몇 달씩 밀려있는 상태가 한동안 지속되었다. 그러니 명령 체계가 제대로 돌아갈 리 없었고 먹고 살기 힘든 병사들이 들고 일어나는 병변이 나라 곳곳에서 발생했다. 군인들의 봉급이 밀려있었다는 건 아주 많은 걸 의미한다.

명 만력 원년(1573)의 재정수입은 2,188만 은량이었다.[136] 이는 어느 정도 수준인가? 북송 신종의 희녕 10년(1078)의 재정 수입을 은으로 환

---

136) 刘昫의 논문 『14~17世纪中英财政收入支出结构比较研究』, 东北师范大学. 2011. 70
쪽에서 인용한 吳承明 저 《吳承明集》의 수치를 참조했다.

산 시 3,000만 량이 넘었다[137]. 청나라 전성기 때는 한 해 수입이 8,000만 은량에 달했다. 장거정이 막 집권했을 때의 재정 수입은 그보다 500년 전인 북송 때보다도 적었고 뒤에 나오는 청나라의 4분의 1밖에 안되는 수준이었다는 얘기이다. 명은 말기로 가서는 세수가 더욱 적어졌고 급기야 마지막 황제인 숭정제 때에는 400만 량도 걷히지 않았다. 그러니 군인들 봉급이 밀릴 수밖에.

중국은 당 후기 양세법 실시 이래로 주요 세원은 농지였다. 그럼 명은 북송 때보다 농지가 적었나? 인구가 적었나? 그럴 리 없다. 주원장 재위 말기 실시한 토지 조사에서 약 800만 경(顷)의 농지가 확인되었다. 북송의 경우 왕안석 변법의 효과로 농지가 가장 많았을 때가 700만 경이었으니 명은 북송의 전성기 때보다도 약간 많은 상태에서 시작하였다. 그리고 계속적으로 개간이 이루어졌으니 명나라의 실제 농지량은 절대 송나라보다 적었을 리가 없다. 명나라의 인구는 가정황제 시기에 1억 6,000만 명에서 많게 보는 학자는 2억 명에 가깝게도 본다. 북송의 인구는 가장 많았을 때가 1억 명이 조금 넘었다. 명은 송보다 농지도 많고 인구도 많았는데 세수는 턱없이 적었다니? 이는 무얼 뜻하는가? 그럼 명대의 농민들은 낮은 세율의 혜택을 보며 불만 없이 넉넉하게 살았을까? 명왕조는 농민 봉기로 인해 망했으니 그건 아닌 것 같다. 그럼 명왕조의 세수 부족은 무얼 뜻하는가?

빈농 출신의 황제 주원장은 농민들의 고충을 아주 잘 알고 있었고 실제 그의 정책들에는 농민의 부담을 덜어주고자 하는 그의 정치적 이상

---

137) 희녕 10년의 총 재정 수입 7,070만관(贯)이다(田艳青의 논문『北宋喜丰财政改革研究』西南财政大学. 2007. 21쪽). 북송의 1관은 770문이었다. 북송 시기 1량 백은의 가격은 시대에 따라 1,000~2,500문으로 다양했는데 필자는 1량의 백은을 대략 2관(1500문)으로 설정하여 환산하였다.

이 많이 반영되어 있었다. 그 대표적인 게 세금이었다. 고대의 농지는 국가가 소유하는 관전과 민간이 소유하는 민전으로 나뉘었는데 민전의 세율로 비교를 해보자. 주원장이 정한 명의 농지세는 1무(畝)당 3승(升) 3합(合)이었다. 승(升)이란 0.01석(石)을 말하니 1무당 0.033석의 곡식을 내도록 한 것이다. 북송의 세율은 어땠나? 1무당 7승 4합이었다. 명의 농지세는 북송의 절반에도 못 미쳤던 것이다. 아마 명왕조는 중국의 역대 왕조 중 농민에 대한 세율이 가장 낮았던 왕조였을 것이다. 또한, 주원장은 농민들의 요역 부담을 줄이기 위해 대규모 공사를 자제하였고 군대는 스스로 둔전을 운영하여 농민들에게 손을 벌리지 않았다. 이런 걸 보면 주원장은 수많은 관리들을 학살하긴 했어도 농민들에게는 칭송을 받았던 황제가 분명하다. 세율이 떨어졌으니 다른 데서 늘어나지 않는 이상 명정부는 빠듯한 살림을 할 수밖에 없었다. 그래서 주원장은 자신의 후손들도 자기처럼 검소한 생활을 하길 기대했을 것이다. 만약 그랬으면 명은 진짜로 성공적인 프롤레타리아 왕조로 역사에 남았을지도 모른다.

그런데 주원장의 후임 황제들은 어땠는가? 전쟁, 공사, 행사 등 대규모 지출이 들어가는 프로젝트들을 연이어 했고 자신들도 극도의 사치스런 생활을 영위하였다. 그러니 명왕조는 당연히 왕조 내내 재정 적자에 시달릴 수밖에 없었다. 그래서 자금성이나 만리장성과 같은 관광지의 명대 건축물들은 제국의 힘을 상징하기도 하지만 동시에 재정적자의 상징이기도 하다.

그런데 이게 문제의 전부가 아니다. 걷혀야 할 세금이 제대로 걷히기만 했어도 이 지경까지는 가지 않았을 것이다. 짐작했다시피 명의 낮은 세율의 혜택이 농민들에게 돌아갔는가 하면 그게 아니다. 명은 역대 왕조 중에서도 황족, 관리, 환관들의 토지 겸병이 가장 심했던 시대이다. 지주의 토지 겸병이야 어느 왕조에서나 있었던 병폐이지만 명의 토지 겸병은 조금 특이하면서도 심각한 양상을 보였다. 왜냐하면 명 조정은 끊임없이 황실의 친척과 공을 세운 신하들, 환관들에게 매우 후하게 땅을 하사하였고 이는 중간 관리들에게 자신들도 토지 겸병에 몰두하도록 하는 빌미를 주었기 때문이다. 이리하여 명은 중후기로 가면서 민간의 토지인 민전은 대다수가 지주들의 땅이 되어버렸다. 심지어 군대의 식량을 만들어내는 둔전도 환관들에 의해 점유되었고 둔전을 일구는 둔전호들은 열악한 토지로 밀려나거나 유랑민이 되어야 했다. 그렇다. 재상이 된 장거정이 물려받은 명정부는 임원에서부터 말단 직원까지 전 직원이 모럴헤저드를 범하고 있는 파산 직전의 회사와 마찬가지였다. 명왕조는 아주 오랫동안 황제에서부터 지방 공무원에 이르기까지 모두 자신의 직분을 망각했다. 가정 황제는 재위 기간 내내 도교와 불로장생에 빠져지내면서 직무를 유기하였고 황제의 옥쇄는 환관이 찍었으며 내각은 저들끼리의 권력 투쟁에만 몰두하였다. 그러니 지방 관리들은 자신의 직위를 이용해서 이익 챙기기에 여념이 없었고 지주들은 관리들과 결탁하여 기회만 되면 농민들의 토지를 빼앗아갔다. 제국은 온 곳에 누수투성이였다. 이론적으로는 토지를 겸병하더라도 양세법의 원칙에 의하면 토지를 많이 보유하면 그만큼 세금을 많이 내도록 되어 있었다. 그러나 실제로는 그렇지 않았다. 왜냐? 지주들과 관리들이 결탁하여 이익을 공유하고 있었기 때문이다. 고대 시대에 중국과 같이 넓은 나라에서 올바른 행정력이 곳곳에 미치게 하는 건 정말로 어려운 일이었을 것이다. 하물며 명왕조는 역대 황제들의 괴팍스러움과 태만으로 공무원 사회의 기강이 '개판'이 되어있었으니 지방 관리들 사이에서는 제국이 썩어 문드러질 때까지 자기들 것을 챙기고자 하는 풍조가 팽배해 있었고 법과 행정력은 전혀 작동하고 있지 않았다. 장거정의 눈에 지금 가장 필요한 건 위로는 황제에서부터 아래로는 말단 관리에 이르기까지 새로운 정신무장과 기강 확립을 하는 것이었다. 이것이 바로

서지 않으면 아무 것도 기대할 수가 없었다. 과연 그는 이 거대 암세포를 도려낼 수 있을까? 장거정이 "어려운 것은 정책이 반드시 실행되도록 하는 일이다"라고 말한 것이 이제는 좀 공감이 가지 않는가?

거침없는 혁신의 발걸음

장거정이 추구한 정치 이념은 무엇이었을까? 그가 궁극적으로 달성하고자 했던 이상은 무엇이었을까? 중국의 역사 이래로 불었던 개혁 운동의 궁극적 목표는 언제나 '부국강병', '민부국강'이었고 그것은 지금도 변하지 않았다. 소위 '중국몽'이라고 하는 오늘날 이들의 국가 비전은 상앙, 왕안석, 장거정으로 이어지는 고대의 정치 이념과 크게 차이가 없다.

고성법(考成法)

장거정이 대권을 잡은 후 가장 먼저 편 정책은 '고성법(考成法)'이라는 것이었다. 그는 만력 원년인 1573년에 고성법을 발의하였고 이 정책은 황제의 재가를 얻어 그해 11월에 실시되었다. 이로써 '만력 신정(万历新政)'이라고 불리는 10년간의 혁신 운동이 막을 열었다.

고성법이란 '실적(成)'에 의해 '평가(考)'하는 지극히 당연한 원칙이지만 조직 혁신은 많은 경우 지극히 당연한 원칙을 제대로 지켜지게 하는 것에서 출발한다. 그러므로 고성법은 엄밀히는 장거정이 고안한 것이 아니다. 단지 그는 그 원칙을 훨씬 조밀하게 재설계하였고 거기에 강한 실행력을 불어넣었다. 장거정은 왜 고성법을 가장 먼저 실시하였으며 이 정책이 목표한 바는 무엇이었을까? 그것은 관료주의를 타파하기 위함이었다. 관료주의란 무엇인가? '대충 시간을 때우다가 년 수가 되면 진급한다', '우리에게는 승진만 있을 뿐 강등은 없다', '실력보다는 꽌시(關係)가 더 중요하다', 그러므로 '괜히 일을 만들지 않고 조용히 지내는 것이 미덕이며 어떻게든 일을 남에게 떠넘기거나 뭉갠다' 이런 식의 행태들이 관료주의이다. 관료주의가 팽배해지면 한마디로 '진취성'이 없어지고 행정 효율이 떨어진다.

장거정의 고성법에 의하면 이렇다. 6부의 각 부문에는 '고성부(考成簿)'라는 장부가 주어졌다. 이들은 고성부에 모든 업무의 계획, 목표, 기간, 장소, 달성 방법 등을 수치화하여 상세히 등록한다. 그리고 실제 어떻게 진행이 되었고 그 결과는 어떠했는지도 있는 그대로 기입한다. 오늘날 기업에서 실시하는 인사고과 시스템과 거의 흡사하다. 그런데 고성부는 한 부가 아니라 똑같은 것을 두 개 더 만들어서 한 부는 감찰기관인 6과(科)에 제출하고 또 한 부는 내각에 제출했다. 똑같은 카피본이 감찰기관과 내각에도 제출되니 6부는 자신들이 당초에 등록했던 업무 목표를 중간에 수정하거나 삭제하는 일이 불가능했다. 그리고 6과는 고성부에 의거하여 6부의 업무를 10일, 1달 단위로 점검하고 관리들의 상벌에 대한 의견을 내각에 보고하도록 되어있었다. 내각 역시 고성부에 의거하여 분기에 한 번 소평가, 1년에 한 번 대평가를 진행하여 6부가 일을 제대로 했는지와 6과(科)가 제대로 6부(部)를 평가했는지에 대해 점검하고 평가했다. 고성법 실시 전에는 명나라에 관리들에 대한 평가 시스템이 없었을까? 그건 아니다. 그러나 중앙관리는 6년에 한 번, 지방 관리는 3년에 한 번씩 하였고 그것조차도 형식에 불과했다. 그런데 이제는 고성법에 의해서 계량화된 수치에 의거하여 수시로 점검을 받게 되었으니 관리들은 누가 일을 하고 안 하고가 그대로 드러나게 되었다. 또한 기존에는 내각과 언관(言官) 집단인 6과(科)가 동등한 지위였으나 고성법 실시로 하루아침에 6과가 내각의 평가를 받는 신세가 되었다.

공무원 사회를 뒤흔드는 이 어마무시한 인사 시스템의 도입에 관료 사회가 가만히 있었을까? 혁신과 변혁에는 항상 반발이 뒤따른다. 아무리 장거정이 내각의 수보라 한들 전체 관료 사회를 이길 힘이 있었을까? 맞다. 장거정에게는 그 어떤 관리들도 반박할 수 없는 명분이 필요했다. 역사적으로 관료 사회는 자기들에게 불리한 변혁에 대해 뭐라고 반발해왔는가? 그들이 들고 나왔던 레파토리는 언제나 '조종의 법도'였다. 이 말에 짜증이 난 왕안석이 "조종의 법도를 꼭 따라야 하는 건 아니다"라고 했다가 두고두고 천하의 후레자식이 되어버리지 않았던가. 조종의 법도란 실로 이들에게는 '하나님의 말씀'과 같았고 변혁을 좌절시키는 요술 방패였다. 장거정은 이들이 들이대는 '조종의 법도'라는 것을 도리어 역이용했는데 이는 그야말로 신의 한 수였다. 그는 명나라의 전장제도를 정리해 놓은 법전인 《대명회전(大明會典)》을 뒤져 주원장의 지시문을 하나 발췌하였다. 거기에는 주원장의 명의로 이런 문구가 적혀있었다.

"각 부문은 업무 파일을 만들어 놓을 것. 특히, 조정으로 보고되는 서류는 반드시 매년 실시 상황을 점검할 것"

-주원장

장거정은 이 지극히 원칙적이고 원론적인 주원장의 지시 사항을 인용하면서 자기 마음대로 이리저리 살을 붙여서 안을 보고하였다.

장거정: 《대명회전(大明會典)》 몇 조 몇 항을 보십시오. 고성법은 제가 고안한 게 아니라 원래 태조의 뜻이었습니다.

황제: 아, 원래 조종께서 이런 뜻이 있으셨는데 우리가 잠시 잊고 있

었구나. 당장 실시하라!138)

《대명회전(大明會典)》은 명나라의 헌법과 같은 존재였다. 게다가 거기에 '주원장의 지시사항'이라고 적혀있으니(비록 원론적인 수준이지만) 고성법이 곧 '조종의 법도'가 되어버렸다. 어느 누가 설립자 주원장의 지시사항에 토를 달 수가 있겠는가? 이리하여 어려울 것 같았던 고성법이 큰 저항 없이 순조롭게 전국으로 실시되었다.

고성법이 말만 대단하고 실제로는 별 것 없는 겁주기 식의 정책이었을까? 예를 들겠다. 만력제 즉위 9년째인 1581년 한 해에만 중앙 공무원이 419명, 지방 관원이 902명이 면직되었다. 이런 식으로 장거정이 집권한 10년 동안 짐을 싸거나 강등된 공무원들은 셀 수도 없었다. 고성법은 장거정을 진정한 재상으로 만들어주었다. 조정의 모든 부처와 지방의 관리들은 전부 장거정의 한마디에 일사분란하게 움직여주는 수족이 되었고 이는 그가 후속 조치를 전개함에 있어서 강력한 엔진과 같았다.

고성법의 효과는 여러 방면으로 나타났다. 일차적인 목적이었던 관리들의 기강 확립은 굳이 설명이 필요 없을 듯하다. 옆 동료가 짐을 싸는 모습을 지켜봤다면 어느 관리도 긴장하지 않을 수 없다. 장거정은 집권 초기에 강력한 허리띠 조르기 운동을 실시하였는데 이 역시 고성법이 매우 큰 역할을 하였다. 어떤 조직이든 기강을 다시 잡고 긴장을 불어넣는 데에는 허리띠 조르기가 항상 수반된다. 예를 들어 사무실에 항상 놓여있던 믹스커피와 종이컵을 치우는 것에서부터 기업의 비상경영이 시작된다. 장거정은 관리들에게 관례처럼 있어왔던 처우들을 대

---

138) 이는 재미를 위해 황제와의 대화체 형식을 빌린 것이고, 실제는 장거정이 황제에게 올린 고성법에 대한 제안서인 《请稽查章奏随事考成以修实政疏》에서 그는 《대명회전》의 세 개 문장을 인용하였다.

폭 삭감했다. 그런데 오랫동안 누려오던 고위 공무원들의 특혜가 하루아침에 없어질까? 예를 들어 출장 시 관리들은 전부 퍼스트 클래스나 비즈니스 클래스를 타고 왔는데 이제는 모두 이코노미 클래스를 타야 했던 것이다. 또한 이전에는 관례상 가족들에게도 공짜 비행기 티켓이 주어졌는데 이제는 제 돈을 내고 타야 했다. 당연히 이를 지키지 않는 관리들이 나온다. 하지만 고성법에 의하여 이 모든 것들이 문서로 남게 되었고 나중에 걸리면 항공사나 본인이나 처벌을 받게 되니 이제는 어느 누구도 규정을 감히 어길 수가 없었다.

하지만 진짜 효과는 세금에서 나왔다. 앞서 설명했듯이 명은 세금이 제대로 걷히지 않는 심각한 문제에 직면하였고 이를 따져들어 가자면 관료주의에 의한 비효율과 부패가 그 핵심에 있었는데 고성법은 이를 직접적으로 겨냥하였다. 장거정은 1576년에 목표 대비 실제 징수 실적 90퍼센트 미만인 세무 공무원들을 전부 징계하는 정책을 발표하였다. 그해 12월의 호부 보고서에 의하면 지방 관원 중 이러한 이유로 강등 처분을 받은 사람이 산동성 17명, 하남성 2명, 면직 처분 받은 사람이 산동성 2명, 하남성 9명이었다. 이렇게 실제로 각 지역에서 실적 미달로 면직 또는 강등되는 공무원들이 나오자 전국의 공무원들은 정신이 번쩍 들었다. 장거정이 실시한 정책 중 가장 강력하고 재정에 막대한 도움을 주었던 것이 지주들의 숨겨진 농지를 찾아낸 것이었다. 이 역시 고성법에 '은닉 토지 색출'이라는 목표치를 명기하도록 하고 "실적 미달자는 옷 벗을 각오하시오!"라고 하였기에 관리들은 이전의   시고 뭐고 간에 안면 몰수하고 달려들었고 장거정은 이렇게 지주들과의 토지 전쟁에서 승리할 수 있었다. 토지 조사령은 만력 6년인 1578년에 실시되어 만력 9년인 1581년에 가서야 끝이 났는데 이 기간 동안 장거정이 색출한 은닉 농지 면적이 300만 경이었고 이는 네덜란드 국토의 절반과 맞먹었다.

만리장성 보수

중국 역사상의 개혁 운동 중 '강병(强兵)'이 개혁의 주요 어젠다가 아니었던 적은 한 번도 없다. 변경의 길이가 긴 만큼 여러 정권들과 인접하고 있었기 때문에 국가의 쇠락은 변경 지역의 안보 불안으로 바로 이어졌고 반대로 인접 국가의 변경 교란이 국가를 쇠락으로 이끄는 주된 요인이 되기도 했다. 장거정 역시 강군 건설에 무엇보다도 우선순위를 두었다. 그가 수보가 되었을 때는 이미 '삼낭자 사건'을 계기로 타타르 부족과 평화조약을 맺은 상태라 변경 지역의 긴장이 완화되었지만 그는 이에 안주하지 않고 국가재정의 상당 부분을 쏟아부어 장성을 보수하고 군사 훈련을 강화하는 등 북쪽의 변경 지역 방어 체계 강화에 힘썼다. 장거정 집정 시기에 와서 중국 동남부 해안은 왜구로부터의 근심이 상당 부분 해소되었다. 이에는 명의 왜구 퇴치 노력도 있었지만 이 때의 일본은 전국시대가 막을 내리고 안정을 되찾고 있었기에 왜구 세력은 자연히 국내로 눈을 돌릴 수밖에 없었기 때문이다. 그래서 장거정은 군사력 강화를 주로 북방에 집중할 수 있었다. 안타깝게도 전국시대를 종식시킨 일본의 창끝은 조선을 향하고 있었지만 국제 정세에 어둡고 장기간의 평화와 명과의 조공동맹에 의해 자주국방이 퇴화된 조선은 아무런 방비를 하고 있지 않았다.

일조편법(一条鞭法)

'일조편법(一条鞭法)'이란 무엇인가? '편(鞭)'은 '채찍'이란 뜻인데 세금을 안내면 채찍으로 때린다는 말인가? 한국의 고등학교 세계사 교과서에도 "명 말기 이갑제가 무너지면서 장거정이 일조편법을 실시하여 개혁을 하고자 했으나 결국은 실패했다"라고 한 줄 언급되어 있으니 중요한 정책인 것 같긴 한데, 도대체 이는 무엇인가? 왜 실시했을까?

일조편법(一条鞭法)의 원래 이름은 '일조편법(一条編法)'이었다. 중국어에서 '조(条)'는 밧줄이나 기다란 물건을 셀 때 쓰는 '줄', '자루'와 같은 양사(量词)이다. '편(編)'은 '짜다', '엮다', '편집하다'의 뜻이니 일조편법의 이름 풀이를 하자면 '(여러 가지를) 한 줄로 엮어 만든 법'이다. 오늘날의 언어로 말하자면 '올인원(All In One)'법이다.

그렇다면 이 법을 왜 만들었는지도 추측이 가능하다. 세금이 여러 가지이고 복잡하니까 간단히 하고자 만든 것이다. 세금이 간단하면 좋은 건가? 꼭 그렇다고 말할 순 없지만 복잡하면 복잡할수록 이로움보다는 그 폐단이 많다. 왜냐하면 복잡함은 착취를 할 수 있는 공간을 주고 정부 입장에서도 비효율과 누수를 발생시킬 가능성이 많아지기 때문이다. 장거정 집권 전 상황이 딱 그랬다.

농민을 기준으로 본 당시 명의 조세는 크게 농지세와 요역의 두 가지가 있었다. 그리고 요역은 이갑(里甲), 군요(均徭), 잡역(杂役) 등으로 나뉘어져 있었다. 농지세도 하계와 추계로 나뉘어져 있었고 어떤 것은 현물로, 어떤 것은 은으로 내게 되어있는 등 복잡하기가 이루 말할 수 없었다. 특히, 당시 농민들을 가장 괴롭힌 것은 정기적으로 노동력을 제공해야 하는 요역이었고 이는 태조 때 만들어 놓은 농호(農戶) 편제인 이갑제에 의거했다. 이갑제에 대해서는 굳이 설명을 하지 않겠다. 하지만 알아둬야 할 것은 당시 농민들에게 요역의 부담이 얼마나 컸냐는 것이다. 요역이란 그냥 며칠 가서 일해주고 오는 것이 아니었다. 예를 들어 자신의 요역 순서가 되면 1년 동안 만리장성 공사나 황제 무덤 공사에 차출되어 가는 것이다. 그러면 집안에 농사를 지을 사람이 없어지니 자신의 요역년 한 해 동안은 가정 경제가 파산하는 것이었다. 당 말 양세법을 실시하면서 이에 대한 폐단을 고치고자 돈을 주고 요역을 대신하는 정책을 출시하였지만 명대에는 돈을 줘도 안 되는 요역 항목들이 있었다. 그만큼 명대에 토목공사가 많았다는 걸 의미한다. 중국을 여행하다보면 웬만한 도시에 11미터 높이의 위엄 있는 명대 성벽들이 남아 있는 걸 보게 되는데 이런 것들이 죄다 요역을 불러일으켰던 것들이다. 요역 역시 자신이 가지고 있는 농지의 크기와 성인 남자의 수에 의해 부과되었는데 그것이 너무나도 가혹하여 아예 자신의 얼마 안 되는 농지를 지주에게 바치고 지주의 소작농이 되어 요역을 피하기도 하였다. 이런 식으로 명의 자영농은 붕괴되었고 자영농의 기반하에 설계된 이갑제 역시 실질적으로 붕괴되었다.

일조편법도 사실은 장거정이 고안한 정책이 아니다. 일찍이 가정제 재위 초기(1531)에 강서(江西) 지방에서 시범 실시되었고 효과도 좋았으나 전국적으로 도입되지 못하고 폐지되었다. 아마도 자신의 이익을 침해받는 집단의 거센 반발 때문이었을 것이다. 그래서 장거정은 일조편법의 실시에 있어서 매우 신중하게 접근하였다. 그는 일조편법을 전국적으로 실시하기에 앞서서 한 가지 중요한 사전 작업을 하였는데 그것은 1578년부터 1581년에 걸쳐서 진행된 대대적인 농지 조사 작업이었다. 역사를 거치면서 수없이 봐왔듯이 국가의 농지 조사 사업은 대지주의 은닉 농지를 색출하기 위함이다. 일조편법은 보유 농지의 양에 따라 세금을 부과하는 것이므로 부과 대상인 농지를 늘리지 않고서는 세수 증대의 효과가 없었다. 또한 그는 일조편법을 전국적으로 실시하기 전에 몇 개 지역에서 시범 실시를 하는 신중함을 보였다. 저장성과 푸지엔성에서 시범 실시 후 효과를 보았고 화북 지역의 효과를 보기 위해 산동에서 시범 실시하였는데 이때 문제에 봉착했다. 이 법의 성공에 사활을 건 그는 당장 산동으로 내려가서 직접 진두지휘를 하였고 결국은 문제를 보완하였다. 모든 것이 준비되었다고 생각한 그는 만력 9년째인 1581년에 일조편법의 전국적 실시를 발표하였다.

일조편법의 원리와 내용은 크게 세 가지만 알면 된다.

첫째, 건국 이래로 나눠서 징수해오던 농지세와 요역을 하나로 합쳤다. 이제는 모든 것을 하나로 퉁쳐서 내게 되었으니 농민들은 요역의 부담에서 해방되었고 정부는 징수의 효율이 늘어나서 세수는 오히려 늘어났다.

둘째, 세금을 일률적으로 농지의 양에 근거하여 산정되도록 했다. 이 말은 보유한 토지가 많으면 많이 거두었고 토지가 적으면 적게 거두었다는 뜻이다. 이는 필연적으로 대지주의 세 부담을 크게 늘리고 소지주나 농지가 없는 농민들의 부담을 경감시켰다. 일조편법 실시 전에 대규모 농지 조사를 벌인 것도 이런 이유에서였다.

셋째, 세금은 일률적으로 은으로 징수하였다. 종래에 은과 현물로 내던 것을 완전히 은으로만 납세하는 것으로 바뀌면서 양세법에 의해 시작되었던 실물세에서 화폐세로의 전환을 완성시켰다.

비용 절감 운동

재정의 개선을 위해선 비용 절감과 수입원 개발 두 가지가 병행되어야 한다. 그건 정부나 기업이나 가정 경제나 다 마찬가지이다. 그리고 허리띠를 조를 땐 어설프게 해선 안 되며 조직 리더들이 더욱 솔선을 보여야 한다. 장거정은 조직에 위기감을 불러일으키고 분위기를 쇄신하는 데에 아주 능했다. 몇 가지 예를 들어보겠다.

사례 1. 장거정은 등불을 켜는 기름을 아껴야 한다며 만력의 저녁 수업을 새벽으로 바꿨다.
사례 2. 장거정의 조치로 정부의 재정 상태가 좀 좋아지자 만력제가 10만 량을 배정하여 자신의 식단 개선에 쓰려고 하였는데 이를 안 장거정이 "지금 폐하의 식단은 천하의 어느 누구보다도 좋습니다"

라며 못하게 하였다.

사례 3. 중국은 매해 정월 보름 원소절(元宵节)에 폭죽을 터뜨리고 등을 키는 행사를 한다. 이는 명대에도 마찬가지였고 어린 만력은 원소절에 황궁을 가득 매운 수많은 등을 보는 걸 무척이나 좋아했는데 장거정은 사치스런 행사라며 이를 금지시켰다.

사례 4. 이태후는 자신이 모은 돈으로 탁주에 삼신할머니 사당을 지으려 했으나 장거정은 그녀를 설득하여 포기시키고 그 돈으로 북경에 다리를 건설하도록 하였다.

사례 5. 만력이 홍역을 앓다가 깨끗이 낫자 독실한 불교 신자였던 이태후는 궁 내에 보살의 보살핌을 비는 사당을 만들고자 했으나 장거정의 만류로 포기했다.

사례 6. 만력은 효심의 표시로 이태후의 궁실을 리모델링 해주고자 했다. 그런데 장거정은 '각 궁과 정원은 이미 충분히 화려하고 아름다운데 무슨 리모델링이 필요하냐'며 반대하였다.

사례 7. 만력은 비빈들에게 상금을 주고 싶어도 현찰이 없어서 장부에 달아놓도록 하고 나중에 돈이 생기면 주었다.

황실의 절감 운동이 이 정도면 공무원들에 대한 처우 삭감은 말할 것도 없다. 중국은 예나 지금이나 땅이 넓기 때문에 어떤 조직이든 출장비 지출이 많다. 당시 관리들은 한번 경성으로 출장을 오면 5성급 호텔에 출장과 상관없는 사람들까지 주렁주렁 데리고 오는 것이 관례처럼 되어 있었다. 어떤 이들은 특산물을 잔뜩 실고 와서 경성에 와서 장사를 하기도 했다. 장거정은 이런 관례상의 특혜를 전면 금지하였다. 관리들은 볼멘소리를 하였지만 어찌할 도리가 없었다.

혁신의 성과

장거정의 혁신 운동은 성과를 낳았을까? 장거정 집정 10년을 거치면서 다 시들은 고목나무 같았던 명나라는 회춘약을 먹은 듯이 생기를 되찾았다. 관료 사회의 기강이 바로 서고 새로운 피가 수혈되고 새로운 분위기가 형성되는 것과 같은 보이지 않는 변화는 사실 매우 중요하다. 장거정의 쇄신을 겪은 명의 관료 사회는 이제 아무리 꽌시가 좋고 배경이 좋아도 객관적 실적이 뒷받침이 되지 않으면 안 되는 문화가 되었다. 《명사·장거정전》은 『비록 만리 밖의 외진 지역이라도 조정의 명령이 하달되면 저녁 때는 이미 실행되고 있었다(虽万里外, 朝下而夕奉行)』라며 장거정 집정 이후 달라진 관료 사회 분위기를 전달하고 있다.

농지는 국가의 주요 세원이므로 국가에 등기된 농지량은 국가의 행정 장악 능력과 재정 수입 능력을 그대로 보여준다. 만력 8년인 1580년의 토지조사 결과에 의하면 전국의 농지는 7,013,976경(경=백무)이었는데 이는 융경 5년인 1571년보다 2,336,026경이나 증가한 수치였다.

국가 재정수입 방면의 성과는 눈부셨다. 중앙 국고에 비축된 은의 량은 600만 량이 넘었고, 태복사(太仆寺)[139]에 비축된 은이 400만 량, 그리고 남경 태복사 창고에도 250만 량이 비축되어 있었다. 가정·융경 시기에 매년 300~400만 량씩 적자를 보던 것과 비교하자면 완전 천지가 개벽한 변화였다.

---

139) 태복사(太仆寺)는 진·한 시기부터 있어온 차와 말 등 교통수단을 관리하는 병부 산하의 관청이었다. 오늘날로 비유하자면 차량의 제조, 수출입, 보수 유지, 연료의 수입 등을 총괄하는 매우 중요한 관청이었다. 명 헌종(1465~1487) 때에 들어 말을 구매하고 관리하는 자금 관리 기능이 점점 커져 중앙 국고 외에 보조 국고로서의 역할을 하였다. 북경과 남경에 각각 설립되었다.

65장
중흥의 시도 Ⅲ

최고의 교육, 최악의 교육

이태후와 풍보, 그리고 장거정은 어린 황제의 교육에 심혈을 기울였다. 장거정은 자신이 모든 교재를 직접 선정하였고 심지어는 이해를 돕기 위해 그림책을 직접 만들기도 했다. 내 생각에 장거정에게 있어서 황제를 교육시키는 것은 자신에게 주어진 책무를 다한다는 차원을 넘어서서 제국을 중흥시키고자 하는 자신의 정치적 이상 실현의 중요한 한 축이었다. 그래서 그는 자신의 모든 것을 쏟아부어 명제국을 태평성대로 이끌 최고의 통치자를 탄생시키겠다는 드림을 가지고 있었다. 장거정은 어린 만력제에게 항상 엄한 스승이었다. 숙제를 잘 해오면 칭찬을 하였지만 어제 배운 것을 잘 외우지 못하고 버벅대면 여지없이 근엄한 목소리로 질책하였다. 만력제에게 장거정은 단순한 교사의 지위가 아니었다.

어머니 이태후는 아들 교육에 어떤 태도를 취했을까? 초등생 아들을 둔 이십 대의 젊은 엄마는 아들을 부드러움과 자애로 대했을까? 주익균(만력제의 본명)이 황제가 되기 전에는 그랬을지도 모른다. 그러나 그가 황제로 등극하고 그녀가 황태후가 되자 이 둘 간에는 황실의 법도에 의해 한없는 거리가 생겼고 어머니는 부드러운 엄마에서 엄한 모후(母後)가 되었다. 사실 이태후는 시종 아들에게 엄하고 혹독한 태도였고 그게 그녀의 교육 철학이었다. 이태후는 주익균이 아주 어려서부터 하루도 거르지 않고 아침에 늦잠을 자는 어린 꼬마를 깨워 융경제의 황후인 진태후에게 문안 인사를 하게 하였다. 황실의 법도를 잘 지켜 황가의 후손으로서 손색이 없다는 평을 받게 하고자 하는 나름의 생존 전략이었을 것이다. 그녀는 아들의 교육에 특별히 관심이 컸고 교육 관련해서는 매우 엄하고 집착에 가까운 태도로 일관하였다. 비록 태후의 신분이지만 남편도 없고 정치적 배경도 없는 젊은 과부는 자신의 아들이 여우같은 대신들에 의해 휘둘릴지 모른다는 불안감이 있었고 이러한 불안감은 '내 아들이 성인이 되었을 때에는 그 어떤 대신들보다도 똑똑해야 한다'라는 과도한 교육열로 발현되었다. 아마도 자신이 교육 받지 못하고 집안 배경이 시원찮은 것을 아들로부터 보상받고자 하는 심리였을 수도 있다.

당시의 교육열이란 다른 게 아니라 많은 걸 주입하는 것이었다. 그래서 초등학교와 중학교 시절의 만력제는 드라마 속의 '서울대를 목표로 하는 부모님의 등쌀에 어쩔 수 없이 꾸역꾸역 힘든 공부를 하는 학생'과 같았다. 풍보는 어린 만력의 학업을 도와주는 역할이었지만 여기서 '도와준다'는 건 '학업 태도가 안 좋다던가, 숙제를 잘 안 했다던가'와 같은 상황을 엄마인 이태후에게 일러바치는 일을 말한다. 어린 황제는 학업 태도가 안 좋다는 보고가 들어가면 엄마 앞에서 무릎을 꿇어야 했고 나쁜 행실을 했을 때에도 무릎을 꿇었다. 조금 과장해서 말하자면 결혼 전까지의 만력제의 인생은 엄마 앞에서 무릎 꿇는 게 일상이었다. 그럴 때마다 엄마는 이렇게 말했다.

"장 선생님을 불러서 너를 어떻게 교육할지 상의해볼 것이니라. 그때까지 꿇어 있거라."

어떤 때에는 그 벌이 몇 시간씩 가기도 했다.

어린 만력제는 좋은 학생이었나? 그는 다섯 살 때부터 책을 읽기 시작했다고 하는데 이는 오늘날의 만 나이로 서너 살이다. 그는 꽤 총명한 아이였고 장거정의 가르침을 충실히 따르려는 나름 성실한 학생이었다. 장거정은 비록 신하의 신분이었지만 수업을 할 때면 항상 근엄하고 엄격한 스승이었고 어린 만력은 그를 무서워했다. 어쩌면 만력은 장거정에게 마치 엄한 아버지에게서 아들이 느끼는 존경과 무서움을 가지고 있었을지 모른다. 장거정은 가끔씩 복통을 호소하였는데(결국은 그 병으로 죽었다) 만력제는 복통에 좋다는 탕을 손수 장거정에게 가져다주기도 하였다.

장거정과 이태후의 황제 교육은 성공하였을까? 황제를 만드는 교육 과정으로서는 흠잡을 데 없었을 테지만 학생의 특성과 창의력을 살리는 교육으로는 꽝이었다. 하나의 에피소드는 재능을 살리지 못한 어린 황제의 슬픈 운명과 장거정 교육 철학의 냉정함을 엿보게 해준다. 황제의 교육은 여러 분야의 수업으로 이루어져 있다. 하루는 만력이 장거정 앞에서 서예 실력이 많이 늘었다며 뽐내면서 글씨를 써서 보여주었는데 장거정이 보기에도 꽤 잘 썼다. 그런데 장거정은 칭찬을 하는 대신 다음 날 부로 만력의 교육 과정에서 서예 수업을 아예 빼버렸다. 어쩌면 장거정은 만력의 눈에서 서예에 대한 열정과 소질을 보았을 수도 있다. 그것이 그가 서예 수업을 빼버린 이유이다. 서예와 그림에 빠져 정사를 뒷전으로 하고 결국은 정강의 변을 초래했던 송휘종(宋徽宗)과 같은 황제가 되지 않도록 하기 위함이었다.

균열과 동요

장거정, 풍보, 이태후, 이들 권력의 삼각형은 변함없이 똘똘 뭉쳤을까? 유년기를 지나 청소년기에 접어든 황제는 변함없이 장 선생님을 아버지와 같은 눈으로 바라보고 존경하였을까? 겉으로는 그런 것 같았다. 그러나 영원한 드림팀이란 존재하지 않는다. 도원결의로 형제가 된 유비, 관우, 장비도 하나둘씩 전장에서 죽었으니 망정이지 만약 이들이 천하를 재패하였거나 시간이 오래 지속되었으면 분명 이들 간의 균열이 생겼을 것이다. 문관의 수장, 환관의 수장, 황제의 후견인으로 구성된 이 삼각 동맹은 겉으로는 견고해보여도 이렇게 이익 관계로 이루어진 동맹이란 어차피 균열이 가게 되어있다. 여기에 가장 큰 변수는 황제가 점점 성인으로 향하고 있었다는 것이었다. 성인이 된 만력이 초등생 만력과 같은 사람이란 보장이 있을까? 여기에 더하여 장거정은 이 시기 그의 인생에서 아주 큰 시련을 겪고 심적 타격을 받게 되는데 이 일은 그의 냉철하고 날카로운 이성과 견고한 자기관리 능력을 무너뜨렸다.

탈정(奪情) 풍파

1577년 9월 26일 장거정의 부친이 세상을 떴다. 때는 개혁이 6년 차에 접어들어 부분적으로 효과가 나오기 시작하고 있었고 장거정은 고삐를 늦추지 않기 위해 박차를 가하고 있을 때였다. 그는 매일 밤 야근을 하였고 하루에도 수백 건의 결재를 처리하였다. 그러나 부친의 죽음으로 장거정은 사회의 법도에 따라 사표를 내고 무조건 고향으로 내려가 3년 동안 상복을 입어야 했다. 명대는 중국 역사에서 가장 보수적인 시기였다. 부모가 돌아가셨을 때 관리가 삼년상을 안 하고 어디엔가 숨어 지내다 나오면 그냥 욕을 먹는 수준으로 끝나는 게 아니라 관아에 구속되었다. 특히 사대부가 삼년상을 안 한다는 건 있을 수 없는 일이었다. 그러면 삼년상을 하고 나면 원래 자리에 복직이 보장되었을까? 아니다. 일단 사표를 내고 가는 것이었고 거상 기간이 끝난 후에 모든 걸 새롭게 다시 시작해야 했다. 그러므로 당시 관리들에게 부모님의 죽음이란 부모를 떠나보낸 슬픔과 함께 개인의 커리어에 있어서도 잠시 파산을 맞는 이중고였다.

단 예외가 있긴 했다. 아주 특수한 경우에 황제만이 신하에게 상 기간을 짧게 하거나 생략할 것을 명할 수 있었는데 이러한 명령을 '효심을 빼앗는다'는 뜻으로 '탈정(奪情)'이라 칭했다. 장거정이 3년 동안 자리를 비울 시 만력신정은 어떻게 될까? 장거정을 대신할 만한 사람이 있었을까? 장거정의 부재는 결국 개혁의 중단으로 이어질 것이 불 보듯 뻔했다. 장거정 역시 이를 잘 알고 있지만 어쩔 수 없이 사회 규범에 따라 사직서를 올릴 수밖에 없었다. 만력제는 어떤 반응을 보였을까? 예상했듯이 장거정이 없으면 한시도 불안한 열다섯 살의 만력제는 주저 없이 탈정 명령을 내렸다. 만력은 개혁의 결실을 목전에 둔 상황에서 장 선생님을 보낼 수가 없었다. 장거정은 다시 사직서를 올렸고 만력은 그것을 또 반려하고 또다시 탈정 조서를 내렸다. 이런 식으로 세 번 왔다 갔다 하자 장거정은 어쩔 수 없이 황제의 탈정 명령에 따르기로 한다. 물론 이는 황제와 풍보, 이태후, 장거정이 물밑으로 서로 입을 맞추고 진행한 형식에 불과했을 가능성이 크다. 만약 장거정이 삼년상을 하겠다고 끝까지 버티면 결국은 황제도 어쩔 수 없는 것이기에 이것이 장거정 스스로의 선택이었다는 건 당시 사람들은 다 알고 있었다.

그런데 황제와 장거정을 당황스럽게 하는 일들이 벌어지기 시작했다. 황제가 탈정 조서를 내렸다는 사실이 사대부들의 격렬한 비판을 불러일으킨 것이다. 어느 정도 예상은 했지만 이 정도일 거라고는 생각하지 못했다. 중국사에서 사대부란 '화이트칼라 엘리트들'을 통칭한다고 보면 된다. 관직을 맡고 있는 사람일 수도 있고 아닐 수도 있다. 나이가 많은 사람일 수도 있고 젊은 사람일 수도 있다. 중요한 건 이들이 여론의 주도층이었다는 것이다. 엘리트 사대부들의 대표 집단은 한림원이고 한림원 학사들은 장거정의 핵심 지지층이었다. 왜냐하면 장거정도 한림원 출신이었고 장거정의 많은 제자들은 대부분 한림원 소속이었기 때문이다. 그런데 이제는 한림원이 주도가 되어 이를 비판하고 나선 것이다. 이 시점에서 나는 이 사건이 가지는 본질을 한 번 음미해볼 필요가 있다고 생각한다. 이것은 450년 전 중국에서 일어난 일이지만 누구나 인생에 있어서 이와 본질적으로 비슷한 일을 꼭 겪게 된다. 장거정의 문제는 무엇이었나? 후에 그를 비방하는 사람들 중에는 그의 탈정이 '자신의 권세를 놓기 싫어서'라고 폄하하는 이도 있긴 했는데 나는 그에 동의하진 않는다. 그의 지난 행적과 그에 대한 많은 사람들의 평가 등으로 미루어 볼 때 그의 애국심만은 의심할 수 없다고 생각된다. 자신의 미션을 완수하기 위해서 권세를 놓을 수 없었던 거지 권세를 놓기 싫어서 삼년상을 포기한 것은 아니었다.

이들은 왜 이리 장거정의 탈정에 격렬한 반응을 보였나? 당시 사회의 사대부들에게는 목숨을 주고도 지켜야 한다고 생각되는 두 가지 가치가 있었는데 장거정에게 이 두 가치가 충돌하는 상황이 벌어진 것이다. 그리고 그는 효(孝)와 충(忠) 간의 선택에서 충(忠)을 선택했다. 고리타분한 유교 사상을 얘기하는 것 같으니 이렇게 비유를 해보자. 국가의 더 큰 이익을 위해서 민주주의를 다소 포기해야 하는 상황이 온다면 어떻게 해야 할까? 발전을 위해서 공정의 가치를 포기해야 하는 상황이 온다면 어떻게 해야 할까? 뭔가 더 큰 성공을 위해 군입대를 회피해야 한다면 어떻게 해야 할까? 그로 인한 사회의 비난을 감수할 가치가 있는 것일까? 이런 문제들이 그렇게 간단한 것만은 아니다. 어느 것이 '대의'냐는 사람마다 생각이 다를 수 있기 때문이다. 장거정의 탈정에 반대했던 사대부들에게 있어서 효를 저버린다는 건 오늘날 우리 사회에서 '민주주의를 잠시 버리자'라는 것과 비슷한 정도의 실망과 분노였을지도 모른다.

예부상서 장한(張瀚)이 먼저 총대를 멨다. 그러나 열다섯 살의 만력제 또한 이에 대해 단호하고 강경한 입장으로 나갔다. 장한이 탈정 성지(황제의 명령서) 철회를 요청하고 나서자 만력제는 주저 없이 그를 파면시키고 고향으로 보냈다. 장한이 파면되자 국면이 제2라운드로 접어들었고 드디어 유생들의 상소가 줄을 이었다. 그리고 이제는 그 내용도 탈정 철회가 아니라 장거정에 대한 탄핵 상소로 변했다. 1577년 10월 18일에 한림원 편수이자 장거정의 제자인 오중행(吳中行)이 상소를 올려 "장거정은 만고의 진리인 삼강[140]을 어겼다"며 탄핵을 신청한 것을 시작으로 19일, 20일에 연이어 네 명의 한림원 관원들이 장거정에 대한 탄핵을 요청하였다. 오중행은 탄핵 상소를 제출한 후 곧장 장거정의 집으로 찾아와 탄핵 상소의 카피본을 스승에게 보여주었다. 상황이 이러하니 장거정이 느꼈던 심적 부담과 실망이 어느 정도였을지 짐작이 가능하다. 당시 명의 SNS는 장거정에 대한 비난으로 도배되었고 그의 집에는 입장을 바꿀 것을 요청(또는 시위)하는 유생들이 매일 끊이지 않았다.

사실 중국 역사에서 탈정이 드물긴 하지만 그렇다고 전례를 찾아볼 수 없는 건 아니다. 제도에 의해 보장받은 황제의 고유 권한 아닌가? 이 책에도 잘 찾아보면 탈정의 전례를 발견할 수 있다. 그럼에도 이들은 왜 유독 장거정의 탈정에 격렬한 반응을 보였을까? 이에 대해 필자도

---

140) 삼강오륜.

깊은 조사를 해보진 못했지만 우리는 나름의 추정을 해볼 수는 있다. 역사학자들은 사료의 근거 없이는 섣부른 추정을 하지 않는다. 그러나 우리는 역사학자가 아니므로 역사 기재의 빈 공간을 나름의 해석으로 채워넣는 것이 가능하며 오히려 그런 일들은 역사를 읽는 능동적 독자들의 몫이다. 나의 개인적 해석을 말하자면 그의 개혁이, 또는 환관과의 동맹을 통한 그의 집정 방식이 여전히 사대부들의(심지어는 지지층에서조차도) 충분한 공감대를 얻지 못했기 때문이 아닌가 한다. 당시 사회의 정객으로 빙의를 해본다면 내가 느끼는 장거정은 훌륭한 경영자이고 판단력과 안목이 출중한 정치가이긴 하지만 믿고 따를 만한 정치 지도자로서 뭔가 하나가 결핍되어 있는 느낌이다. 그것은 무엇일까? 장거정은 혹시 당시 지식인들의 마음을 얻는 데는 부족함이 있었던 게 아닐까?

특이한 점은 이들은 모두 장거정의 제자들이었고 장거정이 발탁한 사람들이었다. 정치적 반대파들이 트집을 잡는 거라면 무시하면서 버티면 그만이지만 이들은 모두 장거정의 지지자들이었다. 장거정은 자신이 더 큰 가치를 위해 사회의 비난을 무릅쓰는 것을 사대부들이 알아주기를 바랐고 그럴 거라 생각했던 것 같다. 하지만 의외로 제자들조차 자신을 이해해주지 않았다. 그들은 이렇게 말했다.

"우리가 스승님을 존경했던 것은 스승님이 군자의 길을 걸어왔기 때문인데 스승님은 어째서 군자의 도리를 저버리려 하십니까? 이제 우리가 스승님을 어떻게 과거의 스승님처럼 존경할 수 있겠습니까?"

여기서 장거정도 그만 멘탈에 내상을 입고 만다. 이들의 지지철회 선언과 함께 장거정 역시 이들에게 지지 따위를 바라지 않는 사람으로 변했다.

장거정의 탄핵 상소를 제출한 오중행 등 네 명의 한림학사들에게는 광장에서 공개적으로 실시하는 곤장 60~80대와 함께 오지의 군대로 보내지는 조치가 내려졌다. 55장에서 소개했듯이 사대부들에게 곤장을 치는 것은(그것도 공개적으로) 명대에만 있었던 특이하고 비인권적인 처벌이었다. 엉덩이를 맞는 것이 별거 아니라 생각하면 오산이다. 100대 가까운 곤장을 맞는 것은 극형에 속했다. 살점이 다 뜯겨져 나갔고 죽는 사람들도 허다했다. 게다가 명 중후기로 가면서 아랫도리를 완전히 벗기고 맨살에 쳤기 때문에 그 치욕 또한 참기 힘들었다. 그런데 특이한 건 만력 초기 몇 년 동안은 문신들에 대한 곤장이 거의 실시되지 않았다고 한다. 장거정이 이러한 사대부에 대한 비인권적인 형벌을 막았기 때문이다. 그런데 지금은 장거정 때문에 곤장을 맞게 되었다. 그의 측근과 수많은 제자들이 그의 집으로 찾아와서 곤장형을 막아달라고 구명을 요청하였지만 결국 이들 네 명은 전부 곤장형에 처해졌다.

또 한 명의 갓 입사한 열혈 한림학사인 추원표(邹元标)는 앞선 네 명이 올린 상소의 내용이 약해서 안 통했다며 더 심한 내용의 상소를 써서 제출하였다. 거기에는 장거정에게서 한 시도 떨어질 수 없는 황제를 비꼬는 내용이 있었고 이에 격노한 만력은 그에게 곤장 80대와 꾸이저우로의 귀양을 명했다. 추원표는 다리 하나를 잘라내야만 했고 그렇게 그는 평생 불구가 되었지만 당시 지식인들 사이에서는 목숨을 던져 자신의 가치를 지킨 유가의 투사가 되었다. 이들 곤장을 맞거나 귀향을 간 사대부들은 당시 여론에 의해 전부 유가의 투사로 추대되었다.

만력제와 이태후의 지원으로 장거정은 3년 거상을 면하고 3개월 동안 장례를 치르고 업무에 복귀할 수 있었지만 탈정 사건은 그에게 엄청난 심리적 타격을 주었다. 사회적 덕망을 잃고 지지층을 잃은 그는 이 일을 계기로 더 이상 군자를 추구하지 않았다. 이때부터 그의 생활 태도는 사치스럽게 변했으며 전혀 남의 사정이나 체면을 봐주지 않는 냉정한 사람으로 변했다. 그리고 국가의 이익을 지상최고의 선으로 보는 극단적인 철혈재상이 된다.

서내 만취 사건

만력제는 그의 나이 열여섯 살인 1578년 초에 결혼했다. 물론 황후 왕씨는 어머니가 골라준 여자였고 만력제는 평생 황후에게 냉담했다. 그래서 만력과 왕황후 사이에는 자식이 없었다. 이태후는 아들이 다산을 해주기를 원했지만 당시의 만력은 황후 뿐 아니라 비빈들에게도 별 관심이 없었다. 엄한 어머니와 장 선생님의 황제 교육과 황궁의 법도에 억눌려온 청소년 만력은 이제 궁 안에서는 그 어떤 즐거움도 느끼지 못했을 수도 있다.

결혼 후 얼마 지나지 않은 어느 날 저녁, 만력은 자신을 시중드는 환관 두 명에 이끌려 재미있는 일탈 행위를 맛보았다. 그들은 궁성을 나와 황성 서쪽의 서내(西內)라는 별장으로 왔다. 호수를 끼고 있는 이곳에는 정자, 돌다리, 석탑 그리고 흰 두루미들이 호수에서 놀고 있었다. 만력은 해방감 같은 걸 느꼈다. 무엇보다도 궁에서 가장 아름다운 궁녀들을 몇 명 뽑아 만력을 위해 연회를 베풀었으니 궁궐의 법도에 억눌려 있던 그는 한 번도 맛보지 못했던 이 자극에 눈이 확 뜨였고 그렇게 이들은 2년 동안 몰래 은밀한 술판을 벌였다. 사실 만력의 십대는 불행했다. 그는 또래 아이들과 달리 운명이 이미 정해져 있었고 천하의 주인이라는 거대한 책임이 자신의 어깨를 짓눌렀다. 그러면서도 천하의 주인으로서 응당 누려야 할 '쾌락을 추구할 수 있는 권한(예를 들면 연회를 연다던가 사냥을 간다던가)'은 어머니와 장 선생님에 의해 통제되었다. 말이 천하의 주인이지 밖에 나가서 술 먹는 것조차 어머니와 장 선생님 몰래 해야 하는 일이었다. 그런데 1580년, 그러니까 만력이 열여덟 살이었을 때였다. 술이 거하게 취한 나머지 그는 두 명의 궁녀들에게 새로운 노래를 부르라 했는데 궁녀들이 "저희는 신곡은 모릅니다"라고 한 것이다. 그런데 뜻밖에 술이 취한 황제는 화가 치밀어 올랐다. "니들이 황제의 성지를 거부해? 천자의 성지를 거부했으니 네 년들은 참수되어 마땅하다!"라며 두 명의 머리카락을 왕창 자른 후 목을 친 것을 대신했다며 히히덕거리고 좋아했다. 이러한 상황은 여지껏 만력이 보여줬던 모범생의 모습과는 완전히 생소한 광경이었는데 우리는 여기서 그에게 잠재되어 있던 또 다른 기질, 어쩌면 이태후와 장거정의 교육이 가져온 후과일 수도 있지만, 성인이 된 만력이 뭔가 우리의 예상과는 많이 다른 모습일 거라는 불안한 암시를 느낄 수 있다. 다음 날 이 사실이 풍보의 귀에 들어갔고 곧장 이태후에게 보고되었다. 장거정이 이 소식을 접하고 달려왔을 때는 이미 만력은 격노한 태후 앞에서 무릎이 꿇려있는 상태였고 그 옆에 풍보가 엄숙하지만 속으로는 의기양양한 모습으로 서 있었다.

이태후: 나와 장 선생님은 너를 훌륭한 황제로 교육시켰다고 자부하고 있었는데 지금 보니 영 형편없구나. 우리가 착각했었다.

만력제: 어머니, 제가 잘못했습니다. 한 번만 용서해주십시오.

이때 이태후는 한 권의 책을 꺼내어 그의 앞에 던졌다. 그것은 다름 아닌 《한서·곽광전(霍光传)》이었고 이 책을 본 만력제는 소스라치게 놀랐다.

이태후: 그 책의 ×장 ×절을 펴서 소리 내어 읽거라!

곽광은 한무제가 죽을 때 보정대신으로 지명한 서한의 재상이었다. 한무제의 손자 창읍왕(昌邑王)이 서한의 9대 황제로 즉위하였으나 영

형편없자 보다 못한 곽광은 태후에게 폐위를 건의하였다. 결국 태후의 명으로(실은 곽광의 주도로) 즉위 한 달 만에 황제 자리에서 폐위되었다. 그래서 그는 서한의 정식 황제로 인정받지 못하며 시호와 묘호도 없이 창읍왕이라 불린다.《한서·곽광전(霍光传)》이 그 앞에 떨어진 순간 만력은 '아, 이게 장난이 아니구나'라는 걸 직감했다.

> 만력제: (울면서 책을 읽는다)
>
> 이태후: (비녀, 귀걸이 등 장신구를 풀며) 나와 함께 갈 곳이 있다. 풍태감은 둘째 로왕(潞王)을 오라 하세요. 그리고 가마를 준비해주세요.
>
> 만력제: ⋯?
>
> 풍보: 태후마마. 어디를 가고자 하십니까?
>
> 이태후: 태묘에 가서 조종들께 황제를 폐위하고 로왕으로 바꾼다고 보고하게요.
>
> 만력제: 헉! 어머니, 다시는 안 그럴게요. 제발 한 번만 봐주세요. (황제의 체면이고 뭐고 손이 발이 되도록 빈다)
>
> 이태후: 이 일은 장 선생님과 상의하여 너를 어떻게 할 지 결정하겠느니라. 너는 여기서 삼 시진(6시간) 동안 꿇고 있거라!

장거정은 이 사건에 대해 어떤 입장이었을까? 그는 황제의 심성이나 개성을 전혀 고려치 않은 채 압박 일변도로 진행된 자신의 교육 방식에 대해 반성하였을까? 안타깝게도 그는 이런 황제의 일탈이 자신의 교육이 충분히 엄하지 않았기 때문이라고 여겼다. 그가 내린 처방은 가혹했다. 서내의 연회를 주도한 두 명의 환관은 처벌되었다. 그는 풍보와 상의 후 황제를 근거리에서 모시는 환관들을 전부 파면하였고 그의 곁에는 모두 나이든 환관으로 채워졌다. 원래 이런 결정은 황제 고유의 소관이었다. 장거정은 자신이 직접 나서서 황제의 사생활을 관리해야겠다고 마음먹었고 매일 네 명의 한림원 학사를 파견하여 황제의 여가 시간을 경서나 역사, 문학 강의로 채웠다. 장거정과 풍보의 이런 조치에 만력은 자신의 잘못을 진정으로 뉘우치고 성군이 되도록 노력했을까? 더욱 만력을 굴욕적이게 만든 건 장거정이 그로 하여금 '죄기조(罪己诏)'를 써서 공표하도록 한 것이었다. '죄조(罪诏)'란 '죄상을 밝히는 조서'인데 목적어로 '자신(己)'이 들어갔으니 '자기 스스로 자신의 죄를 밝히는' 한마디로 황제의 반성문이다. 이는 자연재해가 오래 지속되던가, 외부의 침략에 의해 나라가 위기에 처했다든가, 실정으로 백성들이 고통에 처해졌을 때 황제가 천하에 자신의 과오를 밝히는 조서로서 아주 오래 전부터 실시되어왔다. 그런데 이렇게 황제의 사적인 행실을 반성하는 '죄기조(罪己诏)'는 거의 들어보지 못했다. 게다가 당시와 같은 전제주의 사회에서 이 정도의 일이 천자가 세상 사람들에게 반성문을 제출할 정도의 일인가? 게다가 장거정은 잊지 말았어야 했다. 자신이 만력의 스승이지만 그 전에 만력은 여전히 그의 고용주였고 앞으로도 그럴 것이라는 것을 말이다. 만력은 그걸 잘 알고 있었다. 이 둘의 관계는 겉으로는 변한 것이 없는 것 같아 보였으나 이 일로 인해 만력은 마음속으로 스승을 떠나보냈을지도 모른다.

황제의 비뚤어진 복수

장거정은 1582년 7월에 58세의 나이로 병사했다. 때는 일본이 조선을 침공하기 정확히 10년 전이었다. 이렇게 천하를 호령하던 재상의 생애가 끝이 났다. 장거정이 죽기 9일 전에 만력제는 그에게 태사(太師)라는 명예직함을 하사했는데 살아있을 때 태사 직함을 받는 건 명의 역사에서는 처음 있는 일이었다.

그리고 그의 사후 2년 동안에 명의 정계에서는 아주 많은 일들이 일어났다.

1583년 여름에 장거정의 세 아들의 직위를 몰수한다는 조서가 하달되었다. 그리고 이듬해 초에 드디어 죽은 장거정 본인의 모든 직함과 작위 그리고 하사된 땅과 공신으로서의 특혜가 전부 취소되었다. 그해 5월에 어사부 관원들과 군인들이 장거정의 자택에 들이닥쳐 그의 집안의 모든 가구와 집기에 가압류 딱지를 붙였다. 그의 저택 주위로 군인들이 둘러쌌고 집안사람들은 실내에 갇힌 채 문에 못질이 쳐졌다. 중국어로 '챠오지아(抄家)'라고 하는 이러한 행위는 정부가 부패혐의가 있는 관리에 대해 벌이는 '가산 압류' 조치이다. 중국의 챠오지아(抄家)의 역사는 매우 오래되었다. 한번 챠오지아(抄家) 명령이 떨어지면 문이란 문은 전부 못질이 되며 하인은 물론이고 그 집안에서 키우던 강아지조차 밖에 나올 수가 없다. 집안의 곡식도 재산에 포함되니 손 댈 수 없고 밖에서 음식을 넣어주지 않으면 굶을 수밖에 없다. 검찰이 박스를 들고 압수수색하듯이 모든 것이 동결된 상태에서 탈탈 털린다. 장거정의 큰 아들은 은닉 재산을 불라는 고문에 못이겨 자살하였고 둘째 아들 역시 우물에 몸을 던져 자살을 기도하였다가 실패하자 식음을 끊고 죽음을 택했다. 장거정의 80세 노모는 먹을 것이 없어서 집에서 굶어죽었다. 완전이 집안이 풍비박산, 멸문지화를 당한 것이다. 장거정의 무덤은 파헤쳐지기 일보 직전까지 갔다. 도대체 그 사이에 무슨 일이 일어난 것일까? 만력은 아버지처럼 여겼던 장 선생님에게 왜 이런 몹쓸 짓을 하였을까?

성인이 된 만력제는 어땠을까? 장거정이 죽자 이태후도 간섭을 하지 않았고 그는 이제 진정한 황제로서 전권을 가지고 나라를 한번 제대로 통치해보고자 하였다. 그러나 만력의 장거정에 대한 감정은 복잡했다.

존경과 증오가 공존했다고나 할까? 하여간 그가 성공하기 위해선 이제 장거정이라는 거대 정치인의 그늘에서 벗어나야만 했다.

많은 사람들이 장거정 사후 1~2년 만에 만력이 완전히 180도로 변해 스승에 대한 복수(?)를 한 이유에 대해 의문을 던지지만 잘 생각해보면 이는 당연하다. 장거정은 만력을 자신의 뒤를 이을 개혁의 후임자로 생각하고 있었지만 만력은 장거정의 고용주였지, 후임자가 아니었다. 이건 완전한 장거정의 대착각이었다. 그러므로 진정한 천하의 고용주로서 홀로 서려는 만력에게 있어서 장거정에 대한 청산은 당연한 수순이다. 한편 장거정이 죽자 조정은 장거정파와 반장거정파로 나눠지기 시작했는데 이 역시 당연하다. 장거정이 개혁을 펴면서 많은 문신들의 이익을 침해했기 때문이다. 특히, 장거정이 죽기 전에 실시한 토지 조사는 수많은 지주들을 반장거정 세력으로 만들었다.

죽은 장거정에 대한 탄핵의 바람은 '토지 조사 과정에서 실적을 부풀리기 위한 불법행위가 있었을 수 있으니 이를 조사하라'라는 황제의 조서에서 불기 시작하였다. 각지에서 기다렸다는 듯이 '강압에 의해 과다한 등록을 했다느니, 허구로 면적을 늘렸다느니, 택지와 무덤까지도 경작지로 포함시켰다느니' 등등의 고발이 잇달았고 이는 곧 장거정을 향한 비난과 성토로 발전되었다. 장거정의 지시를 잘 따라서 토지조사를 철저히 했던 관리들은 순식간에 독재자의 앞잡이가 되었고 토지조사에 대충 응했던 관리들은 독재에 항거하면서 지조를 지킨 영웅이 되었다.

하지만 이런 케이스가 실제 있었다고 해도 그건 업무 추진 과정에서의 부작용이나 실책이지 장거정의 문제는 아니었다. 그러나 다음 수순은 달랐다. 반장거정파 문신들이 그에 대한 직접적인 공격을 시작한 것이다. 이들은 죽은 장거정의 무엇을 공격하였을까? 이들은 '장거정이 다른 사람들에게는 그토록 근검절약을 강조해 놓고서 정작 자신은 사치스러운 생활을 영위했다'는 주장을 폈다. 장거정이 사치스런 생활을 했다는 말을 들은 만력제에게 어떤 감정이 들었을까? 일종의 배신감 같은 것이 들지 않았을까? 만력은 이제는 스승이고 뭐고를 완전히 벗어던지고 장거정에 대한 '챠오지아(抄家)'를 명한다.

장거정은 사치스러운 생활을 했을까? 그가 부친의 장례를 위해 고향으로 갔을 때 황제나 탈 법한 매우 호화스러운 가마를 타고 이동했다고 하는 제보도 있었고, 간신 엄숭의 집이 '챠오지아(抄家)'되었을 때 수많은 보물들이 장거정과 풍보의 집으로 옮겨졌다고 주장하는 사람들도 있었다. 가마에 대한 이야기는 정사에 상세히 묘사되어 있으니 사실로 받아들여야 할 듯하다. 1578년 4월에 황제의 혼례를 끝마친 장거정은 부친의 장례를 위하여 곧바로 고향인 후베이성으로 향했다. 지금과 마찬가지로 고대의 관원들이 타는 가마는 품계에 따라 그 크기와 재질, 색깔이 정해져 있었다. 오늘날 차량의 배기량에 해당하는 것이 가마꾼의 수였고 따라서 가마꾼의 수는 품계에 의한 엄격히 규정이 있었다. 아무리 높은 관원이라도 여덟 명을 넘지 않는데 당시 장거정이 탄 가마에는 무려 32명의 가마꾼이 동원되었다. 이 가마는 내부가 침실과 거실로 나눠져 있는 초호화 가마였고 그 안에는 시중을 드는 아이들이 두 명 배치되어 있었다. 더 문제는 조총수와 금의위가 호위를 하였다는 것이다. 당시 조총은 최신식 무기였는데 어떻게 조총수가 재상의 호위에 파견될 수 있었을까? 금의위는 또 어떤 이들인가? 황제의 경호부대가 어떻게 신하를 호위하나? 계주(하북성) 군사령관 척계광이 오른팔로 있고 특무기관을 장악하고 있는 풍보가 왼팔로 있었으니 불가능한 건 아니었다. 하지만 이는 명백한 의전 월권행위이다. 장거정이 지나가는 도시에는 지방 순무(성장에 해당)가 나와서 영접하였고 심지어는 번왕(황제의 친척)이 나오기도 했는데 이런 것 또한 충분히 문제시 될 만한 일들이었다. 장거정이 이런 걸 몰랐을까? 당연히 아니다. 보통 이러한 과도한 의전은 자신이 시켜서 행해진다기보다는 주위 사람들이,

그에게 잘 보이고 싶은 사람들이 알아서 제공하는 것이다. 물론 과거의 장거정 같았으면 이런 것들에 화를 내고 모두 물렸을 것이다. 그러나 이제 권력이 팽창할 대로 팽창한 그는, 특히 탈정 풍파 이후로 스스로의 자제력과 통제력을 잃었고 '내가 한 국가에 대한 공헌에 비하면 이 정도는 응당 누려도 된다'는 생각을 하고 있었다. 탈정 논쟁을 계기로 그의 생활이 사치스럽게 변했다는 건 주로 이런 걸 두고 하는 얘기이다. 더군다나 그가 한 가장 큰 착각은 자신의 제자가 영원히 자신을 지켜줄 거라 생각했던 것이다.

장거정의 저택에 대한 챠오지아 결과는 10만 은량이 나왔다. 10만 량이 어느 정도인가? 이는 엄숭의 20분의 1이었고 풍보의 10분의 1도 안되었다. 당시 유명하다는 기생에게도 30만 량의 재산은 있었다고 한다. 저명한 역사 작가이자 학자인 슝자오쩡(熊召政)은 《장거정》이라는 그의 소설에서 "장거정은 10년 동안 모든 관리들의 수장이었고 6년 동안 넘버투였는데 그간 받았던 봉급과 상금을 합했을 때 이 정도면 청렴한 관리가 아니냐"며 그에 대한 변호를 하기도 하였다. 장거정에 대한 재산 조사는 4개월에 걸쳐 진행되었지만 생각보다 턱없이 적게 나오자 도찰원 관원들은 당황하였다. 이들은 훨씬 많은 은닉 재산이 있다는 소문을 접하고 그의 아들들을 고문하였는데 이때 큰 아들이 고문에 못 이겨 30만 량이 있다고 자백하고는 목을 매어 자살을 하였다. 물론 그 30만 량은 발견하지 못했다.

내가 보기에 장거정은 재물을 모으는 것에는 관심이 없었던 것 같다. 한창 국가가 허리띠를 조여 맬 때에 그가 솔선수범을 보이지 않고 사치를 했을 거라고는 생각되지 않는다. 황제의 식단에도 손을 못 대게 하면서 자신이 사치를 할 정도 머리가 나쁘진 않았을 것이다. 하지만 그에게는 분명히 책잡힐 일이 있었다. 하나는 그의 아버지였고 하나는 폼을 잡기를 좋아하는 그의 스타일이었다. 그는 천하의 모든 관리들의 기강을 잡고 근검절약을 강조했지만 정작 고향에 있는 아버지는 컨트롤하지 못했다. 그의 아버지에게 뇌물을 주고 잘 봐달라는 관리들이 줄을 섰고 그의 아버지는 모든 유혹을 물리칠 정도로 청렴하지 않았다. 또한 장거정 자신은 소박한 사람은 절대 아니었다. 그는 자신의 직위로서 응당 누려야 할 품위와 위엄을 중시하는 사람이었다. 그는 왕안석과 같이 자신이 입은 옷의 브랜드가 어디 건지, 얼마짜리인지도 모르는 그런 사람이 아니었으며 자전거를 타고 다니는 총리도 아니었다. 그는 옷, 수염, 머리카락 등에 흐트러짐 없는 사람이었고 모든 것에 자신의 직위에 걸맞은 고급을 추구하는 사람이었다.

그 밖에도 장거정에 대한 고발과 제보가 잇달았는데 무엇보다도 황제로 하여금 장거정을 벌할 아주 좋은 명분을 준 한 사건이 있었다. 예나 지금이나 권신의 몰락에는 어떤 죄명이 붙을까? 1584년 5월에 요왕(辽王)의 왕비가 투서를 넣어 장거정이 생전에 자기 남편과의 개인적인 원한으로 남편을 폐위시키고 재산을 뺐었다고 억울함을 호소한 것이다. 이 얘기를 하자면 장거정의 청소년 시절로 돌아가야 하니 자세한 스토리는 생략하겠다. 앞서 63장에서 장거정의 어린 시절을 얘기할 때 그의 할아버지가 요왕의 집사 같은 자리를 얻었다고 한 걸 기억하시는가? 당시 그의 할아버지가 요왕이 주는 술을 억지로 마시다가 죽는 일이 벌어졌고 이 사건은 어쩌면 장거정의 마음 깊은 곳에 자리 잡고 있었을 수도 있다. 하여간 요왕은 장거정의 고향에 있던 주씨 황가의 먼 친척이었는데 그의 횡포를 장거정이 고발하면서 황제의 명의로(실은 장거정의 주도로) 왕작에서 폐위되었던 사람이다. 요왕 왕비의 고발대로라면 장거정은 신하의 신분으로 황제를 움직여 황가의 친척을 해한 것이다. 즉, '권력 남용죄'였다. 이러한 고발과 수사 과정, 죄명은 현대 한국에서 벌어지고 있는 정치 보복과도 놀라울 정도로 닮았다. 언론이(실은 정치인들이) 흘리고 시민단체가 고발을 하면 통치자의 수중에 있는 수사 기관이 '권력 남용죄'를 들이대며 기소와 수사를 하는 것이다.

1584년 9월에 드디어 장거정의 죄상이 선포되었는데 그 내용은 이렇다.

> 황가의 친척을 비방하고 중상한 죄, 왕의 무덤과 저택을 강탈한 죄, 언관들의 비판을 방해한 죄, 황제의 눈과 귀를 흐리게 한 죄, 그리고 전권을 휘두르고 정치를 어지럽힌 죄

이 중에 뇌물이나 사치에 해당하는 건 어디에도 없다. 위의 죄상은 여러 말로 써서 그렇지 한마디로 '권력 남용죄'였다. 그렇다. 장거정은 권력을 남용했을 수도 있다. 아니 그랬던 것 같다. 역사상의 모든 개혁 재상들이 그랬듯이 말이다.

장거정의 재산은 어느 정도인가?

장거정의 챠오지아(抄家) 결과인 10만 량이 많은 건지, 적은 건지에 대해서는 역사가들마다도 견해가 다르다. 동시기의 대(大)탐관인 엄숭, 풍보와 비교해서 훨씬 적긴 하지만 그렇다고 그것이 '청렴한 수준이었나?'라는 것에는 일단 평가를 보류하자. 그래서 나는 당시의 백은 1량(兩)과 쌀의 구매 비율을 근거로 장거정 재산을 오늘날의 화폐가치로 환산해보았다. 명대부터 화폐로서 은이 대량으로 보급되면서 물가에 대한 기재가 풍부했고 펑신웨이(彭信威) 선생은 《중국 화폐사》에서 각 황제의 재위 시기별로 쌀, 비단과 백은과의 교역 비율을 자세히 정리해 놓았다.

명 만력 시기 1량(兩)의 백은으로 살 수 있는 쌀은 1.57석(石)[141]이었다. 1석은 59.2kg이고 오늘날 1kg의 쌀 가격이 대략 5.5RMB이므로 오늘날의 쌀 1석은 325.6RMB(한화 5만 7,000원)이다. 그러므로 명 만력 시기 1량(兩) 백은의 오늘날 가치는 511RMB(1.57x325.6)이다(물론 사람들이 돈으로 쌀만 산다는 가정하에서다). 그러므로 장거정 집안이 보유했던 총 자산 10만 은량은 5,100만RMB이고 이를 한화로 환산하면 89억 5,000만 원이다(1RMB=175원). 보는 이에 따라서 많으면 '많다고' 할 수 있고 '지위를 고려했을 시 충분히 모을 수 있는 돈이다'라고 할 수도 있는 수준이다. 고려해야 할 점은 고위 공직자들의 청렴성에 대한 사회적 잣대가 지금과는 많이 달랐을 거라는 점이다. 지금은 하다못해 밥 먹는 거, 골프 접대를 받는 것까지도 모두 문제시되지만 당시에는 고위 공직자들은 자기 돈으로 뭔가를 하는 경우가 거의 없었을 것이고 그림이나 물품을 선물받는 것 정도는 아주 자연스러운 관례였을 것이다. 시진핑 정권 초기 부패 공직자로 걸려든 자들의 재산 규모를 보면 한화로 몇 백억 원은 아주 우스운 수준이었고 2,000~3,000억 원에 다다른 자들도 많았다. 그만큼 과거 중국 관리들의 부패 규모는 우리와는 차원이 달랐다. 89억 5,000만 원에 저택이 포함되어 있고 장거정의 세 아들들을 모두 포함하였다고 하면 내 생각에 장거정은 청렴하다고까지 할 순 없지만 재물을 모으는 것에 그리 관심이 있던 사람은 아니었다.

---

141) 명대의 1석과 오늘날의 1석이 다르지만 《중국 화폐사》에서는 '공석(公石)'이라는 개념으로 오늘날의 1석으로 환산하였다.

장거정, 그 후

장거정에 의해 중용되었던 관원들은 모두 해직되거나 지방으로 강등되었고 그와 대립했던 관원들은 전부 중앙으로 불러들여졌다. 여기에는 탈정에 반대하여 곤장 80대를 맞고 불구가 된 채 꾸이저우로 귀양 보내진 추원표도 있었다. 재미있는 건 바른 말 사나이 추원표는 후에 만력의 실정과 태만을 비판하였다가 또다시 강등되어 남경으로 보내졌다. 그는 자신이 어느 진영에 있건 전혀 개의치 않고 자신의 소신대로 말을 해대는 사람이었는데 세상에 이런 사람은 아주 희귀하다.

만력신정은 중단되었다. 고성법, 일조편법은 모두 폐지되었고 토지조사 결과도 모두 없던 것이 되었다. 장거정 안(案)이 종결되고 3년 후인 1587년, 즉 만력 15년부터 주익균은 마치 세상을 다 산 사람인 양 그 어떤 일에도 관심을 두지 않았다. 그러고는 자신의 침궁 깊은 곳에서 여자들과 음탕한 생활 속에 빠졌고 거의 모습을 드러내지 않았다. 중국의 유명한 근대 역사학자인 황런위(黃仁宇)는 그의 저서《만력 15년》에서 만력 15년째, 즉 1587년을 명왕조가 쇠락으로 빠져든 기점이라 말하고 있다.

만력은 결재도 안 하고, 회의도 안 하고, 제사도 안 지내는 3무 황제로 유명하다. 그렇다면 대신들더러 알아서 하라고 맡겨 놓았느냐 하면 그건 또 아니었다. 자신의 결재 권한은 꼭 쥐고 있으면서 그 어떤 코멘트도 없이 무작정 결재를 미뤘다. 그러니 미결재 서류가 산처럼 쌓였고 국가가 제대로 돌아갔을 일이 만무하다. 그래서 후대의 역사가들은 만력이 자기 나름의 방식으로 시위를 한 것이라 하기도 한다. 누구한테 무엇을 시위한 건지는 나름의 해석에 맡기겠다. 한데 만력이 모든 일에 관심을 안 보인 것은 아니었다. 그는 여기저기서 돈을 끌어모아 자신의 사치와 향락에 썼는데 이런 사안에 대해서는 결재 서류가 들어오는 데로 광속으로 결재를 하였다. 그는 자신의 무덤 공사에 800만 량을 썼고, 황자 책봉 행사에 1,200만 량을 지출하였으며 그의 재위 기간 동안에 궁정의 사치 향락품으로 2,400만 량을 썼다. 그러니 장거정의 신정으로 비축해 놓은 재정은 금방 고갈되었고 그의 재위 말년에 가서는 명왕조는 이미 도저히 회복될 수 없는 재정적자 상태에 빠져있었다.

자신을 위해 돈쓰는 일 외에 그가 적극적으로 관여를 하며 의사결정을 한 사안이 전혀 없었던 것은 아니었다. 특히 1592년에서 1600년 사이에 그는 세 번의 전쟁에 대해서 의사결정을 하였는데 '만력의 삼대원정(万历三大征)'이라 불리는 이 세 번의 전쟁은 그의 유일한 업적이라 칭해진다. 그중 하나이자 가장 컸던 것이 임진왜란의 참전이었다. 1592년 6월에 조선에서 사절을 보내 원조를 요청하였고 명정부는 참전과 참전 반대로 의견이 나뉘어졌다. 이때 만력은 '순망치한(이가 없으면 잇몸이 시리다)'을 언급하면서 뜻밖에도 과감하게 참전을 결정하였다. 명은 임진왜란 참전으로 800만 량을 지출하였다.

송신종 만력제는 1620년에 58세의 나이로 생을 마감했다. 만력제와 영국의 엘리자베스 1세, 이 둘은 32년 동안 재위 기간이 겹친다. 한 명은 중국을 멸망의 문턱으로 이끌었고 한 명은 잉글랜드가 대영제국으로 가는 기초를 닦았다. 그의 뒤를 이은 14대 명광종(明光宗)은 즉위한 지 한 달 만에 죽었다. 동년 8월에 15대 명희종(明熹宗)이 즉위하여 7년 동안 재위하며 뭔가를 해보려 했지만 명의 운명은 이미 걷잡을 수 없이 끝을 향해 달려가고 있었다. 명희종은 장거정에 의해 불구가 되었다가 만력제에 의해 다시 남경으로 좌천되었던 일흔 살 추원표를 다시 조정으로 불러서 내무부 차관인 예부좌시랑을 맡도록 하였다. 명희종 재위 2년째에 장거정에 대한 명예 복권이 이루어졌는데 이를 주도한 이는 놀랍게도 바로 추원표였다. 추원표는 가정제의 실정과 당파 싸움, 그리고 망가져가는 나라를 보면서 장거정이 옳았음을 깨달았다. 그리고 그는 장거정에 대한 복권 상소를 올리면서 이렇게 말했다.

"강릉(장거정)의 공(功)은 나라를 다스린 데에 있고 과(過)는 자신을 다스리지 못한 데에 있다. 국가의 대사에 대해서는 그는 죽을 때까지 분투하였으니 나라를 위한 신하라 말할 수 있다. (우리들은) 부끄럽지 않은가(江陵功在社稷, 过在身家, 国家之议, 死而后己, 谓之社稷之臣, 奚愧焉)?"

그로부터 22년 후인 1644년 3월 19일, 이자성이 이끄는 반란군의 자금성 진입을 눈앞에 둔 16대 황제 주요검(朱由檢)은 "백성 여러분, 명나라가 망하게 되었습니다. 죄송합니다'라는 내용의 '죄기조(罪己诏)'를 공표한 후 자신은 자금성의 후원인 매산(煤山, 오늘날의 경산공원)의 나무에 목을 매어 자살했다.

16대 숭정제가 목을 매어 자살한 장소(경산공원)

참고문헌

◆ 47장 오대십국

王丽梅. 『论五代十国历史地位』. 陕西师范大学. 2016.12
崔星·崔凤祥. 『从西夏岩画看党项族的个性特点』. 黑龙江民族丛刊. 2010.10
杨庆华. 『开封汴河遗迹何处觅』. 开封日报. 2018.12.5

◆ 48장 동북아의 변화

王丽霞·张景明. 『辽代契丹民族的人口及特点』. 思想战线. 2003.4
苏伶. 『契丹简史』. 民族与建设出版社. 2016.8
余超. 『辽朝初期的汉人政策探究』. 青海师范大学. 2012.5
何一民·陆雨思. 『辽代城市的兴起与发展』. 西南民族大学学报. 2017.6

◆ 49장 암흑기의 빛나는 개혁

吴廷桢, 郭厚安. 『中国历史上的改革家』. 甘肃教育出版社. 1986.7
赵惠民. 『北周与后周改革比较』. 滨州师专学报. 2001.3
曹兴华. 『北周世宗禁军变革新探』. 环球人文地理. 2014.2
马诤. 『锐意改革的周世宗柴荣』. 文史知识. 1986.7

敖汀. 『浅谈五代后周世宗的治税史实』. 涉外税务. 1996.5

刘铁男·赵辉. 『周世宗柴荣的经济改革策略考证』. 兰台世界. 2014.12

田培杰. 『柴荣与后周的经济繁荣』. 华夏文明. 2018.7

常强. 『历史上的"子君父臣"现象(四) 周世宗柴荣与太傅柴守礼』. 紫禁城. 2013.2

◆ 50장 10~14세기

廖寅. 『10-13世纪中国历史走向的深度分析』. 吉林大学社会科学学报. 2017.7

『中国古代史』. 人民教育出版社. 2017.8. * 중국 고등학교 역사 교과서

◆ 51장 송(宋)의 건립

柳眉. 『天子之卫兵』. 高中时代. 2017.8

林东林. 『谋国者』. 上海三联书店. 2013.9

周欢·张洪江. 『北宋三司使在北宋财政制度改革中的角色探析』. 兰台世界. 2016.8

付礼白. 『北宋三司使的性质与相权问题』. 山东大学学报(哲学社会科学版). 1991.4

袁良勇. 『宋代三省制度演变研究』. 河北大学. 2003.4

李海泳. 『试论北宋初期兵制改革中的赵匡胤』. 殷都学刊. 1999.1

◆ 52장 위기의 인식

郑志强. 『从范仲淹、王安石到章惇、蔡京 —— 北宋改革警示录』. 山东社会科学.
2020.1期

王月平. 『范仲淹行政改革思想研究』. 东北大学文法学院. 2007.7

袁一堂. 『论北宋中期的财政危机』. 史学月刊. 1990.3

王增瑜.『宋朝军制初探』. 中华书局出版. 1983.8

游彪.『正说宋朝十八帝』. 中华书局出版. 2005.7

朱增泉.『宋辽战争』. 神剑. 2011.6

菅明军.『北宋中期财政危机及其振兴之道』. 中州古今 1994.1

◆ 53~55장 왕안석의 변법

赵冬梅.『司马光和他的时代』. 生活书店有限公司. 2014.1

赵冬梅.『王安石变法下的大宋之变』. 中国青年报. 2020.8

林东林.『谋国者』. 上海三联书店. 2013.9

梁启超.『王安石传』. 湖南人民出版社. 2018.2

林语堂.『苏东坡传』. 湖南人民出版社. 2018.2

吴晓波.『历代经济变革得失』. 浙江大学出版社. 2016.11

陈友冰.『《与王阶甫书》与《答司马谏议书》比较：一对政治敌手的不同进击方式』. 国学网. 2012.9

刘守刚·贾杰.『司马光与王安石理财治国思想比较』. 税务研究. 2017.5

薛俊丽·黄静.『司马光与王安石理财思想之比较』. 财会月刊. 2010.6

唐广『论司马光的理财思想』. 商业研究. 2009.12

何成刚·沈为慧.『《王安石变法》的教学设计』. 历史教学(中学版). 2010.6

李亚平.『帝国政界往事-公园1127年 大宋实录』. 北京出版集团公司. 2013.11

邱汉生.『王安石《诗议》的法家思想』. 天津师院学报. 1974.1

曾岗.『王安石哲学思想探讨』. 南昌大学. 2008.12

李国伟.『有关王安石评价的几种观点及其资料考辨——兼谈王安石变法的思想基础』. 开封教育学院学报. 2010.3

刘佳伟.『北宋管制改革对宰相权的影响』. 青年时代. 2019.5

刘国缙.『论汉武帝时期的"充入更化"』. 中国青年社会科学. 2016.6

葛桂莲.『论元丰改制在中国古代官制发展变化中的作用』. 兰州社会科学. 1996.4

谭凤娥. 『论元丰改制』. 湖南师范大学. 2004.4

晏建怀. 『王安石与王雱 : 推进"变法"的父子兵』. 文史天地. 2013.9

◆ 56장 북송의 멸망

柏陽 지음. 김영수 옮김. 『맨얼굴의 중국사』 창해. 2005.4

吴晓波. 『历代经济变革得失』. 浙江大学出版社. 2016.11

◆ 57장 남송

柏陽 지음. 김영수 옮김. 『맨얼굴의 중국사』 창해. 2005.4

侯海艳. 『朱熹的理学思想探究——评《宋代理学伦理思想研究》』. 社会科学家. 2021.2

개혁사 외전 V.

J. 네루, 곽복희·남궁원 옮김. 『세계사 편력(3권)』. 일빛. 2004.6

제임스 A. 밀워드 지음. 김찬영·이광태 옮김. 『신장의 역사』. 사계절. 2013.1

◆ 58장 명

柏陽 지음. 김영수 옮김. 『맨얼굴의 중국사』 창해. 2005.4

易中天. 『易中天中华史-朱明王朝』. 浙江文艺出版社. 2018.12

吴晓波. 『历代经济变革得失』. 浙江大学出版社. 2016.11

张宏杰. 『朱元璋传』. 广东人民出版社. 2016.5

◆ 59장 대학살

易中天.『易中天中华史-朱明王朝』. 浙江文艺出版社. 2018.12

张宏杰.『朱元璋传』. 广东人民出版社. 2016.5

孙熙隆·付慧宇.『朱元璋"废相"问题再议』. 新西部. 2020.5

赵云.『明太祖废相的考释与评价』. 兰州大学. 2010.5

毛新宇.『朱元璋废相及其历史影响』. 第六届明史国际学术讨论会论文集. 1995.8

石磊.『朱元璋废相的缘由』. 文史天地. 2021.2

◆ 60장 영락(永樂)

易中天.『易中天中华史-朱明王朝』. 浙江文艺出版社. 2018.12

薄音湖.『关于北元汗系』. 内蒙古大学学报(哲学社会科学版). 1987.3

周喜峰.『明朝的奴儿干都司』. 奋斗(黑龙江大学黑龙江流域文明研究中心. 2019.7

蒋秀松·王兆兰.『关于奴儿干都司的问题』. 民族研究. 1990.6

◆ 61장 바다로부터의 도전과 바다를 향한 도전 사이

유발 하라리 지음. 조현우 옮김.『사피엔스』김영사. 2015.11

吴晓波.『历代经济变革得失』. 浙江大学出版社. 2016.11

高广翔.『郑和下西洋的目的与影响』. 中国高新区. 2018.4

周郢.『明正统朝修造"下番海船"与下西洋之役——《郭琰墓志》中的相关史料初探』. 泰山学院泰山研究院. 碑林集刊. 2011.2

朱亚非.『丝路视域下的郑和下西洋与明初海洋防御战略』. 黑河学院学报. 2020.9

小丁.『郑和"七下西洋"的真实目的』. 精品文化. 2017.11

李向飞·薛花.『郑和下西洋性质新探』. 重庆师范大学. 人文论坛. 2010.7

◆ 62장 기이한 정치 체제

柏陽 지음. 김영수 옮김. 『맨얼굴의 중국사』 창해. 2005.4

易中天. 『易中天中华史-朱明王朝』. 浙江文艺出版社. 2018.12

李旭阳. 『浅析明代宦官的兴起』. 山西青年. 2017.8

徐成. 『《唐重修内侍省碑》所见唐代宦官高品, 内养制度考索』. 中华文史论丛. 2014.4

◆ 63~65장 중흥의 시도

林东林. 『谋国者』. 上海三联书店. 2013.9

易中天. 『易中天中华史-朱明王朝』. 浙江文艺出版社. 2018.12

黄仁宇. 『万历十五年』. 中华书居. 2006.8

熊良钟. 『中国古代宰相传』. 广东旅游出版社 广州出版社. 2010

刘昀. 『14~17世纪中英财政收入支出结构比较研究』. 东北师范大学. 2011.6

唐娟. 『试议明代皇室, 宦官, 官绅与土地兼并的关系』. 西华师范大学历史文化研究院. 2017.1

周逸纾. 『从财政视角看明朝的覆灭』. 消费导刊. 2018.10

张守军. 『中国古代的赋税与劳役-第八节 明代的田赋和一条鞭法』. 商务印书馆. 1998.12

胡文骏. 『明朝"一条鞭法"的影响与意义』. 商场现代化. 2010.8

彭信威. 『中国货币史』. 东方出版中心. 2020.4